EIGHTH EDITION

Kaleidoskop

Kultur, Literatur und Grammatik

Jack Moeller
Oakland University

Barbara Mabee
Oakland University

Simone Berger
Starnberg, Germany

Winnifred R. Adolph
Florida State University

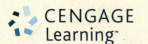

Australia • Brazil • Japan • Korea • Mexico • Singapore • Spain • United Kingdom • United States

Kaleidoskop: Kultur, Literatur und Grammatik, Eighth Edition
Moeller, Mabee, Berger, and Adolph

Vice President, Editorial Director:
  PJ Boardman

Publisher: Beth Kramer

Executive Editor: Lara Semones

Acquiring Sponsoring Editor: Judith Bach

Senior Editorial Assistant: Timothy Deer

Senior Media Editor: Morgen Murphy

Marketing Manager: Caitlin Green

Senior Content Project Manager:
  Aileen Mason

Senior Art Director: Linda Jurras

Senior Manufacturing Planner:
  Betsy Donaghey

Rights Acquisition Specialist:
  Mandy Grozsko

Production Service: PreMediaGlobal, Inc.

Text Designer: Roy Neuhaus

Cover Designer: Wing Ngan

Cover Image: © Larry Van Cassele/Getty
  Images

Compositor: PreMediaGlobal, Inc.

For product information and technology assistance, contact us at
Cengage Learning Customer & Sales Support, 1-800-354-9706

For permission to use material from this text or product,
submit all requests online at **www.cengage.com/permissions**
Further permissions questions can be e-mailed to
permissionrequest@cengage.com

Library of Congress Control Number: 2011934117

ISBN-13: 978-1-111-34420-7

ISBN-10: 1-111-34420-5

Heinle
20 Channel Center Street
Boston, MA 02210
USA

Cengage Learning is a leading provider of customized learning solutions with office locations around the globe, including Singapore, the United Kingdom, Australia, Mexico, Brazil and Japan. Locate your local office at **international.cengage.com/region**

Cengage Learning products are represented in Canada by Nelson Education, Ltd.

For your course and learning solutions, visit **www.cengage.com**

Purchase any of our products at your local college store or at our preferred online store **www.cengagebrain.com**

Instructors: Please visit **login.cengage.com** and log in to access instructor-specific resources.

Printed in Canada
1 2 3 4 5 6 7 15 14 13 12 11

Contents

Erster Teil Lektüre

Thema	KULTURLESESTÜCKE	LITERARISCHE WERKE
1 Freizeit **2**	Tabelle: Was machen Sie üblicherweise in Ihrer Freizeit? 4 Online-Interview: Wie verbringst du deine Freizeit? 7 **Reiseführer:** München 14	Gedicht: „Vergnügungen", *Bertolt Brecht* 16 Kurzgeschichte: „Mittagspause", *Wolf Wondratschek* 18
2 Kommunikation **24**	Online-Artikel: *Sabrina Gundert:* Kann man ohne Handy leben? 26 Magazin-Essay: *Katrin Dorn:* Als man SMS noch auf Papier notierte 31 **Reiseführer:** Hamburg 34 **Kurzfilm:** Das Puzzle, *Philipp Rust* 36	Gedicht: „Die Beiden", Hugo von Hofmannsthal 38 Kurzgeschichte: „Eine Postkarte für Herrn Altenkirch", *Barbara Honigmann* 40
3 Deutschland heute **48**	Interview: „Was das Wort ‚DDR' für mich bedeutet" 50 Zeitschriftenartikel: Kontinent im Kleinformat: Die Europäische Schule in München 55 **Reiseführer:** Dresden 60	Gedicht: „Nach dem Umsturz", *Heinz Czechowski* 62 Drehbuch: „Good Bye, Lenin!", *Bernd Lichtenberg;* Co-Autor *Wolfgang Becker* 63

Thema	KULTURLESESTÜCKE	LITERARISCHE WERKE
8 | **Junge Erwachsene** **160**	**Schaubilder:** Werte und Befürchtungen der Jugendlichen 162 **Interview:** Schule & Job: „was werden" 163 **Artikel:** Eine Frage der Existenz 166 **Reiseführer:** Zürich 172 **Kurzfilm:** Teleportation, *Markus Dietrich* 174	**Gedicht:** „Ein Jüngling liebt ein Mädchen", *Heinrich Heine* 176 **Kurzgeschichte:** „Brief aus Amerika", *Johannes Bobrowski* 177
9 | **Stereotype** **182**	**Umfrage:** Die Deutschen über sich selbst 184 **Feature:** *Randy Kaufman:* „Unser Ausland!" 185 **Skizze:** *Zeidenitz; Barkow:* „Small Talk" 187 **Berichte:** Tübinger Austauschstudenten berichten 188 **Reiseführer:** Köln 194	**Gedicht:** „Anders II", *Rose Ausländer* 196 **Kurzgeschichte:** „Die grüne Krawatte", *Arthur Schnitzler* 197
10 | **Umwelt** **202**	**Zeitschriftenartikel:** Die Kunst der Mülltrennung 204 **Zeitschriftenartikel:** Ganz neue Töne 207 **Umfrage:** „Umweltschutz geht jeden an" 209 **Reiseführer:** Freiburg 216 **Kurzfilm:** Bus, *Jens Schillmöller, Lale Nalpantoglu* 218	**Gedicht:** „Ruß", *Sarah Kirsch* 220 **Kurzgeschichte:** „Der Bergarbeiter", *Heinrich Böll* 221

Reference Section

To the Student

Introduction

Kaleidoskop, Eighth Edition is an intermediate German program designed for students who have completed two semesters of college German or two years of high school German, or the equivalent. The textbook has two main sections. Ten *Themen* including texts dealing with issues in the German-speaking countries, travel guides on cities (*Reiseführer*), short films (*Kurzfilm*), short stories, a fairy tale, a screenplay, poems, and songs; and ten *Kapitel* of grammar review (*Grammatik*). In addition, there is a Reference section with German grammar terms, grammatical tables, German-English and English-German vocabularies, and an index.

Goals of the Textbook

The goal of *Kaleidoskop* is to continue the development of all the language skills. **Reading** plays a primary role in *Kaleidoskop*. Exercises for **listening**, **viewing**, **speaking**, and **writing** revolve around the reading texts. German material you may encounter later in your private or professional life will be written for German speakers, not for learners of German. Therefore, the readings found in *Kaleidoskop* are **authentic texts**, the term used to denote printed materials that native speakers read in daily life for information or for enjoyment.

Authentic Texts

The texts in the *Themen* in *Kaleidoskop, Eighth Edition* include advertisements, charts, newspaper and magazine articles, letters, polls, interviews, biographies, songs, poems, and fiction. *Kaleidoskop* presents these texts unsimplified and unedited (although not all are printed in their entirety). Authentic texts challenge you to use all your linguistic skills as well as your native reading skills. *Kaleidoskop* helps you identify those reading strategies and skills you already possess and guides you in transferring them to read German.

Reading Strategies

Activating What You Know

Any time we read, we do so with a goal that can be as specific as finding a telephone number or as general as "relaxing with a good book." We are aware of this goal, choose the text accordingly, and expect it to fulfill that goal. The degree of our knowledge of different types of texts will decide if we find the information we need. For many texts we know how the information is organized and what information to expect. For example, we expect a telephone book to be organized alphabetically. We expect other texts, short stories, or poems to be less predictable. This pre-reading knowledge of the text types, together with knowledge about the subject, allows you to predict what you will find in a text, and in many instances helps to overcome linguistic limitations by enabling you to guess the meaning of unfamiliar words intelligently.

Reading Extensively

The purpose for reading also influences how we read. To get an idea of the daily news we may skim a paper, using visual clues such as the size of type to identify the headlines. Or we may scan it for a particular bit of information by noting phrases that are typographically highlighted. In reading for specific information or details, we may disregard anything that does not fit the category, concentrating our reading effort on looking for names, numbers, or key phrases that match our goal.

Reading Intensively

When we reach the part of the text that appears to contain information we need, we probe for the usefulness of that information by shifting our reading mode from extensive to intensive reading. At this point we may have to look up special words and check for grammatical details.

Using Reading Strategies

Using the appropriate reading strategies, being aware of what to expect from a text and how it is organized as well as being familiar with the subject, all make reading efficient and successful. The texts and activities in *Kaleidoskop* will help you develop reading skills and at the same time reinforce and expand your knowledge of the German language and the ability to use it.

Zum Thema (Pre-reading)

Through the pre-reading activities you will develop expectations of each text and be able to approach it the way you approach readings in your native language. Each *Thema* is introduced by *Einstieg in das Thema*. This introduction will provide you with background information that is specific to the German-speaking culture. In addition, the *Gedankenaustausch* activity will give you a chance to **brainstorm** and **think independently** about the topic. You will exchange ideas with your classmates about the topic and **activate your German vocabulary**. You will discover what you and your classmates already know about the topic and what opinions you hold. The *Zum Thema* activities alert you to the general content of an individual text. You may also be asked to use specific **strategies**, such as **skimming,** before reading the text in its entirety. *Zum Thema* will also call your attention to the text type (*Textsorte*). On pages xv–xvii you will find a chart outlining the various text types in **Kaleidoskop, Eighth Edition** and the characteristics and points to look for while you read the text. In the activity *Beim Lesen* you are given tasks to make your reading more meaningful such as noting specific words or phrases, ideas, bits of information, even certain constructions.

Zum Text (Post-reading)

Each text is followed by a variety of activities that permit you to see what you understand, require you to reread the text for specific information, or help you interpret the text. The section entitled *Vermischtes* (miscellaneous) provides items of interest that are related to the chapter topic. Your goal should be to get the basic information without trying to understand each word. Each *Thema* also contains conversation and writing activities, many of them as pair- or group activities. In addition to giving you practice in speaking and writing, these activities ensure that you understand the general idea of the text and can discuss your reaction to it.

    Kaleidoskop will give you that extra help you may need so that at the end of the course you will have a feeling of accomplishment and be able to read German for basic understanding and retain that skill for many years.

Developing Your Other Linguistic Skills

Kaleidoskop provides several features that help develop your linguistic skills. The *Was meinen Sie?* activities help you develop your skills in expressing your own thoughts orally and in writing. You may be required to role-play a situation, to prepare a debate, or to discuss and negotiate a topic to arrive at a consensus. Other features include *Grammatik im Kontext,* where you will be asked to identify a grammatical structure used in a reading and to practice it.

    A comprehensive and systematic review of grammar is provided in the *Kapitel* in the second half of the book. Other linguistic aids are the vocabulary exercises (*Wortschatzübungen*) in the *Themen.* The words chosen for the vocabulary exercises are among the most commonly used words in German. Mastering these high-frequency words actively will greatly increase not only your ability to understand written and oral German but also to communicate in German. **Kaleidoskop** assumes that you already have a basic command of 1,200 common German words. Meanings of "low-frequency" words that are neither a part of the basic list of 1,200 nor of the active vocabulary part of a particular *Thema* are provided in the margin or as footnotes. These glosses will help you understand and enjoy your reading. However, because you are also expected to develop your ability to guess meaning from context, not all words have been glossed. Often it is possible to understand the gist of a text without understanding each individual word.

Reiseführer (Travel Guides)

In addition to the texts that help you gain greater insights into the cultural aspects of the German-speaking world, each *Thema* provides information on a particular city. In travel guide format, some of the city's most important features are outlined. You will be asked to locate the city on an outline map, review the information in a series of activities, and be encouraged to find out more about the city on various web sites.

Kurzfilm (Short Films)

Five German short films give you the opportunity to experience the German-speaking world through another medium. These short films afford the opportunity to note differences in the settings of the films from the environment in which you live and offer insights into the lives and thoughts of people living in German-speaking countries.

Changes in German Spelling

Since 1998 a number of changes in German orthography (**Rechtschreibung**) have taken place. As students of German and users of *Kaleidoskop, Eighth Edition* you should be aware of the implications of this reform.

- The orthography changes are not major and will not cause misunderstandings.
- By law, the schools in the German-speaking countries must teach the new rules.
- However, not all writers, publishers, and members of the general public follow the new rules at this time. An individual writer may follow the changes in one area or for one letter but not for another. For example, a writer may write **dass** according to the new spelling, but keep **Spaghetti** in the old spelling (vs. new spelling **Spagetti**).
- You will discover in *Kaleidoskop, Eighth Edition* examples of both "old" and "new" rules in spelling. Some of the texts that appeared after 1998 were written in accordance with the new rules. All of the copyrighted texts published before 1998 use the old rules. The authors of *Kaleidoskop* observe the new rules. Therefore, you will sometimes see alternate spellings in close proximity. For instance, in a reading selection you may see the word **daß** (old spelling), but in the activity based on that copyrighted selection the word will be spelled **dass** (new spelling).

The change that may strike you as the most obvious in texts using the "old" spelling is the use of **ss** and **ß**. The rules used before the spelling reform that are still observed are:

1. **ss** is used after short vowels: **Wasser, Flüsse**
2. **ß** is used after long vowels: **groß, Füße**

However, a rule before the spelling change also required that **ss** be written as **ß** at the end of a word. Thus **dass** was written as **daß** and **Fluss** as **Fluß**. This change of **ss** to **ß** no longer applies today.

Program Components

Übungsbuch (Student Activities Manual)

This two-part manual is a combination of Workbook and Lab Manual.

Übungen zum schriftlichen Ausdruck, Übungen zur Grammatik (Workbook)

Activities in the *Übungen zum schriftlichen Ausdruck* part are correlated to the *Themen;* they give you practice with the newly acquired structures and vocabulary and show you how to apply these in new situations. The carefully planned writing exercises give systematic guidance to improve your writing. The *Übungen zur Grammatik* supplement contextualized grammar exercises in the *Kapitel* and help you develop your writing skills.

Übungen zum Hörverständnis, Mündliche Übungen, Pronunciation Guide (Lab Manual)

Exercises in the *Übungen zum Hörverständnis* part correspond to the *Themen* and require you to react orally and in writing to the recorded material in the SAM Audio Program. *Mündliche Übungen* are oral supplementary grammar exercises and the Pronunciation Guide describes the sounds of German and accompanies the Pronunciation Recordings. The recordings corresponding to these sections are available in the SAM Audio Program on the **Premium Website** (see below).

HEINLE eSAM Heinle eSAM Powered by Quia

This online version of the **Student Activities Manual** is an advanced yet easy-to-use learning and course management platform for delivering activities via the Web.

Premium Website

This enhanced, password protected website features the complete Text Audio and SAM Audio Programs in mp3 format, short films corresponding to the *Kurzfilm* section in mp4 format, Vocabulary and Grammar Quizzes corresponding to the *Kapitel*, Vocabulary Flashcards, Web Links, and more.

Acknowledgments

The authors and publisher of ***Kaleidoskop, Eighth Edition*** would like to thank the following instructors for their thoughtful reviews of the previous editions of ***Kaleidoskop***. Their comments and suggestions were invaluable during the development of the Eighth Edition.

Zsuzsanna Abrams, *University of California - Santa Cruz*

Angelika Becker, *Carmel High School*

Christopher Clason, *Oakland University*

Joshua Davis, *University of Montana*

Stephen Della Lana, *College of Charleston*

Diane DeMarco-Flohr, *Mallard Creek High School*

Elfe Dona, *Wright State University*

Sarah Fagan, *University of Iowa*

Naja Ferjan, *University of California - San Diego*

Barbara Hassell, *Roanoke College*

Charles Helmetag, *Villanova University*

Sara Hofinger, *Darby High School*

Margarete Lamb-Faffelberger, *Lafayette College*

Birgit Maier-Katkin, *Florida State University*

Judith Martin, *Missouri State University*

William McDonald, *University of Virginia*

Michael Mullins, *University of Minnesota - Duluth*

Tina Oestreich, *Case Western Reserve University*

Nicole Perrine-Wilson, *Wissahickon High School*

Guenter Pfister, *University of Maryland*

Patricia Schindler, *University of Colorado at Boulder*

Elizabeth Smith, *Plano Senior High School*

Philip Sweet, *Radford University*

Matthias Vogel, *University of Oregon*

Margrit Zinggeler, *Eastern Michigan University*

The authors would also like to express their appreciation to several additional persons for their contributions to this Eighth Edition. Julia Salman, Oakland University, has been very generous in sharing her experience teaching **Kaleidoskop** and has offered a number of thoughtful suggestions. We are grateful to Dagmar Wienroeder-Skinner, Saint Joseph's University, for recommending Wladimir Kaminer's "Geschäftstarnungen" as a story reflecting Berlin's multicultural society. We thank Werner Kiausch, a retired teacher in Elsfleth, for writing the description of the German school system that appears in *Thema 6*.

The authors would like to thank Judith Bach (Acquiring Sponsoring Editor), Heinle Cengage Learning for conceiving of and initiating many of the changes in this Eighth Edition of **Kaleidoskop** and for guiding it through the various phases of manuscript development. The addition of the short film to this new **Kaleidoskop** program is the inspiration of Judith Bach and she carried out the project to its completion.

The authors would like to also thank other staff and associates of Heinle Cengage Learning whose technical skills and talents made this new edition possible: Aileen Mason for her expert shepherding of the manuscript through the many stages of production and Tim Deer, Editorial Assistant for his work on the website and PowerLecture. The authors would also like to thank Roy Neuhaus (designer), Esther Bach (copyeditor), and Gerhard Schulte (proofreader).

Finally, the authors would like to thank Renate Wise, the development editor for this Eighth Edition. The authors appreciate her very careful and thoughtful reading of the manuscript, her pedagogical and linguistic suggestions as well as her invaluable corrections. It has been a pleasure working with Renate Wise and we appreciate her patience and good humor.

Text Types

The following table will introduce you—in broad outline—to the text types found in **Kaleidoskop, Eighth Edition**. The table gives you general characteristics of texts and guidelines for reading. You should ask yourself the basic questions (who, what, where, when, why, and how) while reading in German just as you would in English. You should also ask what you know about similar texts and topics in English and how the German text is the same or different from a similar English text.

TEXTSORTE (*TEXT TYPE*)	WHAT TO LOOK FOR OR EXPECT
• *Übersicht* (chart, table) • *Schaubild* (graph, chart) • *Tabelle* (table)	Organization of chart Visual or graphic clues: numbers, illustrations Title or caption Use of incomplete sentences Use of infinitives as nouns Use of nouns to indicate categories
• *Anzeige* (advertisement) • *Kontaktbörse* (bulletin board – Internet) • *News-Board* (bulletin board – Internet) • *Kleinanzeigen im Internet* (online ads) • *Werbung* (advertisement)	Telegraphic style Name of product, service, or company advertised Information provided by visual and graphic clues: photos, layout, special type, size of type Prices, dates, times, address, telephone numbers, fax numbers, e-mail Use of incomplete sentences or phrases, adjectives, nouns Colloquial language and slang
• *Schriftliche Mitteilungen* (written communication): *Leserbrief (Online-Brief)* (letter to the editor)	Name of sender and recipient Opening and closing Format of writing—personal, subjective, direct, factual
• *Zeitungs- und Zeitschriftenartikel* (newspaper and magazine articles): *Bericht* (report)	Title and headlines for content clues First paragraph for possible background information Last paragraph for possible conclusions Descriptions Supporting examples or anecdotes

TEXTSORTE (*TEXT TYPE*)	WHAT TO LOOK FOR OR EXPECT
Feature (feature) *Kolumne* (column) *Online-Zeitungs- und Zeitschriftenartikel* (online newspaper and magazine articles) *Online-Forum-Beitrag* (online discussion) *Skizze* (sketch)	In German publications—more editorial comment than in North American publications Point of view Suppositions, hypotheses of author Personal opinions Colloquial language Abbreviations
• *Nachschlagewerke* (reference works): *Handlexikon* (small encyclopedia) *Lexikon* (encyclopedia) *Reiseatlas* (travel guide) *Reiseführer* (travel guide)	Historical depiction Chronological presentation Description Compression of information and resulting sophisticated Grammar Factual tone; concrete language Use of passive voice Use of abbreviations
• *Interview* (interview) • *Studie* (study) • *Umfrage* (survey, poll)	Information and opinion sought by interviewer and responses of interviewee Name and affiliation of questioner Name and number of interviewees and their affiliations Visual clues: photos, graphs, charts Information about topic in headline/title Questions (read them through as a guide to the interview) Why was this person interviewed? Does interviewer ask questions or comment, or both? Direct and indirect questions Use of subjunctive for indirect discourse Colloquial language Oral language, i.e., not always carefully structured language Use of statistics (study, survey) Predictions or conclusions based on the study/survey
• *Biografie, Autobiografie* (biography, autobiography) • *Tagebuchaufzeichnung* (diary entry)	The time frame Chronological presentation Important events in life Important contributions of person Unique or special experiences of person Narrative point of view Author's comments on events Why the person chose to write an autobiography

TEXTSORTE (*TEXT TYPE*)	WHAT TO LOOK FOR OR EXPECT

• *Literarische Werke* (literary works):
  Erzählung (story)
  Kurzgeschichte
  (short story)
  Drehbuch (screenplay)
  Gedicht (poem)
  *Lied (klassisches Lied, Ballade,
    Volkslied, Song)* (song: classi-
    cal song, ballad, folksong, pop
    song) *Märchen* (fairy tale)
	Erzählung, Kurzgeschichte:
	Time frame
	Main characters
	Narrative point of view
	Plot
	Episodes within plot
	Description
	Possibility of abstract, metaphorical language
	Not always predictable from extratextual knowledge
	
	Drehbuch:
	Dramatic structure (conflicts) Major characters Dialogue
	Direct language often in colloquial style
	Directions in script for camera (cutting for scenes)
	Directions in script to character (how to deliver lines)
	Directions in script for setting location
	
	Gedicht, Lied, Song:
	Title
	Topic
	Plot (in ballads)
	Visual clues
	Rhymes
	Highly metaphorical or abstract language
	Language may be altered to fit meter or rhyme
	Allusions
	
	Märchen:
	Topics or themes typical of other fairy tales
	Magical elements
	Characters typical of other fairy tales
	Formulaic language
	Use of simple past tense

• *Bildgeschichte* (picture story):
  Zeichenserie (comic strip)
  Cartoon (cartoon)
  Karikatur (caricature, cartoon)
	Hand-drawn characters, places, things
	Subject's features exaggerated or distorted
	An everyday situation
	Dramatic structure
	Development of story from one frame to the next
	Development of characters from one frame to the next
	Changes in location from one frame to next
	Changes in facial expression throughout the story
	Punchline in final frame(s)

Useful Words and Phrases for Class Interaction

Learning the following phrases and expressions will make your German conversations easier and more fluent.

Clarifying information

Kannst du/Können Sie das bitte wiederholen?	Can you please repeat that?
Kannst du/Können Sie das ein bisschen näher erklären?	Can you explain that a little more?
Was meinst du/meinen Sie damit?	What do you mean by that?
Wie meinst du/meinen Sie das?	How do you mean that?
Wo steht das im Text?	Where is that in the text?

Summarizing

Die Graphik zeigt, dass …	The graph shows that . . .
Es geht um …	It's about . . .
Im Text steht, …	In the text it says . . .

Expressing agreement and positive feedback

Ich bin der gleichen Meinung.	I have the same opinion.
Ich stimme damit überein.	I agree with that.
Das stimmt./Stimmt genau.	That's right.
Das sehe ich auch so/genauso.	That's the way I see it also.
Da hast du/haben Sie Recht.	You are right there.
Das ist klasse/spitze/super/toll.	That's great.
Gut gemacht.	Well done.
Das ist ein gutes Argument.	That's a good point.

Expressing disagreement and negative feedback

Ich bin (da/hier) anderer Meinung.	I have a different opinion.
Ich stimme damit nicht überein.	I don't agree with that.
Das stimmt (doch) nicht.	That's wrong.
Es stimmt nicht, dass ...	That's not true that ...
Das ist kein gutes Argument (dafür/dagegen).	That's not a good argument (for it/against it).
Auf keinen Fall ...	In no case ...
Das sehe ich nicht so/anders.	I don't see it that way./I see that differently.
Quatsch!/Unsinn!	Nonsense!
Doch!	On the contrary!
Ich glaube/finde doch!	But I do think so!

Correcting misunderstandings

Das habe ich nicht so gemeint.	I didn't mean it that way.
Das war nicht mein Ernst.	I wasn't serious.

Asking for feedback

Was hältst du/halten Sie davon?	What do you think of that?
Wie findest du/finden Sie das?	What do you think of that?
Wie siehst du/sehen Sie das?	How do you see it?
Was meinst du/meinen Sie?	What do you think?
Siehst du/sehen Sie das auch so?	Do you see it that way too?
Was ist deine/Ihre Meinung dazu?	What is your opinion about that?
Was denkst du/denken Sie darüber?	What do you think about that?

Surmising

Ich nehme an.	I assume.
Ich glaube schon.	I think so.
Das könnte/dürfte wahr/richtig sein.	That could/might be true/right.
Das könnte stimmen.	That could be (right).

Working in a group

Wie sollen wir anfangen?	How should we begin?
Ich schlage vor, ...	I suggest ...
Wie wäre es, wenn ...	How would it be if ...
Es wäre keine schlechte Idee, wenn ...	It wouldn't be a bad idea, if ...

Prefacing opinions

Ich finde ...	I think/I find ...
Meiner Meinung nach ...	In my opinion ...

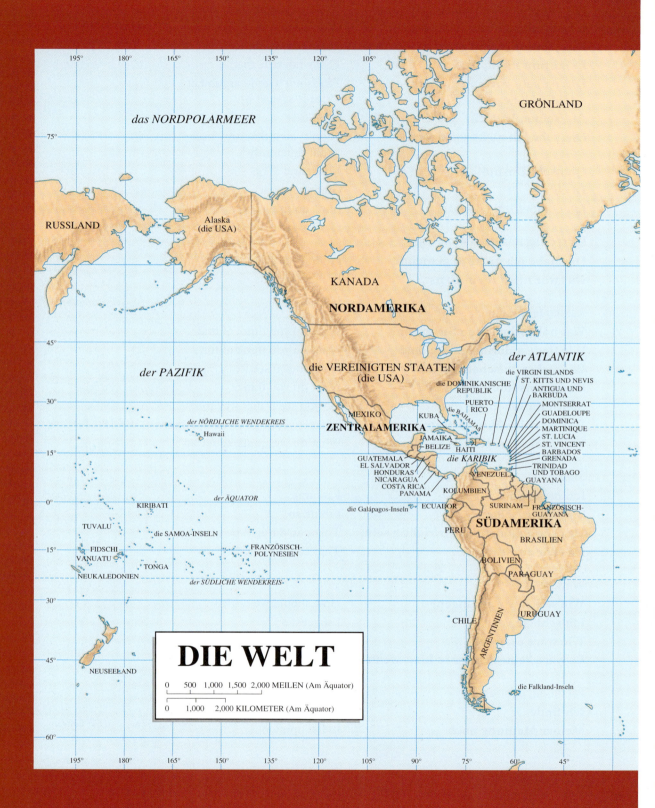

DIE WELT

das NORDPOLARMEER

GRÖNLAND

RUSSLAND

Alaska
(die USA)

KANADA

NORDAMERIKA

der PAZIFIK

der ATLANTIK

die VEREINIGTEN STAATEN
(die USA)

die VIRGIN ISLANDS
ST. KITTS UND NEVIS
ANTIGUA UND
BARBUDA

die DOMINIKANISCHE
REPUBLIK

MONTSERRAT
GUADELOUPE
DOMINICA
MARTINIQUE
ST. LUCIA
ST. VINCENT
BARBADOS
GRENADA
TRINIDAD
UND TOBAGO
GUAYANA

PUERTO
RICO

MEXIKO

KUBA

die BAHAMAS

der NÖRDLICHE WENDEKREIS

Hawaii

ZENTRALAMERIKA

JAMAIKA
BELIZE

HAITI

GUATEMALA
EL SALVADOR
HONDURAS
NICARAGUA
COSTA RICA
PANAMA

die KARIBIK

VENEZUELA

KOLUMBIEN

die Galápagos-Inseln

ECUADOR

SURINAM

FRANZÖSISCH-
GUAYANA

KIRIBATI

der ÄQUATOR

PERU

SÜDAMERIKA

TUVALU

die SAMOA-INSELN

BRASILIEN

FIDSCHI
VANUATU

FRANZÖSISCH-
POLYNESIEN

BOLIVIEN

NEUKALEDONIEN

TONGA

PARAGUAY

der SÜDLICHE WENDEKREIS

URUGUAY

CHILE

ARGENTINIEN

NEUSEELAND

0   500   1,000 1,500 2,000 MEILEN (Am Äquator)

0   1,000   2,000 KILOMETER (Am Äquator)

die Falkland-Inseln

195° 180° 165° 150° 135° 120° 105° 90° 75° 60° 45°

75° 45° 30° 15° 0° 15° 30° 45° 60°

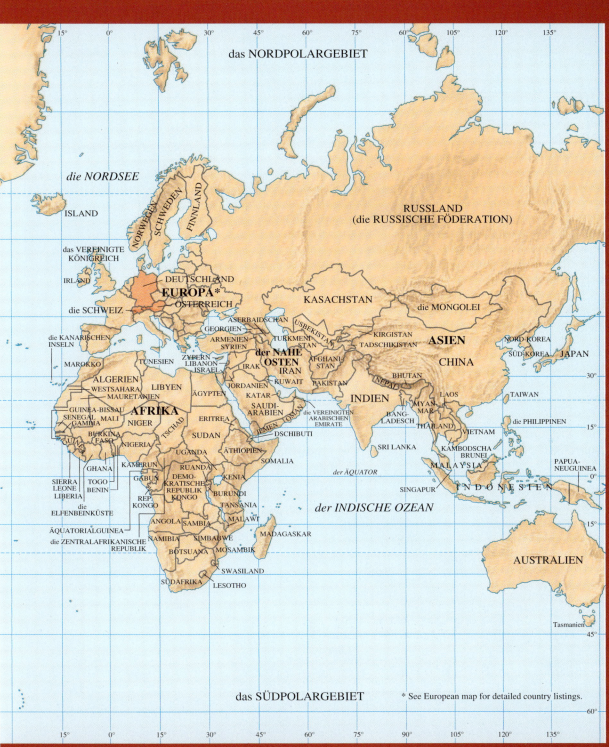

das NORDPOLARGEBIET

15° 0° 30° 45° 60° 75° 60° 105° 120° 135°

die NORDSEE

ISLAND

RUSSLAND
(die RUSSISCHE FÖDERATION)

NORWEGEN SCHWEDEN FINNLAND

das VEREINIGTE
KÖNIGREICH

IRLAND

DEUTSCHLAND
EUROPA *
ÖSTERREICH
die SCHWEIZ

KASACHSTAN

die MONGOLEI

die KANARISCHEN
INSELN

ASERBAIDSCHAN
GEORGIEN
ARMENIEN
SYRIEN

USBEKISTAN
TURKMEN-
STAN

KIRGISTAN
TADSCHIKISTAN

ASIEN

NORD-KOREA
SÜD-KOREA JAPAN

MAROKKO

TUNESIEN

ZYPERN
LIBANON
ISRAEL

IRAK

**der NAHE
OSTEN**
IRAN

AFGHANI-
STAN

CHINA

ALGERIEN
WESTSAHARA
MAURETANIEN

LIBYEN

ÄGYPTEN

JORDANIEN

KATAR

KUWAIT

PAKISTAN

BHUTAN
NEPAL

TAIWAN

GUINEA-BISSAU
SENEGAL MALI
GAMBIA

AFRIKA

NIGER

SAUDI-
ARABIEN

INDIEN

LAOS
MYAN-
MAR

30°

die PHILIPPINEN

BURKINA
FASO

NIGERIA

TSCHAD

ERITREA

JEMEN OMAN

die VEREINIGTEN
ARABISCHEN
EMIRATE

BANG-
LADESCH

THAILAND

VIETNAM

15°

GHANA

KAMERUN

SUDAN

UGANDA

ÄTHIOPIEN

SRI LANKA

KAMBODSCHA
BRUNEI

SIERRA
LEONE
LIBERIA

TOGO
BENIN

GABUN

RUANDA
DEMO-
KRATISCHE
REPUBLIK
KONGO

KENIA

SOMALIA

der ÄQUATOR

MALAYSIA

PAPUA-
NEUGUINEA

0°

ÄQUATORIALGUINEA

REP.
KONGO

BURUNDI

SINGAPUR

I N D O N E S I E N

die
ELFENBEINKÜSTE

TANSANIA

der INDISCHE OZEAN

die ZENTRALAFRIKANISCHE
REPUBLIK

ANGOLA SAMBIA

MALAWI

15°

NAMIBIA

SIMBABWE

MADAGASKAR

BOTSUANA

MOSAMBIK

AUSTRALIEN

SÜDAFRIKA

SWASILAND

LESOTHO

Tasmanien

45°

das SÜDPOLARGEBIET

* See European map for detailed country listings.

60°

15° 0° 15° 30° 45° 60° 75° 90° 105° 120° 135°

EUROPA und NORDAFRIKA
✪ Hauptstadt
◉ Landeshauptstadt
• Stadt

30 10 0 10 20 40
70

Arctic Circle

ISLAND
Reykjavik

60

der ATLANTIK

die NORDSEE

NORWEGEN SCHWEDEN FINNLAND

Oslo
Stockholm

Helsinki
✪ Tallinn
ESTLAND
St. Petersburg
RUSSLAND
LETTLAND
✪ Riga
Moskau

40 60

20

NORDIRLAND SCHOTTLAND
Belfast Edinburgh

IRLAND GROSSBRITANNIEN DÄNEMARK
Dublin

50

Kopenhagen die OSTSEE
Königsberg
(ZU RUSSLAND)
LITAUEN
Vilnius
Minsk
BELARUS

WALES ENGLAND
Cardiff London
Amsterdam Den Haag
die NIEDERLANDE

Berlin POLEN
Warschau Kiew

der ÄRMELKANAL Brüssel Bonn
BELGIEN DEUTSCHLAND
LUXEMBURG Prag die UKRAINE
Luxemburg TSCHECHIEN 50
Paris

LIECHTENSTEIN die SLOWAKEI
Wien ✪ Bratislava MOLDAU
Chisinau
FRANKREICH Bern Vaduz ÖSTERREICH Budapest
die SCHWEIZ UNGARN RUMÄNIEN
SLOWENIEN
Ljubljana Zagreb Bukarest
KROATIEN Belgrad das
PORTUGAL BOSNIEN- SCHWARZE
HERZEGOWINA SERBIEN BULGARIEN MEER
Madrid Sarajevo Sofia Istanbul
Lissabon KORSIKA Rom MONTENEGRO Skopje Ankara die
SPANIEN MALLORCA Tirana MAZEDONIEN TÜRKEI
10 40
SARDINIEN ALBANIEN
die STRASSE von GIBRALTAR GRIECHENLAND
Rabat Algier SIZILIEN Athen
Tunis das MITTELMEER KRETA
MAROKKO ALGERIEN TUNESIEN
30

ITALIEN

Meilen
0 400
Tripoli
Kilometer
0 400 LIBYEN

A F R I K A
10 20 30
30

Thema 1-10

Lektüre

Thema

1

Freizeit

Relaxen im Englischen Garten in München

Resources

- Text Audio
- Kurzfilm
- Premium Website
- Student Activities Manual

Werner Dieterich / Alamy

Einstieg in das Thema

Die Deutschen sind in der ganzen Welt für ihren langen Urlaub und für ihre Begeisterung° für Urlaubspläne bekannt. Mit etwa 40 Tagen haben die Deutschen mehr Urlaubs- und Feiertage als Amerikaner und Kanadier, die im Durchschnitt° 18–25 Urlaubs- und Feiertage haben. Die Deutschen planen auch gern besondere Freizeitbeschäftigungen für ihre freien Abende und für das Wochenende, denn sie haben mehr freie Zeit als die Menschen in vielen anderen Ländern. „Schönen Feierabend°" ist ein Gruß, den sich viele Arbeiter und Angestellte° in Firmen am Ende des Arbeitstages zurufen.

enthusiasm

average

have a nice evening (lit. enjoy your time off)

employees

In diesem Thema lesen Sie über verschiedene Freizeitbeschäftigungen der Deutschen, besonders über die von jungen Menschen. In einem Online-Interview erzählen junge Menschen, wie sie ihre Freizeit verbringen. Dann machen Sie auch eine kurze Reise nach München, der Stadt des Oktoberfestes.

Gedankenaustausch

1. Stellen Sie eine Liste von Ihren Freizeitbeschäftigungen auf (mindestens° drei).

   at least

2. Was ist Ihre Lieblingsfreizeitbeschäftigung? Warum?

3. Freizeit und Urlaub sind sehr wichtig für die Deutschen. Was halten Sie davon? Meinen Sie, dass so viel Freizeit gut ist, oder ist das eine Zeitverschwendung°? Sollten Amerikaner und Kanadier mehr Freizeit haben?

   waste of time

4. Feiertage sind in vielen Kulturen sehr wichtig. Welche deutschen Feiertage kennen Sie? Was ist Ihr Lieblingsfeiertag? Was machen Sie an diesem Tag?

   🌐 www.Feiertage.net

3

KULTURLESESTÜCKE

Tabelle: Was machen Sie üblicherweise° in Ihrer Freizeit?

Zum Thema

1 **Fragen.** In dieser Tabelle der Shell-Jugendstudie erfahren wir etwas über die Freizeitbeschäftigungen von jungen Deutschen. Während Sie die Tabelle *compare* lesen, vergleichen° Sie Ihre Aktivitäten mit den Beschäftigungen der deutschen *young people* Jugendlichen°. Fragen Sie sich: Mache ich das auch gerne oder nicht?

2 **Beim Lesen**

1. Die Lieblingsfreizeitbeschäftigung der deutschen Jugend ist Musik hören. Wie viele von den interviewten Jugendlichen hören Musik in ihrer Freizeit?
2. Wie viele Personen erwähnen Reisen als Freizeitbeschäftigung?
3. Mit welcher Person haben Sie die meisten Aktivitäten gemeinsam?

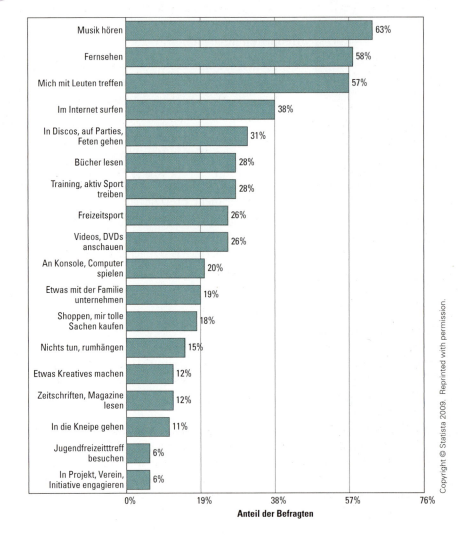

youth center

Anteil der Befragten

Copyright © Statista 2009. Reprinted with permission.

Zum Text

3 Was wissen Sie?

1. Was machen deutsche Jugendliche am häufigsten in ihrer Freizeit? Was am wenigsten?

2. Welche zwei Freizeitbeschäftigungen sind gleich beliebt°?   *popular*

3. Welche Aktivitäten kann man am Computer machen?

4. Haben Sie Freizeitbeschäftigungen, die nicht auf der Liste stehen, wie zum Beispiel kochen, Videos machen, inlineskaten, joggen, walken, Skateboard fahren, skilaufen, surfen, snowboarden, chatten, chillen, golfen, Videospiele oder Computerspiele spielen, oder ein bestimmtes Hobby? Machen Sie eine Liste mit Ihren Aktivitäten. Vergleichen Sie Ihre Liste mit der Tabelle und mit der Liste einer Partnerin/eines Partners.

5. Was kann ich in meiner Freizeit machen? Es gibt Seiten, die Ihnen dabei helfen können. Suchbegriff: Freizeit-Ratgeber° http://www.freizeit-ratgeber.de/   *advisor*

4 Zur Diskussion

1. Überrascht° Sie etwas in der Tabelle? Sind Ihrer Meinung nach die Freizeit-beschäftigungen der deutschen Jugendlichen anders als die Aktivitäten von Ihren Freunden und Bekannten?   *surprise*

2. An dritter Stelle steht „mich mit Leuten treffen". Was unternehmen Sie mit Freunden? Welche Freizeitbe-schäftigungen macht man vielleicht lieber allein und welche mit anderen Leuten?

3. Besprechen Sie die letzten drei Aktivitäten in der Tabelle. Warum meinen Sie, sind diese Aktivitäten weniger beliebt?

▲ *Das deutsche Team gewinnt bei der Frauen-Fußball-Weltmeisterschaft 2007*

5 Gruppenarbeit

1. Wie viel Freizeit haben Sie eigentlich? Arbeiten Sie in einer Dreier-Gruppe und machen Sie einen Plan von einer typischen Woche. Wie viele Stunden ar-beiten Sie? Wie viel Zeit verbringen Sie mit Hausarbeit und Hausaufgaben°? Wie viele Stunden haben Sie frei? Wie verbringen Sie die Freizeit? Verglei-chen Sie die Ergebnisse° Ihrer Gruppe mit den Ergebnissen der anderen Kursteilnehmerinnen/Kursteilnehmer°.   *home work*   *results*   *students in class*

2. Machen Sie eine Freizeitstudie für Ihren Kurs. Benutzen Sie die Katego-rien in der Shell-Studie. Arbeiten Sie in Gruppen und finden Sie heraus, wie die Gruppe ihre Freizeit organisiert°. Vergleichen Sie dann Ihre Freizeit-beschäftigungen mit denen der anderen Kursteilnehmerinnen/Kursteilnehmer. Stimmen Ihre Ergebnisse mit der Shell-Studie überein°?   **stimmen … überein**   *correspond*

Vermischtes°

1. Urlaubs- und Feiertage einiger Industrienationen

	URLAUBSTAGE	FEIERTAGE
Deutschland	30	10
Frankreich	30	10
Österreich	25	13
Großbritannien	28	9
Schweiz	20	8
USA	15	10
Kanada	10	8

Source: Mercer 2009 on www.mercer.ch
Reprinted by permission of Mercer, London.

2. **Deutsche Feiertage:**
   Neujahrstag: 1. Januar
   Tag der Arbeit: 1. Mai
   Tag der deutschen Einheit: 3. Oktober (die Wiedervereinigung Deutschlands)

   Christliche Feiertage in ganz Deutschland:
   Karfreitag°, 〔*Good Friday*〕
   Ostern (Ostersonntag und Ostermontag),
   Christi Himmelfahrt° (der 6. Donnerstag nach Ostern), 〔*Ascension Day*〕
   Pfingsten° (der 7. Sonntag und Montag nach Ostern), 〔*Pentecost*〕
   erster Weihnachtstag und zweiter Weihnachtstag

3. Einige weltbekannte deutsche Feste° und Feiern°: 〔*festivals / celebrations*〕
   a. **Fasching und Karneval.** Im Februar feiert man im Rheinland „Karneval" und in Süddeutschland „Fastnacht" oder „Fasching". Höhepunkt ist der „Rosenmontag", an dem große Straßenumzüge° stattfinden. Berühmt sind die Straßenumzüge in Mainz und Köln. Am Aschermittwoch° ist alles vorbei. 〔*street parades; Ash Wednesday*〕
   b. **Oktoberfest.** Das Münchner Oktoberfest (*www.oktoberfest.de*) ist das bekannteste deutsche Fest und das größte Volksfest der Welt. Sechs Millionen Menschen besuchen das Fest, das Ende September beginnt und 16 Tage dauert.

▲ *Am 3. Oktober feiern die Deutschen den Tag der deutschen Einheit.*

Online-Interview: Wie verbringst du deine Freizeit?

ZumThema

6 **Vor dem Lesen**

In diesem Online-Interview erfahren wir, was einige junge Menschen in ihrer Freizeit machen. Die jungen Menschen sind alle Mitglieder° der Jugendorganisation der FDP (Freien Demokratischen Partei). Sie nennen sich „JuLis", Junge Liberale in Baden Württemberg, und sind zwischen 14 und 35 Jahre alt. Für welche ihrer Freizeitbeschäftigungen würden Sie sich auch interessieren?

members

1-2, 1-3, 1-4,
1-5, 1-6,
1-7, 1-8

Wie verbringst du deine Freizeit?

Christoph Meves   Jahrgang°: 1985
Beruf: Student der Rechtswissenschaft

year of birth

Mit Kochen, einem guten Buch, Gedanken über das Leben an sich, surfen (aber nicht dem im Wasser ;-)) und dem Designen von allem Möglichen, außerdem damit, die Berge in der Umgebung° hoch- und runterzuradeln°. Leider hatte ich in den letzten Monaten nicht die Zeit dazu, aber ich fliege auch gerne in der Welt herum, vor allem nach Südamerika, Asien und Afrika muss ich irgendwann mal reisen, aber auch meine zweite Heimat Neuseeland will ich wieder besuchen.

vicinity
to cycle down

Niklas Görke   Jahrgang: 1987
Beruf: Student der Rechtswissenschaft

In meiner „Freizeit" versuche ich mich im Bereich des Eventmanagements und der Gastronomie. Ansonsten° genieße ich gerne, ganz ohne Alltagsstress, jede freie Minute mit ein paar Freunden und einem leckeren Eisbecher° am schönen Bodensee. Aber auch das Feiern darf bei mir selbstverständlich nicht zu kurz kommen.

in addition

ice cream sundae

Sebastian Gratz   Jahrgang: 1991
Beruf: Schüler

Mit vielen, vielen, vielen Sachen, die alle nicht in einen Schuh passen. Sport, Kultur, Lesen, Computer, Party, Musik, Reisen, Entdecken – ich bin schnell gelangweilt. Wer mich da fassen will, muss sich Mühe geben.

Christoph Meves, Junge Liberale Baden-Wurttemberg
Sebastian Gratz, Junge Liberale Baden-Wurttemberg

Antonia Maier Jahrgang: 1990
Beruf: Studentin der Betriebswirtschaft, Fachrichtung° Industrie, an der Berufsakademie in Stuttgart

Neben dem Studium und den JuLis verbringe ich gerne viel Zeit draußen. Dazu gehören ausgiebige° Spaziergänge mit unserem Boxer Emil als auch das Grillen zu jeder Jahreszeit. Gerne erkunde° ich aber auch mal andere Teile der Erde, gehe also besonders gern auf Reisen und in den Urlaub. Da dürfen dann natürlich auch das spannende Buch und eine gute CD nicht fehlen. Gemeinsam mit meinen Freunden bin ich auch nicht abgeneigt° das Nachtleben ein wenig unsicher zu machen. Sollte es einmal entspannter zugehen°, steht einem Kino-Besuch nichts im Wege.

Sven Gerst Jahrgang: 1986
Beruf: Student der Betriebswirtschaft (Master of Management an der Universität Mannheim)

Klassisch: chillen, Fußball (selten aktiv/oft passiv), gute Filme, besserer Hip-Hop, politische Diskussionen führen, von den neusten Apple-Produkten träumen und mein chronisches Fernweh° (vor allem nach Asien) bekämpfen°.

Benjamin Strasser Jahrgang: 1987
Beruf: Student der Rechtswissenschaft (Uni Konstanz)

Am liebsten mit guten Freunden auf einer Party oder etwas gechillter bei einem Kaffee in 'nem netten Café in Ravensburg. Außerdem reise ich gerne und es zieht mich immer wieder in größere Städte wie Berlin oder Dresden. In der verbleibenden° Zeit neben den JuLis engagiere ich mich auch im Uniorchester Konstanz und der kirchlichen Jugendarbeit.

Lukas Tränkle Jahrgang: 1991
Beruf: Schüler

Welche Freizeit?? Eigentlich bin ich ständig unterwegs und sehr selten zu Hause. Ansonsten verbringe ich sehr viel Zeit mit Telefonieren, mit Freunden – und Parties kommen natürlich auch nicht zu kurz. Kochen gehört leider definitiv nicht dazu …! Wenn ich mal Zeit haben sollte, mache ich auch gerne viel Spaß. Außerdem genieße ich auch hin und wieder mal die schöne Landluft ;-) !

Margin glossary:
speciality
lots of
explore
disincliined
Sollte … zugehen: *If there should be something less exciting to stand in the way*
wanderlust
try to control
remaining

Zum Text _____

7 Was wissen Sie?

1. Christoph sagt, dass er gern reist. Was sind seine Reiseziele? Warum will er wieder nach Neuseeland fahren?
2. Niklas studiert Rechtswissenschaft, aber er sagt, er versuche sich in seiner Freizeit „im Bereich des Eventmanagements und der Gastronomie". Was genau könnte er damit meinen?
3. Was meint Sebastian, wenn er sagt, seine Sachen passen nicht in einen Schuh?
4. Nennen Sie ein paar Aktivitäten, die die Befragten mit Freunden unternehmen.
5. Wie verbringen die Befragten ihre Freizeit draußen – in der Natur?
6. Vergleichen Sie die Freizeitbeschäftigungen von den Befragten mit den Freizeitbeschäftigungen in der Shell-Studie. Welche Unterschiede° finden Sie? *differences*

8 Zur Diskussion

1. Mit welcher Person möchten Sie Ihre Freizeit verbringen? Warum? Wie würden Sie einen freien Tag mit dieser Person verbringen?
2. Diese jungen Leute verbringen viel Zeit in ihrer Jugendorganisation, den Jungen Liberalen (JuLis) und können sich hier politisch engagieren. Was halten Sie von solchen Organisationen? Engagieren Sie sich in Organisationen, Vereinen oder Initiativen? Gehören Sie irgendeinem Klub an? Warum oder warum nicht?

9 Gruppenarbeit: Internetrecherche.
Die Befragten sind Mitglieder der JuLis (Junge Liberale). Alle politischen Parteien haben eine Organisation für Jugendliche. Besuchen Sie die Homepage einer Jugendgruppe und berichten Sie darüber.

Mögliche Suchbegriffe°: Jugendverbände°, Jugendgruppen   *search terms / youth organizations*

▲ *Sticker der JBN - Jugendorganisation Bund Naturschutz*

Wortschatzübungen

Audio Flashcards
Concentration
Crossword

Wortschatz 1

Substantive

der **Alltag**   *everyday life*
der **Bereich, -e**   *area, field*
die **Betriebswirtschaft**   *business management*
der **Feierabend**   *time after work, closing time*
die **Fete, -n**   *party*
die **Freizeit**   *leisure time*
die **Heimat**   *native country*
die **Kneipe, -n**   *bar, pub*
die **Kultur, -en**   *culture*
die **Jahreszeit, -en**   *season*
die **Luft, ̈-e**   *air, breeze*
das **Magazin, -e**   *magazine*
die **Mühe, -n**   *effort, trouble;* **sich ~ geben**   *to exert oneself*
das **Produkt, -e**   *product*
das **Projekt, -e**   *project*
der **Stress**   *stress*
das **Studium, -ien**   *studies; university education*
das **Training**   *training; practice*
die **Umgebung, -en**   *environs; surroundings*

Verben

chillen   *to chill out, to relax*
entdecken   *to discover*
fassen   *to touch; to seize; to hold; to understand;*
  ich kann es nicht fassen   *I can't understand it*
rum·hängen   *to hang around*
shoppen   *to shop*
surfen   *to surf*
unternehmen (unternimmt; unternahm, unternommen)
  to undertake; to attempt

Andere Wörter

entspannt   *relaxed*
gelangweilt   *bored*
gemeinsam   *jointly; in common; mutual*
lecker   *tasty, delicious*
selbstverständlich   *obvious, that goes without saying*
spannend   *suspenseful, exciting*
ständig   *constant, continual*
unsicher   *insecure, unsure; unsafe*
unterwegs   *on the way, underway*
vor allem   *above all*

10 Definitionen. Welche Wörter aus den Vokabellisten passen zu den Bedeutungen?

1. ruhig und ausgeruht _____
2. zusammen _____
3. wenn etwas sehr gut schmeckt _____
4. eine Ware _____
5. ausruhen _____
6. die Anstrengung/die Hektik _____
7. die Party _____
8. das Land, aus dem man kommt _____
9. ein ganz normaler Tag / die Aktivitäten, die man jeden Tag macht _____
10. die Zeitschrift _____
11. glauben; verstehen _____
12. klar _____
13. einkaufen _____
14. aufregend / nicht langweilig _____

11 Welches Wort passt? Ergänzen Sie die Sätze mit dem richtigen Wort aus der Vokabelliste.

Mark hat ein Jahr in München Betriebswirtschaft studiert. Das _____ war anstrengend, denn in diesem _____ muss man viele Seminare und Vorlesungen besuchen. Außerdem hat Mark auch an einem Marketing-_____ bei einer Firma mitgearbeitet. Doch an den Wochenenden hatte Mark auch mal _____. In München gab es viel zu _____. Da Mark sich sehr für _____ interessiert, ist er oft in eins der vielen Museen in München gegangen. _____ _____ hat es Mark aber im Sommer gefallen. Das ist die schönste _____ und mit seinen Freunden war Mark viel _____, um auch die _____ von München kennen zu lernen. Oft sind sie an den Ammersee gefahren, wo man sehr gut _____ kann. Mark hat sein Studienjahr in München gut gefallen und _____ hat er sich nie.

12 Verwandte Wörter. Ergänzen Sie die Sätze mit den passenden Wörtern.

a. die Feier • der Feierabend • feierlich • feiern

Die Woche war anstrengend, doch endlich ist _____. Heute Abend gehen Herr und Frau Burg zu einer _____. Eine Freundin von ihnen _____ ihren 70. Geburtstag in einem schönen Restaurant. Herr und Frau Burg ziehen sich elegant an, es wird sicher _____.

b. sich bemühen • die Mühe • mühelos • mühevoll

Laura lernt Englisch. Sie _____ sehr und lernt jeden Tag eine Stunde lang Vokabeln. Das ist manchmal _____. Doch nun kann sie sich fast _____ mit einem Freund auf Englisch unterhalten. Toll! Die _____ hat sich gelohnt.

c. das Unternehmen • unternehmen • der Unternehmer

Der _____ Nils Glaser führt seine Firma seit vielen Jahren mit Erfolg. Doch in den letzten Monaten hat das _____ große Probleme. Wenn er seine Firma retten will, muss Herr Glaser etwas _____. Vielleicht muss er sogar Leute entlassen°.

dismiss

Grammatik im Kontext 🌐 Grammar Quiz

Verben im Präsens • Trennbare Verben • Imperativ • Modalverben

13 Was machen die Julis gern? Ergänzen Sie die Sätze mit der richtigen Form des trennbaren Verbs im Präsens.

1. Christoph _____ gern die Berge _____. (hochradeln)
2. Christoph _____ auch gern in der Welt _____. (herumfliegen)
3. Antonia und ihr Freund _____ mit ihrem Hund _____. (spazierengehen)
4. Wenn Antonia auf Reisen geht, _____ sie immer ein spannendes Buch _____. (mitnehmen)
5. Sven will immer das neuste iPad haben. Morgen geht er _____. (einkaufen)
6. Niklaus _____ ein Event am Bodensee _____. (vorbereiten)
7. Sebastian ist sehr schnell gelangweilt, deshalb _____ er kaum _____. (fernsehen)
8. Lukas ist immer beschäftigt und fragt sich, wann seine Freizeit eigentlich _____. (anfangen)

14 Freizeitbeschäftigungen. Wer macht die folgenden Freizeitbeschäftigungen? Fragen Sie Ihre Partnerin/Ihren Partner, ob sie/er das auch macht.

Christoph Niklas Sebastian Antonia Sven Lukas Benjamin

▶ gern im Internet surfen
Christoph surft gern im Internet.
Surfst du auch gern im Internet?
Ja/Nein, ich surfe (nicht) gern im Internet.

1. Neuseeland besuchen wollen _____
2. jede freie Minute mit ein paar Freunden genießen _____
3. schnell gelangweilt sein _____
4. gerne viel Zeit draußen verbringen _____
5. von den neuesten Apple-Produkten träumen _____
6. ins Kino gehen _____
7. im Orchester spielen _____
8. polititsche Diskussionen führen _____

15 **Partnerarbeit.** Erzählen Sie Ihrer Partnerin/Ihrem Partner von Ihrer Lebenssituation / Ihrer Gesundheit. Ihre Partnerin/Ihr Partner gibt Ihnen Tipps. Dabei verwendet sie/er den Imperativ oder Modalverben.

Stichwörter:

Gesundheit / Lebenssituation: oft müde sein • zu viel Arbeit haben • zu viel wiegen • abnehmen wollen • oft nervös sein • alles weh tun • faul sein

Tipps für Aktivitäten: joggen • öfter schwimmen gehen • weniger essen • faulenzen • nichts tun • chillen • ausschlafen • weniger Fleisch essen • Fahrrad fahren

▲ *Er hat wieder Kopfschmerzen.*

▶ Sie: Ich habe häufig Kopfschmerzen.
  Ihre Partnerin/Ihre Partner: *Geh' doch öfter an die frische Luft!*
                                Du musst mehr schlafen.
                                Kannst du nicht mehr schlafen?

16 **Zur Diskussion / Zum Schreiben**

1. **Freizeit:** Schreiben Sie einen kurzen Aufsatz° zum Thema: Warum Freizeit für die Menschen wichtig ist.

essay

17 **Meinungsaustausch° / Verhandeln°**

exchange of opinion / exchange of opinion, negotiating / enthusiastic about s.th. / convince, persuade

1. Sie wollen eine Reise nach München machen und laden einige Freunde ein mitzukommen, aber nicht alle sind von der Idee begeistert°. Versuchen Sie, sie zu überreden° den Ausflug mitzumachen. Eine Gruppe sammelt Argumente dafür, die andere sammelt Argumente dagegen. Sie können in Ihrer Diskussion die folgenden Redemittel° verwenden.

conversational expressions

Redemittel

Man muss unbedingt mal in München gewesen sein.

München sollte man gesehen haben.

Du solltest mitkommen, weil München interessant / schön / total cool ist.

Würdest du in der Allianz Arena gern ein Spiel des Münchener Fußballvereins FC Bayern München sehen?

Das Fußballstadion musst du sehen.

Ein Trip / Eine Städtetour nach München ist mir zu anstrengend / langweilig / teuer.

Es macht keinen Spaß, den ganzen Tag durch eine Stadt zu gehen.

Fussball interessiert mich nicht.

▲ *Allianz Arena - Fußballstadion in München.*

Reiseführer

Google Earth Coordinate

München

▲ *Das Rathaus am Marienplatz in München*

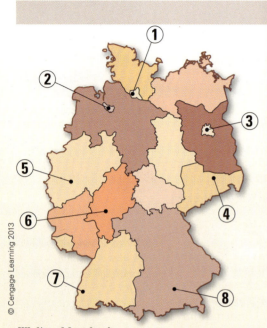

Wo liegt München?

MÜNCHEN, DIE HAUPTSTADT VON BAYERN, LIEGT NUR EINE

edge of the Alps / at a distance
is considered / numerous
liter

Autostunde vom Alpenrand° entfernt°, idyllisch an der Isar. München wird oft „Weltstadt mit Herz" genannt, denn obwohl die Stadt über 1,3 Millionen Einwohner hat, gilt° die Lebensweise als gemütlich. Es gibt zahlreiche° Straßencafés und im Sommer sitzt man gerne bei Weißwurst und einer Maß° Bier in einem der vielen Biergärten der Stadt. Im Herbst wird in München das größte Volksfest der Welt, das Oktoberfest gefeiert.

offering
performances

München ist auch für sein großes Angebot° an Kunst und Kultur bekannt, für die zahlreichen Theater-, Ballett-, Opern- und Konzertaufführungen° und die vielen Museen. Berühmt sind die Alte und die Neue Pinakothek, die Glyptothek und die Pinakothek der Moderne, in denen man wertvolle Bilder

view

und Kunstwerke aller Epochen besichtigen° kann.

In der Alten Pinakothek gibt es mehr als 700 Meisterwerke der europäischen Malerei aus dem 14. bis 18. Jahrhundert zu sehen, darunter das

self-portrait

bekannte Selbstbildnis° von Albrecht Dürer aus der Zeit um 1500.

Alle wichtigen Maler der europäischen Kunst des 19. Jahrhunderts kann man in der Neuen Pinakothek anschauen.

Bekannt ist auch das Deutsche Museum, das größte Technikmuseum der

is found

Welt. Neben vielen anderen Originalkonstruktionen befindet° sich hier zum Beispiel das erste Automobil.

München hat das ganze Jahr über viele Besucher. Das lebendige Zentrum

city hall

Münchens ist der Marienplatz mit dem Neuen Rathaus°, an dessen Turm ein Glocken- und Figurenspiel zu sehen ist.

Münchens bekanntestes Wahrzeichen° ist die Frauenkirche mit ihren fast 100 Meter hohen Zwillingstürmen° mit den zwiebelförmigen° Hauben°.

Für die Olympischen Spiele 1972 wurde der Olympiapark gebaut. Die Hügel bestehen aus Schutt°, den der Zweite Weltkrieg in München hinterließ. Darauf entstanden° eine künstliche° Landschaft mit See, der Olympiaturm und verschiedene Sportstätten°.

Der Englische Garten ist einer der größten innerstädtischen Parks der Welt. Besonders im Sommer ist er ein beliebtes Erholungsareal° mit Wiesen° zum Sonnen und Ballspielen und vielen Wegen zum Radfahren und spazieren gehen. Am Chinesischen Turm ist einer der beliebtesten Biergärten mit einem herrlichen Blick auf die Stadt, wo sich Touristen, aber auch die Münchner selbst gerne erholen.

symbol
twin towers / onion-shaped / caps

rubble
arose / artificial
sports arenas

area for relaxation /
meadows

18 **Was passt zusammen?.** Für manche Sehenswürdigkeiten gibt es mehr als eine Antwort.

1. Olympiapark
2. Alte Pinakothek
3. Marienplatz
4. Englischer Garten
5. Deutsches Museum
6. Frauenkirche

a. Münchens lebendiges° Zentrum
b. größtes Technikmuseum der Welt
c. Selbstbildnis von Albrecht Dürer
d. Europäische Kunst des 14. bis 18. Jahrhunderts
e. erbaut auf den Trümmern° des 2. Weltkriegs
f. Zwillingstürme von fast 100 m Höhe
g. bekanntestes Wahrzeichen von München
h. Original des ersten Automobils
i. beliebtes Erholungsareal

lively

rubble

19 **Ein Besuch in München.** Was würden Sie bei einem Münchenbesuch unternehmen? Welche Sehenswürdigkeiten würden Sie sich auf jeden Fall anschauen? Nennen Sie zwei Münchener Sehenswürdigkeiten, die Sie interessant finden, und erklären Sie warum.

Rawdon Wyatt / Alamy

▲ *Biergarten im Englischen Garten in München*

20 **Internetrecherche**

1. Suchen Sie den Dokumentarfilm „Keep Surfing" (2009), der in München spielt. Sechs junge Münchner, die ein ganz normales Leben führen, suchen beim riskanten Surfen im Eisbach, einem künstlich° angelegten° See im Englischen Garten, den ganz besonderen Kick.

artificial / constructed

2. Was halten Sie vom Surfen im Eisbach? Warum surfen diese jungen Leute im Eisbach? Was meinen Sie? Gibt es bei Ihnen in den USA oder Kanada ähnliche Surf-Gelegenheiten°? Wo?

surfing opportunities

3. Würden Sie beim Surfen im Eisbach mitmachen? Warum (nicht)? Was halten Sie generell von solchen riskanten Sportarten?

LITERARISCHE WERKE

🌐 Gedicht: Vergnügungen

Bertolt Brecht

Mary Evans Picture Library / Alamy

Bertolt Brecht (1898–1956) ist einer der wichtigsten Autoren des 20. Jahrhunderts. In Berlin begann er 1924 seine dramatische Theorie und Praxis° des „epischen° Theaters" zu entwickeln°, das die Menschen zum Denken bringen sollte. Er wollte die Menschen mobilisieren, kollektiv die Gesellschaft zu verändern°. Besonders bekannt wurde er 1928 mit seinem Theaterstück mit Musik, *Die Dreigroschenoper* (The Threepenny Opera; Musik von Kurt Weill) nach *The Beggar's Opera* (1728) des Engländers John Gay. Lieder daraus, wie *Mackie Messer* („Jack the Knife") und *Die Seeräuber-Jenny* („Pirate Jenny") sind heute in der ganzen Welt bekannt.

Als Gegner° von Hitlers Nationalsozialismus verließ° er Deutschland 1933 und blieb im Exil in verschiedenen europäischen Ländern bis er 1941 nach Santa Monica in Süd-Kalifornien floh°. Nach dem 2. Weltkrieg gründete° er in Ost-Berlin das Berliner Ensemble, eine der bekanntesten Theatergesellschaften in Europa. Außer seinen Dramen schrieb er Kurzgeschichten, Essays und Gedichte. 1927 erschien seine Gedichtsammlung° *Die Hauspostille*°. Mit dem Wort „Haus" will er zeigen, dass seine Gedichte „Gebrauchslyrik"° für das Alltagsleben der Leser und gegen die schönen Bilder des Impressionismus und gegen das expressive Pathos° des Expressionismus sind. Oft enthalten° seine Gedichte kritische Kommentare über Politik und Gesellschaft.

practice / epic / develop

change

opponents / left

fled
founded

poetry collection
collection of religious and edifying sayings /
every day poetry / emotional and subjective elements in work of art / contain

Zum Thema

Brecht schrieb sein Gedicht *Vergnügung* zwischen 1955 und 1956 in Ost Berlin. Seine Phrase „Wechsel° der Jahreszeiten" könnte sich auf die neue sozialistische Regierung° in der ehemaligen° Deutschen Demokratischen Republik, oder auch auf den Wechsel der Jahreszeiten beziehen°. Die Metapher „Reisen" könnte auf die Hoffnung auf eine klassenlose Gesellschaft hinweisen, in der jeder versucht, „freundlich zu sein" und sich mit den Mitmenschen gut zu verstehen.

change
government / former
refer to

pleasures

21 Vergnügungen°

1. Welche Dinge mögen Sie oder machen Sie gerne?
2. Im folgenden Gedicht hören wir nichts von Sport oder anderen gewöhnlichen Beschäftigungen in der Freizeit. Notieren Sie beim Lesen fünf Dinge, die dem Sprecher oder der Sprecherin dieses Gedichtes gefallen.
3. Wären die folgenden Beispiele für Sie Vergnügungen? Warum oder warum nicht? Wählen Sie vier Beispiele:

ein Hund; eine Katze; eine Ferienreise mit Ihrer Familie; eine Zeitung; ein neuer Pullover, ein gutes Frühstück; eine Einladung in ein Restaurant; eine neue CD oder DVD; ein Sportmagazin; ein Reisemagazin; eine neue Armbanduhr; ein Fernsehprogramm über einen Zoo.

Vergnügungen° — *pleasures*

Der erste Blick° aus dem Fenster am Morgen — *look*

Das wiedergefundene alte Buch

Begeisterte° Gesichter — *enthusiastic*

Schnee, der Wechsel° der Jahreszeiten — *change*

Die Zeitung

Der Hund

Die Dialektik

Duschen, Schwimmen

Alte Musik

Bequeme Schuhe

Begreifen° — *understanding*

Neue Musik

Schreiben, Pflanzen

Reisen

Singen

Freundlich sein ☙

A dramatic reading of Brecht's poem can be found on YouTube: http://www.youtube.com/watch?v=C3bCvB4kWs8

"Vergnügungen," by Bertolt Brecht, from *Gedichte 1948–1956*, Vol. II, Copyright © 1964 SuhrkampSuhrkamp Verlag.

Zum Text

22 Fragen zum Gedicht

1. Mit welchen Vergnügungen dieses Gedichtes können Sie sich identifizieren? Wieso?

2. „Begeisterte Gesichter" findet der Sprecher toll. Wo haben Sie schon einmal begeisterte Gesichter gesehen und sich über die Begeisterung der Menschen gefreut?

3. Die Adjektive *alt* und *neu* werden hier mehrmals als Gegensätze° oder „Dialektik" benutzt. Finden Sie zwei Metaphern, die etwas Neues bedeuten. — *opposites*

4. Warum könnte man sich über ein wiedergefundenes altes Buch freuen?

5. In der 4. Zeile kommt in dem Bild vom „Wechsel der Jahreszeiten" ein zentrales Thema des Gedichts zum Ausdruck. Für welche Jahreszeit steht das Wort „Schnee"? Auch in anderen Zeilen sehen wir Freude über etwas Neues: „Neue Musik", „Pflanzen", „Reisen". Erklären Sie diese Bilder als Wechsel oder Transformation.

6. Stellen Sie zwischen den Zeilen „Bequeme Schuhe" und „Reisen" eine Verbindung° her. — *connection*

7. Schreiben Sie selbst ein Gedicht mit dem Titel „Vergnügungen" und entwickeln Sie darin mehrere Dinge, die Sie gerne am Morgen beim Aufstehen oder in der Freizeit machen oder sehen.

Kurzgeschichte: Mittagspause

Wolf Wondratschek

Ullstein Bilderdienst.

wuchs auf: grew up
editor
writer

radio play award

set to music
translation

screenplay
gender relationships

published

plot
sense

Wolf Wondratschek wurde 1943 in Rudolstadt in Thüringen geboren und wuchs°. Von 1964 bis 1965 war er Redakteur° der Literaturzeitschrift *Text und Kritik*. Seit 1976 lebt er als freier Schriftsteller° in München und hat seit Mitte der neunziger Jahre in Wien seinen zweiten Wohnsitz. Mit 25 Jahren bekam er den Leonce-und-Lena-Preis für seine Gedichte und 1970 erhielt er den Hörspielpreis° der Kriegsblinden. Als Autor von Gedichten und Kurztexten begann er seine literarische Karriere und wurde in den siebziger Jahren als einer der wenigen deutschsprachigen „Rock-Poeten" mit seinen Liedtexten bekannt. Von der deutschen Bluesrockband „Interzone" und deren Sänger Heiner Pudelko wurden verschiedene seiner Texte vertont°. 2002 erschien eine weitere Vertonung in englischer Übersetzung° zu Texten aus seinem Band *Das leise Lachen am Ohr eines andern* (*The soft laughter at the ear of another*, 1976). Neben seinen Gedichtbänden, Hörspielen und Filmdrehbüchern° schreibt er seit den Achtzigerjahren hauptsächlich Prosa zum Thema Geschlechterbeziehungen° und der Welt des Showbusiness. Seit Anfang dieses Jahrhunderts hat Wondratschek bereits vier neue Werke veröffentlicht°: *Die große Beleidigung* (*The great insult*; 2001), *Mozarts Friseur, Humor-Satire* (*Mozart's barber*, 2002) *Mara* (*Mara*, 2003) und *Das Geschenk* (*The present*, 2011).

Mittagspause erscheint in seinem ersten Buch, *Früher begann der Tag mit einer Schußwunde* (*The day used to begin with a gunshot wound*, 1969). Weil Wondratscheks Geschichten meistens keine Handlung° im konventionellen Sinne° haben, bezeichnet er sie als „ein Stück Prosa", das einen Moment im gewöhnlichen Alltag eines Menschen beschreibt.

Zum Thema

colloquial speech

reflects

In *Mittagspause* benutzt Wondratschek eine einfache Umgangssprache°: seine Sätze sind kurz und klar und grammatisch auf ein Minimum reduziert. Die Sprache ist konventionell und spiegelt° das konventionelle Leben einer jungen Frau wider.

23 Mittagspause

1. Was machen Sie gerne in Ihrer freien Zeit in der Mittagspause?
2. Gehen Sie auch manchmal in ein Café oder ein Restaurant in Ihrer Mittagspause? Was erleben° Sie da?

experience

24 Leitfragen. Beim Lesen fragen Sie sich:

1. Was passiert in der Geschichte?
2. Die Geschichte ist eine Mischung aus dem, was die junge Frau tut und was sie denkt. Entscheiden Sie, was sie tut und was sie nur denkt.

future

3. Wie stellen Sie sich das zukünftige° Leben dieser Frau vor?
4. Was ist an dieser Frau emanzipiert und was nicht?
5. Warum ist diese Frau so unsicher? Was meinen Sie?

Mittagspause

Sie sitzt im Straßencafé. Sie schlägt
sofort die Beine übereinander. Sie
hat wenig Zeit. Sie blättert in einem
Modejournal. Die Eltern wissen, daß
5 sie schön ist. Sie sehen es nicht gern.

Zum Beispiel. Sie hat Freunde.
Trotzdem sagt sie nicht, das ist mein
bester Freund, wenn sie zu Hause
einen Freund vorstellt.

10 Zum Beispiel. Die Männer lachen
und schauen herüber und stellen sich
ihr Gesicht ohne Sonnenbrille vor.

Das Straßencafé ist überfüllt. Sie
weiß genau, was sie will. Auch am
15 Nebentisch sitzt ein Mädchen mit
Beinen.

Sie haßt Lippenstift°. Sie bestellt
einen Kaffee. Manchmal denkt sie an
Filme und denkt an Liebesfilme. Alles muß schnell gehen.

20 Freitags reicht die Zeit, um einen Cognac zum Kaffee zu bestellen.
Aber freitags regnet es oft.

Mit einer Sonnenbrille ist es einfacher, nicht rot zu werden. Mit
Zigaretten wäre es noch einfacher. Sie bedauert, daß sie keine Lungenzüge
kann.°

25 Die Mittagspause ist ein Spielzeug. Wenn sie nicht angesprochen°
wird, stellt sie sich vor, wie es wäre, wenn sie ein Mann ansprechen
würde. Sie würde lachen. Sie würde eine ausweichende° Antwort geben.
Vielleicht würde sie sagen, daß der Stuhl neben ihr besetzt sei. Gestern
wurde sie angesprochen. Gestern war der Stuhl frei. Gestern war sie froh,
30 daß in der Mittagspause alles sehr schnell geht.

Beim Abendessen sprechen die Eltern davon, daß sie auch einmal
jung waren. Vater sagt, er meine es nur gut. Mutter sagt sogar, sie habe
eigentlich Angst. Sie antwortet, die Mittagspause ist ungefährlich.

Sie hat mittlerweile° gelernt, sich nicht zu entscheiden. Sie ist ein
35 Mädchen wie andere Mädchen. Sie beantwortet eine Frage mit einer
Frage.

Obwohl sie regelmäßig im Straßencafé sitzt, ist die Mittagspause
anstrengender als Briefeschreiben. Sie wird von allen Seiten beobachtet.
Sie spürt sofort, daß sie Hände hat.

40 Der Rock ist nicht zu übersehen°. Sie spielt mit der Handtasche. Sie
kauft jetzt keine Zeitung.

Es ist schön, daß in jeder Mittagspause eine Katastrophe passieren
könnte. Sie könnte sich sehr verspäten. Sie könnte sich sehr verlieben.
Wenn keine Bedienung° kommt, geht sie hinein und bezahlt den Kaffee
45 an der Theke°.

An der Schreibmaschine hat sie viel Zeit, an Katastrophen zu denken. Katastrophe ist ihr Lieblingswort. Ohne das Lieblingswort wäre die
Mittagspause langweilig.

▲ Conrad Felixmüller, *Bildnis von
eineinem Mädchen*, 1915

lipstick

sie ... kann: she cannot
inhale / spoken to

evasive

in the meantime

nicht ... übersehen: not
to be overlooked

server
counter

Wolf Wondratschek, Mittagspause In: Wolf Wondratschek: Früher begann der Tag mit einer Schußwunde. Erschienen 2007
im Deutschen Taschenbuch Verlag, München © Wolf Wondratschek.

Zum Text

25 Nach dem Lesen.
Wie drückt der Autor folgende Ideen aus? Suchen Sie den genauen Satz im Text. Was sagen die Worte über die junge Frau oder die Situation aus?

1. Sie liest in einem Journal.
2. Sie ist eine hübsche junge Frau.
3. Sie hat keinen festen Freund.
4. Am Freitag ist die Mittagspause länger.
5. Gestern hat ein Mann sie angesprochen.
6. Die Eltern finden es nicht gut, dass die Tochter allein im Straßencafé sitzt.
7. Im Straßencafé fühlt sie sich nicht ganz wohl.

26 Was passt zusammen?
Verbinden Sie die Satzteile links mit einem passenden Satzteil aus der rechten Spalte°.

column

1. Die junge Frau denkt …
2. Sie trinkt freitags …
3. Sie trägt eine Sonnenbrille, …
4. Die Männer schauen sie an, …
5. Gestern hat sie ein Mann …
6. Es wäre den Eltern lieber, …
7. Wenn sie nervös wird, …
8. Wenn sie gehen will, …
9. Sie denkt oft an Katastrophen, …

a. wenn ihre Tochter das Café nicht mehr besuchen würde.
b. weil sie sich im Café nicht wohl fühlt.
c. damit das Leben interessanter wird.
d. an Liebesfilme.
e. spielt sie mit der Handtasche.
f. einen Cognac zum Kaffee.
g. weil sie schön ist.
h. zahlt sie beim Ober oder an der Theke.
i. angesprochen.

27 Zum Inhalt

1. Erzählen Sie, was die junge Frau in der Mittagspause tut. Machen Sie eine Wortliste, die Sie dann zum Nacherzählen benutzen.
2. Was sollte die junge Frau vielleicht lieber in ihrer Mittagspause machen, statt ständig° ins Café zu gehen?
3. Welche Meinungsverschiedenheiten° gibt es zwischen der jungen Frau und ihren Eltern?
4. Woran denkt die junge Frau gern bei der Arbeit? Warum?
5. Was hält sie von ihrem Beruf? Begründen (*support*) Sie Ihre Meinung.

continually
differences of opinion

28 Negative Wörter.
Das Wort „langweilig" hat eine negative Bedeutung. Suchen Sie im Text andere Wörter mit negativer Bedeutung.

29 Eine andere Mittagspause

1. Was macht diese Frau in ihrer Mittagspause?
2. Beschreiben Sie sie. Wo sitzt sie? Woran denkt sie wohl? Was für einen Job könnte sie haben?
3. Vergleichen Sie diese Frau mit der jungen Frau in „Mittagspause". Welche der jungen Frauen finden Sie sympathischer, moderner, selbstbewusster? Warum?

Sunny_baby/Shutterstock.com

▲ *Junge Frau heute in ihrer Mittagspause*

Wortschatzübungen

Grammar Quiz

Vocabulary Quiz
Audio Flashcards
Concentration
Crossword

Wortschatz 2

Substantive

die **Mode**   *fashion*
die **Schreibmaschine, -n**   *typewriter*
die **Sonnenbrille, -n**   *sunglasses*
das **Spielzeug, -e**   *toy, plaything*

Verben

beantworten   *to answer*
bedauern   *to regret*
blättern (in + *dat.***)**   *to leaf (through)*
beobachten   *to observe; to watch*
reichen   *to suffice*
es reicht nicht   *it's not enough*
rot werden (wird; wurde, ist geworden)   *to blush*
spüren   *to feel; to sense; to perceive*
sich verlieben (in + *acc.***)**   *to fall in love (with)*
sich verspäten   *to be late*

Andere Wörter

anstrengend   *exhausting*
besetzt   *occupied*
regelmäßig   *regularly*

---

30 **Vokabeln.**   Bilden Sie Sätze. Sagen Sie **richtig**, wenn der Satz mit der Geschichte übereinstimmt. Wenn er nicht stimmt, sagen Sie **falsch**. Korrigieren Sie die falschen Sätze.

1. die junge Frau / blättern / in einem Modejournal
2. die Männer / beobachten / sie // und / sie / rot werden // denn / sie / spüren / ihre Blicke°   *glances*
3. freitags / bestellen / sie / einen Cognac // denn / freitags / reichen / die Zeit
4. die Männer / ansprechen / sie / nie // denn / der Stuhl neben ihr / besetzt sein / immer
5. die Mittagspause / anstrengender sein // denn / sie / müssen / spielen / eine Rolle
6. die Eltern / fragen / sie / oft / etwas // aber / sie / beantworten / die Frage / mit einer Frage
7. sie / sich verspäten / viel // denn / die Mittagspause / zu kurz sein
8. ihr Lieblingswort / sein / langweilig
9. sie / möchten / sich verlieben
10. sie / finden / das Leben an der Schreibmaschine / uninteressant

Nicht verwechseln!   Ergänzen Sie die Sätze.

die Antwort • antworten • beantworten

1. Was sollte ich auf deine Frage _____?
2. Ich kann deine Frage nicht _____.
3. Ja? Was war denn _____?
4. _____ mir!

spät • die Verspätung • sich verspäten

5. Tim kommt schon wieder zu _____! Wir wollten doch den Zug um 16.56 Uhr nehmen.
6. Sei nicht so streng. Du _____ dich doch auch manchmal.
7. Außerdem hat der Zug heute sicher auch wieder _____.

setzen • sitzen • besetzt

8. Entschuldigen Sie bitte, ist dieser Platz _____?
9. Ja, tut mir leid. Hier _____ schon jemand.
10. Aber Sie können sich gern dorthin _____. Da ist noch frei.

32 **Wortbildung.**   Wolf Wondratschek benutzt in seiner Kurzgeschichte viele Komposita°. Jetzt sind Sie dran°. Bilden Sie Komposita, indem Sie ein Wort aus der linken Spalte mit einem passenden Wort aus der rechten Spalte verbinden. Was bedeuten Sie Ihre Wörter?

compounds / it's your turn

1. der Abend	a. die Brille
2. der Brief (+ e)	b. das Café
3. die Hand	c. das Essen
4. das Haupt	d. der Film
5. die Liebe (+ s)	e. das Journal
6. der Liebling (+ s)	f. die Pause
7. die Lippe (+ n)	g. die Sache
8. der Mittag (+ s)	h. das Schreiben
9. die Mode	i. der Stift
10. neben	j. die Tasche
11. die Sonne (+ n)	k. der Tisch
12. die Straße (+ n)	l. das Wort

33 **Was verstehen Sie darunter?**   Mit seinen kurzen Sätzen sagt Wondratschek oft mehr, als es scheint. Suchen Sie die Sätze und lesen Sie sie noch einmal im Zusammenhang. Wie interpretieren Sie die folgenden Sätze?

1. „Die Eltern wissen, daß sie schön ist. Sie sehen es nicht gern."
2. Auch am Nebentisch sitzt ein Mädchen mit Beinen.
3. „Aber freitags regnet es oft."
4. „Sie spürt sofort, daß sie Hände hat."
5. „Ohne das Lieblingswort wäre die Mittagspause langweilig."

Was meinen Sie?

34 **Was sind Ihre Lebensziele°?**

life goals

Sagen Sie, was Sie sich für Ihr Leben wünschen. Wie wichtig sind die folgenden Lebensziele für Sie? Benutzen Sie die Skala von 1 bis 5.

1 = Das ist wirklich wichtig.

2 = Das interessiert mich.

3 = Das ist mir egal.

4 = Das interessiert mich nicht.

5 = Das spielt überhaupt keine Rolle.

▲ *Ein tolles Auto.*

_____	a. Karriere, Aufstieg° im Beruf	*advancement*
_____	b. Heirat° und Kinder	*marriage*
_____	c. Viel Geld verdienen	
_____	d. Gesundheit	
_____	e. Schöne Dinge, wie ein tolles Auto	
_____	f. Teure Kleidung	
_____	g. Glück	
_____	h. Guter Abschluss° (Universität)	*graduation*
_____	i. Arbeit finden, guter Arbeitsplatz	
_____	j. Immer sofort die neuesten elektronischen Geräte° kaufen	*equipment*
_____	k. Einen Sinn° im Leben finden	*meaning*
_____	l. Für andere da sein, anderen helfen	
_____	m. Ein guter Computer	
_____	n. Spaß und Genuss°	*enjoyment*

35 **Zur Diskussion / Zum Schreiben**

1. An einem Sonntagnachmittag kommt ein Freund der jungen Frau zu ihren Eltern zum Kaffeetrinken. Schreiben Sie einen Dialog über diesen Besuch.

2. Die junge Frau erzählt ihrer Freundin beim Mittagessen in einem Restaurant, warum sie Katastrophen liebt. Entwickeln Sie das Gespräch der beiden Freundinnen.

3. Erfinden Sie ein neues Ende, in dem ein Erlebnis aus der Fantasie der jungen Frau Wirklichkeit wird.

Thema
2
Kommunikation

SMS an Lena: Ist der Hut nicht toll?

Resources

🔊 Text Audio

▶ Kurzfilm

🌐 Premium Website

✏ Student Activities Manual

Zia Soleil/Iconica/Getty Images

Einstieg in das Thema

Internet und Handy sind heute ein Teil unserer mobilen Gesellschaft in einer globalisierten Welt. Das Surfen im Internet, ein Handy mit guter Kamera, Internetzugang° und E-Mail-Anschluss° sind heute selbstverständlich im privaten und öffentlichen° Leben. Immer und überall erreichbar° zu sein und stets an alle möglichen Informationen heranzukommen ist für viele Menschen nicht mehr aus ihrem Alltag wegzudenken. Da überrascht° es dann, dass manche junge Menschen ohne Handy auskommen°. Im Online-Zeitungsartikel von Sabrina Gundert: „Kann man ohne Handy leben?" lernen wir einen solchen jungen Mann kennen.

access to the Internet / connection / public / reachable

surprises

to manage

Dass es sogar Menschen gibt, die etwas sentimental an die Zeiten ohne Handy und SMS zurückdenken, lesen wir in einem Essay von Katrin Dorn: „Als man SMS noch auf Papier notierte". Doch natürlich kommunizieren nicht alle Menschen per E-Mail oder Handy. Wer bekommt nicht gerne noch mal einen Brief, eine Postkarte von Freunden und Bekannten aus dem Urlaub oder eine Karte zum Geburtstag? Wie wichtig Post für Menschen sein kann, erfahren wir in der Kurzgeschichte „Eine Postkarte für Herrn Altenkirch".

1 **Gedankenaustausch**

1. In der Einleitung haben Sie etwas über verschiedene Kommunikationsmittel gelesen. Was für andere Kommunikationsmittel gibt es? Welche spielen in Ihrem Leben eine wichtige Rolle?

2. Auf jedem der folgenden Bilder sehen Sie Menschen in verschiedenen Situationen. Beschreiben Sie ihre Kleidung, ihre Körpersprache (Körperhaltung° und Gestik), ihre Stimmung° und die Situation. Wählen Sie dann ein Bild aus und denken Sie sich dazu ein Gespräch aus. Was ruft der Mann in Bild 3?

body posture / mood

KULTURLESESTÜCKE

Online-Artikel: **Sabrina Gundert: Kann man ohne Handy leben?**

Zum Thema

2 **Vor dem Lesen.** Früher war die erste Frage beim Telefonieren „Wie geht's?" Heute lautet° die Frage: „Wo bist du?" Laut° einer Studie der UN-Kommission für Information und Kommunikation wird es bald etwa vier Milliarden Handy-Besitzer geben – in etwa die Hälfte der Weltbevölkerung°. Aus diesem Anlass° hat die Webseite jetzt.de mit einem Totalverweigerer° gesprochen. Wer heute kein Handy besitzt, wird oftmals komisch angesehen oder als besonders individualistischer Mensch beschrieben. So wie Alex aus dem Großraum Frankfurt°. Der 21-jährige Physikstudent hat noch nie ein Handy besessen und braucht auch keines.

goes / According to

world population
aus … Anlass: *triggered by / complete refusenik*

in the greater Frankfurt area

Denken Sie vor dem Lesen darüber nach, wie Sie Ihr Handy gebrauchen und welche Erfahrungen Sie damit haben.

3 **Zum Nachdenken**

1. Was kann man heute alles mit einem Handy machen?
2. Wie wäre Ihr Leben ohne Handy?
3. Was benutzen Sie öfter – Ihr Handy oder Ihren Computer?

4 **Beim Lesen.** Machen Sie eine Liste der Wörter im Text, die beschreiben, wie man heute mit anderen Leuten kommuniziert.

🔊 Kann man ohne Handy leben?

1-10

Courtesy of Alexander Bartl

Alex, du hattest noch nie ein Handy. Brauchst du keins?

Natürlich ist ein Handy ab und zu nützlich, zum Beispiel wenn man unterwegs kurz Rücksprache° mit jemandem halten muss oder wenn man mit dem Auto eine Panne° hat. Aber diese Situationen kommen selten vor und auch Handybesitzer° können dann nicht unbedingt telefonieren, weil sie kein Netz° oder kein Guthaben° haben oder weil der Akku° leer ist. Ich komme aber ohne Handy ganz gut zurecht°.

reply

breakdown
cell phone owner

service / minutes or money remaining in the account / rechargeable battery / get along landline (telephone)
especially / prefer distances

Telefonierst du sonst viel über das Festnetz°?

Nein, ich telefoniere nicht sonderlich° häufig. Ich bevorzuge° das persönliche Gespräch und bei größeren Entfernungen° Chat und E-Mail.

Wirst du oft von Freunden, Mitschülern oder jetzt von Kommilitonen gefragt, warum du kein Handy hast?

Ja, das kommt immer wieder vor. Man wird häufiger nach seiner Handynummer gefragt und dann komisch angeschaut, wenn man antwortet, man habe überhaupt kein Handy. Für viele Leute ist das heute völlig selbstverständlich, dass jeder Jugendliche in meinem Alter ein Handy haben muss. Handys funktionieren ja auch als eine Art Absicherung°, falls jemand nicht aufzufinden ist. Es gab schon Ausflüge, bei denen die Veranstalter° es unangenehm fanden, dass sie mich nicht erreichen können, wenn ich nicht rechtzeitig am Treffpunkt° bin. Die Lösung ist in diesem Fall ganz einfach – ich bin pünktlich.

    Freiheit durch Verzicht?° Alex hatte noch nie ein Handy.

Ansonsten bist du ein ziemlicher Technik-Fan im Hinblick° auf Computer beispielsweise. Wie passt das zusammen mit der Handy-Losigkeit°?

Ja, ich bin sehr technikinteressiert, wenn nicht sogar begeistert°. Aber das bedeutet nicht, dass ich das alles auch haben muss. Ich finde es faszinierend, wie klein Handys heutzutage sind und was man damit alles machen kann. Aber ich reflektiere auch über Technik und stelle fest, dass ich im Gegensatz zum Laptop beispielsweise ein Handy nicht brauche.

Planst du, dir in nächster Zeit ein Handy anzuschaffen°?

Solange es keine Änderung in meinem Leben gibt, die es nötig macht, rund um die Uhr erreichbar zu sein, wird sich meine Handy-Losigkeit wohl nicht ändern.

Was hältst du davon, dass viele immer die neuesten Handys haben wollen oder alle paar Jahre ein neues?

Das sollen sie gern tun. Wie bereits oben erwähnt° habe ich nichts gegen Handys, ja ich kann die Faszination sogar nachvollziehen°. Jeder gibt sein Geld für irgendein Hobby aus, warum also nicht für die neueste Handygeneration.

Findest du ein Leben ohne Handy entspannter°?

Durch den Handyverzicht habe ich eine gewisse Freiheit. Die Freiheit, nicht ständig erreichbar sein zu müssen. Ich bin sehr gut via E-Mail und ICQ[1] zu erreichen, aber wenn ich Wichtigeres zu tun oder einfach keine Lust habe, bleibt der PC halt aus. Niemand wird mich fragen, warum ich gestern Abend nicht nach meinen Mails geschaut habe, aber der eine oder andere würde sich beschweren°, wenn ich ein Handy hätte und dieses ausgeschaltet° wäre.

Außerdem zwinge ich mit meiner Entscheidung° anderen gewisse Kommunikationsstile auf, worüber es auch immer mal wieder Beschwerden° gibt. Ohne Handy müssen Terminabsprachen° halt mehr als fünf Minuten vorher getroffen werden, weil ich unterwegs einfach nicht zu erreichen bin.

Ob mein Leben so viel entspannter ist, kann ich nicht sagen, es gibt schon immer wieder Situationen, die ohne Handy unnötig kompliziert sind. Und sei es nur, dass man jemandem was aus dem Supermarkt mitbringen sollte, das nicht da ist, und man nicht weiß, was man stattdessen bringen soll.

---

[1]ICQ is an instant messaging computer program. The name ICQ is a homophone for the phrase "I seek you."

Margin glosses:
- *cohort, mates*
- *safe guard*
- *organizer*
- *meeting place*
- *doing without*
- *in regard to*
- *lack of a cell phone*
- *enthused*
- *to acquire*
- *mentioned*
- *understand*
- *less tense*
- *complain / turned off*
- *decision*
- *complaints*
- *meeting time arrangement*

5 **Analyse**

1. Im Interview beschreibt Alex Situationen, in denen ein Handy nützlich wäre. Nennen Sie drei davon.

2. Auch wenn man ein Handy hat, kann man nicht immer telefonieren. Welche Beispiele gibt Alex?

3. Wie kommuniziert Alex mit seinen Bekannten?

4. Wie reagieren Leute, wenn sie erfahren, dass Alex kein Handy hat?

5. Was findet Alex an der Technologie interessant?

6. Alex sagt, dass er mehr Freiheit ohne Handy hat. Wie begründet er diese Meinung?

6 **Zur Diskussion**

advantage
disadvantages

1. Viele Leute sehen *das Immer-erreichbar-Sein* als einen Vorteil° von Handys und auch von sozialen Netzwerken. Besprechen Sie die Vor- und Nachteile° dieser Kommunikationsmittel.

device

2. Wenn Sie nur *ein* Gerät° haben dürften, welches würden Sie wählen: ein Handy oder einen Laptop?

7 **Gruppenarbeit.** Bereiten Sie einen Dialog vor, in dem Sie versuchen Alex zu überreden° ein Handy zu kaufen.

persuade

▲ *Teamarbeit am Laptop*

8 **Rollenspiel – Ein neues Handy.** Jemand möchte ein Handy kaufen. Führen Sie ein Gespräch zwischen der Kundin/dem Kunden und der Verkäuferin/dem Verkäufer. Was will die Kundin/der Kunde haben? Was will die Verkäuferin/der Verkäufer verkaufen? Was sagt die Kundin/der Kunde? Was sagt die Verkäuferin/der Verkäufer?

Handybegriffe

das Handy		das Smartphone	
MMS (Multimedia Messaging Service)		SMS (Short Message System)	
simsen°	to text	(schreiben) °	(to write a) text message

Computerbegriffe

abrufen° (E-Mails)	call up	kopieren	
der Back-up		laden	
der Bildschirm°	screen	der Laptop	
der Browser		löschen°	to delete
browsen		die Mailbox	
die CD-ROM		mailen (E-Mails)	
der Chat		das Modem	
chatten		der Monitor	
die Chatgroup		das Netbook	
der Chatpartner/ die Chatpartnerin		das Netz°	net
der Chatroom		das Notebook	
checken (E-Mails)		online	
der Cyberspace		der PC	
die Datei, -en°	file	der PIN-Code	
die Daten		der Provider	
downloaden		scannen	
der (Farb-)Drucker°	printer	schicken (E-Mails)	
das E-Book		die Snailmail	
das Equipment		die Softcopy	
faxen		die Software	
die Festplatte°	hard drive	der Speicher°	memory
der Hacker/die Hackerin		speichern°	save
die Hardware		die Suchmaschine°	search engine
der Helpdesk		surfen (im Internet)	
die Homepage		die Tastatur°	keyboard
die Informatik°	computer science	das Textver-arbeitungs-programm°	word processor
der Informatiker/die Informatikerin°	computer specialist	twittern°	to tweet
installieren		vernetzt	
das Internet		die Website	
die Internetadresse		das WWW (ausgesprochen: weh, weh, weh)	
Klicken Sie hier			
die Kontaktbörse (das Newsboard)°	bulletin board		

9 **Rollenspiel.** Stellen Sie sich vor, eine historische Persönlichkeit erscheint plötzlich – vielleicht Karl Marx oder Johannes Gutenberg. Führen Sie mit einer Partnerin/einem Partner ein Gepräch, in dem die in der Gegenwart lebende Person der historischen Persönlichkeit erklärt, was man alles mit Computern und elektronischen Medien macht. Spielen Sie sich selbst oder wählen Sie eine andere Person aus der Gegenwart. Sie können Begriffe aus dem Wortkasten auf Seite 29 benutzen.

Vermischtes

1. In Europa kann man mit einem Handy problemlos von Land zu Land und sogar über den Ozean telefonieren. Der Grund für diese Möglichkeit ist das System GSM (Global System for Mobile Communications).

2. In vielen europäischen Ländern ist das Telefonieren mit Handys ohne Freisprechanlage° während der Fahrt verboten. In Deutschland ist die Strafe° 40 Euro (auf dem Fahrrad 25 Euro), in Österreich 50 Euro, in der Schweiz 100 Franken und in den Niederlanden 150 Euro.

3. In Deutschland muss jeder Haushalt mit Radio und Fernseher monatliche Gebühren° zahlen – 17,98 Euro pro Monat.

4. Man schätzt°, dass um° die 4000 Wörter aus dem Englischen und dem Amerikanischen in die deutsche Sprache eingegangen sind. In den Bereichen Wirtschaft und Werbung°, Pop-Kultur, Mode und Computertechnik kommt man ohne Englischkenntnisse gar nicht mehr aus.

5. In Österreich müssen alle Kinder ab° der ersten Klasse etwa im Alter von sechs Jahren Englisch lernen. In Deutschland beginnen die Kinder ab der dritten Klasse – etwa mit acht oder neun Jahren –, Englisch oder eine andere Fremdsprache zu lernen.

6. In der EU sprechen mehr Menschen Deutsch als jede andere Sprache.

7. In ausländischen Schulen und Universitäten lernen etwa 14 Millionen Deutsch als Fremdsprache°. In Frankreich allein gibt es mehr als 1 Millionen Deutschlernende.

▲ *In Europa darf man im Auto nur mit Freisprechanlage telefonieren.*

hands-free set
fine

fees

estimates / around

advertising

from

foreign language

Magazin-Essay: Katrin Dorn: Als man SMS° noch auf Papier notierte

text message

Courtesy of Sascha Piroth

Die Hamburger Autorin Katrin Dorn (geboren 1963 in der ehemaligen° DDR), lebte von 1984 bis 1995 in Leipzig. Dort studierte sie Psychologie und war 1993 Mitbegründerin° der Literaturzeitschrift „Edit", deren Chefredakteurin° sie bis Ende 1995 war. Seit dem Jahr 2000 wohnt sie in Hamburg und 2003 bekam sie den Literaturpreis der Hansestadt°.

former

co-founder

editor-in-chief

Hanseatic city

Zum Thema

10 **Vor dem Lesen.** In ihrem Essay beschreibt die Autorin, wie unterschiedlich° ihre Wohnsituation damals in Leipzig war und wie auch die Kontakte mit Freunden in dieser Zeit ganz anders funktionierten. Denken Sie vor dem Lesen darüber nach, welche Rolle SMS für Ihre Kommunikation mit Freunden und Familie spielen. Simsen Sie oft oder nicht so oft?

different

Sie erwartet einen Freund zum Essen, der ihr per SMS geschrieben hat, dass er ein paar Minuten später kommen wird. Während sie wartet, denkt sie an die Zeit, als sie mit anderen jungen Leuten in der DDR ohne Handy oder Telefon zusammenlebte, eine Zeit, in der es auch in Westdeutschland noch keine Handys gab. In den Leipziger Altbauwohnungen° gab es aber weder Telefone noch funktionierende Klingeln° und Freunde kamen einfach auch mal spontan vorbei, ohne dass man es vorher ausgemacht hatte. War dann niemand zu Hause, schrieben sie eine kleine Notiz – sozusagen eine SMS auf Papier –, dass sie da gewesen waren und hängten diese an die Tür.

apartments in an old building / door bells

Der folgende Text erzählt, wie der Freund der Autorin dann bei ihr in der Küche sitzt.

11 Beim Lesen

1. Bedeutung und Funktion des „Handys": Notieren Sie beim Lesen alle Stellen, wo die Autorin über das „Handy" spricht.

2. Die Erzählzeit° des Textes ist das Präsens, aber der Text reflektiert auch darüber, wie es früher war. Notieren Sie alle Stellen, die grammatisch **nicht** Präsens sind. Achten Sie auch auf die inhaltlichen° Unterschiede° der Zeitformen°.

narrative time

as regards content / differences / tenses

Als man SMS noch auf Papier notierte

trembles, shakes
excitedly / announces
special wishes

Mein Handy zittert° aufgeregt°. „Bin gleich da", kündigt° mein bester Freund sich an. Ich schreibe ihm zurück. „Kannst du bitte an meine Tür klopfen?" „Kann ich machen", antwortet er. Sonderwünsche° sind für ihn Zeichen einer gereiften Persönlichkeit, und er erfüllt sie, ohne nachzufragen.

chance / dependability

Eine Minute später klopft es. Ich mache auf. Wir nehmen uns in die Arme. Dank seines Klopfens erlebe ich noch einmal die Atmosphäre einer Zeit, in der Zufall° und Zuverlässigkeit° auf wundersame Weise zusammen gehörten. Da vibriert mein Handy. Meine beste Freundin schreibt: „Würde dich gern treffen, hab' aber leider keine Zeit."

conclusively

Mir ist endgültig° klar, dass dieses Handy eine Prothese für etwas ist, das ich mal hatte und das allmählich ins Unbeschreibliche verschwindet.

salmon
cell phone keys / turn
around / gently

„Schön, mal wieder bei dir zu sein", sagt mein bester Freund und lässt sich auf einen Stuhl fallen. Ich lege die beiden Lachs°-Steaks in die Pfanne. Hinter mir höre ich das Klacken von Handytasten°. Ich drehe° mich um, nehme ihm so sanft° wie möglich sein Handy aus der Hand und sage: „Dann musst du jetzt aber auch hier bleiben."

without protesting

Wir sind ja auch nicht gleich wieder aus der Wohnung gerannt, wenn uns jemand gerade hereingelassen hat. Mein Freund guckt mich verständnislos an, aber zum Glück hält er meine Bitte für einen Sonderwunsch. Widerspruchslos° sieht er zu, wie ich sein Handy ausschalte.

Zum Text

12 Inhaltsfragen

living being

1. Eigentlich kann nur ein Lebewesen° „zittern" oder „aufgeregt" sein. Was bedeutet es, wenn die Autorin sagt: „Mein Handy zittert aufgeregt"?
2. Welchen Sonderwunsch hat die Autorin?
3. Was passiert, während sich die Freunde begrüßen?
4. Was macht der Freund, während sie das Essen vorbereitet?
5. Was meint die Autorin wohl, wenn Sie sagt: „Dann musst du jetzt auch hier bleiben."

13 Zur Diskussion

1. Überlegen Sie: Was ist eine „Prothese"? Wann / Warum hat man eine Prothese? Wie könnte ein Handy eine Prothese sein, und was sagt es über seine Funktion und Bedeutung im modernen Leben aus?
2. An vielen Orten und in vielen Situationen ist es unhöflich oder sogar verboten, das Handy zu benutzen. Was denken Sie darüber? Begründen Sie Ihre Meinung.

14 Gruppenarbeit.
Diskutieren Sie in Ihrer Gruppe, wie das Handy das Zusammenleben mit anderen Menschen beeinflusst. Was wäre anders, wenn man kein Handy hätte? Wie wären Ihre Kontakte mit anderen, wenn Sie wie Katrin Dorn damals kein Telefon oder Handy hätten?

Wortschatzübungen

Wortschatz 1

Audio Flashcards
Concentration
Crossword

Substantive

das **Alter**   *age*
der **Chat, -s**   *chat (internet)*
die **E-Mail, -s**   *e-mail (**das** E-Mail is also used in southern Germany and Austria)*
die **Freiheit, -en**   *freedom*
der **Gegensatz, ̈-e**   *opposite;* **im Gegensatz (zu)** *in contrast (to)* die **Hälfte, -n**   *half*
das **Handy, -s**   *cell/mobile phone*
der/die **Jugendliche**   (noun decl. like adj) *young person*
der **Kommilitone, -n, -n**/die **Kommilitonin, -nen** *fellow student*
die **Lösung, -en**   *solution*
die **Panne, -n**   *breakdown; trouble*
die **Persönlichkeit, -en**   *personality*
die **Technik**   *technology*
die **Weise, -n**   *way, manner, fashion*
das **Zeichen, -**   *sign*

Verben

anschauen   *to look at*
erleben   *to experience*
fest·stellen   *to find out; to observe*
verschwinden (verschwand, ist verschwunden)   *to disappear*
vor·kommen (kam vor, ist vorgekommen) *to happen*

Andere Wörter

allmählich   *slow(ly)*
halt   *just, simply*
häufig   *frequently, often*
immer wieder   *again and again*
-jährig   *...-year old*
nützlich   *useful*
persönlich   *personal, personally*
unbedingt   *unconditional, absolute*

---

15 **Definitionen.**   Welche Wörter aus der Vokabelliste passen zu den Bedeutungen?

1. fünfzig Prozent eines Ganzen   _____
2. der Charakter / die Wesensart   _____
3. bemerken   _____
4. plötzlich weg sein   _____
5. passieren   _____
6. ganz langsam   _____
7. oft   _____
8. wenn man etwas gut gebrauchen kann   _____

16 **Was fehlt?**   Setzen Sie die fehlenden Wörter ein. Benutzen Sie dafür Begriffe aus der Vokabelliste.

Frau Wendt (81) erzählt: In den letzten Jahren schreibe ich kaum mehr Briefe, sondern meistens _____. Im _____ zu manchen anderen Leuten in meinem _____ mag ich das _____ auch viel lieber. Wichtig ist mir natürlich auch mein _____. Dass ich mich von überall melden kann, ist für mich ein Stück _____. Einen _____ hatte ich allerdings noch nie und SMS schreibe ich auch nicht. Dafür finde ich die _____ auf meinem Handy zu klein. Es ist schon toll, wie weit die _____ heute ist.

Reiseführer

Hamburg

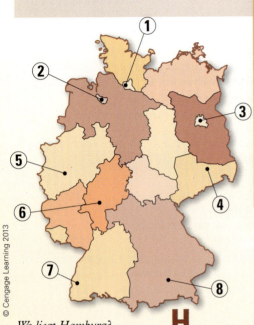

Hamburger Hafen mit der St. Michaeliskirche.

Oliver Brandt/PhotoLibrary

© Cengage Learning 2013

Wo liegt Hamburg?

entrance	
harbor / trading centers	
cosmopolitan / designation	
marvel	
vor Anker: *at anchor*	
harbor basin / ware houses /	
wares / spices	

HAMBURG, NACH BERLIN DIE ZWEITGRÖSSTE DEUTSCHE STADT, IST AUCH EIN Bundesland. Die Lage an der Elbe und der Zugang° zur Nordsee machten die Stadt zu einem der ersten Hafen-° und Handelsplätze° Europas, was der weltoffenen° Metropole die Bezeichnung° „Tor zur Welt" einbrachte. Auch heute ist der Hafen von Hamburg eine der großen Touristenattraktionen und bei einer Hafenrundfahrt kann man über seine Größe nur staunen°: Rund 12 000 Seeschiffe aus 90 Ländern gehen hier jährlich vor Anker°. Im Osten des Hafenbeckens° stehen Lagerhäuser° mit wertvollen Handelsgütern° wie Tabak, Kaffee, Gewürzen°, aber auch optischen und elektronischen Geräten sowie Orientteppichen.

characterizes

    Das Stadtbild Hamburgs prägt° die Alster, ein Nebenfluss der Elbe, an deren Ufer Wege und Wiesen zum Spaziergehen und Radfahren einladen. An der Binnenalster liegt der Jungfernstieg, eine beliebte Straße mit vielen eleganten Cafés. Von hier kommt man in die Altstadt, dessen Mittelpunkt der Rathausplatz mit dem Rathaus ist, das im Stil der Renaissance am Ende des 19. Jahrhunderts erbaut wurde.

offering
industry / leading
huge
arts and crafts
section

    Hamburg hat ein großes kulturelles Angebot° mit interessanten Museen. Das Museum für Kunst und Gewerbe° ist führend° in Europa. Hier findet man eine riesige° Sammlung an deutschem, europäischem und asiatischem Kunstgewerbe°, insbesondere Keramik, Skulpturen und Möbel und auch eine Abteilung° zur Geschichte der Fotografie.

    In der Neustadt Hamburgs liegt die barocke St. Michaeliskirche. An ihrem 132 m hohen Turm, liebevoll „Michel" genannt, befindet sich die größte Kirchturmuhr Deutschlands und von der Plattform hat man einen herrlichen Rundblick auf den Hafen und die Stadt.

Auch am Abend hat Hamburg viel zu bieten. Zahlreiche° Theater, Kinos, Musicals, Kneipen und Bars laden zum Amüsieren ein. Hamburg ist ein Zentrum der Musikszene aller Stilrichtungen°: Jazz, Folk, Rock, Pop sowie Musicals. Weltbekannt ist das Vergnügungsviertel St. Pauli mit seinen vielen Clubs und Diskotheken, die bis zum frühen Morgen geöffnet haben.

numerous

style trends

Mauritius / SuperStock

Binnenalster mit Rathaus und Jungfernstieg.

17 **Was passt zusammen?**

1. _____ Hamburg
2. _____ Lagerhäuser
3. _____ die Alster
4. _____ der Jungfernstieg
5. _____ der Michel
6. _____ St. Pauli
7. _____ Museum für Kunst und Gewerbe

a. ein Nebenfluss der Elbe
b. ein weltbekanntes Vergnügungsviertel
c. Tor zur Welt
d. die größte Kirchturmuhr Deutschlands
e. Tabak, Kaffee, Gewürze
f. Geschichte der Fotografie
g. eine Straße mit eleganten Cafés

18 **Ein Besuch in Hamburg.** Wie wollen Sie den Tag verbringen? Welche Sehenswürdigkeiten möchten Sie sich gerne anschauen? Warum finden Sie diese besonders interessant? Was wollen Sie am Abend unternehmen?

19 **Internetrecherche.** Hamburg ist eine Großstadt, in der es sehr viel Grün und viele Parks gibt. Suchen Sie im Internet Informationen über den Tierpark Hagenbeck und den Park „Planten un Blomen". Welchen weiteren Park in Hamburg würden Sie gerne besuchen? Beschreiben Sie, warum Sie ihn interessant finden.

Kurzfilm

Das Puzzle

Worum geht es hier?

soziales Netzwerk: *social networking service or site / function*

Kann eBay® als eine Art soziales Netzwerk° fungieren°? Dieser Film zeigt, wie ein Mann eBay® auf diese Weise nutzt. Könnte das vielleicht eine neue Funktion dieser Webseite sein?

Vor dem Anschauen

20 **Brainstorming.** Bilden Sie eine Gruppe von vier Studenten und diskutieren Sie die folgenden Fragen.

1. Kennen Sie eBay®? Haben Sie die Webseite einmal besucht? Warum geht man zu eBay®?

search for new contacts
2. Würden Sie eBay® zur Kontaktsuche° nutzen?

Erstes Anschauen, ohne Ton

Schauen Sie sich den Film ohne Ton und ohne Untertitel an und beantworten Sie dann die Fragen.

21 **Was haben Sie gesehen?**

sequence
Bringen Sie die folgenden Sätze in die richtige Reihenfolge°.

_____ Der Mann und die Frau trinken Kaffee.

can / coins
_____ Der Mann leert die Dose° mit den vielen Münzen° auf den Tisch und zählt die Münzen langsam, eine nach der anderen.

_____ Die Frau macht den Karton auf und zeigt sich mit dem Puzzle zufrieden.

_____ Eine Frau geht die Straße entlang.

_____ Der Mann geht ans Telefon und schreibt einen Termin in seinen Kalender.

_____ Ein Mann schaut sich im Spiegel an und steckt sich eine Blume ins Knopfloch.

_____ Die Frau schreit den Mann an und will das Zimmer verlassen.

_____ Der Mann bringt ein Tablett mit Kaffee ins Wohnzimmer.

is choking
_____ Der Mann trinkt schnell seinen Kaffee und verschluckt sich° dabei.

_____ Die Frau kommt herein und setzt sich aufs Sofa.

_____ Der Mann geht in die Küche und holt eine Dose.

Anschauen mit Ton

22 **Was ist passiert?**

Schauen Sie sich den Film mit Ton an und wählen Sie die richtige Antwort auf die Fragen. Wichtige Wörter und Ausdrücke, die im Film vorkommen, finden Sie in Anhang C.

1. Frau Schwarz behält ihren Mantel an, weil
   a. es im Haus kalt ist.   b. sie es eilig hat.   c. sie Herrn Kratz nicht kennt.

2. Herr Kratz hat einen besonderen Kaffee gekocht. Der Kaffee stammt aus
   a. Bremen.   b. Berlin.   c. Hamburg.

3. Frau Schwarz kauft das Puzzle für
   a. ihre Kinder.   b. ihren Freund.   c. sich selbst.

4. Frau Schwarz möchte keinen Kuchen essen, denn sie
   a. will lieber gleich zahlen.
   b. trinkt lieber noch eine Tasse Kaffee.
   c. macht Diät.

5. Frau Schwarz zahlt 20 Euro für das Puzzle, das nur 13 kostet, weil
   a. Herr Kratz nicht wechseln kann.
   b. sie nicht länger bleiben will.
   c. das Puzzle es wert ist.

6. Herr Kratz wollte auf eBay® ein Puzzle verkaufen, denn er
   a. hoffte ein paar Euro zu verdienen.
   b. hat eine ganze Menge alte Puzzles.
   c. wollte Besuch bekommen.

7. Der nächste Besuch kommt
   a. am nächsten Donnerstag.
   b. nächste Woche.
   c. erst in einem Monat.

23 **Diskutieren Sie**

1. Beschreiben Sie Frau Schwarz oder Herrn Kratz.

2. Der Gesichtsausdruck von Frau Schwarz sagt viel über ihre Stimmung aus, z. B. ob sie ungeduldig, verärgert, zufrieden oder überrascht ist. Wählen Sie drei Momente, in denen ihr Gesichtsausdruck ihr Gefühl ausdrückt und beschreiben Sie, was passiert ist.

3. Erfinden Sie eine Geschichte von Frau Schwarz oder Herrn Kratz. Wie leben sie? Was für einen Beruf haben sie? Beschreiben Sie ihre/seine Familie und ihre/seine Freunde.

4. Möchten Sie mit Frau Schwarz oder Herrn Kratz befreundet sein? Warum (nicht)?

LITERARISCHE WERKE

🌐 Gedicht: Die Beiden

Hugo von Hofmannsthal

Library of Congress

child prodigy

poets

performed

established festival

awarded

Hugo von Hofmannsthal (1874–1929) wurde in Wien geboren. Er gilt als Wunderkind° und schon mit 16 Jahren schrieb er seine ersten Gedichte. Sein Meisterwerk, das als lyrischer Monolog geschriebene Drama, *Der Tor und der Tod,* schrieb er 1894. Er studierte Jura und Romanistik und beendete 1898 sein Studium mit dem Doktorgrad. Doch wichtiger als seine Karriere als Rechtsanwalt oder Professor war ihm das Schreiben. Er ist einer der größten lyrischen Dichter° des 20. Jahrhunderts und schrieb auch viele Dramen, die noch heute aufgeführt° werden. Er schrieb auch Librettos für mehrere Opern von Richard Strauss – *Elektra, Adriane auf Naxos, Die Frau ohne Schatten,* und *Der Rosenkavalier.* 1917 gründete° er zusammen mit Max Reinhardt und Richard Strauss die Salzburger Festspiele°, für die er *Jedermann* und *Das Salzburger Große Welttheater* schrieb. 1919 wurde Hofmannsthal der Nobelpreis für Literatur vorgeschlagen. Doch wurde ihm nie ein Preis verliehen°.

Zum Thema

originate

Die meisten Gedichte von Hofmannsthals stammen° aus den Anfängen seiner Karriere und sind im melancholisch skeptischen Stil des „fin de siècle" (Ende des Jahrhunderts).

elevated

characterizes

In seinen Gedichten, Dramen und Prosatexten ist Hofmannsthal an der schönen und gehobenen° Sprache interessiert, die sich durch einen lyrischen und gefühlvollen Ton auszeichnet°.

In seinem Gedicht „Die Beiden" beschreibt er in den 14 Zeilen die intensiven Gefühle von zwei jungen Menschen bei ihrem ersten Zusammentreffen.

Achten Sie beim Lesen darauf, wie die erste Strophe das Mädchen beschreibt, die zweite den jungen Mann und die dritte die Wirkung des Treffens auf beide Personen. Achten Sie auch auf die Wiederholungen von Wörtern und Begriffen.

Die Beiden

1-12

Sie trug den Becher° in der Hand   *cup*
– Ihr Kinn und Mund glich° seinem Rand° –,   *resembled / rim*
So leicht und sicher war ihr Gang°,   *gait*
Kein Tropfen aus dem Becher sprang.

So leicht und fest war seine Hand;
Er ritt auf einem jungen Pferde,
Und mit nachlässiger° Gebärde°   *careless*
Erzwang° er, dass es zitternd° stand.   *forced / trembling*

Jedoch, wenn er aus ihrer Hand
Den leichten Becher nehmen sollte,
So war es beiden allzu schwer:
Denn beide bebten° sie so sehr,   *trembled*
Dass keine Hand die andre fand
Und dunkler Wein am Boden rollte.

Hugo von Hofmannstahl; Gedichte und kleine Dramen © 1949 Insel
Verlag, Frankfurt am Main

Zum Text

24 Fragen zum Gedicht

1. Welche Worte und Bilder drücken in der ersten Strophe die innere Sicherheit und das Selbstvertrauen der jungen Frau aus?
2. Wie zeigt sich die Selbstkontrolle des Mädchens beim Tragen des Bechers?
3. In der zweiten Strophe ist die Hand des jungen Mannes mit den Adjektiven „leicht und fest" beschrieben. Stellen Sie eine Verbindung her zu den Worten „leicht und sicher" der ersten Strophe. Wo sind Gemeinsamkeiten° und wo sind Gegensätze in der Beschreibung der beiden Personen?   *common features*
4. Was soll mit den Worten „mit nachlässiger Gebärde" über den jungen Mann beim Zusammentreffen mit dem Mädchen ausgesagt werden. Könnte er hinter seinem nonchalanten Verhalten° etwas verstecken° wollen?   *behavior / hide*
5. Was erzwingt er von dem jungen Pferd? Zeigt die 8. Zeile in dem Wort „Zittern" einen parallelen Kampf zwischen dem Pferd und seinem Reiter?

25 Zur Diskussion

1. In der dritten Strophe spielt das Verb „beben" eine wichtige Rolle. Haben sich die beiden Menschen auf den ersten Blick verliebt°? Finden Sie im Text die Zeile, die eine Antwort auf diese Frage gibt.   *fallen in love*
2. Was hat dieses Gedicht mit Kommunikation zur Jahrhundertwende° zu tun? Was ist heute ganz anders, wenn sich zwei junge Menschen zum ersten Mal begegnen?   *turn of the century*

Barbara Honigmann

Isolde Ohlbaum

Barara Honigmann wurde 1949 in Ostberlin geboren. Ihre Eltern waren nach dem Zweiten Weltkrieg von England nach Berlin gezogen. Während der Zeit des Nationalsozialismus waren ihre Eltern als Juden nach England ins Exil gegangen. Einige Jahre lang war Honig-mann Dramaturgin[2] und Theaterregisseurin° in der ehemaligen° DDR, ehe sie Schriftstellerin° wurde. Seit 1984 lebt sie mit ihrer Familie in Straßburg, Frankreich. Sie veröffentlichte° ihr erstes Buch „Roman von einem Kinde" im Jahr 1986. Das Buch enthält° sechs Erzählungen, unter ihnen die Erzählung „Eine Postkarte für Herrn Altenkirch". Seit 1986 hat sie Romane, Novellen und Essays veröffentlicht. Sie wurde mit mehreren Preisen ausgezeichnet°. Honigmann ist auch Malerin und hat Ausstellungen° in der Hasenclever Galerie in München.

Kritiker haben Honigmanns Sprache als taktile, minimale Erzählkunst beschrieben, die Metaphern, Allegorien und komplizierte Konstruktionen vermeidet°. Sie benutzt verschiedene narrative Stilmittel: Tagebuchauszüge°, Passagen aus Briefen, Anekdoten, Zitate aus Gedichten, sachliche° Reporta-gen, und Reflektionen des Erzählers.

theatrical advisor
former / writer

published

contains

honored
exhibitions

avoids / diary entries
objective

Zum Thema

26 Zum Nachdenken

1. Manche alten Leute sind einsam. An wem oder woran kann das liegen?
2. Kennen Sie alte Menschen? Beschreiben Sie das Leben dieser Personen. Sind sie zufrieden, aktiv, einsam, gelangweilt?
3. Was für Dinge machen Sie gern mit alten Menschen. Geben Sie zwei Beispiele, an die Sie sich gut erinnern können.

27 Leitfragen

1. Wie zeigt die Autorin die Einsamkeit von Herrn Altenkirch? Wie sieht er aus? Wie verbringt er seine Zeit? Wie sieht seine Wohnung aus?

tenant (f.) 2. Was macht Herr Altenkirch für seine Mieterin°? Was macht sie für ihn?

3. Kommunikation ist mehr als nur Sprache. Wie zeigt sich das in der Geschichte?

pardon 4. Glauben Sie, dass Herr Altenkirch der Erzählerin am Ende verzeihen° könnte? Warum, warum nicht?

---

[2] A **Dramaturg/-in** advises on selection of plays.

Eine Postkarte für Herrn Altenkirch

1-13

Als ich nach Brandenburg kam als Dramaturg ans Theater, fragte man mich am ersten Tag, ob ich ein Leerzimmer oder ein möbliertes Zimmer haben wollte … Ein Zimmer,
5 das zu einer Wohnung gehört, die Wohnung gehört einer Familie, und wer immer diese Menschen sein werden, ich werde ihnen dankbar sein, wenn ich die Wärme ihrer Wohnung mit ihnen teilen kann.

10 Ich zog zu Herrn Altenkirch in die Hauptstraße 7. Er wohnte im Hinterhof°, das Haus war nur klein, und die Wohnung war warm. Herr Altenkirch heizte jeden Morgen die Öfen der drei Zimmer: seine Stube°,
15 sein Schlafzimmer und das Zimmer, das er vermietete.

Herr Altenkirch war alt und sehr dünn, und wenn er ausging, setzte er den Hut auf, wie die Männer seiner Generation es zu tun pflegen°.
20 Ich glaube, er lebte schon sehr lange allein dort, ich habe nie erlebt, daß er Besuch bekam, und ein Telefon hatte er auch nicht. Er sagte bei unserem ersten Gespräch zu mir: „Morgens, nach dem Aufstehen, wollen wir immer zusammen frühstücken und uns unterhalten. Da habe ich ein bißchen Gesellschaft."

25 So taten wir es auch. Beim Frühstück, das er immer schon vorbereitet hatte, wenn ich aus meinem Zimmer kam, unterhielten wir uns, und da zeigte er mir auch sein Fotoalbum, in das er neben Familienbildern auch Bilder von Künstlern des Theaters eingeklebt° hatte. Zwei von ihnen hatten vor mir bei ihm zur Untermiete gewohnt°, eine Schauspielerin und
30 ein Musiker. Der Musiker war lange sein Untermieter° gewesen, und später, als er schon nicht mehr in Brandenburg war, hat er von Reisen Ansichtskarten geschickt, die Herr Altenkirch alle aufgehoben und auch in das Album eingeklebt hatte. Und als wir sie uns ansahen, dachte ich: Später werde ich auch solche Ansichtskarten an Herrn Altenkirch schrei-
35 ben, ich werde ihm damit eine Freude machen, denn er ist doch einsam.

Einmal, als ich vom Theater nach Hause kam, merkte ich, daß Herr Altenkirch in der Zwischenzeit meine Schuhe geputzt hatte. Ich sagte ihm, daß er das um Gottes Willen° nicht tun soll, ich könne doch meine Schuhe sehr gut selber putzen. Aber er bat mich, ihn zu lassen, es macht
40 ihm Spaß, er hat doch nichts zu tun den ganzen Tag, und er kann auch nicht so lange schlafen und ist jeden Morgen schon ganz früh wach, schließlich komme ich doch immer erst spät in der Nacht von den Proben nach Hause. Da soll ich ihm ruhig meine Schuhe einfach draußen stehenlassen, er putzt sie dann gleich morgens vor dem Frühstück und ich
45 kann sie schon anziehen, wenn ich wieder ins Theater gehe. Es war mir so unangenehm, mir von ihm, einem alten Mann, die Schuhe putzen zu lassen, er wollte es aber unbedingt, und so ließ ich es geschehen, da es

▲ Käthe Kollwitz: *Stehender Arbeiter mit Mütze*, 1925

Art Resource, NY

back of the property

parlor living room

are accustomed

pasted in

bei … gewohnt: *rented a room from him* / *roomer*

um … Willen: *for heaven's sake*

proud / shining

ihm Freude machte und er so stolz° war auf die glänzenden° Schuhe. Nie
50 wieder in meinem Leben habe ich glänzende Schuhe gehabt.

Manchmal, wenn ich nachmittags zwischen den Proben nach Hause
kam, saß Herr Altenkirch in seiner „Stube" im Sessel und guckte aus dem
hallway
Fenster, die Tür zum Flur° ließ er immer auf, so daß er mich gleich sah,
wenn ich die Wohnungstür aufschloß, und er bat mich dann hereinzu-
leafed through
55 kommen, und ich erzählte vom Theater, und wir blätterten° zusammen
in alten Illustrierten, die da wohl schon sehr lange rumlagen. Manchmal
got
chocolate bars
hatte er auch ein Paket aus dem Westen gekriegt°, und das packte er dann
mit mir zusammen aus und gab mir von den Schokoladenriegeln° ab und
kochte noch extra einen Nachmittagskaffee.

60 Aber ich war nur ein kurzes Jahr in Brandenburg, schon vor dem Ende
season / quarrels
lawsuit
director / ringleader
forced
der Spielzeit° ging ich vom Theater dort wieder weg. Es hatte viel Krach°
gegeben, einen Prozeß° sogar. Wir waren eine Gruppe, Schauspieler,
Regisseur° und Dramaturg, die alles anders wollte, und der Anführer° der
Gruppe war nun verurteilt° worden zu gehen. Da gingen wir alle mit, aus
65 Solidarität. Nachher allerdings stand jeder für sich allein da, hatte nichts,
fand nichts und mußte schließlich irgendein Engagement annehmen, das
sich bot, wo es auch sei und was es auch sei. Der Anführer der Gruppe zog
woodcutter
sich ganz zurück und lebt, soviel ich weiß, heute als Holzfäller° im Walde.

Ich zog also wieder weg von Herrn Altenkirch. Ich packte meine
spread out
70 Sachen, die ich in seiner Wohnung ausgebreitet° hatte, wieder ein, nahm
meine Kunstpostkarten von der Wand und verabschiedete mich von ihm.
Er nahm seinen Hut und brachte mich noch bis zur Ecke, hinter der die
Straße zum Bahnhof führt. An der Ecke blieb er stehen, und ich ging
weiter. Ich drehte mich oft um°, der kleine Herr Altenkirch winkte mit
drehte mich um:
turned around
75 dem Hut, bis ich endgültig in den Bahnhof hineinging. Und da dachte
ich wieder: Ich werde ihm ab und zu eine Postkarte schicken, wenn ich
irgendwo unterwegs bin, eine Ansichtskarte, einfach einen Gruß:

An

Herrn Altenkirch
80 18 Brandenburg/Havel
Hauptstr. 7

Lieber Herr Altenkirch!

Ganz herzliche Grüße aus …

sendet Ihnen
85 Ihre

gone by
Inzwischen sind so viele Jahre vergangen°. Herr Altenkirch wird jetzt
bestimmt schon tot sein, und ich habe diese Postkarte nie geschrieben,
ich weiß nicht warum. Einfach weil … weil … und weil …

Aber ich muß mir jetzt immer vorstellen, wie Herr Altenkirch zu der
90 Stunde, wenn der Briefträger kam, hinunterging und in seinen Kasten schaute,
in dem so selten etwas lag, und wie er hoffte, einmal vielleicht von mir eine
Ansichtskarte darin zu finden, aber sie nie fand, und wie dann sicher mit der
vanished / disappointment
Zeit die Hoffnung langsam schwand°, aber die Enttäuschung° sicher blieb.

Und jetzt tut es mir weh.
95 Bitte verzeihen Sie mir, Herr Altenkirch.

Excerpts from "Eine Postkarte für Herrn Altenkirch" by Barbara Honigman, ROMAN VON EINEM KINDE, SECHS
ERZÄHLUNGEN, 1986. Reprinted by permission.

28 Analyse

1. Wie sieht Herr Altenkirch aus? Beschreiben Sie ihn.
2. Wo wohnt Herr Altenkirch? Beschreiben Sie seine Wohnung.
3. Wir können die Einsamkeit des alten Mannes sehen und fühlen. Geben Sie Beispiele.
4. Was machen Herr Altenkirch und die Erzählerin beim gemeinsamen° Frühstück? *common*
5. Im Fotoalbum sind nicht nur Fotos, sondern auch Ansichtskarten eingeklebt. Welche Rolle spielen die Ansichtskarten in seinem Leben?
6. Warum will Herr Altenkirch die Schuhe der Erzählerin putzen? Wie reagiert sie darauf? Warum?
7. Was macht Herr Altenkirch, wenn er ein Paket bekommt? Inwiefern° ist das für ihn typisch? Warum erwähnt° die Erzählerin, dass das Paket aus dem Westen kommt? *in what respect* *does mention*
8. Warum verlässt die Erzählerin Brandenburg? Welche Probleme hat es am Theater gegeben?
9. Woran können wir sehen, dass der Abschied° Herrn Altenkirch sehr schwer fällt? *farewell*
10. Was für ein Versprechen° gibt die Erzählerin sich selbst beim Abschied? *promise*
11. Was tut der Erzählerin besonders weh, wenn sie an Herrn Altenkirch und seinen Briefkasten denkt?

29 Rollenspiel

1. Spielen Sie mit Ihrer Partnerin/Ihrem Partner ein Wiedersehen von Herrn Altenkirch und seiner Mieterin nach zehn Jahren.
2. Sie sind der Briefträger von Herrn Altenkirch und treffen ihn eines Tages vor seinem Briefkasten. Worüber beklagt° er sich beim Briefträger und wie tröstet° ihn der Briefträger? *does complain* *console*
3. Spielen Sie die Szene als Herr Altenkirch wieder eines Tages ein Paket aus dem Westen bekommt und es zusammen mit der Erzählerin auspackt. Wie feiern die beiden so einen besonderen Tag?

30 Zur Diskussion / Zum Schreiben

1. Beschreiben Sie das gute Verhältnis°, das Herr Altenkirch und seine Mieterin ein Jahr lang miteinander hatten. *relationship*
2. Warum hat die Erzählerin Ihrer Meinung nach nicht geschrieben?
3. Diese Erzählung sagt uns etwas über Kommunikationsprobleme in der modernen Gesellschaft. Welche Kommunikationsprobleme sehen Sie in der Beziehung zwischen Herrn Altenkirch und der Erzählerin?
4. Hätte die Geschichte ein anderes Ende, wenn die Mieterin E-mail, Twitter oder Facebook gehabt hätte. Welches und warum? Diskutieren Sie, wie die neuen Kommunikationsformen das Verhältnis zwischen Menschen verändert haben.

Wortschatzübungen

Grammar Quiz

Vocabulary Quiz
Audio Flashcards
Concentration
Crossword

Wortschatz 2

Substantive

die **Ansichtskarte, -n** *picture postcard*
der **Briefträger, -/die Briefträgerin, -nen** *letter carrier*
die **Illustrierte, -n** *illustrated magazine*
der **Kasten, ⸚** *box*
der **Briefkasten, ⸚** *mailbox*
der **Künstler, -/die Künstlerin, -nen** *artist; performer*
die **Probe, -n** *rehearsal*
der **Schauspieler, -/die Schauspielerin, -nen** *actor/actress*

Verben

auf·heben (hob auf, aufgehoben) *to keep, preserve*
auf·schließen (schloss auf, aufgeschlossen) *to unlock; to open*
ein·packen *to pack up; to wrap*
mieten *to rent*
   Sommergäste mieten ein Zimmer in der Villa Seewind.
   Summer guests rent a room in Villa Seewind.
sich verabschieden (von) *to say good-bye (to a person)*
vermieten *to rent (out)*
   Die Villa Seewind vermietet zehn Zimmer an Sommergäste.
   Villa Seewind rents ten rooms to summer guests.
verzeihen (+ *dat.*) **(verzieh, verziehen)** *to pardon, forgive*

Andere Wörter

allerdings *certainly; of course; though*
endgültig *final, definitive*
herzlich *cordial(ly); warm(ly)*
   herzliche Grüße (letter closing) *kind regards*

---

31 **Verwandte Wörter.** Ergänzen Sie die Sätze.

die Miete • mieten • der Mieter/die Mieterin • vermieten •
der Vermieter/die Vermieterin

1. Ein alter Mann _____ oft ein Zimmer an Schauspieler.
2. Junge Schauspieler _____ gern ein Zimmer bei ihm, denn _____ ist nicht sehr hoch und junge Schauspieler verdienen oft sehr wenig.
3. Der Mann freut sich _____ im Haus zu haben, denn er ist einsam.
4. Als _____ ist der Mann freundlich und nett.

32 **Was passt?** Ergänzen Sie den Aufsatz mit Wörtern aus der Vokabelliste.

In Brandenburg gibt es ein bekanntes Theater, an dem während der Spielzeit viele _____ ein Gastengagement haben. Oft _____ diese Menschen ein Zimmer in der Stadt. Ein Jahr lang _____ Herr Altenkirch eins seiner kleinen Zimmer an eine Dramaturgin vom Theater. Jeden Morgen frühstücken sie zusammen und schauen manchmal sein Fotoalbum an. Herr Altenkirch hat nicht nur Familienfotos in seinem Album, sondern auch Ansichtskarten, die er gern _____. Bis spät in die Nacht hat die Mieterin am Theater _____, aber ab und zu kommt sie auch am Tag für einige Stunden in die Wohnung zurück. Herr Altenkirch hört gern, wenn sie die Wohnungstür _____ und Zeit für ihn hat. Manchmal sehen sie sich alte _____ an. Eines Tages, noch vor dem Ende der Spielzeit, erzählt die Mieterin von einem Krach am Theater. Kurz danach _____ sie ihre Sachen bei Herrn Altenkirch wieder _____. Sie muss sich von ihm _____, aber sie verspricht° ihm zu schreiben. Herr Altenkirch bringt sie zum Bahnhof und winkt, bis sie _____ nicht mehr zu sehen ist. Jeden Tag wartet er auf den _____, aber der bekommt nie eine Karte von der früheren Mieterin. Sein _____ bleibt leer. Als die Mieterin sich später an Herrn Altenkirch erinnert, ist sie traurig und bittet ihn in Gedanken ihr zu _____.

promises

Suffix *-lich*

The suffix **-lich** forms adjectives and adverbs from nouns, verbs, or other adjectives: **der Freund > freundlich; kaufen > käuflich.** The English suffixes *-ly* after nouns and adjectives (*friendly*) and *-able* after verbs (*purchasable*) correspond to **-lich.**

---

33 **Wörter auf *-lich*.** Bilden Sie Wörter mit dem Suffix **-lich**. Ergänzen Sie dann den Brief mit den Wörtern, die Sie gebildet haben.

HERZ _____   GESCHÄFT _____

FREUND _____   PERSON _____

Berlin, den 4. März 2011

Sehr geehrte Frau Scharf,

ich danke Ihnen ganz _____ für die Materialien. Nächste Woche mache ich meine halbjährliche Reise nach Bonn, wo ich _____ zu tun habe. Es wäre schön, wenn ich mich bei Ihnen _____ bedanken könnte. Lassen Sie mich bitte wissen, ob es Ihnen recht ist.

Mit _____ Grüßen

Jürgen Kleinschmidt

Grammatik im Kontext 🌐 Grammar Quiz

34 **Die Vergangenheit.** Honigmann schreibt über Ereignisse in der Vergangenheit und benutzt deshalb hauptsächlich° das Präteritum°. Wir finden aber auch andere Zeitformen°. Lesen Sie sich den letzten Teil der Geschichte noch einmal durch. Beginnen Sie mit Zeile 69. (Siehe *Kapitel 2*.)

mainly / simple past tenses

1. Suchen Sie vier Verben im Präteritum. Geben Sie die Infinitive an. Sind die Verben stark oder schwach?

past perfect

2. Suchen Sie ein Beispiel vom Plusquamperfekt°. Ist das Verb stark oder schwach?

3. Suchen Sie zwei andere Zeitformen (außer Präteritum und Plusquamperfekt) in diesem letzten Teil.

is about

35 **Schreiben Sie!** Die folgende Anekdote handelt° von einer alten Dame. Schreiben Sie die Geschichte noch einmal und setzen Sie sie ins Präteritum.

In einem großen Haus (wohnt) _____ eine alte Dame. Sie (hat) _____ eine große Wohnung und (ist) _____ immer allein und einsam. Eines Tages (kommt) _____ sie vom Einkaufen zurück, sie (trägt) _____ zwei schwere Taschen. Auf dem Gehweg (spielen) _____ Kinder. Plötzlich (fällt) _____ sie hin und Äpfel, Kartoffeln, Käse – alles (liegt) _____ auf dem Boden. Da (nicken) _____ die Kinder einander zu und (helfen) _____ der alten Dame, die zwischen ihren Einkäufen (sitzt) _____. Sie (steht) _____ auf, die Kinder (steigen) _____ mit ihr die Treppe hinauf, die Einkaufstaschen in den kleinen Händen. Sie (schließt) _____ die Wohnung auf, (gibt) _____ den Kindern Äpfel und (erzählt) _____ ihnen eine lustige Geschichte. Von da an (bleibt) _____ sie nicht mehr allein. Oft (kommen) _____ die Kinder zu ihr, (hören) _____ ihre Geschichten und (lachen) _____. Wer (freut) _____ sich mehr – die Kinder oder die alte Frau?

▲ *Junge Frau hilft einer alten Dame mit ihrem schweren Einkaufskorb.*

Goodluz / Shutterstock.com

36 **Was haben Sie gestern gemacht?** Sprechen Sie mit einer Partnerin/ einem Partner darüber, was Sie beide gestern gemacht haben. Betonen Sie dabei, wie und wann Sie welche Kommunikationsmittel benutzt haben. Benutzen Sie das Perfekt.

Stichwörter:

Handy • telefonieren • im Internet surfen • E-Mail schreiben (mailen) • SMS schreiben

37 **Herr Altenkirch erinnert sich.** Herr Altenkirch spricht mit seiner neuen Mieterin/seinem Mieter. Er erzählt von der Zeit mit der Dramaturgin. Herr Altenkirch benutzt das Präteritum.

Stichwörter:

zusammen frühstücken • Bilder zeigen • sich unterhalten • Schuhe putzen • in Illustrierten blättern • Kaffee trinken

38 **Ein Gespräch.** Zwei Bekannte von Alex haben ihn gestern nicht erreicht, weil er kein Handy hat. Die Bekannten wollten etwas mit Alex unternehmen. Führen Sie ein Gespräch darüber, was die Bekannten mit Alex machen wollten, mussten, sollten oder nicht konnten. Benutzen Sie so viele verschiedene Modalverben im Präteritum wie möglich.

Stichwörter:

ins Café gehen • Fußball spielen • einen Film sehen • an einer Seminararbeit arbeiten • Freunde treffen

Was meinen Sie?

39 **Zur Diskussion / Zum Schreiben**

1. Stellen Sie sich vor, Sie haben Ihren Urlaub in Hamburg verbracht. Schreiben Sie eine Postkarte an Herrn Altenkirch, in der Sie von Ihrem Urlaub erzählen.

2. Stellen Sie sich vor, die junge Frau in der Geschichte „Die Mittagspause" (*Thema 1*) zieht aus dem Haus ihrer Eltern aus und mietet ein Zimmer bei Herrn Altenkirch. Erfinden Sie eine Szene mit einem Dialog und spielen Sie diese Szene mit einer Kommilitonin oder einem Kommilitonen nach.

3. Wie bleiben Sie mit Ihren Freundinnen/Freunden, Bekannten und Verwandten in Kontakt? (Telefon? Briefe? Karten? Fax? E-Mail? SMS? Facebook? Twitter?) Welches Kommunikationsmittel benutzen Sie am liebsten / am meisten? Warum?

Thema
3

Deutschland heute

Moderne Hochhäuser in Berlin

Resources

🔊 Text Audio

▶ Kurzfilm

🌐 Premium Website

📝 Student Activities Manual

Nikada/iStockphoto.com

Einstieg in das Thema

Die politische Situation Deutschlands im 21. Jahrhundert ist mit der Geschichte des Zweiten Weltkriegs und den daraus folgenden Ereignissen° eng verbunden. Hier sind einige wichtige Daten und Ereignisse aus der deutschen Geschichte.

events

Daten	Ereignisse
1939–1945	Zweiter Weltkrieg
1948	Blockade West-Berlins
1948–1952	Durch den Marshall-Plan bekommt Westdeutschland amerikanische Hilfe für den Wiederaufbau°.
1949	Gründung° der BRD und der DDR
1961	Beginn des Mauerbaus in Berlin
1989	Die Regierung der DDR tritt zurück°
1990	Vereinigung° BRD und DDR
1995	Gründung der EU
2002	In Deutschland und Österreich gibt es statt Mark und Schilling jetzt nur noch den Euro[1].

reconstruction

founding

resigns

unification

*Europäische Union (EU): 27 Länder: Belgien, Bulgarien, Dänemark, Deutschland, Estland, Finnland, Frankreich, Griechenland, Großbritannien, Irland, Italien, Lettland, Litauen, Luxemburg, Malta, die Niederlande, Österreich, Polen, Portugal, Rumänien, Schweden, die Slowakei, Slowenien, Spanien, Tschechien, Ungarn, Zypern.

Das vereinigte Deutschland ist (nach Frankreich und Spanien) das drittgrößte Land der Europäischen Union (EU). Es ist halb so groß wie Texas und etwas kleiner als Neufundland. Mit 82,5 Millionen hat Deutschland die meisten Einwohner von allen Ländern der EU.

In diesem Thema lesen Sie ein Interview mit fünf Oldenburger Studenten über die ehemalige° DDR und das vereinigte Deutschland. Dann stellen wir Ihnen das neue Schulmodell der Europäischen Schule vor. Ausschnitte° aus dem Drehbuch° zu *Good Bye, Lenin!* (2003) reflektieren die politischen Ereignisse des Mauerfalls am Beispiel der fiktiven Geschichte der Ostberliner Familie Kerner.

former

Excerpts / film script

1   Gedankenaustausch: Internetrecherche

Suchen Sie im Internet Informationen über ein historisches Ereignis in der Liste und berichten Sie kurz darüber.

---

[1] Der Euro ist die Währung in 17 Ländern: Belgien, Deutschland, Estland, Finnland, Frankreich, Griechenland, Irland, Italien, Luxemburg, Malta, den Niederlanden, Österreich, Portugal, der Slowakei, Slowenien, Spanien, Zypern. Weitere Mitglieder: Litauen 2012, Bulgarien 2013, Lettland 2014.

KULTURLESESTÜCKE

Interview: „Was das Wort ‚DDR' für mich bedeutet"

Zum Thema

different

Von 1949 bis 1990 gab es zwei deutsche Staaten, Westdeutschland (die Bundesrepublik Deutschland [BRD]) und Ostdeutschland (die Deutsche Demokratische Republik [DDR]). Diese beiden Staaten hatten unterschiedliche° Wirtschaftssysteme: in der BRD eine freie Marktwirtschaft und in der DDR eine zentrale Planung des Wirtschaftssystems, wie in anderen kommunistischen Ländern. Viele DDR-Bürgerinnen und Bürger glaubten besonders in den ersten Jahren an die

justice / prevail

Utopie einer klassenlosen Gesellschaft, in der soziale Gerechtigkeit° herrschen° sollte. Andererseits wollten die Menschen weniger staatliche Kontrolle und einen höheren Lebensstandard. Um zu verhindern, dass immer mehr Menschen die DDR verließen, baute der Staat 1961 eine Mauer zwischen Ost- und West-Berlin

border und verstärkte die Grenze° zwischen Ost- und Westdeutschland.

movement

1989 ging eine demokratische Bewegung° durch die Ostblockländer[1]. In vielen Städten der DDR gab es Demonstrationen gegen die Regierung, die mit dem Fall der Berliner Mauer am 9. November 1989 und der Vereinigung der beiden deutschen Staaten am 3. Oktober 1990 endete.

Die schnelle Vereinigung brachte aber auch Probleme: Viele Ostdeutsche hat-

difficulties ten Identitätsprobleme und Schwierigkeiten° im Alltag. Überall wurde das Le-
rose ben teurer – Preise für Lebensmittel, Verkehrsmittel und Mieten stiegen°. In der
taxes alten Bundesrepublik waren die Menschen verärgert über die höheren Steuern°,
support die sie jetzt zur Unterstützung° der fünf neuen Bundesländer[2] bezahlen mussten. Inzwischen hat sich vieles in den neuen Bundesländern gebessert, doch

polls / former/ longing Umfragen° mit ehemaligen° DDR-Bürgern zeigen, dass viele noch Sehnsucht°
the familiar nach Vertrautem° aus dem früheren Leben (Ostalgie) haben.

insight Ein Interview mit fünf Studenten der Oldenburger Universität in Nord-
1989 revolution in the GDR deutschland gibt einen Einblick° in die Meinungen junger Deutscher zum Leben in der ehemaligen DDR und nach der Wende°.

2 **Zum Nachdenken.** Bevor Sie den Text lesen, denken Sie über diese Fragen nach:

1. Was wissen Sie schon über die ehemalige DDR?

2. Was haben Sie in den Medien darüber gehört?

3. Was fällt Ihnen zu diesen Wörtern ein?

   Mauer • Ossi • Wessi • Wiedervereinigung

4. Finden Sie es gut, dass Ostdeutschland und Westdeutschland wieder ein Land sind? Warum (nicht)?

observe **3** **Beim Lesen.** Beachten° Sie beim Lesen besonders die positiven Erinnerungen an die DDR.

---

[1] **Ostblockländer:** Albanien, Bulgarien, die DDR, Polen, Rumänien, die Tschechoslowakei, die UdSSR (Sowjetunion), Ungarn.

[2] **Die neuen Bundesländer** = Länder der Ex-DDR. Die westdeutschen Länder sind die „alten Bundesländer".

„Was das Wort ‚DDR' für mich bedeutet"

Fünf Studenten an der Oldenburger Universität sprechen über das Thema „DDR".

Sarah Puchert (25) aus Rostock, Imke Ulken (23) aus Westerstede, Christopher Bosum (25) aus Giesen, Katharina Büntjen (24) aus Westerstede und Felix Müller (25) aus Bad Zwischenahn.

Frage: Was fällt Ihnen zu dem Wort „DDR" ein?

Christopher   Eine gewisse Nostalgie, wenn man darüber nachdenkt. Manche Arbeitslose in Ostdeutschland, denen es jetzt finanziell schlecht geht, denken, dass es ihnen zu DDR-Zeiten besser ging. Ansonsten° fällt mir ein: Planwirtschaft°, Sozialismus, Kommunismus, totalitäres System, Unterdrückung°, keine Reisefreiheit, große Versorgungsprobleme° (z.B. lange Wartezeiten auf die Trabbis° usw.), die Tatsache, dass der Staat die Menschen dazu brachte sich gegenseitig zu bespitzeln°; aber auch gute Dinge wie sehr gute Kinderbetreuung°, Emanzipation und dass Frauen neben Kindern auch eine Karriere haben konnten.

otherwise
planned economy
oppression
supply problems / **Trabant:**
auto built in the GDR / *spy*
child care

Imke   Ich assoziiere irgendwie eine sorgenfreie Epoche damit, auch wenn das sicherlich für viele Bewohner der DDR nicht zutraf°.

Felix   Mir fallen Trennung°, Tod und Ausgrenzung° ein.

applied
separation
exclusion

Frage: Sie waren im Jahr der Wende vielleicht noch gar nicht geboren oder noch sehr jung. Woher wissen Sie, was in der DDR los war?

Sarah   Ich bin 1984 in Mecklenburg-Vorpommern geboren, also im Nordosten von Deutschland. Ich habe somit fünf Jahre meines Lebens in der DDR gelebt. Ich kann mich an die Unterschiede sehr gut erinnern, wahrscheinlich weil auf einmal alles anders war und für mich als Kind sehr aufregend und neu. Aber auch aus Erzählungen weiß ich einiges, denn auch meine Eltern und Verwandten sind in der DDR aufgewachsen.

Imke   Die eigentliche Aufklärung° über die Geschichte Deutschlands kam eigentlich erst durch den Geschichtsunterricht. Dabei halfen auch Filme, die in der damaligen° DDR spielen, u.a. „Good Bye, Lenin" und „Das Leben der Anderen". Leider kenne ich persönlich nur sehr wenige ehemalige DDR-Bürger und keiner unter ihnen kann sich aktiv an die Zeit dort erinnern.

education

at that time, former

Christopher   Obwohl ich vor dem Mauerfall geboren wurde (November 1986), habe ich die DDR persönlich natürlich nicht in Erinnerung. Auch meine Eltern haben in den Jahren nach dem Mauerfall nur wenig mit mir über die DDR geredet. Den ersten richtigen Kontakt mit dem Thema hatte ich wahrscheinlich in der Grundschule°. … Wichtig für mich wurde das Thema erst später, und am Gymnasium wurde es auch immer wieder im Geschichtsunterricht behandelt …

elementary school

1-16

Frage: Falls Sie in einem der neuen Bundesländer aufgewachsen sind: Was haben Sie dort in der Schule Positives oder Negatives über die DDR erfahren?

Imke   Generell hielt man die Planwirtschaft für ein positives und gerechtes, jedoch unrealisierbares Prinzip. Uns wurde klar gemacht, dass ein Staat seine Bürger und Bürgerinnen nicht *einsperren*° kann. Zwar scheinen die Menschen weniger materialistisch gewesen zu sein, doch war der Staat nicht einmal in der Lage *Grundbedürfnisse*°, wie z.B. ein Auto, *zu befriedigen*°.

lock up

basic needs / satisfy

Frage: Falls Sie in einem der alten Bundesländer aufgewachsen sind: Was haben Sie dort in der Schule Positives oder Negatives über die DDR erfahren?

Sarah   … In der Schule habe ich nicht viel über die DDR gelernt, im Gymnasium behandelten wir nur die Geschichte Deutschlands bis ein paar Jahre nach dem Zweiten Weltkrieg (*Teilung*° Deutschlands, die Jahre danach, Mauerbau …)

division

Christopher   Unsere Geschichtsbücher und Lehrer waren sehr neutral, allerdings waren die negativen Aspekte doch viel stärker.

state that exerts total control of its citizens

presented

Katharina   Negatives habe ich über den *Bewachungsstaat*° gelernt, in dem jeder befürchten musste, bespitzelt zu werden. Ich habe in meiner Schulzeit viel Wirtschaftsunterricht gehabt, in dem die DDR als Beispiel für Planwirtschaft benutzt wurde. Dies wurde nicht unbedingt negativ *dargestellt*°.

Jack Moeller

Felix
Negativ: Die Menschen konnten das Land nicht verlassen, wenn sie wollten. Viele Menschen sind an der Grenze gestorben.
Positiv: Eigentlich nix.

1-17

so-called

Frage: Sehen Sie heute noch ein großes Problem zwischen *sogenannten*° Ossis und Wessis?

Sarah   Ich kann nicht unbedingt sagen, dass ich ein großes Problem sehe, aber ich sehe ein paar kleine Schwierigkeiten. Zum einen ist die „Mauer in den Köpfen" bei vielen noch da, die Vorurteile bleiben. So sagen viele „Wessis" immer noch: „Ich war noch nie im Osten", oder „Ich mache bald eine Reise in den Osten" … und das obwohl 20 Jahre seit der Wiedervereinigung *vergangen*° sind. Die Formulierung „in den Osten reisen" zeigt eigentlich, dass diese Person den Osten immer noch als ein anderes Land sieht.

have passed

Häufig bemerke ich Vorurteile bei den älteren Generationen, bei denen, die mit der Trennung Deutschlands aufgewachsen sind.

Eigentlich bin ich von diesen Vorurteilen und „der Mauer in den Köpfen" genervt, wenn ich das mal so ausdrücken darf. Es ist nun wirklich an der Zeit diese Mauer *abzureißen*°, denn ich fühle mich als Deutsche, nicht als „Wessi" oder „Ossi".

to tear down

sound

Christopher   Ja und nein. Es mag diskriminierend *klingen*°, aber es gibt meiner Meinung nach auf jeden Fall einen starken Unterschied zwischen West- und Ostdeutschland. Und das betrifft in einigen Fällen auch die Menschen. Das muss aber nicht negativ sein. Es gibt meiner Meinung nach aber auf keinen Fall ein „großes Problem" zwischen Ost- und Westdeutschen.

Katharina   Ich sehe kein großes Problem zwischen Ossis und Wessis.

Zum Text

4 Wissen Sie das?

1. Wer sagte das? Ergänzen Sie die Sätze mit dem Namen.

   _____ hörte nichts Gutes über die DDR in der Schule.

   _____ lernte viel über die DDR aus Filmen.

   _____ lernte wenig über die DDR in der Schule.

   _____ verbindet die DDR mit einer Zeit ohne Sorgen.

   _____ hörte von den Eltern und Verwandten manches über die DDR.

   _____ glaubt, dass die älteren Generationen noch Vorurteile haben.

2. Wie behandelten Schulen das Thema DDR? Welchen Aspekt der DDR haben die Schulen positiv dargestellt?

3. Wie sehen die Studenten das Verhältnis heute zwischen Ost und West? Ist es problematisch?

4. Christopher sagt, dass er eine gewisse Nostalgie empfindet°, wenn er an die DDR denkt. Was finden Sie im Text, was Nostalgie erwecken könnte?   *feels*

5 Zur Diskussion

1. Der Ausdruck „Mauer im Kopf" bedeutet, dass es Stereotype oder Vorurteile gibt, die verhindern, dass die Menschen sich verstehen können. Besprechen Sie, welche Vorurteile es noch zwischen Ossis und Wessis geben könnte. Sprechen Sie dann darüber, ob es auch in Ihrem Land „eine Mauer im Kopf" gibt. Gibt es eine Mauer oder lediglich° regionale Unterschiede?   *merely*

2. Was halten Sie von der Idee, dass man viel über die Vergangenheit° aus Filmen erfahren kann? Nennen Sie einige Filmen mit historischen Themen – entweder über Deutschland oder ein anderes Land. Hat ein Film Ihnen besonders geholfen die Vergangenheit zu verstehen?   *past*

3. Die Oldenburger Studenten waren alle sehr jung, als die Mauer fiel. Stellen Sie sich vor, Sie machen ein Interview darüber, wie das Leben während Ihrer Kindheit war. Was können Sie über die Lebensumstände in Ihrem Land sagen, als Sie fünf Jahre alt waren?

6 Gruppenarbeit

1. Machen Sie eine Liste mit positiven Aspekten der DDR und eine mit den negativen, die im Text erwähnt werden. Welche Liste ist länger? Besprechen Sie in der Gruppe, wie das Leben in der DDR aussah. Wie war der Alltag? Wie war das Verhältnis zum Staat? Welche der negativen Aspekte finden Sie am schlimmsten? Warum? Berichten Sie im Kurs über Ihre Ergebnisse°.   *results*

   Stichworte

   bespitzeln • Grundbedürfnisse • Reisefreiheit • Kinderbetreuung • sorgenfrei • bedrückt

2. Suchen Sie zu zweit im Internet etwas über die ehemalige DDR oder die Universität Oldenburg und berichten Sie Ihren Kommilitoninnen/Kommilitonen kurz darüber.
   • Carl von Ossietzky Universität Oldenburg http://www.uni-oldenburg.de/
   • Stadt Oldenburg http://www.oldenburg.de/stadtol/
   • Cartoons: Haus der Geschichte: Geteilt – Vereint. 50 Jahre deutsche Frage in Karikaturen im Haus der Geschichte http://www.hdg.de/karikatur/view/karikaturen.html

Vermischtes

1. Vor der Nazizeit lebten etwa 522 000 Juden in Deutschland. Bis 1941 waren nur etwa 300 000 Juden vor den Nazis geflohen°. Von den zu Hause gebliebenen Juden wurden 200 000 ermordet°. In ganz Europa hat eine unbegreifliche° Zahl von Menschen den Holocaust nicht überlebt: sechs Millionen Juden und neun bis zehn Millionen Nicht-Juden.

Luciano Mortula/Shutterstock.com

Das Holocaust-Mahnmal in Berlin wurde zum Gedenken (commemoration) *an die ermordeten Juden Europas erbaut* (built).

2. Die Berliner Mauer wurde 1961 gebaut und war 41,5 km lang und 4 Meter hoch. Heute gibt es nur noch wenige Überreste der Berliner Mauer sowie drei Wachtürme°. Der längste Mauerteil, die East Side Gallery, ist 1,3 km lang. (Suchen Sie im Internet Informationen über die East Side Gallery.)

3. An den Grenzen zwischen Ost- und Westdeutschland wachten° 13 000 Soldaten. Bis 1989 gab es 1065 Todesopfer° – durch Minen, Selbstschussanlagen° und Schüsse° der Soldaten. Allein an der Berliner Mauer kamen° 134 Menschen ums Leben.

4. Im Sommer 1989 öffnete sich die ungarisch-österreichische Grenze für DDR-Bürger, die nach Westdeutschland fliehen wollten. Das läutete° das Ende der Ära des Sozialismus ein. Zwischen August und Ende November 1989 reisten 70 000 Ostdeutsche über Ungarn in den Westen aus.

5. Wegen der hohen Kosten der Einheit bezahlen alle Erwerbstätigen°in Ost- und Westdeutschland einen Solidaritätszuschlag° (seit 1998 etwa 5,5 Prozent der Lohnsteuer°). Jedes Jahr gehen davon etwa 15 Millarden nach Ostdeutschland. In den ersten 20 Jahren nach der Vereinigung waren es € 1,3 Billionen° *($1.9 trillion)* vom Westen in den Osten Deutschlands.

6. Die Arbeitslosigkeit ist in Ostdeutschland viel höher als in Westdeutschland. Seit 1990 ist die ostdeutsche Bevölkerung° um 1,8 Millionen gesunken, so dass heute nur noch 14,8 Millionen Menschen in Ostdeutschland wohnen. Besonders junge Frauen sind in den Westen gezogen, um nach neuen Arbeitsmöglichkeiten zu suchen.

fled

murdered

incomprehensible

watch towers

guarded
deaths
automatically triggered
weapons / gunshots /
kamen ums Leben: *lost their lives*

läutete ein: *led to*

gainfully employed persons
solidarity surcharge tax /
tax on wages or salary

trillions

population

Zeitschriftenartikel

Kontinent im Kleinformat: Die Europäische Schule in München

Zum Thema

Der folgende Bericht stellt ein neues Schulmodell mit multikultureller Erziehung in der Europäischen Union vor. In diesen internationalen Schulen wird das Lernen von Fremdsprachen° und die Erhaltung der Muttersprache und der eigenen kulturellen Identität betont°, indem Schüler in einigen Klassen Unterricht in ihrer Muttersprache haben und in anderen in verschiedenen Fremdsprachen. Die Hauptfächer werden in den offiziellen Sprachen der Europäischen Union unterrichtet°. Es gibt zurzeit vierzehn Europäische Schulen, davon drei in Deutschland: in Karlsruhe, Frankfurt am Main und München. Die Gründung einer neuen Europäischen Schule erfordert° einen einstimmigen° Beschluss° der Mitgliedstaaten. So sind die Europäischen Schulen nicht nur ein kleines Europa, sondern auch eine kleine Europäische Union. Ein Artikel im Magazin Deutschland beschreibt den Alltag in der Europäischen Schule in München. In dieser Schule werden alle Fächer in fünf Sprachen angeboten. Nach zwölf Jahren machen die Schülerinnen und Schüler ihren Abschluss°. Mit dem können sie dann an allen Universitäten der EU-Staaten, der Schweiz und der USA studieren.

foreign languages
emphasized

taught

requires
unanimous / decision

diploma

7 **Leitfragen.** Hätten Sie Interesse eine Europäische Schule zu besuchen? Warum oder warum nicht?

🔊
1-18

Kontinent im Kleinformat

Die Europäische Schule in München

Markus Verbeet

An dieser Schule ist alles europäisch. Sogar der Lärm, der pünktlich um Viertel vor elf über den Schulhof° hereinbricht. „Let's
5   go", rufen zwei Jungen und stürmen aufs Fußballfeld. Ein kleines Mädchen mit Schokoriegel° wünscht seinen Freundinnen einen guten Appetit: „Eet smakelijk.°" Und ein Teenager fragt seinen Klassenkameraden: „Hast Du die Hausaufgaben auch nicht gekonnt?" Spiele, Schokoriegel und Sorgen wie auf allen
10 Schulhöfen Europas.

Große Pause an der Europäischen Schule in München

Joanne Moyes/Alamy

schoolyard

chocolate bar
Dutch for "bon appetit"

(continued on next page)

Das Sprachenwirrwarr° aber zeigt, dass diese Schule etwas Besonders ist. Wie es Pressesprecherin Catherine van Even mitten im
Pausenlärm ausdrückt: „Unsere Schule ist nicht mehr und nicht weniger als ein kleines Europa." Ein Kontinent im Kleinformat also, mitten
15 in München, bestehend aus einem Kindergarten, einer Grundschule
und einer Höheren Schule°. Zusammen bilden sie die Europäische
Schule, eine von insgesamt vierzehn solcher Schulen, von der EU-
Kommission für die Kinder ihrer Angestellten geschaffen. …

Die Europäische Schule ist vielsprachig wie kaum eine andere, alle
20 Fächer werden in fünf Sprachen angeboten. Die Lehrer sind handver-
lesen° und werden von den Mitgliedstaaten für neun Jahre entsandt°.
Die Schüler schließlich schaffen in zwölf Jahren einen Abschluss, der
sie zum Studium in allen EU-Staaten sowie der Schweiz und den USA
berechtigt°. … Vom runden Raum in der Mitte des Gebäudes gehen
25 fünf Türen ab – jede Sektion für sich. Auch wenn die Sektionen ge-
trennt sind: Die Kinder spielen und lernen zusammen. Zumindest°
im Kindergarten. Später mischen sich die Nationalitäten nicht mehr
so einfach. „Das werden Sie gar nicht glauben", sagt Catherine van
Even und erzählt entrüstet°, dass manche Schüler gar kein Deutsch
30 sprächen. Die Pressesprecherin hält das für „eine große Lücke° im
System".

Da hilft es nicht viel, wenn in den Grundsteinen° aller Europäischen Schulen wohlklingende° Worte auf Pergament zu finden sind.
Den Kindern werde, heißt es dort, „während sie heranwachsen, in die
35 Seele° geschrieben, dass sie zusammengehören". Ein hehres° Ziel und
manchmal nicht mehr als ein frommer° Wunsch. Die Schule ist eben
nicht weniger als ein kleines Europa, aber auch nicht mehr. Kommen
niemals alle Kinder zusammen? Catherine van Even überlegt kurz.
„Doch", sagt sie, „bei Feueralarm.".

Deutschland magazine/Oktober/November 1999/Markus Verbeet und www.magazin-deutschland.de

Zum Text

8 **Richtig oder falsch?** Entscheiden Sie, ob die folgenden Aussagen richtig
oder falsch sind. Geben Sie die Zeile im Text an, wo Sie die entsprechenden°
Informationen finden. Dann formulieren Sie die falschen Aussagen um, so dass
sie mit dem Text übereinstimmen°.

	Richtig	Falsch
1. Essen ist auf dem Schulhof verboten.	☐	☐
2. Die Schule beginnt um Viertel vor elf.	☐	☐
3. Die EU-Schule ist eine Höhere Schule.	☐	☐
4. Kinder aus der EU-Kommission besuchen die Schule.	☐	☐
5. Der Unterricht findet in fünf Sprachen statt.	☐	☐
6. Die Lehrerinnen und Lehrer der Schule kommen aus den Mitgliedstaaten der EU.	☐	☐

7. Mit dem Abschluss kann man an allen Unis Europas studieren. ☐ ☐

8. Im Laufe der Schuljahre wird der Kontakt zwischen den Nationalitäten immer größer. ☐ ☐

9. Die Pressesprecherin findet, dass die Schule nicht immer ihr Ziel erreicht. ☐ ☐

10. Es gibt viele Situationen, wo alle Kinder zusammen sind. ☐ ☐

9 Zur Diskussion / Zum Schreiben

1. Hätten Sie Lust auf so eine Schule zu gehen? Warum (nicht)? Was sind die Vor- und Nachteile einer solchen Schule?

2. Frau van Even ist enttäuscht, dass manche Schülerinnen und Schüler kein Deutsch sprechen. Sollte die Schule Deutsch als Pflichtfach° einführen? Bilden Sie Gruppen und diskutieren Sie diese „Lücke im System". Machen Sie Vorschläge zur Lösung. Nutzen Sie die folgenden Fragen als Anregung°.

 required subject

 stimulus

   – Wie wichtig ist es die Sprache eines Landes zu beherrschen°, wenn man später nicht in dem Land leben wird?

 master

   – Wie wichtig sind Fremdsprachen?

   – Ist das Sprachenwirrwarr etwas Negatives oder Positives?

   – Hätten die Schülerinnen und Schüler mehr Kontakt miteinander, wenn sie alle Deutsch könnten?

3. **Hehre Ziele** Die Europäischen Schulen sollen die Ziele der EU wider-spiegeln°. Was wissen Sie über die EU und ihre Ziele? Machen Sie eine Liste. Wie passen die Ziele der Europäischen Schule in München dazu? Welche Ziele hat die Schule? Welche Ziele hat sie schon erreicht? Welche noch nicht? Erweitern° Sie Ihre Liste. Diskutieren Sie darüber, welche Ziele für eine EU-Schule wichtig sind. Was meinen Sie, wie man diese Ziele erreichen könnte?

 reflect

 expand

Vermischtes

1. **Europa:** 52 Staaten, 100 Sprachen

2. **Die Europäische Union:** 27 Staaten, 23 Amtssprachen°, 500 Millionen Menschen. Mit 82,5 Millionen Einwohnern ist Deutschland das größte Land der EU.

 official languages

3. **Ein Binnenmarkt°:** Die Staatsbürger der EU können durch die Mitgliedstaaten fahren und werden an keiner Grenze nach Pass, Personalausweis° oder Waren gefragt.

 single market

 identity card

4. Die Staatsbürger der EU können in allen Mitgliedstaaten studieren, einkaufen, ein Geschäft eröffnen und auch da leben.

5. Der Sitz des Europäischen Parlaments ist in Straßburg. Der Sitz des Rates° der Europäischen Union ist in Brüssel.

 council

Wortschatzübungen

Audio Flashcards
Concentration
Crossword

Wortschatz 1

Substantive

der **Angestellte** (noun decl. like adj.)   employee
die **Erinnerung, -en**   memory
die **Grenze, -n**   border
die **Hausaufgabe,**   assignment, piece of homework
die **Hausaufgaben** (pl.)   homework
die **Lage, -n**   situation; location
der **Lärm**   noise
die **Schwierigkeit, -en**   difficulty
der **Unterricht**   instruction; classes
der **Unterschied, -e**   difference
das **Vorurteil, -e**   prejudice
die **Wende, -n**   change, turning point; political change in the former German Democratic Republic, 1989
das **Ziel, -e**   goal

Verben

behandeln   to treat, to deal with
bestehen (bestand, bestanden)   to exist
bestehen aus   to consist of
betrachten   to look at

betreffen (betrifft; betraf, betroffen)   to affect, concern
bilden   to form, educate
erinnern   to remind; **sich erinnern (an** + acc.)   to remember
ein·fallen (fällt ein; fiel ein, ist eingefallen)   to occur to someone
es ist mir gerade eingefallen   it just occurred to me
halten (hält; hielt, gehalten)   to hold; to stop
halten für   to regard as
halten von   to think something of someone
nerven   to get on one's nerves, to annoy
sich (dat.) **überlegen**   to think about, consider
ich werde es mir überlegen   I'll think about it.

Andere Wörter

aufregend   exciting
europäisch   European
insgesamt   altogether, all in all
mitten in (+ dat.)   in the middle of

---

10 **Anders gesagt.**   Wie kann man die Sätze anders formulieren? Ersetzen Sie die fett gedruckten Ausdrücke mit den angegebenen Wörtern und Ausdrücken.

Angestellte • aufregende • behandelten uns • erinnere mich • es zwar keine Grenze mehr gab • hielten uns für • nach der Wende • nervten • Vorurteile

Frau Bresan berichtet über die Zeit direkt nach der Wiedervereinigung:

1. **Als die Mauer gefallen war**, gab es auch in meiner Firma viele Veränderungen.
2. Ich **denke** oft an diese ersten Jahre nach dem Mauerfall **zurück**.
3. Es war eine **spannende** Zeit.
4. Auf einmal gab es westdeutsche **Mitarbeiter**.
5. Diese **waren uns gegenüber** manchmal etwas von oben herab.
6. Und ich denke, manche von ihnen **fanden uns** naiv.
7. Doch auch von der ostdeutschen Seite aus gab es manche **Ressentiments** gegenüber den westdeutschen Kollegen.
8. Die Westdeutschen **ärgerten** uns mit ihrer Arroganz und ihrer Kritik an der DDR-Zeit.
9. So war es klar, dass **das Land zwar nicht mehr geteilt war**, dass die Deutschen sich aber noch nicht als ein Volk fühlten.

11 Vokabeln. Ergänzen Sie die Sätze mit den angegebenen Wörtern.

besteht • bildeten • europäische • hält für • Hausaufgaben •
insgesamt • Lärm • überlegt • Unterricht • Ziel

1. Die EU hat _____ zehn Europäische Schulen für die Kinder der Angestellten.

2. Jede Schule _____ aus einem Kindergarten, einer Grundschule und einer Höheren Schule für Kinder ab der fünften Klasse.

3. Der _____ wird in fünf verschiedenen Sprachen angeboten.

4. In der Pause ist auf dem Schulhof so ein _____, dass die Schüler sich kaum verstehen können.

5. Man kann verschiedene _____ Sprachen hören.

6. Die Pressesprecherin Catherine van Even _____ es _____ wichtig, dass alle Schülerinnen und Schüler auch Deutsch sprechen können.

7. Sie _____, wie das Schulsystem Deutsch besser integrieren könnte.

8. Die Fächer, die an der Europäischen Schule unterrichtet werden, sind schwierig. Deshalb haben manche Schüler Probleme mit den _____.

9. Das _____ der Schule ist es, den Schülerinnen und Schülern ein Gefühl der Zusammengehörigkeit zu geben.

10. Obwohl die Schüler nur bei Feueralarm alle zusammen sind, _____ sie doch eine Einheit, nämlich ein kleines Europa.

12 Zur Diskussion / Zum Schreiben

1. Sie sind Ostdeutsche/Ostdeutscher und sprechen mit Ihrer Nachbarin/ Ihrem Nachbarn über Ihre Probleme im vereinigten Deutschland. Sie können nur noch Teilzeitarbeit° finden. Es ging Ihnen vor der Wende viel besser. Ihre Nachbarin/Ihr Nachbar findet es heute besser und erinnert Sie auch an die positiven Veränderungen seit der Wende. Spielen Sie die Szene.   *part-time work*

2. Sie besuchen Berlin und lernen eine Ostdeutsche oder einen Ostdeutschen in einem Café kennen. Sie möchten wissen, wie das Leben in der DDR war. Stellen Sie 4–5 Fragen. Ihre Partnerin/Ihr Partner gibt hypothetische Antworten.

   ▶ War es nicht furchtbar, dass du nicht reisen konntest?
   Ja, ich wollte immer nach Paris. Jetzt war ich schon ein paar Mal da.

3. Als Touristin/Tourist in Deutschland haben Sie einige Deutsche aus Ostdeutschland kennen gelernt. Schreiben Sie Ihren Verwandten darüber, was sie Ihnen über ihr Leben in der ehemaligen DDR und heute erzählt haben.

   Oder schreiben Sie darüber, was Sie auf Ihrer Reise über Deutschland und die EU allgemein erfahren haben.

Bernauerstraße – hier verlief die Mauer längs einer Straße und teilte die Häuser in Ost- und Westdeutschland

Dresden

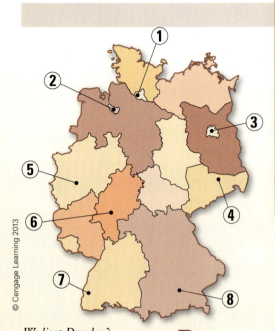

Wo liegt Dresden?

Elbufer mit Blick auf Dresden

DRESDEN, DIE HAUPTSTADT DES BUNDESLANDES SACHSEN, HAT
eine reizvolle° Lage an der Elbe. Wegen seiner reichen Kunstsammlungen und
prächtigen° Gebäude im Barockstil wird es Elbflorenz oder Venedig des Ostens
genannt, was auch mit seinem milden Klima zu tun hat.

Dresden wurde 1945 in einer Bombennacht fast völlig° zerstört. Die meisten
bekannten Gebäude wurden seit dem Krieg wieder aufgebaut. Eins der berühmtesten Gebäude ist die Frauenkirche. In den ersten Jahren nach der Restaurie-
rung im Jahr 2005 besuchten sieben Millionen Menschen diese Kirche.

Ein anderes wichtiges Gebäude Dresdens ist der Zwinger. Im Zwinger
befinden° sich mehrere Museen, darunter auch die Gemäldegalerie° „Alte
Meister" mit Meisterwerken der europäischen Malerei° des 15. bis 18. Jahrhunderts. Auf dem Theaterplatz ist die Semperoper, wo viele der Uraufführungen°
von Richard Strauss' Opern stattfanden. Ihre prächtige Fassade ist ebenso
berühmt wie die Musikaufführungen. Viele Touristen, die die prachtvolle°
Elbestadt besuchen, planen auf jeden Fall einen Abend in der Semperoper ein.

Zu einem Rundgang° durch die Altstadt von Dresden gehört ein Spaziergang auf der Brühlschen Terrasse, einem Teil der alten Stadtmauer am Ufer der
Elbe. Die Brühlsche Terrasse zählt zu den schönsten Promenaden Europas.

Dresden ist jedoch nicht nur für sein reiches Kulturangebot bekannt,
sondern auch für seine Universitäten und als wichtige Industriestadt. Die
Konzerne Siemens und VW und viele andere Firmen haben hier ihre
Niederlassungen°. Dresden ist eines der wichtigsten Wirtschaftszentren
Deutschlands.

Marginal glosses:
- charming
- magnificent
- completely
- are found / art gallery
- painting
- performances
- splendid
- tour
- branches

Auch die Landschaft um Dresden herum hat viel zu bieten. Südöstlich von Dresden liegt die Sächsische Schweiz. Dort gibt es einen 112 km langen Wanderweg durch das Elbsandsteingebirge°, der zu den idyllischsten Wanderwegen Deutschlands gehört. Ganz besonders im Sommer ist die Sächsische Schweiz ein beliebtes Ausflugsziel, wo viele Touristen auch gern mit dem Schiff auf der Elbe hinfahren.

sand stone mountains

13 Was passt zusammen?

1. _____ Dresden
2. _____ Frauenkirche
3. _____ Zwinger
4. _____ Semperoper
5. _____ Brühlsche Terrasse
6. _____ Galerie Alte Meister
7. _____ Siemens und VW
8. _____ Sächsische Schweiz

a. hier gibt es einen Wanderweg von 112 km
b. Gemälde des 15. bis 18. Jahrhunderts
c. wird auch Elbflorenz genannt
d. hier wurden Richard Strauss' Opern zuerst aufgeführt
e. hier befinden sich mehrere Museen
f. haben in Dresden Büros
g. war bis 2005 wieder vollständig aufgebaut
h. letzter Teil der Stadtmauer

Frauenkirche in Dresden

Manuela Weschke/iStockphoto.com

14 Ein Besuch in Dresden.
In Dresden gibt es sehr viel anzuschauen. Was möchten Sie besuchen? Warum finden Sie diese Sehenswürdigkeiten interessant?

15 Internetrecherche.
Nachdem Sie sich die Sehenswürdigkeiten angeschaut haben, wollen Sie sich vielleicht im Grünen erholen°. Schauen Sie im Internet nach, was Sie unternehmen können. Auch in der Umgebung von Dresden gibt es viele Möglichkeiten.

rest up

16 Zur Diskussion.
2004 war Dresden von der UNESCO zum Weltkulturerbe° ernannt° worden. Doch wegen einer modernen vierspurigen° Brücke über die Elbe verlor die Stadt diesen Status wieder, weil die Brücke anscheinend° den schönen Blick auf die Altstadt ruiniert. Was halten Sie davon? War es richtig von den Bürgern, sich für die wirtschaftlich wichtige Brücke zu entscheiden? Oder hätte man sie wegen der prächtigen alten Gebäude besser nicht bauen sollen? Bilden Sie Vierergruppen und diskutieren Sie darüber.

World Heritage
named / four-lane
seemingly

LITERARISCHE WERKE

🌐 Gedicht: Nach dem Umsturz

Heinz Czechowski

ullstein bild - B. Friedrich

Heinz Czechowski wurde 1935 in Dresden geboren. Er studierte drei Jahre lang Literatur am bekannten Leipziger Literaturinstitut Johannes R. Becher. Seit 1968 arbeitete er als freier Schriftsteller. Viele seiner Gedichte sind Bilder von Landschaften seiner sächsischen Heimat um Dresden herum. Nach der Wende ging er in den Westen und wohnte lange Zeit als Schriftsteller in Frankfurt am Main, wo er im Oktober 2009 starb.

Zum Thema

overthrow

In dem Gedicht „Nach dem Umsturz°" aus dem Jahr 1991/92 denkt der Dichter zurück an die Dichterfreunde, die noch vor der Wende in den Westen gingen.

🔊 1-19

Nach dem Umsturz

accommodate myself
questionnaires
tax declarations
insurance policies

basically

[. . .]
Meine Freunde
Gingen über
Die Grenze. Ich

Bin geblieben. Hier,
Wo ich bin,
Wird keine Revolution
Mein Leben verändern

Man lebt nicht
Unter dem Schirm
Irgendeiner Regierung. Ich
Kann mich nicht

Unterbringen° in
Fragebögen°, Steuer-
Erklärungen° und
Versicherungspolicen°. Auch

Das neue Geld
Ist Geld. Grundsätzlich°
Sehe ich keine
Veränderungen, die

Mich betreffen. [. . .] 🙠

Frank Thomas Grub, 'Wende' und 'Einheit' im Spiegel der deutschsprachigen Literatur. Ein Handbuch.

Zum Text

17 Analyse

1. Welche Meinung hat das lyrische Ich zu den Veränderungen in der DDR nach der Revolution? In welchen Zeilen sehen wir ein Rebellieren gegen den Einfluss° der Revolution auf das persönliche Leben des Ich?

influence

2. Wie verstehen Sie die Zeilen „Man lebt nicht / Unter dem Schirm / Irgendeiner Regierung?" Was bedeutet das Bild des Schirmes hier?

Drehbuch°: Good Bye, Lenin!

film script

Wolfgang Becker und Bernd Lichtenberg

AXEL SCHMIDT/AFP/Getty Images

Wolfgang Becker, der durch den Film „Das Leben ist eine Baustelle"° (1997) bekannt wurde, ist der Regisseur° des Films „Good Bye, Lenin!" (2002) und neben Bernd Lichtenberg der Co-Autor des Drehbuchs. Becker wurde 1954 in Hemer, Westfalen, geboren und studierte Germanistik, Geschichte und Anglistik an der Freien Universität Berlin.

construction site
director

Für die Regieführung° des Films „Good Bye, Lenin!" bekam Becker mehrere wichtige europäische Filmpreise, darunter den Deutschen Filmpreis 2003 und den französischen Filmpreis César 2004, und Lichtenberg erhielt den Deutschen Drehbuchpreis 2002 und den Europäischen Filmpreis in der Kategorie „Bestes Drehbuch".

directing

In seinen Filmen beschäftigt° sich der Regisseur Wolfgang Becker oft mit Familiendramen. In Kommentaren zu „Good Bye, Lenin!" erklärte Becker, dass ihn an dem Film die Lüge° als Medium der Liebe innerhalb einer Familie besonders interessiert hat. In dieser Liebe sieht er Parallelen zu den Lügen, mit denen die DDR-Regierung die Idee des real existierenden Sozialismus am Leben erhalten wollte. Mit Ironie und Humor werden im Film die Lügen der Personen und der politischen Systeme – des Sozialismus und teilweise° auch des westlichen Kapitalismus - interpretiert und damit als Selbstbetrug° entlarvt°. Zwischen 2004 und 2010 hat Becker zwei weitere Filme gedreht und auch die Drehbücher dazu geschrieben. Zu zwei anderen neuen Filmen hat er jeweils ein Segment geschrieben, zuletzt 2009 das Segment „Krankes Haus" zu dem Film *Germany 09: 13 Short Films About the State of the Nation.*

concerns himself

lie

keep alive

partly
self deception / unmasked

Zum Thema

18 Gedankenaustausch

1. Dieser Film heißt „Good Bye, Lenin!". Denken Sie über die Bedeutung des Titels nach.
2. Was wissen Sie über Lenin?
3. Warum hat Wolfgang Becker Ihrer Meinung nach einen englischen Titel für den Film gewählt?
4. Welche Assoziationen haben Sie mit dem Wort „Good Bye" im Kontext der Wende?
5. Suchen Sie im Internet einen Trailer für „Good Bye, Lenin!". Sehen Sie sich einen Trailer des Films an.

19 Beim Lesen

1. Unterstreichen Sie „DDR" jedes Mal, wenn der Begriff° im Text erscheint.

term

2. Achten Sie beim Lesen auf spezifische Merkmale der Ostkultur und Westkultur und machen Sie eine Liste dieser Merkmale.

Good Bye, Lenin!

excerpts

Jetzt lesen Sie einige Auszüge° aus dem Drehbuch „Good Bye, Lenin!". In einer Tragikomödie erleben wir hier das Ende der DDR und wie sich die sozialistische Gesellschaft durch die materiellen Angebote des Westens in kürzester Zeit

stylistic devices / battle

verändert. Mit den Stilmitteln° Humor und Parodie zeigt der Film den Kampf° der Geschwister Alex und Ariane Kerner, vor ihrer todkranken Mutter Chris-

maintain
T.V. program / current news reports

tiane das Bild einer immer noch existierenden DDR aufrechtzuerhalten°. Mit alten Bildern aus der DDR-Sendung° „Aktuelle° Kamera", die sie mit neuen Nachrichtentexten° verändert hatten, wollten sie die alte DDR und die Mutter am Leben erhalten.

🔊 1-20

Der 40. Jahrestag der DDR steht bevor und es wird eine große Jubiläumsparade stattfinden. Der 21jährige Alex Kerner jedoch sieht wenig Grund zu feiern. Er wohnt mit seiner Mutter, seiner Schwester Ariane und deren kleiner Tochter Paula in einer

pre-fabricated housing
fled

Plattenbausiedlung° in Berlin. Ende der 70er Jahre war der Vater in die Bundesrepublik geflohen° und seitdem hatte die Mutter als gute DDR-Bürgerin gelebt und an den Sozialismus geglaubt.

celebration

Die Mutter ist auch zu den Jubiläums-Festlichkeiten° eingeladen und auf dem Weg dorthin trifft sie auf eine große Menschenmenge, die gegen die DDR und für die Reise- und Meinungsfreiheit demonstriert. Alex ist unter den Demonstrierenden

led off
heart attack

und die Mutter muss mit ansehen, wie er von Polizisten abgeführt° wird. Sie bekommt einen Herzinfarkt° und liegt die nächsten acht Monate im Koma.

elections

In den folgenden Monaten verändert sich vieles: Die Mauer fällt, es finden Wahlen° statt, das westdeutsche Geld, die D-Mark wird eingeführt. Und auch im Leben von Alex und seiner Schwester gibt es viele Veränderungen. Alex verliebt sich in die junge Krankenschwester Lara. Er beginnt einen neuen Job als Verkäufer von Fernsehern, bei dem er sich mit seinem westdeutschen Kollegen Denis anfreundet. Seine Schwester Ariane gibt ihr Studium auf und jobbt bei Burger King, wo sie Rainer, einen jungen Westdeutschen kennen lernt.

excitement

Nach acht Monaten wacht die Mutter aus dem Koma auf, doch sie ist sehr schwach und kann weiterhin das Bett nicht verlassen. Um ihr jede Aufregung° zu ersparen, fasst Alex den Plan, auf den 79 Quadratmetern ihrer Wohnung die DDR weiterleben zu lassen. Dieses Projekt ist jedoch alles andere als einfach.

Plattenbau. Wohnung Kerner, Schlafzimmer.

Die Tür fliegt auf, Ariane folgt Alex in das Zimmer, wo inzwischen Rainers Möbel dominieren. Ariane und er sind hier eingezogen. Nichts erinnert an den früheren Zustand. Alex sieht sich um.

ALEX

So, der ganze Krempel° muss hier raus! Sind Mamas Gardinen° noch im Keller?

ARIANE

Das ist jetzt nicht dein Ernst.

RAINER

Könntest du mir mal verraten°, was der hier vorhat?

ALEX

Kannst du dir das nicht denken?

RAINER

Was soll ich mir denken können?

ARIANE

Ja was soll er sich denn denken können?

ALEX

Na, dass ihr das Zimmer räumen° müsst. Oder sollen wir Mama in den Keller stecken?

RAINER

Entschuldigung, ich zahl, hier die Miete, ja? Und zwar seit fünf Monaten!

ALEX

Großzügig, Rainer.

RAINER

Übrigens für die ganze Wohnung.

ALEX

47 Mark 80. Dafür kannste im Westen noch nicht mal 'ne Telefonrechnung bezahlen.

RAINER

Dafür kannst du im Osten zehn Jahre auf einen Telefonanschluss° warten.

ALEX

Mama muss das Zimmer genauso vorfinden, wie sie es verlassen hat. Der Arzt hat gesagt, sie soll im Bett liegen, ja? Gut. Es geht also nur um dieses eine Zimmer. Und wenn es ihr wieder besser geht, dann sehen wir weiter.

ARIANE

Du hast nicht kapiert°, was der Arzt gesagt hat. Mama wird wahrscheinlich …

Margin glosses:
junk
curtains

make clear

vacate

telephone connection

understood

HO-Markt.

as if by magic

shopping list / aisles /
in vain / puts on prices

Die Regale, die vor wenigen Tagen noch leer waren, sind jetzt mit westlichen Marken-artikeln gefüllt, die über Nacht in die Regale gezaubert° wurden.

Alex geht irritiert mit seinem Einkaufszettel° durch die Gänge°. Er sucht vergebens° die alten Ostprodukte und wendet sich schließlich an eine Verkäuferin, die die neuen Waren auspreist°.

brand of coffee

ALEX
Mocca Fix°?

VERKÄUFERIN
Ham wa nicht mehr!

ALEX
Filinchen Knäcke°?

brand of crisp bread similar
to that by Wasa

VERKÄUFERIN
Nicht mehr im Angebot!

ALEX
Und Spreewaldgurken°?

brand of pickles

VERKÄUFERIN
Mensch Junge, wo lebst Du denn. Wir haben jetzt die D-Mark und da kommst Du mir mit Mocca Fix und Filinchen.

Plattenbau, Schlafzimmer. Abend. (p. 57)

sitting up / dinner
spreads for bread

Die Mutter, halb aufgerichtet° im Bett, isst Abendbrot°; auf einem Tablett stehen liebevoll umgefüllte Marmeladen und Brotaufstriche°. Alex sitzt neben ihr am Bett, Ariane sortiert Wäsche im Schrank.

ALEX
Spreewaldgurken hatten Lieferschwierigkeiten°. Leider.

supply problems

MUTTER
Macht nichts. Die sind ja auch gut. Kinder, ihr müsst euch nicht die ganze Zeit um mich kümmern. Das ist mir unangenehm.

ALEX
Mama.

MUTTER
Nein wirklich. Vielleicht könnt ihr mir den Fernseher ans Bett stellen. Dann komm, ich schon prima alleine klar.

ARIANE
(Seitenblick auf Alex) Ich glaub, Fernsehen gucken ist noch ein bisschen zu anstrengend für dich.

MUTTER
Wieso denn? Warum soll ich denn nicht Fernsehen gucken dürfen?

ALEX
Ja … wir werden den Arzt fragen.

Alex aktiviert Nachbarn und Freunde ihm dabei zu helfen, vor der Mutter so zu tun, als würde es die DDR noch geben. Er und sein Kollege Denis produzieren ihre eigenen Fernsehnachrichten°, in denen sie über die Erfolge° der DDR berichten. Die Nachrichten spielen sie der Mutter auf einem Videogerät im Schlafzimmer vor.

T.V. news
successes

Der Mutter geht es langsam besser und als sie eines Tages alleine zu Hause ist, macht sie einen Spaziergang ins Freie. Mit unsicheren kleinen Schritten geht sie durch die Straße und schaut sich erstaunt° um. Vieles hat sich verändert und die Mutter erkennt die Gegend kaum wieder. Plötzlich sieht sie am Himmel eine große Lenin-Statue, die von einem Hubschrauber° wegtransportiert wird. Es sieht aus, als ob Lenin der Mutter die Hand entgegenstrecken° würde. In dem Moment kommen Ariane und Alex, der sie schon hektisch gesucht hatte, der Mutter entgegen.

surprised

helicopter
stretch out

Nach ihrem Ausflug ist die Mutter sehr konfus und skeptisch und es wird Zeit für eine weitere inszenierte Nachrichtensendung. Darin stellen Denis und Alex die politische Entwicklung in der Weise dar, dass nämlich die Bürger der Bundesrepublik gegen ihre Regierung demonstrieren und in die DDR abwandern möchten. Der Gesundheitszustand der Mutter verbessert sich weiter und sie wünscht sich einen Ausflug in das frühere Wochenendhäuschen der Familie. Dort erzählt sie ihren Kindern, dass ihr Vater die ganzen Jahre über Briefe an seine Familie geschrieben hatte, die sie zurückgehalten hat. Hier zeigt sich, dass sie sich damals, nachdem er in den Westen geflohen war, schweren Herzens für die DDR und gegen ihren Mann entschieden hatte. Die Kinder sind betroffen° und sie nehmen Kontakt zu ihrem Vater auf. Der Vater verspricht, der Mutter nichts von der wirklichen politischen Situation zu erzählen und er besucht seine Frau im Krankenhaus. Die Eltern sprechen sich aus und versöhnt° gehen sie auseinander. Der Gesundheitszustand der Mutter verschlechtert sich wieder und als der 3. Oktober 1990, der Tag der deutschen Einheit bevorsteht, wollen Alex und Denis eine letzte Nachrichtensendung zusammenstellen. Als Sprecher gewinnen sie den ehemaligen Kosmonauten Sigmund Jähn, der in den 70er Jahren als erster DDR-Bürger im Weltall° gefeiert worden war.

with a heavy heart for the DDR + against her husband

full of consternation

reconciled

cosmos

Szene Krankenhaus. Zimmer in der Intensivstation. Abend. P. 126 – 129

Alex, Lara und Ariane sitzen bei der Mutter am Bett. Alle blicken gespannt auf den Bildschirm°. Es läuft die „Aktuelle Kamera". Denis verliest° die Meldung° des Tages.

screen / reads off / report

DENIS (TV)
Anlässlich° des Jahrestages der deutschen Demokratischen Republik ist Erich Honecker am heutigen Tag von all seinen Ämtern° zurückgetreten.

on the occasion

offices

MUTTER
Was?

ZK= **Zentralkomitee /**
Sozialistische
Einheitspartei
Deutschlands / *chairman* /
Council of State

head of government

Die Mutter blickt überrascht auf den Bildschirm.

DENIS (TV)
Erich Honecker gratulierte dem neuen Generalsekretär
des ZK° der SED und Vorsitzenden° des Staatsrates° der
DDR, Sigmund Jähn.

MUTTER
Was, der Jähn?

DENIS (TV)
Sigmund Jähn war 1978 als erster Deutscher Kosmonaut
im All. Das neue Staatsoberhaupt° wandte sich noch
am gleichen Abend an die Bevölkerung der Deutschen
Demokratischen Republik.

Sigmund Jähn erklärt nun in seiner Rede, dass die DDR den Sozialismus verwirklicht hat und ihre Grenzen öffnet für die Menschen, die in dieser besseren Welt leben wollen. Zu diesen Worten laufen die Archivbilder vom 9. November 1989, die zeigen, wie Menschen von der Westseite über die Mauer in das Gebiet° der DDR klettern. Auch Denis, der Nachrichtenspre-cher, interpretiert dies als den Sieg des Sozialismus über den Kapitalismus.

territory

DENIS (TV)
Viele wollen bleiben. Sie sind auf der Suche nach
einer Alternative zu dem harten Überlebenskampf° im
kapitalistischen System.

MUTTER
(strahlt°) Ist das nicht wundervoll?

DENIS (TV)
Nicht jeder möchte bei Karrieresucht° und Konsumterror
mitmachen. Nicht jeder ist für die Ellbogenmentalität°
geschaffen. Diese Menschen wollen ein anderes Leben.
Sie merken, dass Autos, Videorecorder und Fernseher
nicht alles sind. Sie sind bereit mit nichts anderem
als gutem Willen, Tatkraft° und Hoffnung ein anderes
Leben zu verwirklichen.

MUTTER
Wahnsinn°.

struggle for survival

beams

addiction to one's career
elbow mentality

vigor

lunacy

Die Mitternacht des 3. Oktober 1990 bricht an. Die Berliner Freiheitsglocke läutet°. Auf dem Platz der Republik vor dem Reichstag wird das schwarz-rot-goldene Banner gehisst°. Die Nationalhymne ertönt° und das Feuerwerk zur Feier der deutschen Einheit wird in den Himmel geschossen.

Alex und Lara treten heraus auf den Balkon des Krankenhauses und bewundern° das Feuerwerk. Die Mutter in ihrem Bett. Das bunte Feuerwerk erleuchtet° ihr Zimmer in Grün und Rot.

rings
raised / sounds

marvel at
lights up

Drei Tage später stirbt die Mutter friedlich und im Glauben an eine DDR, die so geworden war, wie sie es sich immer gewünscht hatte.

Zum Text

20 **Richtig oder falsch?**

	Richtig	Falsch
1. Alex demonstriert gegen die DDR.	☐	☐
2. Die Mutter hat einen Herzinfarkt am Tag der Deutschen Einheit.	☐	☐
3. Alex kann die alten Lebensmittel nicht kaufen, weil er keine D-Mark hat.	☐	☐
4. Die Miete für Alex' Wohnung ist sehr niedrig.	☐	☐
5. Der Vater, der in den Westen geflohen ist, hat nie Briefe geschrieben.	☐	☐
6. Die Mutter darf nicht fernsehen, weil der Arzt es ihr verboten hat.	☐	☐
7. Als die Mutter alleine spazieren geht, ist sie unsicher, weil die Gegend anders aussieht.	☐	☐
8. In einer „Nachrichtensendung" wollen Alex und Denis zeigen, dass Bürger aus Westdeutschland in die DDR fliehen.	☐	☐
9. Alex und Denis produzieren die Nachrichten, weil sie glauben, dass die DDR besser war.	☐	☐
10. Die Mutter stirbt friedlich.	☐	☐

21 **Wissen Sie das?**

1. Was macht Alex alles, damit seine Mutter nichts über die wirkliche Situation erfährt?

2. Der Ausschnitt° beginnt am 40. Jahrestag der DDR (7. Oktober. 1989) und endet kurz nach der Wiedervereinigung (3. Oktober 1990). Machen Sie eine Liste mit den Veränderungen der politischen Situation und dem Privatleben der Familie in dieser Zeit.   *excerpt*

22 **Zur Diskussion**

1. In der letzten „Nachrichtensendung" gibt der Sprecher (Denis) Gründe an, warum Bürger aus dem Westen fliehen, und er kritisiert die westliche Gesellschaft. Indirekt beschreibt er dabei auch die Ideale des Sozialismus, den die Mutter sich immer gewünscht hatte.

   a. Was verstehen Sie unter diesen Begriffen? Was kritisiert der Sprecher an der kapitalistischen Gesellschaft?

   Karrieresucht • Konsumterror • Überlebenskampf

   b. Was meinen Sie? Was sind für die Mutter die Ideale des Sozialismus?

2. Alex lässt die DDR für seine Mutter weiterleben. Aber diese Welt ist auch eine Lüge. Warum macht er das? Was halten Sie davon? Hat er richtig gehandelt? Ist seine Lüge gerechtfertigt°?   *justified*

♂♂♂ 23 Gruppenarbeit

1. Schreiben Sie ein Gespräch zwischen Alex, Ariane und Denis. Sie sprechen über ihr Leben in den letzten Monaten der DDR und über ihr Leben jetzt.

2. **Hintergrundwissen** Wählen Sie eines der folgenden DDR-Symbole. *facts* Suchen Sie zwei oder drei Tatsachen° darüber im Internet. Halten Sie dann vor Ihrer Gruppe ein kurzes Referat über Ihr Thema.

Spreewaldgurken • Erich Honecker • Plattenbau • Trabbi (Trabant) • Sigmund Jähn

🌐 **Ostprodukte** http://www.ostprodukte-versand.de/

http://www.mondosarts.de

DDR-Museum http://www.ddr-museum-dresden.de/cod/php/ddr-museum.php

Ein alter Trabbi aus der DDR-Zeit.

3. Bilden Sie eine Gruppe von drei bis vier Personen. Besprechen Sie Ihre Lieblingsfilme. Diskutieren Sie diese Punkte:

lead • den Hauptdarsteller/die Hauptdarstellerin°
director • den Regisseur/die Regisseurin°
locations • die Schauplätze° des Films
• in welcher Zeit der Film spielt
shot • wann der Film gedreht° wurde

Filmbegriffe

Die Art des Filmes
der Krimi
der Actionfilm
die Liebesgeschichte
der Zeichentrickfilm° *cartoon*
der Western
die Literaturverfilmung
der Thriller
die Komödie
der Science-Fiction-Film

Adjektive
spannend° *exciting*
lustig
romantisch

wertvoll
sentimental
überzeugend
kitschig° *overly sentimental*

Andere Wörter / Ausdrücke
die Kameraführung° *camera work*
Regie führen° *directing*
der Film handelt von°... *deals with*
der Film spielt in ...
der Schauspieler/die Schauspielerin° *actor, actress*
darstellen

 caption note: Marco Richter/Shutterstock.Com

Wortschatzübungen

🌐 Grammar Quiz

Wortschatz 2

🌐 Vocabulary Quiz
Audio Flashcards
Concentration, Crossword

Substantive

das **Angebot, -e** *offer;* das **Angebot,** (no *pl.*)
  supply
die **Bevölkerung, -en** *population*
die **Glocke, -n** *bell*
das **Möbel** (*usually plural:* die **Möbel**) *furniture;*
  das **Möbelstück** *piece of furniture*
die **Nähe** *nearness;* **aus der Nähe** *from nearby*
der **Punkt, -e** *spot; period; point*
die **Rechnung, -en** *bill, check (in restaurant)*
die **Rede, -n** *speech*
der **Sieg, -e** *victory*
der **Wille, -ns** (no *pl.*) *will; intention*
der **Zustand, ⸚e** *condition; shape*

Verben

ein·ziehen (zog ein, ist eingezogen) *to move in*
klettern (ist geklettert) *to climb*

kümmern *to look after;* **sich kümmern um**
  to care about, to take care of
mit·machen *to join in, participate*
überraschen *to surprise*
zahlen *to pay*

Andere Wörter

friedlich *peaceful*
genauso *just as*
gespannt *curious; tense; eager*
großzügig *generous*
unangenehm *unpleasant*
vergebens *in vain*
wieso *why*

Besondere Ausdrücke

(das) macht nichts *it doesn't matter*

---

24 **Definitionen.** Welche Bedeutungen passen zu den Wörtern in der Vokabelliste?

1. die Menschen, die in einem Land oder einer Stadt wohnen _____
2. in Harmonie, harmonisch _____
3. tolerant, nicht kleinlich _____
4. aus welchem Grund? Warum? _____
5. ohne Erfolg, erfolglos _____
6. partizipieren, teilnehmen _____
7. der Erfolg, erster Platz _____
8. der Wunsch, die Intention _____
9. so wie, identisch _____
10. Aspekt; Satzzeichen am Ende eines Satzes _____
11. Geld geben für etwas _____
12. für etwas oder jemanden sorgen _____
13. steigen, hochsteigen, einen Berg hochgehen _____
14. öffentliches Sprechen, wie vor einem Publikum _____
15. das ist egal _____
16. Gegenstände in einem Zimmer, wie Tische, Stühle, Sofa _____
17. eine kleine Distanz _____

> **Suffix -ung**
>
> The suffix *-ung* is added to word stems to form nouns: **meinen > die Meinung.** Nouns ending in **-ung** are feminine and form the plural by adding **-en.**

 Vokabeln. Ergänzen Sie die Sätze mit den angegebenen Wörtern.

Angebot • Bevölkerung • friedlich • genauso • kümmert • mitmachen • Möbel • Rede • Sieg • überrascht • unangenehm • vergebens • Zustand

Als Alex' Mutter aus dem Krankenhaus kommt, _____ Alex sich sehr um sie.

Ihr gesundheitlicher _____ ist ziemlich schlecht und sie kann das Bett nicht verlassen.

Die Wohnung sieht fast wieder _____ aus wie ein paar Monate früher, bevor die Mutter ins Koma fiel.

In ihrem Schlafzimmer stehen die gleichen _____ wie vorher.

Alex versucht die typischen DDR-Produkte im Supermarkt zu kaufen, doch _____.

Der Markt hat jetzt fast nur noch westdeutsche Produkte im _____.

Alex tut alles, um der Mutter eine intakte DDR vorzuspielen, doch seiner Freundin Lara ist das _____. Sie möchte dabei nicht mehr _____.

produced   Die selbst inszenierten° Fernsehnachrichten, in denen der Astronaut Sigfried Jähn eine _____ hält, sollen dann auch die letzten sein.

Darin spricht Jähn von einem _____ des Sozialismus. Jähn berichtet auch, dass ein großer Teil der westdeutschen _____ in der DDR leben möchten. Die Mutter ist sehr _____ von diesen Ereignissen, doch sie ist sehr glücklich darüber. Sie sieht eine DDR, die sie sich immer gewünscht hatte, und sie kann nun _____ sterben.

26 **Wortbildung.** Ergänzen Sie die Sätze. Bilden Sie aus den fett gedruckten Verb ein Substantiv auf **-ung.**

1. Dass am 11. November 1989 die Mauer fiel, **überraschte** die meisten Deutschen sehr. Doch auch im Ausland war die _____ darüber enorm groß.

2. Die Westdeutschen **zahlten** viel Geld für den Aufbau des Ostens und viele ärgerten sich über diese _____ *(plural form)*.

3. Manche „Wessis" **behandelten** die „Ossis" etwas von oben herab und die Ostdeutschen fanden diese _____ inakzeptabel.

4. Unter den Ostdeutschen gab es viele, die sich sentimental an die alten DDR-Zeiten **erinnerten.** Doch in der _____ war manches besser als es eigentlich gewesen war.

5. Doch heute **halten** nur noch wenige Deutsche die Vereinigung für einen Fehler. Besonders unter jungen Leuten in Ost und West ist diese positive *supported*   _____ gegenüber einem vereinten Deutschland stark vertreten°.

Grammatik im Kontext

Grammar Quiz

27 Konjunktionen. Suchen Sie in den beiden Texten „Was fällt Ihnen zu dem Wort DDR ein?" und „Die Europäische Schule in München" jeweils drei Sätze, die durch Konjunktionen verbunden sind. Schreiben Sie die Sätze heraus und unterstreichen° Sie die <u>Konjunktion</u> einfach, das <u>Subjekt</u> doppelt und das <u>Verb</u> dreifach (siehe *Kapitel 3*).

underline

▶ Eine gewisse <u>Nostalgie</u>, <u>wenn</u> man darüber <u>nachdenkt</u>

28 Welche Konjunktion ist richtig?

1. *Während / Bevor* die Mutter auf dem Weg zu den Jubiläums-Festlichkeiten ist, sieht sie Alex.
2. Alex demonstrierte auch gegen die DDR, *obwohl / weil* er Reisefreiheit haben wollte.
3. Die Mutter hatte einen Herzinfarkt(,) *und / aber* man brachte sie ins Krankenhaus.
4. *Als / Wann* die Mutter aus dem Koma aufwachte, war sie sehr schwach.
5. Alex fragt sich, *wenn / ob* die Mutter die neue Situation ertragen° kann.   *bear*
6. Alex glaubt, *ehe / dass* er die Wirklichkeit manipulieren muss.
7. Alles soll so sein wie acht Monate zuvor, *denn / doch* das ist schwer.
8. Alex muss Marmelade in alte DDR-Gläser umfüllen, *seit / da* es im Geschäft nur westliche Marmelade gibt.
9. Alex sucht seinen Vater im Westen auf, *und / oder* bittet ihn, die Mutter zu besuchen.
10. *Wann / Als* der Vater die Mutter im Krankenhaus besucht, versöhnen sie sich.

29 Miteinander reden. Sprechen Sie mit Ihrer Partnerin/Ihrem Partner. Beenden Sie die folgenden Sätze, indem Sie und Ihre Partnerin/Ihr Partner jeweils drei vollständige Sätze mit passenden Argumenten formulieren.

1. Ich finde eine Europäische Schule (nicht) gut, weil …
2. Ich halte (nicht) viel von Politikerinnen und Politikern, denn …
3. Ich studiere, damit …

Was meinen Sie?

30 Gruppenarbeit

1. Stellen Sie sich vor, Sie sind Autorin/Autor und schreiben das Drehbuch für „Eine Postkarte für Herrn Altenkirch" (*Thema 2*). Schreiben Sie drei Szenen mit Dialogen und Regieanweisungen°.   *stage directions*
2. Schreiben Sie die Handlung° von „Good Bye, Lenin!" als Ich-Erzählung um. Schreiben Sie aus der Sicht° von Alex, Ariane oder der Mutter.   *plot*   *point of view*

Familie

Familie beim Spielen

Resources

Monkey Business Images/Shutterstock.com

- Text Audio
- Kurzfilm
- Premium Website
- Student Activities Manual

Einstieg in das Thema

Das Bild der deutschen Familie hat sich im letzten Jahrhundert stark verändert. Heute gibt es viele verschiedene Formen des Familienlebens: die traditionelle Familie mit Vater, Mutter und Kind, die Ein-Eltern-Familie mit Frau oder Mann als Familienoberhaupt°, die so genannte Patchwork-Familie mit Kindern aus verschiedenen Ehen und die nichteheliche Gemeinschaft° mit Kindern. Auf der anderen Seite entscheiden sich Millionen von Menschen aus verschiedensten Gründen dafür als Singles zu leben.

head of the family
non-married union

Wie wir an den Antworten von Jugendlichen und Leuten zwischen 30 und 40 Jahren sehen werden, haben sie alle ganz unterschiedliche° Einstellungen° zum Thema Familie. Auch in zwei weiteren Texten geht es um das Thema Familie. In einer Kolumne aus der Zeitschrift Brigitte lesen wir die Anekdote eines Vaters, der sich um die Erziehung seines Sohnes und dessen° Schulprobleme kümmert. In dem Märchen „Die sieben Raben" von den Brüdern Grimm sucht ein Mädchen seine Brüder so lange bis es sie endlich „am Ende der Welt" findet.

diverse / views

his (the latter's)

1 Gedankenaustausch

1. Was verstehen Sie unter dem Begriff „Familie"? Machen Sie ein Assoziogramm° zur Familie (siehe unten).

   concept map

2. Wie stellen Sie sich Ihre Zukunft° vor?

   future

   a. Möchten Sie in einer festen Partnerschaft leben oder möchten Sie lieber allein leben?

   b. Möchten Sie Kinder haben?

   c. Wie wichtig ist Familie jetzt für Sie und was denken Sie, wie wichtig Familie für Sie in 20 Jahren sein wird?

   d. Wie wichtig wird Ihnen wohl Ihre berufliche Karriere sein?

   e. Wenn Sie Kinder hätten, würden sie eine Teilzeitarbeit°, eine volle Arbeitsstelle (Vollzeitjob°) oder ein Leben als Hausfrau/ Hausmann vorziehen°? Warum?

   part-time job
   full-time job
   prefer

Familie

großeltern

Sicherheit

KULTURLESESTÜCKE

Interview: Einstellungen zur Familie

Zum Thema

2 **Meine Familie.** In den folgenden Texten beschreiben fünf Personen ihre Einstellung zur Familie. Welche Bedeutung hat Ihre Familie für Sie?

🔊 1-21, 1-22, 1-23, 1-24, 1-25

Einstellungen zur Familie

purpose in life

do without

Johanna (16 Jahre) „Für unsere Eltern sind wir Kinder – ich habe noch vier Geschwister – der Lebensinhalt°, sagen sie immer. Natürlich müssen sie durch uns auch auf manches verzichten° und wir machen nicht nur Freude."

fulfill
am suitable for
go along with
make (compromises)

Gregor (30 Jahre) „Ich brauche meine Freiheit, um mich selbst verwirklichen'° zu können, wie man heute sagt. Ich tauge° einfach nicht für die Familie. Sich immer nach einer anderen Person richten° zu müssen, in der wenigen Freizeit dauernd Kompromisse eingehen°, das hat mich ganz krank gemacht."

differences of opinion

Ute (40 Jahre) „Wir leben mit den Schwiegereltern und haben mehr Unabhängigkeit als die meisten anderen Familien, denn wir helfen uns gegenseitig. So können wir öfter mal ein paar Tage weg ohne die Kinder. Selbstverständlich gibt's auch Meinungsverschiedenheiten° zwischen den Generationen, aber auch gemeinsamen Spaß."

value

in retrospect

Martina (18 Jahre) „Familie hat für mich einen großen Stellenwert°. Später möchte ich Kinder haben. Wenn schon, mehrere. Ich war allein, und früher fand ich das sehr gut. Man hat alles, man kriegt alles, man muss nicht teilen. Aber so im° Nachhinein fehlen mir doch die Geschwister."

motley / bunch /
among others

Lukas (16 Jahre) „Meine Familie ist ein großer, kunterbunter° Haufen°. Dazu gehören unter anderen°: mein Vater (63), meine Mutter (45), meine Halbschwester (32), die in Düsseldorf studiert, mein Halbbruder (30), der mit seiner Familie in Hannover lebt, eine Tante, die älter ist als meine Omi, und viele Cousinen und Cousins in Hamburg und in Karlsruhe im Alter von 46 bis 8."

3 **Wer sagt das?** Wer ist das? Welche Person macht diese Aussage?

Johanna • Gregor • Ute • Martina • Lukas

_____ 1. Ich finde es gut, wenn mehrere Generationen zusammenleben.

_____ 2. Meine Familienmitglieder leben in verschiedenen Städten in Deutschland.

_____ 3. Ich möchte meine Freizeit selbst gestalten und mich nicht nach meiner Familie richten.

_____ 4. Meine Eltern haben fünf Kinder. Wir Kinder sind für sie das Wichtigste im Leben.

_____ 5. Ich bin Einzelkind. Das war früher ganz schön, aber jetzt wünschte ich mir, dass ich Geschwister hätte.

4 **Zur Diskussion**

1. Lesen Sie die Texte noch einmal durch. Besprechen Sie dann die folgenden Fragen.
   – Wessen Einstellung zur Familie gefällt Ihnen am wenigsten? Warum?
   – Wessen Einstellung zur Familie entspricht am meisten Ihrer eigenen Einstellung?
2. Was ist für Sie die ideale Familie? Beachten Sie die folgenden Punkte.
   – Wohnen alle Familienmitglieder in derselben Stadt?
   – Wie groß ist die ideale Familie?
   – Macht die Familie alles zusammen?

Vermischtes

1. Der Staat fördert° Familien mit Kindern durch: — *encourages*

   a. **Mutterschutz°:** Eine Frau bekommt sechs Wochen Urlaub vor der Geburt und acht Wochen nach der Geburt des Kindes. In dieser Zeit bekommt sie ihr volles Gehalt°. — *legal protection of expectant and nursing mothers* / *salary*

   b. **Elternzeit:** In Deutschland können die Mutter oder der Vater Erziehungsurlaub nehmen, bis das Kind drei Jahre alt ist. Eine Weiterbeschäftigung° nach der Elternzeit wird garantiert. Nur 2,5 Prozent aller Väter nehmen Elternzeit. — *reemployment*

   c. **Erziehungsgeld°:** Eine Familie mit einem Einkommen bis 30 000 Euro bekommt vom Staat für jedes Kind 300 Euro pro Monat. — *financial aid for raising a child*

   d. **Kindergeld:** Der Staat zahlt 184 Euro für das erste und zweite Kind, 190 Euro für das dritte Kind und 215 Euro für das vierte und jedes weitere Kind bis zu 18 Jahren, bei Schul- und Berufsausbildung° bis zu 27 Jahren. — *vocational education*

2. Deutschland hat eine der niedrigsten° Geburtenraten° in Europa. Die Rate beträgt° 8,0 Kinder auf je° 1000 Einwohner. — *lowest / birth rates* / *comes to / every*

Zum Thema _____

drawing

5 **In der Schule.** Sie lesen jetzt einen humorvollen Artikel über Disziplin in der Schule. Bevor Sie den Artikel lesen, sehen Sie sich die Zeichnung° an. Beschreiben Sie die Zeichnung. Wer ist auf der Zeichnung zu sehen? Was machen die beiden Personen? Finden Sie die Zeichnung lustig oder ernst? Warum?

6 **Zum Nachdenken**

1. Was für Probleme gab es, als Sie zur Schule gingen?

appropriate
events

2. Was ist Ihrer Meinung nach eine geeignete° Strafe für die folgenden Ereignisse° während des Unterrichts?

   a. Eine Schülerin/Ein Schüler schlägt eine Mitschülerin/einen Mitschüler mit einem Buch.

refuses / gym class
participate

   b. Eine Schülerin/Ein Schüler weigert sich°, beim Turnunterricht° mitzumachen°.

7 **Beim Lesen.** Vergleichen Sie beim Lesen Ihre Vorschläge für Strafen mit den Strafen im Artikel.

🔊 Ich muß für meinen Sohn nachsitzen

1-26

letter carrier

Die blauen Briefe, die mir der Postbote° bringt, sind gar nicht blau. Sie sind grün.
5 Und auch sonst ist alles anders. Mein Sohn Eddie beispielsweise mag die grünen blauen Briefe. Manchmal
10 spart sich die Schule das Porto° und gibt den Brief Eddie mit. Noch nie hat Eddie einen solchen Brief ver-
15 schwinden lassen. Warum sollte er auch? Den Ärger mit den Briefen hat nämlich nicht er. Den Ärger
20 habe ich. Obwohl ich unschuldig bin.

postage

was
obliged
Verweis erteilen: *to*
reprimand

Im ersten grünen blauen Brief beispielsweise befand sich° ein grauer Zettel, auf dem mir mitgeteilt wurde, man sehe sich veranlaßt°, meinem Sohn einen Verweis zu erteilen°. Handschriftlich hatte eine mir bis dahin

25 unbekannte Lehrkraft° vermerkt°, Eddie habe während des Unterrichts mit einem Buch einem Mitschüler auf den Kopf geklopft. Das sei ordnungswidrig°.

Der Meinung bin ich auch. Deshalb finde ich, die Lehrkraft könnte ein wenig pädagogisch wirken° und Eddie im ordnungsgemäßen° 30 Gebrauch von Büchern unterweisen° – notfalls° in einer Sondersitzung° nach dem Unterricht.

Auf solche Ideen kommen Lehrkräfte aber nie. Ihre Nachmittage verbringen sie anscheinend nur ungern mit Schülern. Ihre Nachmittage gestalten° sie gern mit uns Eltern. Das ist dumm für mich: Immer 35 wenn mein Sohn Mist baut°, muß ich nachsitzen. Die Schule nennt das Sprechstunde.

In diesem Fall fand die Sprechstunde in einem muffigen° Kabuff° statt. Während ich dort mit der Lehrkraft eingesperrt° war, ging Eddie mit Freunden Eis essen. Vorher hat er mir noch geraten, ganz cool zu 40 bleiben. Die Alte sei ein wenig umständlich°, die Sprechstunde könne sich ziehen°. „Im Unterricht jedenfalls ist sie ziemlich zäh.“

Zäh ist gar kein Ausdruck°! Ausführlich° referierte° die Lehrkraft das Problem. Es stellte sich heraus°, daß es sich bei dem Buch um ein postkartengroßes Heftchen gehandelt hat, das im Rahmen° einer allgemeinen 45 Keilerei° zum Einsatz° kam. Außerdem sei sie an dem Tag nervlich etwas belastet° gewesen, deshalb der Verweis.

Ich sehe ein, daß 30 pubertierende Schülerinnen und Schüler schlecht für die Nerven sind – aber was geht mich das an? Ganz cool schlug ich vor, mich aus der Sprechstunde zu entlassen° und meinen 50 Sohn zum Nachsitzen einzubestellen°. Die Lehrkraft fand das keine gute Idee. Nachsitzen sei altmodisch.

Als ich am frühen Abend zu Hause eintraf°, wartete Eddie schon auf mich. Er war blendender° Laune. „Weißt du“, sagte er, „diese Verweise sind eine geile° Erfindung. Alles schriftlich, kein Streß.“ Unterdessen° 55 habe ich schon drei Nachmittage in Eddies Schule verbracht. Keiner davon hat wirklich etwas gebracht. Deshalb ist jetzt Schluß damit.

Kürzlich° konfrontierte mich Eddies Sportlehrerin mit der vagen schriftlichen Mitteilung, mein Sohn habe „durch eigenmächtiges° Verhalten° den Unterricht gestört“. Die Sprechstunde finde am Freitag 60 von 12.20 Uhr bis 13.05 Uhr im Lehrerzimmer statt.

Nicht im Traum dachte ich daran°, dort hinzugehen. Stattdessen machte ich mir einen schönen Nachmittag, während Eddie an seinem Schreibtisch einen erklärenden und schuldbewußten° Bericht zu den „eigenmächtigen Verhaltensweisen“ in der Turnstunde° verfaßte°. Stun-65 den später war der Text fertig. Er handelte davon, daß die Kids im Gegensatz zum Lehrer keine Lust auf Volleyball gehabt und eine Art spontanen Streik inszeniert hatten.

Am Abend schob ich den Bericht in einen Briefumschlag, adressierte ihn an die Sportlehrerin, steckte ihn in Eddies Schultasche und sagte ganz 70 cool: „Weißt du, alles schriftlich, kein Streß.“

teacher / noted

against regulations

operate / proper
instruct / if necessary /
special session

arrange
(slang): messes up

musty / small room
locked in

tedious / drag on
persistent, tough
ist … Ausdruck: *isn't the word for it / in detail / reported /* **stellte … heraus:** *it turned out / framework / brawl / action /* **nervlich belastet:** *under nervous tension*
dismiss
to order

arrived
splendid
(slang) brilliant / meanwhile

recently
unauthorized
conduct

nicht … daran: *I didn't dream of*
guilt-laden
gym class / composed

Zum Text

8 **Schulvokabeln.** Es gibt im Artikel Ausdrücke, die mit der Schule zu tun haben. Definieren Sie diese Ausdrücke auf Deutsch:

die Lehrkraft _____

ein blauer Brief _____

der Verweis _____

die Sprechstunde _____

nachsitzen _____

9 **Wissen Sie das?**

1. Warum gibt Eddie seinem Vater alle blauen Briefe?

2. Welchen Rat gibt Eddie seinem Vater, bevor der Vater zur Sprechstunde geht?

3. Was macht Eddie, während sein Vater zur Sprechstunde geht?

behavior 4. Was hat Eddie gemacht? Finden Sie sein „ordnungswidriges" Benehmen° sehr schlimm?

5. Was schlägt Eddies Vater der Lehrerin vor? Was hat sie dagegen?

übt Kritik an: *criticizes* 6. Welche Kritik übt der Vater an° der Schule und an den Lehrern?

7. Was macht der Vater, als er den Brief von der Sportlehrerin bekommt?

8. Warum ist die neue Lösung „cool" für den Vater und nicht so „cool" für Eddie?

10 **Mit anderen Worten.** Erzählen Sie die Geschichte aus Eddies Perspektive. Was hat Eddie gemacht?

produces *emerges* **11** **Humor.** Beschreiben Sie, wie der Autor dieses Artikels Humor erzielt°. Oft entsteht° Humor, weil der Autor zeigt, wie anders die Dinge sind als die Leser erwarten. Man erwartet z. B., dass ein Schüler einen Brief von der Schule verschwinden lässt, aber Eddie macht das nicht. Warum nicht? Suchen Sie andere Beispiele von Humor im Text.

▶ *Der Termin bei der Lehrerin könnte problematisch werden.*

Vadym Drobot/Shutterstock.com

Wortschatzübungen

Wortschatz 1

Substantive

der **Briefumschlag, ⸚e**   *envelope*
das **Ehepaar, -e**   *married couple*
die **Einstellung, -en**   *attitude, position*
die **Erfindung, -en**   *invention; discovery*
die **Erziehung**   *education; upbringing*
der **Fall, ⸚e**   *case*
die **Geschwister** *(pl.)*   *brother(s) and sister(s), siblings*
die **Karriere, -n**   *career*
die **Scheidung, -en**   *divorce*
der **Schluss, ⸚e**   *end; conclusion*
   Schluss damit   *that's it*
der **Schüler, -/die Schülerin, -nen**   *elementary or secondary student, pupil*
die **Schwiegereltern** *(pl.)*   *parents-in-law*
die **Sprechstunde, -n**   *office hour; consultation*
die **Unabhängigkeit**   *independence*
der **Zettel**   *note; slip (of paper)*

Verben

an·gehen (ging an, ist angegangen)   *to concern*
   das geht (mich) nichts an   *that doesn't concern (me)*
auf·räumen   *to clear, tidy up*
handeln   *to act*
   handeln von   *to be about, deal with*
   es handelt sich um   *it is a matter of*
heiraten   *to marry*
kriegen   *to get, receive*
mit·teilen   *to inform*
nach·sitzen (saß nach, nachgesessen)   *to be kept after school* usually
   used with **müssen: Uwe musste nachsitzen.**   *Uwe had to stay
   after school.*
scheiden (schied, geschieden)   *to divorce*
steigen (stieg, ist gestiegen)   *to rise; climb up*
stören   *to disturb*

Andere Wörter

gegenseitig   *mutual*
gleichzeitig   *at the same time, simultaneously*
jedenfalls   *in any case*
schriftlich   *in writing, written*
tatsächlich   *real, actually; indeed, really*
verheiratet   *married*

Audio Flashcards
Concentration
Crossword

12 Vokabeln. Ergänzen Sie die Sätze mit den angegebenen Wörtern.

gestört • mitteilen • nachsitzen • Schluss • Sprechstunde • Umschlag • Zettel

Manchmal geht Eddies Vater nachmittags in die Schule seines Sohnes und muss _____, obwohl er nichts gemacht hat. Es ist nämlich Eddie, der im Unterricht einen Mitschüler geschlagen hat oder eine Sportlehrerin _____ hat. Aber die Lehrer und Lehrerinnen wollen nachmittags nicht die Kinder, sondern die Eltern in der _____ an der Schule sehen. Sie geben den Kindern einfach einen _____ mit nach Hause für die Eltern. Eines Tages hat Eddies Vater von dem Stress genug und sagt zu Eddie: „ _____ damit!" Eddie muss der Sportlehrerin _____, warum er sie geärgert hat. Er sagt, dass die Schüler und Schülerinnen im Gegensatz zur Lehrerin keine Lust hatten, Volleyball zu spielen, und gestreikt haben. Der Vater steckt den Brief in einen _____ und freut sich, dass er den Stress los ist.

13 Familie. Hier finden Sie die Definitionen von wichtigen Wörtern zum Thema Familie. Lesen Sie zuerst die Definitionen und setzen Sie dann in die folgenden Sätze jeweils das richtige Wort ein.

heiraten	eine Ehe eingehen
verheiratet sein	in einer Ehe zusammen leben
das **Ehepaar, -e**	ein verheiratetes Paar
court / dissolve **scheiden (schied, geschieden)** sich scheiden lassen	die Ehe vor Gericht° auflösen°
die **Scheidung, -en**	die Auflösung der Ehe

1. Herr und Frau Müller sind seit über 20 Jahren _____.
2. Sie haben sich damals beim Studium kennen gelernt und direkt danach _____.
3. Doch in letzter Zeit hat das _____ große Probleme.
4. Frau Müller will sich jetzt sogar _____.
5. Aber Herr Müller möchte die _____ auf keinen Fall und hofft, dass sie ihre Probleme lösen können.

14 Zur Diskussion / Zum Schreiben

1. Inwiefern° sind Eltern für das Benehmen ihrer Kinder verantwortlich?
to what extent
2. Schreiben Sie einen blauen Brief an die Eltern einer Schülerin, die während der Unterrichtsstunde Rockmusik hört.

15 Partnerarbeit

1. Eine Person spielt eine Journalistin/einen Journalisten, die andere ist Hausmann. Die Journalistin/Der Journalist stellt Fragen über die Vor- und Nachteile Hausmann zu sein.
2. Ein Ehepaar erwartet ein Kind. Die Frau und der Mann sprechen darüber, wer von beiden Elternzeit nehmen soll. Wer bleibt drei Jahre zu Hause – der Vater oder die Mutter?

Grammatik im Kontext

🌐 Grammar Quiz

16 **Nominativ oder Akkusativ?** Wie Sie wissen, werden im Deutschen verschiedene „Fälle°" verwendet, um die Funktion eines Substantivs oder Pronomens im Satz anzuzeigen. Damit wird auch die Bedeutung klar gemacht. Lesen Sie die folgenden Sätze aus „Ich muß für meinen Sohn nachsitzen" und geben Sie Fall (Nominativ oder Akkusativ) und Funktion der fett gedruckten Substantive und Pronomen an (das Subjekt, das direkte Objekt, ein präpositionales Objekt). (Siehe *Kapitel 4.*)

uses

cases

1. Zeile 47–48: Ich sehe ein, daß 30 pubertierende **Schülerinnen** und Schüler schlecht für **die Nerven** sind – aber was geht **mich** das an?
2. Zeile 48–50: Ganz cool schlug ich vor, **mich** aus der Sprechstunde zu entlassen und **meinen Sohn** zum Nachsitzen einzubestellen.
3. Zeile 50–51: **Die Lehrkraft** fand das **keine gute Idee.**
4. Zeile 52–53: Als ich am frühen Abend zu Hause eintraf, wartete **Eddie** schon auf **mich.**
5. Zeile 53–54: „Weißt du", sagte er, **„diese Verweise** sind **eine geile Erfindung."**
6. Zeile 54–55: Unterdessen habe ich schon **drei Nachmittage** in Eddies Schule verbracht.

17 **Ohne was können Sie nicht leben?** Alex kann ohne Handy leben, aber viele Leute können nicht ohne Handy leben. Ohne was können Sie nicht leben? Bilden Sie Gruppen von drei oder vier Studenten. Jede/r beantwortet die Frage: „Ohne was kannst du nicht leben?"

18 **Nominativ oder Akkusativ?** Wählen Sie die richtige Form.

Vater: Eddie, _____ Postbote (der, den) hat wieder _____ Brief (ein, einen) von deiner Schule gebracht.

Eddie: _____ (Wer, Wen) hat _____ (er, ihn) geschickt? War es _____ Kunstlehrer (mein, meinen)?

Vater: Warum sagst du das? Warum sollte _____ (er, ihn) _____ Verweis (ein, einen) schreiben?

Eddie: Na ja. Ich habe ein bisschen Fußball gespielt. Mit einer Dose. Ja, und da war Farbe in der Dose. Und jetzt ist _____ Fußboden (der, den) im Klassenzimmer rot.

Vater: Was? Du schreibst sofort _____ Entschuldigungsbrief (ein, einen) an _____ Lehrer (dein, deinen). Und dann gehen wir zur Schule. Dieses Mal wirst du nachsitzen!

Bremen

▲ *Das Bremer Rathaus bei Nacht.*

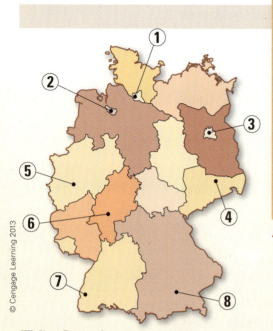

Wo liegt Bremen?

BREMEN LIEGT AN DER WESER, DIE SICH MALERISCH° DURCH DIE
Stadt zieht und bei Bremerhaven in die Nordsee fließt. Zusammen mit
Bremerhaven bildet Bremen das Bundesland Bremen, dessen Hauptstadt es
auch ist.

Über mehrere Jahrhunderte hat die Kaufmannsstadt Bremen weltweit
Seehandel° betrieben, was man auch heute noch an der Mischung aus
Tradition und Weltoffenheit° sieht.

Auch heute noch ist Bremen, neben Hamburg, einer der größten Seehäfen°
Deutschlands und ein wichtiges Wirtschaftszentrum mit großen Werften°,
Elektroindustrie, Kaffeeröstereien° und Bierbrauereien°.

Der Mittelpunkt von Bremen ist der Marktplatz mit dem Rathaus, einem
gotischen Backsteinbau° aus dem 15. Jahrhundert mit einer prächtigen°
Renaissancefassade.

Das Rathaus gehört zum UNESCO-Weltkulturerbe°, genauso wie die
Rolandstatue, eine Art „Freiheitstatue" der Bremer. Der Roland ist fast
10 Meter hoch und seit 1704 steht er auf seinem Platz als Symbol für Recht
und Freiheit. Auf dem Marktplatz befindet sich noch eine andere berühmte
Skulptur aus Bronze, „Die Bremer Stadtmusikanten", die neben Rathaus und
Roland als das Wahrzeichen° der Stadt gelten. Ein weiteres imposantes Gebäude
auf dem Marktplatz ist der St. Petri Dom, der im 11. Jahrhundert erbaut wurde,
und mit seinen zwei 98 m hohen Türmen in die Höhe° ragt°.

Reizvoll° ist auch die Böttcherstraße, eine kleine Handwerkergasse°, die
gerade mal 110 m lang ist. Hier befinden sich kleine Läden, Restaurants,

picturesque

maritime trade
cosmopolitan character
sea ports
ship yards
coffee roasting houses / breweries
brick structure / magnificent
world cultural heritage

symbol

height / looms
charming / artisan alley

Künstlerwerkstätten, das Casino von Bremen und das Paula-Modersohn-Becker-Museum, in dem Werke der berühmten expressionistischen Malerin zu sehen sind. Eine weitere Sehenswürdigkeit ist das Schnoorviertel, Bremens ältestes Wohn- und Künstlerviertel mit Bürgerhäusern aus dem 15. bis 18. Jahrhundert.

Besuchen sollte man auf jeden Fall auch Worpswede, ein Künstlerdorf, das etwa 30 km nordöstlich von Bremen liegt. Diese Malerkolonie, deren bedeutendste Einwohnerin Paula Modersohn-Becker war, ist auch heute noch attraktiv für viele Künstler.

19 Was passt zusammen? Für manche Sehenswürdigkeiten gibt es mehr als eine Antwort.

1. _____ Bremen
2. _____ Rathaus
3. _____ St. Petri Dom
4. _____ Böttcherstraße
5. _____ Schnoorviertel
6. _____ Roland
7. _____ Bremer Stadtmusikanten
8. _____ Worpswede

a. hat zwei Türme
b. steht für Recht und Freiheit
c. einer der größten deutschen Seehäfen
d. hier befindet sich ein Museum mit Werken einer bekannten Expressionistin
e. eine Skulptur aus Bronze
f. liegt an der Weser
g. bekanntes Künstlerdorf
h. ist fast 10 Meter hoch
i. hat große Kaffeeröstereien und Bierbrauereien
j. hier befinden sich Bürgerhäuser, die bis zu 600 Jahre alt sind
k. hat eine prächtige Renaissance-Fassade und ist Weltkulturerbe
l. ist nur 110 Meter lang
m. hier lebte Paula Modersohn-Becker

▲ *Der historische Marktplatz in Bremen mit der Roland-Statue*

20 Ein Besuch in Bremen. Welche Sehenswürdigkeiten möchten Sie sich gerne anschauen? Warum finden Sie diese besonders interessant? Erklären Sie.

21 Internetrecherche. Wählen Sie eine Aufgabe:

1. Überlegen Sie sich ein Programm für einen Abend in Bremen. Schauen Sie im Internet nach, was Sie machen können. Erklären Sie, was Sie unternehmen wollen.

2. Das Märchen „Die Bremer Stadtmusikanten" ist von den Brüdern Grimm. Lesen Sie im Internet nach, worum es in diesem Märchen geht, und erzählen Sie die Handlung in ein paar Sätzen nach.

3. Suchen Sie im Internet Informationen über „Roland" und berichten Sie in ein paar Sätzen über ihn.

Kurzfilm

Familienrevier ▶

Worum geht es hier?

supervisor	Sascha Reinicke ist neu beim 2. Polizeirevier Köln Süd und sein Vater, Günther
defends	Reinicke ist sein direkter Vorgesetzter°. Herr Schneider, der Polizeichef, glaubt,
holdup	dass Sascha kein guter Polizist ist, aber Günther verteidigt° seinen Sohn. Der
proud	Film zeigt Sascha bei einem Überfall° auf einen Schnellimbiss. Kann er die
	Familienehre retten und den Vater stolz° machen?

Vor dem Anschauen ─────────────────────────

22 **Brainstorming.** Bilden Sie eine Gruppe von vier Studenten. Diskutieren Sie folgende Fragen:

weaknesses
1. Im Film will der Vater nicht die Schwächen seines Sohnes sehen. Eltern sehen manchmal nicht die Schwächen° ihrer Kinder. Warum ist das wohl so?

expectations
2. Welche Erwartungen° haben Eltern oft von ihren Kindern? Wie beeinflusst das ihr Bild von den Kindern?

effects
3. Können hohe Elternerwartungen auch negative Wirkungen° haben? Welche?

Erstes Anschauen, ohne Ton ─────────────────────────

23 **Auf dem Polizeirevier.** Bevor die Geschichte im Film beginnt, erleben wir ein Gespräch zwischen Konrad Schneider, dem Polizeichef, und Günther Reinicke, dem Vater des Polizisten Sascha Reinicke. Lesen Sie jetzt das Gespräch.

Konrad Schneider

crime fighting
in gewisser Hinsicht:
in a certain respect
capture / disadvantageous

damaged / operational
vehicles / improper
service weapon

caused
mit Abstand: *by far*
precinct
arrangements
trunk; proverb: *Like*
father, like son.

Verbrechensbekämpfung°, Herr Reinicke, hat in gewisser Hinsicht° auch mit Geschick zu tun. Eine verhinderte Festnahme° auf Grund unvorteilhaft° gestellter Zwischenfragen, zwei stark beschädigte° Einsatzfahrzeuge°, auf Grund des unsachgemäßen° Gebrauchs der Dienstwaffe°, mehrere Personen- und Sachbeschädigungen, und und und – verursacht° durch ... lassen Sie mich nachsehen: Ah, Sascha Reinicke, Ihren Sohn.

Günther Reinicke

Dat ist doch ganz normal in diesem Alter. Der Jung' muss sich doch noch entwickeln. Der hat doch gerade erst mal seine Pubertät hinter sich gebracht.

Konrad Schneider

Der Junge ist 28 Jahre, Herr Reinicke, und mit Abstand° der schlechteste Polizist Ihres ganzen Reviers°. Und wenn sich daran nicht sehr schnell etwas ändert, sehe ich mich leider gezwungen gewisse Umstrukturierungsmaßnahmen° durchzuführen.

Günther Reinicke

Also Herr Schneider, der Jung dat ist ne echte Reinicke. Da könnse sich janz fest drauf verlassen. Der Apfel fällt doch net weit vom Stamm°.

Konrad Schneider

Und genau das ist mein Problem, Herr Reinicke.

24 **Was haben Sie gesehen?**   Schauen Sie sich den Film ohne Ton an und bringen Sie dann die folgenden Sätze in die richtige Reihenfolge. Der Protagonist ist der Polizist Sascha. Sein Kollege heißt Manfred.

_____ a. Ein Mann kommt ins Restaurant. Er trägt eine dunkle Brille und hat eine Pistole in der Hand.

_____ b. Eine Frau sitzt hinter der Theke versteckt und spricht am Handy.

_____ c. Sascha steht an der Theke in einem Schnellimbissrestaurant und bestellt etwas.

_____ d. Manfred kniet neben dem bewusstlosen° Kriminellen und fächelt° mit seiner Kappe.

unconscious
fans

_____ e. Sascha kommt wieder ins Restaurant und stellt sich hinten in der Schlange° an.

in der Schlange *in line*

Anschauen mit Ton

25 **Was ist passiert?**   Schauen Sie sich den Film mit Ton an und wählen Sie die richtige Antwort auf die Fragen. Wichtige Wörter und Ausdrücke, die im Film vorkommen, finden Sie in Anhang C.

_____ 1. Was bestellt Sascha an der Theke?

_____ 2. Welches Essen wünscht sich Manfred, Saschas Kollege?

_____ 3. Warum ist Manfred mit seinem Essen unzufrieden?

_____ 4. Warum geht Sascha noch einmal in das Schnellimbissrestaurant?

_____ 5. Als Sascha wieder im Restaurant ist, stellt er sich hinten in der Schlange an. Warum?

_____ 6. Warum kommt Manfred selber ins Restaurant?

a. Er mag Fisch nicht.

b. Er will sicher sein, dass Sascha die Stäbchen für sein Chicken Curry mitbringt.

c. Siebzehn, das Sparmenü, mit großen Pommes, großer Cola

d. Es sind immer noch viele Leute in der Schlange und er ist höflich.

e. Sommerchicken

f. Er sollte Manfreds Fisch gegen Chicken Curry umtauschen.

26 **Was meinen Sie?**

1. Das Essen in diesem Imbissrestaurant hat englische Namen. Warum benutzt das Restaurant englische Namen? Was meinen Sie?

2. Wie verstehen Sie den Titel: „Familienrevier"? Was ist die Verbindung zwischen den Wörtern Polizeirevier und Familienrevier?

3. Beschreiben Sie Sascha. Was für ein Mensch ist er? Was für ein Polizist ist er?

LITERARISCHE WERKE

Gedicht: Dich

Erich Fried

Friedrich/Ullstein

Erich Fried (1921–1988) ist ein deutschsprachiger Dichter des 20. Jahrhunderts. Er schrieb schon als Schüler in Wien Gedichte. Nach dem Einmarsch° von Hitlers Truppen in Österreich 1938 wurden er und seine Familie als Juden verfolgt° und Fried floh nach London. Nach dem Krieg wurde Fried Mitarbeiter bei der BBC. Er machte sich einen Namen mit verschiedenen Gedichtbänden°, einem Roman und Übersetzungen°, darunter fast der kompletten Werke Shakespeares. 1982 wurde er wieder Österreicher, aber behielt seine britische Staatsangehörigkeit°. Erst gegen Ende seines Lebens bekam er die verdiente Anerkennung° in Form von literarischen Preisen. Fried wurde in London beerdigt°.

invasion

persecuted

volumes of poetry
translations

citizenship
recognition
buried

Zum Thema

pain / longing

Angst und Schmerz°, aber auch Sehnsucht° und Liebe sind häufige Themen in Frieds Gedichten. Das Liebesgedicht **Dich** ist aus einem seiner bekanntesten Bände **Liebesgedichte** (1979), der in Deutschland mehr als jeder andere Gedichtband verkauft wurde.

Dich

1-27

Dich nicht näher denken
und dich nicht weiter denken
dich denken wo du bist
weil du dort wirklich bist

Dich nicht älter denken
und dich nicht jünger denken
nicht größer nicht kleiner
nicht hitziger° und nicht kälter

more passionate

long for

Dich denken und mich nach dir sehnen°
dich sehen wollen
und dich liebhaben
so wie du wirklich bist

Erich Fried, Liebesgedichte; © Verlag Klaus Wagenbach, Berlin, 1979

Zum Text

27 **Analyse**

1. Das **Dich** im Titel kommt aus einem Satz, den Menschen in der ganzen Welt kennen. Nennen Sie den Satz.

2. Finden Sie alle Komparative im Gedicht. Was will der Sprecher mit den Komparativen sagen?

3. Was gefällt dem lyrischen Ich an dem **Dich**?

Märchen: Die sieben Raben 🌐

Jakob und Wilhelm Grimm

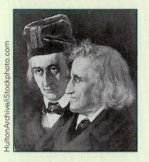

Jakob (1795–1863) und Wilhelm (1786–1859) Grimm waren bedeutende° Gelehrte° des 19. Jahhunderts. Mit seinen Werken **Deutsche Grammatik (1819)** und **Geschichte der deutschen Sprache (1848)** gilt Jakob Grimm als der Begründer° der deutschen Philologie. Jakob und Wilhelm begannen das größte Wörterbuch der deutschen Sprache, das im Jahr 1960 von anderen Gelehrten beendet wurde. Ähnlich wie das *Oxford English Dictionary* gibt dieses Wörterbuch die Bedeutung der Wörter im historischen Kontext und mit Zitaten aus literarischen Werken, Fachsprachen° und dem Alltagsgebrauch° wieder.

significant / scholars

founder

technical language / every day use

Aber die meisten Leute kennen wohl die Brüder Grimm für ihre weltbekannte Sammlung° der **Kinder- und Hausmärchen,** die sie im Jahr 1812 veröffentlichten°.

published

Es ist die erste systematische Sammlung von europäischen und orientalischen Märchen. Die Märchen wurden in über 60 Sprachen übersetzt° und gehören zum UNESCO Weltregister der Weltdokumente. In den Grimmschen **Märchen** findet man Spuren von Kindheitserfahrungen. Kinder identifizieren sich mit den Helden° und Heldinnen, leiden° mit bei deren Problemen und Sorgen° und freuen sich, wenn am Ende das Gute gewinnt. Doch **Märchen** sind nicht nur für Kinder. Die **Europäische Märchengesellschaft** hat heute 2700 Mitglieder aus der ganzen Welt. Die Gesellschaft hat eine eigene Website und hält Seminare. Ihre Mitglieder veröffentlichen Bücher und Artikel über Märchenmotive.

translated

heroes / suffer
cares

Zum Thema

Das für Märchen typische Motiv der Suche ist zentrales Thema in den „Sieben Raben" *(The Seven Ravens)*. Die Hauptfigur zieht in die Welt hinaus, um eine Aufgabe zu erfüllen, oft mit überirdischer° Hilfe.

supernatural

 28 **Welche Märchen kennen Sie?** Was finden Sie typisch für ein Märchen? Was für Personen, Tiere und Motive gibt es beispielsweise in Märchen?

◄ *Die Statue der Brüder Grimm vor dem Rathaus in Hanau*

29 **Märchenmotive.** Im Märchen findet man immer wieder dieselben Motive. Welche der Motive unten finden Sie in einem der folgenden Märchen?

Little Red Riding Hood	Rotkäppchen°	_____
Sleeping Beauty	Dornröschen°	_____
Snow White	Schneewittchen°	_____
	Rumpelstilzchen	_____
The Frog Prince	Der Froschkönig°	_____
	Hänsel und Gretel	_____

1. magische Zahlen (sieben, drei usw.)
2. das jüngste Kind ist besonders schön und gut
3. Bestrafung°, weil man seine Pflicht° nicht tut   *punishment / duty*
4. eine Verwünschung°   *curse*
5. Verwandlung° in ein Tier   *transformation*
6. ein Geheimnis°   *secret*
7. Aufgaben erfüllen
8. eine Reise mit Schwierigkeiten
9. Tiere und Dinge, die sprechen
10. gute und böse Wünsche werden erfüllt
11. man wird durch gute Taten gerettet
12. der gute Mensch findet das Glück
13. ein Happyend
14. das Übernatürliche°   *supernatural*

30 **Beim Lesen.** Während Sie das Märchen „Die sieben Raben" lesen, beachten° Sie die Motive aus der Liste.   *note*

🔊 Die sieben Raben
1-28

> Ein Mann hatte sieben Söhne und immer noch kein Töchterchen. Als seine Frau wieder ein Kind erwartete, wünschte er sehr, dass es eine Tochter wäre. Und als es zur Welt kam, war's wirklich ein Mädchen. Die Freude war groß, aber das Kind war schwach und klein und sollte wegen seiner Schwachheit
> 5 die Nottaufe° haben. Der Vater schickte schnell einen der Söhne zur Quelle, um Taufwasser° zu holen. Die anderen sechs liefen mit und weil jeder der erste sein wollte, fiel ihnen der Krug in den Brunnen°. Da standen sie und wussten nicht, was sie tun sollten. Keiner hatte den Mut° nach Hause zu gehen. Als sie aber nicht zurückkamen, wurde der Vater ärgerlich und rief:
> 10 „Gewiss haben sie beim Spiel das Wasser vergessen, die gottlosen Jungen!" Er hatte Angst, das Mädchen müsste ungetauft° sterben und rief: „Ich wollte, dass die Jungen alle zu Raben würden." Kaum hatte er das gesagt, so hörte er ein Geschwirr° über sich. Er blickte in die Höhe und sah sieben kohlschwarze Raben vorbeifliegen.
> 15   Die Eltern konnten die Verwünschung° nicht zurücknehmen. Sie waren sehr traurig über den Verlust ihrer sieben Söhne, aber ihre Tochter war ein

baptism by layman (in fear of death) / baptismal water
well
courage

unbaptized

whirring

spell

Trost für sie, denn sie wurde bald kräftig und mit jedem Tag schöner. Sie wusste lange Zeit nicht einmal, dass sie Brüder gehabt hatte, denn die Eltern sprachen nicht von ihnen. Da hörte sie eines Tages die Leute von sich spre-
20 chen, das Mädchen wäre wohl schön; aber das Unglück seiner Brüder wäre doch seine Schuld. Das Mädchen wurde traurig, ging zu Vater und Mutter und fragte, ob es Brüder gehabt hätte und was mit ihnen geschehen wäre. Nun konnten die Eltern nicht länger schweigen°. Sie sagten aber, dass der Himmel es so gewollt hätte, dass seine Geburt nur der unschuldige Anlass° gewesen
25 wäre. Das Mädchen aber glaubte, es wäre an dem Unglück der Brüder schuld und müsste seine Geschwister erlösen°. Es ging heimlich° von zu Hause weg und in die Welt, um seine Brüder zu suchen und zu befreien. Es nahm nur einen Ring von den Eltern mit zum Andenken°, ein Stück Brot für den Hunger, einen Krug Wasser für den Durst und ein Stühlchen für die Müdigkeit.
30   Nun ging das Mädchen weit, weit, bis ans Ende der Welt. Da kam es zur Sonne, aber die war zu heiß und fürchterlich und fraß die kleinen Kinder. Schnell lief es weg und lief hin zu dem Mond. Aber der war kalt und auch böse. Als er das Kind bemerkte, sprach er: „Ich rieche Menschenfleisch." Da lief das Kind eilig fort und kam zu den Sternen. Die
35 waren freundlich und gut, und jeder saß auf seinem besonderen Stühlchen. Der Morgenstern aber stand auf, gab ihm ein Knöchelchen und sprach: „Wenn du das Knöchelchen nicht hast, kannst du den Glasberg nicht aufschließen. Und in dem Glasberg sind deine Brüder."
     Das Mädchen nahm das Knöchelchen, wickelte° es in ein Tüchlein und
40 ging fort, so lange, bis es an den Glasberg kam. Das Tor war verschlossen°. Als es aber das Tüchlein aufmachte, war es leer. Es hatte das Geschenk der guten Sterne verloren. Was sollte es nun anfangen? Seine Brüder wollte es retten und hatte keinen Schlüssel zum Glasberg. Das gute Schwesterchen nahm ein Messer und schnitt sich ein kleines Fingerchen ab, steckte es in das Tor und
45 schloss glücklich auf. Als es hineingegangen war, kam ihm ein Zwerg° entgegen, der sprach: „Mein Kind, was suchst du?" – „Ich suche meine Brüder, die sieben Raben", antwortete es. Der Zwerg sprach: „Die Herren Raben sind nicht zu Haus. Aber wenn du so lange warten willst, bis sie kommen, so tritt ein." Darauf trug der Zwerg das Essen der Raben herein auf sieben Tellerchen
50 und in sieben Becherchen°. Und von jedem Tellerchen aß das Schwesterchen ein bisschen, und aus jedem Becherchen trank es ein Schlückchen. In das letzte Becherchen aber ließ es das Ringlein fallen, das es mitgenommen hatte.
     Auf einmal hörte es in der Luft ein Geschwirr. Da sprach das Zwerglein: „Jetzt kommen die Herren Raben heim." Da kamen sie, wollten essen
55 und trinken und suchten ihre Tellerchen und Becherchen. Da sprach einer nach dem andern: „Wer hat von meinem Tellerchen gegessen? Wer hat aus meinem Becherchen getrunken? Das ist eines Menschen Mund gewesen." Und als der siebente auf den Grund des Bechers kam, rollte ihm das Ringlein entgegen. Er sah es an und erkannte, dass es ein Ring von Vater und
60 Mutter war, und sprach: „Gott gebe°, unser Schwesterlein wäre da, so wären wir erlöst°." Als das Mädchen, das hinter der Tür stand, den Wunsch hörte, trat es vor; und da bekamen alle Raben ihre menschliche Gestalt wieder. Und sie umarmten° und küssten einander und zogen fröhlich heim.

remain silent

cause

set free / secretly

as a keepsake

wrapped
locked

dwarf

little goblets

may God grant
saved

embraced

31 **Was wissen Sie?**

1. Warum freuten sich die Eltern über die Geburt eines Mädchens so sehr?
2. Warum hatten sie Angst, das Kind würde nicht leben?
3. Welchen unglücklichen Wunsch sprach der Vater aus? Warum?
4. Wie erfuhr das Mädchen, dass ihre Brüder Raben waren?
5. Was nahm sie mit auf den Weg, als sie ihre Brüder suchte?
6. Wie half ihr der Morgenstern?
7. Wie konnte sie ohne Schlüssel das Tor des Glasbergs aufschließen?
8. Was tat das Mädchen, um die Raben an ihr Menschentum und an die Eltern zu erinnern?
9. Durch welche Tat hat das Mädchen ihre Brüder befreit?

32 **Motive.**   Welche Märchenmotive finden Sie in „Die sieben Raben"? Geben Sie die Hauptzüge° der Motive wieder.

main features

33 **Märchenszenen.**   Beschreiben Sie kurz die Situation auf jedem Bild aus dem Märchen „Die sieben Raben" oder schreiben Sie einen Dialog zwischen den Personen.

© Cengage Learning 2013

Wortschatzübungen

Grammar Quiz

Wortschatz 2

Substantive

die **Gestalt, -en**   *shape, figure*
die **Höhe, -n**   *height; hill*
der **Knochen, -**   *bone*
das **Knöchelchen, -**   *little bone*
der **Krug, ⸚e**   *pitcher, mug*
der **Mut**   *courage; spirit*
die **Quelle, -n**   *spring; source*
der **Schluck, -e**   *swallow, sip*
das **Schlückchen, -**   *small sip*
die **Schuld, -en**   *debt; fault, guilt*
   schuld sein (an + *dat.***)**   *to be guilty (of)*
   Ich bin (nicht) daran schuld!   *it's (not) my fault!*
der **Trost**   *comfort, consolation*
der **Verlust, -e**   *loss*

Verben

blicken   *to look*
ein·treten (tritt ein; trat ein, ist eingetreten)   *to enter, come in*
entgegen·kommen (kam entgegen, ist entgegengekommen)
   to come toward; to meet
küssen   *to kiss*
schweigen (schwieg, geschwiegen)   *to be silent*

Andere Wörter

ärgerlich   *annoying, angry*
eilig   *speedy, hurried*
   es eilig haben   *to be in a hurry*
heim   *home*
kräftig   *strong, powerful*
nicht einmal   *not even*

Vocabulary Quiz
Audio Flashcards
Concentration
Crossword

▶ *Kennen Sie dieses Märchen?*

blessings/Shutterstock.com

34 Vokabeln. Ergänzen Sie die Sätze mit den fehlenden Wörtern. Benutzen Sie dafür die Wörter aus der folgenden Liste in der richtigen Form.

ärgerlich • eilig • eintreten • die Gestalt • heim • küssen • der Mut •
nicht einmal • schuld sein an • schweigen • der Trost • der Verlust

1. Der Vater in „Die sieben Raben" war _____, weil er dachte, dass seine Söhne das Wasser vergessen hatten.

cast a spell 2. Nachdem er sie deswegen verwünscht° hatte, nahmen die Brüder die _____ von Raben an.

3. Die Eltern waren sehr traurig über den _____ ihrer Söhne.

4. Doch es war ein _____ für sie, dass sie ihre Tochter hatten.

5. Und sie _____ darüber, was passiert war, und erzählten ihrer Tochter nicht von ihren Brüdern.

6. Manche Leute meinten jedoch, dass die Tochter _____ daran war, dass die Brüder weggeflogen waren.

7. Doch das Mädchen wusste ja _____, dass sie Brüder hatte.

8. Als sie davon erfuhr, machte sie sich _____ auf den Weg, um die Brüder zu suchen.

9. Sie zeigte sehr großen _____, als sie sich den Finger abschnitt um die Tür des Glasbergs zu öffnen.

10. Als sie in den Glasberg _____, kam ihr ein Zwerg entgegen und sagte, dass die Brüder bald kommen würden.

11. Als die Brüder ihre Schwester sahen, wurden sie wieder zu Menschen und sie _____ ihre Schwester.

12. Nun war alles wieder gut und die Brüder und ihre Schwester gingen glücklich _____ zu den Eltern.

▲ *Neuschwanstein - ein Märchenschloss in Deutschland.*

35 Verwandte Wörter. Geben Sie für jedes fett gedruckte Wort ein verwandtes Wort an.

1. Ein Mann **ärgerte** sich, weil seine Söhne einen Krug verloren hatten.

2. Weil die Söhne Raben geworden waren, fühlte sich der Vater **schuldig.**

3. Der Vater versuchte, seine Tochter zu **trösten.**

4. In einem **hohen** Glasberg entdeckte die Tochter sieben Raben.

5. Mit einem **Blick** auf die Raben sagte das Mädchen: „Ich wollte, die sieben Raben wären meine Brüder".

6. Als sie nach Hause **eilen** wollte, standen ihre Brüder vor ihr.

Wörter auf -*chen* und -*lein*.

Die Verkleinerungsform° von Substantiven findet man in vielen Märchen. Diese Substantive mit den Nachsilben° -**chen** und -**lein** sind immer Neutrum. Die Vokale **a, au, o** und **u** haben immer Umlaut.

36 **Nachsilben.** Suchen Sie in „Die sieben Raben" zwei Wörter mit der Nachsilbe -**chen** und zwei mit der Nachsilbe -**lein** und schreiben Sie die Sätze auf. Schreiben Sie dann die zwei Wörter in ihre Grundform um und schreiben Sie sie mit ihrem Artikel auf.

37 **Im Café.** Helen und Louisa sitzen in einem Café und überlegen, was sie noch essen oder trinken wollen. Setzen Sie im folgenden Dialog die Stichwörter in Klammern in ihre Verkleinerungsform mit -*chen*.

Helen: So _____ (eine Kanne°) ist ganz schön groß. Möchtest du noch _____ (einen Schluck) Kaffee?

Lousia: Nein danke, sonst werde ich zu nervös von dem vielen Koffein. Aber ich hätte Lust auf _____ (ein Glas) Wein.

Helen: Ach so, ich dachte, wir wollten so langsam nach Hause gehen?

Louisa: Nein, es ist doch so nett hier. Lass uns noch _____ (eine Stunde) bleiben, ja?

Helen: Na gut, dann bestelle ich mir aber noch _____ (ein Stück) Kuchen. Obwohl _____ (eine Suppe) auch nicht schlecht wäre.

Was meinen Sie?

38 **Gruppenarbeit.** Schreiben Sie in einer kleinen Gruppe zusammen ein Märchen.

39 **Zur Diskussion / Zum Schreiben**

1. Die Eltern spielen normalerweise eine große Rolle im Leben der Kinder. Welche Rolle spielen die Eltern in „Die sieben Raben"?

2. Das Mädchen in „Die sieben Raben" fühlt sich für ihre Brüder verantwortlich und in „Good Bye, Lenin!" fühlt sich Alex für seine Mutter verantwortlich. Inwiefern ist ein Mensch für seine Geschwister° oder seine Eltern verantwortlich oder nicht verantwortlich?

3. Vergleichen Sie die Schuldgefühle des Mädchens mit den Schuldgefühlen der Erzählerin in „Eine Postkarte für Herrn Altenkirch". Beschreiben Sie, warum die beiden Schuldgefühle haben. Wie werden sie damit fertig?°

4. Mussten Sie schon einmal die Verantwortung für etwas tragen? Beschreiben Sie die Situation und was Sie gemacht haben. Hatten Sie Schwierigkeiten in dieser Situation? Waren Sie erfolgreich?

5. Die Deutsche Märchenstraße ist eine der ältesten und beliebtesten Ferienrouten Deutschlands. Über 600 km von Hanau bis nach Bremen führt sie entlang an den Lebensstationen der Brüder Grimm und an den Orten und Landschaften, wo ihre Märchen spielen. Finden Sie etwas über die Deutsche Märchenstraße heraus und berichten Sie kurz darüber. Sie können in einem Buch nachlesen oder Informationen darüber im Internet suchen.

Thema

5

Musik

Die Sportfreunde Stiller bei einem Open-Air-Konzert.

Marcus Vogel/laif/Redux

Einstieg in das Thema

Musik verbindet viele Länder. Ohne Österreich und Deutschland ist klassische Musik fast unvorstellbar°. Österreich brachte Musiker wie Haydn, Mozart, Schubert, Johann Strauss und Mahler hervor° und Deutschland ist das Geburtsland von Bach, Beethoven, Schumann, Wagner, Brahms und Richard Strauss. Heute sind die Wiener Staatsoper und die Wiener Philharmoniker international bekannt.

inconceivable

brachte hervor: *produced*

Zu den Salzburger Festspielen° kommen Menschen aus der ganzen Welt, um die Musik von Mozart und vielen anderen Komponisten zu hören.

Salzburg Festival (of theater and music)

Auf den Gebieten Jazz, Rock und Pop waren Deutsche, Österreicher und Schweizer lange international nur wenig bekannt. Englische und amerikanische Bands hingegen° waren und sind auch heute noch im deutschsprachigen° Raum sehr populär. In den 1970ern wählten die meisten deutschen Bands Englisch als ihre Gesangssprache wie zum Beispiel die „Scorpions", die man auch in den USA kennt. Lange Zeit war Deutsch im populären Bereich° die Gesangsprache von traditioneller Volksmusik und Schlagern° gewesen, doch seit den 1980ern begannen auch neue Bands auf Deutsch zu singen. Diese Generation nannte man die Neue Deutsche Welle°. Auf allen Kontinenten wuchs das Interesse an deutschsprachiger Rock- und Popmusik. So wurde zum Beispiel die Gruppe „Rammstein", die auf Deutsch singt, populär in den USA und in vielen anderen Ländern. Im 21. Jahrhundert setzte° sich diese Entwicklung, dass Bands auf Deutsch singen weiter fort. Als erfolgreiche Bands sind zu nennen „Wir sind Helden", „Juli", „Silbermond", „Ich + Ich" und als international bekannteste „Tokio Hotel".

on the other hand / German-speaking

area

pop songs

wave

setzte fort: *continued*

Deutschland ist zusammen mit der Schweiz und Österreich mit fast 100 Millionen deutschsprachigen Hörern der drittgrößte Musikmarkt der Welt, nach den USA und Japan.

Auch im Bereich der Techno-Musik, des Rap und Hip-Hop hat sich in Deutschland eine eigenständige° Szene entwickelt. Zu den ersten und noch immer sehr erfolgreichen Vertretern° dieser Richtung gehören „Die Fantastischen Vier". Einen ihrer größten Hits, „die da!?!", lernen Sie in diesem Thema kennen.

original
representatives

Zunächst° erfahren wir in einer Übersicht°, welche Art Musik die Deutschen gern live hören. Dann gehen wir zurück ins 19. Jahrhundert und lernen die weltbekannte Komponistin und Konzertpianistin Clara Schumann kennen.

first of all / chart

 1 Informationsaustausch. Suchen Sie Informationen über deutsche Musiker oder Musikgruppen, die in den USA populär sind.

Tipp: http://www.germaniac.com

KULTURLESESTÜCKE

in person (as in "live" performances)

Übersicht: Die Stars livehaftig° erleben

Zum Thema

Die Deutschen gehen gern in Livekonzerte. In dieser Übersicht erfahren Sie, welche Livemusik-Events das deutsche Publikum gerne besucht.

2 Gedankenaustausch. Welche Vertreter klassischer Musik kennen Sie? Welche Pop- und Rockgruppen und Sängerinnen/Sänger aus der deutschsprachigen Musikszene kennen Sie?

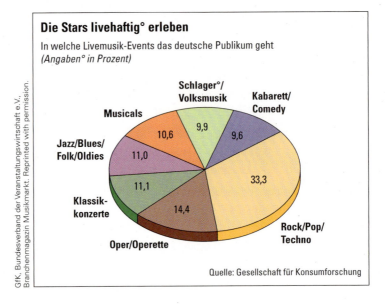

Die Stars livehaftig° erleben

In welche Livemusik-Events das deutsche Publikum geht *(Angaben° in Prozent)*

Schlager°/ Volksmusik — 9,9
Kabarett/ Comedy — 9,6
Musicals — 10,6
Jazz/Blues/ Folk/Oldies — 11,0
Klassik-konzerte — 11,1
Oper/Operette — 14,4
Rock/Pop/ Techno — 33,3

GfK, Bundesverband der Veranstaltungswirtschaft e.V., Branchenmagazin Musikmarkt. Reprinted with permission.

Quelle: Gesellschaft für Konsumforschung

3 Fragen

most popular

1. Welche Livekonzerte sind beim deutschen Publikum am beliebtesten°? Wie viel Prozent des Publikums interessieren sich für klassische Musik (Klassikkonzerte und Oper / Operette)?

2. Welche Art von Musik hören Sie gern oder nicht so gern? Wählen Sie zwei Musikarten aus der Übersicht und erklären Sie, warum Sie die Musik mögen oder nicht mögen. Wie ist die Musik (laut, leise, langweilig, voller Rhythmus)? Wer macht diese Art von Musik? Wann hören Sie die Musik?

took place

3. Beschreiben Sie das letzte Livekonzert, das Sie besucht haben. Wer hat gespielt? Wo hat das Konzert stattgefunden°? Wie teuer waren die Karten? Wie viele Leute waren da? Hat es Spaß gemacht?

Biografie: Clara Schumann (1819–1896)

 Web Link

Zum Thema

Obwohl sie meist weniger bekannt waren als ihre berühmten männlichen Zeitgenossen°, hat es auch immer Frauen gegeben, die komponierten. Allerdings hatten die meisten von ihnen kaum Gelegenheit, ihre Musik zu veröffentlichen und öffentliche Konzerte zu geben. Zwei große Komponistinnen und Pianistinnen aus dem 19. Jahrhundert sind Fanny Mendelssohn-Hensel (1805–1847), die Schwester des bekannteren Komponisten Felix Mendelssohn Bartholdy (1809–1847), und Clara Schumann, die Frau des Musikers Robert Schumann (1810–1856). Claras eigene Kompositionen wurden zu ihren Lebzeiten gespielt. Auch heute noch findet man sie manchmal in Konzertprogrammen. Während der dreizehnjährigen Ehe mit Robert bekam Clara acht Kinder, aber sie gab trotzdem viele Konzerte in Deutschland. Allerdings machte sie nach der Heirat im Jahr 1840 nur noch drei große Konzertreisen: nach Skandinavien, Russland und Wien.

contemporaries

▲ *Clara Schumann*

4 **Beim Lesen.** Machen Sie beim Lesen eine Stichwortliste zu den folgenden Themen:

die Karriere von Clara Schumann

_____

_____

_____

die Liebesgeschichte von Clara und Robert Schumann

_____

_____

_____

▶ *Clara und Robert Schumann*

2-2

Clara Schumann (1819–1896)

most signifcant
trat auf: *appeared*

piano lessons / law

hielt um ihre Hand an:
asked to marry

court

mainly

complete works
published

admirer

court musician

hat einen hohen
Stellenwert: *plays an*
important role

Clara Schumann, die Ehefrau des Komponisten Robert Schumann, war die bedeutendste° Pianistin und Komponistin ihrer Zeit. Im Alter von neun Jahren trat° das Wunderkind zum ersten Mal öffentlich auf. Mit 13 Jahren ging Clara auf ihre erste Konzertreise durch Europa. Mit sechzehn
5 Jahren war sie in ganz Europa als große Pianistin bekannt.

Robert Schumann lernte Clara Wieck kennen, als er bei Claras Vater Klavierstunden° nahm. Schumann studierte zwar Jura°, doch die Musik war seine große Passion.

1835 hielt° er bei ihrem Vater um ihre Hand an. Claras Vater war
10 jedoch der Meinung, dass Schumann seiner Tochter finanziell nicht genug bieten könnte, und er war gegen die Heirat. Doch Clara und Robert kämpften um ihre Liebe und die beiden Parteien stritten sich deswegen sogar vor Gericht°. 1840 bekamen Clara und Robert schließlich die Erlaubnis zu heiraten. Das Ehepaar hatte acht Kinder
15 und Clara musste ihre Karriere als Komponistin und Pianistin mehrmals unterbrechen, doch sie unternahm weiterhin Konzertreisen. Dabei spielte sie Kompositionen von Beethoven und Chopin, hauptsächlich° aber die Werke ihres Mannes, wodurch dieser in ganz Europa bekannt wurde.

Nach Schumanns Tod im Jahr 1856 arbeitete Clara weiterhin als
20 Komponistin und Pianistin und sie sorgte dafür, dass das Gesamtwerk° ihres Mannes veröffentlicht° wurde. Außerdem arbeitete sie ab 1878 als Lehrerin am Konservatorium in Frankfurt.

Der Komponist Johannes Brahms hatte Clara schon zu Lebzeiten von Robert Schumann kennengelernt und er war ein großer Verehrer° von
25 ihr. Auch ihm half Clara Schumann bei seiner Karriere und dabei, eine gute Stellung als Hofmusiker° in Detmold zu bekommen.

Am 20. Mai 1896 starb Clara in Frankfurt im Alter von 77 Jahren. Ihr Lebenswerk hat auch heute noch einen hohen Stellenwert° in der klassischen Musik.

Zum Text

5 **Wissen Sie das?**

1. Was machte Clara Wieck schon mit 13 Jahren?
2. Was studierte Robert Schumann, bevor er Musiker wurde?
3. Warum nahm Robert Schumann Unterricht bei Claras Vater?
4. Wie alt war Clara, als Robert sie heiraten wollte?
5. Warum war Claras Vater gegen die Heirat von Clara und Robert?
6. Wie half Clara Schumann ihrem Mann bei seiner Karriere als Komponist?
7. In welchem Beruf arbeitete Clara Schumann nach dem Tod ihres Mannes?
8. Welchem Komponisten half sie eine Stelle zu bekommen?

Zur Diskussion / Zum Schreiben

1. Clara Schumann lebte vor mehr als 100 Jahren. Welche Ereignisse in ihrem Leben sind typisch für ihre Zeit? Meinen Sie, dass ihre musikalische Karriere und ihre Beziehungen zu ihrem Vater und ihrem Mann heute anders wären als im 19. Jahrhundert? Begründen° Sie Ihre Meinung.

support

2. Sie haben beim Lesen eine Stichwortliste zu zwei Themen aufgeschrieben. Wählen Sie eins von beiden und schreiben Sie einen Absatz° darüber.

paragraph

3. Finden Sie etwas über Salzburg oder die Salzburger Festspiele heraus und berichten Sie kurz darüber. Sie können in einem Buch nachlesen oder Informationen darüber im Internet suchen.

Vermischtes

1. Deutschland und Österreich unterstützen das Musikleben durch Subventionen°. In Deutschland gibt es 90 Opernhäuser, 130 Sinfonie- und Kammerorchester° und 40 Festspiele.

subsidies
chamber orchestras

◄ *Die Alte Oper in Frankfurt.*

2. Im Verhältnis° zur Bevölkerung° hat Deutschland mehr Theater als jedes andere Land in Europa und wahrscheinlich auch in der Welt: 150 Stadt- und Staatstheater, 280 Privattheater und 150 Theater ohne festes Ensemble. Mit nur einer Million Einwohnern hat Hamburg allein 26 staatliche und private Bühnen.

relationship / population

3. Clara Schumann schrieb 23 Kompositionen, darunter ein Klavierkonzert. Ihre ersten Kompositionen (vier Polonaisen) hat sie schon mit zwölf Jahren veröffentlicht.

4. Mit dem international bekannten Fanny-Mendelssohn-Wettbewerb° für Kompositionen möchte die Stadt Unna bei Dortmund junge Komponistinnen die Chance geben, mit ihren Werken in die Konzertsäle° zu kommen.

competition

concert halls

Song: die da!?!

Zum Thema

Die „Fantastischen Vier" („Fanta 4") aus Stuttgart begannen etwa 1990 ihre Musikkarriere und mit ihnen wurde der deutsche Hip-Hop ins Leben gerufen. In den ersten Jahren wurde die Deutschrap-Szene noch nicht ernst genommen, doch inzwischen hat sie einen festen Platz in der deutschen Musikszene. Zu den wichtigsten Vertretern gehören heute „Fettes Brot", „Samy Deluxe", „Sido", „Bushido", „Fler", „Jan Delay" und noch immer die „Fanta 4", die den Durchbruch schon 1992 mit ihrem Lied „die da!?!" schafften. In humorvoller Art wird darin beschrieben, was die beiden Rapper Smudo und Thomas erleben, als sie sich in einer Bar gegenseitig von ihren neuen Freundinnen erzählen.

▲ *Die Fantastischen Vier bei einem Fernsehauftritt.*

The official **die da!?!** music video can be found on YouTube.

die da !?!

hallo thomas hallo alles klar

es ist schon wieder freitag es ist wieder diese bar

happened — und ich muss dir jetzt erzählen was mir widerfahren° ist

jetzt seh ich die zukunft positiv denn ich bin optimist

5   moment was geht ich sags dir ganz konkret

mir ... verdreht: *turned my head* — am wochenende hab ich mir den kopf verdreht°

ich traf eine junge frau die hat mir ganz gut gefallen

pop — und am samstag in der diskothek liess ich die korken knallen°

dialect for **haben** — sie stand dann so dabei und wir ham° uns unterhalten

behaved — 10   und ich hab sie eingeladen denn sie hat sich so verhalten°

wir ham viel spass gehabt viel gelacht und was ausgemacht

ham uns nochmal getroffen und den nachmittag zusammn verbracht

wir gingen mal ins kino hatten noch ein rendezvous

took out / hey — und hast du sie ausgeführt° he° gehört ja wohl dazu

isn't bad — 15   sie ist so elegant sie hat auch allerhand°

du solltest sie wirklich mal treffen denn ich find sie sehr charmant

ist es die da die da am eingang° steht oder die da die dir den kopf verdreht — entrance

ist es die da die mitm dicken pulli an mann

nein es ist die frau die freitags nicht kann

20 *herzlichen glückwunsch smudo toi toi toi°* — said for good luck

du kannst dir sicher sein dass ich ich mich für dich freu

ich selber bin auch froh und falls° es dich interessiert mir ist am wochenende was ganz ähnliches passiert — in case

es war sonntag und ich trinke tee in nem cafe

25 *und als ich dies schöne wesen° an dem tresen° stehen seh* — creature / counter

gesell° ich mich dazu und habn tee für sie bestellt — joined

naja ich gebe zu ich hab getan als hätt ich geld

doch alles lief wie geschmiert° was mache ich mir sorgen — without a hitch

denn wir reden und verabreden uns für übermorgen

30 *und ich wollt mit ihr ins kino gehn stattdessen° warn wir essen* — instead of that

denn sie hatte den film schon gesehn ich hielts für angemessen° — appropriate

sie ins restaurant zu führen separee° mit kerzenlicht° — separate room / candlelight

he hat sie die rechnung bezahlt natürlich nicht

doch sie sagte zu mir noch dass wir jetzt miteinander gehn

35 *und seitdem wart ich darauf sie wiederzusehn*

ist es die da die da am eingang steht

oder die da die dir den kopf verdreht

ist es die da die mitm dicken pulli an mann

nein es ist die frau die freitags nicht kann

40 *tja° thomas da ham wir beide viel gemeinsam°* — well / in common

seit letztem wochenende sind wir beide nicht mehr einsam

bist du mit ihr zusammen he ich hab mir vorgenommen° — decided

möglichst bald mit ihr zusammen zu kommen

viel spass damit doch eins gibt mir zu denken

45 *warum muss ich ihr die ganze zeit denn nur geschenke schenken*

wem sagst du das ich bin schon wieder blank° — broke

doch dafür hat meine jetzt neue klammotten° im schrank — (coll.) clothes

he bei mir kam sie neulich mitm neuen teil° an — piece (of clothing)

und dabei hab ich mich noch gefragt wie sie sich das leisten kann

50 *und ich hab frei am freitag und sie ist nicht da*

moment mal smudo da ist meine ja

es ist die da die da am eingang steht

was das ist die da um die es sich doch bei mir dreht° — **um … dreht:** the one in question

was die da und wer ist dieser mann

55 *ich glaub das ist der grund warum sie freitags nicht kann*

DIE DA written by: Michael Beck, Thomas Dürr, Andreas Rieke, Michael B. Schmidt
© 1992 by EMI Music Publishing Germany GmbH

Zum Text

7 Wissen Sie das?

1. Wann und wo hat Smudo „seine" Freundin kennen gelernt? Was haben sie zusammen gemacht?
2. Wann und wo hat Thomas „seine" Freundin kennen gelernt? Was haben sie zusammen gemacht? Was haben sie nicht gemacht?
3. Was hat Smudo seiner neuen Freundin gegeben?
4. Warum kann sie freitags nicht?
5. Wieso hat sie den Film schon gesehen, in den ihr „Freund" mit ihr gehen will?
6. Woher hat sie wohl die neuen Klamotten?

spelling

8 Sprache und Rechtschreibung°

1. In ihren Liedern spielen die Fantastischen Vier gern mit der Sprache und machen gern Reime. Lesen° Sie das Lied laut vor. Wie finden Sie die Reime?

lesen vor: *read aloud*

2. Die Fantastischen Vier benutzen viele Formen aus Dialekt und Umgangssprache°. Suchen Sie Formen im Text, die der Standardsprache nicht entsprechen°. An welchen Stellen ist die Sprache im Lied anders als das Deutsch, das Sie lernen? Was meinen Sie, warum die Fanta Vier so schreiben?

colloquial language
correspond to

3. Die Fantastischen Vier benutzen auch nicht die Standardrechtschreibung. Korrigieren Sie die vier Zeilen des Refrains (Z.36–39) („ist es die da die da am eingang steht …"). Achten Sie auf Groß- und Kleinschreibung und Interpunktion°. Welche Schreibweise finden Sie leichter zu lesen?

punctuation

9 Zur Diskussion

1. **Rollenspiel.** Wie geht die Geschichte von Smudo, Thomas und der Frau weiter? Stellen° Sie ein mögliches Gespräch zwischen Smudo und Thomas dar.

stellen dar: *perform*

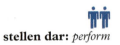

2. **Gruppenarbeit (Musikvideo).** Bilden Sie eine Gruppe von drei Personen. Was ist für Sie ein gutes Musikvideo? Wenn Sie ein Video von „die da!?!" machen würden, wie sollte es aussehen? An welchen Schauplätzen° könnte „die da!?!" spielen? Was würden die Personen machen?

scenes

3. **Rapmusik ist international.** Warum gefällt Menschen in der ganzen Welt diese Art von Musik? Gefällt Ihnen Rap? Warum (nicht)?

4. Die deutsche Band „Tokio Hotel" ist weltweit sehr erfolgreich. Mögen Sie Tokio Hotel? Warum (nicht)?

Miguel Campos / Shutterstock.com

▶ *International bekannt: Die deutsche Band Tokio Hotel*

🔊 **10 Anhören.**   Hören Sie sich das Lied „die da!?!" an.

Vermischtes

Vertreter der verschiedenen modernen Musikrichtungen sind:

1. **Pop:** PUR, Sasha, EAV (Erste Allgemeine Verunsicherung°)[1], Wise Guys[2], Nena[3], die Prinzen, Rosenstolz, Sportfreunde Stiller, Ich + Ich, Juli, Silbermond, Tokio Hotel, Lena[4]

   uncertainty

2. **Rock:** Scorpions[5], Die Toten Hosen[6], Die Ärzte, Farin Urlaub[7], BAP[8], Peter Maffay, Herbert Grönemeyer[9], Marius Müller-Westernhagen, Udo Lindenberg, Wir sind Helden[10], Nina Hagen, Rammstein[11], H-Blockx

3. **Rap / Hip-Hop / R&B:** Die Fantastischen Vier, Xavier Naidoo, Söhne Mannheims[12], Fünf Sterne Deluxe, Fettes Brot, Freundeskreis, Eko Fresh, Sido, Jan Delay, Bushido, Max Herre, Fler, Deichkind, Peter Fox

4. **Techno:** Sven Väth, Westbam, Scooter

5. **Elektro:** Kraftwerk[13], Yello[14]

6. **Liedermacherinnen/Liedermacher°:** Anni Becker, Wolf Biermann, Franz Joseph Degenhardt, Konstantin Wecker, Klaus Hoffmann, Reinhard Mey

   singer/songwriter

7. **Türkisch-Deutscher Sänger:** Muhabbet

AP Photo/Roberto Pfeil

◀ *Die Toten Hosen bei der Preisverleihung des Radiosenders Eins Life Krone.*

---

[1] Österreichische Popgruppe
[2] Die Wise Guys singen a capella. Bekannt für Selbstironie und Witz.
[3] 1984 Hit „99 Luftballons"; 2004 Come-back
[4] Gewann den Eurovision Song Contest 2010
[5] Auch in den USA bekannt; Hit: „Wind of Change", 1990. 2004 produzierten sie ihr 20. Album. Die Scorpions sind die erfolgreichste Rockband Deutschlands sowie Kontinental-Europas. 2010 machten sie ihre letzte Welttournee, dabei zwei Monate in den USA und Kanada. Ihr letztes Album „Sting in the Tail", 2010.
[6] Seit über 20 Jahren Deutschlands Punk-Rock-Band Nr. 1
[7] Spielt in der Band „Die Ärzte" und ist ein Beatles- und Johnny-Cash-Fan.
[8] Mundart *(dialect)* -Rocker aus Köln
[9] Seit Jahren Lieblingssänger der Deutschen, bekannt auch als Filmschauspieler, z. B. in „Das Boot"
[10] Rock-Gruppe, oben in den Charts in Deutschland und Österreich
[11] Eine der populärsten Bands aus Deutschland
[12] Ein Künstlerkollektiv aus 14 Musikern, vor zehn Jahren von Xavier Naidoo ins Leben gerufen. Ihre Songs haben religiöse Elemente.
[13] Pioniere des Elektro, weltweit bekannt
[14] Schweizer Band; bekannter Song „Oh Yeah"

Anzeigen: Veranstaltungen

Zum Thema _____

11 **Was wollen Sie wissen?** Welche Informationen erwarten Sie von einer *musical events* Anzeige für Musikveranstaltungen°? Und welche anderen Aspekte sind Ihnen wichtig, bevor sie sich ein Konzert-Ticket kaufen? Machen Sie eine Liste.

1. Wer spielt?
2. Wann ist das Konzert?
3. Wo _____?
4. Wie viel _____?
5. _____?

INSELKONZERTE

KAMMERMUSIK AUF HERRENCHIEMSEE
Augustiner-Chorherrenstift

SA 22. MAI
15.30 UHR
NEWTON SAXOPHON QUARTETT
BACH · BARBER · BERNSTEIN

SA 5. JUNI
17.00 UHR
»JUNGE SOLISTEN«
Lea Birringer, Violine
Esther Birringer, Klavier
BEETHOVEN ·CHOPIN · BRAHMS

SA 7. AUGUST
17.00 UHR
»PIANO SOLO«
William Hong Chun Youn,
Klavier
CHOPIN · SCHUMANN

SA 21. AUGUST
17.00 UHR
WÜRZBURGER KLAVIERTRIO
SCHUBERT · SAINT-SAËNS · DVOŘÁK

KARTEN inkl. Schifffahrten
bei chiemsee-kultur, Tel. 0 80 51 - 6 36 72,
München Ticket, Tel. 089 - 54 81 81 81,
www.muenchenticket.de oder an allen
Ticket Online-Vorverkaufsstellen
Tel. 0 80 51 - 96 56 60, www.ticketonline.de

Festival Magazin 2010, Seite 19, inpunkto media GmbH, München

DIE FANTASTISCHEN VIER
Für Dich Immer Noch Fanta Sie Tour 2010

26.11.
OLYMPIAHALLE

VVK ab 28,-

The Best of Broadway's
Rock Musicals

MUSICAL ROCKS!

Rocky Horror Show · Hair · Miami Nights
Jesus Christ Superstar · Phantom der Oper
High School Musical · We Will Rock You

Deutsches Theater

Zum Text

12 Fragen

1. Zu welchen Fragen in Ihrer Liste haben Sie in den Anzeigen Antworten gefunden?
2. Welche Namen erkennen Sie? Welche Konzerte / Veranstaltungen würden Sie gern besuchen?
3. In welchen Städten finden die Veranstaltungen statt?
4. Sie interessieren sich für klassische Musik. Zu welchem Konzert würden Sie gehen? Wo können Sie Tickets für die Konzerte bestellen?
5. Welche von den deutschen Künstlern würden Sie interessieren?
6. Wo können Sie Informationen über das Nina-Hagen-Konzert bekommen?

13 Meinungsaustausch / Verhandeln

1. **Rollenspiel:** Rufen Sie eine Partnerin/einen Partner an. Fragen Sie, ob sie/er zu einer bestimmten Veranstaltung gehen möchte. Sagen Sie, wann und wo die Veranstaltung stattfindet.
2. **Gruppenarbeit:** In einer Gruppe entscheiden Sie, zu welcher Veranstaltung Sie gehen wollen. Jede/Jeder in der Gruppe sagt, warum sie/er sich für eine bestimmte Veranstaltung interessiert.

14 Lieblingsmusik.
Fragen Sie Ihre Partnerin/Ihren Partner, welche Musik sie/er am liebsten hört und warum. Benutzen Sie die Wortliste als Hilfe.

▶ *Ich höre gerne Jazzmusik. Der Rhythmus gefällt mir.*

1.	2.	3.	4.
der Jazz	die Bedeutung	bewegen	lustig
der Reggae	die Freude	gefallen	froh
der Rock	das Gefühl	singen	gemütlich
die Folklore	das Problem	tanzen	langweilig
die klassische Musik	das Tempo	machen	laut
die Popmusik	der Rhythmus	spielen	traurig
die Rapmusik			
die Volksmusik			
das (*oder* der) Gospel			
die Countrymusic			
der Soul			
der Calypso			
der Techno			

Wortschatzübungen

Audio Flashcards
Concentration
Crossword

Wortschatz 1

Substantive

der **Eingang, ̈-e**   *entrance*
die **Erlaubnis**   *permission*
die **Heirat, -en**   *marriage*
die **Kerze, -n**   *candle*
der **Komponist, -en, -en** / die **Komponistin, -nen**   *composer*
das **Leben, -**   *life*
der **Musiker, -** / die **Musikerin, -nen**   *musician*
die **Stellung, -en**   *position; job*
die **Veranstaltung, -en**   *event*
die **Zukunft**   *future*

Verben

aus·machen   *to arrange, agree*
   das macht nichts aus   *it doesn't matter*
freuen   *to be glad or pleased*
   sich freuen (auf + *acc.*)   *to look forward (to)*
   sich freuen (über + *acc.*)   *to rejoice, be glad, be happy (about)*

sich (*dat.*) **etwas leisten**   *to afford something*
   Ich kann es mir nicht leisten   *I can't afford it.*
sorgen (für)   *to take care of; to care for*
(sich) streiten (stritt, gestritten)   *to quarrel; to dispute*
sich verabreden   *to make an appointment; to have a date*

Andere Wörter

ähnlich (+ *dat.*)   *similar (to)*
neulich   *recently, the other day*
öffentlich   *public*

Besondere Ausdrücke

herzlichen Glückwunsch (zum Geburtstag)   *congratulations; Happy Birthday*

---

15 **Verwandte Wörter.**   Was bedeuten folgende Wörter? Suchen Sie in der Vokabelliste ein verwandtes Wort.

1. musikalisch _____   5. die Verabredung _____
2. komponieren _____   6. die Sorge _____
3. erlauben _____   7. die Ähnlichkeit _____
4. heiraten _____   8. die Öffentlichkeit _____

16 **Definitionen.**   Welche Bedeutung passt zu welchem Wort aus der Vokabelliste?

1. die Ehe _____
2. die Position; der Job _____
3. vor kurzer Zeit _____
4. jemand, der Musik macht _____
5. etwas, das mit einer offenen Flamme Licht gibt _____
6. verabreden; planen _____
7. ich gratuliere _____

Grammatik im Kontext 🌐 Grammar Quiz

17 Der Dativ. Der Dativ ist der 3. Fall. Wie der Nominativ und der Akkusativ zeigt der Dativ die Funktion eines Substantivs oder Pronomens an. Lesen Sie Zeile 20–24 in „Clara Schumann" noch einmal und geben Sie die Funktion der folgenden Substantive und Pronomen an. (Siehe *Kapitel 4* und 5.)

FÄLLE: Nominativ, Akkusativ, Dativ

FUNKTIONEN:
- a. das Subjekt
- b. das direkte Objekt
- c. das indirekte Objekt
- d. ein präpositionales Objekt

1. Zeile 20: Sie
2. Zeile 21–22: eine Reihe / Kompositionen / Brahms / eine Stellung
3. Zeile 23: ihr Tod
4. Zeile 24–25: seinen Zustand / ihr

18 Neue Freundinnen. Ergänzen Sie den Dialog zwischen Thomas und Smudo.

Smudo spricht mit _____ (sein Freund) Thomas.

SMUDO: Du, Thomas, ich will _____ (du) erzählen, was _____ (ich) passiert ist. Ich habe eine junge Frau kennen gelernt, die _____ (ich) gut gefallen hat.

THOMAS: _____ (ich) ist etwas Ähnliches passiert. Ich war im Café und habe mit _____ (eine junge Frau) gesprochen. Ich habe sie zu _____ (ein Tee) eingeladen. Dann wollte ich mit _____ (sie) ins Kino gehen, aber sie hatte den Film schon gesehen. Na, neben _____ (das Kino) ist ein Restaurant, und wir hatten ein romantisches Essen. Seit _____ (der Abend) ist sie meine Freundin.

SMUDO: Ich mache _____ (meine Freundin) viele Geschenke.

THOMAS: Das ist aber nett von _____ (du). Vielleicht können wir zusammen mit _____ (unsere neuen Freundinnen) zu _____ (ein gutes Konzert) gehen.

SMUDO: Toll. Das würde _____ (sie, *pl.*) bestimmt gefallen.

19 Ins Konzert. Ergänzen Sie die Sätze mit einem Wort aus der Liste. Sie können ein Wort mehr als einmal gebrauchen.

mir (2×)   dir (2×)   dem   einer   meinem (2×)

ANNA: Möchtest du heute Abend mit _____ ins Konzert gehen?

LUKAS: Ja gern, aber bei _____ Taschengeld ...

ANNA: Kein Problem, ich gebe _____ eine Karte. Ich habe zwei.

LUKAS: Sag mal, wie kannst du _____ das leisten? Du bekommst doch auch nicht mehr Taschengeld als ich.

ANNA: Die Karten sind von _____ Klavierlehrer, bei _____ ich alle zwei Wochen Klavierunterricht habe. Er hat _____ die Karten geschenkt. Es gibt Werke von Clara Schumann und mein Lehrer möchte, dass ich auch mal Kompositionen von _____ Frau höre.

Wien

© Cengage Learning 2013

Wo liegt Wien?

Der Stephansdom, das wichtigste gotische Bauwerk Österreichs.

dundanim/Shutterstock.com

WIEN IST DIE HAUPTSTADT VON ÖSTERREICH UND AUCH EIN eigenes Bundesland.

splendor
past
official headquarters

Die Donau zieht sich durch die Stadt und trennt das historische Wien von den neueren Teilen der Stadt. Wien verbindet den Charme und die Pracht° vergangener° Zeiten mit den Qualitäten einer modernen Weltstadt. Hier ist einer der vier Amtssitze° der Vereinten Nationen mit zahlreichen UN-Organisationen, in denen 4000 Menschen aus mehr als 100 Ländern arbeiten. Auch die OPEC hat hier ihren Sitz.

Wien hat eine reiche kulturelle Tradition. Die Universität von Wien wurde 1365 gegründet und ist die älteste deutschsprachige Universität. Im 18. und 19. Jahrhundert war Wien das Zentrum der klassischen Musik und die österreichischen Komponisten Mozart, Haydn und Strauss sowie Beethoven, Schubert und viele andere verbrachten hier wichtige Jahre ihres Lebens.

Das Angebot an Sehenswürdigkeiten ist in Wien enorm groß. Der Stephansdom im Zentrum der Altstadt – mit seinem 137 m hohen Südturm das Wahrzeichen Wiens – ist der wichtigste gotische Bau in Österreich. Einer der schönsten Barock-Paläste ist das Schloss Belvedere, das im Stil des Schlosses von Versailles gebaut wurde. Ein weiteres Highlight ist das Barockschloss Schön-

magificent

brunn. Unter Maria Theresia wurde es zum prunkvollen° Zentrum des Hofes, wo sie mit ihrem Mann und ihren 16 Kindern wohnte. Der Schönbrunner Park ist einer der schönsten Barockgärten im französischen Stil, die es heute noch gibt, und der Schönbrunner Tiergarten ist der älteste Zoo der Welt. Auf jeden Fall sollte man auch das Kunsthistorische Museum besuchen. Es hat eine der größten Kunstsammlungen der Welt.

Neben all den Sehenswürdigkeiten ist Wien auch eine Stadt mit sehr viel Grün. Ein Klassiker unter den Vergnügungsparks° ist der Prater, ein 10 km langer Naturpark. Hier befindet sich das Riesenrad°, ein weiteres Wiener Wahrzeichen, das 1897 gebaut wurde und über 60 m hoch ist.

amusement park
Ferris wheel

Das beliebteste Erholungsgebiet° Wiens ist die Donauinsel. Kilometerlange Strände°, Radfahr- und Joggingwege, außerdem viele Restaurants und Cafés laden hier die Wiener und die Besucher von Wien zum Erholen° ein.

recreation area
beaches
for relaxing

20 Was passt zusammen? Für manche Sehenswürdigkeiten gibt es mehr als eine Antwort.

_____ 1. Universität von Wien

_____ 2. Schönbrunner Tierpark

_____ 3. Prater

_____ 4. Stephansdom

_____ 5. Wien

_____ 6. UNO

_____ 7. Wiener Klassik

_____ 8. Donauinsel

_____ 9. Schloss Schönbrunn

_____ 10. Riesenrad

a. ist der älteste Zoo der Welt
b. liegt an der Donau
c. Vertreter sind Mozart, Haydn und Beethoven
d. großes Freizeitareal mit langen Stränden
e. hier lebte Maria Theresia mit ihrer Familie
f. wurde im 14. Jahrhundert gegründet
g. wichtigstes gotisches Bauwerk Österreichs
h. ist ein eigenes Bundesland
i. ist über 60 Meter hoch
j. hier arbeiten 4000 Menschen aus 100 Ländern
k. hat einen 137 m hohen Turm
l. 10 km langer Naturpark
m. Sitz der OPEC

Pavol Kmeto/Shutterstock.com

▲ *Das Riesenrad im Prater in Wien.*

21 Ein Besuch in Wien. Was würden Sie bei einem Besuch in Wien unternehmen? Welche Sehenswürdigkeiten möchten Sie sich auf jeden Fall anschauen? Nennen Sie zwei Wiener Sehenswürdigkeiten, die Sie besonders interessant finden, und erklären Sie warum.

22 Internetrecherche

1. Sie möchten gern ein Konzert der Wiener Sängerknaben hören oder eine Aufführung° der Spanischen Hofreitschule besuchen. Suchen Sie im Internet die Informationen dazu. Was unternehmen Sie?

performance

2. Wien ist berühmt für seine Kaffeehauskultur und für seine Torten. In welches berühmte Café möchten Sie gerne gehen? Möchten Sie vielleicht auch eine Sachertorte essen? Schauen Sie im Internet nach, wo Sie das tun können.

LITERARISCHE WERKE

🌐 Song: Dieser Weg

Xavier Naidoo

Jakubaszek/Getty Images

Der deutsche Pop- und Soulsänger Xavier Naidoo war Teil der deutschen Popmusik-Bewegungen der späten 90er Jahre, die Sänger aufrief, zur deutschen Sprache zurückzukehren. Mit seinen Rhythm and Blues (R 'n' B) Produktionen und deutschen Texten hat er sich einen internationalen Namen gemacht, nicht nur mit seiner Solo-Musik sondern auch mit der Band „Die Söhne Mannheims". Xavier Naidoo ist einer der beliebtesten und bedeutendsten Künstler der deutschen Musikszene.

Zum Thema

despair / brotherly love
battle / xenophobia

Naidoos Texte handeln von Verzweiflung° und Glück, von Nächstenliebe° und der Bekämpfung° von Fremdenhass°.

Naidoo's official **Dieser Weg** video can be found on YouTube.

Dieser Weg

Also ging ich diese Straße lang und die Straße führte zu mir.

Das Lied, das du am letzten Abend sangst, spielte nun in mir.

steps   *Noch ein paar Schritte° und dann war ich da mit dem Schlüssel zu dieser Tür.*

Dieser Weg wird kein leichter sein, dieser Weg wird steinig und schwer.

agree with   *Nicht mit vielen wirst du dir einig° sein, doch dieses Leben bietet so viel mehr.*

Es war nur ein kleiner Augenblick, einen Moment war ich nicht da.

Danach ging ich einen kleinen Schritt und dann wurde es mir klar.

Dieser Weg wird kein leichter sein, dieser Weg wird steinig und schwer.

Nicht mit vielen wirst du dir einig sein, doch dieses Leben bietet so viel mehr.

step on / geben ... auf:
give themselves up / bless /
sail / whips up

Manche treten° dich, manche lieben dich, manche geben° sich für dich auf.

Manche segnen° dich, setz dein Segel° nicht, wenn der Wind das Meer aufbraust°.

Manche treten dich, manche lieben dich, manche geben sich für dich auf.

Manche segnen dich, setz dein Segel nicht, wenn der Wind das Meer aufbraust.

Wiederholung: Dieser Weg wird kein leichter sein 🎵

Xavier Naidoo - Universal Music Publishing

23 Fragen

awakened

1. Ein Lied vom Vorabend hat im Sprecher Gedanken erweckt°. Er dachte an eine Straße. Wohin führte dieser Weg?
2. Wann wird es dem Sprecher klar, dass er einen neuen Weg gehen muss?
3. Wie wird dieser neue Weg sein?

Gedicht / Lied: Der Erlkönig 🌐

Johann Wolfgang von Goethe (Gedicht)

Library of Congress

Johann Wolfgang von Goethe (1749–1832) war einer der größten deutschen Dichter und ein Universalgenie. Sein literarisches Werk besteht aus Gedichten, Dramen, Romanen, Novellen und naturwissenschaftlichen° Schriften. Vor seinem Tod erschienen seine gesamten° Texte in sechzig Bänden. Sein berühmtestes Werk ist sein Drama **Faust,** an dem er sein ganzes Leben lang arbeitete. Schon früh in seiner Karriere sah man ihn in Deutschland wie auch im Ausland als einen der großen Autoren der Weltliteratur, vergleichbar° mit Homer, Dante und Shakespeare.

scientific
complete collected

comparable

Goethe wurde in Frankfurt am Main geboren. Mit 16 Jahren begann er 1765 sein Jurastudium in Leipzig. Sein Briefroman **Die Leiden des jungen Werther** *(The Sorrows of Young Werther)* (1774) machte ihn in ganz Europa berühmt. 1775 zog Goethe nach Weimar, wo er Hofberater° und Minister des Herzogs° war. Goethes Anwesenheit° dort, zusammen mit anderen berühmten Schriftstellern, machte Weimar zum wichtigsten Kulturzentrum Deutschlands.

court councillor
duke / presence

Franz Schubert (Musik) 🌐

Library of Congress

Franz Schubert (1797–1828) wurde in Wien geboren und lebte dort bis zu seinem Tod. Er schrieb seine erste Komposition im Alter von 13 Jahren und seine erste Symphonie mit 16. Schubert war wie Mozart ein äußerst produktiver Komponist. Die Liste von 998 bestehenden° Werken schließt° sieben Messen, neun Symphonien, zahlreiche Klavierstücke, und 606 Lieder ein. Mit 18 schrieb Schubert innerhalb eines Jahres 140 Lieder, von denen der „Erlkönig" eins der bedeutendsten ist. Nur wenige von Schuberts Kompositionen wurden zu seinen Lebzeiten veröffentlicht und wie Mozart kämpfte er ständig° gegen die Armut°.

existing / includes

continually / poverty

Schubert wird als einer der ersten großen Lied-Komponisten gesehen. Statt jede Strophe des Liedes zu komponieren, ohne die Bedeutung der Wörter zu berücksichtigen°, glich° Schubert die Melodie den Worten an, was sich in der Klavierbegleitung° zeigt. Der „Erlkönig", in dem das Klavier an ein galoppierendes Pferd erinnert, ist ein gutes Beispiel der bildlich-musikalischen Verbindung. Der Reiter ist ein Vater mit seinem kranken Kind, der seinen Hof so schnell wie möglich erreichen will, um das Kind zu retten. In der Musik hören wir die bedrohlichen° Töne des Erlkönigs, die ängstlichen Schreie° des Kindes und die beruhigenden Worte des Vaters.

*take into account / **glich an:** coordinated / piano accompaniment*

threatening
cries

feverish
power
set to music

In seiner Ballade „Der Erlkönig" drückt Goethe in der Figur des fiebernden° Kindes die Macht° der Fantasie und der Natur über den Menschen aus. Schubert hat insgesamt 71 Goethe-Gedichte vertont°.

24 **Wer spricht?**   In dieser Ballade sprechen drei Personen - der Vater, der Sohn und der Erlkönig. Beachten Sie bei jeder Aussage, wer spricht und mit wem.

Der Erlkönig

2-3
iTunes playlist

Wer reitet so spät durch Nacht und Wind?

Es ist der Vater mit seinem Kind;

boy

Er hat den Knaben° wohl in dem Arm,

Er fasst ihn sicher, er hält ihn warm.

hide / afraid

5 *Mein Sohn, was birgst° du so bang° dein Gesicht? -*

Siehst, Vater, du den Erlkönig nicht?

Den Erlenkönig mit Kron und Schweif°? -

Mein Sohn, es ist ein Nebelstreif. -

„Du liebes Kind, komm geh mit mir!

10 *Gar schöne Spiele spiel ich mit dir;*

beach

Manch bunte Blumen sind an dem Strand°,

garment

Meine Mutter hat manch gülden Gewand°."

Mein Vater, mein Vater, und hörest du nicht,

Was Erlenkönig mir leise verspricht? -

15 *Sei ruhig, bleibe ruhig, mein Kind;*

dry / rustles, sighs

In dürren° Blättern säuselt° der Wind. -

„Willst, feiner Knabe, du mit mir gehn?

Meine Töchter sollen dich warten schön;

dance

Meine Töchter führen den nächtlichen Reihn°,

Und … ein: And will rock and dance and sing you to sleep
gloomy

20 *Und wiegen und tanzen und singen dich ein.°"*

Mein Vater, mein Vater, und siehst du nicht dort

Erlkönigs Töchter am düstern° Ort? -

Mein Sohn, mein Sohn, ich seh es genau:

willows

Es scheinen die alten Weiden° so grau. -

charms

25 *„Ich liebe dich, mich reizt° deine schöne Gestalt;*

Und bist du nicht willig, so brauch ich Gewalt.

Mein Vater, mein Vater, jetzt fasst er mich an!

hat … getan: has hurt me

Erlkönig hat mir ein Leids getan°! -

dem … grausets: the father shudders / quickly / moaning

Dem Vater grausets,° er reitet geschwind°,

30 *Er hält in Armen das ächzende° Kind,*

Erreicht den Hof mit Mühe und Not;

In seinen Armen das Kind war tot. 🐍

Ernst Barlach Nachlassverwaltung

▲ *Ernst Barlach, Erlkönig I, 1923/24*

25 **Analyse**

1. Was passiert in der ersten Strophe?

2. Lesen Sie die erste Strophe einmal laut. Ist der Rhythmus ruhig oder unruhig? Inwiefern reflektiert der Rhythmus die Handlung? *action*

3. Welche Adjektive in der ersten Strophe zeigen die Sorge des Vaters um seinen Sohn?

4. Was sieht der Sohn in der zweiten Strophe? Wie reagiert der Vater darauf?

5. Wer spricht mit dem Kind in der dritten Strophe? Zu was lädt die Stimme das Kind ein?

6. Das Kind sieht und hört Gestalten. Was sieht und hört der Vater? Mit welchen Worten versucht der Vater, das Kind zu beruhigen?

7. In der 3. (dritten), 5. (fünften) und 7. (siebten) Strophe spricht der Erlkönig mit dem Kind. Wie ändern sich seine Worte von der 3. zur 7. Strophe?

8. In der 7. Strophe steigert° sich die Angst des Sohnes. In welchem Ausruf erkennen Sie diese Angst besonders deutlich°? *increases* / *clearly*

9. Wie endet der Ritt des Vaters mit seinem fiebernden Kind?

10. In diesem Gedicht werden das Rationale und das Irrationale von Vater und Sohn verkörpert°. Erklären Sie das. *are embodied*

11. Warum gibt Goethe seinen Personen keine Namen?

26 **Die Ballade.** „Der Erlkönig" ist eine Ballade. Hier finden Sie einige Merkmale° der Ballade: *characteristics*

1. Eine Ballade erzählt eine Geschichte und enthält° oft Dialoge. *contains*

   a. Erzählen° Sie die Handlung° nach. *retell / action*

   b. Welche Stimmen sind in dieser Ballade zu hören?

   c. Wer spricht in der ersten Strophe?

2. Viele Balladen erzählen von einem dramatischen Kampf, der tragisch endet. Wer kämpft in dieser Ballade um das Leben des Kindes? Was ist die Tragik?

3. Eine traditionelle Ballade hat gereimte Strophen von vier oder acht Zeilen. Das Reimschema ist entweder Paarreim° (aa, bb, cc) oder Kreuzreim (abab, cdcd). Welches Reimschema hat „Der Erlkönig"? *also called* **Reimpaare**

4. Eine Ballade hat auch lyrische Elemente, d. h. Elemente, die eine Stimmung° oder Atmosphäre hervorrufen. In welchen Zeilen finden Sie solche lyrischen Elemente? *mood*

5. Balladen erzählen ein schreckliches, geheimnisvolles° oder tragisches Geschehen und bringen Leser oft mit ihrer eigenen Fantasie in Berührung°. In Goethes „Erlkönig" liegt das Geheimnisvolle im Bild der Landschaft, das die Fantasie weckt. In welchen Strophen finden Sie Geheimnisvolles und Magisches, das den Jungen anzieht? *mysterious* / *touch*

27 **Erlkönig. Das Gedicht, das Lied.**

1. Das Gedicht: Schreiben Sie eine Prosaversion des „Erlkönigs".

2. Das Lied: Hören Sie sich auf YouTube den „Erlkönig" an.

Wortschatzübungen

Grammar Quiz

Vocabulary Quiz
Audio Flashcards
Concentration
Crossword

Wortschatz 2

Substantive

das **Blatt, ⸚er**   leaf; sheet (paper)
die **Gewalt, -en**   power, violence
die **Handlung, -en**   plot, action
der **Kampf, ⸚e**   fight; battle; contest
der **Nebel**   fog, mist
die **Not, ⸚e**   distress; difficulties; need
der **Strand, ⸚e**   beach

Verben

an·fassen   to take hold of, seize; touch
beruhigen   to quiet
  sich beruhigen   to calm down
  beruhigt   calm; reassured
erreichen   to reach; achieve

Andere Wörter

ängstlich   anxious, fearful; timid
deutlich   clear; evident
schrecklich   horrible; terrible

28 Definitionen.   Welche Bedeutungen passen zu den Wörtern aus der Vokabelliste?

1. klar _____
2. eine Art von Wolke nah am Boden _____
3. ein Streit, eine Kontroverse _____
4. furchtbar _____
5. das, was in einer Geschichte, einem Drama usw. passiert _____
gradually 6. allmählich° wieder zur Ruhe bringen _____
7. ein flacher grüner Teil einer Pflanze; ein Stück Papier _____
8. bei der Hand nehmen; in die Hand nehmen _____
9. voller Angst _____
10. an ein Ziel kommen _____
11. ein breiter, sandiger Weg am Meer _____
12. Brutalität _____

29 Verwandte Wörter. Nennen Sie für jedes fett gedruckte Wort ein verwandtes Wort.

1. Im November haben wir hier am See viele **neblige** Tage. _____
2. „Der Erlkönig" **handelt** von einem fiebernden Kind, das Angst vor der Natur hat. _____
3. Sei ganz **ruhig,** es ist bestimmt nichts passiert. _____
4. Wenn ich mich langweile, **blättere** ich in einem Journal. _____
5. Daniel ist arbeitslos. Die Zukunft **ängstigt** ihn. _____
6. Robert musste bei Claras Vater darum **kämpfen,** dass sie heiraten durften. _____

Was meinen Sie?

30 Zur Diskussion / Zum Schreiben

1. Viele Leute haben Angst vor etwas. Der Sohn im „Erlkönig" hat Angst vor der Natur. Wovor haben Sie Angst?
2. Manchmal ist es im Nebel oder im Dunkeln unheimlich°. Man glaubt, etwas zu sehen oder zu hören, was gar nicht da ist. Beschreiben Sie eine solche Situation, die Sie erlebt haben, oder benutzen Sie Ihre Fantasie und erfinden° Sie eine.

eerie

invent

▲ *Wald im Abendnebel*

3. Das Übernatürliche spielt eine Rolle in „Der Erlkönig" und in „Die sieben Raben". Vergleichen Sie die Rolle des Übernatürlichen in beiden Werken (Fieber, Erlkönig und seine Töchter, Raben, Sonne, Mond, Morgenstern).
4. Die Texte „Der Erlkönig", „Ich muß für meinen Sohn nachsitzen" und „Die sieben Raben" stellen Situationen zwischen Vätern und Söhnen dar. Welche Gemeinsamkeiten° und welche Unterschiede finden Sie in den Vater-Sohn-Beziehungen dieser Texte?

common features

Radoslaw Korga/Shutterstock.com

Einstieg in das Thema

Der Beruf und der Berufsalltag nehmen im Allgemeinen einen wichtigen Platz im Leben ein. Neben dem Ziel, mit der Arbeit den Lebensunterhalt zu verdienen, möchten sich die meisten Menschen in ihrem Beruf und an ihrem Arbeitsplatz auch wohl fühlen. In einer Umfrage erklären junge Menschen, welche Kriterien für sie bei der Wahl eines Arbeitgebers° am wichtigsten sind.　*employer*

　　Die Wirtschaft wird in diesem Jahrhundert durch die Entwicklung der Technik° und das Zusammenwachsen der Länder innerhalb der Europäischen Union immer globaler. Damit wächst auch von Jahr zu Jahr das Interesse an internationalen Arbeitsmärkten. In diesem Thema erfahren Sie in dem Artikel „Einmal im Ausland arbeiten" mehr über internationale Arbeitsmöglichkeiten und darüber, wie sich die Karrierechancen nach Praktika° oder einem Studium im Ausland verbessern.　*technology*　*internships*

　　In diesem Thema erfahren Sie auch etwas über das deutsche Schulsystem, das grundlegend° anders strukturiert ist als das Schulsystem in den USA und Kanada. Als neue Textsorte lesen Sie die Tagebuchaufzeichnung° „Dienstag, der 27. September 1960" aus Christa Wolfs Buch *Ein Tag im Jahr 1960–2000* (2003). Wolf ist eine der bekanntesten DDR-Schriftstellerinnen, die mit ihrem Roman zum geteilten Deutschland, *Der geteilte Himmel* (*The Divided Heaven*, 2003), auch im Westen viele Leser fand. Johann Sziklais Gedicht „Arbeits-Los" spricht über das globale Problem der Arbeitslosigkeit.　*fundamentally*　*diary entry*

1　Gedankenaustausch

1. Woran denken Sie, wenn Sie die Wörter „Arbeit" oder „arbeiten" hören? Schreiben Sie so viele Wörter auf wie möglich.
2. Warum arbeiten Leute? Machen Sie eine Liste mit mindestens° drei Gründen. Vergleichen Sie Ihre Gründe mit denen Ihrer Kommilitoninnen/ Kommilitonen.　*at least*

Mögliche Gründe

soziale Sicherheit	keine Langeweile haben
Geld verdienen	Spaß haben
ausfüllende Tätigkeit°	Unabhängigkeit°
mit anderen Menschen zusammenarbeiten	Haus und Auto
	Reisen machen

activity, occupation / independence

KULTURLESESTÜCKE

Tabelle: Arbeitsplatzbeschreibung

Zum Thema

Die Tabelle **Arbeitsplatzbeschreibung** zeigt, nach welchen Kriterien Studenten einen Arbeitgeber wählen.

 2 **Diskussion.** Bevor Sie sich die Tabelle ansehen, sprechen Sie mit einer Partnerin/einem Partner über diese Fragen:

1. Was ist für Sie die ideale Firma oder der ideale Arbeitgeber?
2. Für wen möchten Sie nach Ihrem Studium arbeiten? Warum?

Arbeitsplatzbeschreibung

Entscheidungskriterien bei der Arbeitsplatzsuche

Kriterium	Wert
interessante Produkte	22
Arbeitsaufgaben	21
Multinationaler Konzern	13
Erfolg des Unternehmens°	12
Standort°	6
Gehalt°	5
Arbeitsplatzsicherheit°	4
andere Gründe	17

company

location

salary

job security

© Cengage Learning 2013

Zum Text

3 **Ihre Gründe**

1. Sehen Sie sich die Tabelle an und wählen Sie die drei Gründe, die für Sie bei der Arbeitssuche am wichtigsten sind. Vergleichen Sie Ihre Gründe mit den Gründen Ihrer Kommilitoninnen/Kommilitonen.
2. Welche anderen Gründe könnte es für die Wahl eines Arbeitgebers geben?
3. Suchen Sie eine deutsche oder österreichische Firma im Internet. Inwiefern stimmt° die Firma mit Ihren Ideen des idealen Arbeitgebers überein? Mögliche Firmen sind BMW, Red Bull, Adidas usw.

stimmt überein: *agrees*

Artikel: Einmal im Ausland arbeiten

Zum Thema

Ein neuer Arbeitsmarkt innerhalb der Europäischen Union lockt° viele junge Deutsche ins Ausland. Viele Fachbereiche° an Universitäten empfehlen oder erwarten heutzutage sogar ein Praktikum oder einen Aufenthalt im Ausland. 15 Prozent aller Studierenden verbringen mindestens ein Semester im Ausland. Die wichtigsten Zielländer° sind Großbritannien und die USA. Und immer mehr Unternehmen° legen heute großen Wert auf Auslandsaufenthalte – besonders schätzen sie bei jungen Hochschulabsolventen° berufsbezogene° Praktika.

In dem Artikel „Einmal im Ausland arbeiten" aus der Zeitschrift *Freundin* lesen wir, welche Erfahrungen Alexandra Wiese, eine 30-jährige Deutsche, bei einem sechsmonatigen Praktikum in London bei der Lufthansa° gemacht hat.

is tempting
departments

countries of choice
companies
college graduates /
profession-related   at least once

Lufthansa: *German airline*

4 Beim Lesen

1. Im Deutschen werden viele englische Wörter benutzt, besonders in den Bereichen Wirtschaft, Informatik und Popkultur. Viele Ausdrücke in diesem Text kommen aus dem Englischen. Sogar der Titel ist auf Englisch. Machen Sie eine Liste mit den englischen Wörtern im Text.

2. Notieren Sie, was Frau Wiese machte um das Praktikum zu bekommen.

Einmal im Ausland arbeiten ...

... und zwar am besten noch bevor Sie mit der Karriere durchstarten. Praktikum. Studium. Sabbatical und mehr. Es gibt viele Möglichkeiten.

Up, up and away nach London

Wie wäre es, ein Land richtig kennen zu lernen, nicht nur im Zweiwochenurlaub? Alexandra Wiese hatte Lust darauf, mal ein anderes Leben auszuprobieren°. Und
5 entschied sich für einen „Zwischenstopp" in London – als Praktikantin bei Lufthansa.

„Ich hätte nie gedacht, dass die angeblich so steifen Briten so relaxte Büroleute sind", erinnert sie sich. „Abgabetermine° werden selten eingehalten°. Chaos gab's trotzdem nie, denn die Deadlines sind
10 so kalkuliert, dass die Mitarbeiter Spielraum° haben." Sechs Monate lebte die jetzt 30-Jährige in London, arbeitete dort als Praktikantin bei der Lufthansa. „Ich studierte damals internationales Management in Hamburg, wollte unbedingt mal wieder für längere Zeit ins Ausland."

Als sie hörte, dass die deutsche Airline einen weltweiten Prak-
15 tikantenpool hat, bewarb sie sich. „Das Vorstellungsgespräch war

▲ *Flugbegleiterin bei der Lufthansa*

try out

deadlines
kept
leeway

(colloquial) personnel in
human resources / replaced

Test of English as a
Foreign Language
vor Ort: only after having
arrived there / **WG =
Wohngemeinschaft:**
people sharing an apartment /
all of them / drama students /
affordable / "scene stores" /
amazed

public relations department
inquiries from reporters

theme park

stressig – mittendrin wechselten die Personaler° überraschend ins Englische." Dieser Sprach-Check ersetzte° bei ihr die sonst üblichen offiziellen Sprachtests, die bei Auslandsprogrammen gefordert werden (Infos z. B. über den „TOEFL°" gibt's an jeder Uni). Alexandras
20 Bewerbung hatte Erfolg. Drei Monate später saß sie schon im Flieger.

„Dass ich die Wohnung vor° Ort suchte, war etwas riskant", erzählt sie. „Aber es ging gut. Über eine Zeitung fand ich eine nette WG°: fünf Männer, alles° Schauspielschüler°. Und das Zimmer war bezahlbar°." Bars, Pubs, coole Szeneläden°. Ihre Wohnung lag im Szene-Stadtteil
25 Chelsea, wo einem schon mal die jungen Royals über den Weg laufen: „Mir auch", sagt sie noch immer etwas verblüfft°. „In einem kleinen spanischen Restaurant saß plötzlich Prinz William am Nebentisch."

Jeden Morgen fuhr sie nach London-Heathrow zum Flughafen, arbeitete dort für 500 Euro im Monat in der PR-Abteilung° der Air-
30 line – beantwortete Journalistenanfragen°, dokumentierte Pressetexte, organisierte Events. Ihre Erfahrung: „Die Engländer sind so höflich, dass ich erst dachte, die müssen mich für komplett unkultiviert halten. An das ständige «would», «could» und «may» musste ich mich erst gewöhnen." Heute ist sie als Marketing-Assistentin im Heide-Park an-
35 gestellt, einem Erlebnispark° bei Soltau. „Mein Englisch hat seitdem den richtigen Akzent. Ideal für den Job, wir gehören nämlich zu einem britischen Konzern ..."

Zum Text

5 **Wissen Sie das?** Die folgenden Sätze sind falsch. Suchen Sie im Text mehr Informationen zu den verschiedenen Punkten und schreiben Sie die Sätze dann so um, dass sie stimmen.

1. Man kann ein Land in zwei Wochen richtig kennen lernen.
2. Es hat Alexandra überrascht, dass die Briten bei der Arbeit so steif sind.
3. In den Büros gibt es immer Chaos, weil die Abgabetermine so streng sind.
4. Als Sprachprüfung musste Alexandra den TOEFL machen.
5. Der Stadtteil, in dem Alexandra wohnt, ist sehr langweilig.
6. Die Engländer sind sehr unkultiviert.
7. Die Erfahrung in England hat Alexandra bei ihrer jetzigen Arbeit gar nicht geholfen.

6 **Zur Diskussion**

1. Wie hat sich Frau Wieses Bild der Briten durch ihr Praktikum geändert? Mit welchen Erwartungen würden Sie ein Praktikum in einem deutschsprachigen Land beginnen?
2. **Ein Praktikum im Ausland.** Wie wäre es mit einem Praktikum im Ausland? Diskutieren Sie das Thema. Beachten Sie dabei die folgenden Punkte:
   • Was sind die Vor- und Nachteile eines Praktikums?
   • Wo möchten Sie arbeiten?
   • Was für Arbeit suchen Sie?
   • Wie kann man ein Praktikum finden?

3. **Fremdwörter.** Der Text enthält viele englische Wörter. Diese Mischung aus Deutsch mit englischen Wörtern wird manchmal „Denglisch" (Deutsch + Englisch) genannt, oft von Leuten, die diese Mischung kritisieren. Finden Sie es gut, wenn eine Sprache neue Wörter übernimmt oder schadet das der Sprache? Sehen Sie sich Ihre Liste mit den englischen Wörtern aus dem Text in Aufgabe 4 an, bevor Sie mit der Diskussion beginnen. Dann machen Sie eine Liste mit deutschen Wörtern, die im Englischen benutzt werden.

4. **Mein Traumberuf.** Beschreiben Sie einen Beruf, der für Sie ideal wäre.

5. **Internetrecherche.** Suchen Sie im Internet drei Jobangebote, die Sie interessieren würden.

7 **Lebenslauf.** Ergänzen Sie den Lebenslauf von Frau Wiese mit Informationen aus dem Text. Unter der Rubrik „Berufspraxis" erwähnen Sie das Praktikum und die jetzige Arbeitsstelle von Frau Wiese. Denken Sie sich logische Jahreszahlen aus.

Lebenslauf

Alexandra Wiese
Heideallee 50
29614 Soltau
Tel. (05192) 7495-61
E-Mail: alexandra.wiese@ger.com

Persönliche Daten

Geburtsdatum	15.10.1982
Geburtsort	Hamburg
Familienstand	ledig°
Staatsangehörigkeit°	_____

single
citizenship

Ausbildungsdaten°

education information

Schulausbildung	1994–2002 Alexander-von-Humboldt-Gymnasium
Studium	_____
	_____
Sprachkenntnisse	_____ fließend

Berufspraxis

_____	_____
_____	_____
_____	_____
_____ – jetzt	_____

Soltau, den 18.09.2011

Alexandra Wiese

Alexandra Wiese

8 **Mein Lebenslauf.** Schreiben Sie Ihren eigenen Lebenslauf in deutschem Format. Benutzen Sie den Lebenslauf von Frau Wiese als Muster°. Vergleichen Sie zuerst das deutsche Format mit dem Format in Ihrem Land. Welche Informationen im deutschen Lebenslauf sind bei Ihnen vielleicht nicht nötig? Sie können auch die folgenden Kategorien integrieren.

ehrenamtliche Tätig-keiten: *volunteer work*

- ehrenamtliche° Tätigkeiten
- Interessen und Hobbys

Vermischtes

1. Deutschland ist
   a. die viertgrößte Wirtschaft der Welt nach den USA, China und Japan.
   b. die zweitgrößte Exportnation der Welt nach China. Die USA sind auf dem dritten Platz.
   trading partners
   c. der fünftgrößte Handelspartner° der USA nach Kanada, China, Mexiko und Japan.

   concerns
   branch offices
2. In Deutschland haben circa 2000 amerikanische Unternehmen° Niederlassungen°. Sie beschäftigen rund 800 000 Menschen. Einige Unternehmen sind: Ford, Exxon, General Motors und IBM. Die Firma mit den meisten Arbeitnehmern ist McDonald's (58 000 Arbeiter).

3. Deutsche Unternehmen haben circa 2800 Niederlassungen in den USA und beschäftigen mehr als 800 000 Menschen. Einige Unternehmen sind Siemens, Volkswagen und BASF.

   taxes / fringe benefits
4. Die Deutschen arbeiten etwa sechs Monate des Jahres nur für Steuern° und Nebenkosten°, die circa 42 Prozent ihres Einkommens ausmachen. Steuern und Nebenkosten machen circa 24 Prozent des Einkommens von Amerikanern aus.

   most respected
5. Nach einer Umfrage halten die Deutschen den Autobauer Daimler für das angesehenste° deutsche Unternehmen. Außerdem sind auf der Liste: 2. Siemens, 3. Volkswagen, 4. BMW, 5. Audi, 6. Bosch, 7. Lufthansa, 8. BASF, 9. Bayer, 10. Porsche.

Torsten Lorenz / Shutterstock.com

◄ *Stand von Siemens bei der Messe in Hannover.*

Übersicht: Das Schulsystem in Deutschland

ZumThema

Die folgende Übersicht° ist eine vereinfachte Darstellung des deutschen Schulsystems.

Schuljahr			Universitäten und wissenschaftliche Hochschulen	
13				
12	Berufsausbildung in Betrieb° und Berufsschule		Gymnasium	
11				
10				
9	Hauptschule	Realschule		
8				
7				
6				
5				
4		Grundschule		
3				
2				
1				
	Kindergarten			

chart

firm, business

Seit 2008 hat es im deutschen Schulsystem viele Veränderungen und Reformen gegeben. Diese waren nicht in allen Bundesländern gleich, doch überall in Deutschland kommen die Kinder mit 6 oder 7 Jahren auf die Grundschule (1.–4. Klasse). Danach besuchen sie entweder
5 eine Hauptschule, eine Realschule oder ein Gymnasium. In einigen Bundesländern gibt es die Hauptschule nicht mehr. Stattdessen besuchen Schüler die Realschule als Sekundarschule.

Das Gymnasium (5.–12. oder 13. Klasse) bereitet Jugendliche auf das Studium an der Universität vor. Ein solches Studium ist die
10 Voraussetzung° für akademische Berufe wie Arzt, Jurist oder Lehrer. Für das Studium an einer Universität ist das Abitur notwendig°.

Die Realschule (5.–10. Klasse) bereitet Jugendliche auf Berufe in Handwerk°, Handel°, Industrie, Verwaltung° oder Gesundheitswesen° vor. Nach der Mittleren Reife° können sie ihre Berufsausbildung° in
15 einem Betrieb° oder an einer Berufsfachschule° machen.

Die Hauptschule (5.–9. oder 10. Klasse), wo sie noch existiert, bereitet Jugendliche auf Berufe im Handwerk oder in der Industrie vor. Nach der 9. oder 10. Klasse beginnen die meisten Hauptschüler eine Lehre° (Berufsausbildung). Die Lehrlinge oder Auszubildenden
20 („Azubis") arbeiten drei bis vier Tage pro Woche in ihrem Ausbildungsbetrieb und besuchen ein- bis zweimal pro Woche die Berufsschule. Eine Lehre dauert gewöhnlich drei bis dreieinhalb Jahre. Die Ausbildung von „Azubis" ist eine Besonderheit° des deutschen Schul- und Ausbildungssystems. Man nennt die Form der Berufsausbildung auch
25 „duales System", weil sie einen praktischen und einen theoretischen Schwerpunkt° hat.

Werner Kiausch

prerequisite
necessary

*trade / business / administration / health fields / diploma from **Realschule:** / vocational or professional training / firm / professional school / apprenticeship*

special feature

focus

Wissen Sie das?

1. Warum ist das Jahr 2008 für das Schulsystem wichtig?
2. Wann fangen Kinder mit der Schule an?
3. Warum besuchen Schüler und Schülerinnen das Gymnasium?
4. Was machen Jugendliche nach der Realschule?
5. Vergleichen Sie das Gymnasium mit der Realschule.
6. Erklären Sie „das duale System".
7. Vergleichen Sie das deutsche Schulsystem mit Ihrem System.

10 **Schule und Beruf.** Entscheiden Sie mit Hilfe der Übersicht und des Textes
degree or diploma über das deutsche Schulsystem, welchen Schulabschluss° man für die folgenden
Berufe braucht.

1. Bäcker/Bäckerin _____
2. Ingenieur/Ingenieurin _____
3. Krankenpfleger/Krankenschwester _____
tool and die maker 4. Werkzeugmacher/Werkzeugmacherin° _____
lawyer 5. Rechtsanwalt/Rechtsanwältin° _____
paralegal 6. Rechtsanwaltsgehilfe/Rechtsanwaltsgehilfin° _____
7. Diplomat/Diplomatin _____
8. Lehrer/Lehrerin _____
9. Verkäufer/Verkäuferin _____
physician's assistant 10. Arzthelfer/Arzthelferin° _____
computer specialist 11. Informatiker/Informatikerin° _____
12. Arzt/Ärztin _____
bank employee 13. Bankkaufmann/Bankkauffrau° _____
14. Friseur/Friseurin _____
15. Journalist/Journalistin _____

▲ *Architekten sprechen über ein Bauprojekt.*

Wortschatzübungen

Audio Flashcards
Concentration
Crossword

Wortschatz 1

Substantive

die **Anstrengung, -en**   *effort; exertion*
der **Arbeitergeber, -** / die **Arbeitgeberin, -nen**
   employer
der **Arbeitnehmer, -** / die **Arbeitnehmerin, -nen**
   employee
die **Bewerbung, -en**   *application*
der **Flieger, -** *(coll.)*   *airplane; pilot*
der **Flughafen,** *pl.* **Flughäfen**   *airport*
der **Konzern, -e**   *combine, group (of companies)*
der **Mitarbeiter, -** / die **Mitarbeiterin, -nen**
   employee, co-worker
die **Möglichkeit, -en**   *possibility*
der **Praktikant, -en, -en** / die **Praktikantin, -nen**
   intern, trainee
das **Praktikum,** *pl.* **Praktika**   *internship,
training period*
das **Vorstellungsgespräch, -e**   *job interview*

Verben

an·stellen   *to hire, employ*
beschäftigen   *to employ*
sich beschäftigen   *to keep busy*

sich bewerben (bewirbt; bewarb, beworben)
   to apply
sich bewerben um   *to apply for*
sich bewerben bei   *to apply to*
ersetzen   *to replace*
fordern   *to demand, require*
sich gewöhnen an (+ *acc.*)   *to get used to*
organisieren   *to organize*
probieren   *to try; to taste (food)*
wechseln   *to change*

Andere Wörter

angeblich   *alleged(ly), supposed(ly)*
angestellt sein   *to be an employee*
beschäftigt   *employed*
beschäftigt mit   *busy with, occupied with*
noch immer   *still*
offiziell   *officially*
steif   *stiff*
stressig   *stressful*
überraschend   *surprising*
üblich   *usual, customary*

---

11   **Definitionen.**   Welche Wörter aus der Vokabelliste passen zu den Bedeutungen?

1. die Menschen, die bei einer Firma arbeiten   _____
2. eine große Firma   _____
3. etwas planen und realisieren   _____
4. der Ort, an dem Flugzeuge starten und landen   _____
5. etwas verlangen   _____
6. formell, nicht locker   _____
7. jemandem Arbeit geben   _____

12   **Wörter mit -*ig*.**   Welche Wörter sind mit den folgenden Adjektiven verwandt? Geben Sie das englische Äquivalent der Adjektive.

▶ tätig: die Tat; tätig   *active*

1. neblig   _____
2. schuldig   _____
3. farbig   _____
4. sonnig   _____
5. hungrig   _____
6. ruhig   _____

> ### Suffix -*ig*
>
> The suffix **-ig** forms adjectives from nouns. Such adjectives show a condition: **der Stress > stressig** (*stressful*).

Frankfurt am Main

Der Römerberg in Frankfurt.

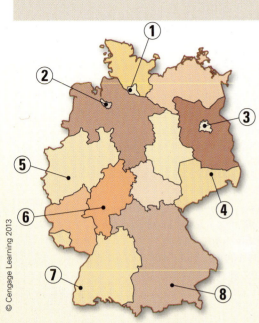

Wo liegt Frankfurt?

federal state
trade

F RANKFURT AM MAIN LIEGT IM BUNDESLAND° HESSEN UND IST eines der wichtigsten Handels°- und Wirtschaftszentren Deutschlands.

stock exchange
headquarters / trade fairs

nickname

Hier haben die Bundesbank, die wichtigste deutsche Börse° und zahlreiche Großbanken ihren Sitz° und es finden viele internationale Messen° statt. Mit ihren modernen Hochhäusern und Bürogebäuden hat die Stadt eine richtige Skyline, was ihr den Spitznamen° „Mainhattan" eingebracht hat. Das neue Gebäude der Commerzbank zum Beispiel ist mit 258 m das höchste Bürogebäude Europas. Der Rhein-Main-Flughafen bei Frankfurt ist der größte Flughafen Deutschlands und der drittgrößte in Europa. Neben dem schnel-len Geschäftsleben hat Frankfurt aber auch ganz andere Seiten: Die idyllische

half-timbered houses/
lanes / wine taverns

Altstadt mit Fachwerkhäusern° und kleinen Gassen° mit gemütlichen Cafés und Weinstuben°. Für das kulturelle Leben Frankfurts stehen die Universität, die Oper und die vielen Theater und Museen mit ihren ausgezeichneten Angeboten.

Middle Ages

Seit dem Mittelalter° gehört Frankfurt zu den wichtigen urbanen Zentren Deutschlands. Auf dem Römerberg, dem Zentrum der Altstadt, befindet sich der Römer, das Rathaus der Stadt. Dieser ist ein Komplex aus mehreren

stepped gable facade /
emperor's room

Gebäuden mit Treppengiebelfassaden°. In einem befindet sich der Kaisersaal°, wo einst kaiserliche Bankette stattfanden. Nicht weit vom Rathaus entfernt ist die moderne Kunsthalle Schirn, eines der wichtigsten Museen Deutschlands

exhibitions
Cathedral island
remains / time of Romans

mit Ausstellungen° über die Kunst der Renaissance, des Barock und der klas-sischen Moderne. Sehenswert ist auch die Dominsel°, wo Archäologen sogar Überreste° aus der Römerzeit° fanden. Hier steht der gotische Kaiserdom St. Bartholomäus, von dessen 95 m hohen Turm man einen schönen Blick über

© Cengage Learning 2013

Petronilo G. Dangoy Jr/Shutterstock.com

die Stadt hat. In der Zeit des Heiligen° Römischen Reiches fanden hier zwischen 1562 und 1806 die Kaiserkrönungen° statt. Eine weitere Sehenswürdigkeit und eines der Wahrzeichen von Frankfurt ist die Alte Oper, ein prächtiges° neoklassizistisches Gebäude. Nach einem Besuch der Oper oder einem Bummel° auf der Einkaufsstraße Zeil lädt die Fressgass, eine kulinarische Straßenmeile mit vielen Restaurants und Cafés, zu einer Pause und einem Imbiss° ein. Auch die Umgebung Frankfurts hat viel zu bieten. Neben vielen kleinen malerischen Orten ist auch der Taunus, eine waldreiche° Mittelgebirgsregion° mit dem Großen Feldberg, ein beliebtes Ausflugsziel.

das Heilige Romische Reich: *Holy Roman Empire / crowning of the emperors magnificent / stroll*

snack

forested / low-mountain area

13 **Was passt zusammen?** Für manche Sehenswürdigkeiten gibt es mehr als eine Antwort.

1. _____ Frankfurt
2. _____ Schirn
3. _____ Fressgass
4. _____ Römer
5. _____ Alte Oper
6. _____ Rhein-Main-Flughafen
7. _____ Taunus
8. _____ Dominsel
9. _____ Römerberg
10. _____ St. Bartholomäus

a. ist ein Gebäude im neuklassizistischen Stil
b. eins der wichtigsten deutschen Museen
c. hier hat die Bundesbank ihren Sitz
d. hier gibt es archäologische Funde aus der Römerzeit
e. ist das Zentrum der Altstadt
f. Rathaus
g. eine Straße mit vielen Spezialitätenrestaurants
h. ist der drittgrößte Flughafen Europas
i. wird auch „Mainhattan" genannt
j. deutsches Mittelgebirge
k. hier fanden die Kaiserkrönungen statt
l. besteht aus mehreren Gebäuden mit Giebeln
m. hat einen fast 100 m hohen Turm
n. ist in Hessen

Die Skyline von Frankfurt.

Zsolt, Biczó/Shutterstock.com

14 **Ein Besuch in Frankfurt am Main.** In Frankfurt am Main gibt es sehr viel anzuschauen. Was möchten Sie besuchen? Warum finden Sie diese Sehenswürdigkeiten interessant?

15 **Internetrecherche.** Wählen Sie eine Aufgabe:

1. Der Dichter Goethe wurde in Frankfurt geboren. Schauen Sie im Internet nach, welche Sehenswürdigkeiten es in Frankfurt gibt, die mit seinem Leben zu tun haben.
2. In Frankfurt fanden viele historische Ereignisse° statt. Welche Zeit finden Sie besonders interessant? Suchen Sie im Internet Informationen darüber.

events

Kurzfilm

Dufte ▶

Worum geht es hier?

Der Film spielt in der Zeit vor dem Bau der Berliner Mauer. Ostdeutsche fuhren nach Berlin und kauften im westlichen Sektor Waren, die es in der DDR nicht gab. Das war natürlich verboten. Eine Lieblingsschmuggelware war Bohnen-kaffee°. Denn sonst gab es in der DDR hauptsächlich Ersatzkaffee°. Der Film zeigt das Katz-und-Maus-Spiel zwischen den Lebensmittelschmugglern und der Transportpolizei.

Der Titel des Films scheint mehrdeutig° zu sein: 1. „Dufte" bedeutet „sehr gut, prima, toll". 2. Im Film haben wir aber auch die Anspielung° auf „der Duft°".

real coffee made from coffee beans / coffee substitute

ambiguous
allusion / scent, smell, aroma

Vor dem Anschauen

 16 Brainstorming Bilden Sie eine Gruppe von vier Studenten und diskutieren Sie folgende Fragen:

a. Schmuggeln:
    1. Aus welchen Gründen wird geschmuggelt?
    2. Was wird oft geschmuggelt? Warum?
    3. Warum ist Schmuggeln illegal?

b. Dialekt / Regionalsprache. Kennen Sie deutsche Dialekte oder Wörter aus Dialekten?

Im Film hören Sie das Deutsch aus der Gegend von Sachsen – Sächsisch. Zum Beispiel: der junge Mann sagt „hinne" statt „schnell". Versuchen Sie im Film Wörter zu finden, die nicht „hochdeutsch" sind.

Erstes Anschauen, ohne Ton

17 Schmuggler Bevor die Geschichte im Film beginnt, wird etwas über das Schmuggeln in der DDR erzählt. Lesen Sie jetzt, was der Erzähler zu sagen hat.

1952: Die Alliierten pokern° um die deutschen Gebiete. Das Absurdeste, was Europa passieren konnte, zeichnete° sich langsam ab: Der Eiserne Vorhang. – „Und Deutschland hofft auf Frieden und Wiedervereinigung." – Die Mauer gab es noch nicht, doch der Güterverkehr° westlicher Waren in die DDR war bereits auf ein Minimum begrenzt°. – „Halt Grenzkontrolle! Alle Straßenübergänge° sind bewacht°." – So hieß für viele Ostdeutsche das Zauberwort° „Berlin". Durch die Präsenz von Amerikanern, Briten, Franzosen und Sowjets wurden die West-sektoren zu einer Konsuminsel mitten im Osten. Um dem wachsenden Schwarz-handel° Herr° zu werden, setzte die DDR TRAPOS ein, Transportpolizei, die alle Züge, die Berlin verließen, nach begehrten° Waren durchsuchten. Und besonders begehrt waren Genussmittel°, wie Zigaretten, Alkohol und Kaffee.

gamble
***zeichnete sich ab** became a reality*
import of goods
limited / entry points
guarded / magic word

*black market / **Herr zu werden** to get under control / desirable / semi-luxury goods and tobacco*

18 Was haben Sie gesehen?   Schauen Sie sich den Film ohne Ton und Untertitel an und bringen Sie dann die folgenden Sätze in die richtige chronologische Reihenfolge.

_____ a. Der ältere Mann geht fort und lächelt die Leute im Abteil° an.   *compartment*

_____ b. Der Polizist kommt wieder und gibt der Frau ihren Ausweis° zurück.   *identity card*

_____ c. Der Transportpolizist erscheint an der Tür und benutzt sein Taschentuch.

_____ d. Die Frau zeigt auf das Netz zwischen ihren Füßen.

_____ e. Die beiden jungen Männer kommen in ein Abteil, wo eine ältere Frau und ein älterer Mann sitzen.

_____ f. Der eine junge Mann nimmt etwas aus der Jacke und steckt es in die Tasche seines Freundes.

_____ g. Der Transportpolizist findet Kaffee in dem Netz über der Frau.

_____ h. Der ältere Mann steht auf, macht seinen Koffer auf und schenkt der Frau drei Packungen Kaffee.

_____ i. Alle trinken Kaffee, sogar der Polizist.

_____ j. Zwei junge Männer schauen in die Abteile und hoffen ein leeres Abteil zu finden.

Ingo Rasper

Anschauen mit Ton

19 Was ist passiert?   Schauen Sie sich den Film mit Ton an und wählen Sie die richtige Antwort auf die Fragen. Wichtige Wörter und Ausdrücke, die im Film vorkommen, finden Sie in Anhang C.

_____ 1. Was muss der eine junge Mann in seine Tasche stecken?

_____ 2. Warum schmuggelt die ältere Frau guten Bohnenkaffee?

_____ 3. Warum fährt die ältere Frau erster Klasse?

_____ 4. Warum glauben die jungen Mann, dass der Transportpolizist den Kaffee nicht findet?

_____ 5. Wieso hat der Transportpolizist den Kaffee doch entdeckt?

a. Der ältere Mann hat ihm gesagt, wo der Kaffee versteckt war.

b. Sie glaubt, man wird da nicht kontrolliert.

c. Die Packung Kaffee seines Freundes

d. Ihr Mann hat Geburtstag

e. Er ist erkältet und kann nicht riechen.

Ingo Rasper

Ingo Rasper

20 Diskutieren Sie

1. Indem der Mann im Abteil die Frau verraten° hat, hat er seinen Kaffee gerettet und die Frau hat drei Packungen bekommen. Hat er richtig gehandelt? Was meinen Sie?   *betrayed*

2. Beschreiben Sie eine der Personen im Abteil oder den Polizisten. Schreiben Sie, was für ein Leben diese Person haben könnte.

LITERARISCHE WERKE

🌐 Gedicht: Arbeits-Los

Johann Sziklai

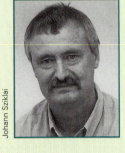
Johann Sziklai

Johann Sziklai wurde 1947 in Dingolfing in Bayern geboren. Er studierte Englisch/Anglistik, Geschichte und Politik in Tübingen und Bangor/North Wales. Sziklai schreibt hauptsächlich° Lyrik, Kurzprosa und Märchen. Seine erste Gedichtsammlung *Schildkrötenwanderung (migration of the tortoises)* wurde 1988 veröffentlicht. Er hat auch für „Us and Them", eine deutsche Coverband von Pink Floyd, geschrieben und bekam 2000 den Karstadt-Kulturpreis. Von seinen vier Gedichtbänden ist *Kreideweißheiten (chalk tales)* charakteristisch für seine Themen und seinen Stil.

mainly

Zum Thema

befasst sich: *concerns itself / assertions*

Ein großer Teil von Sziklais Texten befasst° sich mit sozialen und politischen Themen. Sein Stil der klaren und kurzen Behauptungen° und Fragen liest sich wie Prosa und zeigt seine Absicht Lebensrealitäten darzustellen. Sziklai beschreibt in „Arbeits-Los" eine alltägliche Situation: ein Arbeitnehmer verliert plötzlich seinen Arbeitsplatz.

🔊
2-6

constantly
zur Stelle: *on the spot*

Arbeits-Los

irgendwann dann
hast du dazugehört
viele lange Jahre lang
deine Pflicht gern getan
5 meistens sogar etwas mehr
Leuten geholfen
die nie eine Hilfe dir waren
hast garnichts von allem
gestohlen
10 nur im Notfall°
gelogen°

unentwegt° warst du
immer zur Stelle°
ganz selbstlos
15 sagen sie dir
alles Gute
dann noch
Ihre Schlüssel
und bitte
20 der Ausgang°
für Besucher
ist rechts 🐌

exit
im Notfall: *if necessary*
lied

Zum Text

21 Analyse

1. Wer spricht in diesem Gedicht? Wer ist das „du"?
2. Ist es ein Selbstgespräch oder ein Dialog?
3. Welche positiven Dinge hat die Person an ihrem Arbeitsplatz getan?

Tagebuchaufzeichnung°: Dienstag, der 27. September 1960

diary entry

Christa Wolf

Ullstein Bilderdienst

Christa Wolf wurde 1929 in Landsberg im heutigen Polen geboren. Sie studierte Deutsche
Literatur in Jena und Leipzig und war in der
ehemaligen DDR eine der wichtigsten Schriftstellerinnen. Sie ist heute eine der bekanntesten
lebenden deutschen Autorinnen.

Zum Thema

In vielen ihrer Texte geht es Christa Wolf um das Thema der Identitätssuche°.
Wolfs Romane, kurze Prosatexte und Essays zeigen immer wieder einen humanis-
tischen Sozialismus: Inwieweit gesteht° die Gesellschaft den Menschen ihre eigene
Entwicklung° und die Erfüllung der eigenen Ziele zu und wie können Individuen
gleichzeitig Veränderungen in der Gesellschaft bewirken°? Die Idee jedes Jahr am
gleichen Tag eine Tagebuchaufzeichnung zu machen geht auf Maxim Gorki° zurück.
Er hat im Moskauer Journal *Izvestia* einen Aufruf° an Schriftsteller veröffentlicht°:
jeder solle für sich selbst „einen Tag der Welt" beschreiben. In der ehemaligen DDR
gab es dann in den 50er Jahren das Bitterfelder-Weg-Programm, das nach der Industriestadt Bitterfeld benannt war. Danach sollten Schriftsteller in Fabriken gehen
und die Arbeiter ermutigen°, Tagebucheintragungen zu schreiben. Auf der anderen
Seite sollten Schriftstellerinnen und Schriftsteller mehr über das Leben der Arbeiter
in den Fabriken lernen. In der folgenden Tagebuchaufzeichnung „Dienstag, der 27.
September 1960" lesen wir von Wolfs Besuch in einem Waggonwerk.

Ihr Bericht von diesem Dienstag gibt Lesern einen Einblick° in einen ganz
gewöhnlichen Tag in Wolfs Leben als Mutter, Ehefrau, und Schriftstellerin. Der
autobiografische Sketch zeigt Wolfs Schwierigkeiten, ihre hausfraulichen Pflichten°
mit ihrem Beruf als Schriftstellerin zu verbinden. Wolf bezieht° sich mit G. auf ihren
Ehemann und Kollegen Gerhard Wolf, Verlagslektor°, Schriftsteller, und – in ihren
Worten – ihr „bester Kritiker." Indem sie die wirklichen Namen ihrer Töchter,
Tinka und Annette, benutzt, zeigt Wolf, wie wichtig es für sie ist, weibliche Subjektivität, Authentizität und persönliche Erfahrung in ihr Schreiben miteinzubringen.

search for identity

gesteht zu: *grants*
development
bring about
Maxim Gorki:
(1868–1936), Russian
writer / appeal / published

encourage

view

duties
bezieht sich: *refers to*
(publishing) editor

Zum Thema

22 Zum Nachdenken

1. Welche Aufgaben und Pflichten muss eine berufstätige Frau und Mutter an
   einem Tag erfüllen?

2. Schriftstellerinnen und Schriftsteller arbeiten oft zu Hause. Was könnte sie
   bei ihrer Arbeit stören?

23 Leitfragen.   Beim Lesen fragen Sie sich:

1. Was macht die Schriftstellerin an diesem Tag als Mutter, als berufstätige
   Frau und als Ehefrau? Machen Sie sich beim Lesen Notizen.

2. Für welche ihrer Rollen braucht die Frau an diesem Dienstag die meiste Zeit?

Dienstag, der 27. September 1960

waking up

slam
im Gange: up and about
forehead / damp
got over
dirty / doll

rechnet vor: counts up
fright

intimate

dawdling

reprimand
purse / mislaid

be careless

blinzeln zu: wink at
bang / **schmeißt ins
Schloß:** slams
tentatively

im Trab: quickly
rush / buried

wind / bandage / cut
schreit ... Spieß: yells
bloody murder / **spritzt
weg:** splashes away

wood box

Als erstes beim Erwachen° der Gedanke: Der Tag wird wieder anders verlaufen als geplant. Ich werde mit Tinka wegen ihres schlimmen Fußes zum Arzt müssen. Draußen klappen° Türen. Die Kinder sind schon im Gange°.

5   G. schläft noch. Seine Stirn° ist feucht°, aber er hat kein Fieber mehr. Er scheint die Grippe überwunden° zu haben. Im Kinderzimmer ist Leben. Tinka liest einer kleinen, dreckigen° Puppe° aus einem Bilderbuch vor …

    Sie wird morgen vier Jahre alt. Annette macht sich Sorgen, ob wir genug Kuchen backen werden. Sie rechnet mir vor°, daß Tinka acht 10 Kinder zum Kaffee eingeladen hat. Ich überwinde einen kleinen Schreck° und schreibe einen Zettel für Annettes Lehrerin: Ich bitte, meine Tochter Annette morgen schon mittags nach Hause zu schicken. Sie soll mit ihrer kleinen Schwester Geburtstag feiern.

    Während ich Brote fertigmache, versuche ich mich zu erinnern, wie 15 ich den Tag, ehe Tinka geboren wurde, vor vier Jahren verbracht habe … Vor vier Jahren war es wohl wärmer, und ich war allein. Abends kam eine Freundin, um über Nacht bei mir zu bleiben. Wir saßen lange zusammen, es war das letzte vertraute° Gespräch zwischen uns. Sie erzählte mir zum erstenmal von ihrem zukünftigen Mann …

20   Nachts telefonierte ich nach dem Krankenwagen.

    Annette ist endlich fertig. Sie ist ein bißchen bummelig° und unordentlich, wie ich als Kind gewesen sein muß. Damals hätte ich nie geglaubt, daß ich meine Kinder zurechtweisen° würde, wie meine Eltern mich zurechtwiesen°. Annette hat ihr Portemonnaie° verlegt°. Ich schimpfe mit 25 den gleichen Worten, die meine Mutter gebraucht hätte: So können wir mit dem Geld auch nicht rumschmeißen°, was denkst du eigentlich?

    Als sie geht, nehme ich sie beim Kopf und gebe ihr einen Kuß. Mach's gut! Wir blinzeln uns zu°. Dann schmeißt sie die Haustür unten mit einem großen Krach° ins Schloß°.

30   Tinka ruft nach mir. Ich antworte ungeduldig, setze mich versuchsweise° an den Schreibtisch. Vielleicht läßt sich wenigstens eine Stunde Arbeit herausholen …

    Sie beginnt wieder nach mir zu schreien, so laut, daß ich im Trab° zu ihr stürze°. Sie liegt im Bett und hat den Kopf in die Arme vergraben°.

35   Was schreist du so?

    Du kommst ja nicht, da muß ich rufen.

    Ich habe gesagt: Ich komme gleich …

    Ich wickle° die Binde° von ihrem zerschnittenen° Fuß. Sie schreit wie am Spieß°. Dann spritzt sie die Tränen mit dem Finger weg°: Beim 40 Doktor wird's mir auch weh tun. –Willst du beim Doktor auch so schrein? Da rennt ja die ganze Stadt zusammen. – Dann mußt du mir die Binde abwickeln. – Ja, ja. – Darf ich heute früh Puddingsuppe? – Ja, ja. – Koch mir welche! – Ja, ja …

    Als ich sie aus dem Bad trage, stößt ihr gesunder Fuß an den 45 Holzkasten° neben der Tür. Bomm! ruft sie. Das schlägt wie eine Bombe! –Woher weiß sie, wie eine Bombe schlägt? Vor mehr als sechzehn Jahren habe ich zum letztenmal eine Bombe detonieren hören. Woher kennt sie das Wort?

G. liest in Lenins Briefen an Gorki°, wir kommen auf unser altes Thema: Kunst und Revolution, Politik und Kunst, Ideologie und Literatur. ...
Es gibt einen Disput über den Plan zu meiner neuen Erzählung. G. dringt auf die weitere Verwandlung des bisher zu äußerlichen Plans in einen, der mir gemäß wäre.[1] Oder ob ich eine Reportage° machen wolle? Dann bitte sehr°, da könnte ich sofort loslegen°. Leichte Verstimmung° meinerseits, wie immer geleugnet°, wenn ich in Wirklichkeit spüre, daß „was Wahres dran ist" ...

Ich gehe mit Tinka zum Arzt ...

Tinka ist ganz still, als der Arzt an der Wunde herumdrückt°. Sie ist blaß, ihre Hand in der meinen wird feucht. Hat's weh getan? fragt der Arzt. Sie macht ihr undurchdringliches° Gesicht und schüttelt den Kopf. Sie weint nie vor Fremden. Draußen, als wir auf den Verband° warten, sagt sie plötzlich: Ich freu mich, daß ich morgen Geburtstag hab! ...

Die Post, die ich zu Hause vorfinde, ist enttäuschend, eine nichtssagende Karte von einem nichtssagenden Mädchen. Dafür halten ein paarmal Motorräder vor dem Haus, Eil- und Telegrammboten°, Ersatz° fürs Telefon. Einer bringt die Korrekturfahnen° von G.s Buch über Fürnberg°. Während das Essen kocht, lese ich Kinderaufsätze° zu dem Thema „Mein schönster Ferientag", die in der Bibliothek des Waggonwerks° abgegeben° wurden. ...

Nach dem Essen fahre ich ins Waggonwerk, zur Parteigruppensitzung° der Brigade°. ...

Im Betrieb° war ich ein paar Wochen nicht. Die Halle steht voller halbfertiger Waggons. Anscheinend ist die Produktionsstockung° überwunden. Ich freue mich zu früh ...

Ich setze mich in den Brigadeverschlag, den sie selbst „Rinderoffenstall"° nennen. Noch fünfundvierzig Minuten bis Arbeitsschluß, aber drei sitzen schon hier und warten, daß die Zeit vergeht°. Immer noch nicht genug Arbeit? Kopfschütteln. Das Bild in der Halle trog°. ... Sie sind mißgelaunt°, resigniert, wütend° – je nach Temperament. Und was das schlimmste ist: Sie hoffen nicht mehr auf die entscheidende Wende zum Besseren. ...

Ich gehe schnell nach Hause. ...

Um diese Jahreszeit ist es gegen Abend schon kalt. Ich kaufe noch ein, was ich zum Kuchenbacken brauche, und nehme ein paar Geburtstagsblumen mit. In den Gärten welken° schon die Dahlien und Astern. Mir fällt der riesige° Rosenstrauß° ein, der damals, vor vier Jahren, im Krankenhaus auf meinem Nachttisch stand. Mir fällt der Arzt ein, den ich sagen hörte: Ein Mädchen. Aber sie hat ja schon eins. Na°, es wird ihr wohl nichts ausmachen. ... Seine Erleichterung°, als ich schon den Namen hatte. Die Schwester°, die mich belehrte°, wie unerwünscht manchmal Mädchen noch seien und was man da alles erleben könne, besonders mit den Vätern. Die kommen einfach nicht, wenn es wieder ein Mädchen ist, ob Sie's glauben oder nicht. Darum dürfen wir am Telefon nicht sagen, was es ist, Junge oder Mädchen.

---

[1] **G ... wäre:** G. urges a further change of the plan, up to now too formal, into one more appropriate to me.

Marginal glosses:

Maxim Gorki

eye-witness account
Dann ... sehr: *Go right ahead / set to work / irritation / denied*

presses around

impenetrable
bandage

express mail and telegram messengers / substitute / galley proofs / Louis Fürnberg (1909–1957), East German poet / children's essays / freight car company / delivered party section meeting / name of smallest work unit in GDR / plant production stoppage / open cattle shed / brigade hut passes
was deceiving / in a bad mood / furious

are fading
huge / rose bouquet

well
relief
= Krankenschwester /
enlightened

geht über alle Maßen:
*rises too much
batter / oven
smell*

*annoyed
gas pressure*

*in the next room / birthday
fuss / disrupted / listlessly*
mache … zurecht:
*prepare the wreath with
candles*

letter
streiche aus: *cross out*

95 Alle wollen mithelfen beim Kuchenbacken. Die Kinder stehen überall
im Wege. Schließlich lege ich ihnen im Zimmer eine Märchenplatte auf,
„Peter und der Wolf"… Der Kuchen geht im Ofen über alle Maßen°. Jetzt,
wo es still wird, ist mir, als könnte ich hören, wie er geht. Die Formen
waren zu voll, der Teig° geht und geht und tropft in die Röhre° und verbreitet einen Geruch° nach Angebranntem in der ganzen Wohnung.

100 Als ich den Kuchen herausziehe, ist eine Seite schwarz, ich ärgere mich
und finde keinen, dem ich die Schuld geben könnte außer mir selbst, und
dann kommt noch G. und nennt den Kuchen „etwas schwarz", da sage ich
ihm ungehalten°, daß es an den zu vollen Formen und am schlechten Ofen
und am zu starken Gasdruck° liegt. Na ja, sagt er und zieht sich zurück …

105 Ich muß noch etwas schreiben, aber alles stört mich: das Radio, der
Fernseher nebenan°, der Gedanke an den Geburtstagsrubel° morgen und
an diesen zerrissenen° Tag, an dem ich nichts geschafft habe. Unlustig°
decke ich den Geburtstagstisch, mache den Lichterkranz zurecht°. G. blättert in irgendeinem Büchlein, findet es „gut geschrieben". Aus irgendeinem
110 Grund stört mich auch das.

Ich sehe die Manuskriptanfänge durch, die auf meinem Schreibtisch
übereinanderliegen …

Ich weiß, daß weder die Seiten, die schon daliegen, noch die Sätze,
die ich heute schreibe, bleiben werden – nicht ein Buchstabe° von ihnen.
115 Ich schreibe, und dann streiche° ich es wieder aus …

Vor dem Einschlafen denke ich, daß aus Tagen wie diesem das Leben
besteht. Punkte, die am Ende, wenn man Glück gehabt hat, eine Linie
verbindet …

Christa Wolf, Ein Tag im Jahr. 1960–2000. © Suhrkamp Verlag Frankfurt am Main 2008. All rights reserved through
Suhrkamp Verlag Berlin.

Zum Text

24 **Was passt zusammen?** Verbinden Sie die Satzteile mit den passenden
Namen: Annette • Tinka • G. • Schreiberin des Tagebuchs • Arzt

1. _____ hat einen verletzten Fuß.

2. _____ ist heute ohne Fieber.

3. _____ kann ihr Portemonnaie nicht finden.

4. _____ wurde vor der Geburt ihrer Tochter Tinka von einer
Freundin besucht.

5. _____ stößt sich am Holzkasten, als die Mutter sie aus
dem Bad trägt.

6. _____ geht mit Tinka zum Arzt.

7. _____ liest in Lenins Briefen.

8. _____ findet schlecht gelaunte Arbeiter im
Brigadeverschlag.

9. _____ befürchtet, dass die Mutter über die Geburt eines
Mädchens enttäuscht sein könnte

10. _____ macht eine Bemerkung über den schwarzen Kuchen.

11. _____ bereitet den Geburtstagstisch vor.

12. _____ liest, während seine Frau den Geburtstagstisch deckt.

13. _____ denkt über den Tag nach.

25 Wissen Sie das?

1. Um welche zwei Familienmitglieder muss sich die Erzählerin an diesem Tag besonders kümmern°? Was ist mit den Personen los? — *concern herself*

2. Warum soll Tinkas Schwester Annette am nächsten Tag früher aus der Schule kommen?

3. Annette schmeißt die Haustür an diesem Morgen zu. Was ist passiert?

4. Als Annette das Haus verlassen hat, versucht die Mutter zu schreiben. Aber sie wird von Tinka beim Schreiben gestört. Was will Tinka von ihrer Mutter?

5. Was macht der Mann der Erzählerin, während sie für ihre Tochter sorgt?

6. Ihr Mann versucht, als literarischer Partner über ihr Schreiben zu sprechen. Er rät ihr, die eigene Subjektivität stärker in den Text ihrer neuen Erzählung zu bringen. Wie reagiert sie auf seine Vorschläge°? — *suggestions*

7. Welche beruflichen und hausfraulichen Pflichten muss die Mutter / Autorin an diesem Dienstag erfüllen?

8. Als sie Blumen kauft, erinnert sie sich an den Tag der Geburt ihrer zweiten Tochter. Wie haben der Arzt und die Schwestern im Krankenhaus auf die Geburt reagiert?

9. Warum stört sie an diesem Tag, dass ihr Mann ein Buch „gut geschrieben" findet?

10. Beim Einschlafen denkt sie an die Frustrationen des Tages. Welche Dinge haben sie frustriert? Was sieht sie jetzt als positive Seite ihrer Frustrationen?

26 Zur Diskussion

1. In dieser Skizze° versucht die Schriftstellerin, die Konflikte zwischen Hausfrau, Mutter, Ehefrau und Autorin zu lösen°. Gelingt es ihr? Erklären Sie das. — *sketch* / *solve*

2. Welche Zeilen zeigen Gleichberechtigung° / keine Gleichberechtigung in diesem Text? Welche Stellen beziehen sich° auf die Rolle der Frau in der Familie, in der Gesellschaft und im Beruf? — *equal opportunity* / **beziehen sich:** *relate to*

3. Wie hätte sie ihre verschiedenen Rollen ändern können? Machen Sie Vorschläge.

4. Was könnte man in Deutschland und in Ihrem Land tun, um der Frau die verschiedenen Rollen im Beruf und im Haushalt zu erleichtern?

27 Rollenspiel

1. Sie sind Schriftstellerin/Schriftsteller und Ihre Partnerin/Ihr Partner ist Redakteurin/Redakteur°. Sie/Er möchte wissen, warum Ihr neues Buch noch nicht fertig ist. Spielen Sie die Szene. — *editor*

2. Spielen Sie mit Ihrer Partnerin/Ihrem Partner die Küchenszene, in der der Geburtstagskuchen anbrennt.

28 Zum Schreiben.

Sie sind G., der Mann der Erzählerin, und führen auch ein Tagebuch. Schreiben Sie Ihre Tagebuchaufzeichnungen für diesen Dienstag.

Wortschatzübungen

Grammar Quiz

Vocabulary Quiz
Audio Flashcards
Concentration
Crossword

Wortschatz 2

Substantive

das **Fieber** *fever*
die **Grippe** *flu*
der **Krankenwagen**, - *ambulance*
der **Kuss**, ⸚e *kiss*
die **Partei**, -en *political party*
die **Pflicht**, -en *duty; responsibility*
der **Schriftsteller**, - / die **Schriftstellerin**,
  -nen *author, writer*
die **Träne**, -n *tear*

Verben

ein·schlafen (schläft ein; schlief ein, ist
  eingeschlafen) *to fall asleep*
schimpfen *to scold*
schreien (schrie, geschrien) *to scream, shout*
schütteln *to shake*
tropfen *to drip*
vergehen (verging, ist vergangen) *to pass (time)*

vor·lesen (liest vor; las vor, vorgelesen)
  to read aloud

Andere Wörter

anscheinend *apparent(ly)*
blass *pale*
geduldig *patient(ly)*
ungeduldig *impatient(ly)*
feucht *moist; humid*
ordentlich *tidy; proper; respectable*
unordentlich *sloppy, careless*
wütend *furious*

Besondere Ausdrücke

mach's gut *take it easy, take care of
  yourself*
Schluss machen *to finish, to call it a day*

---

29 **Vokabeln.** Ergänzen Sie die Sätze mit Wörtern aus der Vokabelliste.

Eine berufstätige Mutter hat viele _____ im Haus – kochen, backen und putzen. Und wenn sie von Beruf _____ ist, muss sie Zeit finden zu schreiben.

Montag ist ein typischer Tag für eine meiner Bekannten. Sie steht früh auf und macht Frühstück. Ihr Mann schläft noch, denn er ist krank gewesen. Er hat _____ gehabt, mit hohem _____, und er ist noch schwach. Ihre Tochter Lisa hat einen verletzten Fuß. Als die Mutter die Binde abwickelt, kommen dem Kind _____ in die Augen. Es sieht sehr _____ aus. Laura, die andere Tochter, ist schlecht gelaunt. Sie konnte ihr Portemonnaie nicht finden und die Mutter hat _____. Meine Bekannte will es wieder gutmachen und gibt ihr einen _____. Aber die Mutter spürt, dass Laura immer noch böse ist. Als sie das Haus verlässt, ruft die Mutter: „_____!" Aber Laura antwortet nicht.

Morgen hat Lisa Geburtstag und die Mutter backt einen Kuchen. _____ ist der Ofen zu heiß, denn der Kuchen brennt an. Ihr Mann, der gerade in die Küche gekommen ist, sagt, dass es nichts ausmacht. Aber sie sagt, dass es ihre Schuld ist. Sie wollte ein paar Seiten schreiben und hat nicht aufgepasst. Sie geht zu Bett und kann nicht _____.

Aus Tagen wie diesem besteht ihr Leben.

Grammatik im Kontext

🌐 Grammar Quiz

Präpositionen mit Dativ und Akkusativ

Präpositionen zeigen das Verhältnis° eines Substantivs oder Pronomens zu einem anderen Wort im Satz an. Die meisten Präpositionen sind mit dem Akkusativ oder Dativ verbunden.

relation

30 Akkusativ oder Dativ?   Lesen Sie nochmal die Zeilen 27–48 im Text „Dienstag, der 27. September 1960". Schreiben Sie zehn Wortverbindungen mit Präpositionen heraus und entscheiden Sie, welcher Fall jeweils benutzt wird: Akkusativ oder Dativ.

31 Mehr Präpositionen.   Vervollständigen Sie die Sätze mit einer passenden Präposition und/oder dem Artikel im richtigen Fall.

Annette geht _____ _____ Schule und die Mutter setzt sich _____ _____ Schreibtisch. Tinka beginnt _____ _____ Mutter zu schreien. Die Mutter bringt sie _____ Bad. Nach _____ Bad gehen sie _____ Arzt. Tinkas Fuß tut weh, aber sie weint nicht _____ Fremden. _____ _____ Essen backt die Mutter einen Kuchen. Sie stellt den Kuchen _____ _____ Ofen. Aber als sie den Kuchen _____ _____ Ofen nimmt, ist er ganz schwarz. Die Mutter geht dann _____ Bett und denkt _____ _____ Tag, an dem sie nichts geschafft hat.

Was meinen Sie?

32 Zur Diskussion / Zum Schreiben

1. **Zwei Erzählerinnen – zwei Lebenssituationen:** Vergleichen Sie das Verhalten° der Dramaturgin in „Eine Postkarte für Herrn Altenkirch" und der Schriftstellerin in „Dienstag, der 27. September 1960" gegenüber anderen Menschen.

behavior

2. **Die DDR:** Sie haben drei literarische Texte über Menschen in der DDR gelesen („Eine Postkarte für Herrn Altenkirch", „Good Bye, Lenin!" und „Dienstag, der 27. September 1960"). Die Geschichten spielen in der Zeit von den 60er Jahren bis zum Ende der DDR. Was ist jetzt Ihr Eindruck vom Leben in der DDR? Wie war das Leben für die Menschen in der DDR? Welche Unterschiede gibt es zu Ihrem Land? Besprechen Sie folgende Punkte:

    Arbeit ⟶ **Familie** ⟶ **Gesellschaft**

3. **Perspektive:** Die Analyse der Erzählperspektive und ein Blick auf die Biografie der Autorin/des Autors helfen oft, einen Text besser zu verstehen. Fragen der Erzählperspektive haben etwas mit dem Standpunkt, mit der Position der Autoren zu tun. Beispielfragen: Berichten die Autoren nur, was sie hören und sehen? Haben sie die Geschichten selbst erlebt? Wissen die Autoren, was die Personen in der Geschichte denken und fühlen? Kommentieren die Autoren? Welcher Unterschied besteht zwischen der Erzählperspektive in Christa Wolfs „Dienstag, der 27. September 1960" und Wolf Wondratscheks „Die Mittagspause"?

Multikulturelle Gesellschaft

Berlin-Kreuzberg – ein Stadtteil, in dem viele Immigranten leben

Resources

 Text Audio

Premium Website

Student Activities Manual

Ulrich Baumgarten /vario images GmbH & Co.KG / Alamy

Einstieg in das Thema

16 Millionen Menschen in Deutschland kommen ursprünglich° aus einer anderen Kultur; das sind 19 Prozent der Gesamtbevölkerung°. Zwei Drittel davon sind seit 1950 nach Deutschland gekommen, der Rest ist in Deutschland geboren.

originally

entire population

Zwischen 1955 und 1973 wurden viele Ausländer von der Bundesrepublik offiziell angeworben°. Als so genannte Gastarbeiter übernahmen sie oft Arbeiten, die die Deutschen nicht wollten, wie z. B. bei der Straßenreinigung°. Heute besitzen viele ausländische Mitbürger° Geschäfte und haben akademische Berufe als Anwälte°, Ärzte oder Architekten.

recruited

street cleaning

citizens

lawyers

Nach dem Zusammenbruch der kommunistischen Regierungen in Osteuropa Ende der 80er-Jahre kamen viele Osteuropäer nach Deutschland und es suchten auch insgesamt viele Menschen hier Asyl°.

asylum

Nach der Wende hatten viele Deutsche selbst Schwierigkeiten, Arbeit und Wohnungen zu finden und manche fanden, dass die Ausländer die wirtschaftlichen Probleme noch verstärkten°. Es machte sich eine gewisse Ausländerfeindlichkeit° breit und es kam zu Gewalttaten von Rechtsradikalen gegenüber Ausländern.

intensified

xenophobia

Was bedeutet es für Minderheiten° in der deutschen multikulturellen Gesellschaft zu leben? Im Interview mit der Schauspielerin Pinar Erincin, einer jungen, in Deutschland geborenen Türkin, lesen wir über ihre Meinung zur Integration von Immigranten. „Integration statt Assimilation" ist der Titel eines Interviews mit Ursula Kiausch, einer freien Journalistin, die in der Innenstadt von Mannheim lebt, einem Stadtteil mit 37,7 % Immigranten. Sabri Cakir gibt uns in einem Gedicht Einblick in die Konflikte eines in der Bundesrepublik lebenden Türken, der „zwei Heimatländer" hat. Der Text „Geschäftstarnungen°" ist von dem russischen Bestseller-Autor Wladimir Kaminer, der seit 1990 in Berlin wohnt und die deutsche multikulturelle Gesellschaft und seinen russischen Hintergrund mit viel Humor unter die Lupe° nimmt.

minorities

disguised businesses

magnifying glass; **unter die Lupe nehmen:** *to examine carefully*

1 Gedankenaustausch

1. Woran denken Sie bei dem Ausdruck „multikulturelle Gesellschaft"? Notieren Sie fünf verschiedene Wörter dazu, wie z. B. Integration, Ausländer, Toleranz, Fremdsprachen lernen.

2. Leben Sie in einer multikulturellen Umgebung? Erklären Sie das.

3. Was sind die Vorteile° einer „multikulturellen Gesellschaft"? Gibt es auch Nachteile°?

advantages

disadvantages

KULTURLESESTÜCKE

Interview: Max Scharnigg, Friederike Knüpling: „Pinar Erincin, Schauspielerin"

Zum Thema

Sie lesen jetzt ein Interview mit Pinar Erincin, einer erfolgreichen deutsch-türkischen Schauspielerin. Ihre Eltern sind beide Schauspieler und sie selbst stand schon mit sechs Jahren auf der Bühne°. Mit zwölf Jahren folgten Rollen in Fernsehserien. 2004 wurde sie auf dem Filmfest Locarno als beste Hauptdarstellerin° geehrt° für ihre Rolle in „En Garde".

stage

principal actress / honored

2 Zur Diskussion

1. Was ist wichtig für ein Migrantenkind, damit es im neuen Land erfolgreich wird?
2. Wie können Schulen den ausländischen Schülern beim Einleben in der neuen Kultur helfen?

3 Beim Lesen

streichen an: mark

1. Streichen° Sie im Text Stellen über Klischees oder Stereotype an.
2. Achten Sie auf Probleme und Erfolge im Integrationsprozess. Machen Sie sich ein paar Notizen dazu.

🔊 Pinar Erincin, Schauspielerin
2-8

mixture of nationalities

Du wohnst in Wuppertal, spielst in Köln und sagst, das sei eine sehr multikulturelle Gegend hier. Wird diese Nationalitätenmischung° in deutschen Filmen so gezeigt, wie sie ist?

ging um: was about

Bis vor kurzem hat man in deutschen Filmen, wenn es um° Türken ging, vor allem Klischees gesehen. Für mich gab es immer nur die eine Rolle: die Türkin, deren streng islamische Eltern sie

▲ *Pinar Erincin mit dem deutsch-türkischen Filmemacher Luk Piyes*

marry off to

verheiraten° wollen. Jetzt, wo die Türken auch anfangen, Filme zu machen, geht dieses Klischee endlich verloren. Sowieso sehe ich direkt, wenn in einem Film eine türkische Hand drin war bei der Regie° oder der Produktion.

direction

Woran denn?

obviously / planned

Diese Filme haben eine andere Farbe als die, die Deutsche über Türken machen und die immer so offensichtlich° ausgedacht° sind. Klar gibt es diese fanatischen Muslime und auch diese Macho-Türken, auch hier in Köln-Ehrenfeld. Aber doch nicht nur. Inzwischen sind auch Türken richtig erfolgreich mit dem, was sie machen. Die Vorgängergenerationen° haben gute Vorarbeit° geleistet.

predecessors
preparation

Also ist in Wirklichkeit vieles besser, als es im Fernsehen oft gezeigt wird?

Nee, nee. Viele in Deutschland lebende türkische Jugendliche haben große Probleme, weil ihre Eltern sehr traditionell leben. Die werden einerseits von den Deutschen ausgegrenzt° und andererseits von ihren Eltern aus der deutschen Kultur rausgehalten. Die sprechen nicht richtig Deutsch und nicht richtig Türkisch. Und deshalb können sie im Unterricht nicht mithalten° und werden auf die Hauptschule geschickt. Obwohl sie vielleicht viel mehr könnten. Viele von denen werden kriminell° oder sie machen einfach nichts, weil sie sich nirgendwo° wiederfinden können. Die haben einfach keine Identität.

excluded *elementary school*

keep up with
become criminals
nowhere

Hattest du das gleiche Problem?

Nein, weil meine Eltern sehr liberal sind und wir zu Hause Deutsch und Türkisch gesprochen haben. Nur über die Sprache kann man sich integrieren. Das müsste viel mehr passieren: Integration. Nicht Assimilation! Das wird oft verwechselt. Über die Türken hier wird gesagt: Die sind zu Besuch, die müssen sich anpassen°. Man muss aber auch sehen, dass durch die eine ganz neue Kultur entstanden ist. Köln wäre nicht das, was es ist, ohne die Ausländer. Die Türken, die hier rumlaufen, sind nicht irgendwelche Fremdkörper°. Und die Dönerbuden° auch nicht. Nennen wir Deutschland einfach Dönerland!

fit in

foreign bodies / booths selling Döner, an Arabic/Turkish dish of grilled meat and spices

Copyright © Friederike Knüpling. Reprinted with permission.

Zum Text

4 Wissen Sie das?

1. Welche Klischee-Rollen musste Pinar Erincin oft in Filmen spielen?
2. Woran sieht man, dass ein türkischer Regisseur einen Film gemacht hat?
3. Warum haben viele türkische Jugendliche Probleme in der Schule?
4. Was passiert oft mit den Jugendlichen, die Probleme in der Schule haben?
5. Was ist laut° Pinar Erincin das Wichtigste für eine erfolgreiche Integration?

according to

6. Inwiefern war Pinar Erincins Kindheit anders als die Kindheit von vielen türkischen Jugendlichen?
7. Wofür sind die Dönerbuden ein Symbol?

5 Wie verstehen Sie das?

1. Warum werden junge Türken in Deutschland mit Hauptschulabschluss manchmal Kriminelle oder suchen keine Arbeit?
2. Pinar meint, dass man sich nur über die Sprache integrieren kann. Was bedeutet das für Sie?
3. Was ist für Sie der Unterschied zwischen Integration und Assimilation?

1. **Lehrerkonferenz:** Zwei Lehrer sprechen über einen jungen Türken, der Probleme in der Schule hat. Welche Probleme hat er? Wie können die Lehrer ihm helfen? Was könnte passieren, wenn er keinen Schulabschluss bekommt?

2. **Mini-Berichte: Internetrecherche.** Es gibt viele erfolgreiche Ausländer und Deutsche mit Migrationshintergrund in Deutschland. Suchen Sie Informationen über zwei der folgenden Personen im Internet und ergänzen Sie die Tabelle. Besprechen Sie ihre Karrieren mit ihren Kommilitonen oder Kommilitoninnen.

Name	Beruf	Geburtsort	Herkunftsland	Andere Notizen
FATIH AKIN				
JEROME BOATENG				
ALI GÜNGÖRMÜS				
CEM ÖZDEMIR				
MESUT ÖZIL				
SABRINA SETLUR				
YŌKO TAWADA				

3. **Identität:** Was meint Pinar Erincin mit „Die haben einfach keine Identität"? Besprechen Sie die Schwierigkeiten von ausländischen Jugendlichen eine eigene Identität zu finden. Beachten Sie dabei besonders die Rolle der Eltern, der Schule und der Sprache.

Interview: Ursula Kiausch: „Integration statt Assimilation"

Zum Thema

Seit vielen Jahren lebt Ursula Kiausch als freie Journalistin und Übersetzerin° in *translator*
Mannheim, und zwar in der Innenstadt, in einem der Stadtteile mit dem höch-
sten Immigrantenanteil° (37,7 %). Mehr als die Hälfte der Kinder und Jugendli- *proportion of immigrants*
chen unter 17 Jahren hat hier einen ausländischen Pass; davon besitzen mehr als
50 % die türkische Staatsangehörigkeit°. Wie lebt es sich in dieser Umgebung? *citizenship*
Was erwarten Sie in so einem Stadtteil?

7 **Beim Lesen.** Unterstreichen Sie diese Wörter im Text: Ausländer,
ausländisch, Integration, Assimilation – achten Sie auch auf den Kontext oder
beschreibende Adjektive.

2-9
„Integration statt Assimilation"

Ulrike Welsch

▲ *Picknick im Park*

**Würden Sie sagen, dass
Mannheim eine multikul-
turelle Stadt ist? Wenn ja,
was bedeutet das?**

Ja, auf jeden Fall ist es eine
multikulturelle Stadt – das
merkt jeder, der durch die
Innenstadt geht, schon am
Sprachgewirr°, an den vielen *welter of languages*
ausländischen Restaurants
und Geschäften usw.
    Vor 50 Jahren betrug° der *amounted to*
Anteil ausländischer Bewohner in Mannheim noch unter 3 %. Jetzt gibt es
Stadtteile, in denen bereits weit über die Hälfte der Bewohnerschaft einen
Migrationshintergrund hat. Natürlich verändert diese Situation das städtische
Leben und das Zusammenleben.

**Inwiefern sind die Immigranten in Mannheim assimiliert oder
integriert?**

Den Begriff „Assimilation" würde ich in diesem Zusammenhang° nicht ver- *context*
wenden°, denn Assimilation bedeutet ja eine Verschmelzung° von einer Min- *use / fusion*
derheit° mit der Mehrheit°, und die hat ganz sicher nicht stattgefunden und *minority / majority*
ist meiner Meinung nach auch gar nicht anzustreben°. Dagegen beschreibt *to be striven for*
die „Integration" einen langwierigen° Prozess des Zusammenfügens° und *prolonged / joining together*
Zusammenwachsens unterschiedlicher Teile, und dieser Prozess findet in
Mannheim statt, jedoch nicht überall. Man muss dabei differenzieren nach
Nationalitäten, nach religiösem Hintergrund und nach Geschlecht°. Ich will *gender*
dazu nur ein Beispiel geben: Noch immer sind vor allem männliche türkische Schüler auf Gymnasien eher die Ausnahme als die Regel; sie stellen
einen großen Anteil der Schul-Abbrecher° und haben folglich° miserable *persons who quit school /*
Chancen auf dem Arbeitsmarkt. Und das liegt nicht an zu wenig Intelli- *consequently*
genz, sondern vor allem am Mangel° an kultureller, sozialer und emotionaler *lack*
Integration. Wenn sie in fundamentalistisch-religiösen Familien aufwachsen,
in denen kein Deutsch gesprochen wird, sind die Voraussetzungen° für *pre-conditions*

eine schulische Integration denkbar° schlecht, schon weil diesen Jungen die Sprachkompetenz fehlt.

conceivable

Das ist ein Problem, das vor allem junge männliche Türken betrifft. Eine Studie des Mannheimer Instituts für deutsche Sprache hat gezeigt, dass bei den türkischen Mädchen in Mannheim die Integration in Schule und Beruf sehr viel besser klappt,

▲ *Demonstration gegen Ausländerfeindlichkeit*

schon deshalb, weil sie die Sprachbarrieren besser meistern°, fleißiger und strebsamer° sind und sich nicht in Gangs abschotten°. Die Mädchen sehen die Schule auch viel mehr als Chance, strenge Familienverhältnisse° und ein traditionelles Frauenbild – die Frau als Dienerin° des Mannes – zu überwinden. Wie soll ich das Geschehen in einer Gesellschaft verstehen, wenn ich die Sprache nicht verstehe?

master / more diligent / isolate themselves family relationships / servant

grely

Haben Sie mit Immigranten oft Kontakt?

Ja, täglich beim Einkaufen, wöchentlich beim Sport, bei kulturellen Veranstaltungen°, bei Restaurant-Besuchen, aber auch im Freundeskreis°. Zu meinem erweiterten° Freundeskreis gehören zum Beispiel Einwanderer° aus Kasachstan, Ungarn, aus der Türkei, Usbekistan, USA und der Dominikanischen Republik. Allerdings habe ich keinen Kontakt zu sehr religiös und traditionell lebenden türkischen Familien in meinem Stadtteil, dazu sind die Lebensweisen° zu unterschiedlich. Allgemein ist es vermutlich° am leichtesten, sich beim gemeinsamen Sport kennen zu lernen, jedenfalls nach meiner Erfahrung. In meinem Freundeskreis spielen Nationalitäten überhaupt keine Rolle.

events / circle of friends extended / immigrants

way of life / presumably

feel

Wie spüren Sie persönlich, dass Sie in einer Stadt mit hohem Migrantenanteil leben?

Im Stadtbild, im Sprachgewirr auf den Straßen, in Begegnungszentren / Kulturzentren mit speziellen Veranstaltungen, in speziellen Kulturwochen, bei Konzerten, in Restaurants und Kneipen.

Gibt es in Mannheim Probleme, weil so viele Einwohner Migranten sind oder einen ausländischen Hintergrund haben?

Probleme in meinem Stadtteil sind zum Beispiel die meist türkischen Jugendgangs in der Nachbarschaft, das manchmal respektlose oder bedrohliche° Auftreten° dieser Gangs gegenüber Mädchen und Frauen, hin und wieder auch die Kleinkriminalität von Jugendgangs. Auch mir wollte eine solche Gang schon mal den Geldbeutel wegnehmen, allerdings habe ich mich gewehrt°, und es ist nicht gelungen.

threatening / behavior

defended

Allerdings überwiegen° bei mir die positiven Erfahrungen in meinem Stadtteil, Erfahrungen mit Freundlichkeit und Hilfsbereitschaft° meiner Nachbarn. Ich liebe das vielfältige°, bunte Leben auf den Straßen, in den Restaurants und Geschäften und bin selbst nach drei Einbrüchen° in unser Mietshaus° nicht weggezogen°.

outweigh helpfulness varied burglaries apartment house / moved away

positiver

8 Wissen Sie das?

1. Woran merkt man, dass die Innenstadt multikulturell ist?
2. Warum spricht Ursula Kiausch ungern von Assimilation?
3. Welches Beispiel von nicht erfolgreicher Integration gibt sie an?
4. Warum sind türkische Mädchen erfolgreicher in der Schule als die Jungen?
5. Wer gehört zum Freundeskreis von Ursula Kiausch?
6. Welche Rolle können Sport und Freizeit im Intergrationsprozess spielen? Erklären Sie das am Beispiel von Mannheim.
7. Welche Probleme findet Ursula Kiausch in ihrer Wohngegend?

9 Zur Diskussion

1. **Besuch in Mannheim:** Drei bis vier Studenten/Studentinnen besuchen Mannheim. Stellen Sie sich vor, Sie machen einen Spaziergang durch den Stadtteil, in dem Ursula Kiausch wohnt. Sprechen Sie mit anderen in der Gruppe über die Wohngegend. Was sehen Sie? Was hören Sie? Wer wohnt da? Was hört man? Was für Geschäfte gibt es? Würden Sie gern da wohnen? Warum oder warum nicht?

▲ *Der Wasserturm, das Wahrzeichen von Mannheim*

2. **Integration statt Assimilation:** Stimmen Sie mit dem Titel des Artikels überein? Besprechen Sie folgende Punkte:
   - Was verstehen Sie unter Integration?
   - Was verstehen Sie unter Assimilation?
   - Was sind die Vorteile und die Nachteile der Assimilation?
   - Was sollen Emigranten machen oder nicht machen, damit für sie der Übergang° in die neue Gesellschaft einfacher wird?   *transition*
   - Kennen Sie Beispiele von Assimilation oder Integration aus Ihrem Land oder aus der Geschichte?

3. **Ausländer:** Eine Person spielt eine junge Ausländerin; die andere Person ist ein junger Ausländer. Sie sprechen über ihr Leben und ihre Erfahrungen in Deutschland. Wie unterscheiden sich ihre Perspektiven über das Leben in Deutschland?

Vermischtes

1. In Deutschland leben rund 16 Millionen Menschen mit Migrationshintergrund (19,6 Prozent der Gesamtbevölkerung°). Von diesen sind
nur 7,3 Millionen Ausländer, weil die anderen 8,7 Millionen einge-
bürgert° sind.

2. Die wichtigsten Herkunftsländer° der Migranten sind die Türkei mit
14,2 Prozent, Russland 9,4 Prozent, Polen 6,9 Prozent , Italien 4,2
Prozent, Rumänien, ehemalige Republik Jugoslawien je 3 Prozent und
Griechenland mit 2,2 Prozent.

3. In Deutschland wohnen drei Millionen Menschen türkischer
Herkunft.

4. Berlin ist fast wie New York ein Schmelztiegel° der Nationen. In Berlin
leben über 450 000 Ausländer aus 182 Staaten.

5. In Deutschland geborene Kinder von Ausländern erhalten
automatisch zwei Staatsbürgerschaften°, wenn ein Elternteil° acht
Jahre lang in der Bundesrepublik gelebt hat. Spätestens bis zum
23. Geburtstag müssen sie sich dann für eine Staatsbürgerschaft
entscheiden.

6. Emine Demirküken-Wegner wurde 2004 als erste türkischstämmige°
Frau in den CDU-Bundesvorstand° gewählt. Die 43-jährige
Journalistin gilt als Musterbeispiel° für Integration. Sie hat einen
deutschen Mann, ist Mitglied° in einer demokratischen Partei
und macht Karriere in Deutschland, ohne den Kontakt zu ihrem
Herkunftsland zu leugnen°. Demirküken-Wegner ist gläubige°
Muslimin und setzt sich für Islamunterricht in deutscher Sprache ein.

7. Heute leben 103 000 Juden in Deutschland. Die Mehrheit° von
ihnen ist aus den ehemaligen° Ostblockländern, vor allem aus
Russland, nach Deutschland gekommen. Deutschland hat heute nach
Frankreich und England die drittgrößte jüdische Einwohnerzahl in
Westeuropa.

total population

have citizenship

land of origin

melting pot

citizenship / parent

of Turkish origin
executive committee
model example
member

deny / devout

majority
former

Manfred Steinbach / Shutterstock.com

◀ *Die neue Synagoge in*
München

Wortschatzübungen

Audio Flashcards
Concentration
Crossword

Wortschatz 1

Substantive

der **Ausländer, -** / die **Ausländerin, -nen**   *foreigner*
die **Ausnahme, -n**   *exception*
der **Begriff, -e**   *concept; term; idea*
der **Bewohner, -** / die **Bewohnerin, -nen**
   inhabitant / occupier (house)
der **Geldbeutel, -**   *purse, wallet*
der **Migrant, -en, -en** / die **Migrantin, -nen**
   the immigrant
der **Prozess, -e**   *process*
die **Regel, -n**   *rule;* **in der Regel**   *as a rule*

Verben

entstehen (entstand, ist entstanden)   *to originate*
klappen   *to work out, to run smoothly;* **das
klappt**   *that works*
proben   *to rehearse*

überwinden (überwand, überwunden)
   to overcome
verändern   *to change*
sich verheiraten   *to get married*

Andere Wörter

andererseits   *on the other hand*
ausländisch   *foreign*
bereits   *already*
einerseits   *on the one hand*
erfolgreich   *successful*
inwiefern   *to what extent*
multikulturell   *multicultural*
streng   *strict; harsh*

Besondere Ausdrücke

auf jeden Fall   *in any case*
vor kurzem   *a short while ago*

---

10   Definitionen.   Welche Wörter aus der Vokabelliste passen zu den Bedeutungen?

1. funktionieren   _____
2. schon   _____
3. strikt   _____
4. definititv   _____
5. in welchem Maße   _____
6. Wort; Idee; Konzept   _____

7. kleine Tasche für Geld   _____
8. die Entwicklung   _____
9. eine Frau, die aus einem anderen Land kommt   _____
10. normalerweise   _____

11   Vokabeln.   Ergänzen Sie die Sätze mit Wörtern aus der Vokabelliste.

Ein Sozialarbeiter erzählt: Ich arbeite in einer Gegend von München, in der über 30 % der _____ einen Migrationshintergrund haben. _____ ist das interessant, weil das Leben bunt und _____ ist. _____ gibt es natürlich auch Probleme. Weil viele Kinder zu Hause nicht Deutsch sprechen, haben sie in der Schule Nachteile und es _____ Konflikte. Doch _____ _____ wurde hier ein Jugendhaus gebaut, in dem auch Deutschkurse und Hausaufgabenhilfe angeboten werden. Seitdem hat sich vieles _____. Manche der Kinder und Jugendlichen haben ihre Schwierigkeiten in der Schule _____. Und viele, die mit der Schule fertig sind, haben einen Ausbildungsplatz° gefunden.

apprenticeship spot

Reiseführer

Google Earth Coordinate

Berlin

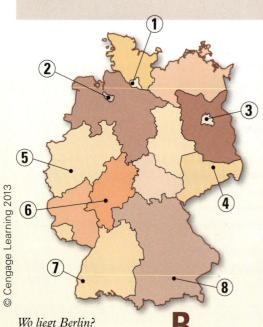

Wo liegt Berlin?

© Cengage Learning 2013

Das Brandenburger Tor

Berto Paell/Shutterstock.com

BERLIN LIEGT AN DER SPREE UND IST MIT 3,4 MILLIONEN Einwohnern die größte Stadt der Bundesrepublik und ein eigenes Bundesland.

Seit 1992 ist Berlin auch wieder die Hauptstadt von Deutschland und als Metropole der Kultur, der Politik, der Medien und der Wissenschaft eine der meistbesuchten Städte Europas. Die Universitäten und Museen haben internationalen Ruf° und Berlins Geschichte, Architektur und Nachtleben sind bekannt in aller Welt, so dass hier Kunstschaffende°, Diplomaten und Einwanderer vieler verschiedener Nationalitäten leben.

Die Geschichte Berlins ist eng mit der Geschichte Deutschlands verbunden. Von der Teilung Deutschlands im Jahr 1949 bis zur Öffnung der Mauer 1989 war Berlin eine geteilte Stadt. Das Wahrzeichen Berlins und Symbol für die Teilung und die Wiedervereinigung Deutschlands ist das Brandenburger Tor. Hier feierten die Menschen am Abend des 9. November 1989 den Mauerfall. Direkt hinter dem Brandenburger Tor verlief° als Grenze zwischen Ost- und Westberlin die Mauer. Heute erinnert daran die East Side Gallery, ein 1,3 km langes Stück der originalen Mauer, das nach 1990 von internationalen Künstlern bemalt wurde. Sehenswert ist auch der Potsdamer Platz, das ehemalige Stadtzentrum Berlins, das im Zweiten Weltkrieg vollständig° zerstört worden war und wegen der Mauer ödes° Niemandsland war. Nach der Wiedervereinigung sollte der Potsdamer Platz wieder zu einem lebendigen kulturellen Zentrum werden und es entstand ein riesiger° Komplex moderner Architektur mit Hotels, über hundert Geschäften, vielen Restaurants und Kinos.

Ein weiteres Wahrzeichen Berlins ist der zerstörte Turm der Kaiser-Wilhelm-Gedächtniskirche, der nach der Bombardierung durch die Alliierten im November 1943 von der Kirche übrig geblieben war. Im Gedenken an die

reputation
artistic people

ran

completely
desolate

gigantic

schrecklichen Ereignisse des Zweiten Weltkriegs ließ man ihn bis heute als Ruine stehen. Ein Denkmal° für die über sechs Millionen jüdischen Opfer° des Terrorregimes der Nationalsozialisten ist das Holocaust-Mahnmal°. Es besteht aus einem Stelenfeld° aus Beton° sowie einem unterirdischen° Museum und ist ein Ort der Erinnerung und des Gedenkens an die über sechs Millionen jüdischen Opfer des Terrorregimes.

memorial / victims
memorial
area of steles / concrete / underground

In der Stadtmitte auf der Spree liegt die Museumsinsel, mit ihren fünf Museen einer der berühmtesten Museumskomplexe Europas. Sie wurde 1999 in die UNESCO-Liste des Weltkulturerbes aufgenommen.

Wer sich in Berlin das Shopping-Vergnügen° nicht entgehen° lassen möchte, sollte auf jeden Fall das Kaufhaus des Westens, das KaDeWe, besuchen. Die große Attraktion ist hier die Lebensmittelabteilung, in der keine Wünsche offen bleiben.

pleasure / miss

Berliner oder Berlinbesucher, die sich bei einem Bad erfrischen möchten, besuchen das Strandbad Wannsee, wo man sich am 1,3 km langen und 80 Meter breiten Sandstrand vom Großstadtleben erholen° kann.

recover

12 Was passt zusammen?

1. _f c_ Berlin
2. _i_ Holocaust-Mahnmal
3. _g_ Kaufhaus des Westens
4. _a_ Strandbad Wannsee
5. _e_ Brandenburger Tor
6. _k b_ Museumsinsel
7. _d h_ East Side Gallery
8. _j_ Potsdamer Platz
9. _l_ Kaiser-Wilhelm-Gedächtniskirche

a. hier gibt es einen großen Sandstrand
b. gehört zum Unesco-Weltkulturerbe
c. war durch die Mauer geteilt
d. Überrest der Mauer
e. Symbol der Teilung und der Wiedervereinigung Deutschlands
f. Hauptstadt von Deutschland
g. hier gibt es so gut wie alles zu kaufen
h. Mauerstück wurde von Künstlern bemalt
i. ist ein Denkmal für die von den Nationalsozialisten ermordeten Juden
j. ist heute wieder ein kulturelles Zentrum
k. hier befinden sich fünf berühmte Museen
l. wurde 1943 zerstört

Die East Side Gallery

Cardaf/Shutterstock.com

13 Zur Diskussion

1. In Berlin gibt es sehr viel anzuschauen. Was möchten Sie besuchen? Warum finden Sie diese Sehenswürdigkeiten interessant?

2. Berlin ist für seine besonderen Trends und für sein Nachtleben bekannt. Was würden Sie abends gerne unternehmen?

3. **Internetrecherche.** Suchen Sie im Internet Informationen über den Reichstag. Welche Rolle spielte er im Laufe der Geschichte? Was findet man dort heute? Inwiefern sieht das Gebäude interessant aus?

LITERARISCHE WERKE

🌐 Gedicht: Ich habe zwei Heimatländer

Sabri Cakir

Sabri Cakir

Sabri Cakir wurde 1955 in Denizli in der Türkei geboren und er kam 1978 nach Westdeutschland.

Cakir lebt in Gelsenkirchen und arbeitet hier als Türkischlehrer. Als Autor von Schulbüchern zum Erlernen der türkischen Sprache und als deutsch-türkischer Dichter machte Cakir sich in kurzer Zeit einen Namen. 1984 erschien eine Sammlung seiner Gedichte. Unter dem Titel *Wir wollten leben* (2004) schrieb er Texte über die Opfer° der Terroranschläge° vom 11. September 2001.

victims
terrorist attacks

Zum Thema

home lands

Cakirs deutsches Gedicht „Ich habe zwei Heimatländer°" ist aus seiner Anthologie *In zwei Sprachen leben* (1983). Cakir reflektiert darin über die Situation der Immigranten mit doppelter Identität.

2-10

Ich habe zwei Heimatländer

Ich habe zwei Sprachen

die eine spreche ich zu Hause

Sie verstehen mich so besser

meine Frau und mein Sohn

Die andere spreche ich auf der Arbeit

beim Einkaufen im Ausländeramt°

Office for Foreign Immigrants

Ich habe zwei Gesichter

das eine benutze ich für die Deutschen

Dieses Gesicht kann alles

lachen und weinen

Das andere halte ich

für meine Landsleute bereit

Ich habe zwei Heimatländer

eins in dem ich geboren wurde

das andere in dem ich satt werde

Das Land meiner Väter liebe ich mehr

endure / pain and sorrows

Aber erdulden° muss ich die Schmerzen° beider ❧

Copyright © Sabri Cakir. Reprinted with permission.

14 Analyse

1. Wo spricht der Sprecher Deutsch und wo Türkisch?

2. Wie unterscheiden sich die beiden Gesichter in der 2. Strophe?

3. Welche Gefühle hat der Sprecher für sein erstes Heimatland und welche für die zweite Heimat?

Erzählung: Geschäftstarnungen

Wladimir Kaminer

Andree/Ullstein

Wladimir Kaminer wurde 1967 in Moskau als Sohn einer Lehrerin und eines Betriebswirts° geboren. Nach einer Ausbildung zum Toningenieur für Theater und Rundfunk° studierte Kaminer Dramaturgie° am Theaterinstitut in Moskau. Seit 1990 lebt er mit seiner Frau und seinen beiden Kindern in Berlin, der Stadt mit der größten russischen Einwohnerzahl außerhalb Russlands.

Kaminer veröffentlicht regelmäßig° Texte in deutschsprachigen Zeitungen und Zeitschriften. In seinen Büchern, schreibt er über das Leben russischer Immigranten in der Bundesrepublik. Lange moderierte° er die Radiosendung° „Russendisko Club" und seine berühmte „Russendisko" erreichte Kultstatus in Berlin. Seine Sammlung von Kurzgeschichten, *Russendisko* (2000), war ein überraschender Bestseller in Deutschland. Hier beschreibt er in humorvollem und teilweise sarkastischem Stil das Chaos und die Missverständnisse im Alltagsleben der neuen Hauptstadt und Metropole aus der Erzählperspektive der ersten Person. Dieser Sammlung folgten weitere Texte mit scharfem Blick auf die deutsche und russische Kultur und das bunte Leben in der Berliner Republik; unter anderem ein Roman, ein Theaterstück und viele andere Erzählbände, mit denen er gerne auf Lesereisen° geht.

management expert

radio

dramatics

regularly

moderated / radio station

reading tours

Zum Thema

Die *New York Times* stellte Kaminer als äußerst kreativen jungen Autor vor, der die russische Seele und die russisch-deutsche Sensibilität im multikulturellen Berlin einfängt°, wie zu Zeiten vor dem Zweiten Weltkrieg, als Berlin das Zentrum der russischen Emigrantenkultur war. Kaminers Liebe zu dieser Stadt spiegelt sich in der humorvollen Geschichte „Geschäftstarnungen" wider, die aus dem im Jahr 2000 erschienenen Erzählband° *Russendisko* stammt.

captures

volume of stories

15 Gedankenaustausch

1. Stellen Sie sich vor, Sie sind in ein anderes Land emigriert. Wie würden Sie versuchen mit der neuen Kultur in Kontakt zu kommen?

2. Wie verhalten° Sie sich, wenn Sie mit einer Person oder einer Gruppe aus einer anderen Kultur ins Gespräch kommen?

3. Was für Menschen aus anderen Kulturen haben Sie schon kennen gelernt?

4. Kennen Sie Immigranten aus einem anderen Land? Wie haben diese sich in Ihrer Heimat eingelebt?

5. Welche Ecken in Ihrer Stadt würden Sie einem ausländischen Besucher zeigen?

conduct yourself

Erstes Lesen.   Lesen Sie den Text so schnell wie möglich durch und geben Sie die Zeile oder den Absatz an, wo die folgenden Inhalte vorkommen.

1. was für Musik die Gäste im türkischen Imbiss hören
2. welche Muttersprache das Bedienungspersonal im italienischen Restaurant spricht
3. aus welchem Land die Sushi-Bars kommen
4. wo man einen Belgier finden kann
5. wo Eisbein mit Sauerkraut angeboten wird

17   **Leitfragen.**   In der jungen Hauptstadt Berlin ist eine multikulturelle Gesellschaft entstanden, in der viele Immigranten ein neues Heimatgefühl entwickelt haben. Machen Sie beim Lesen zwei Listen.

1. Machen Sie eine Liste der Nationalitäten, denen Wladimir Kaminer begegnet.

uncover   2. Welche „Tarngeschäfte" können Sie aufdecken°?

2-11

Geschäftstarnungen

sent   Einmal verschlug° mich das Schicksal nach Wilmersdorf. Ich wollte meinem Freund Ilia Kitup, dem Dichter aus
5 Moskau, die typischen Ecken Berlins zeigen.

Es war schon Mitternacht, wir hatten Hunger und landeten in einem türkischen
10 Imbiss. Die beiden Verkäufer

evidently   hatten augenscheinlich° nichts zu tun und tranken in Ruhe ihren Tee. Die Musik aus dem Lautsprecher kam
15 meinem Freund bekannt vor. Er erkannte die Stimme einer berühmten bulgarischen Sängerin und sang ein paar

verses   Strophen° mit.
20   „Hören die Türken immer nachts bulgarische Musik?" Ich wandte mich mit dieser Frage an Kitup, der in

▲ Karl Schmidt-Rottluff, *An der Straßenecke,* 1923

traditional   Moskau Anthropologie studierte und sich in Fragen volkstümlicher° Sitten
is acquainted with 25 gut auskennt°. Er kam mit den beiden Imbissverkäufern ins Gespräch.

„Das sind keine Türken, das sind Bulgaren, die nur so tun, als wären sie Türken", erklärte mir Kitup, der auch ein wenig bulgarisches Blut in
veins   seinen Adern° hat. „Das ist wahrscheinlich ihre Geschäftstarnung." „Aber
diverse   wieso tun sie das?", fragte ich. „Berlin ist zu vielfältig°. Man muss die Lage

30 nicht unnötig verkomplizieren°. Der Konsument° ist daran gewöhnt, dass er in einem türkischen Imbiss von Türken bedient wird, auch wenn sie in Wirklichkeit Bulgaren sind", erklärten uns die Verkäufer.

Gleich am nächsten Tag ging ich in ein bulgarisches Restaurant, das ich vor kurzem entdeckt hatte. Ich bildete° mir ein, die Bulgaren dort
35 wären in Wirklichkeit Türken. Doch dieses Mal waren die Bulgaren echt. Dafür entpuppten° sich die Italiener aus dem italienischen Restaurant nebenan als Griechen. Nachdem sie den Laden übernommen hatten, waren sie zur Volkshochschule° gegangen, um dort Italienisch zu lernen, erzählten sie mir. Der Gast erwartet in einem italienischen Restaurant,
40 dass mit ihm wenigstens ein bisschen Italienisch gesprochen wird. Wenig später ging ich zu einem „Griechen", mein Gefühl hatte mich nicht betrogen. Die Angestellten erwiesen° sich als Araber.

Berlin ist eine geheimnisvolle° Stadt. Nichts ist hier so, wie es zunächst scheint. In der Sushi-Bar auf der Oranienburger Straße stand
45 ein Mädchen aus Burjatien hinter dem Tresen°. Von ihr erfuhr ich, dass die meisten Sushi-Bars in Berlin in jüdischen Händen sind und nicht aus Japan, sondern aus Amerika kommen. Was nicht ungewöhnlich für die Gastronomie-Branche wäre. So wie man ja auch die billigsten Karottenkonserven° von Aldi° als handgeschnitzte° Gascogne°-
50 Möhrchen° anbietet: Nichts ist hier echt, jeder ist er selbst und gleichzeitig ein anderer.

Ich ließ° aber nicht locker und untersuchte die Lage weiter. Von Tag zu Tag erfuhr ich mehr. Die Chinesen aus dem Imbiss gegenüber von meinem Haus sind Vietnamesen. Der Inder aus der Rykestraße
55 ist in Wirklichkeit ein überzeugter° Tunesier aus Karthago. Und der Chef der afroamerikanischen Kneipe mit lauter° Voodoo-Zeug° an den Wänden – ein Belgier. Selbst das letzte Bollwerk° der Authentizität, die Zigarettenverkäufer aus Vietnam, sind nicht viel mehr als ein durch Fernsehserien und Polizeieinsätze° entstandenes° Klischee. Trotzdem
60 wird es von den Beteiligten° bedient, obwohl jeder Polizist weiß, dass die so genannten Vietnamesen mehrheitlich° aus der Inneren Mongolei kommen.

Ich war von den Ergebnissen° meiner Untersuchungen sehr überrascht und lief eifrig° weiter durch die Stadt, auf der Suche° nach der
65 letzten unverfälschten° Wahrheit. Vor allem beschäftigte mich die Frage, wer die so genannten Deutschen sind, die diese typisch einheimischen° Läden mit Eisbein° und Sauerkraut betreiben°. Die kleinen gemütlichen Kneipen, die oft „Bei Olly" oder „Bei Scholly" oder ähnlich heißen, und wo das Bier immer nur die Hälfte kostet. Doch dort stieß ich auf eine
70 Mauer des Schweigens. Mein Gefühl sagt mir, dass ich etwas Großem auf der Spur° bin. Allein komme ich jedoch nicht weiter. Wenn jemand wirklich weiß, was sich hinter den schönen Fassaden einer „Deutschen" Kneipe verbirgt, der melde sich. Ich bin für jeden Tipp dankbar.

Margin glossary:

bildete … ein: *imagined*

turned out to be

adult education center

proved to be
mysterious

bar

canned carrots / name of discount food chain / hand cut / region of SW France / carrots / **ließ nicht locker:** *didn't let go*

dyed-in-the-wool all kinds of / **Zeug:** *stuff bulwark*

police operations / originated from / participants for the most part

results
eagerly / search
unadulterated
local
boiled knuckle of pork / operate

trail

18 **Wissen Sie das?** Was hat Wladimir Kaminer über viele der Berliner Geschäfte herausgefunden? Verbinden Sie die Sätze.

1. __c__ Wladimir ging nach Wilmersdorf, ...

2. __f__ Da Wladimir und sein Freund Ilia Hunger hatten, ...

3. __i__ Aus dem Lautsprecher im türkischen Imbiss ...

4. __b__ Die bulgarischen Imbiss-verkäufer gaben sich als Türken aus, ...

5. __j__ In dem bulgarischen Restaurant ...

6. __a__ Die griechischen Angestellten im italienischen Restaurant haben Italienisch gelernt, ...

7. __d__ Die meisten Sushi-Bars in Berlin ...

8. __g__ Wladimir erfuhr, dass der Chef der afroamerikanischen Kneipe ...

9. __e__ Wladimir hat erfahren, dass die Chinesen aus dem Imbiss in seiner Nachbarschaft ...

10. __h__ Wladimir konnte aber nicht erfahren, ob die Besitzer der deutschen Läden ...

a. weil die Gäste erwarten, dass in einem italienischen Restaurant Italienisch gesprochen wird.

b. weil die Gäste erwarten, dass die Verkäufer in einem türkischen Geschäft Türken sind.

c. um seinem Freund Ilia etwas Typisches in Berlin zu zeigen.

d. kommen nicht aus Japan, sondern aus Amerika.

e. Vietnamesen waren.

f. gingen sie in einen türkischen Imbiss.

g. nicht aus Afrika, sondern aus Belgien kam.

h. wirklich Deutsche sind.

i. hörten Wladimir und Ilia bulgarische Musik.

j. waren die Kellner echte Bulgaren.

19 **Wer ist wer?** Wladimir sagt über Berlin: „Nichts ist hier echt, jeder ist er selbst und gleichzeitig ein anderer." Inwiefern beschreiben diese Worte die multikulturelle Situation in Berlin und in Deutschland?

20 **Zur Diskussion**

1. Für jede Kultur ist das Essen wichtig. Besprechen Sie die möglichen Bedeutungen des Essens für eine Kultur. Beschreiben Sie dann die Rolle von Essen in Ihrer Kultur und in Ihrer Familie.

2. Welche ausländische Küche essen Sie gern oder nicht gern: chinesisch, deutsch, französisch, griechisch, italienisch, mexikanisch, russisch, spanisch, thailändisch? Eine andere?

3. Was halten Sie von diesen Geschäftstarnungen? Sind sie harmlos oder sollten die Kunden wissen, wem das Geschäft wirklich gehört? Könnte das Betrug° sein?

fraud

Wortschatzübungen

 Grammar Quiz

Wortschatz 2

Substantive

das **Blut** *blood*
der **Dichter, -** / die **Dichterin, -nen** *poet*
das **Ereignis, -se** *event*
der **Imbiss, -e** *snack; fast food place*
　　auf einen Imbiss gehen *to go for a snack*
　　einen kleinen Imbiss nehmen *to have a snack*
der **Lautsprecher, -** *loudspeaker*
die **Ruhe** (no pl.) *quiet; rest; peace*
das **Schicksal, -e** *fate*
die **Sitte, -n** *custom*
die **Suche** (no pl.) *search*
die **Untersuchung, -en** *investigation; examination*
die **Wahrheit** *truth*

Verben

bedienen *to serve; (in restaurant) to wait on*
betrügen (betrug, betrogen) *to deceive; cheat*
sich melden *to report; to inform; to register*
übernehmen (übernimmt; übernahm, übernommen) *to take over*
　(e.g., business); to take on (e.g., work)
untersuchen *to investigate; to examine*
verbergen (verbirgt; verbarg, verborgen) *to hide, conceal*

Andere Wörter

locker *loose, relaxed*
nebenan *next door; close by*
typisch *typical*
zunächst *first of all*

Besondere Ausdrücke

nur so tun als *to act as if*
so genannt *so-called*

Vocabulary Quiz
Audio Flashcards
Concentration
Crossword

21 **Definitionen.** Welche Erklärungen passen zu welchem Begriff?

1. _____ eine Frau, die Gedichte schreibt
2. _____ ein Snack
3. _____ als erstes
4. _____ nicht streng
5. _____ sich etwas genau anschauen und analysieren
6. _____ eine Begebenheit, ein Zwischenfall
7. _____ der Zustand, wenn man nichts hört
8. _____ verstecken
9. _____ üblich, normal

a. das Ereignis
b. untersuchen
c. locker
d. die Ruhe
e. zunächst
f. die Dichterin
g. der Imbiss
h. typisch
i. verbergen

22 **Mir fehlt das Wort.** Sie können es erklären, aber das treffende° Wort fehlt Ihnen. Ergänzen Sie die Sätze mit einem Wort aus der Vokabelliste.

1. Wenn Menschen einer Person vertrauen, erwarten sie, dass die Person die _____ sagt.

2. Ich möchte ein ganzes Jahr in der Türkei verbringen, um die _____ des Landes kennen zu lernen.

3. Als Mustafa gestern vom Fahrrad gefallen war, hatte er einige Wunden und an seinen Armen und Beinen war überall _____.

4. Viele Deutsche kennen einige Gedichte von Goethe. Er ist sicher Deutschlands bekanntester _____.

5. Die Musik in der Bar war sehr laut, und da wir in der Nähe der _____ saßen, konnten wir uns kaum unterhalten.

6. Vor dem Konzert sollten wir noch zu einem _____ gehen und schnell etwas essen, denn ich bin ziemlich hungrig.

7. Im Restaurant „Bella Napoli" _____ uns ein indischer Kellner.

8. Mein Freund Stefan erzählte mir, er werde die Aufgaben eines kranken Kollegen _____ müssen. Das gefällt ihm nicht besonders.

9. Um Arbeitslosengeld zu bekommen, muss man _____ beim Arbeitsamt° arbeitslos _____.

10. Nach dem Verkehrsunfall mussten die beiden Fahrer zur _____ ins nächste Krankenhaus gebracht werden.

11. Frau Gauger hat für ihr Haus viel zu viel bezahlt. aus viel zu viel bezahlt. Ich glaube, der Verkäufer hat sie _____.

12. Oliver ist nicht wirklich krank; er _____ ob er eine schlimme Erkältung hätte.

13. Das ist mal wieder _____ für meinen Vater. Er hat vergessen, wo er in der Parkgarage sein Auto geparkt hat.

14. Wir müssen heute noch mit unserer Gastfamilie über unsere Ankunft am Flughafen telefonieren, aber _____ sollten wir das Ticket kaufen.

15. Den Nachbarn von _____ habe ich sehr gern, aber der im dritten Stock ist ziemlich unfreundlich.

23 **Nicht verwechseln!** Ergänzen Sie die Sätze.

suchen • untersuchen • versuchen

1. Ich fühle mich seit Tagen nicht wohl. Ich glaube, ich muss zum Arzt und mich _____ lassen.

2. _____ doch mehr Sport zu treiben. Dann geht es dir sicher besser.

3. Ich habe schon eine halbe Stunde nach meinem Autoschlüssel _____ und er war die ganze Zeit in meiner Tasche.

4. Ich glaube, die Karten für das Sinfoniekonzert morgen sind ausverkauft, aber wir können _____, Karten für übermorgen zu bekommen.

5. Der Autor aus Moskau sagt im Fernsehen, dass er in Deutschland nach einer neuen Heimat _____.

6. Chemiker in vielen Ländern _____, woher das Virus kommt, doch es gibt noch keine Ergebnisse.

Grammatik im Kontext 🌐 Grammar Quiz

24 **Adjektive.** In seiner Erzählung „Geschäftstarnungen" benutzt Wladimir Kaminer viele attributive Adjektive. Lesen Sie die Zeilen 43–51 noch einmal durch und suchen Sie die attributiven Adjektive mit den Substantiven heraus und notieren Sie den Fall des Substantivs.

25 **„Geschäftstarnungen".** Setzen Sie die richtigen Adjektivendungen ein.

Der russisch____ Autor Wladimir Kaminer wollte sein____ russisch____ Freund typisch____ Ecken der neu____ deutsch____ Hauptstadt zeigen. Die beiden hatten groß____ Hunger und gingen deshalb in ein klein____ türkisch____ Restaurant. Sie hörten ein schön____ Lied. Kaminers Freund erkannte die Stimme einer berühmt____ bulgarisch____ Sängerin. Das war also kein türkisch____ Lied, sondern die Musik war bulgarisch____. Der Freund sprach mit den beid____ Kellnern. Das waren aber keine türkisch____ Kellner, sondern bulgarisch____. Das fanden Kaminer und sein Freund komisch. Doch so ist das eben in einer groß____ Stadt wie Berlin, in der es viele verschieden____ Nationalitäten gibt.

26 **Was ist wichtig?** Welche Eigenschaften sind Ihnen bei Ihren Freunden und Bekannten wichtig? Welche finden Sie unwichtig? Beschreiben Sie eine Freundin oder einen Freund. Unten finden Sie einige Tipps.

sieht gut aus • sauber gekleidet • gut gekleidet • groß • höflich • schlank • stark • freundlich • fleißig • humorvoll • unterhält sich gern • nett • gesund • intelligent • kultiviert • informiert

Was meinen Sie?

27 **Meinungsaustausch / Verhandeln.** Am besten machen Sie diese Aufgaben mit einer Partnerin/einem Partner oder in einer Gruppe. Dann vergleichen Sie Ihre Reaktionen mit den Reaktionen der anderen Gruppen.

1. **Veränderungen:** Im Laufe der Zeit ändert sich oft so manches im Leben. Vergleichen Sie Ihr Leben vor fünf Jahren mit Ihrem jetzigen° Leben. *present*
2. **Leben in Ihrem Land:** Ein kurzes Rollenspiel für zwei Personen: Ein Neuankömmling° in Ihrem Land möchte wissen, was sie/er machen soll, um sich schnell und erfolgreich anzupassen. Was raten Sie ihr/ihm? *newcomer*

28 **Zur Diskussion / Zum Schreiben**

1. **Tarnungen:** In „Geschäftstarnungen" lesen wir „Das sind keine Türken, das sind Bulgaren." Finden Sie andere Beispiele von Tarnungen in dieser Geschichte, in „Erlkönig" und in dem Märchen „Die sieben Raben".
2. **Rollenspiel:** Die junge Frau aus der „Mittagspause" besucht mit einer/einem Bekannten ein Restaurant in Berlin. Sie bestellen das Essen bei der Kellnerin/dem Kellner und sprechen über das Restaurant, das Essen usw. Spielen Sie die Szene.

Junge Erwachsene

Hast du schon Berufspläne?

MANDY GODBEHEAR/Shutterstock.com

Einstieg in das Thema

Eine Shell-Jugendstudie, mit der wir dieses Thema beginnen, gibt Aufschluss° *information*
über die Ziele und Ängste der Jugendlichen im 21. Jahrhundert. Der Wunsch
nach Erfüllung im privaten und beruflichen Leben ist in dieser Studie deutlich
erkennbar°. Diesem Wunsch steht die Angst vor Arbeitslosigkeit gegenüber, *discernable*
mit der viele Jugendliche in Deutschland konfrontiert sind.

In einem Interview mit dem Titel „was werden" aus der *Süddeutschen Zei-*
tung wurden sechs Abiturienten am Anfang ihres Studiums nach ihren Plänen
[high school graduate]
befragt und ein Jahr später noch einmal interviewt. Zwei Berichte über ihr Stu-
dentenleben und Studium sind hier abgedruckt°. *printed*

In dem Artikel „Eine Frage der Existenz" aus dem *Berufswahl-Magazin*
lesen wir, aus welchen Gründen deutsche Studenten
neben ihrem Studium jobben. Dabei erfahren wir auch
etwas über ehrenamtliches° Arbeiten und den Idealis- *in voluntary capacity*
mus junger Leute.

Bei den beiden literarischen Texten handelt es sich
um Heinrich Heines ironisches Gedicht über romantische Beziehungen° zwischen jungen Menschen und *relationships*
die Kurzgeschichte „Brief aus Amerika", die von den
unterschiedlichen Leben zweier Generationen einer
Familie erzählt.

1 **Gedankenaustausch**

1. „Junge Erwachsene" – ein Paradox? Kann man
   gleichzeitig jung und erwachsen sein? Besprechen
   Sie, was es heißt jung und erwachsen zu sein. Ist
   es nur eine Frage des Alters und der Gesetze° *laws*
   oder sind andere Eigenschaften° wichtig? Machen *characteristics*
   Sie ein Assoziogramm°. *concept map*

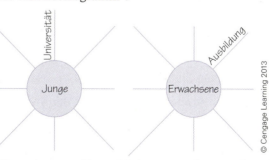

2. Wann ist man Ihrer Meinung nach erwachsen?
   Welche Verantwortung und Pflichten hat man
   dann? Welche Vorteile und Privilegien?

3. Junge Menschen müssen auch an die Zukunft
   ihres Landes denken. Welche Probleme sehen Sie,
   mit denen die jungen Erwachsenen von heute
   konfrontiert werden?

KULTURLESESTÜCKE

fears   Schaubilder: Werte und Befürchtungen° der Jugendlichen

Zum Thema

Wie denkt die Jugend von heute über morgen? Hat die Jugend von heute noch Ideale? Welche Ziele haben sie? Einige Antworten finden wir in der folgenden Shell-Jugendstudie.

2   Zum Nachdenken

values
importance

1. Denken Sie manchmal über die Werte° nach, die für Sie wichtig sind? Machen Sie eine Liste mit diesen Werten und ordnen Sie sie nach Wichtigkeit°.

2. Haben Sie Befürchtungen und Ängste, wenn Sie an Ihre Zukunft denken? Welche?

Werte der Jugendlichen in Prozent	
Eigene Fähigkeiten° entfalten°	68,8
Das Leben genießen	65,4
Unabhängig° sein	62,0
Durchsetzungsfähig° sein	61,9
Sich selbst verwirklichen	60,9
Etwas leisten	56,3
Pflichtbewusst° sein	55,6
Sich gegen Bevormundung° stellen	54,6
Anderen Menschen helfen	54,2
Ein hohes Einkommen anstreben°	52,1

Befürchtungen der Jugendlichen in Prozent	
Arbeitslosigkeit	45,3
Drogenprobleme	36,4
Probleme mit Personen im Nahbereich°	32,1
Lehrstellenmangel°	27,5
Schul- und Ausbildungsprobleme	27,1
Zukunftsangst, Perspektivlosigkeit	20,9
Gewalt, Banden°, Kriminalität	19,8
Geldprobleme	18,9
Gesundheitsprobleme	18,9
Mangelnde° Freizeitgelegenheiten	16,6

Shell-Jugendstudie 2010. Reprinted with permission.

Fähigkeiten abilities   **entfalten** develop   **unabhängig** independent   **durchsetzungsfähig** able to assert oneself   **pflichtbewusst** conscientious   **Bevormundung** regimentation (being told what to do)   **anstreben** strive for   **Nahbereich** in one's immediate circle   **Lehrstellenmangel** lack of apprenticeship positions   **Banden** gangs   **mangelnde** lack of

Zum Text

3   Wissen Sie das?

1. **Wie verstehen Sie die Werte der Jugendlichen?** Wählen Sie zwei Werte aus der Übersicht und erklären Sie, was Sie darunter verstehen. Überlegen Sie sich eine Situation, in der diese Werte wichtig sein könnten.

   ▶ Durchsetzungsfähig sein   *Wann:* in einem Notfall *(emergency)*
   Wo: bei der Arbeit   *Warum:* Der Chef hat kein Verständnis
   Mit wem: meinem Chef   *Wofür:* dafür, dass ich nicht arbeiten kann

2. **Wovor haben Sie Angst?** Sehen Sie sich das Übersicht mit den Befürchtungen der Jugendlichen an. Haben deutsche Jugendliche dieselben Befürchtungen wie Sie und Ihre Freunde?

Interview: Schule & Job: „was werden"

Zum Thema

Bis 1999 waren das Diplom oder der Magister der normale Abschluss° an *degree*
deutschen Universitäten. Nach anglo-amerikanischem Vorbild° werden heute *model*
an deutschen Hochschulen Studiengänge° mit einem Bachelor- oder Master- *courses of studies*
Abschluss angeboten. Im Gegensatz zu den früheren Studiengängen müssen Studenten in allen Kursen Prüfungen machen und in den meisten Kursen besteht
Anwesenheitspflicht°. Manche Vorlesungen werden in Englisch abgehalten und *required attendance*
Studenten können ihre Bachelor- und Masterarbeiten auf Deutsch oder Englisch
schreiben. Ein Bachelorstudium dauert sechs bis acht Semester und ein Master-
studium dauert zwei bis vier weitere Semester. Da die neuen Titel international
anerkannt° sind, kann man so leichter und schneller einen Job im Ausland fin- *recognized*
den – oder eine Uni, an der man weiterstudieren kann.

Vor einem Jahr wurden in der *Süddeutschen Zeitung* einige Studienanfänger
nach ihren Plänen befragt. Inzwischen ist ein Jahr vergangen – und die Studenten
wurden wieder interviewt. Lesen Sie die Berichte von zwei der Studenten,
Igor Fayler und Alexandra Hegmann. Igor und Alexandra beschreiben einige
Probleme, die sie im ersten Jahr hatten.

4 Vor dem Lesen

Besprechen Sie mit einer Partnerin/einem Partner Ihre Erfahrung an der Uni.

5 Beim Lesen

Beschreibt der Text Schwierigkeiten, die auch Sie im ersten Jahr hatten? Streichen
Sie die Stellen im Text an.

2-12

Was werden
Igor Fayler

*Vor einem Jahr wollte Igor Fayler, 21, noch
Unternehmensberater° werden. Jetzt studiert*   *management consultant*
*er Politik in Göttingen – und fühlt sich
befreit°.*   *liberated*

„Seit ich studiere und nicht mehr zur Schule
gehe, fühle ich mich befreit. Ich kann selber
über meine Zeit verfügen° und mich endlich   *dispose*
auf das konzentrieren, was mich wirklich
interessiert: Politik. Ich finde deshalb, dass
ein Studium viel besser zu meinem Charakter passt als die Schule. Ich mag die Auto-
nomie: Wenn ich möchte, kann ich auch mal bis vier Uhr nachmittags
schlafen, um dann bis tief in die Nacht hinein zu pauken – das wäre in

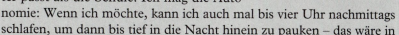

daniel.rodriguez/theboone/iStockphoto.com

der Schule nicht gegangen. Am Anfang habe ich den Fehler gemacht, nicht sehr effektiv zu lernen: Man muss nicht nach jeder Vorlesung alle seine Mitschriften° abtippen° – es reicht, wenn man am Ende des Semesters ganz konkret für die Prüfung lernt. Heute mache ich mir damit nicht mehr so viel Stress. Eigentlich wollte ich ja immer Unternehmensberater werden, jetzt plane ich, in die politische Beratung° zu gehen und zum Beispiel Parteien bei der Wahlkampfplanung° zu unterstützen. Die Verbindung zwischen Politik und Medien interessiert mich sehr. Im ersten Semester habe ich noch im Wohnheim mit zehn anderen Studenten gewohnt – sehr anstrengend! Das Bad war immer besetzt, die Töpfe standen dreckig in der Spüle. Jetzt wohne ich mit zwei Freunden zusammen, da gibt es deutlich weniger Streit um den Putzplan°."

Alexandra Hegmann

2-13

Vor einem Jahr bereitete sich Alexandra Hegmann, 20, aufs Architekturstudium vor. Jetzt weiß sie, wie schwer es ist, sich seine Zeit selbst einzuteilen.

„Wenn ich eines im ersten Jahr an der Uni gelernt habe, dann das: meine Zeit richtig einzuteilen. Eine wirkliche Kunst! Am Ende des ersten Semesters habe ich mich mit einer Aufgabe komplett verschätzt° und viel länger gebraucht als gedacht. Mit der Folge, dass ich mehrere Nächte durcharbeiten musste, um den Entwurf° fertigzubekommen. Zum Glück hat es doch noch geklappt, obwohl ich mit der Note nicht ganz zufrieden war. Nach der Abgabe° bin ich dann richtig krank geworden, ich hatte meine Kräfte wohl völlig überschätzt°. Im zweiten Semester konnte ich dann schon besser absehen°, wie lange ich für die unterschiedlichen Entwürfe brauche. Mein persönlicher Höhepunkt des Jahres war der Umzug° vom Studentenwohnheim in meine neue Bleibe°. Ich teile mir jetzt mit drei Freunden eine gemütliche Altbauwohnung, meine Mitbewohner sind ein bisschen mein Familienersatz. Weimar ist viel kleiner als Berlin, wo ich herkomme. Hier ist alles viel persönlicher, und man trifft ständig Kommilitonen auf der Straße – das ist nett."

"Was Werden," Schule & Job, *Suddeutsche Zeitung,* 23.Sept. 2009. Reprinted with permission.

Zum Text

6 Wissen Sie das?

1. Warum gefällt Igor das Studium besser als die Schule?
2. Warum tippt Igor seine Vorlesungsnotizen nicht mehr nach jeder Vorlesung ab?
3. Was will Igor in seinem zukünftigen° Beruf als politischer Berater tun?   *future*
4. Welchen Fehler hat Alexandra bei ihrer ersten großen Aufgabe gemacht?
5. Was waren die Folgen ihres Fehlers?
6. Was hat sich im zweiten Semester für Alexandra geändert?
7. Was war für Alexandra das Hauptereignis des ersten Jahres?
8. Was gefällt Alexandra besonders an Weimar?
9. Welche ähnlichen Erfahrungen haben Alexandra und Igor gemacht?

7 Zur Diskussion

1. Vergleichen Sie in einer Dreier- oder Vierergruppe Ihre Erfahrungen an der Uni mit den Erfahrungen von Igor und Alexandra. Haben Sie ähnliche Erfahrungen gemacht? Was waren Ihre Hauptprobleme, und wie haben Sie Ihre Probleme gelöst? Haben Sie Ihren Studiengang gewechselt? Bekommen Studenten genug Beratung°?   *counseling*

2. Igor sagt, dass er an der Uni mehr Freiheit hat als in der Schule. Vergleichen Sie Ihr Leben als Student mit Ihrem Leben als Schüler. Inwiefern haben Sie jetzt in Ihrem akademischen und persönlichen Leben mehr Freiheit? Kann eine Studentin/ein Student zu viel Freiheit haben?

3. **Rollenspiel.** Igor will aus dem Studentenwohnheim ausziehen. Eine Mitbewohnerin/ein Mitbewohner versucht ihn zu überzeugen°, da zu bleiben. Igor erklärt, warum er ausziehen möchte. Eine Person spielt Igor, die andere spielt die Mitbewohnerin/den Mitbewohner. Spielen Sie die Szene.   *persuade*

4. **Internetrecherche.** Alexandra studiert Architektur in Weimar. Suchen Sie Informationen über eines der folgenden Themen.

   - Universität Weimar
   - Das Klassische Weimar: UNESCO-Weltkulturerbe
   - Das Bauhaus in Weimar: UNESCO-Weltkulturerbe

   Berichten Sie über drei Punkte.

▲ *UNESCO Weltkulturerbe: Das Stadtschloss in Weimar*

Artikel: Eine Frage der Existenz

Zum Thema

Die meisten Studierenden jobben, um sich ihr Studium zu finanzieren. Nur einige können sich mit dem verdienten Geld auch noch etwas Luxus leisten. Im folgenden Text berichten zwei Studierende von ihren Nebenjobs.

8 **Zur Diskussion.** Bevor Sie den Text lesen, besprechen Sie diese Fragen mit einer Partnerin/einem Partner.

1. Jobben Sie neben dem Studium? Warum oder warum nicht?
2. Wo arbeiten Sie? Was machen Sie?
3. Was sind die Vor- und Nachteile eines Nebenjobs während des Studiums?

🔊 Eine Frage der Existenz

2-14

Bettina Furchheim

abschieben

---

volunteer work

polytechnical college
basic courses for
elementary school such as
biology, geography, history

on the side

be compatible

cashier / building
materials store / budding /
student loan (see
***Vermischtes**) / temporary*
worker / as a volunteer /
work in the university
department / in addition /
taking care of refugees
deported
are
temporary asylum
matters / takes care of

educable

Altrendo images/Altrendo/Getty Images

Baumarkt und Ehrenamt°

Meike Müller möchte Grundschullehrerin werden. Sie studiert an der Bergischen Universität Gesamthochschule° Wuppertal Deutsch, Mathematik und Sachunterricht°. Die 27-Jährige ist im 13. Semester und steht kurz vor ihrem Examen.

„Das Studium dauert auf alle Fälle länger, wenn man nebenher° jobbt", sagt Meike. „Manchmal lässt sich das Jobben mit dem Studium vereinbaren°, häufig wird es aber auch einfach zu viel." Neben ihrem Studium arbeitet sie seit drei Jahren etwa 15 Stunden pro Woche als Kassiererin° in einem Baumarkt°. Einige Semester lang bekam die angehende° Lehrerin BAföG°, später hatte sie kurze Zeit eine Stelle als studentische Hilfskraft° an der Uni.

Neben dem Geldverdienen engagiert sich Meike ehrenamtlich°. In den ersten Semestern machte sie Fachschaftsarbeit°. Zudem° kümmerte sie sich um eine alte Frau. Seit eineinhalb Jahren hilft sie ein paar Stunden pro Woche bei der Flüchtlingsbetreuung° der kirchlichen Initiative „Kein Mensch ist illegal".

„Wir kümmern uns um Leute, die abgeschoben° werden sollen und im Kirchenasyl sind. Etwa 450 Personen befinden° sich zur Zeit im so genannten Wanderkirchenasyl°." Früher hat sich die engagierte Studentin um organisatorische Belange° gekümmert, heute betreut° sie eine Flüchtlingsfamilie.

Neben ihrem Job und der ehrenamtlichen Arbeit macht Meike derzeit ein Praktikum in einem Kinderheim für schwer erziehbare° Kinder – ein Gebiet, auf dem sie später vielleicht arbeiten möchte.

Das Bundesausbildungsförderungsgesetz

Kino

Dirk Prielke müsste nicht unbedingt neben seinem Studium der Elektrotechnik° jobben. „Ich brauche das Geld, um einen gewissen Luxus aufrechtzuerhalten°", sagt der 25-jährige Student. „Luxus" das hört sich nach mehr an°, als hier gemeint ist. Luxus bedeutet für Dirk die Finanzierung einer eigenen Wohnung – er könnte nämlich auch zu Hause wohnen –, eines Autos und ab und zu eines Urlaubs.

electrical engineering

maintain
sounds like

    Dirk ist jetzt im siebten Semester. Vor dem Studium an der Fachhochschule° Niederrhein in Krefeld absolvierte° er eine Ausbildung bei der Philips GmbH°.

technical college
completed / limited
company, Ltd.

Während des Semesters arbeitet Dirk als Filmvorführer° im Kino – maximal 19,5 Stunden pro Woche. „Wenn es nötig ist, kann ich den Arbeitseinsatz° aber auch reduzieren auf fünf Stunden pro Woche", sagt er. Trotz dieser Möglichkeit lässt Dirk wegen seines Jobs die eine oder andere Vorlesung ausfallen°.

projectionist
workload

to cut a class

    „Beim Jobben geht schon viel Zeit drauf", räumt der Student ein°. Teilweise arbeite ich bis zwei Uhr nachts. Aber es macht viel Spaß dort zu arbeiten. Man kommt mit ganz anderen Leuten zusammen und kann vom Studium abschalten°." Abschalten? So ganz nun doch nicht. Denn die Zeit, während der Film läuft, nutzt Dirk oft für sein Studium. Dennoch fehlt tagsüber manche Stunde zum Lernen, muss der fehlende Schlaf doch irgendwann nachgeholt° werden.

concedes

switch off

made up

Zum Text

9 **Ein Vergleich.** Vergleichen Sie Meike mit Dirk.

	Meike	Dirk
STUDIENFACH UND SEMESTER		
ART DER ARBEIT		
ARBEITSSTUNDEN PRO WOCHE		
FINANZIERUNG DES STUDIUMS		
VOR- ODER NACHTEILE DER ARBEIT		

1. Meike verbringt viel Zeit mit ehrenamtlicher Arbeit. Beschreiben Sie ihre ehrenamtliche Arbeit. Wo arbeitet sie? Bei welchen Organisationen und Initiativen arbeitet sie mit?

2. Warum arbeitet Dirk? Was finanziert er mit dem Geld?

consequences 3. Welche Auswirkungen° hat das Jobben auf das Studium von Meike und Dirk?

11 **Zur Diskussion / Zum Schreiben**

1. Besprechen Sie die Bedeutung von ehrenamtlicher Arbeit für die Gesellschaft. Welche ehrenamtlichen Organisationen gibt es in Ihrer Stadt oder auf Ihrem Campus? Was machen diese Organisationen? Wie wichtig ist ihre Arbeit? Finden Sie es wichtig, dass jeder ehrenamtlich arbeitet?

2. Was ist Luxus? Für Dirk bedeutet Luxus eine eigene Wohnung, ein Auto und ab und zu Urlaub zu machen. Was verstehen Sie unter Luxus? Was halten Sie bei Studenten für Luxus? Wie wichtig ist ein luxuriöses Leben für Sie – jetzt oder in der Zukunft?

3. Argumentieren Sie für oder gegen die folgende Aussage: Jeder Student sollte während des Studiums jobben. Das ist wichtig, um Selbstständigkeit und Verantwortung zu lernen.

Vermischtes

college graduates
average
1. Die deutschen Hochschulabsolventen° zählen zu den ältesten der Welt. Bis sie die Universität verlassen, sind sie im Durchschnitt° 29 Jahre alt und haben mehr als sechs Jahre studiert. Das Durchschnittsalter in den USA liegt bei 27 Jahren.

maximum amount
interest free / loan
2. In Deutschland erhalten Studierende finanzielle Unterstützung in Form von BAföG[1]. Der monatliche Höchstsatz° bei BAföG ist zurzeit 648 Euro. Wenn man bei den Eltern wohnt, ist der Höchstsatz 414 Euro. Ein Teil der Summe wird als Stipendium gezahlt. Die andere Hälfte besteht aus einem zinslosen° Darlehen°, das die Studierenden aber innerhalb von 20 Jahren nach dem Studium zurückzahlen müssen.

code of civil law
support / come up with
livelihood
3. Nach dem Zivilgesetzbuch° (Artikel 277) haben die Eltern die Pflicht, <ins>duty</ins> für den Unterhalt° und die Ausbildung ihrer Kinder aufzukommen°, bis die Kinder eine Ausbildung haben und ihren Lebensunterhalt° selber verdienen können.

need to provide support
4. Solange das Kind in der Ausbildung ist und die Unterhaltspflicht° der Eltern besteht, wird auch das Kindergeld weiter bezahlt.

---

33 Buchstaben

[1]= **das Bundesausbildungsförderungsgesetz:** *national law that mandates financial support for students*

Wortschatzübungen

Wortschatz 1

Audio Flashcards
Concentration
Crossword

Substantive

die **Ausbildung**   *education, training*
der **Ersatz**   (*no pl.*) *substitute*
der **Flüchtling, -e**   *refugee*
die **Folge, -n**   *consequence; result*
die **Kraft, ⸚e**   *strength; energy; power*
der **Mitbewohner, -/**die **Mitbewohnerin, -nen**   *roommate*
die **Note, -n**   *grade*
der **Schlaf**   *sleep*
die **Spüle, -n**   *sink*
der **Streit, -e**   *quarrel*
der **Topf, ⸚e**   *pot*
die **Verbindung, -en**   *connection*
das **Wohnheim, -e**   *residence hall, dormitory*

Verben

sich anhören   *to listen to; to sound*
jobben   *to work, to have a job*
nutzen/nützen (+ *dat.*)   *to use; to be of use*
pauken   *to cram*
planen   *to plan*
unterstützen   *to support*

Andere Wörter

dennoch   *yet, however*
dreckig   *dirty*
eineinhalb   *one and a half*
tagsüber   *during the day*
unterschiedlich   *different; various*
völlig   *complete*

12 Definitionen

Welche Wörter aus der Vokabelliste passen zu den Definitionen?

1. eine Person, die ihr Land verlässt, weil sie
   dort nicht mehr sicher ist   _____
2. vorhaben, organisieren   _____
3. komplett, total   _____
4. darin wäscht man Geschirr   _____
5. die Konsequenz, das Resultat   _____
6. während des Tages   _____
7. trotzdem   _____
8. anders, nicht gleich   _____

13 **Vokabeln.** Ergänzen Sie mit Wörtern aus der Vokabelliste.

Lena erzählt von den ersten Wochen ihres Studiums in Heidelberg:

Das Leben im _____ mit fünfzehn anderen Studenten ist nicht immer einfach. Manchmal gibt es _____ wegen ganz banaler Dinge. Zum Beispiel, wer die _____ nicht gespült hat, warum das Bad schon wieder so _____ ist, und so weiter. Oft nervt es auch, dass man sich dauernd die Musik aus den verschiedenen Zimmern _____ muss, weil die Türen so dünn sind. Deshalb bekomme ich manchmal auch zu wenig _____ und bin morgens todmüde. _____ gefällt es mir, hier zu wohnen und es ist auch ein guter _____ fürs Familienleben. Ohne meine _____ würde ich mich sicher manchmal alleine fühlen. Wir _____ uns auch gegenseitig beim Lernen. Letzte Woche musste ich auf meinen ersten Chemietest _____. Tobias, der schon im 5. Semester Chemie studiert, hat mir geholfen. Der Test lief ziemlich gut und ich hoffe, dass ich eine gute _____ bekomme. Das Problem ist allerdings, dass ich ziemlich viel Geld ausgebe, weil man hier in Heidelberg so viele schöne Dinge unternehmen kann. Das heißt, ich müsste eigentlich _____, um Geld zu verdienen, aber ich habe viele Vorlesungen und Seminare. Ich glaube, während des Semesters habe ich einfach keine Zeit und auch keine _____ für einen Job. Aber vielleicht kann ich ja die kommenden Semesterferien dafür _____.

▲ *Heidelberg, eine alte Universitätsstadt am Neckar.*

14 **Verwandte Wörter.** Ergänzen Sie den Dialog mit den passenden Wörtern.

schlafen • der Schlaf • schläfrig • ausschlafen

Paul: Was ist mit dir, Sophie? Du siehst so _____ aus.

Sophie: Ich bin es auch. Ich habe letzte Nacht nur sechs Stunden _____.

Paul: Sechs Stunden sind doch gar nicht so wenig. Mehr _____ brauche ich nie.

Sophie: Wirklich? Nein, ich brauche mindestens acht. Aber morgen werde ich mal so richtig _____. Endlich Wochenende!

Grammatik im Kontext

Grammar Quiz

Der Konjunktiv Sprecher verwenden den Konjunktiv, wenn sie ein Geschehen oder eine Situation nicht als wirklich beschreiben wollen. Sie drücken einfach eine Möglichkeit oder einen Wunsch aus. (Siehe *Kapitel 8.*)

15 Irreale Konditionalsätze. Beenden Sie die folgenden Sätze. Sie können die Stichwörter benutzen. (Siehe *Kapitel 8.*)

1. Wenn Meike Müller neben dem Studium nicht so viel jobben und ehrenamtlich arbeiten würde, ... (kann mit ihrem Studium für den Lehrberuf schneller fertig werden). _____

2. Wenn Dirk Prielke nicht jedes Semester jobben würde, ... (muss bei seinen Eltern wohnen) _____

3. Wenn Igor Fayler schon im ersten Semester mit zwei Freunden zusammengelebt hätte, ... (hätte es weniger Streit um den Putzplan gegeben) _____

4. Wenn Alexandra Hegmann ihre Zeit im ersten Semester besser eingeteilt hätte, ... (ist nicht richtig krank geworden) _____

16 Über Werte und Befürchtungen sprechen. Benutzen Sie einen irrealen Konditionalsatz, um die Aussagen weiter zu erklären.

▶ Beispiel: Ich helfe anderen Menschen.
    Wenn ich anderen Menschen nicht helfen würde, wäre mein Leben weniger wert.

1. Manchmal bin ich zu pflichtbewusst°.
   Wenn ich nicht pflichtbewusst wäre, ...

   conscientious

2. Leider habe ich Geldsorgen.
   Wenn ich keine Geldsorgen hätte, ...

3. Ich bin von meinen Eltern zu abhängig°.
   Wenn ich nicht von meinen Eltern abhängig wäre, ...

   dependent on

4. Ich habe keine gesundheitlichen Probleme.
   Wenn ich gesundheitliche Probleme hätte ...

5. Viele Jugendliche können keinen Job finden.
   Wenn Jugendliche Jobs finden könnten, ...

17 Rollenspiel. Spielen Sie mit Ihrer Partnerin/Ihrem Partner Dialoge zu den folgenden Situationen. Verwenden Sie in Ihrem Gespräch folgende Konjunktivformen:

ich würde gern ...	dürfte ich ...
ich möchte ...	ich würde ..., wenn ...
ich wollte, ich ...	würdest du (mir) bitte ...
es wäre interessant / schön, wenn ...	hättest du ...
vielleicht könnte ich ...	könntest du ...

1. Sie schlagen vor, was Sie in der Freizeit gemeinsam unternehmen könnten.
2. Sie brauchen Hilfe: bei den Hausaufgaben oder mit dem Computer.
3. Was stellt sich Ihre Partnerin/Ihr Partner unter dem idealen Job vor?

🌐 Google Earth Coordinate

Zürich

Blick auf die Altstadt von Zürich

Wo liegt Zürich?

© Cengage Learning 2013

Ales Liska/Shutterstock.com

ZÜRICH IST MIT ETWA 380 000 EINWOHNERN DIE GRÖSSTE STADT und das wichtigste Wirtschafts- und Finanzzentrum der Schweiz.

Zahlreiche Großbanken, Versicherungen° und viele internationale Firmen haben hier ihren Sitz und die Zürcher Börse° ist nach New York, London und Tokio die viertgrößte der Welt. Bekannt für ihren guten Ruf° sind die Universität Zürich, die mit 26 000 Studierenden die größte Universität der Schweiz ist, und die Eidgenössische° Technische Hochschule (ETH), die international zu den führenden technisch-naturwissenschaftlichen Hochschulen gehört. Wegen ihrer internationalen Bedeutung leben in Zürich viele Ausländer – über 30 Prozent der Einwohner haben einen ausländischen Pass. Seit Jahren gilt Zürich als die Stadt mit der höchsten Lebensqualität, was mit ihrem Wohlstand° und der ausgezeichneten Infrastruktur, aber auch mit ihrer besonderen geografischen Lage zu tun hat. Die Stadt liegt idyllisch am Züricher See und bei gutem Wetter hat man einen fantastischen Blick auf die schneebedeckten Alpen. Viel Natur und Grün gibt es auch an beiden Seiten der Limmat, die durch Zürich fließt. Die Hauptsehenswürdigkeit Zürichs ist die malerische Altstadt mit ihren engen Gassen° und den mittelalterlichen° Häusern. Hier befindet sich das Grossmünster°, das mit seinen Doppeltürmen eines der Wahrzeichen von Zürich ist. Anfang des 16. Jahrhunderts lebte hier der Schweizer Theologe Ulrich Zwingli, der die Kirche reformierte. Eine weitere Sehenswürdigkeit ist das Fraumünster, dessen Anfänge bis ins 9. Jahrhundert zurückreichen, das jedoch erst im 19. Jahrhundert seine jetzige Form bekam. 1967 gestaltete° Marc Chagall hier fünf prächtige Glasfenster. Auch sehenswert sind die mittelalterlichen Zunfthäuser° der dreizehn Gilden, die für die wirtschaftliche Entwicklung der Stadt von großer Bedeutung waren. Das kulturelle Angebot in Zürich ist

insurance companies
stock exchange
reputation

Schweizerische Eidgenossenschaft =
official name of Switzerland

prosperity

narrow streets / medieval
Münster: *cathedral*

created

guild houses

groß und es gibt zahlreiche Attraktionen wie das Tonhalle-Orchester, mit dem berühmte Gastdirigenten° und Solisten auftreten und das zur Weltklasse gehört.

guest conductors

Zu nennen sind auch das Schauspielhaus, eines der besten deutschsprachigen Theater, und das Kunsthaus mit seiner bedeutenden Sammlung von Kunstwerken vom 15. Jahrhundert bis heute. Wer einkaufen oder auch nur bummeln° möchte, sollte auf jeden Fall die 1,4 km lange Bankenmeile, die Bahnhofstraße besuchen. Neben noblen Bankgebäuden findet man hier exklusive Geschäfte, Juwelier- und Uhrenläden, elegante Designer-Boutiquen, Luxushotels und Cafés, wo man bei einem Schümli° Kaffee das besondere Flair genießen kann.

window shop

Swiss coffee specialty

18 **Was passt zusammen?** Es können auch mehrere Sehenswürdigkeiten passen.

1. _____ Zürich
2. _____ Altstadt
3. _____ Fraumünster
4. _____ ETH
5. _____ Tonhalle-Orchester
6. _____ Bahnhofstraße
7. _____ Kunsthaus
8. _____ Zunfthäuser
9. _____ Universität Zürich
10. _____ Limmat
11. _____ Grossmünster

a. eine der bedeutendsten technisch-naturwissenschaftlichen Universitäten
b. exklusive Einkaufsstraße
c. hier befinden sich prächtige Glasfenster von Marc Chagall
d. fließt durch Zürich
e. wichtigstes Wirtschafts- und Finanzzentrum der Schweiz
f. ist die größte Universität in der Schweiz
g. hier ist die viertgrößte Börse der Welt
h. enge Gassen mit Häusern aus dem Mittelalter
i. Wahrzeichen von Zürich
j. Gebäude der dreizehn Gilden
k. Sammlung von Kunstwerken der letzten sieben Jahrhunderte
l. tritt mit weltbekannten Musikern auf

Oberhaeuser / Caro / Alamy

Die Bahnhofstrasse - hier gibt es exklusive Geschäfte und Restaurants

19 **Ein Besuch in Zürich.** In Zürich gibt es viel anzuschauen. Was möchten Sie besuchen? Warum finden Sie diese Sehenswürdigkeiten interessant? Erzählen Sie kurz davon.

20 **Internetrecherche.** Wählen Sie eine Aufgabe:

1. Sie möchten in Zürich gerne ausgehen. Was können Sie am Abend unternehmen? Erzählen Sie kurz davon.
2. In Zürich und Umgebung gibt es viele Möglichkeiten für sportliche Aktivitäten. Suchen Sie im Internet Informationen darüber. Welche Sportarten würden Sie interessieren? Erzählen Sie kurz davon.

Kurzfilm

Teleportation

Worum geht es hier?

Drei Kinder versuchen, sich im Jahre 1989 aus ihrem Dorf in der DDR nach West-Berlin zu beamen. Der Film zeigt ihren Versuch und die Probleme, die dabei entstehen.

Vor dem Anschauen

21 Brainstorming. Bilden Sie eine Gruppe von vier Studenten und diskutieren Sie folgende Punkte:

1. Der Film spielt am 9. November 1989 in der DDR. Warum war dieser Tag so wichtig für Deutschland?
2. Wohin würden Sie sich gerne mal beamen?

Gruppe Weimar

Erstes Anschauen, ohne Ton

Schauen Sie sich den Film ohne Ton und Untertitel an und beantworten Sie dann die Fragen.

22 Was haben Sie gesehen? Bringen Sie die folgenden Sätze in die richtige chronologische Reihenfolge.

_____ a. Die Kinder schauen sich in einem Büro um.

_____ b. Die Kinder machen das Experiment in der Garage zum zweiten Mal.

_____ c. Ein Mädchen und ein Junge sitzen in einem Traktor.

_____ d. Viele Leute kommen in Autos an und begrüßen die Kinder.

_____ e. Die Kinder gehen einen Korridor entlang.

_____ f. Die Kinder schauen ein Bild im Fernsehen an.

_____ g. Die Kinder kommen in ein leeres Schulzimmer.

_____ h. Drei Kinder machen in einer Garage ein Experiment.

_____ i. Das Mädchen spricht am Telefon.

Gruppe Weimar

Anschauen mit Ton

23 Was ist passiert? Schauen Sie sich den Film mit Ton an und wählen Sie die richtige Antwort auf die Fragen. Wichtige Wörter und Ausdrücke, die im Film vorkommen, finden Sie in Anhang C.

1. Szene Friedericke, Jonathan und Fabian versuchen sich nach West-Berlin zu beamen.

2. Szene

_____ 1. Warum kommen die jungen Leute zu spät zur Schule?

_____ 2. Warum ist die Schule leer?

_____ 3. Warum ist niemand mehr im Dorf?

_____ 4. Im Fernsehen sehen die Kinder ihre Eltern in Westberlin. Welche Schwierigkeit sehen die Kinder darin, dass die Eltern dort sind?

_____ 5. Was machen die Kinder, damit die Dorbewohner zurückkommen können?

_____ 6. Wie beschreibt der Reporter den Mauerfall?

a. die Kinder glauben, dass ihre Eltern nicht über die Grenze zurückkommen können.

b. Es ist wie ein Volksfest. Es wird gesungen und getanzt.

c. Der Wecker war kaputt.

d. Die Kinder haben alle Leute weggebeamt.

e. Die Kinder wissen nicht warum.

f. Sie wiederholen das Experiment und machen das Ganze *rückwärts*.

24 **Wer hat das gesagt?**   Kreuzen Sie an, wer was gesagt hat.

	Friedericke	Jonathan	Fabian
Ich schlaf nie wieder bei euch. Immer kommen wir zu spät.			
Was hast du vor? Ricke, dat isses Zimmer vom Direx.			
Mama hat gesagt, wenn wat is, kann ik jederzeit im Hotel anrufen. Aber da jeht keener ran.			
Ricke, Ricke. Det Dorf is och leer. Keener da.			
Wenn det stimmt, ham wir aus Versehen die janzen Leute weggebeamt.			
Da sind Leute. Der sieht aus wie mein Papa.			
Meine Eltern könn' bleiben, wo der Pfeffer wächst.			

25 **Zur Diskussion**

1. Wie kommen die Kinder auf die Idee, dass sie ihr Dorf nach West-Berlin gebeamt hätten? Denken Sie an das Alter der Kinder, ihre Fantasie und die damalige politische Lage in Deutschland.

2. Sehen Sie gern Science-Fiction-Filme? Warum (nicht)?

3. Was hat Ihnen an dem Film (nicht) gefallen?

LITERARISCHE WERKE

🌐 Gedicht: Ein Jüngling liebt ein Mädchen

Heinrich Heine

Library of Congress

Heinrich Heine (1797–1856) war einer der großen deutschen Dichter, Schriftsteller und Journalisten des 19. Jahrhunderts. Heine wurde in Düsseldorf als Sohn einer jüdischen Kaufmannsfamilie geboren. Er machte eine kaufmännische Lehre und studierte Jura, wurde dann aber Schriftsteller und Dichter. Da er politisch engagiert war, hatte er viele Schwierigkeiten mit der offiziellen Zensur und verließ 1831 Deutschland. Er zog nach Paris, wo er bis zu seinem Tod lebte.

Seine Gedichte sind in Alltagssprache geschrieben und viele hören sich an wie Volkslieder. Sentimentale, romantische Bilder werden oft durch Ironie oder einen bitteren Kommentar zerstört. Viele seiner Gedichte wurden vertont°, vor allem von den Komponisten Schumann und Mendelssohn.

set to music

Für seinen Zyklus „Dichterliebe" (1840) vertonte Robert Schumann 16 Gedichte von Heine, darunter das Gedicht „Ein Jüngling liebt ein Mädchen". In dem Gedicht kommt das Wort „lieben" vor. Ist das Gedicht denn ein Liebesgedicht? Was meinen Sie?

🔊
2-15

Ein Jüngling liebt ein Mädchen

Ein Jüngling liebt ein Mädchen,
chosen   *Die hat einen andern erwählt°;*
Der andre liebt eine andre,
married   *Und hat sich mit dieser vermählt°.*

aus Ärger: *out of anger*   *Das Mädchen heiratet aus Ärger°*
Den ersten besten Mann,
Der ihr in den Weg gelaufen;
ist übel dran: *is in bad*   *Der Jüngling ist übel° dran.*
shape

Es ist eine alte Geschichte,
Doch bleibt sie immer neu;
Und wem sie just passieret,
in two   *Dem bricht das Herz entzwei°.* 🕊

26 Analyse

1. Warum heiratet das Mädchen den Jüngling nicht?
2. Aus welchen Gründen heiratet das Mädchen einen anderen Mann?
3. Wie verstehen Sie die Zeile in der zweiten Strophe „Der Jüngling ist übel dran?"
4. Erklären Sie Heines paradoxe Gegenüberstellung in der dritten Strophe von „alte Geschichte" mit dem Adjektiv „neu"?
5. Wo finden Sie Beispiele von Ironie in diesem Gedicht?
6. Hören Sie sich Schumanns Lied „Ein Jüngling liebt ein Mädchen" an.

Kurzgeschichte: Brief aus Amerika

Johannes Bobrowski

Johannes Bobrowski (1917–1965) wurde in Tilsit (Ostpreußen° im heutigen Russland) geboren. Er studierte 1937 in Berlin Kunstgeschichte, entschied sich aber bald für kreatives Schreiben. Während des Zweiten Weltkriegs war er an der Ostfront, wo er 1945 in sowjetische Gefangenschaft° kam. Nach seiner Entlassung° 1949 lebte er in Ostberlin als Lektor° und Schriftsteller. Er schrieb drei Gedichtbände, zwei Romane und mehrere Sammlungen° von Kurzgeschichten.

East Prussia

capitivity
release / editor

collections

Zum Thema

„Der Brief aus Amerika" wurde 1965 in Bobrowskis Todesjahr veröffentlicht. Viele von Bobrowskis Gedichten und Erzählungen spielen in der Landschaft entlang dem Fluss Memel in Ostpreußen. In dieser Gegend, Bobrowskis ursprünglicher° Heimat, vermischen sich die deutsche, die baltische und die slawische Kultur. Die Frau in „Ein Brief aus Amerika" ist aus Litauen°. Ein Brief von ihrem Sohn, der nach Amerika ausgewandert ist, zwingt sie zu erkennen, dass sie nicht nur verschiedenen Generationen angehören, sondern auch verschiedenen Welten. Bobrowski beschreibt in klarer, direkter Sprache, was die Frau macht, nachdem sie den Brief bekommen hat. Der Autor entwickelt noch eine zweite Bedeutungsebene° durch Kontraste und ein zentrales Bild von Feuer und Brennen, eine Kraft, die zerstören, aber auch reinigen° und heilen° kann.

original

Lithuania
they

levels of meaning
cleanse / heal

27 **Zur Diskussion.** In der Geschichte „Brief aus Amerika" ist der Sohn einer alten Frau nach Amerika ausgewandert. Welche Missverständnisse könnte es zwischen den beiden geben?

28 **Leitfragen.** Beim Lesen fragen Sie sich:

1. Eine alte Frau hat einen Brief von ihrem Sohn bekommen. Warum beunruhigt° der Brief sie so?

   upset

2. Die Frau ist auf ihre weißen Arme sehr stolz. Sie haben eine große Rolle in ihrem Leben gespielt. Warum will sie jetzt, dass ihre Arme von der Sonne braun werden?

3. Alles dreht sich° um den Brief. Beachten Sie, was die Frau mit dem Brief macht. Überlegen Sie sich, was das für ihr Leben bedeuten könnte.

   revolves

Brief aus Amerika

Käthe Kollwitz:
Selbstbildnis (1934)

Brenn mich, brenn mich, brenn mich, singt die
alte Frau und dreht sich dabei, hübsch langsam und bedächtig°, und jetzt schleudert° sie
die Holzpantinen° von den Füßen, da fliegen
5 sie im Bogen° bis an den Zaun, und sie dreht
sich nun noch schneller unter dem Apfelbäumchen. Brenn mich, liebe Sonne, singt sie
dazu. Sie hat die Ärmel° ihrer Bluse hinaufgeschoben und schwenkt° die bloßen Arme, und
10 von den Ästen° des Bäumchens fallen kleine,
dünne Schatten herab, es ist heller Mittag, und
die alte Frau dreht sich mit kleinen Schritten. Brenn mich, brenn mich, brenn mich.

Im Haus auf dem Tisch liegt ein Brief. Aus Amerika. Da steht zu lesen:
Meine liebe Mutter. Teile Dir mit, daß wir nicht zu Dir reisen werden.
15 Es sind nur ein paar Tage, sag ich zu meiner Frau, dann sind wir dort, und
es sind ein paar Tage, sage ich, Alice, dann sind wir wieder zurück. Und
es heißt: ehre° Vater und Mutter, und wenn der Vater auch gestorben ist,
das Grab ist da, und die Mutter ist alt, sage ich, und wenn wir jetzt nicht
fahren, fahren wir niemals. Und meine Frau sagt: hör mir zu, John, sie
20 sagt John zu mir, dort ist es schön, das hast du mir erzählt, aber das war
früher. Der Mensch ist jung oder alt, sagt sie, und der junge Mensch weiß
nicht, wie es sein wird, wenn er alt ist, und der alte Mensch weiß nicht,
wie es in der Jugend war. Du bist hier etwas geworden, und du bist nicht
mehr dort. Das sagt meine Frau. Sie hat recht. Du weißt, ihr Vater hat
25 uns das Geschäft überschrieben°, es geht gut. Du kannst deine Mutter
herkommen lassen, sagt sie. Aber Du hast ja geschrieben, Mutter, daß Du
nicht kommen kannst, weil einer schon dort bleiben muß, weil alle von
uns weg sind.

Der Brief ist noch länger. Er kommt aus Amerika. Und wo er zu Ende
30 ist, steht: Dein Sohn Jons.

Es ist heller Mittag, und es ist schön. Das Haus ist weiß. An der
Seite steht ein Stall. Auch der Stall ist weiß. Und hier ist der Garten.
Ein Stückchen den Berg hinunter steht schon das nächste Gehöft°; und
dann kommt das Dorf, am Fluß entlang, und die Chaussee° biegt° heran
35 und geht vorbei und noch einmal auf den Fluß zu und wieder zurück
und in den Wald. Es ist schön. Und es ist heller Mittag. Unter dem
Apfelbäumchen dreht sich die alte Frau. Sie schwenkt die bloßen Arme.
Liebe Sonne, brenn mich, brenn mich.

In der Stube° ist es kühl. Von der Decke baumelt° ein Beifußbusch°
40 und summt° von Fliegen. Die alte Frau nimmt den Brief vom Tisch, faltet
ihn zusammen und trägt ihn in die Küche auf den Herd. Sie geht wieder
zurück in die Stube. Zwischen den beiden Fenstern hängt der Spiegel, da
steckt in der unteren Ecke links, zwischen Rahmen und Glas, ein Bild.
Eine Photographie aus Amerika. Die alte Frau nimmt das Bild heraus,
45 sie setzt sich an den Tisch und schreibt auf die Rückseite: Das ist mein
Sohn Jons. Und das ist meine Tochter Alice. Und darunter schreibt sie:
Erdmuthe Gauptate geborene° Attalle. Sie zupft° sich die Blusenärmel
herunter und streicht sie glatt°. Ein schöner weißer Stoff mit kleinen

Margin glosses:
deliberately / throws off
wooden clogs
curve

sleeves
swings
branches

honor

signed over

farm
highway / bends

*living room / swings / bunch
of wormwood / hums*

née / pulls
streicht glatt: *smoothes out*

blauen Punkten. Aus Amerika. Sie steht auf, und während sie zum Herd
50 geht, schwenkt sie das Bild ein bißchen durch die Luft. Als der Annus von
Tauroggen gekommen ist, damals, und hiergeblieben ist, damals: es ist
wegen der Arme, hat er gesagt, solche weißen Arme gab es nicht, da oben,
wo er herkam, und hier nicht, wo er dann blieb. Und dreißig Jahre hat er
davon geredet. Der Annus.

55   Der Mensch ist jung oder alt. Was braucht der alte Mensch denn
schon? Das Tageslicht wird dunkler, die Schatten werden heller, die Nacht
ist nicht mehr zum Schlafen, die Wege verkürzen sich. Nur noch zwei, drei
Wege, zuletzt einer.

    Sie legt das Bild auf den Herd, neben den zusammengefalteten Brief.
60 Dann holt sie die Streichhölzer aus dem Schaff° und legt sie dazu. Werden
wir die Milch aufkochen°, sagt sie und geht hinaus, Holz holen.

cupboard
heat up

Johannes Bobrowski, Gesmmelte Werke in sechs Bänden, Bd. 4, Die Erzählungen, Vermischte Prosa ©1999, Deutsche
Verlags-Anstalt, Müchen in der Verlagsgruppe Random House GmbH

Zum Text

29 Wissen Sie das?

1. Was wissen Sie über die Mutter von Jons?
2. Inwiefern sagt der Name John etwas über das jetzige Verhältnis von Mutter und Sohn aus?
3. Feuer und Brennen spielen eine zentrale Rolle in der Geschichte. Welche Wörter haben, mit Feuer oder Brennen zu tun?
4. Was brennt oder wird wohl verbrannt? Warum?

30 Kontraste.
In der Geschichte gibt es viele Kontraste. Suchen Sie im Text die Sätze, wo die folgenden Kontraste vorkommen. Die Kontraste sind nicht immer in einem einzigen Satz zu finden.

▶ dort / zurück
Es sind nur ein paar Tage, … dann sind wir dort, und es sind ein paar Tage, … dann sind wir wieder zurück.

1. alt / jung	4. langsam / schnell	7. hell / dunkel
2. heute / früher (damals)	5. heiß / kühl	8. braun gebrannt / weiß
3. hier / dort	6. Tag / Nacht	9. Leben / Tod

31 Zur Diskussion / Zum Schreiben

1. Was macht die Frau? Die Szene wechselt vom Garten zur Stube und schließlich zur Küche. Sagen Sie in drei Sätzen, was die Frau an jedem Ort macht.
2. Man hört oft, dass ältere Leute isoliert sind. Finden Sie, dass die alte Mutter isoliert ist?
3. Stellen Sie sich vor, Sie wären die alte Frau. Was hätten Sie gemacht, wenn Sie so einen Brief von Ihrem Sohn bekommen hätten? Benutzen Sie den Konjunktiv. (Siehe *Kapitel 8.*)
4. Wie sollte sich Ihrer Meinung nach der Sohn seiner Mutter gegenüber verhalten°? Hat er die Pflicht sich um sie zu kümmern, auch wenn er so weit weg wohnt? Wie würden Sie sich in so einer Situation Ihren Eltern gegenüber verhalten? Benutzen Sie den Konjunktiv. (Siehe *Kapitel 8.*)

conduct himself

Wortschatzübungen

Grammar Quiz

Vocabulary Quiz
Audio Flashcards
Concentration
Crossword

Wortschatz 2

Substantive

die **Fliege, -n**   *fly*
das **Grab, ⸚er**   *grave*
der **Herd, -e**   *stove, cooking range*
der **Rahmen, -**   *frame*
der **Schatten, -**   *shadow, shade*
der **Schritt, -e**   *step; pace*
das **Streichholz, ⸚er**   *match*
der **Zaun, Zäune**   *fence*

Verben

sich drehen   *to turn (oneself)*
falten   *to fold*
hinauf·schieben (schob hinauf, hinaufgeschoben)   *to push up*
zu·hören   *to listen to*

Andere Wörter

bloß   *bare*
niemals   *never*
zuletzt   *finally, at last; (for) the last time*

---

32   Welche Wörter?   Welche Substantive aus der Vokabelliste verbinden Sie mit den folgenden Wörtern?

1. der Baum   _____

2. das Feuer   _____

3. der Garten   _____

4. das Insekt   _____

5. kochen   _____

6. der Spiegel   _____

7. sterben   _____

33   Nicht verwechseln!   Ergänzen Sie die Sätze.

aufhören • gehören • hören • zuhören

Nils: Hast du _____, was Professor Weber gesagt hat? _____ dieser Text auch zum Lernstoff für den Test?

Laura: Keine Ahnung. Ich habe heute gar nicht so richtig _____.

Ich finde, wir sollten so langsam auch _____ über die Uni zu sprechen / Ich brauche eine Pause! Komm, lass uns was trinken gehen!

34 **Vokabeln**

Ergänzen Sie die Sätze mit einem passenden Wort aus der Vokabelliste.

Eine alte Mutter liest einen Brief von ihrem Sohn Jons, der jetzt in Amerika lebt. Sie haben sich _____ vor drei Jahren am _____ des verstorbenen Vaters gesehen. Im Brief teilt er seiner Mutter mit, dass er sie nicht besuchen wird. Seine Frau Alice meint, die Reise ist zu lang und zu teuer. Jung ist jung und alt ist alt. Während die Mutter liest, summen die _____. Sie geht zum Spiegel. In der unteren Ecke des Spiegels steckt zwischen _____ und Glas ein Bild von Jons und Alice. Sie schreibt die Namen darauf und schwenkt das Bild durch die Luft. Dann _____ sie den Brief zusammen, steckt ihn in die Tasche und geht in den Hof. Ein paar _____ von der Tür steht ein Apfelbaum. Sie geht aber nicht in den kühlen _____ des Baumes, sondern in die Sonne. Sie _____ die Ärmel der Bluse _____, sie _____ _____ wie im Tanz. Die Sonne brennt auf ihre _____ Arme. Nach einer Weile holt sie Holz und geht damit in die Küche. Sie will Milch aufkochen. Sie setzt die Milch auf den _____, nimmt den gefalteten Brief aus der Tasche, liest ihn noch einmal und steckt ihn und das Bild unter das Holz. „Ich mach jetzt Feuer", sagt sie und holt die _____.

Was meinen Sie?

35 **Zur Diskussion / Zum Schreiben**

1. Vergleichen Sie Herrn Altenkirch („Eine Postkarte für Herrn Altenkirch") mit der Mutter im „Brief aus Amerika". Beschreiben Sie, wie sie aussehen, wo und wie sie wohnen, wie sie denken und was ihre Situation am Ende der Geschichte ist. Welche Rolle spielen die Postkarte bei Herrn Altenkirch und der Brief in dieser Geschichte?

2. Wie stehen Sie zu der Darstellung vom Altsein in den Texten, die Sie gelesen haben („Eine Postkarte für Herrn Altenkirch", „Brief aus Amerika")? Finden Sie die Darstellungen realistisch oder übertrieben°? Sind sie modern oder überholt°?

    exaggerated
    outdated

3. In „Mittagspause", „Good Bye, Lenin!" und in „Brief aus Amerika" erfahren wir jeweils etwas über die Beziehung zwischen den Generationen (Eltern und erwachsenden Kindern). Wählen Sie zwei Situationen und diskutieren Sie darüber.

36 **Rollenspiel.** Wählen Sie zwischen Rollenspiel a. und b. und stellen Sie sich die Situation vor.

a. Der Sohn John (Johann) und seine Frau besuchen nun doch die Mutter in Deutschland. Spielen Sie die Szene des Besuches.

b. Herr Altenkirch aus Berlin besucht die alte Frau auf dem Land. Spielen Sie die Szene.

Thema 9

Stereotype

Resources

Die idyllische Weinstadt Rüdesheim am Rhein

Sabine Lubenow / Alamy

🔊 Text Audio

🌐 Premium Website

📗 Student Activities Manual

Einstieg in das Thema

Von Kindheit an fällen Menschen Urteile° über die Gewohnheiten°, Erfahrungen, Traditionen und Ansichten von Personen und Personengruppen. Unser Bild von anderen Menschen entwickelt sich schon von früh an. Es wird sowohl durch das Elternhaus als auch in der Schule, bei der Ausbildung und im Beruf geprägt°. Wenn wir diese Urteile verallgemeinern°, sprechen wir von Stereotypen. Wir leben alle mit Stereotypen, seien sie nun von Beziehungen zwischen den Geschlechtern°, gesellschaftlichen Gruppen oder anderen Völkern. Sie können positiv, negativ oder wertneutral sein.

Urteile fällen: *make judgments / customs*

shaped / generalize

genders

Stereotype gibt es als Selbstbild und als Fremdbild. Über das Selbstbild der Deutschen erfahren wir in diesem Thema etwas in der Umfrage „Die Deutschen über sich selbst". Beispiele für Fremdbilder zeigen wir anhand° eines Features aus der Wochenzeitung *Die Zeit* mit dem Titel „Unser Ausland!", in dem ein Amerikaner über sein Leben und seine Erfahrungen in Deutschland schreibt, und in einer Skizze aus dem Buch *Die Deutschen pauschal°*, das verschiedene landeskundliche° Aspekte ironisch präsentiert. Außerdem lesen Sie zwei Berichte von amerikanischen Austauschstudenten°, die an der Universität Tübingen studiert haben. Die jüdische Dichterin Rose Ausländer erinnert uns in ihrem Gedicht „Anders II" daran, wie wichtig es ist, Menschen mit ihrer persönlichen und kollektiven Geschichte zu sehen und ihre Individualität zu respektieren. Arthur Schnitzlers humorvolle Erzählung „Die grüne Krawatte" illustriert stereotypes Denken und intolerantes Verhalten gegenüber äußeren und inneren Unterschieden von Menschen.

by means of

as a group
cultural

exchange students

① Gedankenaustausch

1. Was verstehen Sie unter dem Begriff „Stereotype"? Nennen Sie Beispiele für Gewohnheiten und Ansichten, die Sie für stereotyp halten.

2. Manche meinen, dass man den Gebrauch von Stereotypen vermeiden° sollte. Andere glauben, dass Stereotype nötig sind, wenn man verallgemeinern muss. Sind Ihrer Meinung nach Stereotype nützlich°, gefährlich oder beides?

avoid

useful

KULTURLESESTÜCKE

Umfrage: Die Deutschen über sich selbst

Zum Thema

Die folgende Umfrage des Gallup Markt- und Meinungsforschungsinstituts in Wiesbaden wurde mit 1008 jungen Leuten durchgeführt, die alle in Deutschland wohnen. Auf die Frage: „Was ist Ihrer Meinung nach typisch deutsch?" zeichnete ein Viertel der Befragten ein eher negatives Selbstbild in ihren Antworten, indem sie Eigenschaften wie z. B. Gefühlskälte, Sturheit°, Passivität und Umständlichkeit° nannten. Aber der größte Teil der Befragten antwortete auf die drei Antwortmöglichkeiten mit positiven Eigenschaften. Es stellte sich aber auch heraus, dass Bier, Sauerkraut und Wurst von den Deutschen selbst als stereotyp deutsche Nahrungsmittel° gesehen werden. In diesem Punkt ist die Meinung der Deutschen identisch° mit dem Fremdbild, nach dem diese Nahrungsmittel nämlich auch von Befragten aus anderen Ländern als stereotyp deutsch gesehen werden.

stubbornness / fussiness

foods
coincides

Die Deutschen über sich selbst

Was ist Ihrer Meinung nach typisch deutsch?

TOP 10	Gesamt (N = 1008)	Männer (N = 502)	Frauen (N = 506)
Zuverlässigkeit°	20%	48%	52%
Fleiß	10%	50%	50%
Perfektion	10%	52%	48%
Ordnung	9%	41%	59%
Pünktlichkeit	6%	48%	52%
Passivität	6%	65%	35%
Umständlichkeit°	6%	53%	47%
Nahrungsmittel	4%	49%	51%
Arbeitseifer°	3%	45%	55%
Disziplin	3%	55%	45%

reliability

involvedness, ponderousness

zeal for work

Zum Text

2 **Wissen Sie das?**

chart

1. Welche Attribute im Schaubild° halten Sie für positiv? Welche finden Sie negativ?

2. Welche drei Eigenschaften halten die meisten Männer für „typisch deutsch"? Welche vier Eigenschaften sind nach Meinung der Frauen „typisch deutsch"?

3. Wessen Bild ist generell positiver, das Bild der Männer oder das der Frauen?

4. Welche Eigenschaften in diesem Schaubild halten Sie für „typisch deutsch"?

5. Bier, Sauerkraut und Wurst gelten oft als typisch deutsche Nahrungsmittel. Welche Nahrungsmittel werden von vielen als typisch für Ihr Land angesehen?

ZumThema

Die Wochenzeitung *Die Zeit* veröffentlichte vor einigen Jahren ein Interview mit dem Amerikaner Randy Kaufman, der seit Jahren in Deutschland lebt und als Archivar° arbeitet. Seine Beobachtungen in Deutschland geben auf humorvolle Art den Einblick eines Ausländers in die deutsche Kultur wieder.

archivist

Danach folgt ein Auszug° aus dem Buch *Die Deutschen pauschal*, in dem wir erfahren, wie schwer es den Deutschen fällt, Smalltalk zu machen, und worüber sie eigentlich viel lieber sprechen.

excerpt

2-17

„Unser Ausland!"

So fing es an: „Entschuldigung, ich möchte lieber englisch sprechen!" – das war der einzige deutsche Satz, den ich auswendig konnte, als ich mich beim Konsulat in Boston um eine Stelle bewarb, für die solide Deutschkenntnisse eigentlich als Voraussetzung° galten. Aber nicht einmal diesen Satz brachte ich fehlerfrei heraus. Zu meinem Erstaunen bekam ich den Job trotzdem. Man schickte mich zunächst als Fremdsprachenassistent nach Essen … Heute spreche ich, wenn ich in Deutschland bin, sogar mit hier lebenden Amerikanern prinzipiell deutsch, weil ich mich dabei wohler fühle. …

prerequisite

Die Deutschen organisieren gerne, das entspricht ihrer systematischen Mentalität. Und so sind Vereine als Form der Freizeitorganisation wohl eine typisch deutsche Erscheinung°, egal, ob es Karnevalsvereine oder linke Politgruppen° sind. …

phenomenon
political groups

In Amerika … gibt es [statt der Vereine] Clubs oder Initiativen, die sich von selbst wieder auflösen°, wenn das gemeinsame Ziel erreicht ist[1]. Manchmal sieht man an Freeways diese lustigen Schilder, die verkünden°, daß die Zahnärztevereinigung diesen Abschnitt° reinigt°, den nächsten die Pfadfinder° oder die örtliche° Synagoge. In den USA kommen gesellschaftliche Bewegungen eher von unten in Gang°, in Deutschland dagegen wartet man oft auf die Initiativen von oben.

disband

announce / section / cleans up
boy scouts / local
to get going

Durch dieses andere Verhältnis zum Staat wird hier weitgehend akzeptiert, was mir als Amerikaner wie ein Eingriff° in meine persönliche Sphäre vorkommt: daß man seine Adresse bei dem Einwohnermeldeamt° angeben muß, immer einen Personalausweis bei sich tragen soll und es dem Staat überläßt, Kirchensteuern° einzutreiben°. …

intrusion

residents' registration office
church taxes / collect

Wenn in Deutschland der Service vielerorts nicht oder noch nicht funktioniert, hat das vielleicht mit der noch sehr starren° Klassengesellschaft zu tun. Durch Leistung° allein ist es hier nicht so einfach möglich, seine Position zu verbessern. In Amerika könnte ich mit

rigid
achievement

---

[1]Normalerweise gelten in einem Verein folgende Regeln: Leute werden formal Mitglieder, zahlen Mitgliedsbeiträge *(membership dues)* und müssen beim Verlassen des Vereines schriftlich kündigen *(give written notice)*.

head

get a Ph.D.
send back
unsatisfactory
value

durable

goes along with / profundity

far-reaching

meiner Ausbildung theoretisch Leiter° der Library of Congress werden –
in Deutschland dagegen müßte ich, um in eine entsprechende Position
zu kommen, erst noch promovieren° und sehr lange warten. Am Ende
käme sicher jemand, der mich auf meinen Platz zurückverweist°. Das
kann zwar sehr unbefriedigend° sein, sorgt aber andererseits für eine
Stabilität, die es in Deutschland noch gibt und die ich sehr schätze°.

Wenn man, wie in den USA, ständig alle Werte wechselt, entsteht
das Gefühl, neuen Idealen immer nur hinterherzurennen und etwas zu
verpassen. Die Deutschen haben ihre dauerhaften° Prinzipien und gehen passend dazu davon aus, ihre Persönlichkeit immer gleichbleibend
präsentieren zu müssen. Deswegen fällt ihnen das *stroking* so schwer,
der nette und oberflächliche Small talk mit Kollegen zum Beispiel, der
sich einfach nicht verträgt° mit deutschem Tiefsinn°.

Weil ich als Amerikaner darin recht geübt bin, bekomme ich in
Gesprächen immer mal wieder zu spüren, daß mich … [Leute] so von
der Seite ansehen, als zweifelten sie daran, daß Amerikaner zu tiefgrei-
fenden° Gedanken überhaupt in der Lage sind.

Interview von DOROTHEE WENNER

Randy Kaufman, "Unser Ausland," by Dorothee Wenner, Die Zeit, Nr. 11, 14. Marz 1997. Reprinted with permission.

Die Deutschen organisieren gern:

Ausländische Jugendliche sind weitaus weniger organisiert als die Deutschen:
43 Prozent der jugendlichen Deutschen gehören mindestens einem Verein oder
einem Verband an. Bei den Ausländern sind es dagegen 31,8 Prozent.

Shell-Jugendstudie 2000

Zum Text

3 Wissen Sie das?

1. Wieso kann Randy Kaufman so gut Deutsch? Warum spricht er auch mit
   Amerikanern deutsch?
2. Randy Kaufman erwähnt einige Eigenschaften und Gewohnheiten, die er für
   typisch deutsch hält. Suchen Sie die Wörter oder Beschreibungen in seinem
   Bericht, die folgende Punkte bestätigen°:

   behaviors

   a. systematische Mentalität   c. starre Klassengesellschaft
   b. anderes Verhältnis zum Staat als   d. Stabilität
      in den USA   e. deutscher Tiefsinn
3. Welche Eigenschaften erwähnt Kaufman, die dem Selbstbild der Deutschen
   im Schaubild auf Seite 184 ähnlich sind?
4. Kaufman vergleicht in manchen Fällen deutsche und amerikanische
   Gewohnheiten und Eigenschaften. Stellen Sie zwei Listen zusammen –
   eine Liste mit Eigenschaften und Verhaltensweisen°, die er für typisch
   deutsch hält, und eine mit Eigenschaften, die seiner Meinung nach typisch
   amerikanisch sind.

Skizze: Zeidenitz; Barkow: „Small Talk"

▲ Hallo, wie geht's?

„**Small talk**" ist ein Ausdruck, für den es im Deutschen keine Entsprechung° gibt. Die Vorstellung, daß man eine Äußerung° von sich geben könnte, die nicht von welterschütternder° Gedankenschwere wäre, ist schlichtweg° undenkbar.

Für die englische Angewohnheit°, sich stundenlang über das Wetter zu unterhalten, können die Deutschen nur ein müdes Lächeln erübrigen°.

Statt dessen lieben die Deutschen ausgiebige° Diskussionen über den enormen Streß, dem sie ausgesetzt° sind, und über den Druck, dem sie andauernd° bei ihrer Arbeit unterliegen°, die Härten des Daseins° allgemein, die zunehmende° Kompliziertheit des Lebens, Krisen, Krankheiten, Weltuntergang° und andere erbauliche° Themen.

Weitere beliebte Gesprächsthemen sind der bevorstehende° Urlaub und wie sehr man ihn benötigt°, wie hart man letzte Woche arbeiten mußte, warum man jetzt wirklich einen Urlaub braucht, warum man diese Woche noch härter arbeiten muß …

Die höfliche Frage „Wie geht's?", die in anderen Ländern nur der Form halber° gestellt wird, beantwortet der Deutsche mit einem umfassenden° Vortrag über den gesundheitlichen Zustand sämtlicher° Körperteile und Funktionen in allen medizinischen Einzelheiten. Wer es nicht so genau wissen will, sollte besser gar nicht erst fragen.

equivalent
remark

earth-shattering
absolutely
habit

manage

extensive

exposed to
continually
are under
existence / increasing
end of the world / uplifting
approaching
needs

for the sake of /
comprehensive / all of the

Auszüge aus der deutschen Übersetzung von Oliver Koch von "Die Deutschen pauschal" von Stefan Zedenitz und Ban Barkow, S. 61 f. (Ausgesprochenes & Unausgesprochenes. "Small Talk"). © an der deutschen Übersetzung: Fischer Taschenbuch Verlag GmbH, Frankfurt am Main 1997

Zum Text

4 Wissen Sie das?

1. Warum gibt es im Deutschen keinen Ausdruck für „small talk"? Welche Gründe dafür finden Sie in den beiden Texten?

2. Worüber sprechen die Deutschen gerne? Worüber die Amerikaner?

5 Rollenspiel. Spielen Sie mit Ihrer Partnerin/Ihrem Partner ein Gespräch auf einer Party zwischen Randy Kaufman und einer/einem Deutschen. Randy macht Smalltalk.

Berichte: Tübinger Austauschstudenten berichten

Zum Thema

customs
elucidates

customs

„Wer von außen kommt, hat oft den besseren Überblick über Sitten° und Traditionen eines Landes", heißt es. Diese Ansicht verdeutlicht° auch der folgende Bericht von zwei amerikanischen Austauschstudenten an der Universität Tübingen. Diese Austauschstudenten haben nicht nur eine andere Kultur kennen gelernt, sondern setzen sie auch in Beziehung zu den Sitten und Gebräuchen° in ihrer eigenen Heimat.

2-19

Unterschiede zwischen Deutschland und den USA

Die Unterschiede zwischen Deutschland und den USA sind nicht groß, aber es gibt manche Unterschiede, die man
5 im Alltag findet. Zum Beispiel: Türen. Als ich zum ersten Mal in mein Wohnheim gekommen bin, habe ich zwei von meinen Mitbewohnern kennengelernt.
10 Sie grüßten mich herzlich und zeigten mir, wo alles war. Ich war sehr müde nach meiner langen Reise und ich mußte

In deutschen Wohnungen sind die Türen oft geschlossen

custodian

eine Checkliste in fünf Minuten ausfüllen und meinem Hausmeister°
15 geben. Ich hatte mich entschuldigt und ging in mein Zimmer. Alles war in Ordnung. Ich ging nach unten und wieder nach oben. Als ich nach
corridor oben ging, sah ich niemanden. Der Flur° war leer und still. Die Türen waren geschlossen. Ich dachte, vielleicht gab es einen Feueralarm, den ich nicht gehört habe. Nein, kein Alarm. Ich ging in mein Zimmer und
in case / rein = herein 20 packte meine Sachen aus. Meine Tür blieb offen, falls° jemand rein° wollte. Später sah ich meine Nachbarin in der Küche, und ich fragte sie, warum alle Türen geschlossen waren. Sie meinte, daß ich eine komische Frage gestellt hatte, aber ich meinte es im Ernst.

Sie sagte, daß es normal ist, die Tür immer zu schließen.
at least 25 Geschlossene Türen, zumindest° für mich, zeigen, daß man in Ruhe gelassen werden möchte oder daß man etwas zu verstecken hat.

Eine offene Tür zeigt Offenheit, Vertrauen und Willkommen. Obwohl es keine Tradition ist, hier die Türen offen zu lassen, lasse ich meine Tür immer offen, um zu zeigen, daß ich für jemanden da bin.

Alexander Sáenz

Nie war ich so amerikanisch wie in Deutschland

Es kommt mir vor, als ob ich in Deutschland eine hundertprozentig leicht erkennbare Amerikanerin bin. Zu Hause merke ich es kaum. Ich bin nicht besonders patrio-
5 tisch. Ich trage keine amerikanische Fahne°. Ich singe in der Dusche nicht die Nationalhymne.

Trotz all dieser Punkte identifizieren mich fast alle, die ich hier kennenlerne,
10 hauptsächlich als „die Amerikanerin".

Vielleicht die kleine Amerikanerin oder die lustige Amerikanerin, aber trotzdem amerikanisch. Sie finden, daß alles, was ich tue, amerikanisch ist oder sehr typisch
15 aussieht.

Die verstehen nicht, daß ich mich mehr als Schwester, Freundin, Germanistikstudentin°, Liberale, Broccoli-Hasser°, Feministin, Ski-fahrer oder Schokoladenabhängige° identifiziere. Ich hätte es viel lie-
20 ber, daß sie mich mit einer dieser Eigenschaften verbinden, statt mit so etwas Allgemeinem wie „amerikanisch".

Vielleicht haben sie aber auch recht. Ich esse Erdnußbutter° und Marmeladen-Sandwiches. Ich spreche Deutsch mit einem Akzent und mache natürlich auch Fehler. Ich trage auch amerikanische Kleider.

Ich möchte mich aber wirklich von ihren blöden Stereotypen tren-
25 nen. Dem lauten, freundlichen, oberflächlichen Fernseh-Kucker°, an den viele denken, wenn sie das Wort „Amerikaner" hören. Vielleicht wird sich dieses Stereotyp mit der Zeit ja ändern.

Kerry West

Skifahrerin stärkt sich mit Schokolade

flag

German studies student / hater / chocolate addict

peanut butter

N. German for **Gucker** *(*gucken*)*

Zum Text

6 Wissen Sie das?

1. Welchen Unterschied zwischen Deutschland und den USA versteht Alexander Sáenz nicht?
2. Was bedeuten für Alexander offene Türen? Was bedeuten für ihn geschlossene Türen?
3. Kerry West stellt sich in Ihrem Bericht selbst vor. Beschreiben Sie sie. Denken Sie an: a. ihr Studium; b. Essen; c. Sportinteressen; d. Politik.
4. Warum stört es Kerry West so sehr, wenn Leute sie als „die Amerikanerin" sehen?
5. Aus der Perspektive von Kerry West zeigen die Deutschen ihr gegenüber stereotypes Denken. Welche Stereotype nennt Kerry?

1. Diskutieren Sie über das Thema: geschlossene Türen zu Hause und bei der Arbeit. Suchen Sie mögliche Gründe, warum viele Deutsche die Türen schließen und viele Amerikaner sie offen lassen. Denken Sie an: a. Geografie; b. Einwohnerzahl; c. Häuser; d. Städte. Gibt es andere Gründe?

2. Eine Austauschstudentin aus Deutschland bereitet sich auf das Studium an Ihrer Universität vor. In einer E-Mail an Sie möchte sie wissen, was sie zu erwarten hat. Was ist in Ihrer Heimat anders? Entscheiden Sie in einer Gruppe, was Sie der Studentin sagen wollen. Machen Sie eine Liste mit zehn Punkten.

3. Stellen Sie eine Liste von deutschen Stereotypen auf, die in Ihrer Heimat verbreitet sind. Was meinen Sie, woher diese Stereotype kommen?

4. Stereotypes Denken gibt es nicht nur zwischen Nationen, sondern auch innerhalb von Nationen, nämlich zwischen den Geschlechtern°, verschiedenen sozialen Gruppen, Berufssparten°, Generationen usw. Diskutieren Sie in einer Gruppe darüber, was man gegen stereotypes Denken machen kann.

genders
types of work

8 **Rollenspiel.** Sie sind Austauschstudentin/Austauschstudent in Deutschland. Ihre Partnerin/Ihr Partner ist Deutsche/Deutscher. Sie klagen beide über das stereotype Bild, das Leute aus anderen Ländern von Ihnen haben. Spielen Sie die Szene.

Vermischtes

with German roots / total population
condominiums
rate of home ownership

1. Eine der größten ethnischen Gruppen in den USA sind die 43 Millionen deutschstämmigen° Amerikaner. (15 Prozent der Gesamtbevölkerung°)

2. **Eigentumswohnungen°.** Deutschland und die Schweiz haben die niedrigste Eigentumsquote° aller europäischen Länder. 42,8 Prozent aller Haushalte in Deutschland und 36 Prozent in der Schweiz sind Eigentumswohnungen. In Spanien und Norwegen sind es 86 Prozent, in den USA 70 Prozent und in Kanada 67,5 Prozent.

late arrival

3. **Pünktlichkeit.** Die bekannte deutsche Pünktlichkeit spielt bei der Deutschen Bahn eine Rolle. Bei einer Verspätung° von mindestens 60 Minuten bekommt der Fahrgast 25 Prozent des Fahrpreises zurück, bei zwei Stunden und länger 50 Prozent.

4. **Blumen.** In Deutschland sieht man überall Blumen, ob auf den Balkons, vor den Fenstern oder in den Parks. Die Deutschen geben europaweit das meiste Geld für Blumen aus. In einem Jahr kauft jeder Deutsche Blumen oder Pflanzen für 81 Euro.

5. **Autobahnen.** Deutschland hat mit 12 500 Kilometern das zweitgrößte Autobahnnetz der Welt, nach den USA mit 750 000 km.

traffic jams

6. **Staus°.** In Deutschland sind Staus ein Teil des normalen Lebens. Zu Beginn eines Feiertages oder der Schulferien im Juli müssen Autofahrer mit langen Staus, teilweise bis zu 50 Kilometern rechnen.

Wortschatzübungen

Wortschatz 1

Audio Flashcards
Concentration
Crossword

Substantive

der **Austauschstudent, -en, -en**/die **Austauschstudentin, -nen**
  exchange student
der **Ausweis, -e**   *identity card*
der **Druck**   *pressure*
unter Druck stehen   *to be under pressure*
jemanden unter Druck setzen   *to put pressure on someone*
die **Eigenschaft, -en**   *quality; characteristic*
die **Einzelheit, -en**   *detail*
die **Fremdsprache, -n**   *foreign language*
die **Kenntnis, -se**   *knowledge, information*
die **Ordnung**   *order; routine; rules*
das **Schild, -er**   *sign*
das **Stereotyp, -en**   *stereotype*
das **Verhältnis, -se**   *relationship; affair; condition*
die **Vorstellung, -en**   *idea; introduction; performance*
der **Vortrag, ⁓e**   *lecture*
der **Wert, -e**   *value; worth*

Verben

entsprechen (entspricht; entsprach, entsprochen) (+ *dat.*)
  to correspond to
sich bewerben (bewirbt; bewarb, beworben) (um / bei)   *to apply (for; to)*
klagen   *to complain*
verbessern   *to improve; to correct*
verbinden (verband, verbunden)   *to connect; to unite, to connect*
verstecken   *to hide, to conceal*
zweifeln   *to doubt*
zweifeln an (+ *dat.*)   *to have doubts about*
ich zweifle daran   *I doubt it*

Andere Wörter

auswendig   *by heart, by memory*
beliebt   *popular; beloved*
blöd(e)   *silly, stupid*
erstaunt   *astonished, amazed*
hauptsächlich   *mainly*
oberflächlich   *superficial*

9 **Definitionen.** Welche Wörter aus der Vokabelliste passen zu den folgenden Bedeutungen?

1. besser machen _____
2. etwas, das eine Person oder ein Ding charakterisiert _____
3. ein Klischee _____
4. die Beziehung _____
5. wenn man etwas nicht zeigen möchte und versucht, dass andere es nicht sehen _____
6. ein kleiner Teil von einem Ganzen, eine Facette, ein Detail _____
7. eine Rede über ein bestimmtes Thema _____
8. vor allem, besonders _____
9. ein offizielles Dokument mit Angaben über eine Person _____
10. eine Reaktion auf etwas Unerwartetes, überrascht _____
11. dumm; langweilig _____
12. zu etwas passen oder etwas ähnlich sein _____
13. nicht sehr tief, nicht intensiv _____

10 **Vokabeln.** Ergänzen Sie die Sätze mit Wörtern aus der Vokabelliste. Achten Sie bei den Verben auf die richtige Form.

1. Wenn man im Ausland studieren oder arbeiten möchte, ist es wichtig, dass man mindestens eine _____ lernt.

2. Ein typisches Fremdbild von den Deutschen ist, dass sie Disziplin und _____ sehr schätzen°.

value

3. In Deutschland _____ allerdings auch manche Leute darüber, dass viele Deutsche heute unordentlich und undiszipliniert sind.

4. Generell kann man sagen, dass solche _____ wie Disziplin und Korrektheit heute auch nicht mehr so populär sind.

5. Das _____ von verschiedenen Minderheiten in einer multikulturellen Gesellschaft ist häufig nicht konfliktlos.

6. Schwere Vokabeln in einer Fremdsprache sollten am besten von den Studenten aufgeschrieben und _____ gelernt werden.

7. Manche Ausländer in Deutschland _____ daran, dass sie Deutsch jemals perfekt schreiben und sprechen können.

8. Doch ohne gute _____ der deutschen Sprache ist es schwierig einen Job zu finden.

◄ *Und welche andere Fremdsprache möchten Sie noch lernen?*

Grammatik im Kontext

Grammar Quiz

11   Relativsätze.   Suchen Sie im Text „Small talk" und in den Berichten der Tübinger Austauschstudenten die Relativsätze, die den folgenden Sätzen entsprechen. Nennen Sie das Bezugswort, das Relativpronomen und den Fall und die Funktion des Relativpronomens. (Siehe *Kapitel 9.*)

A. Small talk

1. Zeile 1–3: „Small talk" ist ein Ausdruck im Englischen. Für diesen Ausdruck gibt es im Deutschen keine Entsprechung.
2. Zeile 5–7: Die Deutschen geben nur Äußerungen von welterschütternder Gedankenschwere von sich. Eine andere Art von Äußerung wäre für sie undenkbar.
3. Zeile 14–15: Die Deutschen diskutieren lange über Stress. Sie sind diesem Stress ausgesetzt.
4. Zeile 16–17: Sie sprechen auch gern über den Druck bei der Arbeit. Sie unterliegen diesem Druck andauernd.

B. Tübinger Austauschstudenten berichten

5. Sáenz, Zeile 4–5: Zwischen Deutschland und den USA gibt es manche Unterschiede. Man findet die Unterschiede im Alltag.
6. Sáenz, Zeile 18–19: Ich dachte, vielleicht gab es einen Feueralarm. Ich habe den Alarm aber nicht gehört.
7. West, Zeile 9–10: Ich lerne die Leute hier kennen. Fast alle identifizieren mich als Amerikanerin.
8. West, Zeile 13–15: Ich tue etwas. Die Deutschen finden alles amerikanisch.

12   Geschlossene Türen.   Verbinden Sie die Sätze, indem Sie statt der fett gedruckten Wörter Relativpronomen benutzen.

1. Alexander war Austauschstudent. **Er** verbrachte ein Jahr an der Universität Tübingen.
2. Im Wohnheim war ein Hausmeister. Alexander musste **dem Hausmeister** am ersten Tag eine Checkliste geben.
3. Dann ging Alexander auf den Flur. **Der Flur** war leer und still.
4. Aber die Türen der Studenten waren alle geschlossen. **Das** fand Alexander sehr komisch.
5. Es gibt zwischen Deutschland und den USA doch einige Unterschiede. **Die Unterschiede** findet man im Alltag.
6. Alexander lernte zwei Mitbewohner kennen. **Sie** zeigten ihm vieles.
7. Seine Nachbarin erklärte ihm, warum die Türen zu waren. Er traf **sie** in der Küche.
8. Alexander ließ seine Tür immer offen. **Das** zeigt Offenheit und Vertrauen.

Reiseführer

Google Earth Coordinate

Köln

Wo liegt Köln?

Blick auf den Kölner Dom und die Hohenzollernbrücke

Regien Paassen / Shutterstock.com

© Cengage Learning 2013

settlement

DER NAME KÖLN GEHT AUF EINE RÖMISCHE SIEDLUNG° ZURÜCK, DIE 50 N. Chr. zur Stadt Colonia Claudia Ara Agrippinensium ernannt wurde.

technical colleges

Köln ist Sitz eines Erzbischofs, einer bedeutenden Universität, mehrerer großer Fachhochschulen° – unter anderem der Sporthochschule – und es ist als Kulturmetropole, Messe- und Medienstadt international bekannt.

prosperous

Köln schaut auf eine 2000-jährige Geschichte zurück und war über die Jahrhunderte eine wichtige, wohlhabende° Stadt. Im Zweiten Weltkrieg wurden große Teile von Köln zerstört, doch zahlreiche historische Bauten blieben erhalten.

Das in aller Welt bekannte Wahrzeichen Kölns ist der Dom, eine der meistbesuchten Touristenattraktionen Europas. Der Bau des imposanten Bauwerks dauerte mehrere Jahrhunderte. 1248 wurde mit dem Bau der gotischen Kathedrale begonnen, doch nach vielen Schwierigkeiten und einer Baupause von über 200 Jahren wurde der Dom schließlich im Jahr 1880 fertiggestellt. Mit den beiden monumentalen Türmen von über 157 Metern Höhe und der riesigen Fassade ist er die größte gotische Kathedrale der Welt. 1996 wurde der Kölner Dom zum Weltkulturerbe der UNESCO erklärt. Im Bereich um den Dom herum befinden sich drei wichtige Museen. Das Römisch-Germanische Museum hat eine sehenswerte Sammlung von Kunstobjekten aus der Römerzeit. Das Wallraf-Richartz-Museum zeigt Kunstwerke des Mittelalters bis ins 19.

selection

Jahrhundert und im Museum Ludwig findet man eine ausgezeichnete Auswahl° moderner Kunst. An der Rheinpromenade gibt es ein ganz besonders beliebtes Museum, das Schokoladenmuseum. Hier erfährt man alles über die Kakaopflanze bis hin zur fertigen Schokolade, von der man am Schokoladenbrunnen ganz frisch einen Löffel voll probieren darf.

Der Rhein spielt in der Geschichte der Stadt eine wichtige Rolle. Dadurch war Köln immer ein bedeutender Handelsplatz°, was sicher zur Weltoffenheit und Toleranz, die man den Kölnern nachsagt°, beitrug°. Köln ist eine multikulturelle Stadt, in der über 17 Prozent der Einwohner eine andere als die deutsche Staatsbürgerschaft° haben, darunter sind die türkischen Mitbürger die größte Gruppe. Generell gilt Köln wie auch das ganze Rheinland als besonders lebensfroh, was die große Bedeutung des Karnevals erklären würde. Eins der Kölner Sprichwörter°, das oft in seiner Dialektform zitiert wird und für den Optimismus der Kölner steht, ist: „Es ist noch immer gut gegangen." („Ett hätt noch immer jut jejange.")

It has always gone well

trade center
have a reputation for /
contributed to
citizenship

proverbs

13 **Was passt zusammen?** Es können auch mehrere Punkte passen.

1. _____ Köln
2. _____ Rhein
3. _____ Kölner Dom
4. _____ Wallraf-Richartz-Museum
5. _____ Schokoladen-museum
6. _____ Colonia Claudia Ara Agrippinensium
7. _____ Museum Ludwig
8. _____ Römisch-Germanisches Museum

a. fließt durch Köln
b. ist Sitz eines Erzbischofs
c. bedeutende Sammlung moderner Kunst
d. zeigt Objekte aus der Römerzeit
e. hier gibt es viele Radiosender und Zeitungen
f. war auch früher schon ein wichtiger Handelsweg
g. viertgrößte Stadt Deutschlands
h. der Bau dauerte über 600 Jahre
i. Name der Stadt im 1. Jahrhundert n. Chr.
j. größte gotische Kathedrale der Welt
k. große Sammlung von Kunstwerken vom Mittelalter bis zum 19. Jahrhundert
l. hier erfährt man alles über die Geschichte der Schokolade

Caro / Alamy

Rosenmontagsumzug - das Highlight im Kölner Karneval

14 **Zur Diskussion**

1. Bei einem Besuch in Köln ist der Dom ein absolutes Muss, doch es gibt noch viele andere historische Sehenswürdigkeiten. Was möchten Sie besuchen? Warum finden Sie diese Sehenswürdigkeiten interessant?

2. **Internetrecherche.** Köln ist eine Stadt mit einem großen kulturellen Angebot an Konzerten, Musicals und Theatern und es gibt viele Kneipen und Clubs. Recherchieren Sie im Internet darüber, was Sie am Abend unternehmen können.

3. **Internetrecherche.** Welche Ausflüge können Sie von Köln aus machen? Denken Sie an den Rhein oder an eine andere Stadt, die nicht weit von Köln entfernt liegt. Recherchieren Sie im Internet.

LITERARISCHE WERKE

🌐 Gedicht: Anders II

Rose Ausländer

Rose Ausländer kam 1907 in einer Deutsch sprechenden, jüdischen Familie in Czernowitz (damals in Österreich, heute in Rumänien) in der Bukowina zur Welt. Nach einem kurzen Studium der Literaturwissenschaft und Philosophie emigrierte sie im Alter von 20 Jahren in die USA, kam aber 1931 wieder nach Deutschland zurück. Als 1941 deutsche und rumänische Truppen Czernowitz besetzten°, konnten Rose Ausländer und ihre Mutter im jüdischen Getto überleben, wo sie 1944 von den Russen befreit wurden. 1946, ein Jahr nach Kriegsende, ging Rose Ausländer nach New York zurück. Dort arbeitete sie als Übersetzerin° und veröffentlichte Gedichte in englischer und deutscher Sprache. 1965 kehrte sie dann nach Deutschland zurück und machte Düsseldorf zu ihrer neuen Heimat, wo sie 1988 starb.

occupied

translator

Zum Thema

Rose Ausländer veröffentlichte mehr als zwanzig Gedichtbände und kurze Prosatexte. Für ihr Werk als lyrische Dichterin erhielt sie zahlreiche literarische Preise. Ihre Texte enthalten oft Themen aus ihren persönlichen Erfahrungen.

🔊 Anders II
2-21

Es ist alles
anders geworden
oder sind wir es
die anders wurden

oder ist alles Andere
anders
als wir es sehen

Rose Ausländer, Anders II. Aus: dies., Ich höre das Herz des Oleanders. Gedichte 1977–1979. © S.Fischer Verlag GmbH, Frankfurt am Main 1984. Reprinted with permission.

Zum Text

15 Analyse

1. Rose Ausländer beschäftigt sich in vielen ihrer Texte mit ihrer jüdischen Identität als Schriftstellerin und Opfer des Holocaust. Was hat das Gedicht „Anders II" Ihrer Meinung nach mit Identität zu tun?
2. Was soll der Titel „Anders II" ausdrücken?
3. Welche Verbindung sehen Sie zwischen diesem Gedicht und dem Thema „Stereotype"?

Kurzgeschichte: Die grüne Krawatte

Arthur Schnitzler

Arthur Schnitzler (1862–1931) war Arzt, aber auch ein bekannter österreichischer Erzähler und Dramatiker. Wie sein Kollege Sigmund Freud (1856–1939), der auch in Wien lebte, beschäftigte sich Schnitzler mit der Komplexität der Menschen und ihren Beziehungen°. Schon früh erkannte er die Bedeutung Sigmund Freuds und der Psychoanalyse und dieser Einfluss ist in allen seinen Werken zu sehen. Schnitzler beobachtet menschliche Handlungen sehr genau und beschreibt sie mit einer gewissen Distanz, um dem Leser deren Interpretation und Beurteilung° selbst zu überlassen.

Als Vertreter° des Wiener Impressionismus und der Wiener Moderne kritisiert er die dekadente bürgerliche° Gesellschaft der Jahrhundertwende, einer Ära, die mit dem Ende des 1. Weltkrieges zu Ende ging. In seinen Erzählungen und Dramen, die alle Wiener Lokalkolorit enthalten, beleuchtet Schnitzler die Innenwelt seiner Figuren: Ihre Gefühle, ihre inneren Konflikte, teilweise auch ihre psychischen Probleme. Vor dem ersten Weltkrieg war Schnitzler einer der meistgespielten deutschsprachigen Dramatiker. Im Alter von 69 Jahren starb er als einer der einflussreichsten deutschsprachigen Autoren des frühen 20. Jahrhunderts.

- ° relationships
- ° judgment
- ° representative
- ° middle-class; bourgeois

Zum Thema

In „Die grüne Krawatte" ruft die elegante Kleidung eines jungen Mannes Unsicherheit und gemischte Gefühle in anderen hervor: Einerseits den Wunsch ihn zu imitieren, aber auch das Gefühl von Neid°, Misstrauen° und fast Hass gegenüber dem Fremden und Unbekannten. Somit werden in der Erzählung auf persönlicher Ebene° die gleichen Gefühle entwickelt wie sie auch auf nationaler Ebene Vorurteile, Neid und Misstrauen gegenüber anderen Völkern hervorbringen.

- ° envy / mistrust
- ° level

16 Gedankenaustausch

1. Was sind die Vor- und Nachteile des Lebens in einer Kleinstadt, wo jeder jeden kennt?
2. Inwiefern beeinflusst die Kleidung eines Menschen den Eindruck, den man von ihm bekommt?

17 Leitfragen.
In der Geschichte „Die grüne Krawatte" ist Herr Cleophas immer sehr elegant gekleidet. Achten Sie beim Lesen darauf, wie die Leute auf Herrn Cleophas reagieren. Wie reagieren sie, als er zum zweiten Mal eine grüne Krawatte trägt? Wie, als er eine blaue Krawatte trägt? Wie reagieren die Leute, die keine so schönen Krawatten haben wie Herr Cleophas?

Die grüne Krawatte

Ein junger Herr namens Cleophas wohnte zurückgezogen° in seinem Hause nah der Stadt. Eines Morgens wandelte
5 ihn die Lust an°, unter Menschen zu gehen. Da kleidete er sich wohlanständig° an wie immer, tat eine neue grüne Krawatte um° und begab° sich in den Park. Die Leute
10 grüßten ihn höflich, fanden, daß ihm die grüne Krawatte vorzüglich° zu Gesicht stehe°, und sprachen durch einige
15 Tage mit viel Anerkennung° von der grünen Krawatte des Herren Cleophas. Einige versuchten, es ihm gleichzutun°, und legten grüne Krawatten
20 an wie er – freilich waren sie aus gemeinerem° Stoff und ohne Anmut° geknüpft°.

▲ Max Beckmann: *Selbstbildnis mit steifem Hut*, 1921

Bald darauf machte Herr Cleophas wieder einen Spaziergang durch den Park, in einem neuen Gewand°, aber mit der gleichen grünen
25 Krawatte. Da schüttelten einige bedenklich° den Kopf und sagten: „Schon wieder trägt er die grüne Krawatte ... Er hat wohl keine andere ..." Die etwas nervöser waren, riefen aus: „Er wird uns noch zur Verzweiflung° bringen mit seiner grünen Krawatte!"

Als Herr Cleophas das nächste Mal unter die Leute ging, trug er eine
30 blaue Krawatte. Da riefen einige: „Was für eine Idee, plötzlich mit einer blauen Krawatte daher zu kommen?" Die Nervöseren aber riefen laut: „Wir sind gewohnt, ihn mit einer grünen zu sehen! Wir brauchen es uns nicht gefallen zu lassen, daß er heute mit einer blauen erscheint!" Aber manche waren sehr schlau und sagten: „Ah, uns wird er nicht einreden°, daß diese
35 Krawatte blau ist. Herr Cleophas trägt sie, und daher ist sie grün."

Das nächste Mal erschien Herr Cleophas, wohlanständig gekleidet wie immer, und trug eine Krawatte vom schönsten Violett. Als man ihn von weitem kommen sah, riefen die Leute höhnisch° aus: „Da kommt der Herr mit der grünen Krawatte!"

40 Besonders gab es eine Gesellschaft von Leuten, der ihre Mittel nichts anderes erlaubten, als Zwirnsfäden° um den Hals zu schlingen°. Diese erklärten, daß Zwirnsfäden das Eleganteste und Vornehmste seien, und haßten überhaupt alle, die Krawatten trugen und besonders Herrn Cleophas, der immer wohlanständig gekleidet war und schönere
45 und besser geknüpfte Krawatten trug als irgendeiner. Da schrie einmal der Lauteste unter diesen Menschen, als er Herrn Cleophas des Weges° kommen sah: „Die Herren mit der grünen Krawatte sind Wüstlinge°!" Herr Cleophas kümmerte sich nicht um ihn und ging seines Weges.

Als Herr Cleophas das nächste Mal im Park spazierenging,
50 schrie der Herr mit dem Zwirnsfaden um den Hals: „Die Herren mit
der grünen Krawatte sind Diebe!" Und manche schrien mit. Cleophas
zuckte die Achseln und dachte, daß es mit den Herren, die jetzt grüne
Krawatten trugen, doch weit gekommen sein° müßte. Als er das dritte
Mal wieder kam, schrie die ganze Menge, allen voran° der laute Herr mit
55 dem Zwirnsfaden um den Hals: „Die Herren mit der grünen Krawatte
sind Meuchelmörder°!" Da bemerkte Cleophas, daß viele Augen auf ihn
gerichtet° waren. Er erinnerte sich, daß er auch öfters grüne Krawatten
getragen hatte, trat auf den Gesellen° mit dem Zwirnsfaden zu und fragte:
„Wen meinen Sie denn eigentlich? Am Ende mich auch?" Da erwiderte°
60 jener: „Aber, Herr Cleophas, wie können Sie glauben –? Sie tragen doch
gar keine grüne Krawatte!" Und er schüttelte ihm die Hand und versich-
erte ihn seiner Hochachtung°.

Cleophas grüßte und ging. Aber als er sich in gemessener Entfernung
befand°, klatschte der Mann mit dem Zwirnsfaden in die Hände und rief:
65 „Seht ihr, wie er sich getroffen fühlt°? Wer darf jetzt noch daran zweifeln,
daß Cleophas ein Wüstling, Dieb und Meuchelmörder ist?!"

Arthur Schnitzler, Gesammelte Werke, Die erzählenden Schriften, Bd. 1, 1961

---

weit ... sein: have come to
a fine state of affairs / led by

assassins
directed
fellow
replied

esteem

sich ... befand: found
himself at a proper
distance / *sich ... fühlt:*
feels he's meant

Zum Text

18 **Wissen Sie das?**

1. Warum wohnt Herr Cleophas nicht mitten in der Stadt, sondern außerhalb?
2. Wie sehen die grünen Krawatten der anderen Personen aus? Erklären Sie den Unterschied.
3. Was rufen die Leute, als Herr Cleophas eine violette Krawatte trägt?
4. Warum sind die Menschen neidisch auf Herrn Cleophas?
5. Warum sehen die Leute nicht mehr, dass Cleophas viele verschiedene Krawatten trägt?
6. Wie argumentieren die Leute mit den Zwirnsfäden?
7. Erklären Sie die Namen, die die Leute Herrn Cleophas im Laufe der Geschichte geben.
   a. Wüstling   b. Dieb   c. Meuchelmörder
8. Cleophas hat als einziger einen Namen in der Geschichte. Wer sind die anderen? Welche Wörter benutzt der Autor Schnitzler für sie?

19 **Suchen Sie die Wörter**

1. Suchen Sie die Wörter oder Sätze, die das Verhalten von Herrn Cleophas beschreiben.
2. Suchen Sie die Wörter und Sätze, die Cleophas kritisieren.

20 **Zur Diskussion / Zum Schreiben**

1. Warum heißt die Geschichte „Die grüne Krawatte" und nicht „Cleophas"?
2. Warum merkt Herr Cleophas nicht, dass er die Leute verärgert?
3. Wie hätte Herr Cleophas sich kleiden müssen, um den Leuten zu gefallen?
4. Was hat diese Geschichte mit dem Thema „Stereotype" zu tun?
   Stichwörter: Vorurteile, Neid°, Misstrauen

envy

Wortschatzübungen

Grammar Quiz

Vocabulary Quiz
Audio Flashcards
Concentration
Crossword

Wortschatz 2

Substantive

die **Anerkennung**   *recognition*
der **Dieb, -e**   *thief*

Verben

aus·rufen (rief aus, ausgerufen)   *to exclaim; to call out*
sich befinden (befand, befunden)   *to be (located); to feel (health)*
erlauben (+ *dat.*)   *to permit*
hassen   *to hate*
klatschen   *to clap*
versichern (+ *dat.*)   *to assure*

Andere Wörter

bald darauf   *soon afterwards*
freilich   *of course*
gewohnt   *usual; accustomed to;*
ich bin es gewohnt   *I am used to it*
nervös   *nervous*
schlau   *clever, smart; sly*
vornehm   *distinguished; elegant; fashionable*

Besondere Ausdrücke

die Achseln zucken   *to shrug one's shoulders*

---

21 **Kleider machen Leute.**   Setzen sie die Vokabeln aus der Vokabelliste ein.

Ein gewisser Herr Meyer war _____ sonntags einen Spaziergang im Park zu machen. Die Leute sahen ihn gern, denn er war höflich und freundlich und war immer einfach gekleidet wie sie. Eines Tages kam er zu etwas Geld. Dieses Geld _____ ihm, sich bessere Kleidung zu kaufen. _____ erschien er elegant gekleidet im Park. Am ersten Sonntag fanden die Leute, dass Herr Meyer sehr _____ aussah. Am nächsten Sonntag erschien er wieder in einem neuen Anzug. Diesmal schüttelten einige Leute den Kopf und zuckten die _____. Andere aber _____ Leute, die anders waren, _____ in die Hände und _____: „Ach, Herr Meyer, was machen Sie denn unter gemeinen Leuten?" Herr Meyer wurde _____, denn ein Mann begann laut zu schreien: „Wir sind einfache Leute, aber wir stehlen nicht. Wir sind keine _____." Herr Meyer _____ ihnen, er hätte nichts gestohlen. Aber die Leute wollten nicht auf ihn hören. Und als Herr Meyer später nicht wieder in den Park kam, sagten die Leute: „Wer zweifelt jetzt noch daran, dass Herr Meyer sich zu fein ist, um unter einfachen Menschen spazieren zu gehen!"

22 **Nicht verwechseln!** Ergänzen Sie die Sätze.

sich gewöhnen an • gewohnt • die Gewohnheit • gewöhnlich

1. Ein komisch gekleideter Mann hatte _____ nachmittags einen Spaziergang zu machen.

2. Er ging _____ im Park spazieren.

3. Er war auch _____ eine Weile unter einem bestimmten Baum zu sitzen und die Leute zu grüßen.

4. Mit der Zeit _____ die Leute im Park an ihn.

Suffixe *-heit* und *-keit*

The suffix **–heit** can be added mainly to adjectives to form abstract nouns that designate a condition or characteristic: **sicher > die Sicherheit.** The suffix **–keit** is used instead of **–heit** after adjectives ending in **-bar, -ig, -lich,** and **-sam: freundlich / die Freundlichkeit.** Nouns ending in **–heit** and **–keit** are feminine and form the plural by adding **-en.**

---

23 **Wortbildung.** Bilden Sie jeweils ein Substantiv aus den folgenden Wörtern und nennen Sie englische Äquivalente für die Adjektive und die verwandten Substantive.

1. ähnlich   _____

2. aufmerksam   _____

3. bestimmt   _____

4. deutlich   _____

5. ehrlich   _____

6. ewig   _____

7. höflich   _____

8. regelmäßig   _____

9. schlau   _____

Was meinen Sie?

24 **Zur Diskussion / Zum Schreiben**

1. Die Erwartungshaltung° spielt bei stereotypem Denken eine große Rolle. Vergleichen Sie die jeweiligen Erwartungen in den Texten „Geschäftstarnungen" und „Die grüne Krawatte".

   attitude based on assumptions

2. Was haben das Märchen „Die sieben Raben" und „Die grüne Krawatte" gemeinsam?

   a. Was für märchenhafte Elemente erkennen Sie in beiden?

   b. Vergleichen Sie die Reaktion der Menschen im Märchen mit den Reaktionen der Leute in „Die grüne Krawatte".

3. Welche Unterschiede gibt es zwischen Cleophas und Herrn Altenkirch in ihren Beziehungen zu ihren Mitmenschen?

Thema
10

Umwelt

Windräder in der Nähe von Berlin in Brandenburg

Resources

🔊 Text Audio

▶ Kurzfilm

🌐 Premium Website

📝 Student Activities Manual

Andreas Weber/iStockphoto.com

Einstieg in das Thema

Die 6,8 Milliarden Menschen, die heute auf der Erde leben, verseuchen° Wasser, Luft und Boden. Viele Menschen fürchten, dass wir die Erde zerstören. Über eine Milliarde Menschen haben kein sauberes Trinkwasser. Die Industrienationen mit nur 20 Prozent der Weltbevölkerung verbrauchen° 80 Prozent der Weltenergie und 70 Prozent der Nahrungsmittel°. Weitere Probleme sind die Zerstörung der Ozonschicht und die Luftverschmutzung°. Ein Resultat der Luftverschmutzung ist, dass der geliebte deutsche Wald langsam stirbt. Das ist für viele Deutsche eine nationale Katastrophe. Die Deutschen haben ein Wort dafür: „Waldsterben".

pollute

consume
foodstuffs
air pollution

Die EU-Länder erzeugen° jährlich insgesamt 2,2 Milliarden Tonnen Müll°. Die große Frage ist nun: Wohin mit dem Müll? Eine Antwort auf die Müllberge ist Recycling. Deshalb müssen die Menschen in Deutschland ihren Abfall° sehr genau nach bestimmten Kriterien trennen und in besondere Container werfen, damit er recycelt werden kann.

produce / garbage

waste

In den folgenden Texten lesen Sie einen Artikel über die komplexe Mülltrennung in Deutschland am Beispiel einer Wohngemeinschaft° (WG). Der Text „Ganz neue Töne" zeigt an Beispielen, wie die „grüne Welle°" bemerkenswerte° Veränderungen in die deutsche Musikbranche gebracht hat. Es gibt einen weiteren Text zum Umweltschutz und zu den Plänen und Maßnahmen°, mit denen wir die Umwelt schützen° können. In Sarah Kirschs Umweltgedicht „Ruß" werden die Leser mit dem zurückgelassenen Müll von Touristen in der Natur und gleichzeitig mit dem Thema Umwelt im ganz normalen Alltag, nämlich in einer Küche, konfrontiert. Heinrich Bölls Erzählung „Der Bergarbeiter" zeigt die spontane Liebe eines Kindes zur Natur im Gegensatz zur Alltagsroutine der Welt der Erwachsenen. Aber zunächst fordern° wir Sie auf, in „Umweltsorgen" über deutsche Umweltprobleme und ihre Gründe nachzudenken.

people sharing an apartment

wave / notable

measures
protect

fordern auf: *call upon*

1 **Gedankenaustausch.** Stellen Sie eine Liste mit Ihren Umweltsorgen auf. Was ist Ihrer Meinung nach das Umweltproblem Nummer eins?

KULTURLESESTÜCKE

Zeitschriftenartikel: Die Kunst der Mülltrennung

Zum Thema

duties of the tenants

Dieser Zeitschriftenartikel von Kirsten Schlüter beschreibt, wie die drei Mitbewohner einer WG alle sieben Wochen die „Große Hausordnung°" in ihrem
Mehrfamilienhaus machen und vor allem, welche Probleme sie haben, wenn sie
ihren Hausmüll richtig trennen wollen.

2 **Gedankenaustausch.** Machen Sie bei sich zu Hause auch Mülltrennung? Trennen Sie bei sich zu Hause auch den Müll? Sortieren Sie Zeitungen,

residual waste (i.e., trash not fitting the other categories)

Glas, Biomüll und Restmüll° oder werfen Sie alles in den gleichen Müllcon-
tainer? Was halten Sie von Mülltrennung?

3 **Beim Lesen.** In diesem Text geht es darum, wie man den Müll trennt.
Notieren Sie während des Lesens, was mit den verschiedenen Müllsorten
gemacht wird. Was gehört in den Gelben Sack, in den Container, in den Biomüll
oder den Restmüll? Was macht man mit dem Altpapier?

🔊 2-23

Die Kunst der Mülltrennung

Ein großes Schild steht vor der
Wohnungstür von Katrin, Sabine
und Stefan. „Große Hausordnung"
ist darauf zu lesen.

groaning

5   Ein Stöhnen° geht durch die
WG, denn dieses Schild bedeutet viel Arbeit. Die drei wohnen in
einem Mehrfamilienhaus mit sieben

tenants
attic
sweep / stairwell / halls
container for residual trash

Mietparteien°, und deshalb heißt es
10   alle sieben Wochen: den Dachboden°
fegen°, das ganze Treppenhaus°
putzen, die Flure° nass wischen und
natürlich – die Restmülltonne° am
Mittwochabend an die Straße stel-

paper pickup

15   len. Am Donnerstag werden dann die Gelben Säcke abgeholt, und da die
WG Pech hat, kommt die Papierabfuhr° auch gerade in dieser Woche.

responsible

    Um einen Streit zu vermeiden, haben sich die drei ihre Aufgaben
genau aufgeteilt: Katrin ist für den Rest- und den Biomüll zuständig°,

*Junge Frau beim Recyceln an
öffentlichen Containern*

Stefan für den Gelben Sack und Sabine für das Altpapier. Anfangs noch
20 gut gelaunt, gehen sie an die Arbeit. Pünktlich stellt Katrin am Mittwochabend die schwarzen Tonnen vor die Tür. Doch schon am nächsten Tag tauchen° die ersten Probleme auf: Sabine hat keine Schnur° zur
Hand, um das Papier zu bündeln. Also holt sie es stapelweise° aus dem
Keller und stellt es einfach so an den Straßenrand°. Ob das wohl gut
25 geht?°

Katrin hat inzwischen Ravioli aus der Dose gegessen und sich dazu
eine Flasche Limonade gegönnt°. Doch wohin nun mit dem Müll?
Kommt die Dose in den Gelben Sack oder wird sie separat aufbewahrt°?

Eins ist klar: Die grüne Flasche steckt Katrin in eine große Tüte und
30 wird sie bald mit anderen Glasflaschen zum Container bringen. Allerdings
ist das nur zwischen 9 and 19 Uhr möglich, damit die Nachbarn durch
den Krach° beim Einwerfen nicht geweckt werden. Noch nicht ganz klar
ist Katrin, in welchen Behälter° sie die blaue Sektflasche° schmeißen°
soll. Sie kann wählen zwischen einem Container für weißes, grünes oder
35 braunes Glas. Blau ist braun am ähnlichsten, und so landet die blaue
Flasche im Braunglascontainer.

Stefan ist dagegen° ein ganz akribischer° Mülltrenner. Er kann es
nicht leiden, dass seine Mitbewohnerinnen ihre Joghurtbecher nicht mit
Wasser ausspülen°, bevor sie diese in den Gelben Sack werfen. Geduldig
40 nimmt er sich den Plastikmüll noch einmal vor und befreit alle Teile von
ihren Essensresten. Nachdem alle Plastikbecher sauber sind, erledigt°
auch Stefan seine Aufgabe und stellt die Gelben Säcke an die Straße.
Natürlich hat er sich vorher versichert, dass sie ordnungsgemäß° ver-
schnürt° sind.

45 Sabine hat am Abend noch einen Tee getrunken und ist sich nun nicht
sicher, was mit dem Teebeutel° geschehen soll. Soll sie etwa den Beutel in
den Biomüll schmeißen, den Faden° in den Restmüll und das Alumini-
umteil, das beides verbindet, in den Gelben Sack? Das wäre doch ein bisschen übertrieben°. Sie beschließt kurzerhand°, den Beutel als Ganzes in
50 den Biomüll zu tun, obwohl Stefan strikt dagegen ist. Und wie zur Strafe
folgt die böse Überraschung schon am nächsten Tag. Der Papiermüll der
WG steht immer noch unberührt° auf der Straße, während die Abfälle der
Nachbarn bereits abgeholt wurden. Die Müllabfuhr nimmt keine losen°
Papierstapel mit! Schlecht gelaunt trägt Sabine die Pappen wieder in den
55 Keller.

Auch in der Küche ist dicke° Luft. Ein Streit in der sonst so friedli-
chen WG bahnt° sich an. Stefan und Katrin können sich nicht einigen°
ob Eierschalen° nun in den Restmüll oder in den Biomüll kommen. „Nur
wenn man einen eigenen Komposthaufen° hat, kommen die Eierschalen
60 in den Restmüll, denn sie würden zu lange zum Verrotten brauchen",
erklärt Sabine, die inzwischen aus dem Keller hochgekommen ist. Das
Altpapier liegt wieder sauber gestapelt° im Abteil° und wartet jetzt einen
Monat lang auf den nächsten Abholtermin. Für den Frieden in der WG
ist nur zu wünschen, dass die Mülltrennung bald abgeschafft° wird.

„willkommen" , das Magazin der Goethe-Institute in Deutschland; www.goethe.de/de. Reprinted with permission.

---

waste paper

cheerful *[gelaunt]*

tauchen auf: *turn up / cord*
pile by pile
curb / **Ob … geht:** *I
wonder if that will work*

meantime

treated herself

stored

bug *[Tüte]* throw *[schmeißen]* smashing

noise

*container / champagne
bottle / throw*

similar

on the other hand /
meticulous suffer
rinse out patiently

takes care of

*according to the rules /
tied up*

tea bag
string check

decides

overdone / without
further ado

nasty surprise

untouched

loose

cardboard

dicke Luft: *tense atmosphere / is looming / agree*
eggshells
compost heap

stacked / partition

abolished

Zum Text

4 Wissen Sie das?

1. Für welche Aufgaben im Haus ist die WG verantwortlich? Wie oft müssen die drei die Aufgaben machen?
2. Wie haben sich die drei die Aufgaben für die Mülltrennung aufgeteilt?
3. Warum stellt Sabine das Altpapier einfach an den Straßenrand?
4. Wann darf man das Altglas nicht in den Container einwerfen? Warum darf man das nicht?
5. Was macht Stefan, bevor er den Plastikmüll in den Gelben Sack tut?
6. Warum nimmt die Müllabfuhr den Papiermüll der WG nicht mit?
7. Welche Diskussion gibt es um die Eierschalen?
8. In welchen Behälter hätten Sie die Eierschalen, den Teebeutel und die blaue Flasche getan?

5 Wer macht was? Wann? Wie oft?

Ergänzen Sie die Tabelle mit Informationen aus dem Text.

Aufgabe	wie oft (an welchem Tag)	Wohngemeinschaft (wer)
DACHBODEN FEGEN	*jede Woche*	*jede 7. Woche (alle)*
RESTMÜLL	*jede Woche, Mittwochabend*	*jede Woche (Katrin)*
FLASCHEN		
ALTPAPIER		
TREPPENHAUS PUTZEN		
DER GELBE SACK		

6 Rollenspiel

1. **Es gibt Streit in der WG.** Stefan ärgert sich, dass das Altpapier jetzt wieder einen Monat lang im Keller liegt. Sabine sagt, dass Stefan viel zu akribisch ist. Wie geht es weiter? Was sagt Stefan? Was sagt Sabine?
2. **Eine Feier in Deutschland.** Ihre Wohngemeinschaft plant eine Party. Planen Sie, was es zu essen und zu trinken geben wird, und was Sie nach der Party mit dem Müll machen.

7 Zur Diskussion

1. Beschreiben Sie, was Sie mit Ihrem Müll machen.
2. Was halten Sie von der Mülltrennung? Hilft sie der Umwelt oder ist die *exaggerated* Mülltrennung übertrieben°?
done away with
3. Sollte die Mülltrennung Ihrer Meinung nach abgeschafft° werden?
4. Besprechen Sie, was man im eigenen Haushalt für die Umwelt tun kann.

Zeitschriftenartikel: Ganz neue Töne

Zum Thema

In „Ganz neue Töne" sehen wir die Musikindustrie in einem neuen Licht. Statt teuren Luxusautos und Tourneebussen sind viele Popstars heute daran interessiert, ihre Umwelt zu schützen und neue „grüne" Initiativen zu entwickeln. So nehmen manche Bands heute weniger Instrumente und Kleidung mit auf ihre Tourneen, benutzen weniger Lampen und andere energieintensive Requisiten bei ihren Konzerten, und fordern° ihre Fans zum Downloaden der Musik auf. Kennen Sie andere solche Initiativen?

fordern auf: *urge*

8 **Besprechen Sie kurz.** Was bedeutet „carbon neutral"?

9 **Beim Lesen: Internetrecherche.** Wenn Sie eine von den Bands im Text nicht kennen, recherchieren° Sie im Internet.

do research

„Ganz neue Töne"

2-24

Dicke Autos waren gestern – immer mehr Popstars zeigen sich von ihrer grünen Seite

Als die Band Radiohead im Jahr 2008 auf
5 Tournee ging, hatte sie auf ihrem Weg über den Atlantik nur zwölf antike Gitarren und ein bisschen Kram° dabei. Was sie an Licht, Video- und Bühnenausrüstung° brauchte, war zweimal vorhanden°: ein Set auf jeder Seite
10 des Atlantiks. Das Soundsystem wurde in jedem Land, in dem sie auftrat, angemietet°.

Die Band wollte damit ein Zeichen gegen den Klimawandel° setzen – schließlich produzieren Flugzeuge einen Haufen°
15 Treibhausgase – beim üblichen Transport von rund 20 Tonnen Ausrüstung. Bei den Auftritten benutzte Radiohead nur LED-Beleuchtung° und nannte die ganze Konzertreise treffenderweise° „Carbon neutral world tour".
20 Die deutsche Band Seeed war noch radikaler: Sie ließ die Konzertveranstalter° wissen, dass sie nur noch in Hallen auftrete, die mit Strom aus regenerativen Energiequellen betrieben° werden. Die Ärzte wiederum glichen° die Emissionen ihrer „Jazzfäst"-Tour durch Spenden° für Aufforstungen° aus, und die Popgruppe Black Eyed Peas wirbt° lautstark für das
25 Umweltprojekt „Green for all".

Die Musikindustrie ist im Vergleich zu anderen Industrien nicht unbedingt eine Öko-Horror-Show, aber auch sie produziert erkleckliche° Mengen von CO_2. Eine Studie der Oxford-Universität kam 2007 zu dem Ergebnis, dass Tonträgerproduktion° und Konzerte in Großbritannien für 540.000 Tonnen

stuff
stage equipment
on hand

rented

climate change
pile

lighting / appropriately

concert promoter
generated
glichen aus: *compensated for / donations / reforestation / advertised for*

considerable
production of recordings (CD's and records)

▲ *Thom Yorke, der Sänger von Radiohead*

AP Photo/Joel Ryan

Kohlendioxid im Jahr verantwortlich sind, so viel wie eine Stadt mit 54.000

generate Einwohnern im Jahr erzeugt°.

In Deutschland hat sich mittlerweile die „Green Music Initiative" gegründet, die gemeinsam mit Bands und Konzertveranstaltern etwas gegen die Erderwärmung unternehmen will und zum Downloaden von Musik rät –

35 schließlich emittiert man für die Produktion einer einzigen CD etwa ein Kilo

dying / record giants CO_2. Schlechte Zeiten für die eh schon darbenden° Plattenriesen° – aber gute Zeiten für neue Töne.

"Ganz neue Töne," Fluter Nr. 35 Sommer 2010. Reprinted with permission.

Zum Text

10 **Wissen Sie das?**

1. Was macht *Radiohead*, um „carbon neutral" zu sein?

2. In was für Konzerthallen tritt *Seeed* auf? Warum?

3. Warum geben *Die Ärzte* Geld für Aufforstungen aus?

4. Was ist das Ergebnis einer Studie der Universität Oxford aus dem Jahr 2007?

5. Was ist das Ziel der „Green Music Initiative"?

6. Warum ist das Downloaden von Musik umweltfreundlicher?

7. Der Ausdruck „Töne" im Titel wird symbolisch gebraucht. Was für neue Töne wollen die Bands spielen?

8. Welche von diesen Initiativen gegen Erderwärmung finden Sie effektiv? Warum oder warum nicht?

11 **Zur Diskussion**

1. Was kann der Einzelne/die Einzelne tun, um *carbon neutral* zu sein? Finden Sie, dass das ein wichtiges Ziel ist? Warum oder warum nicht?

2. Finden Sie, dass Prominente eine besondere Verantwortung haben, sich mit sozialen Fragen auseinander zu setzen? Oder mischen sie sich zu viel in das öffentliche Leben ein? Unten finden Sie Fragen zu diesem Thema.

   • Welche Beispiele von Prominenten und ihren Projekten kennen Sie?
   • Motiviert es Sie auch etwas zu tun, wenn eine Prominente/ein Prominenter sich für ein bestimmtes Thema engagiert? Warum oder warum nicht?
   • Ist es Ihnen wichtig, in welchem Bereich die/der Prominente tätig ist?

3. Führen Sie mit Ihrer Partnerin/Ihrem Partner ein Gespräch darüber, was Sie persönlich machen oder was Ihre Stadt macht, um ökologisch zu sein.

12 **Projekt grün.** Bilden Sie eine Gruppe von drei bis vier Personen. Organisieren Sie zusammen eine Umweltinitiative. Planen Sie diese Punkte des Projekts:

   • Thema des Projekts
contest   • Art der Initiative oder der Veranstaltung, z. B. ein Wettbewerb° ein Konzert
target audience /   • Zielgruppe° und Teilnehmer°, z. B. Schüler oder Studenten
participants   • Finanzierung
place for competition   • Austragungsort°

Umfrage: „Umweltschutz° geht jeden an"

environmental protection

Zum Thema

Meinen Sie, dass Umweltschutz jeden etwas angeht? In jedem Haushalt in Deutschland spielt der Umweltschutz eine größere Rolle als in Nordamerika. Es beginnt schon mit dem ziemlich genauen Sortieren des Mülls in Altpapier, Glas, Biomüll, recycelbaren Müll und Restmüll, der nicht wieder verwendbar° ist. Für jede Müllart wird dabei ein bestimmter Mülleimer benutzt. Auch Einwegverpackungen, die in Deutschland oft kritisiert werden, sind ein Problem für die Umwelt. Die Herstellung° von Milchtüten, Joghurtbechern und Coladosen kostet Energie und Rohstoffe°. Nach Gebrauch wirft man die Verpackungen einfach weg, die Müllberge wachsen.

reusable

manufacture
raw materials

Geht der Umweltschutz wirklich jeden etwas an? In der folgenden Umfrage sagen fünf deutsche Jugendliche ihre Meinung zu diesem Thema.

„Umweltschutz geht jeden an"

2-25, 2-26, 2-27,
2-28, 2-29

Frage: „Wie spart ihr und eure Familie Energie, und was tut ihr für die Umwelt?"

„Meine Eltern fahren auf der Autobahn langsamer. Sie sparen Benzin. Ich bin umweltbewußt° erzogen worden. Wenn ich aus dem Zimmer gehe, mache ich immer das Licht aus. Im Winter drehe° ich die Heizung° ab, sobald ich das Haus verlasse. Beim Einkaufen achte ich auf die Verpackung. Joghurt zum Beispiel kaufe ich im Glas, nicht in Pappbechern."

environmentally aware

drehe ab: *turn off heat*

Christoph

„Ich bade nicht in der Badewanne°, sondern dusche. Dabei verbrauche ich weniger Wasser. Papier und Glas schmeiße° ich nur in Spezialcontainer, die stehen in jedem Stadtteil. Dafür laufe ich gern ein paar Meter. Meine Mutter denkt auch an die Umwelt. Im Supermarkt macht sie zum Beispiel die Verpackungen ab und läßt sie einfach liegen. Meine Schwester und mein Vater interessieren sich wenig für den Umweltschutz. Sie sind zu bequem."

bathtub

throw

Ines

force

„Beim Einkaufen denke ich selten an die Umwelt. Außerdem gibt es viele Produkte nur in
Dosen. Und mit dem Auto oder Motorrad bin
ich schneller als mit dem Bus oder der Straßenbahn. Meiner Meinung nach darf man den Umweltschutz nicht dem Einzelnen überlassen. Man
muß ihn erzwingen°. In Hamburg zum Beispiel
durfte man vor Weihnachten nicht mehr in die Innenstadt fahren. Nur so kann man die Probleme
lösen."

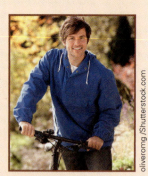

Stephan

Gerede: *talk*

„Der Einzelne kann nur wenig für die Umwelt
tun. Ich kann das kritische Umweltgerede° nicht
mehr hören. Es gibt schließlich auch noch andere
Themen."

Tobias

substitute

collection sites

„Wir haben versucht, die Coladosen in der Schule
durch Glasflaschen zu ersetzen°. Aber Cola in
Glasflaschen ist teurer. Deshalb blieb alles, wie es
war. Wir bringen Pappe zu Sammelstellen° und im
Fotokopierer benutzen wir nur Recyclingpapier.
Aber auf die wirklich wichtigen Sachen haben wir
keinen Einfluß: die Zerstörung des Regenwaldes in
der ganzen Welt, das Ozonloch usw."

Zentralstelle für das Auslandsschulwesen des Bundesverwaltungsamtes

Anne

Zum Text

13 **Wissen Sie das?**   Vervollständigen Sie die Sätze im Sinne des Textes.

1. Christophs Eltern fahren langsamer, _____.

2. Christoph _____, um im Winter Energie zu sparen.

3. Ines badet nicht in der Badewanne, weil _____.

4. Wenn Ines' Mutter etwas im Supermarkt kauft, _____.

5. Stephan fährt nicht mit dem Bus, weil _____.

6. Stephan glaubt, dass man Umweltprobleme nur lösen kann, wenn _____.

7. In Annes Schule haben sie versucht, _____. Aber alles blieb wie es war,
   weil _____.

8. Die wirklich wichtigen Probleme der Umwelt sind _____.

Zur Diskussion / Zum Schreiben

1. Was halten Sie von Stephans Meinung, dass der Einzelne wenig für die Umwelt tun kann? Gibt es zu viel Gerede über den Umweltschutz? Haben wir keinen Einfluss auf die wichtigen Dinge oder kann jeder Einzelne auch etwas dafür tun? Wie sehen Sie die Umweltprobleme?

2. Wie kann man Ihrer Meinung nach Umweltprobleme lösen? Antworten Sie jeweils erst mit ja oder nein. Versuchen Sie dann, Ihre Meinung zu begründen.

▲ *Plastikabfälle auf einem Recyclinghof*

	Ja	Nein
a. Mehr Atomkraftwerke bauen.	╳	
b. Nichts mehr aus Plastik machen.	╳	
c. Nur kleine Autos bauen.		╳
d. Mehr Kohle verbrauchen.		╳
e. Weniger Straßen bauen und mehr Geld für die Bahn ausgeben.		╳
f. Autos in der Innenstadt verbieten.	╳	
g. Alle oder die meisten Insektizide verbieten.	╳	
h. Keine Flaschen und Dosen zum Wegwerfen mehr verkaufen.	╳	
i. Mehr Parks in der Stadt anlegen°.	╳	*build*
j. Fahrradwege bauen.	╳	
k. Keine Kohle verbrennen.	╳	
l. In alle Schornsteine° Filter einbauen.	╳	*smokestacks*
m. Für jeden Baum, den man fällt, einen neuen pflanzen.	╳	

3. Was tun Sie für die Umwelt? Welche von den Aktivitäten im Text machen Sie für die Umwelt? Welche machen Sie nicht? Warum nicht?

4. Schreiben Sie fünf Sätze darüber, was Sie alles für die Umwelt tun oder tun würden, wenn Sie …

   ▶ *Wenn ich mehr Zeit hätte, würde ich Altglas zu einem Container bringen.*

5. Weitere Aktivitäten finden Sie auf der *Kaleidoskop*-Webseite.

15 **Rollenspiel**

1. **Ines und ihre Schwester.** Ines versucht ihre Schwester zu überzeugen mehr für die Umwelt zu tun. Welche Vorschläge macht Ines ihrer Schwester? Welche Argumente hat ihre Schwester, um nichts zu tun?

2. **Bei Bekannten zu Besuch.** Sie sind bei Bekannten zu Besuch und finden, dass sie nicht umweltbewusst sind. Spielen Sie in Gruppen die verschiedenen Szenen.

   waste   a. Die Bekannten verschwenden° den ganzen Tag über viel Wasser.

       b. Ihre Wohnung ist im Winter zu warm.

       c. Sie sortieren keine Flaschen und werfen alle Kartons weg.

       d. Beim Einkaufen achten sie nicht auf die Verpackung. Sie kaufen nichts in Mehrwegflaschen.

Vermischtes

1. Einer Umfrage nach sammeln und sortieren 92 Prozent der Befragten ihre Haushaltsabfälle.

2. *deposit* — In Deutschland zahlt man Pfand° für Dosen, Mehrwegflaschen und Einwegflaschen von Getränken wie Mineralwasser und Cola. Für Dosen und Flaschen bis 1,5 Liter ist das Pfand 25 Cent, für Flaschen über 1,5 Liter ist es 50 Cent.

3. *closed off* — Jedes Jahr im Juni feiert man in einigen Regionen in Deutschland einen autofreien Sonntag. Viele Straßen sind dann für den Autoverkehr gesperrt°. Hunderttausende Menschen gehen zu Fuß oder fahren mit Fahrrädern, Inlinern, Bussen, Bahnen oder Schiffen.

4. *solar installations* — Weltweit besitzt Deutschland die meisten Windräder zur Gewinnung von Windenergie und die Hälfte aller Solaranlgen°.

5. *renewable* / *share* — Im Jahre 2010 wurden zehn Prozent der verbrauchten Energie in Deutschland aus erneuerbaren° Quellen (Wind, Sonne, Wasser) gewonnen. Nach einer Prognose des Bundesverbands für Erneuerbare Energie (BEE) wird der Anteil° regenerativer Energien im Jahre 2020 25 bis 30 Prozent erreichen.

6. *abandoning atomic power* / *shut down* / *do without* — Im Juni 2011 beschloss die Bundesregierung den Atomausstieg°: Bis spätestens 2022 soll das letzte der insgesamt 17 deutschen Atomkraftwerke abgeschaltet° werden. Damit ist Deutschland die erste Industrienation, die auf Kernenergie verzichten° möchte.

S. Kuelcue / Shutterstock.com

▲ *In Stuttgart bei einer Anti-Atomkraft-Demonstration*

Wortschatzübungen

Audio Flashcards
Concentration
Crossword

Wortschatz 1

Substantive

der **Abfall**, ⸚e   *waste, trash*
der **Becher**, -   *cup, mug*
die **Bühne**, -n   *stage*
die **Dose**, -n   *can*
der **Einfluss**, ⸚e   *influence*
das **Ergebnis**, -se   *result*
das **Klima**   *climate*
das **Loch**, ⸚er   *hole*
die **Mehrwegflasche**, -n   *returnable bottle*
der **Müll**   *garbage, trash*
das **Ozon**   *ozone*
das **Ozonloch**, ⸚er   *hole in the ozone layer*
die **Pappe**, -n   *cardboard*
der **Pappbecher**, -   *paper cup*
das **Pech**   *bad luck*
  Pech haben   *to be unlucky*
der **Ton**, ⸚e   *sound*
das **Treibhausgas**   *greenhouse gas*
die **Umwelt**   *environment*

der **Umweltschutz**   *environmental protection*
die **Verpackung**, -en   *packaging; wrapping*

Verben

auf·treten (tritt; trat, ist aufgetreten)   *to appear*
  (e.g in theater)
aus·machen   *to turn off (light)*
erziehen (erzog, erzogen)   *to educate; to bring*
  up (child)
gründen   *to found, establish*
lösen   *to solve; to remove*
schützen   *to protect*
verbrauchen   *to consume; to use up; to wear out*
vermeiden (vermied, vermieden)   *to avoid*
wischen   *to wipe, to mop up*

Andere Wörter

gelaunt: gut/schlecht gelaunt   *in a good/bad*
  mood
umweltbewusst   *environmentally aware*

---

16 **Was ist das?**   Wählen Sie aus der Vokabelliste Wörter, die zu den Definitionen passen.

1. etwas nass putzen _____
2. Reste, die man in Haushalt und Industrie wegwirft _____
3. eine Öffnung _____
4. eine große Tasse, aus der man trinken kann _____
5. kein Glück _____
6. hier stehen Musiker und Schauspieler, wenn sie einem Publikum etwas vortragen _____
7. ein Signal, das man hören kann _____
8. etwas ins Leben rufen, z. B. eine Firma oder eine Organisation _____
9. sehr dickes Papier _____
10. Resultat _____
11. versuchen etwas nicht zu tun _____
12. dafür sorgen, dass etwas intakt bleibt _____

17 **Vokabeln.** Ergänzen Sie die Sätze mit Wörtern aus der Vokabelliste.

1. Im Geschäft gibt es Cola in Flaschen oder in _____ zu kaufen.

2. _____ sind besser für die _____.

3. Recycling von Dosen _____ das Problem nicht, denn auch Recycling _____ viel Energie.

4. Beim Verbrennen von Erdöl, Kohle und Gas steigt Kohlendioxid in die Luft, was das _____ zerstört.

5. Zum Beispiel beim Autofahren entsteht _____, wodurch das Ozonloch größer wird.

6. Wenn die Temperaturen steigen, verändert sich das _____ in vielen Gegenden der Welt.

7. Heute werden immer mehr Kinder und Jugendliche umweltbewusst _____.

8. Sie versuchen die Umwelt zu _____.

9. Viele kaufen Produkte wie Jogurt im Glas, nicht in _____.

10. Und die _____ von Produkten wie zum Beispiel Zahnpasta lassen
customers   die Kunden° im Supermarkt liegen.

11. Durch _____ Handeln können wir die Natur und ihre Ressourcen länger erhalten.

Präfix *ver-*

The prefix **ver-** often indicates that the action expressed by the stem verb is done incorrectly. Many of these verbs are reflexive.

Hast du mit deiner Chefin gesprochen?	*Have you spoken with your boss?*
Ja, aber ich war so nervös, dass ich **mich** immer wieder **versprochen habe.**	*Yes, but I was so nervous that I constantly misspoke.*

The prefix **ver-** can turn certain adjectives (often in the comparative form) into verbs.

größer	*larger*
vergrößern	*to enlarge*
Nächstes Jahr wollen wir unser Haus **vergrößern.**	*Next year we want to enlarge our house.*

---

18 **Verben mit *ver-*** Ergänzen Sie die Sätze mit den angegebenen Verben:

verbessern • verbieten • verbrauchen • verfolgen • verkaufen
• vermeiden • versuchen

stricter   1. Wenn wir den Umweltschutz _____ wollen, müssen wir strengere° Gesetze machen.

beverages   2. Die Geschäfte sollen keine Getränke° in Dosen mehr _____.

3. Man könnte Getränke in Dosen auch einfach _____.

4. Doch so eine Politik ist nicht so einfach zu _____.

5. Wir alle dürfen nicht so viele Rohstoffe _____.

6. Und jeder Einzelne muss _____, die Umwelt zu schützen.

7. Nur so können wir die Umweltzerstörung _____.

Grammatik im Kontext

🌐 Grammar Quiz

---

19 Passiv. In den Lesestücken in diesem Thema gibt es sieben Sätze im Passiv. Schreiben Sie fünf davon heraus und unterstreichen Sie das Subjekt einmal und die Verbform zweimal. Die Sätze befinden sich in:

1. „Die Kunst der Mülltrennung": Zeile 15–16; Zeile 27–28; Zeile 30–32; Zeile 52–53; Zeile 63–64
2. „Ganz neue Töne", Zeile 9–10; Zeile 17–19
3. „Umweltschutz geht jeden an", Christoph Zeile 2–3

20 Schreiben Sie. Unterstreichen Sie das Subjekt und die Verbform in den folgenden Sätzen. Schreiben Sie dann die Sätze neu, indem Sie ein Agens° (mit) *agent* (durch, von) hinzufügen. (Siehe *Kapitel 10*.)

▶ Das Altpapier wird nicht jede Woche abgeholt. (die Müllabfuhr)
   Das Altpapier wird nicht jede Woche von der Müllabfuhr abgeholt.

1. Die Gelben Säcke werden gut verschnürt. (Sabine)
2. Die Jogurtbecher werden nicht immer mit Wasser ausgespült. (die Mitbewohner)
3. Ravioli werden manchmal direkt aus der Dose gegessen. (die Studenten)
4. Die Nachbarn werden manchmal gestört. (der Lärm der eingeworfenen Glasflaschen)
5. Die Mülltonnen werden auf die Straße gestellt. (die Nachbarn)

21 Christoph und Ines sprechen über Umweltschutz in ihren Familien. Suchen Sie die fehlende Informationen im Text „Umweltschutz geht jeden an". Beantworten Sie dann die Fragen. Benutzen Sie in jeder Antwort einen Passivsatz.

▶ Beispiel: Ines: Sparen deine Eltern Benzin?
           Christoph: *Ja, Benzin wird gespart.*

1. Christoph: Was machst du mit deinen Glassachen?
   Ines: _____
2. Ines: Machst du etwas besonders mit der Heizung?
   Christoph: _____
3. Ines: Das ist gut. Was machst du mit dem Licht?
   Christoph: _____
4. Christoph: Ich finde, die Verpackungen sind schwer zu recyceln. Was machst du damit?
   Ines: _____
5. Ines: Hast du noch eine Idee?
   Christoph: _____
   Ines: Du kannst mir die Gläser geben. Ich schmeiße sie in den Container.

22 Was wird bei Ihnen für die Umwelt gemacht? Sprechen Sie mit einer Partnerin/einem Partner darüber, was Sie zu Hause, in Ihrer Stadt oder auf Ihrem Campus für die Umwelt tun. Benutzen Sie den Passiv, sooft wie Sie können. Unten finden Sie Vorschläge für Themen.

das Papier • das Glas • die Dosen • der Abfall • das Benzin • die Verpackungen • der Wald

Freiburg

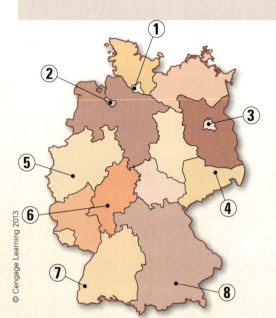

Wo liegt Freiburg?

Das Freiburger Münster - ein gotisches Meisterwerk

edge FREIBURG IM BREISGAU LIEGT AM RANDE° DES SCHWARZWALDS UND ist wegen seiner Schönheit und der idyllischen Umgebung ein attraktives Urlaubsziel.

Im Südosten von Freiburg liegt der Feldberg, der höchste Berg des Schwarzwalds, der im Winter ein beliebtes Skigebiet ist. Freiburg ist bekannt für seine milden Temperaturen und die vielen Sonnenstunden und hat somit ein ideales Klima für *cultivation* den Anbau° von Weintrauben, aus denen der badische Qualitätswein gemacht wird.

Im Jahr 1120 wurde Freiburg zur Stadt ernannt und war einst eine der reichsten deutschen Städte. Mit seiner Nähe zur Schweizer Stadt Basel, dem Zentrum der Chemie- und Pharmaindustrie, und zur französischen Stadt Mulhouse, ist Freiburg auch heute ein wichtiges Handelszentrum. Die Gegend um Freiburg wird Dreiländereck genannt, weil hier drei Länder – Deutschland, die Schweiz und Frankreich – aneinandergrenzen. Das ist auch ein Grund dafür, dass 15 % der 220 000 Einwohner von Freiburg Ausländer sind, was das internationale und offene Flair der Stadt ausmacht.

Eine Touristenattraktion ist die idyllische Altstadt und das Wahrzeichen der Stadt, das Freiburger Münster. Dieses wurde in den Jahren zwischen 1130 bis 1200 gebaut und ist mit seinem filigranen 116 m hohen Turm ein Meisterwerk gotischer Baukunst. Freiburg ist eine alte Universitätsstadt, deren Fakultätsgebäude über die ganze Stadt verteilt sind. Die Albert-Ludwigs-Universität wurde 1457 gegründet und hat heute über 21 000 Studenten. Freiburg hat auch eine bekannte Musikhochschule mit Studenten und Meisterschülern aus der *research institutes* ganzen Welt. Darüber hinaus gibt es viele Forschungsinstitute° sowie mehrere

gute Fachhochschulen° mit über 30 000 Studenten. Das kulturelle Angebot in   *offerings* *technical colleges*
Freiburg ist groß und die Stadt hat eine sehr aktive Musikszene. Beispiele sind
das berühmte Barockorchester, das auf historischen Instrumenten spielt, und
das Zelt-Musik-Festival, bei dem drei Wochen lang ein breites Spektrum aller
Musikrichtungen° – von der Klassik bis zum Rap - dargeboten wird. Freiburg   *types of music*
wird manchmal die Öko-Hauptstadt Deutschlands genannt, was an seinen zahl-   *numerous*
reichen Umweltprojekten liegt. In Freiburg wurde die erste Plusenergie-Siedlung°   *sub-division*
Deutschlands gebaut, in der die Gebäude durch Solarzellen mehr Energie produzieren als die Bewohner der Häuser verbrauchen. 2002 wählten die Freiburger
den ersten grünen Bürgermeister Deutschlands und seitdem gibt es noch mehr
Umweltinitiativen. Die Menschen werden dazu motiviert ökologische Produkte
zu kaufen, Nahrungsmittel aus der Region zu essen und weniger Auto zu fahren.
So wundert es einen nicht, dass die Öko-Metropole zum dritten Mal den attrak-
tiven Deutschen Umweltpreis gewonnen hat.

Die Plusenergie-Häuser in
Freiburg

23 **Was passt zusammen?**   Es können auch mehrere Punkte passen.

1. _____ Freiburg
2. _____ Albert-Ludwigs-
Universität
3. _____ Plusenergie-Siedlung
4. _____ Freiburger Münster
5. _____ Dreiländereck
6. _____ Barock-Orchester
7. _____ Feldberg
8. _____ Zelt-Musik-Festival

a. hier grenzen Deutschland, Frankreich
und die Schweiz aneinander
b. wichtiges Handelszentrum
c. ist der höchste Berg des Schwarzwalds
d. gilt als Öko-Hauptstadt von
Deutschland
e. wurde 1457 gegründet
f. ist ein gotisches Kirchengebäude
g. spielt auf historischen Instrumenten
h. hat über 21 000 Studierende
i. Gebäude, auf denen durch Solarzellen
ein Überschuss° an Energie produ-   *surplus*
ziert wird
j. drei Wochen lang finden hier Konzerte aller Musikrichtungen statt
k. hat einen 116 m hohen Turm

24 **Zur Diskussion / Internetrecherche**

1. Freiburg ist eine Stadt mit viel Flair, in der es viel zu sehen gibt. Wie
möchten Sie einen Tag in Freiburg verbringen? Was würden Sie sich gerne
anschauen?
2. Das kulturelle Programm in Freiburg ist groß. Suchen Sie im Internet Informationen darüber, was Sie am Abend unternehmen können.
3. Sie möchten die Umgebung von Freiburg kennen lernen. Recherchieren Sie
im Internet. Was würden Sie gerne unternehmen?

Kurzfilm

Bus

Worum geht es hier?

improvements
führt ... durch: *carries out*

Wenn die Arbeit nicht zu uns kommt, kommen wir eben zur Arbeit. Ein Arbeitsteam fährt in seinem Minibus die Autobahn ab und führt° ungefragt Reparaturen und Verschönerungen° durch.

Vor dem Anschauen

25 Brainstorming. Bilden Sie eine Gruppe von vier Studenten und diskutieren Sie folgende Frage:

mows / lawn

Ein junger Mann kommt zu Ihrem Haus und mäht° Ihnen ungefragt den Rasen° – wie würden Sie reagieren? Begründen Sie Ihre Reaktion.

Erstes Anschauen, ohne Ton

26 Was haben Sie gesehen? Schauen Sie sich den Film ohne Ton und Untertitel an. Markieren Sie alle zutreffenden° Aussagen.

applicable

edge

1. **Erste Szene – Am Rand° der Autobahn**
   - _____ a. Vier Männer und eine Frau stehen am Rand der Autobahn und warten.
   - _____ b. Der eine Mann hat eine Gitarre.
   - _____ c. Die Frau isst ein Brötchen und trinkt aus einer Flasche.
   - _____ d. Auf der Autobahn ist wenig Verkehr.

2. **Zweite Szene – Auf der Autobahn**
   - _____ a. Der Bus überholt einen Wagen und signalisiert der Fahrerin anzuhalten.
   - _____ b. Ein Mann macht den Wagen mit einem Staubsauger sauber
   - _____ c. Die Fahrerin steigt aus ihrem Wagen und steht neben dem Wagen.
   - _____ d. Ein Mitglied des Arbeitsteams setzt sich in den Wagen und rechnet mit dem Taschenrechner° etwas aus.

pocket calculator

3. **Dritte Szene – Toilette**

toilet

   - _____ a. Die Mitglieder des Arbeitsteams putzen ein Klo°.
   - _____ b. Sie bringen eine große Pflanze herein.

decorates

   - _____ c. Die Frau schmückt° den Spiegel mit Blumen.
   - _____ d. Die Mitglieder des Arbeitsteams streiten mit einem Mann.

4. **Vierte Szene – Das Paar im Park**
   - _____ a. Ein Mann und eine Frau machen ein Picknick.
   - _____ b. Ein Mitglied des Teams spielt Gitarre.
   - _____ c. Es gibt Kaffee und Kuchen.
   - _____ d. Ein paar Leute des Arbeitsteams sitzen bei Ihnen am Tisch.

5. Fünfte Szene – Lager° im Wald   *camp site*

_____ a. Am Abend sitzt die Gruppe um ein Lagerfeuer herum.

_____ b. Ein Mann spielt Gitarre und die anderen hören zu.

_____ c. Die Frau schläft im Bus.

_____ d. Am nächsten Morgen ist die Frau im Zelt weg und die Tasche im
        Bus auch.

6. Sechste Szene – Im Garten

_____ a. Ein Mann arbeitet im Garten.

_____ b. Seine Frau hilft ihm dabei.

_____ c. Das Arbeitsteam bringt Gartenzwerge° und Blumen.   *garden dwarfs for decoration*

_____ d. Der Chef des Arbeitsteams gibt dem Mann im Garten einen Zettel.

_____ e. Der Teamchef schüttelt Blätter aus einem Sack auf den Boden.

Anschauen mit Ton

27 **Was ist passiert?**   Schauen Sie sich den Film mit Ton an und bringen
Sie die Aussagen in die richtige Reihenfolge. Wichtige Wörter und Ausdrücke,
die im Film vorkommen, finden Sie in Anhang C.

_____ a. Wollte sowieso im Bus schlafen.

  1   b. Ihr Bremslicht ist kaputt.

_____ c. Könnt Ihr mich mitnehmen?

_____ d. Aber es ist doch jetzt viel schöner.

_____ e. Wieso machen Sie'n hier jetzt sauber?

_____ f. Hallo. Schon wach?

_____ g. Zahlen Sie bar?

_____ h. Das ist doch ein guter Preis.

28 **Diskutieren Sie**

1. Was halten Sie von der Arbeit dieses Teams? Haben sie Ihrer Meinung nach
   eine gute Lösung für das Arbeitsproblem gefunden?

2. Warum bezahlen manche Leute und andere nicht? Was meinen Sie?

29 **Rollenspiel.**   Besprechen Sie die folgenden Szenen des Films und erfinden Sie dann einen kurzen Sketch dazu. Spielen Sie Ihren Sketch den anderen
Kursteilnehmern vor.

a. das Paar im Park

b. der Mann in der Toilette

c. der Chef des Arbeitsteams und die anderen Mitglieder im Bus nach dem
    Verschwinden der Tasche mit dem Geld

LITERARISCHE WERKE

soot ## Gedicht: Ruß° 🌐

Bonn-Sequenz / Ullstein

Sarah Kirsch

Sarah Kirsch wurde 1935 unter dem Namen Ingrid Bernstein in Ostdeutschland geboren. Nach einem Biologiestudium schrieb sie ab 1960 Gedichte unter dem das Pseudonym „Sarah" als Identifikation mit Jüdinnen und Erinnerung an die Zeit des Nationalsozialismus. Ihr erster Lyrikband **Landaufenthalt** (1967) wurde im Osten und im Westen veröffentlicht.

expatriated
singer song writer
expelled

Nach der Ausbürgerung° des populären Liedermachers° Wolf Biermann 1976 und dem folgenden Ausschluss° vieler Autoren, Künstler und Schriftsteller aus der Partei zog Kirsch 1977 zusammen mit anderen desillusionierten ostdeutschen Schriftstellern in den Westen. Zunächst zog sie nach West-Berlin, dann 1983 nach Schleswig-Holstein, wo sie seitdem lebt. Für ihre Gedichte wird Sarah Kirsch regelmäßig mit wichtigen Preisen geehrt.

Zum Thema

Natur, Liebe, Erinnerung und Landleben sind die Themen ihrer Gedichte und kurzen lyrischen Prosatexte. Das Gedicht „Ruß" stellt Elemente aus der Natur dem Alltag der Menschen gegenüber. Was soll der Titel des Gedichtes Ihrer Meinung nach in den Lesern hervorrufen?

2-30

Ruß

Die Touristen sind letztlich
gestorben. Ich habe Lust durch die

swamps / flocks of geese
snow showers

Sümpfe° zu gehen. Gänseschwarm°
Lange gezogen. Schneegestöber°
Aus der Tür offenen Kühlschranks.

cans
whistling

Benzin- und Whisky-Büchsen°
Pfeifender° redender Wind. 🍃

Sarah Kirsch: Sämtliche Gedichte; ©2005, Deutsche Verlags-Anstalt, München in der Verlagsgruppe Random House GmbH

30 Analyse

1. Was sieht das „lyrische Ich" auf seinem Spaziergang durch die Sümpfe? Was sieht es nicht?
2. Auch in der Küche beobachtet das „Ich" ein Umweltproblem. Welches ist das? Beschreiben Sie das Problem.
3. Wie verstehen Sie Schneegestöber in Verbindung mit dem offenen Kühlschrank?
4. In der letzten Zeile wird der Wind in zwei Adjektiven personifiziert. Nennen Sie die Adjektive.
5. Wovor könnte der Wind in diesem Umweltgedicht warnen?

Kurzgeschichte: Der Bergarbeiter 🌐

Heinrich Böll

Ullstein Bilderdienst

Heinrich Böll (1917–1985) wurde in Köln geboren und gehört zu den großen deutschen Schriftstellern der Nachkriegszeit. Im Sommer 1939 studierte er Germanistik und klassische Philologie an der Universität in Köln und begann im Spätsommer desselben Jahres seinen Militärdienst°. Im April 1945 kam er in amerikanische Kriegsgefangenschaft°, aus der er im September befreit wurde. Nach Kriegsende nahm er sein Universitätsstudium und sein literarisches Schreiben wieder auf und 1949 erschien sein erster Roman, *Der Zug war pünktlich*. Von 1951 an lebte er als freier Schriftsteller in Köln und veröffentliche Romane, Kurzgeschichten und Hörspiele°, wofür er den Preis der Gruppe 47, der wichtigsten literarischen Gruppe im Nachkriegsdeutschland, bekam. 1972 erhielt er den Nobelpreis für Literatur und seine Romane und Erzählungen wurden international bekannt.

Seine frühen Geschichten handeln hauptsächlich von Krieg und dem Leid, das dadurch entsteht. Er sah es als seine moralische Pflicht an, realistisch über die Nachkriegszeit, die Jahre des Wiederaufbaus zerstörter Städte und gebrochener menschlicher Beziehungen zu schreiben. Armut°, Wohnungsnot° und Verzeiflung° der „kleinen Leute" waren seine zentralen Themen. In seinen späteren Texten kritisiert er die neuen Strukturen im Nachkriegsdeutschland, die seiner Meinung nach primär materiell orientiert waren und wo teilweise frühere Anhänger° des Nationalsozialismus wieder gesellschaftlich wichtige Positionen hatten. Böll war es ein großes Anliegen°, dass im Zusammenleben der Menschen sowie in Bereichen wie der Arbeitswelt mehr Humanität und Verständnis herrschen° sollten und nicht nur materialistische Ziele im Mittelpunkt stehen sollten. Böll hat ein scharfes Auge, wenn es um realistische Details geht und seine Texte haben oft einen ironischen, humorvollen Unterton.

military service

prisoner of war capitivity

radio plays

poverty
scarcity of housing / despair

supporters

Böll .... Anliegen: *It was of great concern to Böll. / predominate*

Zum Thema

In seiner Erzählung „Der Bergarbeiter°", entdeckt ein dreijähriges Mädchen, dass etwas in ihrer Umgebung nicht stimmt. Sie will den Garten, so wie er ist, nicht akzeptieren und versucht mit kindlicher Naivität das Problem zu lösen. Ihre Eltern jedoch verstehen nicht, worum es dem Kind geht. Obwohl die Botschaft° an die Leser eher simpel und direkt ist, hat sie doch eine tiefere Bedeutung.

miner

message

1. Woran denken Sie, wenn Sie das Wort „Bergarbeiter" hören?
2. Warum könnte ein Bergarbeiter seine Liebe zur Natur leicht verlieren?
3. Was kann schon ein Kind über seine Umwelt und die Natur entdecken?
4. Auf welche Weise könnte ein Kind etwas für die Umwelt tun?

The miner

🔊 2-31

miner

Der Bergarbeiter

Es ist Sommer, in den Gärten wird gearbeitet; die Sonne würde scheinen, wenn man sie ließe, aber heute, wie immer an sonnigen Tagen, schwebt°

hovers
dull
hazy shade

5 sie nur wie mattes° Gold hinter der Dunstglocke°, seltene Farbtöne werden herausgefiltert: silbriges Schwarz – dunkles Braun – mattes Gold; Ersatz für die weißen Wolken

trails of smoke
smelting plant

10 bilden die weißen Rauchfahnen° einer Kokerei°; der Mann sitzt in der Küchentür, raucht, hört Radio, trinkt Bier, liest lustlos° in der Zeitung, beobachtet seine Frau, die hinten im

listlessly

15 Garten arbeitet, hebt plötzlich den Kopf und blickt aufmerksam seiner kleinen Tochter zu, der Dreijährigen, die schon zweimal mit ihrem kleinen Eimer voll Wasser und einem Lappen in der Hand an ihm vorbei in die

20 Küche gegangen ist, nun zum drittenmal mit ihrem Eimer und ihrem Lappen sich an ihm vorbeidrückt°.

squeezes past

„Was machst du denn da?"
„Ich hole Wasser, frisches Wasser."
„Wozu?"
25 „Ich wasche die Blätter."
„Welche Blätter?"
„Von den Kartoffeln."
„Warum?"
„Weil sie schmutzig sind – sie sollen grün sein, grün."
30 „Blätter braucht man nicht zu waschen."
„Doch – sie müssen grün sein, grün."

Kopfschüttelnd blickt der Mann seiner kleinen Tochter nach und beobachtet, wie sie mit ihrem Lappen die einzelnen Blätter der Kartoffelpflanzen abwischt: das Wasser in dem kleinen Eimer färbt sich

35 dunkel; es ist warm, fünf Uhr nachmittags, der junge Mann gähnt.

Der Bergarbeiter. Heinrich Böll - Die ganze Kurzgeschichte "Der Bergarbeiter", von Heinrich Böll, aus Im Ruhrgebiet. Reprinted with permission.

▲ Paula Modersohn-Becker, *Elsbeth*, 1902

Head of a Girl, Modersohn-Becker, Paula (1876–1907) / Städelsches Kunstinstitut, Frankfurt-am-Main, Germany / The Bridgeman Art Library

32 **Wissen Sie das?**

1. Warum kann man im Sommer in dieser Gegend die Sonne kaum sehen?
2. Wer gehört zur Familie des Bergarbeiters?
3. Was macht der Bergarbeiter nach Feierabend oder in seiner Freizeit?
4. Was macht die Mutter an diesem Tag?
5. Was holt die Tochter aus der Küche?
6. Warum gefallen ihr die Kartoffelpflanzen nicht?
7. Was will die Tochter mit dem Lappen machen?
8. An welcher Geste erkennen Sie, dass der Vater die Arbeit seiner Tochter nicht ganz ernst nimmt?

33 **Ein anderes Ende.** Entwickeln Sie in einer kleinen Gruppe ein anderes Ende der Geschichte.

34 **Die Mutter.** Schreiben Sie einen Dialog für Mutter, Vater und Tochter. Die Mutter sieht ihre Tochter nicht nur als kindlich naiv, sondern sie lobt, was die Tochter tut, und spricht mit ihr und dem Vater über die Umweltprobleme der Gegend. Spielen Sie die Szene in einer Dreiergruppe.

35 **Bildbesprechung**

1. Beschreiben Sie kurz das Bild.
2. Wo befinden sich die Frau und das Kind?
3. Was zeigt die Frau dem Kind?
4. Wie verhält° sich das Kind? *act*
5. Wie passt diese Szene zum Thema Umwelt?
6. Welche Rolle spielt Ihrer Meinung nach die Erziehung für das Umweltbewusstein?

Anatoliy Samara/Shutterstock.com

Wortschatzübungen

Grammar Quiz

Vocabulary Quiz
Audio Flashcards
Concentration
Crossword

Wortschatz 2

Substantive

der **Eimer, -** *pail*
der **Lappen, -** *rag; cloth*

Verben

ab·wischen *to wipe off*
bilden *to form, create, establish*
gähnen *to yawn*
loben *to praise*
rauchen *to smoke*

Andere Wörter

aufmerksam *attentive; watchful*
sonnig *sunny*

---

36 **Definitionen.** Welche Wörter aus der Vokabelliste passen zu den folgenden Definitionen?

1. wenn man etwas genau beobachtet und analysiert _____
2. eine schmutzige Fläche putzen _____
3. darin kann man Wasser transportieren _____
4. ein Tuch, mit dem man etwas putzt _____
5. eine Geste, die zeigt, dass man müde oder gelangweilt ist _____
6. etwas Positives zu jemandem sagen _____
7. formen, schaffen, kreieren _____
8. wenn die Sonne scheint _____

37 **Vokabeln.** Ergänzen Sie die Sätze mit Wörtern aus der Vokabelliste.

1. Ein Ehepaar sitzt bei schönem Wetter im Garten. Es ist _____.
2. Plötzlich hört ihr kleiner Sohn auf zu spielen. Er steht auf und holt sich einen _____ und Wasser in einem _____.
3. Die Mutter interessiert sich für das, was der Junge macht. Sie schaut ihm _____ zu und fragt ihn, was er vorhat.
4. Er will die schmutzigen Blätter der Pflanzen _____. Sie sollen sauber werden.
5. Die Mutter findet sein Vorhaben gut und _____ ihn.
6. Der Vater interessiert sich nicht dafür, was sein Sohn macht. Er hört Radio, _____ eine Zigarette und _____ aus Langeweile.

224 **Kaleidoskop** Kultur, Literatur und Grammatik

Was meinen Sie?

38 **Wie reagieren Sie?** Sagen Sie, wie Sie auf Folgendes reagieren. Verwenden Sie einen der folgenden Sätze.

> Das ärgert mich wirklich sehr. Das stört mich etwas.
> Das ärgert mich. Das stört mich nicht.

1. Schmutz auf der Straße
2. Leute, die Papier oder Flaschen auf die Straße werfen
3. Graffiti an Mauern und Wänden
4. Leute, die Graffiti an Mauern und Wände schreiben
5. Leute, die in der Öffentlichkeit (z. B. im Zug oder im Restaurant) laut am Handy sprechen
6. Autofahrer, die bei Grün sofort hupen
7. Autofahrer, die sehr schnell fahren
8. große Autos
9. hohe Benzinpreise
10. Geld für neue Straßen und Autobahnen ausgeben, statt für die Eisenbahn
11. Atomkraftwerke
12. im Winter zu warme Räume in Gebäuden wie Kaufhäusern und Schulen
13. im Sommer zu kalte klimatisierte° Räume in Gebäuden wie Kaufhäusern und Schulen

air conditioned

39 **Vergleichen Sie**

1. Die Natur spielt eine Hauptrolle in der Ballade „Der Erlkönig" und in der Kurzgeschichte „Der Bergarbeiter". Vergleichen Sie in den beiden Werken das Verhältnis der Kinder zur Natur.
2. Vergleichen Sie die Beziehung zwischen Eltern und Kind in den Geschichten „Der Bergarbeiter", „Dienstag, der 27. September 1960" und dem Märchen „Die sieben Raben". Welche Eltern zeigen das meiste Verständnis°? Welche das wenigste?

understanding

3. Zu welcher der Familien aus den Texten in Nr. 2 würden Sie am liebsten gehören? Zu welcher am wenigsten? Geben Sie jeweils zwei bis drei Gründe für Ihre Meinung an.

Zweiter Teil

Grammatik

Kapitel 1

der Infinitiv

1-1 Infinitive° stems and endings[1]

INFINITIVE	STEM + ENDING	ENGLISH EQUIVALENT
arbeiten	**arbeit + en**	*to work*
sammeln	**sammel + n**	*to collect*

The infinitive is the basic form of a verb, the form listed in dictionaries and vocabularies. It is the form used with modals (see Section1-9 of this chapter), in the future tense (see Section 1-15 of this chapter), and in certain other constructions (see *Kapitel 2*). A German infinitive consists of a stem plus the ending **-en** or **-n**.

Note that in this section and throughout this grammar review, the examples and charts generally precede the description of a grammatical feature. This arrangement should enable you to visualize and understand the description more easily.

das Präsens

1-2 Basic present-tense° endings

	fragen	arbeiten	heißen	sammeln
ich	frag**e**	arbeit**e**	heiß**e**	samm(e)**le**
du	frag**st**	arbeit**est**	heiß**t**	sammel**st**
er/es/sie	frag**t**	arbeit**et**	heiß**t**	sammel**t**
wir	frag**en**	arbeit**en**	heiß**en**	sammel**n**
ihr	frag**t**	arbeit**et**	heiß**t**	sammel**t**
sie	frag**en**	arbeit**en**	heiß**en**	sammel**n**
Sie	frag**en**	arbeit**en**	heiß**en**	sammel**n**

---

[1]*The German words for the corresponding English grammar terms are given in the basic singular form and printed in the margin.*

Most German verbs form the present tense from the stem of the infinitive. Most verbs add the following endings to the stem: **-e**, **-st**, **-t**, **-en**.

1. The verb ending **-st** of the second-person singular (**du**-form) and the ending **-t** of the third-person singular (**er/es/sie**-form) expand to **-est** and **-et** if

   a. the stem of the verb ends in **-d** or **-t**: **arbeiten > du arbeitest**, **er/es/sie arbeitet**;

   b. the stem of the verb ends in **-m** or **-n** preceded by another consonant: **atmen > du atmest**, **er/es/sie atmet**.

   EXCEPTION: If the stem of the verb ends in **-m** or **-n** preceded by **-l** or **-r**, the **-st** and **-t** do not expand: **lernen > du lernst**, **er/es/sie lernt**.

2. The ending **-st** of the second-person singular (**du**-form) contracts to **-t** if the verb stem ends in a sibilant (**-s**, **-ss**, **-ß**, **-tz**, or **-z**): **heißen > du heißt**; **sitzen > du sitzt**.

3. In many verbs with the stem ending in **-el**, the stem loses the **-e** in the first-person singular (**ich**-form): **sammeln > ich sammle**.

1-3 Present tense of stem-changing verbs

	tragen (a > ä)	laufen (au > äu)	nehmen (e > i)	lesen (e > ie)
ich	trage	laufe	nehme	lese
du	**trägst**	**läufst**	**nimmst**	**liest**
er/es/sie	**trägt**	**läuft**	**nimmt**	**liest**
wir	tragen	laufen	nehmen	lesen
ihr	tragt	lauft	nehmt	lest
sie	tragen	laufen	nehmen	lesen
Sie	tragen	laufen	nehmen	lesen

German verbs can be categorized as strong, weak, or irregular weak, based on how they form the past tenses.

1. In the present tense, many strong verbs with the stem vowels **a** or **au** take umlaut in the second person (**du**-form) and third person (**er/es/sie**-form): **a > ä (trägt)**; **au > äu (läuft)**.

2. Many strong verbs with the stem vowel **e** also exhibit a vowel change in the second- and third-person singular: **e > i (nimmt)** or **e > ie (liest)**.

For a list of the vowel-change verbs used in this text, see Appendix #25. Some basic stem-changing verbs are listed below.

a > ä		au > äu	e > i		e > ie
anfangen	lassen	laufen	brechen	sterben	befehlen
einladen	raten		essen	treffen	empfehlen
fahren	schlafen		geben	treten	geschehen
fallen	schlagen		helfen	vergessen	lesen
fangen	tragen		nehmen	werden	sehen
gefallen	wachsen		sprechen	werfen	stehlen
halten	waschen				

The verbs **gehen** and **stehen** are strong verbs, but they do not change their stem vowels in the present tense.

Haben, sein, werden, and *wissen* in the present tense

	haben	sein	werden	wissen
ich	habe	**bin**	werde	**weiß**
du	**hast**	**bist**	**wirst**	**weißt**
er/es/sie	**hat**	**ist**	**wird**	**weiß**
wir	haben	**sind**	werden	wissen
ihr	habt	**seid**	werdet	wisst
sie	haben	**sind**	werden	wissen

The verbs **haben**, **sein**, **werden**, and **wissen** are irregular in the present tense. Note: The irregular forms appear in boldface in the above table.

Übung

daily routine
complete

1 **Lauras Tag.** Alex und Laura sprechen über Lauras Tagesablauf°. Ergänzen° Sie das Gespräch mit den passenden Verben in der richtigen Form.

essen • fahren • geben • nehmen • trinken

ALEX: Was _____ du zum Frühstück?

LAURA: Kaffee. Und ich _____ drei Brötchen. Das _____ mir Energie für den ganzen Morgen.

ALEX: _____ du mit dem Fahrrad zur Uni? Oder _____ du den Bus?

fahren • gehen • warten

LAURA: Meistens _____ ich mit dem Fahrrad. Oft mit meinem Freund Lukas. Er _____ immer vor dem Kaufhaus Karstadt. Wir _____ meistens sofort in die Bibliothek.

lesen • sehen • sitzen

ALEX: In der Bibliothek _____ ich euch manchmal. Ihr _____ dort viel. Und ihr _____ immer am Fenster.

arbeiten • sprechen • treffen

LAURA: Ja, stimmt. Besonders Lukas _____ viel. Heute Nachmittag _____ er zum Beispiel seinen Englischprofessor und sie _____ über sein Referat ür diesen Kurs.

geschehen • reden • trinken

ALEX: Und was _____ dann?

LAURA: Dann _____ wir zusammen Kaffee und _____ sicher über unsere Kurse.

fallen • kommen • laufen • sein • unternehmen

ALEX: Was _____ du abends?

LAURA: Wenn ich abends nach Hause _____, _____ ich manchmal noch im Park. Oft _____ ich aber auch so kaputt, dass ich schon um neun ins Bett _____. Und das in meinem Alter!

1-5 Uses of the present tense

▶ Anna **schreibt** gerade einen Brief. = *Anna **is writing** a letter right now.*

The present tense is used to talk about an event taking place at the same time that it is being described.

Anna **arbeitet** schwer. = $\begin{cases} \textit{Anna \textbf{works} hard.} \\ \textit{Anna \textbf{is working} hard.} \\ \textit{Anna \textbf{does work} hard.} \end{cases}$

Arbeitet Leon auch schwer? = $\begin{cases} \textbf{\textit{Is}} \textit{ Leon also \textbf{working} hard?} \\ \textbf{\textit{Does}} \textit{ Leon also \textbf{work} hard?} \end{cases}$

German verbs have one present-tense form to express what English expresses with two or three different forms of the verb.

Tobias **wohnt** schon lange in München.	*Tobias **has been living** in Munich for a long time.*
Er **arbeitet** seit September bei BMW.	*He **has been working** for BMW since September.*

The present tense in German can be used to express an action begun in the past that continues into the present (see also *Kapitel 5*, Section 5-1g)

Lisa **bleibt** heute Abend zu Hause.	*Lisa **is staying** home this evening.*
Sie **schreibt** morgen eine Klausur.	*She's **going to have** a test tomorrow.*

German, like English, can use the present tense to express an action intended or planned for the future if the context or an adverb of time makes the future meaning clear (see Section 1-15 of this chapter). Examples of adverbs of time are **in einer Woche** (*in a week*), **heute Abend** (*this evening*), **bald** (*soon*), **morgen** (*tomorrow*).

Übung

2 Felix in Hamburg. Felix hat Ihnen aus Hamburg geschrieben. Erzählen Sie, was er in Hamburg erlebt° hat. Ergänzen Sie die Sätze mit den passenden Verben in der richtigen Form.

experienced

bleiben • kennen • wohnen

1. Felix _____ seit vier Wochen in Hamburg.
2. Er _____ wahrscheinlich sechs Monate da.
3. Er _____ schon viele Leute.

besuchen • haben • kennen • verbringen

4. Er _____ auch schon eine neue Freundin.
5. Er _____ Luisa seit ein paar Wochen.
6. Sie _____ viel Zeit zusammen.
7. Nächstes Wochenende _____ sie Luisas Eltern.

	fragen	warten	tragen	laufen	nehmen	lesen
FAMILIAR SINGULAR	frag(e)	wart(e)	trag(e)	lauf(e)	nimm	lies
FAMILIAR PLURAL	fragt	wartet	tragt	lauft	nehmt	lest
FORMAL	fragen Sie	warten Sie	tragen Sie	laufen Sie	nehmen Sie	lesen Sie

Imperatives are verb forms used to express commands such as orders, instructions, suggestions, and wishes. **Bitte** makes a command or request more polite.

Each German verb has three imperative forms, corresponding to the three forms of address: the familiar singular imperative (**du**-form), the familiar plural imperative (**ihr**-form), and the formal imperative (**Sie**-form), which is the same for both singular and plural.

1. The **familiar singular imperative** is used when addressing someone to whom you would say **du**. The imperative is formed from the infinitive verb stem.

    a. An **-e** may be added to the imperative form, but it is usually omitted in colloquial German: **frag(e)**.

    b. An **-e** is added in written German if the verb stem ends in **-d** or **-t**: **rede, warte**.

    c. An **-e** is always added if the verb stem ends in **-m** or **-n** preceded by another consonant: **atme, öffne**. However, an **-e** need not be added if the verb stem ends in **-m** or **-n** preceded by **-l** or **-r**: **lern(e)**.

    d. An **-e** is always added if the verb stem ends in **-ig**: **entschuldige**.

    Verbs with stems that change from **e > i** or **e > ie** retain the stem-vowel change but do not add **-e**: **nehmen > nimm, lesen > lies**. Verbs with stems that change from **a > ä** do not take umlaut in the familiar singular imperative: **tragen > trag(e), laufen > lauf(e)**.

    The pronoun **du** is occasionally used for emphasis or clarification: **Warum muss ich immer Kaffee holen? Geh du mal.**

2. The **familiar plural imperative** is used when addressing people to whom you would say **ihr**. It is identical to the present-tense **ihr**-form of the verb.

    The pronoun **ihr** is occasionally used for emphasis or clarification: **Es ist noch Kuchen da. Esst ihr doch!**

3. The **formal imperative** is used when addressing one or more persons to whom you would say **Sie**. It is identical to the present-tense **Sie**-form of the verb. The pronoun **Sie** is always used in the imperative and follows the verb: **Warten Sie bitte einen Augenblick.**

a | The imperative of *sein*

FAMILIAR SINGULAR	**Sei** *nicht so nervös.*	*Don't be so nervous.*
FAMILIAR PLURAL	**Seid** *bitte ruhig.*	*Please be quiet.*
FORMAL	**Seien Sie** *so gut.*	*Be so kind.*

NOTE: especially the **du**-form **sei** and the **Sie**-form **seien Sie**.

b | The *wir*-imperative

LUKAS:	Was machen wir heute Abend?	*What will we do tonight?*
ELIAS:	**Gehen wir** doch mal ins Kino, oder?	***Let's go** to the movies, or what do you think?*

English imperatives beginning with *let's* can be expressed in German with the first-person plural present-tense form of the verb followed by the pronoun **wir**.

c | Flavoring particles° with the imperative

die Modalpartikel

Flavoring particles are little words used to express a speaker's attitude about an utterance and are quite common in colloquial German. Flavoring particles are frequently a part of an imperative sentence.

1. **doch**

   Kommen Sie **doch** mit.   *Do come along.*

   The speaker uses **doch** to persuade the listener to do something.

   Machen Sie es **doch**.   *Go ahead and do it.*

   Doch may also be used to give a sense of impatience.

2. **mal**

   Sag **mal**, schreiben wir morgen eine Klausur?   *Say, are we having a test tomorrow?*

   Mal is often used to soften the wish or command.

   Schreib **doch mal**.   *Why don't you write sometime?*

   Mal leaves the time for carrying out a wish or command vague.

3. **nur**

   Glaub mir **nur**.   *Just believe me.*
   Bleib **nur** ruhig.   *Just stay calm.*

   Nur can add reassurance or encouragement.

   Fahr **nur** nicht zu schnell.   *Don't drive too fast.*
   Bleib **nur** nicht zu lange weg.   *Don't stay out too long.*

   Nur can also add a sense of insistence or even a warning.

Übungen

3 **Reiseführer.** Sie helfen deutschen Touristen in Bonn und erklären ihnen den Weg von der Beethovenhalle zum Hauptbahnhof. Benutzen Sie den Imperativ.

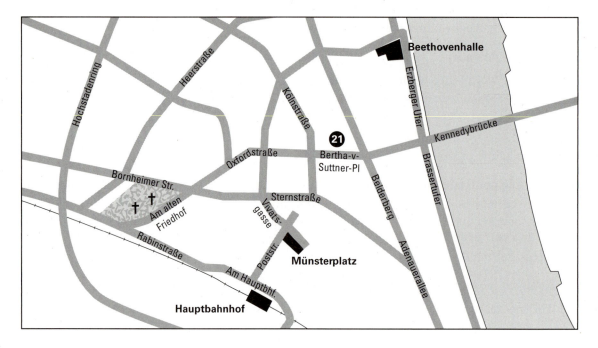

▶ bis zur Brücke auf diesem Weg bleiben
  Bleiben Sie bis zur Brücke auf diesem Weg.

1. an der Brücke nach rechts gehen
straight ahead 2. geradeaus° bis zur Haltestelle laufen
3. dort auf die Straßenbahn warten
4. die 21 nehmen
5. vorher die Fahrkarte am Automaten kaufen
6. bis zum Bahnhof fahren

4 **Mountainbiken.** Sie wollen sich ein Mountainbike kaufen und es am Wochenende bei einer Tour ausprobieren. Ihr Freund Jan, ein passionierter Mountainbiker, gibt Ihnen Tipps.

▶ als Anfänger kein zu teures Mountainbike kaufen
  Kauf als Anfänger kein zu teures Mountainbike.

1. am Anfang keine zu steilen Wege fahren
2. besser feste Kleidung tragen
3. ja den Helm nicht vergessen
4. möglichst keine zu kurvige Route nehmen
5. nicht zu schnell fahren
6. immer mal wieder eine Pause machen
7. auch immer genug trinken

1-7 Separable-prefix verbs°

das trennbare Verb

mitkommen	**Kommst** du heute **mit**?	*Are you coming along today?*
aufpassen	**Pass auf**!	*Watch out!*
anrufen	Ich **rufe** um sieben **an**.	*I'll call at seven.*

A separable-prefix verb consists of a basic verb plus a prefix that is separated from the verb under certain conditions. In the infinitive, a separable prefix° is attached to the base form of the verb. In the present tense, the imperative, and the simple past tense (see *Kapitel 2*), a separable prefix is separated from the base form of the verb and is in last position.

das trennbare Präfix

In spoken German the stress falls on the prefix of the separable-prefix verb: **Willst du mit'kommen? Komm doch mit'**.

Separable prefixes are usually prepositions or adverbs. Some of the most common separable prefixes are listed below:

ab	**bei**	**her**	**nach**	**weg**
an	**ein**	**hin**	**nieder**	**zu**
auf	**entlang**	**los**	**vor**	**zurück**
aus	**fort**	**mit**	**vorbei**	**zusammen**

Übung

5 **Pläne fürs Wochenende.** Fabian und Luisa treffen sich auf der Straße und sprechen über ihre Aktivitäten am Wochenende. Ergänzen Sie die folgenden Sätze mit den Ausdrücken in Klammern.

FABIAN: Was _____, Luisa? (du / vorhaben)
Du _____. (so elegant / aussehen)

LUISA: Ja, Jennifer und ich _____. (heute Abend / ausgehen)
Wir _____. (uns / die *Zauberflöte* / ansehen)
Das ist diesen Monat die große Attraktion im Opernhaus.
Und was machst du heute?

FABIAN: Nichts Besonderes. Vielleicht _____. (ich / ein bisschen / fernsehen)
Oder ich _____. (mal richtig / ausschlafen)
Ich _____, weil ich am Montag eine Klausur habe und viel lernen muss. (zurzeit / immer um sechs Uhr / aufstehen)
Und im Moment bin ich todmüde.

LUISA: Du Ärmster! Dann bist du ja richtig im Stress.
Dann _____? (du / am Wochenende / gar nicht / weggehen)

FABIAN: Nein, leider nicht. Aber ab Montag kann ich wieder ein bisschen faulenzen°. Das ist ja eigentlich meine Lieblingsbeschäftigung°.
Ich _____. (dich / nächste Woche / anrufen)
Dann _____. (ich / dich / zum Essen / einladen)

take it easy / favorite acitivity

LUISA: Au ja, hoffentlich klappt das! Du kochst doch so gut.

1-8 Present tense of modal auxiliaries°

	dürfen	können	mögen	müssen	sollen	wollen
ich	**darf**	**kann**	**mag**	**muss**	**soll**	**will**
du	**darfst**	**kannst**	**magst**	**musst**	**sollst**	**willst**
er/es/sie	**darf**	**kann**	**mag**	**muss**	**soll**	**will**
wir	dürfen	können	mögen	müssen	sollen	wollen
ihr	dürft	könnt	mögt	müsst	sollt	wollt
sie	dürfen	können	mögen	müssen	sollen	wollen
Sie	dürfen	können	mögen	müssen	sollen	wollen

German modal auxiliaries are irregular in that they have no verb endings in the first-person singular (**ich**-form) and third-person singular (**er/es/sie**-form). With the exception of **sollen**, modals show stem-vowel changes in the singular forms of the present tense.

1-9 Use of modal auxiliaries

Lara und Jan **können** bis zehn Uhr **bleiben**.

*Lara and Jan **can stay** until 10 o'clock.*

Sie **wollen** hier noch **essen**.

*They **want to eat** here still.*

Ich **muss** jetzt leider **gehen**.

*Unfortunately I **have to go** now.*

Modal auxiliaries in both German and English convey an attitude about an action, rather than expressing that action itself. For this reason, modals are generally used with dependent infinitives that express that action. The infinitive is in last position.

NINA: Ich **möchte** als Au- pair nach Italien (**gehen**).

*I **would like to go** to Italy as an au pair.*

SVEN: **Willst** du **das** wirklich (**machen**)?

***Would** you really **like to do** that?*

Modals may occur without a dependent infinitive if a verb of motion (**fahren, gehen**) or the idea of *to do* (**machen, tun**) is clearly understood from the context. The omitted infinitive can often be replaced by **es** or **das**.

1-10 Meaning of the modal auxiliaries

dürfen	*permission*	**Darf** ich Sie etwas fragen?	***May** I ask you something?*
können	*ability, possibility*	**Kannst** du mir helfen?	***Can** you **(are able to)** help me?*
mögen	*liking, personal preference*	**Magst** du Techno?	*Do you **like** techno?*
müssen	*necessity, probability*	**Musst** du wirklich schon gehen?	*Do you really **have to go** now?*
sollen	*obligation*	Was **soll** ich nur machen?	*What **should** I do?*
wollen	*desire, intention, wishing*	**Willst** du etwas sagen?	*Do you **want to (intend to)** say something?*

NOTE:

1. **Können** has the additional meaning of *to know how to do something*:

   Können Sie Deutsch?   ***Do you know*** German *(how to speak, read, etc.)?*

2. **Mögen** usually expresses a fondness or a dislike for someone or something. With this meaning it is usually used without a dependent infinitive:

   Magst du Niklas?   ***Do you like*** *Niklas?*

3. **Sollen** can also mean *is said to*.

   Julian **soll** das gesagt haben.   *Julian **is supposed to** have said that.*

4. **Wollen** can also mean *claims to*.

   Jana **will** das getan haben.   *Jan **claims to** have done that.*

1-11   The *möchte*-forms

Ich **möchte**	*wir* **möchten**
du **möchtest**	*ihr* **möchtet**
er/es/sie **möchte**	*sie* **möchten**
Sie **möchten**	

Möchte and **mögen** are different forms of the same verb. The **möchte**-forms are subjunctive forms of **mögen** and are equivalent to *would like to* (see *Kapitel 8*).

OBER: **Möchten** Sie jetzt bestellen?   **Would** you **like** to order now?

JENS: Ja, ich **möchte** eine Tasse Kaffee, bitte.   Yes, **I'd like** a cup of coffee, please.

1-12   Negative of *müssen* and *dürfen*

COMPULSION		
POSITIVE	Ich **muss** heute arbeiten.	***I must*** *work today.* ***I have*** *to work today.*
NEGATIVE	Ich **muss** heute **nicht** arbeiten.	***I don't have to*** *work today.*

PERMISSION		
POSITIVE	Ab morgen **darf** Frau Ziegler wieder arbeiten.	*Beginning tomorrow* ***Ms. Ziegler may*** *(**is allowed to**) work again.*
NEGATIVE	Aber Herr Ziegler **darf** noch **nicht** arbeiten.	***But Herr Ziegler mustn't*** *(**is not allowed to**) work yet.*

English *must* and *have to* have the same meaning in positive sentences. They have different meanings in negative sentences and hence different German equivalents.

Ich **muss** heute **nicht** arbeiten.　　*I don't have to work today.*

Ich **brauche** heute **nicht zu** arbeiten.　　*I don't have to work today.*

In its meaning of *doesn't/don't have to*, **nicht müssen** can be replaced by the construction **nicht brauchen**. The meaning is the same. Note that **brauchen** takes a dependent infinitive preceded by **zu**.

1-13 *Wollen, dass* and *möchten, dass*

Alina **will, dass ich** zu ihr **komme**.　　*Alina **wants me to come** to her house.*

Doch Alex **möchte, dass wir** alle zu Michael **gehen**.　　*But Alex **would like us** all **to go** to Michael's house.*

The German construction saying that someone wants someone else to do something is either **wollen, dass** or **möchten, dass** (e.g., **Alina will, dass ich**). To express this same idea English uses a modal plus an infinitive (e.g., *wants me to come*).

Übungen

Vorbereitungen treffen:
make preparations

6　Vorbereitungen.　Hannah und Andreas treffen Vorbereitungen° für eine Party. Bilden Sie ganze Sätze, so dass ein richtiges Gespräch daraus wird.

1. ANDREAS: ich / sollen / einkaufen / im Supermarkt?

drinks
2. HANNAH: Ja, bitte, gute Idee. du / können / kaufen / auch / die Getränke°?

3. ANDREAS: ich / müssen / gehen / aber / vorher / zum Geldautomaten

4. HANNAH: was / Nils / sollen / machen?

5. ANDREAS: er / können / decken / den Tisch / und / vorbereiten / die Salatsauce

6. HANNAH: wir / dürfen / ausgeben / aber / nicht zu viel Geld

7. ANDREAS: aber / du / wollen / haben / doch alles schön

7　Moritz braucht ein Auto.　Moritz muss zum Flughafen° und bittet *airport* Johanna um ihr Auto. Ergänzen Sie das Gespräch mit den richtigen Modalverben. **(dürfen, können, mögen, möchten, müssen, sollen, wollen)**

MORITZ: Brauchst du dein Auto heute Nachmittag?

JOHANNA: Warum? _____ du es haben?

MORITZ: Weißt du, ich _____ um vier am Flughafen sein. Ich _____ meinen Freund Nico abholen. Ich _____ ihm eine Freude machen. Und da _____ ich nicht zu spät kommen. Ich _____ nämlich erst um halb vier wegfahren. _____ ich dich um dein Auto bitten?

JOHANNA: Aber sicher. Oder _____ ich dich zum Flughafen bringen?

MORITZ: Ach, ich _____ gut allein fahren. Du _____ sicher arbeiten. In einer halben Stunde _____ ich es gut schaffen. Auch wenn ein Stau ist. Aber wenn du gern _____?

JOHANNA: Natürlich. Fahren wir doch zusammen. Ich _____ die Atmosphäre auf dem Flughafen. Da _____ man immer von der weiten Welt träumen°. _____ wir uns dann um halb vier hier treffen?

dream

MORITZ: Ja, das _____ wir machen.

8 **Im Café.** Jana und Nicole haben Mittagspause und treffen sich im Café. Ergänzen Sie ihre Konversation mit der richtigen Form von **mögen** oder **möchten**.

1. JANA: _____ du etwas essen, Nicole?

2. NICOLE: Nein, ich _____ das Essen hier nicht so gern. Ich _____ nur einen Kaffee trinken.

3. JANA: Hast du jetzt eigentlich schon eine Wohnung gefunden? Du _____ doch in die Stadt ziehen, nicht?

4. NICOLE: Ja, denn ich _____ das Leben auf dem Lande überhaupt nicht. Es ist so langweilig und man hat so wenige Möglichkeiten auszugehen.

5. JANA: Und was sagen deine Eltern dazu? Sie _____ ihre Tochter doch über alles. _____ sie denn, dass du ausziehst?

6. NICOLE: Ich glaube nicht. Aber sie _____ natürlich auch, dass ich zufriedener bin. Ah, da kommt der Ober. Wir können bestellen.

7. OBER: Guten Tag, die Damen. Was _____ Sie bitte?

9 **Nach der Vorlesung.** Carolin und Paul unterhalten sich nach der Vorlesung. Ergänzen Sie ihr Gespräch mit passenden Modalverben.

1. CAROLIN: Ich _____ eine Tasse Kaffee. Du auch? _____ wir ins Café gehen?

2. PAUL: Ich _____ schon, aber ich _____ nicht. Ich _____ ins Seminar. Geschichte, weißt du.

3. CAROLIN: Oh, ist Professor Lange gut?

4. PAUL: Ja. Er ist ausgezeichnet. Ich _____ ihn. Wir _____ schwer arbeiten, aber wir _____ auch viel lernen.

5. CAROLIN: _____ du viele Seminararbeiten schreiben?

6. PAUL: Wir _____ zwei schreiben. Aber wenn man _____, _____ man auch ein Referat halten.

1-14 Meanings of *lassen*

Lass die Schlüssel nicht zu Hause.   *Don't **leave** the keys at home.*

Lass deine Sachen nicht hier **liegen**.   *Don't **leave** your things **lying** here.*

Like the modals, the verb **lassen** can stand alone or take a dependent infinitive (e.g., **liegen**) without **zu**.

Lassen is one of the most commonly used verbs in German. Some basic meanings follow:

a | To leave

Ich **lasse** den Schirm zu Hause.	*I'm **leaving** the umbrella at home.*
Aber wo **habe** ich nur meine Regenjacke **gelassen**?	*But where **did** I **leave** my rain jacket?*

Lassen followed by a direct object without a dependent infinitive means *to leave* or *let something remain in place.*

b | To permit

Lasst mich euch doch helfen.	*Do **let** me help you.*
Bitte Sophia, **lass** mich den Koffer tragen.	*Please, Sophia, **let** me carry the suitcase.*
Und wir **lassen** Thomas das Auto holen.	*And we'**ll let** Thomas get the car.*

Lassen used with a dependent infinitive means *to let someone do something.*

c | To have something done *or* cause something to be done

ANDREA:	Für das Fest **lassen** wir ein Zelt im Garten aufbauen.	*For the party we'**ll have** a tent put up in the yard.*
TIM:	**Lasst** ihr eigentlich das Essen kommen?	***Are** you actually **having** the food brought in?*
ANDREA:	Nein, ich **lasse** von jedem etwas mitbringen.	*No, **I'm having** everyone bring something.*

Lassen used with a dependent infinitive can also mean *to have something done.* The context makes it clear whether the meaning is (b) *to permit* or (c) *to have something done.*

d | Let's

TRAINER:	**Lasst uns** mit dem Training beginnen!	***Let's** begin with the workout.*
MARKUS:	Bitte, Trainer, lassen Sie uns noch etwas trinken!	*Please, coach, let us have something to drink.*
TRAINER:	Na gut, dann **lasst uns** in fünf Minuten anfangen!	*OK, then **let's** begin in five minutes.*

The imperative form of **lassen** plus the pronoun **uns** is often used in place of the first-person plural imperative: **Beginnen wir! Trinken wir! Fangen wir an!** (see Section 1-6 of this chapter).

Übungen

10 **Das kaputte Skateboard.** Simon ist zu Besuch bei Antonia. Sie wollen Skateboard fahren gehen, doch Simons Skateboard ist kaputt. Ergänzen Sie den Dialog mit den passenden Verben aus der folgenden Liste. **Eine** Verbkombination muss zwei Mal benutzt werden.

benutzen lassen · fahren lassen · gehen lassen · reparieren lassen

SIMON: _____ du mich mit deinem anderen Skateboard _____?

ANTONIA: Ich _____ es dich gerne _____. Hast du denn dein Skateboard nicht mit?

SIMON: Doch. Aber irgendetwas ist kaputt. Ich muss es _____
_____.

ANTONIA: Gut. _____ uns zu Sportscheck _____. Dort können wir das Skateboard sicher _____ _____.

11 **Was sagen Sie?** Benutzen Sie für alle Situationen eine Wendung° mit *expression*
lassen.

1. Ihr Freund hat ein neues Auto. Sie möchten mal damit fahren. Was fragen/sagen Sie?
2. Sie sitzen mit Freunden zusammen. Alle sind gelangweilt und möchten etwas unternehmen. Was sagen Sie?
3. Ihr Freund will wissen, wer Ihren Computer immer repariert. Was sagen Sie?
4. Sie gehen mit Ihrem Freund spazieren und es fängt an zu regnen. Leider liegt Ihr Regenschirm zu Hause. Was sagen Sie zu Ihrem Freund?
5. Ihr Professor hat viele Bücher zu tragen. Er braucht Hilfe. Was sagen Sie?
6. Sie sind bei Ihrem Freund zu Beusch und Sie schauen fern. Irgendwann haben Sie keine Lust mehr fernzusehen. Was sagen Sie zu Ihrem Freund?

1-15 Future time: present tense

| NADJA: | **Gehst** du **morgen** zu Michaels Konzert? | *Are you **going to go** to Michael's concert **tomorrow**?* |
| TINA: | Nein, Michaels Band **spielt** doch schon **heute Abend**. | *No, Michael's band **is going to play** this evening.* |

German generally uses the present tense (e.g., **gehst du?**, Michaels Band **spielt**) to express future time (see Section 1-5). English often uses a form of *go* in the present (*I'm going to, are you going to?*) to express future time.

1-16 Future time: future tense°

das Futur

Pia **wird** alles selber **machen**. *Pia **will do** everything herself.*
Robin **wird** ihr nicht **helfen**. *Robin **will** not **help** her.*

German, like English, does have a future tense, although in German it is not used as often as the present tense to express future time. Future tense is used if it would otherwise not be clear from the context that the events will take place in the future. Future tense is also used to express the speaker's determination that the event will indeed take place.

In both English and German, the future tense is a compound tense. In English, the future tense is a verb phrase consisting of *will* or *shall* plus the main verb (e.g., *Pia will do, Robin will help*). In German, the future tense is also a verb phrase and consists of a form of **werden** plus an infinitive in final position.

ich **werde** es **machen**	*wir* **werden** es **machen**
du **wirst** es **machen**	*ihr* **werdet** es **machen**
er/es/sie **wird** es **machen**	*sie* **werden** es **machen**
Sie **werden** es **machen**	

1-17 Future tense of modals

NELE:	In meinem neuen Job **werde** ich mehr **arbeiten** müssen.	*In my new job I'll **have** **to work** more.*
LARA:	Dann **wirst** du nicht mehr so oft **ausgehen können**.	*Then you **won't be able to** **go out** so often anymore.*

In the future tense a modal is in the infinitive form and is in final position. The modal follows the dependent infinitive.

The future tense of modals is used infrequently; present tense is more common. Although you will probably not use the future tense of modals in your own speech, you may come across this construction in your reading. For this reason you should be able to recognize the structure.

1-18 Other uses of the future tense

Assumption:
Er **wird** uns sicher **glauben**.   *He'll surely **believe** us.*

Determination:
Ich **werde** es bestimmt **machen**.   *I **shall do** it for sure.*

The future tense is regularly used to express an assumption or a determination to do something.

Present probability:
Er **wird** sicher müde **sein**.   *He's surely tired.*

Das **wird** wohl **stimmen**.   *That's probably correct.*

Das **wird** schon in Ordnung **sein**.   *That's probably OK.*

When used with an adverb such as **sicher, wohl,** and **schon** the future tense can express the probability of something taking place in the present time.

Übungen

12 **Sommerferien.** Mit Silvia sprechen Sie über Pläne für die Sommerferien. Setzen Sie das Gespräch ins Futur.

▶ Fährst du mit deiner Familie nach Frankreich?
Wirst du mit deiner Familie nach Frankreich fahren?

1. Nein, dieses Jahr fahre ich auf keinen Fall mit meinen Eltern.
2. Du bleibst doch nicht die ganze Zeit zu Hause, oder?
3. Nein, ich besuche meine Freundin in Florenz.
4. Sie studiert an der Akademie und ich wohne dann bei ihr.
5. Sie zeigt mir Florenz und die Toskana°.   *Tuscany*
6. Das wird bestimmt schön!

13 **Keiner hat Zeit.** Sie möchten heute Abend gern ausgehen und versuchen
ein paar Freunde anzurufen. Aber sie sind entweder nicht zu Hause oder sie
haben keine Zeit. Schließlich erreichen Sie Jessica und stellen Vermutungen°   *speculations*
darüber an, was mit den anderen los sein könnte. Wählen Sie eine Antwort aus
der Liste. Benutzen Sie das Futur und **wohl**.

▶ Wo ist Elias im Moment? (beim Sport)
Er wird im Moment wohl beim Sport sein.

an ihren Freund · für ihre Eltern · im Schwimmbad · zu Sophia

1. Für wen arbeitet Chiara diese Woche?
2. Zu wem geht Maria heute?
3. An wen schreibt Nina?
4. Wo sind Nico und Paula?

das ganze Wochenende · im Jazz-Club · nein, niemand mehr · zu dir

5. Wie lange bleibt Paulas Besuch?
6. Wo spielt Jan heute Abend?
7. Rufst du noch jemand anders an?
8. Wohin gehst du nun?

Jetzt haben Sie das Wort

14 **Bitte.** Formulieren Sie einen Satz im Imperativ, der zu der Situation
passt. Benutzen Sie eine Modalpartikel (**doch, bitte** oder **mal**).

1. Sie sitzen mit einem guten Bekannten im Café. Sie haben Ihr Handy vergessen und müssen ganz schnell telefonieren. Was sagen Sie zu Ihrem Freund?
2. Sie haben gerade eine Anzeige für ein tolles Konzert gesehen. Sie wollen mit
Freunden ins Konzert gehen. Was sagen Sie zu Ihren Freunden?
3. Sie haben kein Mineralwasser in der Wohnung. Ihr Mitbewohner soll Wasser
mitbringen. Was sagen Sie zu Ihrem Mitbewohner?
4. Sie lesen in der Bibliothek. Die Leute hinter Ihnen unterhalten sich laut.
Was sagen Sie zu den Leuten?
5. Ihr Bruder wird ungeduldig, weil Sie zu lange am Familiencomputer
arbeiten. Was sagen Sie zu Ihrem Bruder?

15 Was müssen, sollen, möchten Sie machen?

1. Heute muss ich …
2. Morgen kann ich …
3. Am Wochenende möchte ich …

4. Nächste Woche soll ich …
5. Dieses Semester will ich …

16 Sie entscheiden.
Unterhalten Sie sich über einige der folgenden Situationen. Ihre Partnerin/Ihr Partner beschreibt eine der Situationen. Sie drücken dann Ihre Reaktion auf die Situation aus. Benutzen Sie Futur oder Modalverben.

▶ SITUATION: Sie arbeiten an einem wichtigen Referat, als ein Freund Sie zu einem Kaffee einlädt.

SIE: *Ich arbeite gerade. Können wir später Kaffee trinken gehen?*
(oder)
Ich kann leider nicht. Ich muss das Referat fertig machen.

rings 1. Sie sind beim Essen und das Telefon klingelt°. Jetzt haben Sie keine Zeit, aber Sie versprechen später zurückzurufen.

complains 2. Ihr Bruder klagt° immer, dass er sich langweilt.

3. Ihre Freundin kritisiert, dass Sie sich immer verspäten. Sie versprechen das zu ändern.

4. Sie sitzen im Café und eine Person am Nebentisch beobachtet Sie die ganze Zeit.

5. Normalerweise fahren Sie mit dem Auto zur Universität, aber Ihr Auto ist kaputt. Was machen Sie?

beach 6. Im Urlaub möchte Ihr Freund am Strand° campen. Doch das ist verboten.

7. Sie sind auf eine Party eingeladen, aber Sie haben keine Zeit. Erklären Sie, warum Sie nicht kommen können.

8. Sie machen sich Sorgen um Ihren Freund, weil er viel arbeitet und immer so müde aussieht.

9. Eine Freundin/Ein Freund möchte mit Ihnen inlineskaten gehen. Doch Sie haben keine Lust.

17 Das Verb *lassen.*
Benutzen Sie so viele Wendungen mit **lassen** wie möglich.

1. Sie und Ihre Partnerin/Ihre Partner bereiten sich auf ein Jahr im Ausland vor. Besprechen Sie miteinander, was Sie mitnehmen und was zu Hause bleibt.

2. Sie und Ihre Partnerin/Ihr Partner haben im Lotto gewonnen. Besprechen Sie, was Sie in Zukunft noch selbst machen und was Sie nicht mehr selbst machen.

compositions ## 18 Kurze Aufsätze°

1. Machen Sie Pläne fürs Wochenende. Beschreiben Sie, was Sie gern in Ihrer Freizeit machen. Schreiben Sie im Präsens.

exchange student 2. Bald kommt eine Austauschstudentin/ein Austauschstudent° für einen Monat zu Ihnen zu Besuch. Schreiben Sie ihr/ihm einen Brief, in dem Sie *daily schedule* von Ihrem Tagesablauf° erzählen. Schreiben Sie im Präsens und benutzen Sie Modalverben.

Inhalt

Kapitel 2

2-1 Simple past tense°

das Präteritum

Letzte Woche **arbeitete** Alina nur vormittags. Nachmittags **spielte** sie Tennis oder **besuchte** Freunde. Abends **blieb** sie zu Hause und **sah fern.**	*Last week Alina **worked** mornings only. In the afternoon she **played** tennis or **visited** friends. Evenings she **stayed** home and **watched** TV.*

The simple past tense, often called the narrative past, is used to narrate a series of connected events that took place in the past. It is used especially to narrate stories, anecdotes and historical accounts, and generally in any expository prose, for example, newspaper and magazine articles.

2-2 Weak verbs° in the simple past

das schwache Verb

	STEM	TENSE MARKER	SIMPLE PAST
warnen	warn-	**-te**	warnte
arbeiten	arbeit-	**-ete**	arbeitete
öffnen	öffn-	**-ete**	öffnete

A regular weak verb is a verb whose infinitive stem remains unchanged in the past-tense forms. In the simple past a weak verb adds the past-tense marker **-te** to the infinitive stem. The **-te** past-tense marker becomes **-ete** if

1. the verb stem ends in **-d** or **-t: arbeiten > arbeit<u>e</u>te.**
2. the verb stem ends in **-m** or **-n** preceded by a consonant: **öffnen > öffn<u>e</u>te.** EXCEPTION: If the verb stem ends in **-m** or **-n** preceded by **-l** or **-r**, the **-te** past-tense marker does not expand: **war<u>n</u>en > war<u>n</u>te.**

The addition of the **-e** ensures that the **-t,** as signal of the past, is audible.

ich	spiel**te**	*wir*	spiel**ten**
du	spiel**test**	*ihr*	spiel**tet**
er/es/sie	spiel**te**	*sie*	spiel**ten**
		Sie	spiel**ten**

All forms except the first- and third-person singular add endings to the **-te** tense marker.

Die Studentin **machte** ihren
Rucksack **auf** und **holte** einen
grünen Kuli **heraus.**

*The student **opened** her back pack*
*and **took out** a green ball point pen.*

In the simple past, as in the present, the separable prefix is separated from the base form of the verb and is in final position.

Übung

1 **Der Austauschstudent Enrique aus Madrid.** Gestern Abend ging ein spanischer Austauschstudent mit seiner deutschen Freundin Jennifer und ihrer Schwester Kim in das Musical *Cats* in Hamburg. Heute erzählt er seinem besten Freund im Studentenwohnheim von diesem Ausflug. Ergänzen Sie die Sätze mit passenden Verben im Präteritum.

schauen · verspäten · warten

1. Weil wir auf dem Weg ins Kino zu oft in irgendwelche Schaufenster
_____, _____ wir uns.

2. Jennifers Schwester _____ schon an der Kasse und war etwas böse.

kaufen · klingeln · spielen · suchen

3. Im ersten Teil des Musicals _____ das Orchester sehr laut und in schnellen Rhythmen.

4. In der Pause _____ jeder von uns ein großes Stück Torte mit Schlagsahne und eine Tasse Kaffee. Dann _____ es mehrere Male und wir _____ schnell nach unseren Plätzen.

bemerken · freuen · klatschen · tanzen · teilen · weinen

5. In der zweiten Hälfte des Musicals _____ ich, dass Kim in einer traurigen Szene_____.

6. Bald _____ sie sich aber wieder über ein glückliches Katzenpaar auf der Bühne und _____ begeistert mit allen Zuschauern bei einem schönen Liebeslied.

7. Nach dem Musical _____ Jennifer, Kim und ich uns noch eine Pizza in einem Club und _____ da noch bis Mitternacht.

2-3 Modals in the simple past

	SIMPLE PAST	EXAMPLES
dürfen	**durfte**	Ali **durfte** nicht zur Party kommen.
können	**konnte**	Luisa **konnte** auch nicht dabei° sein.
mögen	**mochte**	Du **mochtest** die Party nicht.
müssen	**musste**	Wir **mussten** trotzdem beim Aufräumen° helfen.
sollen	**sollte**	Wir **sollten** es eigentlich schon abends machen.
wollen	**wollte**	Doch ich **wollte** lieber ins Bett gehen.

there

cleaning up

In the simple past tense, most modals undergo a stem change. Note that the past stem has no umlaut.

English equivalents of the simple past of modals are as follows:

	SIMPLE PAST	ENGLISH EQUIVALENT
	durfte	*was allowed to*
	konnte	*was able to (could)*
	mochte	*liked*
	musste	*had to*
	sollte	*was supposed to*
	wollte	*wanted to*

2-4 Irregular weak verbs° + *haben* in the simple past

das unregelmäßige schwache Verb

	SIMPLE PAST	EXAMPLES
brennen	**brannte**	Das Feuer für die Grillwürstchen **brannte** schon.
kennen	**kannte**	Ich **kannte** fast alle Leute auf der Party.
nennen	**nannte**	Ninas Mutter **nannte** mich jetzt „Oliver" und „Sie".
rennen	**rannte**	Ninas Hund **rannte** wild durch den Garten.
denken	**dachte**	Ich **dachte** an die letzte Grillparty.
bringen	**brachte**	Nina **brachte** uns alle mit Anekdoten aus dieser Zeit zum Lachen.
wissen	**wusste**	Ich **wusste** vieles gar nicht mehr.
haben	**hatte**	Wir **hatten** viel Spaß zusammen.

A few weak verbs are irregular in that they have a stem-vowel change in the simple past. **Haben** has a consonant change. The verbs **denken** and **bringen** also each have a consonant change.

Übung

2 **Probleme mit dem Computer.**   Stephanie wollte ihrer neuen Mitstudentin Karima aus Istanbul ein neues Textverarbeitungsprogramm erklären. Aber sie hatten an diesem Tag große Schwierigkeiten, einen guten Platz für ihre Arbeit mit dem Computer zu finden. Schließlich gingen sie zusammen zum Rechenzentrum° an ihrer Universität. Stephanie berichtet abends ihrer besten Freundin darüber. Setzen Sie die Verben ins Präteritum.

computer center (for students and IT administration)

> ▶ Karima kann das komplizierte Programm nicht alleine installieren.
> *Karima konnte das komplizierte Programm nicht alleine installieren.*

1. Ich will Karima helfen.
2. Ich bringe ein Computerbuch mit.
3. Wir müssen die Bibliothek verlassen, weil sie dort einen Feueralarm haben.
4. Ich denke dann an ein kleines Internet-Café in der Nähe der Uni.
5. Dort mögen wir die laute Musik nicht und können nicht konzentriert arbeiten.
6. In meinem Zimmer im Studentenwohnheim dürfen wir auch nicht laut sprechen, weil meine Mitbewohnerin Kopfschmerzen hat.
7. Aber im Rechenzentrum kann uns ein Spezialist für Textverarbeitungsprogramme helfen.
8. Er weiß genau, wie er Karima das Programm erklären soll.

Ende gut, alles gut …

2-5 Strong verbs° in the simple past

das starke Verb

INFINITIVE	SIMPLE-PAST STEM
sprechen	spr**ach**
schreiben	schr**ieb**
fahren	f**uhr**
ziehen	z**og**
gehen	g**ing**

A strong verb is a verb that has a stem-vowel change in the simple past: **sprechen > sprach.** A few verbs have a consonant change as well: **ziehen > zog.** The tense marker **-te** is not added to the strong verbs in the simple past.

You must memorize the simple-past forms of strong verbs, because the stem change cannot always be predicted. (See *Appendix 25* for a list of strong verbs in the simple past.)

ich	sprach	*wir*	sprach**en**
du	sprach**st**	*ihr*	sprach**t**
er/es/sie	sprach	*sie*	sprach**en**
	Sie sprach**en**		

In the simple past the first- and third-person singular have no endings.

2-6 *Sein* and *werden* in the simple past tense

INFINITIVE	SIMPLE PAST	EXAMPLES
sein	**war**	Gestern **war** es noch schön.
werden	**wurde**	Über Nacht **wurde** das Wetter dann schlechter.

Two common verbs in German are **sein** and **werden.** Note their simple-past tense forms.

a | Verb *sein*

ich	war	*wir*	waren
du	warst	*ihr*	wart
er/es/sie	war	*sie*	waren
	Sie	waren	

b | Verb *werden*

ich	wurde	*wir*	wurden
du	wurdest	*ihr*	wurdet
er/es/sie	wurde	*sie*	wurden
	Sie	wurden	

Übungen

3 **Die Lieblingsbeschäftigung.** Das Semester hat begonnen und Alexander und sein Freund Simon sind auf einer Party. Alexander erzählt Simon, was in den Semesterferien seine Lieblingsbeschäftigung war. Ergänzen Sie die Sätze mit den passenden Verben im Präteritum.

finden • geben • gefallen • haben • kommen • werden

1. Als ich im Juni zwanzig_____, _____ mein Onkel aus Berlin zu Besuch und _____ mir 100 Euro als Geburtstagsgeschenk.
2. Ich_____ es gut, Geld zum Geburtstag zu bekommen.
3. Mir _____ das wirklich sehr, denn ich _____ im Semester keine Zeit für meine Lieblingsbeschäftigung, nämlich nächtelang Computerspiele zu spielen.

ansehen • entscheiden • gehen

4. Mit dem Geld _____ ich zu Media Markt und _____mir neue Computerspiele an.
5. Ich _____ mich für die neueste Version von SimCity.

anfangen • aufstehen • schlafen

6. In der ersten Nacht _____ ich nur ein paar Stunden.
7. In der letzten Woche der Ferien _____ ich dann oft früh _____und _____ gleich wieder _____ zu spielen. Vielleicht war es ein bisschen extrem!

4 **Eine interessante Begegnung.** In einem Buchladen in Mannheim sehen Sie zwei türkische Mädchen und beobachten, was sie kaufen und über was sie sich mit einer Verkäuferin unterhalten. Erzählen Sie von der Begegnung. Benutzen Sie das Präteritum.

1. Heute Nachmittag fahre ich mit der Straßenbahn in die Stadt.
2. Ich steige vor einem neuen Buchladen aus und sehe mir die Schaufenster an.
3. Die Bücher, Zeitungen und Magazine kommen aus verschiedenen Ländern.
4. Es gibt auch Landkarten, Poster, Reiseprospekte und Reisebücher.
5. Weil ich das alles sehr interessant finde, gehe ich gleich in das Buchgeschäft.

6. Ich bleibe ein paar Minuten bei den Büchern zur Türkei, weil da zwei türkische Mädchen in Büchern über das Land lesen.

7. Ich will sie ansprechen, doch ich habe etwas Angst, weil ich nicht weiß, ob sie Deutsch sprechen.

8. Nach kurzer Zeit rufen sie in perfektem Deutsch eine Verkäuferin und bitten sie, ihnen türkisch-deutsche Wörterbücher zu zeigen.

9. Die Verkäuferin unterhält sich mit den zwei Mädchen über Reisen zu Verwandten in der Türkei.

10. Beide Türkinnen sprechen Deutsch ohne Akzent, aber sie können kaum Türkisch und finden das nicht gut, wie sie der Verkäuferin erzählen.

11. Die beiden Türkinnen verlassen das Geschäft mit zwei Wörterbüchern.

5 **Ein schöner Abend.** Felix erzählt Ihnen, wie er Annette überrascht hat. Benutzen Sie die Stichwörter. Erzählen Sie im Präteritum.

1. am Abend / ich / wollen / einladen / Annette / zum Essen
2. aber / ich / anrufen / sie / nicht
3. ich / abholen / sie / einfach
4. sie / aufmachen / die Tür und / ansehen / mich / neugierig
5. ich / erzählen / ihr / von meiner Idee auszugehen
6. sie / überlegen / nicht lange
7. sie zumachen / ihre Bücher
8. sie / anziehen / ihren Mantel / und / wir gehen / weg

---

das Perfekt **2-7** ## The present perfect tense°

Ist Laura schon **gegangen**?	*Has Laura gone already?*
Ja, sie **hat** mir auf Wiedersehen **gesagt**.	*Yes, she said good-bye to me.*
Weißt du, wann sie **gegangen** ist?	*Do you know when she left?*

1. The present perfect tense consists of the present tense of the auxiliary **haben** or **sein** plus the past participle of the verb.

2. In compound tenses such as the present perfect tense, it is the auxiliary **haben** or **sein** that takes person and number endings, while the past participle remains unchanged.

3. The past participle is in last position, except in a dependent clause (see *Kapitel 3, Section 3-8*).

das Partizip Perfekt **2-8** ## Past participles° of regular weak verbs

INFINITIVE	PAST PARTICIPLE	PRESENT PERFECT TENSE
spielen	**ge** + spiel + **t**	Selina **hat** im Garten **gespielt**.
arbeiten	**ge** + arbeit + **et**	Noah **hat** im Keller **gearbeitet**.
öffnen	**ge** + öffn + **et**	Deshalb **hat** dir keiner die Tür **geöffnet**.

The past participle of a weak verb is formed by adding **-t** to the unchanged stem.

    a. The **-t** expands to **-et** if the verb stem ends in **-d** or **-t: arbei<u>t</u>en >** **gearbei<u>t</u>et.**

    b. The **-t** also expands to **-et** if the verb stem ends in **-m** or **-n** preceded by another consonant: **öf<u>fn</u>en > geöf<u>fn</u>et.** If, however, the verb stem ends in **-m** or **-n** preceded by **-l** or **-r,** the **-t** does not expand: **war<u>n</u>en > gewar<u>n</u>t.**

The past participle of weak verbs has the prefix **ge-,** with the exception of those verbs with inseparable prefixes and those ending in **-ieren** (see *Section 12* of this chapter)

2-9   Past participles of irregular weak verbs + *haben*

INFINITIVE	PAST PARTICIPLE	PRESENT PERFECT TENSE	
brennen	**ge + brann + t**	Das Feuer für die Grillwürstchen **hat** schon **gebrannt.**	
kennen	**ge + kann + t**	Ich **habe** eigentlich alle Leute auf dem Klassentreffen° **gekannt.**	*class reunion*
nennen	**ge + nann + t**	Sarahs Mutter **hat** mich jetzt „David" und „Sie" **genannt.**	
rennen	**ge + rann + t**	Sarahs Hund **ist** wild durch den Garten **gerannt.**	
denken	**ge + dach + t**	Ich **habe** sentimental an diese Zeit **gedacht.**	
bringen	**ge + brach + t**	Sarah **hat** uns alle mit Anekdoten aus unserer Schulzeit zum Lachen **gebracht.**	
wissen	**ge + wuss + t**	Ich **habe** vieles gar nicht mehr **gewusst.**	
haben	**ge + hab + t**	Wir **haben** viel Spaß zusammen **gehabt.**	

The past participle of an irregular weak verb has the **ge-** prefix and the ending **-t.** Note the changes in the stem vowel and the consonant changes in **bringen** and **denken.**

2-10   Past participles of strong verbs

INFINITIVE	PAST PARTICIPLE	PRESENT PERFECT TENSE
sprechen	**ge + sproch + en**	**Hast** du mit Aische **gesprochen?**
schreiben	**ge + schrieb + en**	Nein, sie **hat** mir **geschrieben.**
fahren	**ge + fahr + en**	**Ist** sie diesen Sommer in die Türkei **gefahren?**
ziehen	**ge + zog + en**	Nein, sie **ist** in eine andere Wohnung **gezogen.**
gehen	**ge + gang + en**	Deshalb **ist** sie nicht in Urlaub **gegangen.**

1. The past participle of a strong verb is formed by adding **-en** to the participle stem. Many strong verbs have a change in the stem vowel of the past participle, and some verbs also have a change in the consonants.

2. Strong verbs also add the **ge-** prefix in the past participle, with the exception of those verbs with inseparable prefixes (see *Section 12* of this chapter).

2-11 Past participles of separable-prefix verbs

INFINITIVE	PAST PARTICIPLE	PRESENT PERFECT TENSE
abholen	**ab + ge + holt**	**Hast** du Leonie **abgeholt?**
mitnehmen	**mit + ge + nommen**	Nein, Franziska **hat** sie im Auto **mitgenommen.**

The **ge-** prefix of the past participle comes between the separable prefix and the stem of the participle. Both weak and strong verbs can have separable prefixes. In spoken German the separable prefix receives stress: **ab'geholt.**

2-12 Past participle without *ge-* prefix

PRESENT TENSE	PRESENT PERFECT TENSE
Nadine bezahlt das Essen.	Warum **hat** Nadine eigentlich das Essen für alle **bezahlt?**
Das verstehe ich nicht.	Das **habe** ich auch nicht **verstanden.**

das untrennbare Präfix / das untrennbare Verb

Some prefixes are never separated from the verb stem. Common inseparable prefixes° are **be-, emp-, ent-, er-, ge-, ver-,** and **zer-.** Inseparable-prefix verbs° do not add the **ge-** prefix. Both weak and strong verbs can have inseparable prefixes. An inseparable prefix is not stressed in spoken German.

PRESENT TENSE	PRESENT PERFECT TENSE
Es passiert nichts.	Es **ist** nichts **passiert.**
Lukas und Pia diskutieren nur etwas lauter.	Lukas und Pia **haben** nur etwas lauter **diskutiert.**

Verbs ending in **-ieren** do not add the **ge-** prefix to form the past participle. They are all weak verbs whose participle ends in **-t.**

das Hilfsverb

2-13 Use of the auxiliary° *haben*

Hast du **ferngesehen?**   *Did you watch TV?*

Nein, ich **habe** ein paar E-Mails **geschrieben.**   *No, I wrote a couple of e-mails.*

The auxiliary **haben** is used to form the present perfect tense of most verbs.

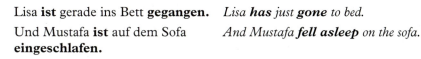

2-14 Use of the auxiliary *sein*

Lisa **ist** gerade ins Bett **gegangen.**	*Lisa **has** just **gone** to bed.*
Und Mustafa **ist** auf dem Sofa **eingeschlafen.**	*And Mustafa **fell asleep** on the sofa.*

Some verbs use **sein** instead of **haben** as an auxiliary in the present perfect tense. Verbs that require **sein** must meet two conditions. They must (1) be intransitive verbs (i.e., verbs without a direct object) and (2) indicate a change in location (e.g., **gehen**) or condition (e.g., **einschlafen**).

Wo **bist** du die ganze Zeit **gewesen?**	*Where **were** you all this time?*
Ich **bin** noch zwei Stunden länger im Internet-Café **geblieben.**	*I **stayed** two hours longer in the Internet café.*

The verbs **bleiben** and **sein** also require the auxiliary **sein,** even though they do not indicate a change of location or condition.

Übungen

6 **Computerspiele.** Thomas besucht seinen Freund Lukas, um mit ihm ein bisschen am Computer zu spielen. Abends erzählt Thomas seiner Freundin Lisa, was er nachmittags gemacht hat. Bilden Sie ganze Sätze und setzen Sie die Verben ins Perfekt.

1. Lukas / bekommen / einen neuen Computer
2. er / einladen / mich / für heute Nachmittag
3. ich / einpacken / meinen Laptop
4. wir / spielen / zusammen am Computer
5. zuerst / wir / runterladen / ein paar Programme für Computerspiele / aus dem Internet
6. ein Spiel / gefallen / uns ganz besonders
7. ich / kennen / dieses Spiel / schon
8. deshalb / ich / gewinnen / dann wohl auch
9. Lukas / sich ärgern / darüber ein bisschen
10. dann / wir / aufhören / mit Computerspielen
11. wir / schreiben / noch eine E-Mail / an unseren Freund Jakob

7 **Eine E-Mail an Antonia.** Katherina hat am Freitag eine E-Mail an ihre Freundin Antonia geschrieben und ihr erzählt, was sie am Wochenende vorhat. Katherina hat die E-Mail jedoch nicht abgeschickt, weil sie unterbrochen wurde. Am Montag sitzt Katherina wieder am Computer und schreibt° die E-Mail nun um, indem° sie sie ins Perfekt setzt.

schreibt um: *rewrites*
in that

Hallo Antonia,

ich fahre am Samstag mit dem Zug nach Zürich. Am Bahnhof holt mich dann mein Freund Marcel ab. Am Nachmittag gehen wir dann in die Stadt und ich kaufe ein bisschen ein. Danach schauen wir uns eine Ausstellung° von einer modernen Künstlerin an. Abends besuchen wir meine Großmutter. Dort schlafe ich auch. Am Sonntag treffe ich dann wieder Marcel und wir essen in einem Restaurant.

exhibition

Ich bleibe bis Sonntagabend in Zürich und Marcel bringt mich mit seinem Auto zum Bahnhof. Die Fahrt von Mainz nach Zürich dauert fast fünf Stunden, weil der Zug in vielen Städten hält. Und was machst du am Wochenende?

Viele Grüße

Katharina

8 **Urlaub an der Ostsee.** Jan trifft Maria, die gerade von ihrem Urlaub an der Ostsee zurückgekehrt ist. Ergänzen Sie ihr Gespräch mit den passenden Verben im Perfekt.

fahren • gefallen • nehmen •

1. JAN: _____ du mit dem Auto nach Heiligenhafen _____?
2. MARIA: Nein, ich _____ die Bahn _____.
3. JAN: Und wie _____ dir Heiligenhafen _____?

besuchen • gehen • regnen • scheinen

4. MARIA: Es war schön. Ich _____ meine Freundin Carolin _____
beach und wir _____ oft an den Strand° _____. Die Sonne
_____ jeden Tag _____ und es _____ nie _____.

bleiben • schreiben • unternhemen • zurückkommen

5. JAN: Das ist toll! Wie lange _____ du _____?
6. MARIA: Ich _____ gestern _____.
7. JAN: Warum _____ du mir keine E-Mail _____?
8. MARIA: Du, das tut mir Leid, aber ich _____ soviel _____. Auf einmal war mein Urlaub vorbei.

2-15 The present perfect versus simple past

Was **habt** ihr gestern **gemacht**?   *What **did** you **do** yesterday?*
Wir **sind** zu Hause **geblieben.**   *We **stayed** home.*

The present perfect tense is often called the conversational past because it is used most frequently in conversation (i.e., a two-way exchange) to refer to events in past time. It is also used in informal writing such as personal letters, diaries, and notes, all of which are actually a written form of conversation.

Gestern **ist** mir etwas Komisches **passiert.** Ich **war** zu Hause und **schrieb** gerade eine SMS an meinen Freund. Plötzlich **klopfte** es an der Tür. Ich **machte** die Tür auf, und da **stand** mein Freund vor mir. Wir **lachten** über *coincidence* den Zufall°. Nun **brauchte** ich die SMS nicht mehr zu **schreiben**.

1. Spoken German is normally a mixture of both present perfect (conversational past) and simple past (narrative past).

2. When the narrator refers to an event in the past, she/he uses the present perfect tense (e.g., **ist passiert**).

3. When she/he describes a series of events, she/he uses the simple past tense (e.g., **schrieb, klopfte**, etc).

4. Note that speakers in southern Germany, Austria, and Switzerland regularly use the present perfect in conversation, even to narrate events. North Germans would more likely use the simple past to narrate events, even in conversation.

FABIAN: Wie **war** die Radtour am Wochenende?

SARAH: Ich **konnte** leider nicht mitfahren.

FABIAN: Schade. Das Wetter **war** sehr schön.

SARAH: Ja, aber ich **hatte** keine Zeit.

The simple past tense forms of **sein** (**war**), **haben** (**hatte**), and the modals, e.g., **können** (**konnte**), are used more frequently than the present perfect tense forms, even in conversation.

Übungen

9 **Stell dir vor, was mir passiert ist** Elisabeth erzählt ihrer Mitbewohnerin°, *roommate*
was ihr am Nachmittag passiert ist. Setzen Sie die richtigen Verbformen ein.

1. Stell dir vor, was mir heute Nachmittag _____. (passieren; Perfekt)
2. Ich _____ die Mozartstraße entlang und da _____ plötzlich ein Auto ganz langsam neben mir her. (gehen / fahren; Präteritum)
3. Na, was will der denn, _____ ich mich. (fragen; Präteritum)
4. Weißt du, wer es _____? (sein; Präteritum)
5. Michael! Wir _____ zusammen in Hamburg _____. (studieren; Perfekt)
6. Er _____ _____ und wir _____ beide herzlich_____. (aussteigen / lachen; Perfekt)
7. Wir_____ uns natürlich sehr! (freuen; Präteritum)
8. Wir _____ uns seit zwei Jahren nicht mehr _____. (sehen; Perfekt)
9. Im Café Mozart _____ wir eine Tasse Kaffee _____ und lange _____. (trinken / erzählen; Perfekt)
10. Zum Schluss° _____ ich mir seine Adresse und Handynummer **Zum Schluss:** *in the end*
_____. (aufschreiben; Perfekt)

10 **Post für Judith.** Stefanie ist umgezogen und sie hat ihrer Freundin Judith
eine E-Mail geschrieben. Bilden Sie aus den Stichwörtern° ganze Sätze, so dass *cues*
eine richtige E-Mail daraus wird.

1. Hallo Judith, ich / ankommen / vor zwei Wochen (Perfekt)
2. die Reise / gehen / gut (Präteritum)
3. ich / finden / ein schönes Zimmer (Perfekt)
4. ich / müssen / suchen / gar nicht lange (Präteritum)
5. ich / kennen lernen / schon / viele neue Leute (Perfekt)
6. an der Uni / ich / treffen / zwei nette Mädchen (Präteritum)
7. wir / reden / lange (Präteritum)
8. sie / einladen / mich / zu einer Party (Perfekt)
9. du / hören / schon etwas von Lisa / ? (Perfekt)

Herzliche Grüße
Stefanie

2-16 The past perfect tense°

Ich **hatte** schon zwei Tage auf Maries Besuch **gewartet**.	*I **had waited** two days for Marie's visit.*
Herr und Frau Meier **waren** noch nicht nach Hause **gekommen**.	*Mr. and Mrs. Meier **had** not yet **come** home.*

The past perfect tense consists of the simple past of **haben** (**hatte**) or **sein** (**war**) plus the past participle of the main verb. Verbs that use a form of **haben** in the present perfect tense use a form of **hatte** in the past perfect; those that use a form of **sein** in the present perfect use a form of **war** in the past perfect.

Ich wollte am Mittwoch ins Kino gehen. Leider **hatte** mein Freund den Film am Montag schon **gesehen**.	*I wanted to go to the movies on Wednesday. Unfortunately my friend **had** already **seen** the film on Monday.*

The past perfect tense is not used by itself. It is used to report an event or action, either expressed or implied, that took place before another event or action in the past. In the sentence above: *I wanted to go to the movies on Wednesday. Unfortunately my friend had already seen the film on Monday.*

Nachdem wir auf dem Tennisplatz **angekommen waren**, hat es leider den ganzen Nachmittag geregnet.

The past perfect is used frequently in clauses beginning with **nachdem**. A time-tense line illustrates the relationship clearly:

2nd point earlier in the past	*1st point in past time*	*Present time*
Past Perfect	Present Perfect or Simple Past	Present

Übung

11 **Ein Theaterbesuch mit Schwierigkeiten.** Herr Altenkirch hat von seiner Mieterin Frau Brander eine Freikarte fürs Theater bekommen. Da er selten ausgeht, ist er sehr nervös. Am nächsten Morgen erzählt er seiner Nachbarin, was passiert ist. Setzen Sie das Verb ins Plusquamperfekt.

▶ Ich bin zu spät ins Theater gekommen. Das Stück / anfangen / schon
Das Stück hatte schon angefangen.

1. Ich wollte mit der Straßenbahn fahren. Aber / sie / abfahren / gerade

2. Ich ging in eine Telefonzelle°, um ein Taxi anzurufen. Aber / da / man / stehlen / das Telefonbuch

telephone booth

3. Nach 20 Minuten kam die nächste Bahn. Inzwischen / es / beginnen / zu regnen

4. Genau um acht Uhr war ich im Theater. Doch wo war meine Karte? Ich / vergessen / sie / zu Hause

5. Ich musste eine neue Karte kaufen. Die alte Karte / Frau Brander / schenken / mir

2-17 Infinitives without *zu*

Johannes **muss** jetzt seine Hausarbeit **tippen**.	*Johannes **has to type** his homework now.*
Ich **sah** ihn schon seine Bücher **holen**.	*I **saw** him **get** his books.*
Und ich **hörte** ihn den Computer **anmachen**.	*And I **heard** him **start up** the computer.*
Er **lässt** uns die Arbeit nachher sicher **lesen**.	*He'll certainly **let** us **read** his work afterward.*

Like modal auxiliaries and **lassen** (see *Kapitel 1, Sections 1-9* and *1-14*), the verbs **hören** and **sehen** can take a dependent infinitive without **zu.**

2-18 Double infinitive construction with modals, *hören, sehen, lassen*

REGULAR PARTICIPLE	**Hast** du das **gewollt**?	*Did you want that?*
DOUBLE INFINITIVE	Ich **habe** es nicht **schreiben wollen**.	*I didn't want to write it.*
REGULAR PARTICIPLE	Ich **habe** die Nachbarn **gehört**.	*I heard the neighbors.*
DOUBLE INFINITIVE	Ich **habe** die Nachbarn **wegfahren hören**.	*I heard the neighbors drive off.*
REGULAR PARTICIPLE	Ich **hatte** das Auto nicht **gesehen**.	*I hadn't seen the car.*
DOUBLE INFINITIVE	Ich **hatte** das Auto nicht **kommen sehen**.	*I hadn't seen the car coming.*
REGULAR PARTICIPLE	Sie **hat** uns allein **gelassen**.	*She left us alone.*
DOUBLE INFINITIVE	Sie **hat** uns das allein **machen lassen**.	*She let us do that alone.*

In the present perfect and past perfect tenses and in past-time subjunctive (see *Kapitel 8*), modals and the verbs **sehen, hören,** and **lassen** have two forms of the participle: (1) a regular form with the prefix **ge-** (gewollt, gehört, gesehen, gelassen), and (2) a form identical to the infinitive (**wollen, hören, sehen, lassen**).

1. The regular form is used when the modals and **sehen, hören,** and **lassen** are used without a dependent infinitive, e.g. Ich habe es nicht gewollt.

2. The alternate form, identical to the infinitive, is used when these verbs have a dependent infinitive. e.g. **Ich habe es nicht machen wollen.** For obvious reasons this construction is often called the *double infinitive construction.* The double infinitive always comes at the end of the clause, with the modal the very last element. The auxiliary verb **haben** is always used with a double infinitive construction.

You may not have occasion to use this construction, but you should recognize it if you come across it.

Simple past:	Ich **wollte** den Brief nicht **schreiben.**	*I didn't want to write*
Present perfect:	Ich **habe** den Brief nicht **schreiben wollen.**	*the letter.*

The simple past tense of modals is used more frequently than the present perfect tense forms, even in conversation. The meaning is the same in both tenses.

Übungen

12 **Der Vermieter.**   Frau Brander spricht mit einer Freundin über ihren früheren Vermieter Herrn Altenkirch. Sie erzählt, was sie gehört und gesehen hat.

> ▶ Herr Altenkirch saß oft in seinem Sessel. (sehen)
> *Ich sah Herrn Altenkirch oft in seinem Sessel sitzen.*

1. Er blätterte oft in alten Illustrierten. (sehen)
2. Manchmal sprach er mit sich selbst. (hören)
3. Er ging selten aus. (sehen)
4. Er schloss mehrere Male am Tag seinen Briefkasten auf. (hören)
5. Er fragte auch oft den Briefträger nach Post. (hören)
6. Einmal nahm er eine Ansichtskarte aus seinem Briefkasten. (sehen)
smiled 7. Und er lächelte° ganz glücklich. (sehen)
8. Danach sang er leise. (hören)

13 **Das neue Büro.**   Maximillian hat eine kleine Firma gegründet und er hat
furnished dafür ein Büro eingerichtet°. Er berichtet einem Freund darüber, was er alles in seinem Büro hat. Geben Sie die folgenden Sätze im Perfekt wieder.

1. Die Regale ließ ich von meinem Bruder bauen.
2. Den Schreibtisch konnte ich billig von einem Bekannten kaufen.
3. Das Faxgerät ließ ich mir aus den USA mitbringen.
4. Die alten Stühle wollte ich einfach nicht wegwerfen.
5. Um den Computer billig zu bekommen, musste ich lange telefonieren.
6. Den Scanner wollte ich eigentlich gar nicht kaufen, doch ab und zu braucht man ihn wohl doch.
7. Den teuren Drucker ließ ich mir von meinen Eltern zum Geburtstag schenken.

Jetzt haben Sie das Wort

14 **Was haben Sie gemacht?**   Fragen Sie Ihre Partnerin/Ihren Partner, was sie/er in den letzten Tagen oder Wochen in der Freizeit schon alles gemacht hat. Fragen Sie genau, d. h. verwenden Sie in Ihrer Frage eine oder mehrere der folgenden Zeitangaben.

Stichwörter

am Anfang des Semesters	heute Morgen
letzte Woche	jeden Tag
nachmittags	gestern
letztes Wochenende	gestern Abend
vor ein paar Tagen	oft
	manchmal

Stichwörter

gehen – auf eine Party / in ein Konzert / ins Kino / in den Fitnessclub / tanzen / joggen

spielen – Basketball / in einer Band / Tennis

kaufen – eine neue Hose / viele Bücher / einen Computer / einen Laptop / ein Handy / neue Inlineskates / ein paar neue CDs / eine digitale Kamera / einen elektronischen Organizer / ein iPad / einen iPod

lesen – ein interessantes Buch / ein dickes Buch / die Zeitung / eine Illustrierte

machen – einen Ausflug / eine Fahrradtour / Computerspiele / eine Party / ein tolles Essen

schreiben – einen langen Brief / eine Seminararbeit / E-Mails / eine Ansichtskarte / eine SMS

kennen lernen – eine Chat-Partnerin / einen Chat-Partner / eine nette Frau / einen netten Mann / tolle Leute

verlieren – mein Geld / meinen Schlüssel / mein Herz

sehen – einen spannenden Film / ein neues Theaterstück / eine interessante Sendung

träumen von – einer schönen Reise / dem Ende des Semesters

surfen – auf Facebook, auf Twitter

 15 Umfrage. Stellen Sie die folgenden Fragen an Ihre Mitstudentinnen/ Mitstudenten. Notieren Sie sich den Namen der Person, die eine bestimmte Frage positiv beantwortet hat, bis Sie fünf verschiedene Namen haben.

1. Bist du heute vor sieben Uhr aufgestanden?
2. Hast du zum Frühstück Orangensaft getrunken?
3. Hast du in den letzten vier Tagen Jogurt gegessen?
4. Hast du diese Woche auf Facebook gesurft?
5. Hast du gestern eine SMS an deine Freundin/deinen Freund oder jemanden anderen geschrieben?
6. Hast du heute oder gestern Musik auf einem iPod gehört?
7. Hast du diese Woche eine E-Mail geschrieben?
8. Hast du gestern oder heute einen Kurs in deinem Hauptfach besucht?
9. Bist du am Wochenende auf einer Party gewesen?

16 Kurze Aufsätze

1. Erzählen Sie Ihrer Freundin/Ihrem Freund von einem Problem, das Sie hatten, und wie Sie es überwunden° haben. Sie können eines der folgenden Beispiele benutzen oder sich selbst etwas ausdenken:

overcame

   ■ Sie haben vor der Deutschprüfung Ihr Buch verloren.
   ■ Sie essen in einem Restaurant und haben Ihr Geld vergessen.

diary
2. Führen Sie eine Woche lang Tagebuch°. Benutzen Sie das Präteritum.

picture post card
3. Schreiben Sie eine Ansichtskarte° aus dem Urlaub und erzählen Sie, was Sie da in den letzten Tagen unternommen haben.

4. Schreiben Sie eine E-Mail an eine Freundin/einen Freund in einer anderen Stadt und berichten Sie von einer tollen Party, auf der Sie gewesen sind.

5. Sie wollen für eine Nachrichtensendung über ein aktuelles politisches oder kulturelles Ereignis berichten. Benutzen Sie dafür das Präteritum.

6. Schreiben Sie acht bis zehn Sätze über eine bekannte Person (z. B. Politiker, Filmstar).

Inhalt

Kapitel 3

3-1 Position of the finite verb° in statements°

die finite Verbform / der Aussagesatz

	1	2	3	4
NORMAL	Wir	**trinken**	um vier	Kaffee.
INVERTED	Um vier	**trinken**	wir	Kaffee.
	Kaffee	**trinken**	wir	um vier.

In a German statement, or independent clause, the finite verb (the verb form that agrees with the subject) is always in second position.

In so-called "normal" word order, the subject is in first position. In so-called "inverted" word order, an element other than the subject is in first position, and the subject follows the verb. For stylistic variety or for emphasis of a particular element, a German statement can begin with an adverb, a prepositional phrase (e.g., **um vier**), or an object (e.g., **Kaffee**).

3-2 Position of the finite verb in questions°

die Frage

a | Yes/no questions°

die Entscheidungsfrage

Sind Gretas Freunde aus Ostberlin? – Ja.

Are Greta's friends from East Berlin? – Yes.

Hat Greta auch in Ostdeutschland gelebt? – Nein.

Did Greta also live in East Germany? – No.

b | Informational questions°

die Ergänzungsfrage

Wo **ist** der Sitz des Europäischen Parlaments?

Where is the seat of the European Parliament?

Wann **kam** Polen zur EU dazu?

When did Poland join the EU?

An informational question asks for a particular piece of information. It begins with an interrogative such as **wann, warum, was, was für ein, wer, wie, wie viel, wie viele, wo, woher,** or **wohin.** In German the interrogative is followed by the finite verb, then the subject. English often has to use a form of the auxiliary verb *to do* (e.g., *did)* or *to be* plus the main verb (e.g., *join).*

c | Flavoring particle *denn*

Was willst du denn?	*Well, what do you want?*

Denn is a flavoring particle that is used in questions. It may imply interest and curiosity of the speaker but also possible impatience, irritation or surprise. The addition of **denn** can also make a question less abrupt sounding.

Übung

1 Der Onkel in Dessau. Tilo trifft seine amerikanische Freundin Jennifer in Heidelberg auf der Straße und er erzählt ihr, was er morgen vorhat. Bilden Sie aus den Stichwörtern ganze Sätze. Beachten Sie, dass manche Sätze Fragen sind.

> ▶ ich / besuchen / meinen Onkel
> *Ich besuche meinen Onkel.*

1. JENNIFER: was / du / machen / denn / morgen / ?
2. TILO: ich / fahren / zu meinem Onkel nach Dessau
3. JENNIFER: wo / sein / Dessau / ?
4. TILO: Dessau / liegen / in der früheren DDR
5. JENNIFER: Dessau / sein / interessant / ?

Style that emphasizes functional design (school established in 1919 by Walter Gropius)

6. TILO: Ja. Dort / es / geben / viele Gebäude im Bauhausstil° // mein Onkel / wohnen / in einem solchen Haus
7. JENNIFER: was / denn / dein Onkel / sagen / über die Wiedervereinigung / ?
8. TILO: er / erzählen / oft / vom Leben zu DDR-Zeiten // manchmal / er / schimpfen / über die Nachteile der Bundesrepublik // viele Dinge / er / finden / aber jetzt besser

die Zeit / die Art und Weise / der Ort

3-3 Word order: time°, manner°, place°

TIME		MANNER	PLACE
General	Specific		
Wir fahren heute		mit dem Zug	nach Madrid.
Wir fahren heute	um acht Uhr	mit dem Zug	nach Madrid.

When adverbs and adverbial prepositional phrases occur in a sentence, they occur in the following sequence: time (when?), manner (how?), place (where?). When a sentence contains two adverbial expressions of time, the general expression (e.g., **heute**) usually precedes the specific (e.g., **um acht Uhr**).

Übung

2 **In Paris.** Herr Bader fährt oft von Köln nach Paris. Erzählen Sie von seiner Reise dorthin. Benutzen Sie die angegebenen Stichwörter.

▶ Herr Bader fährt (nach Frankreich / oft).
  Herr Bader fährt oft nach Frankreich.

1. Er fährt (nach Paris / immer / mit dem Zug).
2. Der Zug fährt (vom Hauptbahnhof Köln / um 8.30 Uhr) ab.
3. Nach EU-Recht° muss er (an der Grenze nach Frankreich / seit 2002) keinen Personalausweis° mehr zeigen.   *European law*   *I.D.*
4. Herr Bader sitzt (in der Bahn / gern).
5. Er kommt (in Paris / um halb eins / mittags) an.
6. Dort geht er (in ein Café / zuerst / jedes Mal).
7. Er setzt sich (an einen Tisch / gleich) und trinkt (schnell / meistens) einen Kaffee.
8. Herr Bader kann (mit Euro / jetzt immer) bezahlen.

3-4 Position of *nicht*

The position of **nicht** is determined by various elements in the sentence.

Nadine arbeitet **nicht**.	*Nadine doesn't work.*
Sie macht ihre Arbeit **nicht**.	*She's not doing her work.*
Ich glaube es **nicht**.	*I don't believe it.*
Warum arbeitet sie heute **nicht**?	*Why isn't she working today?*

Nicht always follows:

1. the finite verb (e.g., **Nadine arbeitet**)
2. nouns used as objects (e.g., **ihre Arbeit**)
3. pronouns used as objects (e.g., **es**)
4. specific adverbs of time (e.g., **heute**)

Lukas ist **nicht** mein Freund.	*Lukas is not my friend.*
Er ist **nicht** nett.	*He's not nice.*
Ich arbeite **nicht** gern mit ihm zusammen.	*I don't like to work with him.*
Ich sehe ihn **nicht** oft.	*I don't see him often.*
Ich fahre **nicht** zu ihm.	*I'm not going to him.*
Ich kann **ihm** nicht helfen.	*I can't help him.*
Er hat mir **nicht** geholfen.	*He didn't help me.*
Ich rufe ihn **nicht** an.	*I won't call him.*

Nicht precedes most other kinds of elements:

1. predicate nouns[1] (e.g., **Freund**)
2. predicate adjectives[1] (e.g., **nett**)
3. adverbs (e.g., **gern**)
4. general time adverbs (e.g., **oft**)
5. prepositional phrases (e.g., **zu ihm**)
6. elements in final position: infinitives (e.g., **helfen**); past participles (e.g., **geholfen**); separable prefixes (e.g., **an**)

Du solltest **nicht ihn** bitten, sondern seine Schwester.	*You shouldn't ask him, but his sister.*

Nicht may also precede any word that is given special negative emphasis (e.g., **ihn**). This use of **nicht** is found especially in contrasts.

Ich gehe **nicht oft** ins Theater.	*I don't often go to the theater.*

If several of these elements occur in a sentence, **nicht** usually precedes the first one.

Übung

3 **In einer neuen Stadt.** Julia ist von Jena in der früheren DDR wegen einer neuen Arbeitsstelle nach Hannover gezogen. Nach ein paar Wochen telefoniert sie mit ihrem Freund Tobias, der viele Fragen über Julias neuen Wohnort hat. Julia beantwortet alle Fragen negativ.

▶ Kennst du deine Nachbarn?
Nein, ich kenne meine Nachbarn nicht.

1. Kostet deine Wohnung viel?
2. Magst du deinen Job?
3. Ist deine Chefin arrogant?
4. Gehst du oft mit deinen Kollegen aus?
5. Schmeckt das Essen in der Cafeteria?
6. Hast du beim Sport viele Leute kennen gelernt?
7. Vermisst du deine Freunde in Jena?
8. Möchtest du in Hannover bleiben?

der Hauptsatz
die koordinierende
Konjunktion

3-5 Independent clauses° and coordinating conjunctions°

Juliane hat ein neues Buch gekauft, **aber** sie liest es nicht, **denn** sie hat keine Zeit.

An independent, or main, clause can stand alone as a complete sentence. Two or more independent clauses may be connected by coordinating conjunctions.

---

[1]REMINDER: Predicate nouns and adjectives follow the linking verbs **sein, werden,** and **heißen.**

Because coordinating conjunctions are merely connectors and not part of either clause, they do not affect the order of subject and verb. Six common coordinating conjunctions are listed below.

aber	*but*
denn	*because (for)*
doch	*though, however*
oder	*or*
sondern	*but, on the contrary*
und	*and*

Carolin geht ins Café, **denn** sie hat eine Verabredung mit einem Freund.

Carolin geht ins Café **und** ihr Freund lädt sie zu einem Kaffee ein.

Carolin geht ins Café **und** trinkt einen Kaffee.

Carolin geht heute ins Kino **oder** ins Theater.

Carolin nimmt die Bahn **oder** ihre Freundin Sara holt sie ab.

Sara hat nämlich ein Auto, **doch** vielleicht muss sie das ihrem Bruder geben.

The conjunctions **denn** und **doch** should not be confused with the particles **doch** and **denn**. (See *sections 1-6c and 3-2c*.)

In written German, coordinating conjunctions are generally preceded by a comma. However, with the coordinating conjunctions **oder** and **und** a comma is optional. A comma may precede **oder** and **und** to make the various parts of the sentence clear:

Carolin ging ins Café[,] und ihre Freundin, die sie dort traf, lud sie zu einem Kaffee ein.

In German, as in English, elements common to both clauses are not repeated if the sentences have "normal" word order (subject/verb). This is true of clauses introduced by **sondern, oder,** and **und:**

Carolin geht ins Café **und** [Carolin] trinkt einen Kaffee.

Note that **und** and **oder** are not preceded by a comma when two clauses have a common subject.

3-6 Two-part conjunctions°

die zweiteilige Konjunktion

Entweder hilfst du mir, ⎫
Entweder du hilfst mir, ⎬ **oder** ich mache es nicht.
Either you help me or I won't do it.

Entweder ... oder is a two-part conjunction equivalent to *either ... or*. **Entweder** can be followed by normal or inverted word order.

Er kann weder dir noch mir helfen.   *He can help **neither** you **nor** me.*

Weder ... noch is the negative form of **entweder ... oder** and is equivalent to *neither ... nor.*

Übung

4 **Freunde.** Sprechen Sie über Amelie und Pascal. Verbinden Sie die beiden Sätze, indem Sie jeweils° die passende Konjunktion wählen.

in each instance

▶ Pascal arbeitet bei Siemens. Amelie studiert. (und / oder)
Pascal arbeitet bei Siemens und Amelie studiert.

1. Pascal mag seine Arbeit nicht besonders. Amelie ist gern an der Uni. (oder / aber)

2. Sie fahren jeden Tag mit der Straßenbahn. Sie haben kein Auto. (oder / denn)

3. Pascal isst nicht im Restaurant. Er bringt sein Essen von zu Hause mit. (sondern / aber)

4. Amelie und Pascal würden gerne in eine größere Wohnung ziehen. Sie müssen sparen. (oder / doch)

5. Im Sommer fahren sie nach Italien. Sie fliegen nach Amerika. (entweder … oder / denn)

6. Danach wird Pascal eine neue Stelle suchen. Amelie studiert weiter. (sondern / und)

3-7 | The conjunctions *aber* and *sondern*

Maria geht ins Café, **aber** sie bestellt nichts.	*Maria goes into the café, **but** she doesn't order anything.*
Der Kuchen ist nicht teuer, **aber** Maria kauft ihn trotzdem nicht.	*The cake is not expensive, **but** Maria still doesn't buy it.*
Dominik geht nicht ins Café, **sondern** in den Park.	*Dominik doesn't go to the café, **but** to the park.*

Aber as a coordinating conjunction is equivalent to *but, however, nevertheless;* it may be used after either a positive or negative clause.

Sondern is a coordinating conjunction that expresses a contrast or contradiction. It connects two ideas that are mutually exclusive. It is used only after a negative clause and is equivalent to *but, on the contrary, instead, rather.*

Nele ist **nicht nur** intelligent, **sondern auch** fleißig.	*Nele is **not only** intelligent **but also** industrious.*

The German construction **nicht nur … sondern auch** is equivalent to *not only … but also.*

Übung

5 **Nicos Hauptfach.** Ihr Freund Nico hat das Hauptfach gewechselt. Erzählen Sie davon. Benutzen Sie **aber** und **sondern.**

1. Nico studiert jetzt nicht mehr Mathematik, _____ er hat mit Politik angefangen.

2. Mit Politik findet er vielleicht nicht so leicht eine Stelle, _____ das Fach interessiert ihn mehr.

3. Sein Ziel ist es für das Europäische Parlament in Straßburg zu arbeiten, _____ das ist nicht so einfach.

4. Sehr viele Leute möchten für die EU arbeiten, _____ Nico hat den Vorteil, dass er mehrere Fremdsprachen spricht.

5. Er kann nicht nur Englisch und Französisch, _____ auch Spanisch und Italienisch.

6. In seinem Politikstudium muss er jetzt viel Neues lernen, _____ das macht ihm großen Spaß.

7. Er arbeitet nicht nur viel, _____ auch gern.

8. Und er hofft, dass er für die EU arbeiten wird, _____ das ist noch ein langer Weg.

3-8 Dependent clauses° and subordinating conjunctions°

der Nebensatz
die subordinierende Konjunktion

Main clause	Dependent clause
Glaubst du,	**dass Emma morgen kommt?**
Ich weiß aber nicht,	**ob sie Zeit hat.**

A dependent clause is a clause that cannot stand alone; it must be combined with a main clause to express a complete idea.

A dependent clause is introduced by a subordinating conjunction (e.g., **dass, ob, wenn**). In writing, a dependent clause is separated from the main clause by a comma.

> Er möchte wissen, ob du heute Volleyball **spielst.**
> ob du heute **mitspielst.**
> ob du vielleicht Tennis spielen **willst.**
> ob du wirklich Tennis spielen **wirst.**
> ob du gestern gespielt **hast.**

Unlike coordinating conjunctions, subordinating conjunctions affect word order. In dependent clauses the finite verb is in final position:

1. A simple verb is in final position (e.g., **spielst**).
2. A separable prefix is attached to the base form of the verb, which is in final position (e.g., **mitspielst**).
3. A modal auxiliary follows the dependent infinitive and is in final position (e.g., **willst**).
4. In the future tense the auxiliary **werden** follows the infinitive and is in final position (e.g., **wirst**).
5. In perfect tenses the auxiliary **haben** or **sein** follows the past participle and is in final position (e.g., **hast**).

> Da ich zu viel gegessen hatte, **habe** ich schlecht geschlafen. Obwohl ich müde war, **musste** ich früh aufstehen.

When a dependent clause begins a sentence, it is followed directly by the finite verb of the independent clause (e.g., **habe, musste**).

Ich weiß, dass Jennifer hatte kommen wollen.	*I know that Jennifer **had wanted to come**.*

In a dependent clause containing a double infinitive, the auxiliary **haben** is not in final position. Rather, the auxiliary precedes the double infinitive which is always the last element in a clause:

Common subordinating conjunctions are listed below:

als	*when*	**obgleich**	*although*
auch wenn	*even if*	**obwohl**	*although*
bevor	*before*	**seit**	*since (temporal)*
bis	*until*	**seitdem**	*since (temporal)*
da	*because, since (causal)*	**sobald**	*as soon as*
damit	*so that*	**solange**	*as long as*
dass	*that*	**sooft**	*as often as*
ehe	*before*	**während**	*while; whereas*
falls	*in case, if*	**weil**	*because*
nachdem	*after*	**wenn**	*if; when, whenever*
ob	*if, whether*		

a | *bevor / ehe*

Bevor wir nach München umzogen, **hatten** wir immer in Leipzig gewohnt.	***Before*** *we moved to Munich we had always lived in Leipzig.*

Bevor and **ehe** both mean *before* and can be used interchangeably. **Bevor** should not be confused with the preposition **vor.**

b | *da / weil*

Da wir Hilfe mit unseren Kindern brauchten, kam meine Mutter mit.	*Since we needed help with our children, our mother came along.*

Da indicates a reason that is assumed to be known or understood. **Da**-clauses usually begin the sentence.

Meine Mutter freute sich auf München, **weil** ihre Schwester dort wohnt.	*My mother looked forward to Munich **because** her sister lives there.*

Weil states a reason that is assumed not to be known. In this sense it contrasts with **da.**

c | *nachdem*

Nachdem mein Mann und ich einen Job gefunden hatten, suchten wir eine Wohnung.	***After*** *my husband and I had found a job, we looked for an apartment.*

Nachdem is used only with the present perfect and past perfect tenses. **Nachdem** should not be confused with the preposition **nach.**

d | *obwohl / obgleich*

Obwohl Wohnungen in München oft sehr teuer sind, fanden wir etwas Billiges.	***Although*** *apartments in Munich are often very expensive, we found something inexpensive.*

Obwohl and **obgleich** both mean *although*, but **obwohl** is more common.

e | seitdem / seit

Seitdem wir in München arbeiten, verdienen wir mehr, aber das Leben ist auch sehr teuer.

Since we have been working in Munich we earn more, but life is also very expensive.

Seitdem and **seit** mean *since* in a temporal sense and should not be confused with **da**, which means *since* in a causal sense.

When used with the present tense, **seitdem/seit** expresses an action that began in the past and is continuing in the present. English uses the present perfect (e.g., *have been working*) to express this idea.

f | wenn / falls

Wenn / Falls ich dort einen Job finde, ziehe ich nach Berlin.

When / In case I find a job there, I'll move to Berlin.

Wenn (*when*) implies the speaker thinks it is probable she/he will find a job in Berlin.

Falls (*in case*) expresses the possibility, but seems perhaps unlikely, of finding a job in Berlin.

Übungen

6 **Als die Mauer fiel ...** Die Lehrerin Doris Kuhn erzählt, wie sie die Öffnung der Mauer in Ostberlin erlebt hat. Verbinden Sie die Sätze mit der passenden Konjunktion.

▶ Ich war todmüde. Ich kam am Abend des 9. November 1989 nach Hause. (ob / als)
Ich war todmüde, als ich am Abend des 9. November 1989 nach Hause kam.

1. Ich machte den Fernseher an. Ich musste mich noch für ein Seminar vorbereiten. (dass / obwohl)

2. Ich machte den Ton° ganz leise. Ich musste mich konzentrieren. (ob / weil) — *volume*

3. Ich schaute nur selten auf den Bildschirm°. Ich tippte an meiner Arbeit. (da / ehe) — *screen*

4. Das Telefon klingelte°. Ich verstand, was da im Fernsehen lief. (damit / bevor) — *rang*

5. Mein Freund Klaus fragte mich ganz aufgeregt°. Die Mauer sei wirklich offen. (dass / ob) — *excited*

6. Ich rannte sofort aus dem Haus zum Brandenburger Tor. Ich hatte mit Klaus telefoniert. (nachdem / bis)

7. Tausende von Menschen waren auf der Straße. Es war spät am Abend. (obwohl / ehe)

8. Viele Menschen hatten mich schon umarmt°. Ich kam am Brandenburger Tor an. (ehe / auch wenn) — *hugged*

9. Ich hatte so eine Atmosphäre° noch nie erlebt. Ich lebte in Ostberlin. (ehe / seit) — *atmosphere*

7 **Noch einmal.** Schreiben / Sagen Sie die Sätze von *Übung 6* noch einmal und beginnen Sie mit dem Nebensatz°.

▶ *Als ich am Abend des 9. November 1989 nach Hause kam, war ich todmüde.*

3-9 Uses of *als*, *wenn*, and *wann*

Als wir letztes Jahr nach Spanien fuhren, hatten wir einen kleinen Unfall.	***When*** *we went to Spain last year, we had a small accident.*
Als ich klein war, haben wir oft Urlaub in Spanien gemacht.	*When I was little, we often went to Spain on vacation.*
Wenn wir nach Spanien reisten, fuhren wir immer mit dem Auto.	***Whenever*** *we went to Spain we always traveled by car.*
Ich weiß nicht, **wann** wir wieder nach Spanien fahren.	*I don't know* **when** *we're going to Spain again.*

Als, wenn, and **wann** are all equivalent to the English *when*, but they are not interchangeable.

Als is used to introduce a clause concerned with a single event in the past or to refer to a single block of time in the past (e.g., **als ich klein war**). The verb in an **als**-clause is often in the simple past tense rather than the present perfect tense, even in conversation.

Wenn is used to introduce a clause concerned with repeated events (*whenever*) or possibilities (*if*) in past time, or with single or repeated events in present or future time.

Wann (*at what time?*) is used to introduce direct and indirect questions.

„Wenn man gewinnen kann, dann sollte man das auch tun, sonst hat man etwas falsch gemacht."
Ralf Schumacher, Formel-1-Pilot

Übung

8 **In der WG.** Kim, Hanna und Luis wohnen zusammen in einer Wohngemeinschaft und manchmal gibt es Probleme. Ergänzen Sie die Sätze mit **als, wenn** oder **wann.**

LUIS: Hanna, _____ bist du denn gestern nach Hause gekommen? Ich glaube, es war mitten in der Nacht. Ich bin nämlich aufgewacht, _____ du die Haustür zugeschlagen° hast.

slammed

HANNA: Hmm, ich weiß gar nicht genau, _____ ich zurückgekommen bin. Aber es war vielleicht elf oder halb zwölf. Tut mir leid, _____ ich zu laut war. Aber ich bin abends eben immer noch total fit und denke gar nicht daran, dass manche schon schlafen.

KIM: Luis, dich habe ich am Sonntagmorgen aber auch gehört, _____ du um sechs Uhr zum Joggen gegangen bist.

LUIS: Wirklich? Ich bin doch immer ganz leise, _____ ich so früh aufstehe.

HANNA: Na ja, ich weiß nicht. _____ du dann schon früh morgens am Computer sitzt und tippst oder mit deiner Freundin telefonierst, kann ich oft nicht mehr schlafen.

KIM: Genau. Und _____ dir gestern Morgen deine Kaffeetasse auf den Boden gefallen ist, bin ich auch aufgewacht.

LUIS: Oh, ihr Morgenmuffel°! Dann muss ich es wohl auch akzeptieren, _____ ihr nachts fröhlich durch die Wohnung springt.

morning grumps

HANNA: Ja, so ist das eben, _____ man mit Leuten zusammen wohnt, die einen ganz anderen Biorhythmus haben!

3-10 Dependent clauses: indirect statements and questions

a | Conjunction introducing indirect statements: *dass*

> _Direct statement:_ Ich fahre morgen weg.
> _Indirect statement:_ Ich weiß, **dass** du morgen wegfährst.

Indirect statements are introduced by the subordinating conjunction **dass.**

b | Conjunction introducing indirect yes/no questions: *ob*

> _Yes/no question:_ Habt ihr gewonnen?
> _Indirect question:_ Mia fragt, **ob** wir gewonnen haben.

Indirect yes/no questions are introduced by the subordinating conjunction **ob. Ob** can always be translated as _whether._ An indirect question begins with an introductory clause such as **Sie fragt, …; Ich weiß nicht, …; Ich möchte wissen, …; Weißt du, …?; Kannst du mir sagen, …?**

c | Conjunctions introducing indirect informational questions

> _Informational question:_ Warum erzählt Lara immer diese Geschichte?
> _Indirect question:_ Ich weiß nicht, **warum** Lara immer diese Geschichte erzählt.

Indirect informational questions are introduced by the same question words, or interrogatives, that are used in direct informational questions, for example, **wann, warum, wie.** The question word functions as a subordinating conjunction.

Übung

9 **Wie war es in Italien?** Stefan holt seine italienische Freundin Maria am Bahnhof ab. Sie war ein paar Wochen bei ihrer Familie in Italien. Berichten Sie von dem Gespräch in indirekter Rede°. Verwenden Sie **dass** oder **ob,** wenn möglich.

indirect discourse

> ▶ Stefan fragt Maria: „Wie war es in Italien?"
> _Stefan fragt Maria, wie es in Italien war._

1. Sie antwortet: „Es war herrlich."
2. Natürlich will er wissen: „Was hast du gemacht? Wo warst du? Wen hast du besucht?"
3. Er fragt auch: „War das Wetter schön?"
4. Sie sagt: „Es war sonnig und warm."
5. Er fragt sie: „Was gibt es sonst Neues?"

6. Sie erzählt: „Meine Eltern haben ein neues Haus. Es ist sehr groß und sehr schön.“

7. Stefan fragt: „Bist du nach der langen Reise sehr müde?“

8. Maria antwortet: „Ich bin sehr müde und möchte am liebsten zwölf Stunden schlafen.“

3-11 Infinitives with *zu*

Nicole versucht einen Job in Weimar **zu finden.**	*Nicole is trying **to find** a job in Weimar.*
Sie fängt an sich **zu bewerben.**	*She is beginning **to apply.***
Ich habe sie gebeten mir dann oft **zu schreiben.**	*I asked her **to write** me often then.*

Dependent infinitives used with most verbs are preceded by **zu** and are in last position. However, infinitives used with modals, in future tense (see *Kapitel 1)*, and with the verbs **sehen, hören,** and **lassen** (see *Kapitel 2)* are not preceded by **zu.**

NICOLE:	**Hast du** keine **Lust**[,] mich dann in Ostdeutschland **zu** besuchen?	*Don't you feel like visiting me in East Germany then?*
	Es ist doch **Zeit**[,] mal etwas Neues **zu** sehen.	*It's time to see something new.*

der Infinitivsatz

A number of expressions using the verb **haben** (e.g., **Lust haben**) or **sein** (e.g., **es ist Zeit**) are followed by the infinitive with **zu.** An infinitive construction that contains other sentence elements such as objects, prepositional phrases, or adverbs is called an *infinitive clause°* (e.g., **mich … zu besuchen, mal etwas Neues zu sehen**). In writing, an infinitive clause may be set off by commas for the sake of clarity.

Nicole hat vor im Sommer um**zu**ziehen.	*Nicole plans **to** move in the summer.*
Es ist sicher schwer allein in einer fremden Stadt an**zu**kommen.	*It's certainly hard **to** arrive alone in a strange city.*

When a separable-prefix verb is in the infinitive form, the **zu** comes between the prefix and the base form of the verb. The construction is written as one word.

Some common expressions requiring infinitives with **zu** are:

Es macht Spaß …	Es ist Zeit …
Es ist schwer (leicht) …	Es ist gut (nett) …
Es ist schön …	Hast du Lust …

Übung

10 Im Ausland leben. Anna erzählt Alexander von ihren Plänen für die Zukunft.

▶ ANNA: Es ist schon lange mein Wunsch _____ (nach Athen reisen)
  ANNA: *Es ist schon lange mein Wunsch nach Athen zu reisen.*

ALEXANDER: Überlegst du dir schon manchmal, wo du einmal studieren und leben willst?

ANNA: Ich habe auf jeden Fall vor (1) _____. (im Ausland studieren) Und eigentlich möchte ich später auch (2) _____. (in einem anderen Land leben) Ich finde es langweilig (3) _____. (immer in Deutschland bleiben) Du nicht?

ALEXANDER: Nein, eigentlich nicht. Ich denke, es ist nicht einfach (4) _____. (in einem fremden Land wohnen)

ANNA: Ich war auf einer Europäischen Schule und das war sehr international. Ich fand es toll (5) _____. (Freundinnen und Freunde aus allen möglichen Ländern haben)

ALEXANDER: Ich will eigentlich nicht (6) _____. (weit entfernt von meiner Familie und meinen Freunden wohnen) Ich hätte Angst (7) _____. (sie sehr vermissen)

ANNA: Ich finde es gerade interessant (8) _____. (immer wieder neue Menschen kennen lernen) Wenn ich nicht immer wieder etwas Neues mache, habe ich das Gefühl (9) _____. (etwas verpassen) Ich mag Abenteuer.

3-12 Expressions *um … zu, (an)statt … zu, ohne … zu*

Nicole ist in Weimar[,] **um** ein Zimmer **zu suchen.**	*Nicole is in Weimar **in order to rent** a room.*
Vielleicht nimmt sie ja auch eine Wohnung[,] **(an)statt**[1] ein Zimmer **zu mieten.**	*Maybe she'll take an apartment **instead of renting** a room.*
Nicole ist weggefahren[,] **ohne** etwas über die Mietpreise in Weimar **zu wissen.**	*Nicole left **without knowing** anything about what the rents are in Weimar.*

The prepositions **um, (an)statt,** and **ohne** may combine with **zu** to introduce an infinitive clause. Such an infinitive clause may be set off by an optional comma to make the sentence clearer or easier to read. However, it is still common practice in newspapers and magazines to set off infinitive clauses beginning with **um, (an)statt,** and **ohne** by commas, even though the sentences may be clear without the commas. In *Kaleidoskop* these infinitive clauses are set off by commas.

---

[1]**Statt** is more common in conversational German.

The constructions **(an)statt ... zu** and **ohne ... zu** are used with infinitives (e.g., **mieten, wissen**). The equivalent English expression has a verb ending *-ing* (e.g., *renting, knowing*).

Note that when followed by a noun, the preposition **(an)statt** takes the genitive case (see *Kapitel 6*):

Nicole hat jetzt eine Wohnung gefunden **(an)statt** eines Zimmers.	*Now Nicole has found an apartment instead of a room.*

When **(an)statt** is used with an infinitive, however, the case of the noun object depends on the infinitive. In the clause **(an)statt ein Zimmer zu mieten, Zimmer** is the direct object (accusative) of the verb **mieten.**

Nicole schreibt mir:

Warum kommst du nicht hierher[,] **um** Weimar kennen **zu** lernen?	*Why don't you come here (in order) to get acquainted with Weimar?*
Du hast doch sicher Lust eine Stadt in Ostdeutschland kennen **zu** lernen.	*You surely wish to get acquainted with a city in East Germany.*

The construction **um ... zu** is used to express purpose. It is equivalent to English *in order to*. Do not confuse this structure with the expressions requiring the infinitive with **zu** in *Section 3-11* of this chapter.

Übung

11 **Wien.** Ihr Vetter, ein Mensch mit etwas merkwürdigen Ideen, war in Wien. Erzählen Sie, was er gemacht hat. Verbinden Sie die Sätze mit **um ... zu, ohne ... zu** und **statt ... zu**.

▶ Er fuhr mit seinem alten Auto. Er nahm nicht den Zug.
Er fuhr mit seinem alten Auto, statt den Zug zu nehmen.

▶ Er fuhr nach Wien. Er reservierte kein Hotelzimmer.
Er fuhr nach Wien, ohne ein Hotelzimmer zu reservieren.

bed and breakfast

1. Er musste lange suchen. Er fand ein hübsches Zimmer in einer kleinen Pension°.
2. Er war eine Woche in Wien. Er sah sich kein einziges Mal den Stephansdom an.
3. Er saß jeden Tag im Café. Er ging nicht in ein Museum.
4. Er verbrachte eine Woche in Wien. Er sah kein einziges Bild.
5. Er schaute sich mehrere Filme im Kino an. Er ging auch nicht einmal ins Theater.
6. Er ist wohl nach Wien gefahren. Er wollte nur im Café sitzen und die herrlichen Torten essen.

Jetzt haben Sie das Wort

12 **Aus meinem Alltag**

Teil I. Erzählen Sie von sich und Ihren Vorlieben°, indem Sie die Sätze *preferences* ergänzen.

Es macht mir Spaß … Es ist schön …

Ich finde es schwer …

Ich finde es leicht …

Teil II. Fragen Sie nun Ihre Partnerin/Ihren Partner, welche Vorlieben sie/er hat. Benutzen Sie in Ihren Fragen die Sätze von oben.

1. Was macht dir besonderen Spaß?
2. Was findest du besonders schwer/leicht?
3. _____ ?

13 **Gestern.** Was haben Sie gestern gemacht? Erzählen Sie in sechs Sätzen davon.

▶ Gestern bin ich um _____ aufgestanden. Dann …

Dann

Danach

Vor der Vorlesung

Nach der Vorlesung

Am Nachmittag

Abends

14 **Ihre Meinung.** Sagen Sie Ihre Meinung indem Sie die folgenden Sätze ergänzen.

1. Ich möchte lieber in Ostdeutschland / Westdeutschland leben, weil …
2. Ein Vorteil/Ein Nachteil der Europäischen Union ist, dass …
3. Ich möchte in Deutschland studieren, denn …
4. Ich suche deutsche Freunde auf Facebook, weil …
5. In den Sommerferien möchte ich …, wenn …

15 **Kurze Aufsätze.** Beschreiben Sie, wie Sie etwas tun. Benutzen Sie einen der folgenden Vorschläge oder eine eigene Idee. Verbinden Sie die Sätze mit Adverbien wie **daher, dann, erst, später, zuerst** und mit Konjunktionen wie **aber, als, bevor, da, damit, dass, denn, nachdem, obgleich, sobald, während, weil** und **wenn.**

1. Was machen Sie jeden Morgen?
2. Wie kommen Sie zur Arbeit / zur Uni?
3. Wie bereiten Sie sich auf einen Test vor?
4. Sie wollen eine Party machen. Wie bereiten Sie die vor?

Inhalt

4-1   Uses of the nominative case

das Subjekt   *Subject°:* **Dominik** studiert Informatik.

The subject designates a person, concept, or thing on which the sentence focuses; it is the starting point of the action or statement. It answers the question *who* or *what*. The subject of a sentence is in the nominative case.

das Prädikatsnomen   *Predicate noun°:* Der junge Mann heißt **Dominik.** Dominik ist **ein netter junger Mann.** Er wird **Informatiker.**

A predicate noun (also called predicate nominative) designates a person, concept, or thing that restates the subject or identifies with it. A predicate noun completes the meaning of linking verbs such as **heißen, sein,** and **werden.**

4-2   Uses of the accusative case

Direct object: **Meinen Bruder Nils** sehe ich zurzeit selten.

Object of prepositions: Er arbeitet jetzt für **unseren Onkel** in Hamburg.

Definite time: Nils ist schon **einen Monat** in Hamburg.

Measure: Morgens um halb sieben joggt er **einen Kilometer** zur Arbeit.

*Expression **es gibt:***   Um diese Zeit gibt es noch **keinen Verkehr.**

The accusative case is required for the grammatical features listed above.

4-3 Direct object°

das direkte Objekt

SUBJECT / PREDICATE NOUN	DIRECT OBJECT
TIM: **Wer** ist denn **der Mann?**	ANNA: Meinst du **den Mann** mit dem roten Wagen?
TIM: Ja, **der rote Wagen** ist schön, nicht?	ANNA: Ich finde **den roten Wagen** etwas zu sportlich. Ich habe **ihn** auch zum Kaffee eingeladen.
ANNA: Und **der Mann** ist übrigens **mein Bruder.**	

The direct object receives or is affected by the direct action of the verb. The direct object answers the questions *whom* (**wen?**) for persons and *what* (**was?**) for things and concepts. A noun or pronoun used as the direct object of a verb is in the accusative case.

Do not confuse:

Wer ist denn **der Mann?** (*predicate noun*)

Meinst du **den Mann** (*direct object*) mit dem roten Wagen?

Übung

1 Nominativ oder Akkusativ? Leon und Katharina sprechen über einen Kommilitonen. Suchen Sie in ihrem Dialog die Substantive und Pronomen im Nominativ und Akkusativ und erklären Sie ihre Funktion (**Subjekt, Prädikatsnomen, direktes Objekt, Objekt einer Präposition**) im jeweiligen Satz.

1. LEON: Kennst du den großen Dunkelhaarigen da hinten am Tisch?
2. KATHARINA: Ja, er heißt Julian.
3. Er ist Pias neuer Freund.
4. LEON: Was macht er?
5. KATHARINA: Julian studiert Englisch und Französisch.
6. Er arbeitet auch für seine Englischprofessorin.
7. LEON: Trifft Pia ihn oft?
8. KATHARINA: Da musst du Pia fragen.
9. Morgen hat Julian Geburtstag.
10. Da lädt Pia ihn zum Essen ein.

4-4 Definite article°, nominative° and accusative°

der bestimmte Artikel / der Nominativ / der Akkusativ

	MASCULINE	NEUTER	FEMININE	PLURAL
NOMINATIVE	**der**	**das**	**die**	**die**
ACCUSATIVE	**den**	**das**	**die**	**die**

4-5 | *Der*-words, nominative and accusative

	MASCULINE	NEUTER	FEMININE	PLURAL
NOMINATIVE	**dieser**	**dieses**	**diese**	**diese**
	(der)	**(das)**	**(die)**	**(die)**
ACCUSATIVE	**diesen**	**dieses**	**diese**	**diese**
	(den)	**(das)**	**(die)**	**(die)**

Dieser is called a **der**-word because it takes the same endings as the definite articles, **der, das,** and **die**. Additional **der**-words are listed below.

4-6 | Meanings and uses of *der*-words

dieser	*this, these* (pl.), *that, those* (pl.)
jeder	*each, every* (used in singular only)
jener	*that, the one that*
mancher	*many a, several* (used mainly in the plural)
solcher	*such* (used mainly in the plural)
welcher	*which*

Ich denke an **jene**, die nicht hier sein können.	*I'm thinking of those (the ones) who can't be here.*

Jener points to something known or previously mentioned.

Der Stuhl **da** ist neu.	*That chair is new.*

Note that the equivalent of *that one* (pl. *those*) is usually expressed by **der (das, die) + da**.

Singular:

So einen Pulli würde ich nicht tragen.	*I wouldn't wear such a sweater.*

Plural:

Solche Pullis würdest du auch nicht tragen.	*You wouldn't wear such sweaters either.*

Solcher and **mancher** are used mainly in the plural. In the singular the forms are combined with **ein: so ein** or **manch ein**.

▲ *So einen Pulli würde ich nicht tragen!*

Übung

2 Familiengespräch. Herr und Frau Baumann sprechen darüber, wie in verschiedenen Familien die Hausarbeit und die Erziehung der Kinder organisiert sind. Ergänzen Sie ihr Gespräch mit der richtigen Form der passenden Wörter in Klammern.

FRAU BAUMANN: Ich finde, _____ Familienvater sollte im Haushalt Aufgaben übernehmen, egal ob seine Frau berufstätig° *gainfully employed* ist oder nicht. (jeder, welcher)

Denn _____ Arbeitstag dauert etwa acht oder maximal neun Stunden. (jeder/solcher). Doch _____ Frau ist schon nach neun Stunden mit der Hausarbeit fertig, wenn sie zum Beispiel mehrere kleine Kinder hat? (jener, welcher)

HERR BAUMANN: Das stimmt. Doch _____ Ehemänner machen eben viel im Haushalt und andere machen wenig oder nichts. (dieser, mancher)

_____ Väter wollen auch nicht viel mit der Erziehung ihrer Kinder zu tun haben. (mancher, welcher)

Ich kann _____ Männer gar nicht verstehen. (solcher, jener)

_____ Vater kann doch gar keine intensive Beziehung° *relationship* zu seinen Kindern haben. (jeder, so ein)

Und eigentlich sollte man _____ Zeit genießen, wenn die Kinder klein sind und ihre Eltern brauchen. (mancher, dieser)

FRAU BAUMANN: Meine Freundin Nadine – sie hat drei Kinder und arbeitet als Produktmanagerin – hatte zum Beispiel _____ Mann. (so ein, manch ein)

Abends kam er nach Hause und wollte nur seine Ruhe haben und nicht gestört werden. Da gab es natürlich _____ Konflikte. (mancher, welcher)

Und _____ Ehe ist daran kaputt gegangen. (solcher, dieser). Nadine hat sich letztes Jahr scheiden lassen.

HERR BAUMANN: Wenn die Frau _____ Beruf hat, sollte es wirklich klar sein, dass auch der Mann 50 Prozent der Hausarbeit macht. (so ein, solcher)

FRAU BAUMANN: Oh, das höre ich gern. Möchtest du dann nicht heute ein richtig schönes Mittagessen kochen?

4-7 The indefinite article° *ein* and *kein*, nominative and accusative

der unbestimmte Artikel

The German indefinite article **ein** corresponds to English *a, an*. It has no plural form.

CHRIS: Hast du Geld?

SARAH: Nein, ich habe **kein** Geld dabei.

CHRIS: Aber wir wollten doch Lukas einen Kuchen zum Geburtstag kaufen.

SARAH: Du, Lukas mag doch keinen Kuchen.

The negative form of **ein** is **kein**. It is equivalent to English *not a, not any,* or *no*. **Kein** negates a noun that in the positive would be preceded by a form of **ein** or by no article at all.

das Possessivpronomen

4-8 Possessive adjectives°

SUBJECT PRONOUNS	POSSESSIVE ADJECTIVES	ENGLISH EQUIVALENTS
ich	**mein**	*my*
du	**dein**	*your* (fam. sg.)
er	**sein**	*his, its*
es	**sein**	*its, his, her*
sie	**ihr**	*her, its*
wir	**unser**	*our*
ihr	**euer**	*your* (fam. pl.)
sie	**ihr**	*their*
Sie	**Ihr**	*your* (formal, sg. & pl.)

Hast du **meinen** Kuli gesehen? – **Deinen** Kuli? Nein.

Possessive adjectives take the same endings as the indefinite article **ein**. They are therefore often called **ein**-words.

Ist Leon **euer** Bruder und Annika **eure** Schwester?

Nein, Nils ist **unser** Bruder und Greta ist **uns(e)re** Schwester.

Note that when **euer** has endings, the **-e** before the **-r** is dropped. In colloquial German, when an ending is added to **unser**, the **-e** is often dropped (**unsre**).

das Land und **seine** Geschichte   *the country and its history*

die Stadt und **ihre** Geschichte   *the city and its history*

The German equivalent of *its* is either **sein** or **ihr**, depending on the gender of the noun it refers to.

Übungen

3 Kind und Karriere?   Theresa und Marie haben beide kleine Kinder und sie unterhalten sich darüber, welche Probleme sie haben Kinder und Karriere unter einen Hut zu bringen. Ergänzen Sie den Dialog mit passenden Possessivpronomen, einem unbestimmten Artikel oder **kein**.

THERESA: Manchmal vermisse ich _____ Job schon sehr.

MARIE: Nach der Elternzeit bekommst du _____ Stelle doch wieder, nicht?

THERESA: Das schon. Aber mein Mann und ich haben uns überlegt, dass wir noch _____ Kind haben möchten. Nach Pascal und Noah wünschen wir uns noch _____ Tochter.

MARIE:	Kann denn _____ Mann _____ Elternzeit nehmen?
THERESA:	Doch, das ist _____ Möglichkeit. Oder wir fragen _____ Mutter, ob sie auf die Kinder aufpassen möchte. Seit _____ Vater gestorben ist, ist sie ein bisschen einsam und sie möchte oft _____ Enkel° sehen.
MARIE:	_____ Eltern wohnen weit weg und wir haben _____ Hilfe von ihnen.
THERESA:	Wo wohnen denn _____ Eltern?
MARIE:	_____ Familie wohnt in Stuttgart und Marcels Eltern wohnen in Tübingen. Sie sind alle weit weg von Hamburg.

grandchildren

4 **Reisevorbereitungen.** Lea, Hannah, Jonas, Luca, Anna und Charlotte wohnen zusammen in einer Wohngemeinschaft und wollen verreisen°. Charlotte organisiert gerne und sie fragt alle, ob sie auch nichts vergessen haben.

take a trip

▶ Jonas, nimmst du *deinen* Laptop mit?

1. Luca, hast du nicht versprochen _____ CD-Spieler mitzunehmen?
2. Hat Anna _____ Fotoapparat dabei°?
3. Luca und Jonas, ihr wolltet doch _____ Kleidung in Rucksäcke packen, nicht?
4. Hannah, wieso hast du nur _____ Wanderschuhe eingepackt?
5. Jonas muss auf jeden Fall noch _____ Spiele von zu Hause holen.
6. Haben Anna und Luca dieses Mal wieder _____ Zahnbürsten vergessen?
7. Hannah, _____ Gitarre legen wir am besten auf die Rucksäcke.
8. Oh je, ich habe fast _____ Regenschirm vergessen.
9. Charlotte, _____ Regenschirm werden wir ja hoffentlich nicht brauchen.

with her

4-9 Masculine *N*-nouns in the accusative case

NOMINATIVE	ACCUSATIVE
FRAU BRAUER: Und wird es ein Junge?	HERR KLAAS: Ja, wir bekommen im Mai einen **Jungen**.
FRAU BRAUER: Und wie soll sein Name sein?	HERR KLAAS: Hmm, wir haben noch keinen **Namen** für ihn.

A number of masculine nouns add **-n** or **-en** in the singular accusative. These nouns are often called masculine **N**-nouns or weak nouns. In this group are:

1. masculine nouns that end in unstressed **-e**, such as **der Gedanke, der Glaube, der Junge, der Kollege, der Name, der Neffe**
2. masculine nouns of foreign origins that are stressed on the last syllable, such as **der Fotograf, der Journalist, der Jurist, der Patient, der Polizist, der Präsident, der Soldat, der Student, der Tourist**
3. a few other common nouns denoting males such as **der Bauer, der Herr, der Mensch, der Nachbar**

Übung

5 **Wer sind Sie?** Ergänzen Sie die Sätze mit einem passenden Nomen und dem richtigen Artikel. Achtung: Nicht alle Nomen sind im Akkusativ.

Gedanke • Glaube • Journalist • Nachbar • Name • Patient • Pianist

1. Wie bist du auf _____ _____ gekommen, dass Jana Anglistik studiert?

2. Der Dirigent lobt _____ _____, der das Konzert hervorragend gespielt hat.

3. Ich frage mich ständig, warum _____ _____ gegenüber nie den Rasen mäht.

4. Der Politiker schimpft über _____ _____, der diesen Artikel geschrieben hat.

5. _____ _____ an eine sichere Zukunft ist für viele Menschen lebenswichtig.

6. Kennst du _____ _____ der Studentin da drüben?

7. Jeden Tag besucht die Ärztin _____ _____ im Krankenhaus.

das Substantiv **4-10** ## Nouns° indicating nationalities and professions

Elisabeth ist **Deutsche**.	*Elisabeth is (a) German.*
Sie ist **Studentin**.	*She's a student.*
Sie wird **Ingenieurin**.	*She's going to be an engineer.*
Im Sommer arbeitet sie als **Informatikerin**.	*In the summer she works as a computer specialist.*

To state a person's nationality, profession, or membership in a group, German uses the noun directly after a form of the verbs **sein** or **werden** or after **als** (*as*). The indefinite article **ein** is not used. English precedes such nouns with the indefinite article.

Florian ist **kein Ingenieur**.	*Florian is not an engineer*
Florian ist **nicht Ingenieur**.	

Either **kein** or **nicht** is used to negate a sentence about someone's nationality, profession, or membership in a group.

Frau Dr. Braun ist **eine bekannte Deutsche**.	*Dr. Braun is a well-known German.*
Sie ist **eine gute Ärztin**.	*She's a good doctor.*

Ein is used with nouns designating professions, nationalities, and membership in a group when the nouns are preceded by an adjective.

Übung

6 **Eine internationale Familie.** Alina hat eine sehr internationale Familie. Sie erzählt Celine davon. Benutzen Sie jeden Beruf und jede Nationalität mindestens einmal.

Amerikaner/Amerikanerin • **Deutscher/Deutsche** • **Engländer/Engländerin**

Apotheker/Apothekerin • **Arzt/Ärztin** • **Fotograf/Fotografin** • **Lehrer/Lehrerin**

ALINA: Meine Schwester ist _____. Sie ist in München geboren. Sie ist _____ an einem Gymnasium in Starnberg. Ihr Mann ist kein _____. Er ist _____. Seine ganze Familie wohnt in Texas. Er arbeitet jetzt als _____ hier im Krankenhaus. Früher war er _____, doch da musste er oft reisen, was er jetzt nicht mehr wollte. Doch er fotografiert immer noch viel.

CELINE: Oh, ich dachte, er ist _____ und arbeitet in der Pharmaindustrie. Alina, ist dein Mann _____? Er hat so einen britischen Akzent.

ALINA: Nein, er ist _____. Aus Boston.

CELINE: Und was ist er von Beruf?

ALINA: Er ist auch _____, und zwar Orthopäde.

4-11 Personal pronouns°, nominative and accusative

das Personalpronomen

NOMINATIVE	**ich** (*I*)	**du** (*you*, fam. sg.)	**er** (*he, it*)	**es** (*it*)	**sie** (*she, it*)
ACCUSATIVE	**mich** (*me*)	**dich** (*you*, fam. sg.)	**ihn** (*him, it*)	**es** (*it*)	**sie** (*her, it*)

HERR HEIBACH: Kennen Sie **unseren Nachbarn** gut?

FRAU LEUTNER: Ja, **er** ist mein Onkel.

HERR HEIBACH: **Sein Wagen** ist schon wieder falsch geparkt.

FRAU LEUTNER: Das kann nicht sein. Er hat **ihn** doch letzte Woche verkauft.

The personal pronouns **er, es, sie** agree in gender and number with the noun to which they refer. Personal pronouns refer to both persons and things.

Übungen

7 **Alles über Christian.** Jasmin und Vanessa haben sich lange nicht gesehen und gehen miteinander ein Glas Wein trinken. Jasmin fragt nach Vanessas Freund Christian. Sie sind jetzt Vanessa und antworten jeweils mit **ja** oder **nein**; verwenden Sie dabei ein Personalpronomen.

► – Schmeckt dein Wein gut?
  – *Ja (Nein), er schmeckt (nicht) gut.*

► – Bestellst du diesen/den Wein?
  – *Ja (Nein), ich bestelle ihn (nicht).*

1. Studiert Christian in Marburg?
2. Kennst du seinen Bruder?
3. Hast du seine Eltern kennen gelernt?
4. Ist seine Familie nett?
5. Hat er sein altes Auto verkauft?
6. Siehst du seine Freunde oft?
7. Laden die euch oft ein?
8. Mag dein Vater Christian?
9. Liebst du Christian?
10. Liebt er dich?
11. Willst du Christian heiraten?

8 **Rotkäppchen.** Sie kennen sicherlich eine Version dieses Märchens. Ergänzen Sie die Geschichte, indem Sie jeweils die richtige Form des bestimmten oder unbestimmten Artikels°, des Possessivpronomens oder des Pronomens einsetzen. **Achtung:** Benutzen Sie für das Mädchen **es** und **sein.**

definite or indefinite article

Ein Mädchen will seine Großmutter besuchen. _____ Mutter packt _____ Korb mit Essen (Eiern, Kuchen, Wein, Butter, Wurst) für _____ und schickt es auf den Weg. Im Wald trifft das Mädchen _____ Wolf. Er fragt, wohin _____ geht. „Zu Oma", bekommt er zur Antwort.

Bei der Großmutter macht das Mädchen _____ Tür auf, geht ins Schlafzimmer und schaut _____ Großmutter an.

„Großmutter", sagt das Mädchen, „was für große Augen du hast."

„Damit ich _____ besser sehen kann."

„Großmutter, was für große Ohren du hast."

„Damit ich _____ besser hören kann."

„Aber Großmutter, was für _____ großen Mund du hast."

„Damit ich _____ besser fressen kann."

_____ Wolf springt aus dem Bett und will das Mädchen fressen. Das Mädchen, es heißt übrigens Rotkäppchen, nimmt _____ Korb und wirft _____ dem Wolf an _____ Kopf. Der Wolf fällt° um und Rotkäppchen bringt _____ hinaus und macht _____ Tür zu.

fällt um: falls over

„Hilfe, Hilfe", hört Rotkäppchen.

„Oma, bist du's? Ich höre _____, aber ich sehe _____ nicht. Wo bist _____ denn?"

„Im Schrank."

Rotkäppchen macht _____ Schrank auf. Es küsst _____ Großmutter und gibt ihr _____ Korb. Die Großmutter freut sich auf das Essen, macht _____ Korb auf und schreit°: „Aber Kindchen, was ist denn passiert? Die Eier sind alle kaputt. Das nächste Mal pass bitte besser auf!"

shouts

Die Moral: Einigen Menschen kann man nichts recht machen.

4-12 Demonstrative pronouns°, nominative and accusative

das Demonstrativ-pronomen

	MASCULINE	NEUTER	FEMININE	PLURAL
NOMINATIVE	**der** (*he, it*)	**das** (*it*)	**die** (*she, it*)	**die** (*they*)
ACCUSATIVE	**den** (*him, it*)	**das** (*it*)	**die** (*her, it*)	**die** (*them*)

Demonstrative pronouns are identical to the definite articles.

Ich brauche einen neuen Wintermantel.	*I need a new winter coat.*
Wie findest du **den da**?	*What do you think of **that one there**?*
Ach, **der** ist zu teuer.	*Oh, **it** is too expensive.*

A demonstrative pronoun often replaces a personal pronoun if the pronoun is to be emphasized. They are often used in combination with **da** or **hier**. Demonstrative pronouns usually occur at or near the beginning of a sentence. The English equivalent is usually a personal pronoun.

Kommt **Paula** mit?	*Is **Paula** coming along?*
Nein, **die** hat heute keine Zeit.	*No, **she** doesn't have time today.*

Demonstrative pronouns are also used in colloquial German to indicate familiarity with people or things.

Übung

9 **Klassentreffen.°** Paul und Jacquelin waren auf dem 25. Jubiläum ihrer Abiturklasse. Jetzt sprechen sie darüber, wie das Klassentreffen war und wen sie getroffen haben. Ergänzen sie ihr Gespräch mit der richtigen Form des Demonstrativpronomens.

class reunion

PAUL: Es war schön die alte Truppe zu sehen – und auch die Lehrer. Hast du mit Frau Koch gesprochen?

JACQUELIN: _____ hatte ich im Lateinunterricht. _____ ist eigentlich ganz nett. Rolf sieht fantastisch aus! _____ scheint gar nicht älter geworden zu sein.

PAUL: Wir haben uns lange unterhalten. _____ geht fast jeden Tag ins Fitnesscenter. Es war auch schön Eddi wieder zu sehen.

JACQUELIN: _____ sehen wir kaum, seitdem er in Amerika lebt. Es war eine große Überraschung, dass Elly und Thomas geheiratet haben.

PAUL: Ja, _____ konnten sich doch nie leiden und jetzt haben sie drei Kinder. Hast du mit Rolf gesprochen? _____ hat mir immer in Mathe viel geholfen.

JACQUELIN: Wirklich? _____ finde ich eigentlich ziemlich arrogant. Er hat kein Wort mit mir gesprochen. Kannst du dir vorstellen, dass Klaus unser Clown so erfolgreich ist?

PAUL: _____ ist jetzt so reich, dass er uns alle für nächsten Sommer auf sein Segelboot eingeladen hat. _____ muss ja ganz schön groß sein!

4-13 The indefinite pronoun° *man*

Vor einigen Jahren hat **man** die Familiengesetze geändert.	*Several years ago **they** changed the family statutes.*
Heute kann **man** leichter Teilzeit arbeiten.	*Today **one (you)** can work part-time more easily.*
Und **man** kann sich die Betreuung der Kinder teilen.	*And one (you) can share the childcare.*

The indefinite pronoun **man** is often used in conversational German. **Man** has various equivalents in English: *one, you, they,* or *people.* However, today *one* is considered formal and stilted.

Ein Job und kleine Kinder können **einen** trotzdem ziemlich anstrengen.	*A job and small children can nevertheless put quite a strain on **one (you)**.*

Man is nominative and can only be used as a subject. In the accusative, the pronoun **einen** is used.

4-14 The interrogative pronouns° *wer* and *was*

NOMINATIVE	**wer** *(who)*	**was** *(what)*
ACCUSATIVE	**wen** *(whom)*	**was** *(what)*

Wer ist die Frau auf dem Bild?   – **Wen** meinst du? Die Frau mit dem Hut?

Was ist das? **Was** sie in der Hand hält?   – Das ist doch ein iPad.

The accusative form of **wer** is **wen**. The accusative of **was** is identical to the nominative form.

Übung

10 Wollen wir ins Kino?   Chiara und ihre Freunde fragen sich, ob sie einen neuen Film sehen wollen. Ergänzen Sie die Diskussion mit einem Interrogativpronomen oder dem Indefinitpronomen **man**. (Achtung: Akkusativ ist **einen**.)

CHIARA: Weißt du, _____ den Film schon gesehen hat? _____ steht in der Zeitung darüber?

ANNA: _____ sagt, dass er sehr lustig sein soll.

CHIARA: Kann _____ das glauben?

convince SIMON: Klar! Es kann _____ schon überzeugen°, _____ in der Zeitung steht.

ANNA: Manchmal kann _____ aber nicht wissen, was anderen Leuten gefallen wird.

CHIARA: _____ können wir noch fragen?

4-15) Prepositions°

*die **Präposition***

Felix arbeitet **für seinen Vater**. *Felix works **for his father**.*
Er arbeitet gern **für ihn**. *He likes working **for him**.*

A preposition (e.g., **für**) is used to show the relationship of a noun (e.g., **Vater**) or pronoun (e.g., **ihn**) to some other word in the sentence (e.g., **arbeitet**). The noun or pronoun following the preposition is called the object of the preposition. Prepositions may be followed by three cases: accusative, dative, or genitive. Prepositions with accusative case are practiced in this chapter.

4-16) Prepositions with the accusative case°

*mit dem **Akkusativ***

PREPOSITION	MEANING	EXAMPLES
bis	*as far as*	Lena kann mit dem Zug nur **bis** Nürnberg fahren.
	by (time)	Sie muss **bis** morgen wissen, ob wir sie dort abholen können.
	until	Lena will dann **bis** nächsten Sonntag bleiben.
durch	*through*	TOBIAS: Gehen wir **durch** die Stadt?
entlang	*along*	AAMELIE: Nein, wir spazieren den Fluss **entlang**.
für	*for*	TOBIAS: Ich brauche aber ein Geschenk **für** meinen Bruder.
gegen	*against*	LEA: Was hast du denn **gegen** deinen Onkel?
	about, around (approximately)	Er will dich morgen **gegen** vier Uhr besuchen.
ohne	*without*	PAUL: Hoffentlich kommt er **ohne** seinen Hund.
um	*around*	Da kommen Franziska und Nina ja endlich **um** die Ecke.
	at (time)	Sie sollten doch schon **um** zehn Uhr zu Hause sein.

The prepositions **bis, durch, entlang, für, gegen, ohne** and **um** take the accusative case.

a | *bis*

Bis expresses the idea of *until* or *as far as* to a certain time or point and is often followed by other prepositions. The second preposition determines the case of the noun: Er geht **bis an** die Tür. Der Bus fährt nur **bis zum** Bahnhof.

b | *entlang*

Note that **entlang** follows the noun or pronoun in the accusative (e.g., **den Fluss entlang**).

c | *um*

Morgen fahren wir **um** den *Tomorrow we're going to drive*
See **herum**. *around the lake.*

When **um** expresses *around* in a spatial sense it is often used with the adverb **herum**.

d | Contractions of accusative prepositions

durch das → **durchs**	Leonie geht **durchs** Zimmer.
für das → **fürs**	Frau Lange kauft das **fürs** Geschäft.
um das → **ums**	Der Hund läuft **ums** Haus herum.

Some accusative prepositions contract with the definite article **das**. They are common in colloquial German but are not required.

> Für **das** (hässliche) Bild zahle ich keine 300 Euro.   *I won't pay 300 Euros for **that** (ugly) picture.*

Contractions are not used when the noun is emphasized or modified.

Übung

11 **Marathon-Training.**   Fabian schreibt eine E-Mail an seinen Freund Tom, den er beim Mountainbiken kennen gelernt hat. In seiner E-Mail erzählt Fabian von seinem Plan bei einem Marathon mitzumachen. Setzen Sie die passenden Präpositionen ein und wo nötig die richtigen Artikel oder Endungen der Possessivpronomen.

▲ *Läufer beim Marathon in Köln.*

Lieber Tom,

wie geht es dir? Was macht dein Training? Ich freue mich darauf, wenn wir nächsten Sommer wieder zusammen mountainbiken. Ich trainiere zurzeit _____ Marathon in Köln. (für / ohne) Er findet im Oktober statt, das heißt ich muss _____ nächsten Monat fit sein. (durch / bis) Aber ich denke, das ist realistisch. Natürlich nicht _____ Laufgruppe! (durch / ohne) Wir treffen uns jeden Morgen um 7h und laufen zusammen _____ Stadtpark (gegen / durch). Zuerst ist das _____ mich (durch / für) natürlich immer ein Kampf _____ Müdigkeit (ohne / gegen), aber es wird von Tag zu Tag besser.

Wir laufen immer _____ See (um / für) und dann immer weiter _____ zum Rhein. (durch / bis) Dann d _____ (entlang / um) bis nach Bonn. Das ist ziemlich weit, aber das ist gut _____ Kondition. (ohne / für) Ich hoffe, ich schaffe den Marathon. Wünsch mir Glück! Ich erzähle dir dann, wie es war. Ich drücke dir die Daumen für dein Fahrradrennen.

Liebe Grüße

Fabian

4-17 Time expressions° with the accusative case — *die Zeitangabe*

| DEFINITE POINT | Sie kommen **nächsten Monat**. | *They're coming next month.* |
| DURATION | Sie bleiben **den ganzen Sommer**. | *They're staying the whole summer.* |

When used without a preposition, noun phrases expressing a definite point in time (answering such questions as **wann? wie oft?**) or a duration of time (answering the question wie lange?) are in the accusative case. Examples for common expressions of time are given below.

wann? / wie oft?	wie lange?
nächsten Winter	den ganzen Tag
jedes Jahr	das ganze Jahr
diese Woche	die ganze Woche

Note that the expression with **ganz** begins with the definite article (e.g., **den ganzen Tag**). No preposition is used.

Übung

12 Urlaub an der Côte d'Azur.   Pia erzählt Tilo von ihrer Reise nach Südfrankreich. Ergänzen Sie die Zeitausdrücke.

PIA: Gerade habe ich ein_____ Stunde mit Juliane telefoniert. Wir haben über unseren Urlaub in Südfrankreich gesprochen.

TIM: Wann fahrt ihr?

PIA: Wir fahren nächst_____ Woche los, entweder am Donnerstag oder Freitag.

Ein_____ Nacht werden wir bei meiner Tante in München verbringen.

Dann fahren wir weiter bis Monaco und dort wollen wir ein_____ ganz_____ Monat bleiben.

TIM: Was wollt ihr in Monaco machen?

PIA: Ich möchte jed_____ Tag an den Strand° gehen und im Meer schwimmen, aber natürlich nicht d_____ ganz_____ Tag_____. Man kann dort auch tolle Ausflüge machen. Und Juliane hat vor, jed_____ Abend ins Casino zu gehen. Ich glaube, sie will reich werden.   *beach*

TIM: Ach, da werde ich ganz neidisch°. Nächst_____ Sommer fahre ich auch wieder in den Süden. Da habe ich nämlich keine Prüfungen.   *envious*

4-18 Accusative of measure° — *die Maßangabe*

Sophie läuft jeden Tag **einen Kilometer** und macht danach Gymnastik.

Sophie runs a kilometer every day and does calisthenics afterwards.

Sie soll das Trainingsprogramm mindestens **einen Monat lang** machen.

She is supposed to follow the training schedule (for) at least one month.

Dabei nimmt sie pro Woche etwa **ein halbes Kilo** ab.

Doing that she'll lose about half a kilo every week.

Nouns expressing units of measurement, age, or weight are in the accusative case.

4-19 Units of measurement and quantity

Nils möchte **zwei Stück** Kuchen.
Emine kauft **fünf Pfund** Kartoffeln.

*Nils would like **two pieces** of cake.*
*Emine is buying **five pounds** of potatoes.*

In German, masculine and neuter nouns expressing measure, weight, or number are in the singular.

Lea bestellt **zwei Tassen** Kaffee.
Noah isst **zwei Scheiben** Toast.

Lea orders two cups of coffee.
Noah eats two slices of toast.

Feminine nouns ending in **-e** form plurals even when they express measure.

Note that in German there is no preposition in expressions of measurement and quantity, whereas in English the preposition *of* is used.

Übung

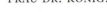

13 **Bei der Hausärztin.** Herr Holzwarth ist immer so müde und er geht zu seiner Hausärztin Frau Dr. König. Die fragt ihn nach seinen Ess- und Trinkge-wohnheiten°. Übersetzen Sie die Stichwörter in Klammern.

eating and drinking habits

FRAU DR. KÖNIG:	Was essen und trinken Sie morgens?
HERR HOLZWARTH:	Morgens trinke ich _____ und dazu esse ich _____ mit Wurst. (*four cups of coffee / three slices of bread*)
FRAU DR. KÖNIG:	Und mittags und nachmittags?
HERR HOLZWARTH:	Weil ich so wenig Zeit habe, esse ich meistens eine Tafel° Schokolade oder _____. (*two pieces of cake*)

bar

Am Nachmittag trinke ich dann oft nur noch _____. (*three cups of tea*)

Abends bin ich dann immer sehr hungrig. Aber ich lebe alleine und habe keine Lust nur für mich richtig zu kochen. Also esse ich meistens nur ein großes Steak – das sind oft schon so _____. (*400 grams of meat*)

Und dazu trinke ich etwa _____. (*three bottles of beer*)

FRAU DR. KÖNIG: Hmm, ich glaube, da müssen wir noch ein bisschen über gesünderes Essen sprechen.

▲ *Besuch bei der Hausärztin.*

4-20 The expression *es gibt*

Es gibt hier keine guten
Restaurants.

There are no good restaurants
here.

Gibt es einen guten Grund dafür?

Is there *a good reason for that?*

The accusative case always follows the expression **es gibt**. Both singular and plural nouns may follow. The English equivalents are *there is* and *there are*.

Gibt's noch Kaffee?

Is there any coffee left?

In questions, the contraction **gibt's** may be used.

Übung

14 **Urlaub in einem Familienclub.** Familie Kurz möchte Urlaub in einem Club machen. Frau Kurz will von Herrn Meier im Reisebüro wissen, was es in dem Ferienclub alles gibt. Stellen Sie die Fragen von Frau Kurz, so dass sie zu Herrn Meiers Antworten passen. Benutzen Sie die Konstruktion „**Gibt es dort ...?**"

der Arzt
der Golfplatz
der Kindergarten
der Kühlschrank im Apartment
das Lebensmittelgeschäft
der Leseraum

▶ FRAU KURZ: *Gibt es dort einen Kindergarten?*

HERR MEIER: Ja, dort passen Mitarbeiter des Clubs gerne auf Ihre
Kinder auf.

1. FRAU KURZ: _____ ?

HERR MEIER: Ja, natürlich. Wenn Sie mal nicht im Restaurant essen wollen,
können Sie dort einkaufen.

2. FRAU KURZ: _____ ?

HERR MEIER: Ja, das ist ein spezieller Service in diesem Club. Es gibt
etwa 1000 Bücher.

3. FRAU KURZ: _____ ?

HERR MEIER: Ja, so haben Sie immer kalte Getränke in Ihrem Apartment.

4. FRAU KURZ: _____ ?

HERR MEIER: Ja, wenn Sie oder Ihre Kinder krank sind, ist der Tag und
Nacht für Sie da.

5. FRAU KURZ: _____ ?

HERR MEIER: Ja, und Sie können sogar die Golfschläger dort ausleihen.
Sie müssen sie nicht von zu Hause mitbringen.

FRAU KURZ: Toll, ich glaube dieser Club ist genau das Richtige für uns.

Jetzt haben Sie das Wort

15 **Sollen wir umziehen?** Sie haben eine neue Wohnung gefunden und
move möchten gern umziehen. Diskutieren Sie die Vor- und Nachteile des Umzugs°
mit Ihrer Freundin/Ihrem Freund. Benutzen Sie Informationen aus dem Wort-
fügen hinzu: *add* kasten und fügen Sie eigene Argumente hinzu°.

▶ FREUNDIN/FREUND: *Warum sollen wir umziehen?*
           SIE: *Diese Wohnung finde ich nicht schön.*

▶ FREUNDIN/FREUND: *Aber die neue _____*
           SIE: *_____*

Wortkasten

die alte Wohnung	die neue Wohnung
nicht möbliert°	modern
alt	teuer
praktisch	extra Zimmer
klein	der Balkon
in der Innenstadt	der Garten
nur einen Kilometer von einem Park weg	weit von der Uni

furnished

16 **Wir verreisen.** Fragen Sie Ihre Partnerin/Ihren Partner, welche Sachen
sie/er mitnimmt, wenn sie/er verreist.

▶ Welche Sachen nimmst du mit, wenn du verreist?
▶ *Ich nehme Jeans mit. Auch Turnschuhe und …*

17 **Wie ist das bei dir?** Arbeiten Sie mit einer Partnerin/einem Partner.
Erganzen Sie die Sätze.

Ich bin für …
Ich bin gegen …
Ohne … kann ich nicht leben.

18 **Kurze Aufsätze**

1. Sie führen einen Freund, der bei Ihnen zu Besuch ist, in Ihrer Stadt herum.
   Beschreiben Sie, was Sie sehen, so dass Ihr Freund es interessant findet.
2. Sprechen Sie mit einer Freundin über einige Geschenke, dic Sic gekauft
   haben. Schreiben Sie dieses Gespräch auf.
3. Erzählen Sie von einer/einem Verwandten, einer Freundin/einem Freund,
   einer berühmten Person, oder …?

▶ Mein Onkel ist Arzt. Er wohnt in …

Kapitel 5

Inhalt

5-1 Forms of the dative° case

der Dativ

	MASCULINE	NEUTER	FEMININE	PLURAL
DEFINITE ARTICLE	de**m** Mann	de**m** Kind	de**r** Frau	de**n** Freunden
DER-WORDS	diese**m** Mann	diese**m** Kind	diese**r** Frau	diese**n** Freunden
INDEFINITE ARTICLE	eine**m** Mann	eine**m** Kind	eine**r** Frau	—
NEGATIVE **KEIN**	keine**m** Mann	keine**m** Kind	keine**r** Frau	keine**n** Freunden
POSSESSIVE ADJECTIVES	ihre**m** Mann	unsere**m** Kind	seine**r** Frau	meine**n** Freunden

The chart above shows the dative forms of the definite article, **der**-words, the indefinite article, the negative **kein**, and the possessive adjectives.

5-2 Nouns in the dative plural

NOMINATIVE	die Freunde	die Eltern	die Radios
DATIVE	den Freunde**n**	den Eltern	den Radios

Nouns in the dative plural add **-n** unless the plural form already ends in **-n** or in **-s**.

5-3 Masculine *N*-nouns in the dative case

NOMINATIVE	der Herr	der Student
ACCUSATIVE	den Herr**n**	den Student**en**
DATIVE	dem Herr**n**	dem Student**en**

Masculine **N**-nouns add **-n** or **-en** in the dative as well as in the accusative case. See *Appendix 9* for a list of common masculine **N**-nouns.

5-4 Personal pronouns in the dative case

	SINGULAR					PLURAL			
NOMINATIVE	ich	du	er	es	sie	wir	ihr	sie	Sie
ACCUSATIVE	mich	dich	ihn	es	sie	uns	euch	sie	Sie
DATIVE	**mir**	**dir**	**ihm**	**ihm**	**ihr**	**uns**	**euch**	**ihnen**	**Ihnen**

The chart above shows the personal pronouns in the nominative, accusative, and dative case.

5-5 Demonstrative pronouns in the dative case

	SINGULAR			PLURAL
NOMINATIVE	der	das	die	die
ACCUSATIVE	den	das	die	die
DATIVE	dem	dem	der	**denen**

The forms of the demonstrative pronouns are the same as the forms of the definite article except in the dative plural, which is **denen.**

5-6 The interrogative pronoun *wer* in the dative

NOMINATIVE	Wer ist das?
ACCUSATIVE	Wen meinen Sie?
DATIVE	Mit **wem** sprechen Sie?

The dative form of the interrogative pronoun **wer** is **wem.**

5-7 Uses of the dative case

Indirect object:	Ich gebe **meiner Schwester** meine Karte für das Popkonzert.
Object of prepositions:	Ich hatte die Karte von **einem Freund** bekommen.
Object of certain verbs:	Meine Schwester dankt **mir** dafür.
Adjectives with the dative:	Und sie fragt mich: „Was bin ich **dir** schuldig?"

5-8 Indirect object°

Anna schenkt **ihrem**
Freund eine neue CD. } *Anna is giving **her friend** a new CD.*
*Anna is giving a new CD **to her friend**.*

The indirect object (e.g., **Freund**) is usually a person and answers the question *to whom* or *for whom* something is done. In German the indirect object is in the dative case. This distinguishes it from the direct object (e.g., **CD**), which is always in the accusative case. To determine in English whether a noun or pronoun is an indirect object, add *to* or *for* before it: *She's giving a CD to her friend.* Unlike English, German never uses a *preposition* to signal the indirect object.

Some verbs that can take both direct and indirect objects are

beschreiben	**erzählen**	**sagen**
bringen	**geben**	**schenken**
empfehlen	**kaufen**	**schreiben**
erklären	**leihen**	**zeigen**

5-9 Word order of direct and indirect objects

	INDIRECT OBJECT	DIRECT OBJECT
Anna schenkt	ihrem Freund	eine neue **CD.**
Anna schenkt	ihm	eine neue **CD.**

The form of the direct object determines the order of objects. When the direct (accusative) object is a noun, it usually follows the indirect (dative) object.

	DIRECT OBJECT	INDIRECT OBJECT
Anna schenkt	**sie**	ihrem Freund.
Anna schenkt	**sie**	ihm.

When the direct (accusative) object is a personal pronoun, it always precedes the indirect (dative) object. Note that a pronoun, whether accusative or dative, always precedes a noun.

Übungen

1 **Am Konservatorium°.** Hier werden alle möglichen Dinge gegeben – Noten, Konzerte, auch eine Zugabe°. Was haben die folgenden Personen gegeben?   *conservatory*
encore

► der Professor / der Student / ein Buch über klassische Musik
Der Professor hat dem Studenten ein Buch über klassische Musik gegeben.

1. der Student / sein Professor / das fertige Referat
2. die Professorin / ihr Student / eine gute Note
3. der Pianist / die Studentin / Klavierunterricht

4. Anna / ihr Freund / ihre Gitarre

5. der Musiker / ein Konzert

violinist 6. die Geigerin° / eine Zugabe

flower bouquet 7. eine junge Frau / der Künstler / ein Blumenstrauß°

blown kiss 8. Die Sängerin / das Publikum / ein Luftkuss°

2 **Ein Budesligaspiel°.**   Tim hat von einem Reporter Karten für ein Bundes-
National League game / ligaspiel von Bayern München° bekommen. Seine Mannschaftskameraden° vom
Bayern München: *is the* Fußballverein haben viele Fragen. Er beantwortet alle Fragen positiv. Verwen-
name of a soccer team. / den Sie in seinen Antworten Pronomen als indirekte Objekte.
teammates

▶ Hast du dem Chef schon erklärt, warum du nicht ins Büro kommst?
   Ja, ich habe ihm erklärt, warum ich nicht ins Büro komme.

1. Kannst du uns sagen, wie du die Karten bekommen hast?

2. Schreibst du uns die Adresse von deinem Hotel auf?

scarf 3. Kaufst du deinem Sohn einen Schal° des Vereins?

4. Bringst du deiner Frau etwas mit?

5. Bringst du mir eine Bayern-München-Mütze für meine Tochter mit?

6. Schickst du uns eine SMS aus dem Stadion?

7. Gibst du unserem Coach die andere Karte?

flag 8. Bringst du unserem Verein eine Bayern-München-Fahne° mit?

9. Wirst du dem Reporter unsere Mannschaft beschreiben?

10. Kannst du Nils eine Postkarte ins Krankenhaus schicken?

3 **Nach dem Bundesligaspiel.**   Tim ist von dem Bundesligaspiel von
Bayern München zurückgekommen und die Mannschaftskameraden haben
wieder viele Fragen. Er beantwortet alle Fragen positiv. Ersetzen Sie in seinen
Antworten das direkte Objekt durch ein Pronomen.

▶ Hast du dem Reporter unser Mannschaftsbild gezeigt?
   Ja, ich habe es dem Reporter gezeigt.

1. Zeigst du uns die Fotos vom Spiel?

2. Schenkst du dem Verein die Bayern-München-Fahne?

3. Kannst du uns das neue Fußballstadion beschreiben?

4. Hast du der Mannschaft von Bayern München unser Maskottchen gegeben?

goalie / jersey 5. Hat dir der Torwart° das Trikot° geschenkt?

11 meter penalty kick 6. Kannst du uns den Elfmeter-Strafstoß° erklären?

atmosphere 7. Kannst du uns die Stimmung° im Stadion beschreiben?

8. Gibst du unserem Coach das Video vom Spiel?

9. Gibst du deiner Frau den Fußball?

4 **Geburtstagsgeschenke.**   Sagen Sie Ihrer Partnerin/Ihrem Partner, wem
Sie etwas zum Geburtstag schenken möchten. Nennen Sie drei Personen.

▶ Ich möchte meinem Freund David / meiner Freundin Sophie eine neue
   CD schenken.

LARA:	Du musst uns **helfen**.	*You have to help us.*
	Unserer Band **fehlt** noch ein guter Sänger.	*Our band is still missing a good singer.*
PASCAL:	**Tut** mir Leid.	*I'm sorry.*
	Es **fehlt** mir total an musikalischem Talent.	*I am totally lacking in musical talent.*

Most German verbs take objects in the accusative, but a few verbs have objects in the dative. This dative object is usually a person. Such verbs are often called dative verbs. Some common dative verbs are:

antworten	gefallen	passen
befehlen	gehorchen	passieren
begegnen	gehören	raten
danken	gelingen	schmecken
dienen	glauben	verzeihen
fehlen	helfen	wehtun
folgen	Leid tun	

For a more complete list, see *Appendix 18*.

Der Film gefällt **meiner Mutter.**	*My mother likes the film.*
Die Filmmusik hat **ihr** auch gefallen.	*She also liked the film score.*

With some German dative verbs the person or thing liked (e.g., **der Film, die Filmmusik**) is the subject of the sentence and the person who does the liking (e.g., **Mutter, ihr**) is in the dative case. In English it is the other way around. The person who does the liking is the subject of the sentence (e.g., *mother, she*).

Note that there are other expressions in which the dative object in German equals the subject in the English equivalent sentence:

Es tut **ihm** Leid.	*He is sorry.*
Es geht **mir** gut.	*I am fine.*

DATIVE	ACCUSATIVE
Leon glaubt **mir** nicht. *Leon doesn't believe **me**.*	Leon glaubt **es** nicht. *Leon doesn't believe **it**.*
Ich kann **ihm** nicht verzeihen. *I can't forgive **him**.*	So **etwas** kann ich nicht verzeihen. *I can't forgive **such a thing**.*

Some of the dative verbs take a dative object with persons but an accusative object with things or impersonal objects (e.g., **es, etwas**): **befehlen, danken, glauben, raten, verzeihen.**

Übungen

5 **Eine Reise nach Hamburg.** Angelika erzählt von ihren amerikanischen Freunden. Ergänzen Sie ihren Bericht, mit den Wörtern in Klammern.

1. Hamburg hat _____ gut gefallen. (die Familie)
2. Die Leute in Hamburg waren so nett und haben _____ immer geholfen. (die Touristen)
3. Das deutsche Essen hat _____ recht gut geschmeckt. (die Amerikaner)
4. Viele tolle Sachen sind _____ dort passiert. (die Gäste)
5. Mitten in° Hamburg begegneten sie _____. (ein Kollege aus New York)

   in the middle of
6. Auf der Reise folgten sie _____ aus einem Reiseführer. (ein Plan)
7. Ich habe _____ geraten ein Konzert mit der bekannten Geigerin Anne-Sophie Mutter zu besuchen. (meine Freunde)
8. Doch leider fehlte _____ die Zeit dazu. (sie, *pl.*)
9. Es tat _____ sehr Leid, dass sie nicht länger bleiben konnten. (ich)

6 **Eine neue Wohnung.** Maria, Annika und Florian sind dabei ihre Wohnung zu putzen. Es ist das Ende des Semesters und für das nächste Semester hat die Wohngemeinschaft eine neue Wohnung gemietet. Ergänzen Sie die Sätze mit den passenden Pronomen und **ein**-Wörtern.

MARIA: Wir haben eigentlich schöne Zeiten hier erlebt. Die Wohnung hat _____ (wir, uns) allen gut gefallen. Die neue ist aber größer.

FLORIAN: Genug mit der Sentimentalität. Wir müssen alles aufräumen, bevor der Hausmeister die Inspektion macht. Wie erklären wir _____ (ihn, ihm), dass der Kühlschrank kaputt ist?

disgusting
vacuum cleaner
ANNIKA: Hmm. Gute Frage. Der alte Kuchen da ist eklig°. Er schmeckt _____ (keine, keinem) mehr. Na – wo ist der Staubsauger°?

FLORIAN: Lena wollte ihn benutzen. Ich habe ihn _____ (ihr, sie) mitgegeben. Ich gehe zu Lena und bringe _____ (euch, ihr) auch frischen Kuchen mit.

ANNIKA: Guck mal – hinter dem Sofa. Maria, da ist dein Notebook. Du hast _____ (mir, mich) richtig Leid getan, als du es nicht finden konntest.

desperate
FLORIAN: Ja, du warst direkt verzweifelt°. Du hattest deine Notizen vom ganzen Semester drauf. Ich musste _____ (dir, dich) meinen Laptop für deine Präsentation für das Physik-Vorseminar leihen.

MARIA: Aber das Projekt ist _____ (mich, mir) trotzdem gut gelungen.

FLORIAN: Noah und Felix wollen sich die Wohnung ansehen. Wenn sie _____ (ihnen, sie) gefällt, wollen sie die Wohnung übernehmen.

ANNIKA: Die Wirtin wird _____ (dir, dich) danken, Florian, wenn sie gleich neue Mieter hat.

MARIE: Ja, wir machen _____ (sie, ihr) eine große Freude und vielleicht
security deposit
gibt sie _____ (wir, uns) unsere ganze Kaution° zurück.

7 **Ein schwerer Rucksack.** Maria trifft ihren Kommilitonen Luca in der Mensa. Sie hat einen schweren Rucksack bei sich und zwei Plastiktüten mit Büchern in der Hand. Luca bietet seine Hilfe beim Tragen an. Ergänzen Sie die Sätze mit den passenden Verben.

danken • gehören • helfen • Leid tun • passen

LUCA: Wem _____ die vielen Bücher?

MARIA: Die kommen aus der Bibliothek.

LUCA: Du _____ mir _____. Kann ich dir beim Tragen _____?

MARIA: Ja gerne. Ich _____ dir. Das _____ mir sehr gut, denn ich habe einen langen Weg zu meinem nächsten Seminar.

5-11 Prepositions° with the dative case°

die Präposition | mit Dativ

PREPOSITION	MEANING	EXAMPLES
aus	*out of* (location) *from* (place names) *made of*	Die Pianistin kommt gerade **aus** dem Künstlerzimmer. Sie ist **aus** Japan. Ihr Klavier ist **aus** hellem Holz.
außer	*besides, except for* *besides, in addition to*	**Außer** meinem Bruder Jonas spielt keiner ein Instrument. **Außer** Klavier spielt Jonas Trompete.
bei	*at (the home of)* *with near* (with locations) *at* (place of work)	Stefan wohnt nicht mehr **bei** seinen Eltern. Er wohnt in einer großen Wohnung **bei** München. Seit März arbeitet er **bei** der Post.
gegenüber	*opposite, across from* *toward* (relationship)	Schmidts wohnen uns **gegenüber.** Sie sind mir **gegenüber** immer sehr freundlich.
mit	*with* *by* (vehicle)	Ich gehe heute Abend **mit** meinen Freunden in die Oper. Wir fahren **mit** dem Bus in die Stadt.
nach	*to* (cities and countries used without a def. article) *after* (time) *according to*	Alex fliegt im Sommer **nach** Australien. Er fliegt direkt **nach** seiner Prüfung im Juli. Meiner Meinung **nach** sollte er besser im Herbst dahin reisen. Den Reiseführern **nach** regnet es dort im Juli oft.
seit	*since* (a point in past time) *for* (a period of time)	Lars spielt schon **seit** seiner Schulzeit Gitarre. **Seit** einem Jahr spielt er in einer Band.
von	*from* *by* *about, of* *of* (relationship)	Ich habe **von** meiner Tante Karten für „Don Giovanni" bekommen. „Don Giovanni" ist die interessanteste Oper **von** Mozart, nicht? Die Oper erzählt **von** einem skrupellosen Mann. Mozart ist der Lieblingskomponist **von** mir und meiner Tante.
zu	*to* (people or places) *for, at* (holidays and occasions) *to* (attitudes with people)	Sven geht heute Nachmittag **zu** einem Jazzkonzert. Und danach geht er **zu** seiner Freundin. Sie hat ihn **zum** Abendessen eingeladen. Sie ist immer nett **zu** ihm.

The prepositions **aus, außer, bei, gegenüber, mit, nach, seit, von,** and **zu** are always followed by the dative case.

Some of the dative prepositions have additional meanings to those given in the preceding list.

a | außer

Another meaning of **außer** is *out of:* **außer Gefahr** *(out of danger)*, **außer Atem** *(out of breath)*.

b | bei

Bei can be used, in a general way, to indicate a situation: **beim Lesen** *(while reading)*, **bei der Arbeit** *(at work)*, **bei diesem Wetter** *(in weather like this)*.

Other uses include *at* (referring to place of business): **beim Arzt** *(at the doctor's)*, **beim Friseur** *(at the hairdresser's*; and *with* (on one's person): **Geld bei sich haben** *(to have money with one)*.

c | bei / mit

One meaning of both **bei** and **mit** is *with.* They are not interchangeable, however. **Bei** means *at the home of:* **Stefan wohnt nicht mehr bei seinen Eltern. Mit** expresses the idea of doing something together: **Stefan wohnt mit zwei Freunden zusammen. Er geht oft mit ihnen Ski laufen.**

d | gegenüber

Gegenüber always follows a pronoun object: **uns gegenüber** *(across from us)*. While **gegenüber** generally follows a noun object: **dem Bahnhof gegenüber** *(opposite the train station)*, it may also precede the noun object: **gegenüber dem Bahnhof. Von** is often added to an expression with **gegenüber: gegenüber vom Bahnhof.**

Gegenüber has a second common meaning. It shows a relationship to a person or thing: **Der Beamte am Bahnhof war mir gegenüber sehr höflich.**

e | nach

Note that when **nach** means *according to*, it usually follows the noun: **meiner Meinung nach** *(in my opinion)*. Note the idiom: **nach Hause (gehen)** *([to go] home)*.

f | nach / zu

One meaning of both **zu** and **nach** is *to.* **Zu** is used to show movement toward people, **zu unseren Nachbarn,** and toward a location, **zur Bank** *(to the bank)*. **Nach** is required with cities and countries used without a definite article: **nach Österreich** *(to Austria)*.

g | seit

Seit plus the present tense is used to express an action or condition that started in the past but is still continuing in the present: **Lars spielt seit einem Jahr in einer Band.** *(He has been playing in a band for a year.)* Note that English uses the present perfect tense *(has been playing)* with *since* or *for* to express the same idea.

Compare the use of **seit** as a conjunction (see *Kapitel 3, Section 8*).

h | von/aus

One meaning of both **von** and **aus** is *from.* They are not interchangeable, however. **Von** is used to express leaving a place: **Die Pianistin fliegt von Japan nach Deutschland.** *(The pianist is flying from Japan to Germany.)* **Aus** is used with place names to express where a person is born or has been living: **Sie ist aus Japan.** *(She is from Japan.)*

Note the idioms: **zu Hause** *(at home)*, **zu Fuß** *(on foot)*, **zum Beispiel** *(for example)*.

5-12 Contractions of dative prepositions

bei dem → **beim**	Ich sehe Jörn oft **beim** Sport.
von dem → **vom**	Wir sprechen selten **vom** Studium.
zu dem → **zum**	Heute gehen wir zusammen **zum** Essen in die Mensa.
zu der → **zur**	Danach muss ich schnell **zur** Vorlesung.

The prepositions **bei, von,** and **zu** often contract with the definite article **dem,** and **zu** also contracts with the definite article **der.**

While contractions are generally optional, they are required:

1. in certain common phrases

beim Wort nehmen	**zum Arzt gehen**
vom Arzt kommen	**zum Bäcker gehen**
zum Beispiel	**zur Post gehen**
zum Geburtstag	**zur Schule gehen**

2. for infinitives used as nouns

beim Essen	**zum Essen**

Contractions are not used when the noun is stressed or modified:

Gehen Sie immer noch **zu dem** Bäcker in der Lenzstraße?
Gehen Sie noch **zu dem** alten Arzt?

Übung

8 Wie heißt dieser Komponist? Sie lesen in einem Magazin ein Personen-Rätsel°. Ergänzen Sie die Sätze mit den passenden Stichwörtern.   *riddle*

1. Der Komponist kommt _____ in Mitteleuropa. (aus / ein Land)

2. _____ nahm er Unterricht in Cembalo°, Violine und Orgel. (bei / sein Vater)   *harpsichord*

3. Im Alter von fünf Jahren reiste er _____ durch Europa und gab Konzerte. (mit / sein Vater)

4. _____ kam auch manchmal seine Mutter mit. (außer / seine Schwester)

5. Er komponierte in seinem Leben zwölf Opern, 40 Sinfonien und viele andere Werke. _____ ist zum Beispiel die Oper „Die Zauberflöte"°. (von / er)   *The Magic Flute*

6. Viele Zeitgenossen° waren _____ aber auch skeptisch, weil er einen rastlosen° kindlichen° Charakter hatte. (gegenüber / der Komponist)   *contemporaries* / *restless* / *childlike*

7. Der Komponist starb schon mit 35 Jahren, doch seine Musik lebt _____ weiter. (nach / sein Tod)

8. Und _____ gilt° er als einer der größten Komponisten aller Zeiten. (seit / viele Jahre) Wie heißt er?   *is regarded as*

das Adjektiv mit
Dativobjekt

5-13 Adjectives° with the dative case

JULIA:	Sind **euch** 20 Euro für das Konzert zu **teuer?**	*Are 20 euros too expensive for the concert?*
CHRISTIAN:	Nein, das ist es **mir wert.**	*No, it's worth it to me.*
TOM:	**Mir** ist es leider **unmöglich** so viel zu bezahlen.	*Unfortunately it's impossible for me to pay so much.*
	Ich bin **meinem Bruder** noch 40 Euro vom letzten Konzert **schuldig.**	*I still owe my brother 40 euros from the last concert.*

The dative case is used with many adjectives. Some common ones are:

ähnlich	**dankbar**	**(un)möglich**	**teuer**
(un)angenehm	**fremd**	**nahe**	**wert**
(un)bekannt	**gleich**	**peinlich**	**(un)wichtig**
bewusst	**(un)klar**	**recht**	
böse	**lieb**	**schuldig**	

Übungen

9 Der Vermieter. Die Musikstudentinnen Alina und Antonia hatten zusammen eine Wohnung bei Herrn Pelzer gemietet. Zuerst sagte Herr Pelzer, dass er Musik mag. Doch nach drei Monaten meint er, dass sie ausziehen müssen, weil ihm das Üben der beiden doch zu laut ist. Alina und Antonia sind ziemlich wütend°. Ergänzen Sie ihr Gespräch, indem Sie die richtige Form der Ausdrücke in Klammern benutzen.

angry

1. Alina und Antonia sind _____ sehr böse. (ihr Vermieter)
2. Denn es ist _____ nicht möglich, schnell etwas anderes nahe _____ zu finden. (die Studentinnen / die Universität)
3. Alina schimpft: „So ein unmöglicher Mensch! Das sieht _____ ähnlich! (er)
4. Er sollte _____ dankbar sein! (wir)
5. Wir waren _____ nie die Miete schuldig." (er)
6. Antonia meint: „Ja, _____ ist das auch nicht recht. (ich)
7. _____ scheint die Musik nicht viel wert zu sein. (manche Leute)
8. Aber eigentlich sollte es _____ egal sein. Die Wohnung war doch hässlich und viel zu teuer!" (wir)

10 Was ist dir wichtig oder unwichtig? Fragen Sie drei Mitstudentinnen/Mitstudenten, was ihnen wichtig ist.

▶ Was ist dir wichtig? Was ist dir unwichtig?

11 **Daniel will Musiker werden.** Kims Freund Daniel hat neue Pläne, die *strange*
sie aber etwas komisch° findet. Kim erzählt ihrer Freundin Nena davon. Ergänzen Sie Kims Sätze.

1. Seit _____ will Daniel Musiker werden. (das Konzert)
2. Das sieht _____ ähnlich .(er)
3. _____ nach sollte er erst einmal üben. (meine Meinung)
4. Aber er hat schon mit _____ gesprochen. (seine Eltern)
5. Er sagt, _____ gefällt diese Idee. (sie)
6. Na, das glaube ich _____ nicht ganz. (er)
7. _____ Geburtstag hat er ein Klavier bekommen. (zu)
8. Seine Großeltern haben es _____ geschenkt. (er)

Jetzt haben Sie das Wort _____

12 **Erzählen Sie.** Ergänzen Sie die Sätze.

1. Ich wohne mit _____ zusammen.
2. Ich wohne nicht mehr/wieder bei _____.
3. Ich höre oft/nie von _____.
4. Ich kaufe normalerweise bei _____ ein.
5. Ich unterhalte mich gerne mit _____.
6. In den Ferien möchte ich nach _____ reisen.
7. Mein Auto kommt aus _____.
8. Es ist mir sehr wichtig, dass _____.
9. Es ist mir unangenehm, wenn _____.
10. Zum Geburtstag gebe ich meiner/meinem_____ _____.

13 **Partnerarbeit.** Lernen Sie Ihre Partnerin/Ihren Partner besser kennen.
Stellen Sie ihr/ihm folgende Fragen.

▶ SIE: *Mit wem verbringst du gern Zeit?*
PARTNERIN/PARTNER: *Ich verbringe gern Zeit mit meinen Freunden.*

▶ SIE: *Was gefällt dir (nicht)?*
PARTNERIN/PARTNER: *Lange Ferien gefallen mir (nicht) sehr.*

Benutzen Sie in Ihren Antworten folgende Wörter und fügen Sie Ihre eigenen
hinzu°.   **fügen hinzu:** *add*

Stichwörter

meine Freundin/mein Freund	Ferien
meine Familie	lustige Filme
blöde° Fernsehserien	traurige Geschichten
warme Sommertage	Routinearbeit
Regen	lange Hausaufgaben
Musik hören	klassische Musik, Rock, Rap

silly; stupid

14 **Kurze Aufsätze**

1. Erzählen Sie von einer Reise in eine andere Stadt oder ein anderes Land, die Sie mit einer Freundin/einem Freund gemacht haben oder die Sie gern machen würden.

resemble 2. Inwiefern ähneln° Sie jemandem aus Ihrer Familie oder inwiefern sind Sie anders?

3. Was gefällt Ihnen? Was gefällt Ihnen nicht? Beschreiben Sie fünf Dinge.

4. Erzählen Sie von einem Konzert, bei dem Sie waren. Beschreiben Sie die Musik. Wie hat Ihnen das Konzert gefallen?

Kapitel

6

6-1 *Hin* and *her*

Wohin fährst du? ⎫	*Where are you going?*
Wo fährst du **hin**? ⎭	
Woher kommen Sie? ⎫	*Where are you going?*
Wo kommen Sie **her**? ⎭	
Komm mal schnell **herunter**!	*Come on down here quickly!*
Leon ist **hingefallen**.	*Leon fell down.*

The adverbs **hin** and **her** are used to show direction. **Hin** indicates motion in a direction away from the speaker, and **her** shows motion toward the speaker. **Hin** and **her** occupy last position in a sentence. They may also be combined with various parts of speech such as adverbs (**dorthin**), prepositions (**herunter**), and verbs (**hinfallen**).

6-2 Two-way prepositions°

die Präposition mit Dativ und Akkusativ

Theresa arbeitet **in der Stadt**.	*Theresa works in town.*
Alex fährt **in die Stadt**.	*Alex is going to town.*

German has nine prepositions, called two-way prepositions, that take either the dative or the accusative case. The dative case is used when the verb indicates position (place where), answering the question **wo?** *(where?)*. The accusative case is used when the verb indicates a change of location (movement to a place), answering the question **wohin?** *(where to?)*.

PREPOSITION	MEANING	EXAMPLES
an	*at (the side of)*	Ist da jemand **an der Tür?**
	to	Geh doch mal bitte **an die Tür** und schau!
	on (vertical surfaces)	Komisch! **An der Tür** hängt ein Stück Papier.
auf	*on top of* (horizontal surfaces)	Professor Müllers Notizen liegen **auf dem Tisch.**
		Paul legt sein Heft **auf den Tisch.**
	at (functions and public buildings)	Wann warst du das letzte Mal **auf einer Party?**
	to (functions and public buildings)	Ich gehe heute Abend **auf eine Party.**
		Frau Meier geht **auf die Post / auf die Bank / aufs Land / auf den Markt.**
hinter	*behind*	Lea arbeitet **hinter dem Haus.**
		Jakob geht **hinter das Haus.**
in	*inside*	Michael arbeitet **in der Küche.**
	into	Paula geht **in die Küche.**
	to (certain locations and countries used with the definite article)	Geht sie **in die Schule / ins Kino / ins Geschäft?** Wir fahren **in die Schweiz / in den Iran.**
neben	*beside, next to*	**Neben dem Sofa** steht eine Lampe.
		Jan stellt eine zweite Lampe **neben das Sofa.**
über	*over, above*	**Über dem Tisch** hängt eine Lampe.
		Nils hängt eine zweite Lampe **über den Tisch.**
	across	Ich gehe **über die Straße.**
	about (in this meaning **über** requires accusative)	Ich spreche **über meinen Urlaub.**
unter	*under*	Marcels Schuhe stehen **unter dem Bett.**
		Er stellt sie jeden Abend **unter das Bett.**
vor	*in front of*	**Vor dem Sofa** steht ein Couchtisch.
		Jana stellt einen zweiten **vor das Sofa.**
	ago (in this meaning **vor** requires dative)	Nico kam **vor einer Stunde** an.
zwischen	*between*	**Zwischen den Regalen** steht ein Sessel.
		Jens stellt noch einen kleinen Tisch **zwischen die Regale.**

Note the general differences in uses of **an, auf,** and **in** to express English *to*:

> **an** = *to* for vertical surfaces and edges (e.g., **Tür**)
> **auf** = *to* for public buildings (e.g., **Post**) and social events (e.g., **Party**)
> **in** = *to* for locations one can enter (e.g., **Kino**)

6-3 Contractions of two-way prepositions

ACCUSATIVE	DATIVE
an das → **ans**	an dem → **am**
in das → **ins**	in dem → **im**
auf das → **aufs**	

The prepositions **an** and **in** may contract with **das** and **dem**; **auf** may contract with **das**. Other possible contractions are: **hinters**, **hinterm**, **übers**, **unters**, **unterm**, **vors**, and **vorm**.

While contractions are generally optional, they are required:

1. in idiomatic phrases such as:

   am Leben sein
   ans Telefon gehen
   aufs Land fahren
   im Kino / Theater sein
   ins Kino / Theater gehen

2. for days of the week, times of day, dates, months, seasons, and holidays:

   am Mittwoch
   am Morgen
   am 5. Juli
   im Juli
   im Sommer
   am Valentinstag
   am Muttertag
   am Neujahrstag

6-4 The verbs *legen/liegen, setzen/sitzen, stellen/stehen, hängen, stecken*

Nele **legt** das Buch **auf den Tisch**.	Das Buch **liegt** jetzt **auf dem Tisch**.
Greta **setzt** das Kind **auf den Stuhl**.	Das Kind **sitzt** jetzt **auf dem Stuhl**.
Paul **stellt** die Lampe **in die Ecke**.	Die Lampe **steht** jetzt **in der Ecke**.
Julian **hängt** die Uhr **an die Wand**.	Die Uhr **hängt** jetzt **an der Wand**.
Elisabeth **steckt** das Geld **in die Tasche**.	Ihr Geld **steckt in der Tasche**.

In English the all-purpose verb for movement to a position is *to put*: *Nele puts the book on the table*. The all-purpose verb for the resulting positions is *to be*: *The book is on the table*. German uses several verbs to express the meanings *put* and *be*.

To express *put*, German uses:

legen (legte, gelegt)	*to lay*
stellen (stellte, gestellt)	*to stand upright*
setzen (setzte, gesetzt)	*to set*
hängen (hängte, gehängt)	*to hang*
stecken (steckte, gesteckt)	*to stick*

Jessica steckt die
Zeitung in die Tasche.

Die Zeitung steckt in der
Tasche.

These verbs all take direct objects and are weak. With these verbs the case after the two-way preposition is accusative: Nele legt das Buch **auf den Tisch.**

To express *be* as an indicator of position, German uses:

liegen (lag, gelegen)	*to be lying*
stehen (stand, gestanden)	*to be standing*
sitzen (saß, gesessen)	*to be sitting*
hängen (hing, gehangen)	*to be hanging*
stecken (steckte, gesteckt)	*to be inserted*

These verbs do not take direct objects and, except for **stecken,** are strong. With these verbs the case after the two-way preposition is dative: Das Buch liegt **auf dem Tisch.**

Übungen

1 **Wo sind meine Sachen?**   Herr Stark will gerade zur Arbeit gehen und fragt seine Frau nach seinen Sachen. Spielen Sie Frau Stark und antworten Sie ihm. Benutzen Sie die Stichwörter in Klammern.

▶ Wo sind meine Schuhe? (unter / Bett)
  Unter dem Bett.

▶ Wohin hab' ich meine Handschuhe gesteckt? (in / Mantel)
  In den Mantel.

1. Wo hab' ich meine Brille? (auf / Nase)
2. Wo ist mein Hut? (in / Schrank)
3. Wo ist meine Tasche? (neben / Schreibtisch)
4. Wohin habe ich meine Schlüssel getan? (in / Tasche)
5. Wo hab' ich mein Auto geparkt? (hinter / Haus)
6. Wohin gehen wir heute Abend? (in / Kino)
7. Wo treffe ich dich? (vor / Kino)
8. Wohin gehen wir nach dem Film? (in / Gasthaus)
9. Wo ist das Gasthaus? (an / Marktplatz)

freelance   **2** **Chaos im Büro.**   Laurens ist freier° Journalist und er hat sein Büro zu Hause. Eigentlich sollte er einen Artikel fertig schreiben, doch sein Büro ist sehr unordentlich – also räumt er auf. Bilden Sie ganze Sätze mit den Stichwörtern.

1. die Bücher / liegen / auf / der Boden
2. er / stellen / sie / in / das Regal
3. die Lampe / stehen / auf / der Computer
4. er / stellen / sie / auf / der Tisch
5. die Jacke / liegen / auf / das Faxgerät
6. er / hängen / sie / in / der Schrank
7. seine Papiere / liegen / unter / der Stuhl
8. er / legen / sie / auf / der Schreibtisch
9. er / setzen / die Katze / auf / das Sofa / in / das Wohnzimmer
10. später / sitzt / er dann / auf / sein Stuhl
11. er / legen / die Füße / auf / der Schreibtisch / und betrachtet froh sein Werk
    Will er nicht seinen Artikel fertig schreiben?

3 **Noch einmal.** Erzählen Sie die ganze Geschichte noch einmal, jetzt aber im Präteritum.

6-5 Verb and preposition combinations

Phillipp **wartet auf** seinen Freund.   *Phillipp is waiting for his friend.*

Many verbs in both German and English are combined with prepositions to express certain idiomatic meanings, e.g. **warten + auf** (*wait + for*). Each combination should be learned as a unit, because it cannot be predicted which preposition is used with a particular verb to convey a particular meaning.

- the accusative and dative prepositions take the accusative and dative cases respectively.
- The case of the noun following two-way prepositions must be learned.
- A few combinations are given below. For additional verbs that combine with prepositions and have special meanings, see *Appendix 16.*

antworten auf (+ *acc.*)	**Antworte** bitte **auf** meine Frage.
arbeiten an (+ *dat.*)	Tim **arbeitet** schon lange **an** seinem Paper.
denken an (+ *acc.*)	Pia **denkt** oft **an** ihren Freund Tim.
erzählen von (+ *dat.*)	Tim hat ihr **von** seiner Arbeit **erzählt**.
lachen über (+ *acc.*)	Wir sollen nicht **über** seine Probleme **lachen**.
schreiben an (+ *acc.*)	Pia **schreibt** eine E-Mail **an** Tim.
warten auf (+ *acc.*)	Tim musste **auf** diese Mail lange **warten**.

Übung

4 **Tilo schreibt nicht!** Karolinas neuer Freund Tilo ist ziemlich schreibfaul. Während Karolina auf eine SMS von ihm wartet, schreiben sie und ihre Freundin Helen sich ein paar SMS hin und her. Setzen Sie jeweils die richtige Präposition ein.

HELEN: Wartest du immer noch _____ eine Nachricht von Tilo?

KAROLINA: Ja, er antwortet einfach nicht _____ meine SMS.

HELEN: Arbeitet er vielleicht _____ seiner Hausarbeit?

KAROLINA: Kann sein. Aber es ist doch wohl nicht so schwierig kurz eine SMS _____ mich zu schreiben, oder? Ich denke die ganze Zeit _____ ihn. Aber vielleicht hat er mich schon vergessen?

HELEN: Nein, der hat einfach viel zu tun. Erzähl ihm doch _____ deinem Kummer, wenn du ihn nächste Woche siehst.

KAROLINA: Auf keinen Fall. Sonst lacht er noch _____ mich.

HELEN: Komm, hör auf zu warten! Ich hole dich ab und wir gehen was trinken.

6-6 Time expressions with the dative case

am Tag	*during the day*
am Montag	*on Monday*
am Abend	*in the evening*
in der Nacht	*at night*
in einem Monat	*in a month*
im Januar	*in January*
in ein paar Minuten	*in a few minutes*
heute in einer Woche	*a week from today*
vor einer Woche	*a week ago*
vor dem Essen	*before dinner*

When used in expressions of time, the prepositions **an, in,** and **vor** are followed by the dative case. (For accusative expressions of time used without a preposition, see *Kapitel 4, Section 4-17.*)

Übung

5 **Wann ich was mache.** Beantworten Sie die folgenden Fragen zuerst selbst und benutzen Sie dabei Zeitausdrücke mit dem Dativ. Fragen Sie dann Ihre Partnerin/Ihren Partner.

1. In welchem Monat haben Sie Geburtstag?
2. Was machen Sie in welcher Jahreszeit am liebsten?
3. Wann gehen Sie gewöhnlich mit anderen Leuten aus?
4. Wann sind Sie am liebsten allein?
5. Zu welcher Tageszeit sind Sie besonders fit und aktiv?
6. Wann sind Sie besonders müde?
7. Wann treiben Sie am liebsten Sport?
8. Wann haben Sie das letzte Mal Sport getrieben?
9. Wann waren Sie das letzte Mal im Kino?
10. Wann treffen / sehen Sie Ihre Familie wieder?

6-7 *Da*-compounds°

das da-Kompositum

Spricht er oft **von seinem Chef**?	Ja, er spricht oft **von ihm.**
Spricht er oft **von seiner Arbeit**?	Ja, er spricht oft **davon.**
Freut er sich **auf die Ferien**?	Ja, er freut sich **darauf.**

In German, pronouns used after prepositions normally refer only to persons (e.g., **von ihm**). To refer to things and ideas, a **da**-compound consisting of **da** plus a preposition is generally used (e.g., **davon**). **Da-** expands to **dar-** when the preposition begins with a vowel: **darauf, darin, darüber.**

Von wem spricht sie?	Sie spricht **von ihrem Chef**.
Wovon spricht sie?	Sie spricht **von ihrer Arbeit**.
Worauf freut sie sich?	Sie freut sich **auf die Ferien**.

The interrogative pronouns **wen** and **wem** are used with a preposition to refer only to persons (e.g., **von wem**). The interrogative pronoun **was** refers to things and ideas. As an object of a preposition, **was** is generally replaced by a **wo-**compound consisting of **wo** plus a preposition (e.g., **wovon**). **Wo-** expands to **wor-** when the preposition begins with a vowel: **worauf, worin, worüber**.

| Daniel arbeitet **seit März** bei Siemens. | **Seit wann** arbeitet er bei Siemens? |

Wo-compounds are not used to inquire about time (e.g., **seit März**). To inquire about time **seit wann, wie lange,** or **wann** is used.

Übungen

6 **Die Arbeit im Reisebüro.** Emma interessiert sich für Alinas Arbeit in einem Reisebüro. Sie spielen Emma und bestätigen° Alinas Vermutungen°. Benutzen Sie eine Präposition mit Pronomen oder wenn nötig ein **da-**Kompositum.

confirm / assumptions

▶ Bist du mit deiner Stelle zufrieden?
Ja, ich bin damit zufrieden.

▶ Bist du mit deiner Chefin auch zufrieden?
Ja, ich bin mit ihr auch zufrieden.

1. Musst du viel über fremde Länder wissen?
2. Arbeitest du jeden Tag mit dem Computer?
3. Arbeitest du gern mit deinen Kollegen?
4. Interessieren sich deine Kollegen für dein Privatleben?
5. Sprichst du oft über deine Freunde?
6. Erzählst du viel von deinem Privatleben?
7. Möchtest du viel von deinen Kollegen wissen?
8. Arbeitest du gern für deine Chefin?

▲ *Gespräche über die Arbeit.*

7 **Wie bitte?** Vivien sitzt im Zug und telefoniert am Handy mit ihrer Freundin Kim. Sie erzählt von ihrem Freund Luca, aber weil die Verbindung° schlecht ist, muss Kim immer wieder nachfragen. Formulieren Sie Kims Fragen und benutzen Sie dabei eine Präposition oder wenn nötig ein **wo-**Kompositum.

► Er ist schuld an meiner schlechten Laune.
Woran ist er schuld?

► Ich interessiere mich nicht mehr für Luca.
Für wen interessierst du dich nicht mehr?

1. Heute musste ich eine halbe Stunde auf ihn warten.
2. Ich glaube, er denkt nicht mehr an mich.
3. Er interessiert sich nicht für meine Arbeit.
4. Er denkt nur noch an China.
5. Er schreibt eine Hausarbeit über chinesische Literatur.
6. Ich glaube, er hat auch Angst vor den Prüfungen am Semesterende.
7. Er interessiert sich überhaupt nicht mehr für mich.
8. Ich bin mit Luca nicht mehr glücklich.

8 **Franziska ist unzufrieden.** Franziska ist Übersetzerin° und sie arbeitet an der Übersetzung eines Buches. Allmählich° ist sie sehr erschöpft°, weil sie Tag und Nacht arbeitet, um die Deadline einzuhalten°. Erzählen Sie, wie es ihr geht. Benutzen Sie die passenden Präpositionen aus der Liste.

translator
gradually / exhausted
meet

auf • aus • an • am • in • im • über • zu

Franziska steht _____ Fenster und schaut _____ den Garten. _____ den Bäumen hängen die Äpfel und _____ dem Boden liegt schon buntes Laub°. Franziska würde gerne _____ Garten arbeiten oder viele andere Dinge machen. Doch leider muss sie _____ Hause bleiben und den ganzen Tag _____ Computer sitzen. Sie isst sogar _____ ihrem Schreibtisch! _____ diese Situation ist Franziska überhaupt nicht froh. Sie möchte endlich mal wieder _____ dem Haus gehen. Doch _____ einer Woche muss die Übersetzung fertig sein. Dann fährt Franziska _____ die Berge und dort wird sie nur ausruhen und wandern. Sie plant _____ den höchsten Berg Deutschlands, die Zugspitze, zu steigen.

leaves

---

der Genitiv **6-9** **Forms of the genitive° case**

	MASCULINE	NEUTER	FEMININE	PLURAL
DEFINITE ARTICLE	des Mannes	des Kindes	der Frau	der Freunde
DER-WORDS	dieses Mannes	dieses Kindes	dieser Frau	dieser Freunde
INDEFINITE ARTICLE	eines Mannes	eines Kindes	einer Frau	—
KEIN	keines Mannes	keines Kindes	keiner Frau	keiner Freunde
EIN-WORDS	ihres Mannes	unseres Kindes	seiner Frau	meiner Freunde

The chart above shows the genitive forms of the definite article, **der**-words[1], indefinite article, **kein**, and **ein**-words. The masculine and neuter forms end in **-[e]s** in the genitive, and feminine and plural forms in **-[e]r**.

6-10 Nouns in the genitive

Masculine and neuter nouns of one syllable generally add **-es** in the genitive; masculine and neuter nouns of two or more syllables add **-s**. Feminine and plural nouns do not add a genitive ending.

Note that in colloquial German the **-s** ending is often used in place of **-es** for one syllable nouns, e.g., **der Name des Manns/des Mannes.**

6-11 Masculine *N*-nouns in the genitive

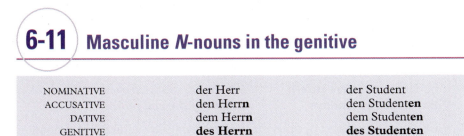

NOMINATIVE	der Herr	der Student
ACCUSATIVE	den Herr**n**	den Student**en**
DATIVE	dem Herr**n**	dem Student**en**
GENITIVE	**des Herrn**	**des Studenten**

Masculine **N**-nouns that add **-n** or **-en** in the accusative and dative singular also add **-n** or **-en** in the genitive. A few masculine nouns add **-ns: der Name > des Namens, der Gedanke > des Gedankens, der Glaube > des Glaubens.** (See *Appendix 9* for a list of common **N**-nouns.)

6-12 Proper names in the genitive

Ist das **Luisas** Schreibtisch?

Nein, das ist **Nils'** Arbeitsplatz.

Und da drüben steht **Moritz'** Computer.

The genitive of proper names is formed by adding **-s.** In writing, no apostrophe is used. However if the name already ends in an **s**-sound (**-s, -ss, -ß, -z, -tz**), no **-s** is added and an apostrophe is used. Names ending in a sibilant are often replaced by a phrase with **von,** e.g., **der Arbeitsplatz von Nils** (see *Section 19*).

6-13 The interrogative pronoun *wessen*

Wessen Rucksack ist das?	*Whose backpack is that?*
Wessen Jacke trägst du?	*Whose jacket are you wearing?*

Wessen is the genitive form of the interrogative **wer;** it is equivalent to *whose.*

---

[1]**Der**-*words:* **der, dieser, jeder, jener, mancher, solcher, welcher** *(see Kapitel 4, Section 4-6).*

Uses of the genitive case

Possession and other relationships:	Die Firma **meines Großvaters** ist über 100 Jahre alt.
	Der Sitz **der Firma** ist in München.
Object of prepositions:	**Wegen eines guten Produkts** sind die Verkaufszahlen gut.
Indefinite time expressions:	**Eines Tages** werde ich die Chefin sein.

The genitive case is used to show possession and other close relationships. It is also used for objects of certain prepositions and for expressions of indefinite time.

6-15 Possession and other close relationships

das Handy **des Verkäufers**	*the **salesperson's** cell phone*
die Marke **des Handys**	*the make **of the cell phone***

English shows possession or other close relationships by adding *'s* to a noun or by using a phrase with *of*. English generally uses the *'s*-form only for persons. For things and ideas, English uses an *of*-construction. German uses the genitive case to show possession or other close relationships. The genitive is used for things and ideas as well as for persons. The genitive expression generally follows the noun it modifies.

Lauras iPod	*Laura's iPod*
Tobias' Freund	*Tobias's friend*
Herrn Schneiders iPad	*Mr. Schneider's iPad*

Proper names in the genitive generally precede the nouns they modify.

Katharina ist **die Freundin meines Bruders**.	*Katharina is **my brother's girlfriend**.*

Possessive adjectives take the case of the noun they modify. Even though a possessive adjective already shows possession (**mein** = *my*), it must itself be in the genitive case when the noun it goes with is in the genitive (**meines Bruders** = *of my brother*).

Übungen

9 Der Assistent. Andreas arbeitet als Wissenschaftliche Hilfskraft° – kurz Hiwi° – bei seiner Französischprofessorin Frau Weber. Die hat viel zu tun und Andreas organisiert fast alles für sie. Verneinen Sie Frau Webers Fragen. Verwenden Sie die Stichwörter in Klammern.

> ▶ Ist das die Liste der Studenten? (die Assistenten)
> *Nein, das ist die Liste der Assistenten.*

1. Arbeiten Sie am Computer des Sekretärs? (Ihr Kollege)
2. Liegt dort die Einladung des Dekans°? (der Präsident)
3. Tippen Sie gerade die Rede der Direktorin? (der Kanzler°)

*professor's assistant = abbrev. for **Hilfswilliger**: slang for professor's assistant*

dean

vice-chancellor

4. Ist das der Titel des Seminars? (die Vorlesung)

5. Haben Sie Herrn Müllers Brief geöffnet? (Frau Klaas)

6. Sind das die Kopien des Artikels? (das Buch)

7. Ist das die Adresse der Partneruniversität? (eine Sprachschule)

8. Haben wir die Rechnung des Buchladens bekommen? (die Bibliothek)

10 **Fragen über Nina.**   Paul besucht seine Freundin Nicole bei der Arbeit, um sie zum Mittagessen abzuholen. Nicole sitzt mit ihrer Kollegin Nina in einem Büro, doch Nina ist schon zur Mittagspause gegangen. Paul stellt Nicole alle möglichen Fragen über Nina. Nicole muss noch eine E-Mail fertig schreiben und sie antwortet geistesabwesend° auf seine Fragen.   *absent-mindedly*

▶ Sind das Ninas Bücher?
  Vielleicht. Ich weiß nicht, wessen Bücher das sind.

1. Sind das Ninas Fotos?

2. Ist das die Telefonnummer ihres neuen Freundes?

3. Fährt sie mit dem Fahrrad ihres Freundes?

4. Liegt Ninas Bericht auf dem Schreibtisch?

5. Benutzt Nina den Laptop eures Chefs?

6-16) Prepositions with the genitive case

PREPOSITION	MEANING	EXAMPLE
(an)statt	*instead of*	Für seine Arbeit braucht Herr Lutz einen Laptop **statt** eines PCs.
trotz	*in spite of*	**Trotz** des Preises nimmt er einen Laptop von Toshiba.
während	*during*	Mit einem Laptop kann er auch **während** eines Fluges E-Mails schicken.
wegen	*on account of*	**Wegen** der vielen Arbeit muss Herr Lutz wirklich jede Minute nutzen.

The prepositions **(an)statt, trotz, während,** and **wegen** are the most commonly used prepositions that are followed by the genitive case. **Statt** is the shortened form of **anstatt** and is less formal than **anstatt.**

Statt Kaffee möchte ich gern   *I'd like coffee instead of tea.*
Tee trinken.

When a genitive preposition is followed by a masculine or neuter noun without an article, the **-s** of the genitive is dropped (e.g., **Kaffee** not **Kaffees**).

Special forms of the possessive pronoun are combined with **wegen: meinetwegen, deinetwegen, seinetwegen, unsertwegen/unseretwegen, euertwegen/euretwegen, ihretwegen, Ihretwegen.**

Examples of uses and translations are:

1. *for my sake, because of me*

   Er macht das nur **meinetwegen.**   *He's doing that only for my sake.*

2. *as far as I'm concerned*

Meinetwegen kannst du es haben.

As far as I'm concerned you can have it.

Some other genitive prepositions you should recognize are:

außerhalb	*outside of*
innerhalb	*inside of*
oberhalb	*above*
unterhalb	*under*
diesseits	*on this side of*
jenseits	*on that side of*

Übungen

11 **Der Job in London.** Christine hat Mathematik studiert und sie arbeitet bei einer Versicherung° in Köln. Nun sucht sie eine Stelle in London. Ihre Freundin Theresa fragt sie danach. Antworten Sie, indem Sie die Stichwörter in Klammern benutzen.

insurance company

▶ Wann warst du in London? (während / mein Urlaub)
Während meines Urlaubs.

1. Warum möchtest du denn in London arbeiten? (wegen / die Kultur)
2. Gefällt es dir dort so gut? (ja, trotz / das Wetter)
3. Tut es dir Leid, deinen alten Job aufzugeben? (ja, wegen / meine Kollegen)
4. Wann wirst du dich bei der Firma in London bewerben? (während / die Ferien)
5. Beschäftigt diese Firma denn deutsche Angestellte? (ja / wegen / die Auslandskontakte)
6. Hast du vor nach London zu fliegen? (ja, trotz / meine Flugangst)
7. Kommt dein Bruder mit? (ja, statt / mein Freund)
8. Ist dein Freund denn böse mit dir? (ja, wegen / meine Pläne)

12 **Der Ferienjob.** Marco arbeitet in den Ferien im Hotel seines Onkels in Italien. Er schreibt eine E-Mail an seine Freundin Celine und erzählt ihr davon. Ergänzen Sie die Sätze jeweils mit den Stichwörtern in Klammern.

Liebe Celine,

wie geht es dir? Ich bin vor zwei Wochen im Hotel _____ (mein Onkel) angekommen und ich habe trotz _____ (die Arbeit) schon viel gesehen. Während _____ (der Tag) gehe ich oft an den Strand°
oder ich mache Ausflüge. Ich erlebe viel und die Offenheit _____ (die Menschen) hier ist toll. Das Hotel liegt in der Nähe _____ (das Meer) und wegen _____ (der Wind) ist es dort auch nie zu heiß. Und abends arbeite ich dann als Kellner im Restaurant _____ (das Hotel). Der Lohn° _____ (ein Kellner) ist natürlich eher niedrig°, doch wegen _____ (meine Erfahrung) verdiene ich ein bisschen mehr als die anderen. Statt _____ (ein Zimmer) habe ich auch ein kleines

beach

wages / low

Apartment – es ist also alles recht komfortabel. Möchtest du während
_____ (der Sommer) auch mal hierher kommen? Mein Onkel sucht
auch immer Bedienungen° für das Restaurant. Ich schicke dir ein paar
Fotos _____ (diese Gegend) als Anhang°, dann kannst du ja sehen,
ob es dir gefällt. Für heute mache ich Schluss.

waitstaff
attachment

Mach's gut und viele liebe Grüße

Marco

6-17 Expressions of indefinite time

Eines Tages (**Abends, Nachts**) beschloss ich einen neuen Job zu suchen.	*One day (evening, night) I decided to look for a new job.*
Letzten Endes blieb ich aber doch bei meiner Firma.	*In the end, however, I stayed at my company.*

Indefinite time is in the genitive (e.g., **eines Tages**). Remember that definite
time is expressed by the accusative (see *Kapitel 4, Section 4-17*): **Gehst du jeden
Tag spazieren?** Note that even though **Nacht** is feminine, it is **eines Nachts** by
analogy with **eines Tages** and **eines Abends**.

Übung

13 **Anruf aus Amerika.** Nadine hat einen Anruf von ihrem amerikanischen
Freund bekommen. Ergänzen Sie die Sätze mit den deutschen Ausdrücken für
die englischen Stichwörter.

1. _____ klingelte° mein Telefon. Es war mein Freund aus Amerika. (*one night*)   *rang*

2. Er vergisst _____, dass es hier sechs Stunden später ist. (*every time*)

3. Aber ich erinnere mich immer daran und rufe ihn nie _____ an. (*in the morning*)

4. Am Telefon erzählte ich ihm, dass ich _____ nach Amerika fliege. (*next month*)

5. _____ war ich schon einmal beruflich dort gewesen. (*many years ago*)

6. _____ hatte meine Firma beschlossen in New York eine Filiale° zu eröffnen. (*one day*)   *branch*

7. _____ hatte ich eine Wohnung gefunden, ein Auto gekauft und viele Leute kennen gelernt. (*in one week*)

8. _____ erlebte ich etwas Neues. (*every day*)

9. Ich blieb insgesamt _____. (*zwei Jahre*)

6-18 | Special expressions

HERR OLSEN:	Ich fahre immer **erster Klasse.** **Zweiter Klasse** fahren ist mir zu unbequem.	*I always travel in* **first class**. *I find traveling in* **second class** *too uncomfortable.*
FRAU ZELLE:	Ja, da bin ich **ganz Ihrer Meinung**.	*Yes, I agree totally (I am* **of your opinion**).
FRAU KOLB:	Nein, ich bin **anderer Meinung**.	*No, I don't agree (I am* **of another opinion**).

The genitive is also used in a number of idiomatic expressions.

6-19 | Dative as substitute for the genitive

a | Possession

DATIVE	GENITIVE
die Freundin **von meinem Bruder**	die Freundin **meines Bruders**
zwei **von ihren Freunden**	zwei **ihrer Freunde**
ein Freund **von Thomas**	**Thomas'** Freund

In spoken German the genitive of possession is frequently replaced by **von** + *dative*.

> die Ideen **von Studenten**
> die Mutter **von vier Jungen**

Von + *dative* is regularly used if the noun of possession is not preceded by a word that shows genitive case (i.e., definite article, **der-**word, etc.).

> ein Freund **von Thomas**

The genitive of proper names ending in a sibilant is often replaced by **von** + the name, e.g., **ein Freund von Thomas** instead of **Thomas' Freund.**

> ein Freund **von mir**
> ein Freund **von dir**

Von + *dative* is also used in phrases similar to the English *of mine, of yours*, etc.

b | Prepositions

DATIVE	GENITIVE
wegen **dem Wetter**	wegen **des Wetters**
trotz **dem Regen**	trotz **des Regens**

In colloquial language many people use the prepositions **statt, trotz, wegen,** and sometimes **während** with the dative.

> trotz **ihm**
> wegen **dir**

In colloquial language dative pronouns are frequently used with the prepositions: **statt ihr, trotz ihm, wegen mir** (compare **meinetwegen**).

Übung

14 **Hierarchien° am Arbeitsplatz.** Herr Meyer erzählt seiner Frau von   *hierarchies*
seiner Firma. Ergänzen Sie die Sätze mit den Stichwörtern.

anderer Meinung • erster Klasse • für • über • von mir •
wegen des Geldes • zu mir • zweiter Klasse

1. Heute kam Frau Gerau _____.
2. Sie ist eine Kollegin _____.
3. Sie beschwerte sich _____ unsere Chefin.
4. Frau Gerau reist viel _____ die Firma.
5. Sie muss immer _____ reisen.
6. Sie würde jedoch lieber _____ reisen.
7. Doch unsere Chefin ist _____.
8. _____ dürfen nur wenige Angestellte erster Klasse reisen.

Jetzt haben Sie das Wort

 15 **Das Zimmer umräumen.°** Sie wollen Ihr Zimmer umräumen, wissen   *rearrange*
aber nicht wie und brauchen Hilfe. Beschreiben Sie Ihr Zimmer. Eine Kommili-
tonin/Ein Kommilitone macht Ihnen Vorschläge. Benutzen Sie Wörter aus dem
Wortkasten und fügen Sie Ihre eigenen hinzu°.   ***fügen hinzu:** add*

▶ Wie das Zimmer ist:
  SIE: *Also, das Sofa steht in der Mitte des Zimmers und der Fernseher*
  _____.

▶ Vorschläge zum Umräumen:
  PARTNERIN/PARTNER: *Ich würde das Sofa an die Wand schieben*
  und den Fernseher _____.

Wortkasten

das Sofa	der Schreibtisch	stehen
der Fernseher	der Computer	liegen
der Sessel	die Wand	
der Tisch	die Tür	Ich würde _____ stellen.
die Lampe	das Fenster	Schiebe doch _____.
die Blumenvase	die Mitte	Warum stellst du _____
der CD-Spieler	die Ecke	nicht _____?

16 **Persönliche Fragen.** Beantworten Sie die Fragen zuerst selbst und fragen Sie dann Ihre Partnerin/Ihren Partner.

1. Worauf freuen Sie sich?
2. Wovor haben Sie Angst?
3. Woran denken Sie oft?
4. Worüber lachen Sie gern?
5. Würden Sie bei einer Demonstration mitmachen? Wofür oder wogegen würden Sie demonstrieren?
6. Wofür interessieren Sie sich?
7. Worüber ärgern Sie sich?
8. Worüber möchten Sie mehr wissen?

17 **Kurze Aufsätze**

furnished
1. Beschreiben Sie, wie Ihr Zimmer jetzt eingerichtet° ist und wie Sie es gern anders einrichten würden.

2. Haben Sie einen Job? Oder haben Sie schon einmal gearbeitet? Erzählen Sie davon.

3. Was ist Ihr Traumberuf? Was ist Ihnen bei Ihrer Arbeit wichtig? Wie soll Ihr Arbeitsplatz / Büro aussehen? Und wie stellen Sie sich Ihre Kolleginnen und
vorstellen: *picture* Kollegen vor°?

Inhalt

Kapi
7

7-1 · Predicate adjectives°

das prädikativ gebrauchte Adjektiv

Der Koch ist **neu**.	*The cook is new.*
Das Restaurant wird jetzt **französisch**.	*The restaurant will now become French.*
Hoffentlich bleibt das Essen **gut**.	*I hope the food remains good.*

Predicate adjectives follow the verbs **sein**, **werden**, or **bleiben** and modify the subject of the sentence. They never add declensional endings.

7-2 · Attributive adjectives°

das attributive Adjektiv

Der **neue** Koch kommt aus Paris.	*The new cook comes from Paris.*
Ein **französisches** Restaurant fehlte noch in der Stadt.	*A French restaurant was still lacking in the city.*
Da gibt es **gutes** Essen.	*There is good food there.*

Attributive adjectives precede the nouns they modify. The declensional endings they have depend on the gender, number (singular or plural), and case of the nouns they modify and on whether the adjectives are preceded by (1) a definite article or **der-**word, (2) an indefinite article or **ein-**word, or (3) no article, **der-**word, or **ein-**word.

In der Marktstraße ist ein **neues italienisches** Geschäft.	*On Market Street there is a new Italian store.*
Dort gibt es einen **ausgezeichneten italienischen** Rotwein.	*There is an excellent Italian red wine there.*

Adjectives in a series have the same ending.

7-3 Adjectives° preceded by the definite article or *der*-words

	MASCULINE	NEUTER	FEMININE	PLURAL
NOMINATIVE	der **neue** Hut	das **neue** Hemd	die **neue** Hose	die **neuen** Schuhe
ACCUSATIVE	den **neuen** Hut	das **neue** Hemd	die **neue** Hose	die **neuen** Schuhe
DATIVE	dem **neuen** Hut	dem **neuen** Hemd	der **neuen** Hose	den **neuen** Schuhen
GENITIVE	des **neuen** Hutes	des **neuen** Hemdes	der **neuen** Hose	der **neuen** Schuhe

	M	N	F	PL
NOMINATIVE	e	e	e	en
ACCUSATIVE	en	e	e	en
DATIVE	en	en	en	en
GENITIVE	en	en	en	en

1. Definite articles and **der**-words[1] preceding a noun indicate the gender and/or case of the noun. The endings of definite articles and **der**-words are known as *primary endings*.

2. If the attributive adjective is preceded by a definite article or **der**-word, the adjective does not need to give information about the gender and/or case because the definite article or **der**-word has already done so. Therefore, after the definite article or **der**-word, the adjective endings are non-informational and are known as *secondary endings*. Secondary endings are **-e** and **-en**.

Dieser **blaue** Pulli ist schön.

Since **dieser** indicates that **Pulli** is masculine and in the nominative case, the ending on **blau** need not provide that information. It has the secondary ending **-e**.

Übung

1 Als Computerspezialistin in Deutschland. Frau Bazrur kommt aus Indien und arbeitet seit einem halben Jahr als Computerspezialistin bei einer kleinen Firma. Sie spricht mit ihrem deutschen Kollegen Herrn Hauser über ihre Erfahrungen. Setzen Sie die Adjektive in Klammern in die richtige Form.

HERR HAUSER: Wie gefällt es Ihnen eigentlich in Deutschland, Frau Bazrur?

FRAU BAZRUR: Ich bin mit meiner Arbeit in dieser _____ Firma sehr zufrieden. (klein)
Und ich bin auch froh, dass ich solche _____ Kolleginnen und Kollegen habe. (nett)
Die Atmosphäre hier ist sehr gut. Jede _____ Angestellte gehört gleich dazu und ist integriert. (neu)

HERR HAUSER: Und wie finden Sie den Alltag° hier in Deutschland?

everyday life

FRAU BAZRUR: Im Alltag treffe ich schon manche _____ Leute. (unfreundlich)
Ich glaube, da erlebe ich manche _____ Vorurteile. (verrückt)

---

[1]**Der**-words: **der, dieser, jeder, jener, mancher, solcher, welcher** (*see Kapitel 4*).

HERR HAUSER:	Das ist wirklich traurig, dass Ausländer in Deutschland immer noch auf Vorurteile treffen. Welche _____ Erfahrungen haben Sie denn schon gemacht? (schlecht)	
FRAU BAZRUR:	Zum Beispiel finde ich die _____ Busfahrer oft recht unfreundlich. (deutsch)	
	Oder wenn ich Straßenbahn fahre, gibt es schon manche _____ Blicke°, oft auch von jungen Leuten. (feindlich)	*looks*
	Ich weiß natürlich nicht, ob das an meiner Kleidung liegt. Aber als Ausländerin denkt man bei jeder _____ Geste°, dass man nicht von hier ist. (negativ)	*gesture*

7-4 Adjectives preceded by the indefinite article or *ein*-words

	MASCULINE	NEUTER	FEMININE	PLURAL
NOMINATIVE	ein **neuer** Hut	ein **neues** Hemd	eine **neue** Hose	meine **neuen** Schuhe
ACCUSATIVE	einen **neuen** Hut	ein **neues** Hemd	eine **neue** Hose	meine **neuen** Schuhe
DATIVE	einem **neuen** Hut	einem **neuen** Hemd	einer **neuen** Hose	meinen **neuen** Schuhen
GENITIVE	eines **neuen** Hutes	eines **neuen** Hemdes	einer **neuen** Hose	meiner **neuen** Schuhe

	M	N	F	PL
NOMINATIVE	**er**	**es**	**e**	en
ACCUSATIVE	en	**es**	**e**	en
DATIVE	en	en	en	en
GENITIVE	en	en	en	en

Adjectives preceded by an indefinite article or an **ein**-word[1] have the same endings as those preceded by a **der-**word, except in the three instances when the **ein**-word itself has no ending: masculine nominative, neuter nominative, and neuter accusative. Since in these instances **ein** does *not* indicate the gender of the noun, the adjective itself has primary endings to give this information. Note that the primary adjective ending **-er** resembles the definite article **der** and the primary adjective ending **-es** resembles the definite article **das**.

> Dein **junger** Kollege ist nett.

Since **dein** does not indicate the gender of **Kollege**, the ending on the adjective **jung** must provide that information. The **-er** ending indicates that **Kollege** is masculine and in the nominative case.

> Wo ist **euer** neues Büro? – Hier ist **unser** neues Büro. Da hinten war **mein** altes Büro.

As you know, the **-er** of **unser** and **euer** is not an ending but part of the word. They function like other **ein**-words, e.g., **sein**.

---

[1]**Ein-***words:* **ein, kein,** *possessive adjectives (see Kapitel 4).*

7-5 Omission of the noun

Welches Hemd willst du?
Ich nehme **das blaue.**   *I'll take the blue one.*

Was für ein Hemd willst du?
Ich möchte **ein blaues.**   *I'd like a blue one.*

When a noun is omitted, the adjective is the same as though the noun were there. Note that in English the word *one(s)* is added when the noun is missing.

Übung

2 **Der neue Freund.**   Alexander erzählt Michael von Leas neuem Freund. *more fluent* Verbinden Sie die Sätze wie im Beispiel, so dass der Text flüssiger° wird.

piece of news ▶ Ich erzähle dir eine Neuigkeit°. Sie ist interessant.
Ich erzähle dir eine interessante Neuigkeit.

1. Lea hat einen Italiener kennen gelernt. Er ist sympathisch und lustig.
2. Er heißt Claudio und wohnt in einer Wohnung. Die Wohnung ist klein und gemütlich.
3. Claudio arbeitet bei einer Firma hier in Köln. Die Firma ist groß und bekannt.
4. Er hat eine Stelle als Ingenieur. Die Stelle ist gut.
5. Doch Claudio gefällt sein Job nicht besonders. Sein Job ist anstrengend.
6. Lea soll im Sommer mit ihm seine Geschwister in Rom besuchen. Die Geschwister sind nett.
7. Doch Lea hat Angst vor so einer Autofahrt. Die Autofahrt ist lang.
8. Außerdem sitzt Lea nicht gern in seinem Sportwagen. Der Sportwagen ist schnell.

7-6 Summary of preceded adjectives

	MASCULINE			NEUTER			FEMININE			PLURAL		
NOMINATIVE	der ein	**neue** **neuer**	Hut	das ein	**neue** **neues**	Hemd	die eine	**neue**	Hose	die meine	**neuen**	Schuhe
ACCUSATIVE	den einen	**neues**	Hut	das ein	**neue** **neues**	Hemd	die eine	**neuen**	Hose	die meine	**neuen**	Schuhe
DATIVE	dem einem	**neuen**	Hut	dem einem	**neuen**	Hemd	der einer	**neuen**	Hose	den meinen	**neuen**	Schuhen
GENITIVE	des eines	**neuen**	Hutes	des eines	**neuen**	Hemdes	der einer	**neuen**	Hose	der meiner	**neuen**	Schuhe

1. If information regarding gender, number, and case is given by the word preceding the adjective (that is, definite or indefinite articles, **der**-words, or **ein**-words) then no further information is required, and the adjective has the non-informational secondary ending **-e** or **-en**.

2. If the indefinite article or **ein**-word does not give information about gender and/or case, then the adjective requires the informational primary ending **-er** or **-es**.

Übung

3 **Aischas Familie.** Aischas Vater ist Türke, ihre Mutter ist Deutsche und Aischa selbst ist in Deutschland aufgewachsen. Sie erzählt ihrer Freundin Hanna von ihrer Familie. Setzen Sie die Adjektive in Klammern in der richtigen Form ein.

AISCHA: In den Sommerferien fahre ich zu meinen ＿＿＿＿ Großeltern nach Izmir. (türkisch)

Sie haben dort ein ＿＿＿＿ Haus. (klein)

Es liegt direkt am Meer.

HANNA: Oh, solche ＿＿＿＿ Ferien möchte ich auch haben! (toll)

Hast du denn noch eine ＿＿＿＿ Familie in der Türkei? (groß)

AISCHA: Nein, eigentlich sind viele hier in Deutschland. Mein Vater lebte als Kind in einem ＿＿＿＿ Ort. (klein)

Dort gab es aber keine ＿＿＿＿ Arbeitsplätze. (gut)

Und wenn man einen ＿＿＿＿ Job haben wollte, musste man ins Ausland gehen. (interessant)

Mein Vater hat dann auch eine ＿＿＿＿ Stelle bei einer Autofirma in Stuttgart gefunden und dann bald eine ＿＿＿＿ Frau, meine Mutter, getroffen. (sicher / nett)

Wegen meiner ＿＿＿＿ Großmutter hatten die beiden viele Probleme. (deutsch)

Die wollte nicht, dass ihre Tochter einen ＿＿＿＿ Freund hatte. (ausländisch)

Als sie meinen Vater dann aber richtig kennen lernte und sah, was für ein ＿＿＿＿ Mensch er ist, war sie zufrieden. (freundlich)

HANNA: Möchtest du später nicht in der Türkei leben? Das ＿＿＿＿ Wetter dort würde dir doch sicher gefallen, nicht? (schön)

AISCHA: Die Türkei ist ein ＿＿＿＿ Land, um dort Urlaub zu machen. (wunderschön)

Aber Deutschland ist einfach meine ＿＿＿＿ Heimat. (richtig)

▲ *Die türkische Küstenstadt Izmir.*

7-7 Unpreceded adjectives

	MASCULINE	NEUTER	FEMININE	PLURAL
NOMINATIVE	**guter** Wein	**gutes** Brot	**gute** Wurst	**gute** Äpfel
ACCUSATIVE	**guten** Wein	**gutes** Brot	**gute** Wurst	**gute** Äpfel
DATIVE	**gutem** Wein	**gutem** Brot	**guter** Wurst	**guten** Äpfeln
GENITIVE	**guten** Weines	**guten** Brotes	**guter** Wurst	**guter** Äpfel

Adjectives not preceded by a definite article, **der**-word, indefinite article, or **ein**-word have the same primary endings as **der**-words, except the masculine and neuter genitive, which have the ending **-en** (e.g., **guten Weines**).

Übung

4 **Essen in Deutschland.** Nele ist vor dreißig Jahren in die USA gezogen und war lange nicht mehr in Deutschland. Als sie mal wieder in der alten Heimat zu Besuch ist, spricht sie mit ihrer Schwester Amelie darüber, was jetzt alles anders ist. Setzen Sie die Adjektive in Klammern in der richtigen Form ein.

NELE: Vor dreißig Jahren gab es hier in Mainz fast nur _____ Restaurants. (deutsch)

Ich sehe jetzt überall _____ Geschäfte und Restaurants. (ausländisch)

Als ich vor dreißig Jahren wegging, war _____ Essen gerade ein bisschen „in". (italienisch)

dishes Doch seit wann mögen die Deutschen jetzt so gerne _____ Gerichte°? (exotisch)

AMELIE: Ja, es ist toll. Durch die Menschen aus anderen Ländern kann man jetzt auch hier _____ Lebensmittel kaufen, die es früher nicht gab. (fremd)

Seit ein paar Jahren sind zum Beispiel _____ Restaurants sehr beliebt. (japanisch)

surprised Und über _____ Fisch ist niemand mehr erstaunt°. (roh)

_____ Dinge wie Pizza und Spaghetti mögen fast alle Leute. (italienisch)

Und abends essen viele _____ Brot mit _____ Schafkäse. (türkisch / griechisch)

knuckle of pork Dagegen essen die meisten Leute „typisch" _____ Speisen wie Sauerkraut und Eisbein° gar nicht mehr so oft wie früher. (deutsch)

das unbestimmte Zahlwort

7-8 Adjectives following indefinite adjectives°

andere	*other; different*	**viele**	*many*
einige	*a few, several, some*	**wenige**	*few, not many*
mehrere	*several*		

Einige neue Kollegen kommen aus Indien.

In unserer Firma gibt es jetzt **viele qualifizierte Computerspezialisten.**

The indefinite adjectives **andere, einige, mehrere, viele**, and **wenige** are in the plural and suggest indefinite quantities. When these indefinite adjectives are followed by attributive adjectives, they behave like any other adjectives in a series, i.e., they both have the same ending.

Die meisten haben **viel** Computerwissen, aber sprechen noch relativ **wenig** Deutsch.

Note that in the singular viel and wenig have no endings.

alle	*all*
beide	*both*

Frau Bazrur und Herr Shamir haben **alle nötigen** Papiere[,] um hier arbeiten zu können.

Die Familien **beider indischen** Kollegen kommen bald auch nach Deutschland.

An attributive adjective following the indefinite adjectives **alle** or **beide** has the ending **-en**.

Übung

5 Wie war's? David ist Amerikaner und studiert seit ein paar Jahren Musik an der Freien Universität in Berlin. Jetzt hat er mehrere Städte in Deutschland und Österreich besucht und sein Freund Florian fragt ihn, wie es war. Beantworten Sie Florians Fragen, indem Sie die Stichwörter in Klammern benutzen. Davids Antworten sind alle positiv außer der letzten Frage.

▶ Hast du Studenten kennen gelernt? (viele / amerikanisch)
Ja, ich hab' viele amerikanische Studenten kennen gelernt.

1. Warst du in Museen? (einige / berühmt)
2. Hast du auch Ausstellungen° gesehen? (andere / ausgezeichnet) *exhibitions*
3. Hast du Konzerte gehört? (einige / interessant)
4. Waren die Konzerte teuer? (alle / gut)
5. Warst du bei Freunden? (mehrere / alt)
6. Hast du Leute kennen gelernt? (viele / nett)
7. Hast du Jugendherbergen° gefunden? (wenig / billig) *youth hostels*

7-9 Adjectives used as nouns°

das Nominaladjektiv

Das ist ein **Bekannter.** (Mann)	*That's a **friend.** (male)*
Das ist eine **Bekannte.** (Frau)	*That's a **friend.** (female)*
Das sind meine guten **Bekannten.** (Leute)	*Those are my good **friends.** (people)*
Gute **Bekannte** haben wir gern zu Besuch.	*We like to have good **friends** over for a visit.*

Many adjectives can be used as nouns in German. They retain the adjective endings. In writing they are capitalized.

Some common nouns derived from adjectives are: **der/die Angestellte, Behinderte, Bekannte, Deutsche, Erwachsene, Fremde, Jugendliche, Verwandte.**

Das Gute ist, dass dein Auslandssemester in Wien ist.	*The good thing is that your study abroad semester is in Vienna.*
Du wirst in Wien sicher **viel Interessantes** sehen.	*You will certainly see **many interesting things** in Vienna.*
Ich wünsche dir **alles Gute** für dein Studium dort.	*I wish you **all the best** for your studies there.*

Adjectives expressing abstractions *(the good, the interesting)* are considered neuter nouns. They frequently follow words such as **etwas, nichts, viel**, and **wenig** and take the ending **-es (etwas Gutes)**. Note that adjectives following **alles** have an **-e (alles Gute)**. Neuter nouns are capitalized, except for **anderes: etwas anderes**.

7-10 The adjective *hoch* and adjectives ending in *-el* or *-er*

Das ist aber ein **hoher** Preis.	*That is certainly a high price.*
Dabei ist das doch ein ziemlich **dunkles** Haus.	*Besides, it is a rather dark house.*
Aber München ist eben eine **teure** Stadt.	*But Munich is simply an expensive city.*

1. **Hoch** becomes **hoh-** when it takes an ending.
2. Adjectives ending in **-el** or **-er** omit the **e** when the adjective takes an ending.

Übung

6 Verwandte und Bekannte. Carolin und Mustafa sprechen über ihre Familien und Freunde im Ausland. Ergänzen Sie die Sätze mit der richtigen Form der Stichwörter in Klammern.

1. CAROLIN: Hast du _____ in der Türkei? (viel / Verwandte/r)
2. MUSTAFA: Ja, _____ Tanten und Onkel leben in der Türkei. (all / mein)
3. CAROLIN: _____ leben in der Schweiz. (mein / Verwandte/r)
4.   Sie wohnen in _____ Dorf. (ein / klein)
5.   Es liegt auf _____ Berg. (ein / hoch)
6.   Letztes Jahr habe ich _____ Tage dort verbracht. (ein paar / wunderbar)
7. MUSTAFA: In der Türkeit gibt es auch _____ Berge. (viel / hoch)
8.   Ein _____ meiner Eltern hat ein _____ Haus dort. (Bekannte/r / groß)
9.   _____ Jahr besuche ich ihn dort. (nächst-)

1. erst-	8. acht-	100. hundertst-
2. zweit-	15. fünfzehnt-	101. hunderterst-
3. dritt-	16. sechzehnt-	105. hundertfünft-
6. sechst-	21. einundzwanzigst-	1000. tausendst-
7. siebt-	32. zweiunddreißigst-	

Ordinal numbers are used as adjectives. They are formed by adding **-t** to numbers 1 to 19 and **-st** to numbers beyond. Note the special forms **erst-, dritt-,** and **siebt-,** and the spelling of **acht-.**

Den Wievielten haben wir heute?	*What is the date today?*
Heute ist der **zweite** März.	*Today is the second of March.*
Heute haben wir den **zweiten** März.	

Ordinals take adjective endings. In writing, an ordinal is followed by a period: **der zweite März = der 2. März.**

Dates in letter heads or news releases are in the accusative: **Hamburg, den 2.3°. 2011.** Note that in German dates the day precedes the month.

*2.3.: spoken as **zweiten Dritten***

Übung

7 **Der Wievielte?** Wei Zhang ist Chinesin und arbeitet als Biochemikerin bei der Firma Bayer in Leverkusen. Sie möchte alle möglichen Termine° in ihren Kalender schreiben und fragt ihre Freundin nach den genauen Daten. Beantworten Sie Wei Zhangs Fragen mit den passenden Daten. Schreiben Sie dabei die Zahlen als Wörter.

appointments

am 1. Mai • am 3. Oktober • am 31. Oktober • am 6. Dezember • am 24. Dezember • der 2. • der 26.

1. Wann feiert man den Tag der Arbeit?
2. Wann öffnet man in Deutschland die Weihnachtsgeschenke?
3. Wann kommt der Nikolaus?[1]
4. Welcher Tag im Dezember ist der zweite Weihnachtstag?
5. Welcher Sonntag im Mai ist Muttertag?
6. Wann ist der deutsche Nationalfeiertag?
7. Wann feiert man Halloween?

WIDDER (21. 3.–20. 4.) • STIER (21. 4.–20. 5.) • ZWILLINGE (21. 5.–21. 6.) • KREBS (22. 6.–22. 7.) • LÖWE (23. 7.–23. 8.) • JUNGFRAU (24. 8.–23. 9.) • WAAGE (24. 9.–23. 10.) • SKORPION (24. 10.–22. 11.) • SCHÜTZE (23. 11.–22. 12.) • STEINBOCK (23. 12.–20. 1.) • WASSERMANN (21. 1.–18. 2.) • FISCHE (19. 2.–20. 3.)

[1]Am Nikolaustag bringt Sankt Nikolaus den braven *(good)* Kindern kleine Geschenke z. B. Obst, Schokolade, und den unartigen *(naughty)* Kindern eine Rute *(switch).*

7-12 Present participles° as adjectives

INFINITIVE + D	PRESENT PARTICIPLE	ENGLISH
schlafen + d	**schlafend**	*sleeping*
lachen + d	**lachend**	*laughing*

Present participles describe an ongoing action. In German present participles are formed by adding **-d** to the infinitive (e.g., **schlafend**). In English present participles end in *-ing* (e.g., *sleeping*).

die **schlafende** Katze	the **sleeping** cat
ein **lachendes** Kind	the **laughing** child

Present participles used as attributive adjectives take adjective endings.

German does not use the present participle as a verb (compare English progressive forms):

Sie lachte.	*She was laughing.*

German uses an infinitive where English uses a participle:

Ich hörte das Kind **lachen.**	*I heard the child **laughing.***

7-13 Past participles as adjectives

Nimmst du zu Mehmets Geburtstag einen selbst **gebackenen** Kuchen mit?	*Are you taking a home-baked cake to Mehmet's birthday?*
Nein, ich habe eine **gekaufte** Torte für ihn.	*No, I have a store-bought torte for him.*

Past participles describe a completed action. Past participles used as attributive adjectives take adjective endings.

Übung

8 Ein Gespräch in einem Verlag° Herr Monti ist Redakteur° bei einem Verlag. Er berichtet seiner Chefin von einem interssanten Manuskript. Ergänzen Sie ihre Gespräche mit dem passenden Partizip (Partizip Präsens oder Partizip Perfekt mit der richtigen Endung.

publishing house
editor

HERR MONTI:	Frau Oldmann, ich habe hier das Manuskript von einem jungen Autor. Er heißt Adrian Strassner und ich denke, er ist sehr talentiert. Es ist eine sehr _____ (gespannt, spannend) Erzählung.
FRAU OLDMANN:	Ist sie denn gut _____ (geschrieben, schreibend)? Wir brauchen Geschichten, die auch stilistisch gelungen° sind. Besonders weil alle unsere nächstes Jahr _____ (erschienen, erscheinend) Bücher sprachlich eher einfach sind.

gelingen: *to succeed*

HERR MONTI:	Ja, Strassners Stil ist sehr ausgefallen°. Trotzdem ist die _____ (erzählt, erzählend) Handlung interessant und hat viele _____ (überrascht, überraschend) Momente.	*unusual*
FRAU OLDMANN:	Hmm, das klingt ja viel _____ (versprochen, versprechend). Gibt es denn noch andere Werke von Herrn Strassner?	
HERR MONTI:	Er hat bisher nur zwei _____ (veröffentlicht°, veroffentlichend) Kurzgeschichten. Aber er hat mir erzählt, dass er auch einen _____ (angefangen, anfangend) Roman hat, an dem er momentan aber nicht arbeitet.	**veröffentlichen:** *to publish*
FRAU OLDMANN:	Ah ja, ich würde Herrn Strassner gerne kennen lernen. Könnten Sie bitte einen Termin mit ihm ausmachen?	
HERR MONTI:	Morgen haben wir ja die Sitzung mit den Direktoren. Aber wie wäre es denn am _____ (gekommen, kommend) Montag?	
FRAU OLDMANN:	Das würde gut passen. Und wer weiß, vielleicht wird Herr Strassner noch der meist _____ (gelesen, lesend) Autor unseres Verlags!	

7-14) Comparison° of adjectives and adverbs

die Komparation

BASE FORM	**heiß**	*hot*	**schön**	*beautiful*
COMPARATIVE	**heißer**	*hotter*	**schöner**	*more beautiful*
SUPERLATIVE	**heißest-**	*hottest*	**schönst-**	*most beautiful*

Adjectives and adverbs have three forms of degrees: base form (positive°), comparative°, and superlative°. The comparative is formed by adding **-er** to the base form. The superlative is formed by adding **-st** to the base form. The ending **-est** is added to words ending in **-d (wildest-)**, **-t (ältest-)**, or a sibilant (**kürzest-**). The superlative of groß is größt-.

der Positiv
der Komparativ / der Superlativ

Note that unlike German, English has two ways of forming the comparative and superlative. Short adjectives and adverbs add *-er* or *-st*; many longer ones use *more* or *most* with the adjective (e.g., *more beautiful, most beautiful*).

BASE FORM	**a**lt	gro**ß**	j**u**ng
COMPARATIVE	**ä**lter	gr**ö**ßer	j**ü**nger
SUPERLATIVE	**ä**ltest-	gr**ö**ßt-	j**ü**ngst-

Many one-syllable adjectives or adverbs with the stem vowel **a, o,** or **u** add an umlaut in the comparative and superlative. These adjectives and adverbs are noted in the end vocabulary as follows: **kalt (ä).** See *Appendix 13* for a list of common adjectives that take umlaut in the comparative and superlative.

BASE FORM	bald	gern	gut	hoch	nah	viel
COMPARATIVE	**eher**	**lieber**	**besser**	**höher**	**näher**	**mehr**
SUPERLATIVE	**ehest-**	**liebst-**	**best-**	**höchst-**	**nächst-**	**meist-**

Several adjectives and adverbs are irregular in the comparative and superlative.

Aischa, sprichst du mit deinen
Eltern **lieber** Türkisch oder
Deutsch?

*Aisha, do you prefer to speak Turkish
or German with your parents?*

To express preference about doing something, German uses the word lieber plus
a verb.

Die **meiste** Zeit sprechen wir
zu Hause Türkisch.

*Most of the time we speak Turkish
at home.*

NOTE that the adjective **meist-** is preceded by the definite article.

7-15 Expressing comparisons

München ist nicht **so** groß **wie** Berlin. *Munich is not as large as Berlin.*

Aber Gülfizer findet es **so**
interessant **wie** Berlin.

*But Gülfizer finds it as
interesting as Berlin.*

The construction so … wie is used to express the equality of a person, thing, or
activity to another. It is equivalent to English *as . . . as.*

Berlin ist **größer als** München. *Berlin is larger than Munich.*

Lukas findet Berlin **interessanter als**
München.

Lukas *finds Berlin* **more
interesting than** *Munich.*

The comparative form plus als is used to compare people, things, or activities.
Als is equivalent to English *than.*

Im Sommer ist es in Berlin **am
schönsten**.

In Berlin it's **nicest** *in the
summer.*

Lukas geht **am liebsten** in
Berlin-Kreuzberg aus.

Lukas *likes to go out in
Berlin-Kreuzberg* **most of all.**

The pattern **am** + superlative + **-en** (e.g., **am** + **schönst** + **en**) is used to express
the superlative degree of predicate adjectives and adverbs.

Von den Ausländern in der
Bundesrepublik leben **die
meisten** [Ausländer] in Berlin.

*Of the foreigners in the Federal
Republic, most live in Berlin.*

Von den türkischen Städten außerhalb
der Türkei ist Berlin-Kreuzberg
die größte [türkische Stadt].

*Of the Turkish cities outside
of Turkey, Berlin-Kreuzberg is
the largest.*

A second superlative pattern in the predicate is one that shows gender and number (die meisten Ausländer, die größte Stadt). This construction is used when
the noun is understood.

Base: Das ist aber kein **neuer** Computer.

Comparative: Ich brauche einen **neueren** Computer.

Superlative: Ist das denn Ihr **neu(e)ster** Computer?

Attributive adjectives in the comparative and superlative take the same adjective
endings as those in the base form.

Übungen

9 Meinungen und Fakten. Laura, Francesca und Mehmet waren zusammen in einer Vorlesung. Jetzt sitzen sie in der Mensa and sprechen über alles Mögliche. Sie lesen einen Satz in der Grundform. Bilden Sie passend dazu Sätze im Komparativ und im Superlativ.

▶ Berlin finde ich schön.
Und Rom?   *Rom finde ich schöner.*
Und Istanbul?   *Istanbul finde ich am schönsten.*

1. Deutsche Speisen schmecken gut. Und türkische Gerichte°? Und italienische Spezialitäten?   *dishes*
2. Türkische Teenager spielen gern Fußball. Und deutsche Jugendliche? Und italienische Kinder?
3. Die Mieten in der Türkei sind hoch. Und in Italien? Und in Deutschland?
4. Die Schulferien im Sommer in Deutschland sind lang. Und in der Türkei? Und in Italien?
5. Ich esse viel. Und Laura? Und Mehmet?
6. Die Bäckerei ist nah. Und das türkische Restaurant? Und das italienische Café?

10 Im Sprachkurs. Herr Brander unterrichtet einen Kurs Deutsch als Fremdspache. Heute möchte er etwas über deutsche Landeskunde° erzählen. Er macht sich Notizen. Formulieren Sie seine Notizen für den Unterricht aus.   *island*

▶ Die Oder ist ein langer Fluss. (die Elbe / der Rhein)
Die Elbe ist ein längerer Fluss.
Der Rhein ist der längste Fluss.

1. Rheinland-Pfalz ist ein großes Bundesland. (Baden-Württemberg / Bayern)
2. Der Brocken ist ein hoher Berg. (der Feldberg / die Zugspitze)
3. Sylt ist eine kleine Insel°. (Föhr / Amrum)
4. Der Chiemsee ist ein tiefer See. (der Ammersee / der Bodensee)
5. Die Frauenkirche in München ist eine alte Kirche. (der Kölner Dom / der Aachener Dom)
6. Stuttgart ist eine teure Stadt. (Hamburg / München)

Jetzt haben Sie das Wort

11 Persönliche Fragen. Geben Sie persönliche Antworten.

1. Wann hast du Geburtstag?
2. Wie feierst du am liebsten deinen Geburtstag?
3. Was machst du in den Semesterferien am liebsten?
4. Was machst du am Wochenende am liebsten?
5. Was machst du am häufigsten, wenn du relaxen willst?
6. Was isst du am liebsten?
7. Wo isst du am häufigsten?
8. Was trinkst du am liebsten?
9. Welches Fach findest du am schwersten? Am interessantesten?
10. Wer in diesem Kurs spricht am meisten?

12 **Wer ist das?** Beschreiben Sie eine Person aus Ihrem Deutschkurs oder eine berühmte Person. Sagen Sie nicht, wen Sie beschreiben. Benutzen Sie so viele beschreibende Adjektive und Vergleiche° wie möglich. Lesen Sie Ihren Text den anderen Studenten vor. Im Wortkasten finden Sie einige Anregungen°.

▶ SIE: *Sie hat braunes, kurzes Haar und ist größer als ich. …*

Wortkasten

das Haar	lang	tragen	so … wie
die Augen	kurz	anhaben	nicht so … wie
die Nase	lockig°	aussehen	(größer) als
die Hose	glatt°		am (besten)
das Hemd	blond, braun		
die Bluse	blau, grün		
der Rock	grau		
die Schuhe			

13 **Kurze Aufsätze**

1. Denken Sie an verschiedene Dinge oder Personen, die Sie miteinander vergleichen können. Vielleicht sind sie ziemlich ähnlich, vielleicht sind sie total verschieden. Schreiben Sie über den Vergleich.

2. Besprechen Sie Vor- und Nachteile moderner Erfindungen° wie das Auto, das Flugzeug, das Fernsehen, der Computer, das Internet, das Handy, das iPad.

3. Auch in den USA und in Kanada leben Menschen verschiedener Nationalitäten in einem Land zusammen. In welchen Bereichen° erlebt man da die multikulturelle Vielfalt°? Zeigt sich Ihnen diese Vielfalt auch im Alltag?

4. Welche Spannungen° können sich daraus entwickeln, dass verschiedene Kulturen in einem Land zusammenleben? Nennen Sie ein paar Beispiele aus Deutschland oder auch aus Ihrem Land.

Kapitel

8

8-1 Indicative° and subjunctive°

der Indikativ | der Konjunktiv

INDICATIVE	Anna **kommt** heute wieder nicht. Vielleicht **kommt** sie morgen.	*Anna isn't coming again today. Maybe she'll come tomorrow.*
SUBJUNCTIVE	Anna **würde** nicht ohne ihre Freundin **kommen.** Sie **käme** sicher nicht.	*Anna would not come without her friend. Sie certainly would not come.*

In both English and German, the indicative mood is used to talk about real conditions or factual situations. It is a fact that Anna is not coming today. It is also a fact that she may (or may not) come tomorrow.

The subjunctive mood indicates a speaker's attitude toward a situation, a feeling that the situation is hypothetical, uncertain, potential, implausible, or contrary to fact. When a speaker says "Anna would not come without her friend" she/he is postulating a hypothetical situation. The speaker is only assuming that Anna would behave in a certain way.

WISHES	Ich **möchte** ein Zimmer mit Bad.	*I would like a room with a bath.*
POLITE REQUESTS	Und **würden** Sie mir bitte mit meinem Gepäck helfen?	*And would you please help me with my luggage?*

The subjunctive is also used to express wishes and polite requests.

German has two ways to express the subjunctive mood. One way is to use the **würde-**construction (e.g., **Anna würde sicher nicht kommen**). The other way is to use the subjunctive form of the main verb (e.g., **Anna käme sicher nicht**). The meaning of both sentences is the same (*Anna would not come*). In colloquial German the **würde-**construction is used much more frequently than the subjunctive form of main verbs, with the exception of a few verbs that are commonly used in the subjunctive (see Sections 8-5 and 8-6 of this chapter).

PRESENT-TIME	Wenn Anna nur heute oder morgen **käme.**	*If only Anna **would come*** today or tomorrow.
	Wenn Anna nur heute oder morgen **kommen würde.**	
PAST-TIME	Wenn Anna nur gestern gekommen **wäre.**	*If only Anna **had come*** yesterday.

Subjunctive forms can express two time categories: present time, which also can refer to the future (if only Anna would come now or in the future), and past time (if only Anna had come in the past).

Konjunktiv II

8-2 Subjunctive II°

German has two forms of the subjunctive: *subjunctive II*, also called *general subjunctive*, and *subjunctive I*, also called *special subjunctive*. Present-time subjunctive II is based on the simple-past tense form: **er käme** (from **kam**). (The simple-past stem is the second principal part of the verb, hence the designation subjunctive II). Present-time subjunctive I is based on the infinitive stem: **er komme** (from **kommen**). (The infinitive is the first principal part of the verb, hence the designation subjunctive I.)

In this chapter you will work with subjunctive II, which is the form used to talk about unreal and hypothetical events and to express wishes and polite requests. Both subjunctive II and subjunctive I are used to express indirect discourse, that is, to report what someone has said. Indirect discourse is discussed in *Kapitel 10*.

der Konjunktiv II der Gegenwart

8-3 Verb endings in present-time subjunctive II°

ich käm**e**	*wir* käm**en**
du käm**est**	*ihr* käm**et**
er/es/sie käm**e**	*sie* käm**en**
Sie käm**en**	

The subjunctive endings above are used for all verbs, strong and weak. Note that the endings are identical to the past tense endings of weak verbs, minus the **-t** (ich spielt**e**, du spielt**est**, etc.). In colloquial German, the endings **-est** and **-et** often contract to **-st** and **-t** if the form is clearly subjunctive, as indicated by the umlaut in strong verbs (**kämst, kämt**; see Section 8-7 of this chapter).

die würde-Konstruktion

8-4 The *würde*-construction°

TIM:	Ich **würde** gern etwas für euch tun.	*I **would** gladly do something for you.*
LEA:	**Würdest** du uns wirklich helfen?	***Would** you really help us?*

The **würde**-construction consists of a form of **würde** plus the infinitive and is equivalent in meaning to the English construction *would* plus the infinitive.

ich **würde** es machen	*wir* **würden** es machen
du **würdest** es machen	*ihr* **würdet** es machen
er/es/sie **würde** es machen	*sie* **würden** es machen
	Sie **würden** es machen

The verb **würde** is the subjunctive II form of **werden**. It is formed by adding an umlaut to **wurde**, the simple past of **werden**.

Übung

1 **Trübe Gedanken** Luca ist im ersten Semester und er ist im Moment sehr unglücklich, weil er viele Probleme hat. Sagen Sie ihm, was Sie tun würden. Benutzen Sie die **würde-Konstruktion**.

▶ Ich habe zu wenig Zeit für meine Aufgaben. (weniger Computerspiele spielen)

▶ Ich würde weniger Computerspiele spielen.

PROBLEME

1. Ich interessiere mich nicht richtig für mein Hauptfach.
2. Ich bin mit meinen Noten nicht sehr zufrieden.
3. Ich habe nie genug Zeit für andere Dinge.
4. Ich bin immer sehr müde.
5. Ich kann nicht schlafen.
6. Ich kann die Schulden° auf meiner Kreditkarte nicht mehr bezahlen.
7. Ich habe zu wenig Geld.

VORSCHLÄGE°   *suggestions*

a. mit meinen Professoren sprechen.
b. mehr schlafen
c. einen Nebenjob suchen
d. alle Hausaufgaben machen
e. weniger Kaffee trinken
f. weniger kaufen
g. weniger auf Facebook surfen

charges

8-5 Present-time subjunctive II of *sein*, *haben*, and *wissen*

a | *sein*

ich **wäre**	*wir* **wären**
du **wärest**	*ihr* **wäret**
er/es/sie **wäre**	*sie* **wären**
	Sie **wären**

b | haben

ich **hätte**	*wir* **hätten**
du **hättest**	*ihr* **hättet**
er/es/sie **hätte**	*sie* **hätten**
	Sie **hätten**

c | wissen

ich **wüsste**	*wir* **wüssten**
du **wüsstest**	*ihr* **wüsstet**
er/es/sie **wüsste**	*sie* **wüssten**
	Sie **wüssten**

The verbs **haben**, **sein**, and **wissen** are used in their subjunctive II forms, **wäre**, **hätte**, and **wüsste** rather than as part of the **würde-**construction. Notice that the subjunctive II form of **sein** is the past tense **war** plus umlaut and subjunctive endings. The subjunctive II forms of **haben** and **wissen** are the past tense forms **hatte** and **wusste** with an umlaut.

8-6) Modals in present-time subjunctive II

INFINITIVE		SIMPLE PAST	PRESENT-TIME SUBJUNCTIVE II
dürfen		durfte	**dürfte**
können		konnte	**könnte**
mögen	*er/es/sie*	mochte	**möchte**
müssen		musste	**müsste**
sollen		sollte	**sollte**
wollen		wollte	**wollte**

The present-time subjunctive II forms of modals are like the simple past-tense forms except that the modals with an umlaut in the infinitive also have an umlaut in the subjunctive.

Könntest du fahren?	***Could*** *you drive?*

The modals are always used in their subjunctive II form rather than as infinitives with the **würde-**construction.

Modals are some of the most commonly used verbs in the subjunctive II.

LARS:	**Dürfte** ich dich etwas fragen?	***Might*** *I ask you something?*
LIANE:	Natürlich, was **möchtest** du?	*Of course, what **would** you like?*
LARS:	**Könntest** du mir einen Gefallen tun?	***Could*** *you do me a favor?*
	Sollten wir meinen Freund Andi nicht auch zur Party einladen?	***Should**n't we also invite my friend Andi to the party?*

The subjunctive II forms of the modals are frequently used to express polite requests or wishes or to soften the tone of a question or statement (e.g., **sollten wir**).

Übung

 Die Heimfahrt. Hannah ist auf einer Party bei Freunden. Sie möchte jetzt gehen, weil sie ein Referat fertig schreiben muss. Sie spricht mit dem Gastgeber° und Christian, einem Bekannten. Machen Sie die Aussagen weniger definitiv, indem Sie die Verben in den Konjunktiv II der Gegenwart setzen.

▶ Ich muss jetzt eigentlich gehen.
Ich müsste jetzt eigentlich gehen.

HANNAH: Ich muss den Bus um Viertel nach zehn bekommen. Aber es ist ja schon zehn – da kann ich vielleicht ein Taxi nehmen.

CHRISTIAN: Ein Taxi ist aber teuer.

HANNAH: Hmm. Ich kann meine Mitbewohnerin Lea anrufen und sie fragen, ob sie Zeit hat, mich abzuholen.

CHRISTIAN: Du, ich kann dich auch nach Hause fahren.

HANNAH: Wirklich? Das ist sehr nett. Vielen Dank.

8-7 · Present-time subjunctive II of strong verbs

INFINITIVE		SIMPLE PAST	+ UMLAUT FOR a, o, u	ENDING	SUBJUNCTIVE II
kommen	er/es/sie {	kam	käm	-e	**käme**
gehen		ging	ging	-e	**ginge**

The present-time subjunctive II of strong verbs is formed by adding subjunctive endings to the simple-past stem of the verb. An umlaut is added to the stem vowels **a**, **o**, or **u**.

Tätest du so etwas? } *Would you do something like that?*
Würdest du so etwas **tun?**

Although the subjunctive II form of the main verb and the **würde-**construction are equivalent in meaning, the **würde-**construction is more common in conversation. However, the following four verbs are often used in their subjunctive form.

fände (finden)

ginge (gehen)

gäbe (geben)

käme (kommen)

In your reading, especially of older texts, you may come across the subjunctive form of other strong verbs. For a list of subjunctive II forms of strong verbs, see *Appendix 25.*

8-8 Present-time subjunctive II of regular weak verbs

INFINITIVE		SIMPLE PAST	PRESENT-TIME SUBJUNCTIVE II
sagen		sagte	**sagte**
kaufen	*er/es/sie*	kaufte	**kaufte**
arbeiten		arbeitete	**arbeitete**
baden		badete	**badete**

The present-time subjunctive II forms of regular weak verbs are identical to their simple-past forms. The **würde-**construction is normally used rather than the subjunctive form of weak verbs.

Übungen

3 **Das wäre schön.** Frau Schröder ist schon 30 Jahre bei derselben Firma und sie findet ihre Arbeit ziemlich monoton und langweilig. Sie überlegt sich, ob sie sich vielleicht frühzeitig° pensionieren lassen soll und erzählt einer Freundin, wie schön es wäre, wenn sie jetzt schon nicht mehr arbeiten müsste. Schreiben Sie Frau Schröders Aussagen im Konjunktiv II auf.

sich frühzeitig ... lassen
take early retirement

1. Es gibt keine Arbeit.
2. Ich gehe jeden Tag spazieren.
3. Ich habe immer Zeit für meine Freunde.
4. Wir gehen jeden Abend aus.
5. Ich komme nie vor Mitternacht nach Hause.
6. Ich finde so ein Leben toll.
7. Ach, das ist schön.

4 **E-Mail an die Mutter.** Jessica möchte mit ihren zwei Freundinnen Julia und Jildiz zu ihren Eltern nach Köln fahren und schreibt ihrer Mutter eine E-Mail. Als die Mail fertig ist, merkt Jessica, dass sie recht unhöflich klingt°. Also schreibt sie die Mail nochmal°, indem sie die Sätze in den Konjunktiv II der Gegenwart setzt.

sounds
again

Liebe Mutti,

wie findest du das, wenn ich mit meinen Freundinnen Julia und Jildiz dieses Wochenende nach Köln komme? Habt ihr denn noch die zwei alten Schlafcouchen? Kann Vati uns Tickets für das Fußballspiel zwischen Köln und Freiburg besorgen°? Ich habe auch Lust, endlich das Schokoladenmuseum zu besuchen und das wird meinen Freundinnen auch Spaß machen. Wir wollen insgesamt° vier Tage bei euch bleiben. Geht° das?

Viele liebe Grüße
von deiner Jessica

get

all together / **Geht das?**
Is that all right?

8-9　Past-time subjunctive II°

der Konjunktiv II der Vergangenheit

ich **hätte** es **getan**	*wir* **hätten** es **getan**
du **hättest** es **getan**	*ihr* **hättet** es **getan**
er/es/sie **hätte** es **getan**	*sie* **hätten** es **getan**
	Sie **hätten** es **getan**

ich **wäre** nicht **gekommen**	*wir* **wären** nicht **gekommen**
du **wärest** nicht **gekommen**	*ihr* **wäret** nicht **gekommen**
er/es/sie **wäre** nicht **gekommen**	*sie* **wären** nicht **gekommen**
	Sie **wären** nicht **gekommen**

Past-time subjunctive II consists of the subjunctive II forms of **haben** (**hätte**) or **sein** (**wäre**) and the past participle of the main verb.

LUISA UND MARCELL:	Wenn ihr uns **angerufen hättet, wären** wir zu Hause **geblieben.**	*If you had called **us** we would have stayed home.*
ALINA UND FABIAN:	Wenn wir das **gewusst hättet, wären** wir natürlich **gekommen.**	*If we **had known** that, we **would have come** of course.*

The past-time subjunctive II is used to express hypothetical conclusions, wishes, and contrary-to-fact conditions in past time (see Section 8-14). It corresponds to the English construction *would have* plus the past participle. The **würde**-construction is not used when referring to the past.

Übungen

5　Zwei Wochen später.　Der Besuch von Jessica und ihren Freundinnen bei ihren Eltern in Köln hat nicht geklappt. Jessica erzählt einem Freund, was sie alles in Köln an dem Wochenende gemacht hätten. Setzen Sie die Sätze in den Konjunktiv II der Vergangenheit.

1. Wir schlafen bei meinen Eltern.
2. Mein Vater besorgt Tickets für das Fußballspiel zwischen Köln und Freiburg.
3. Wir gehen in die berühmte Schokoladenfabrik in Köln.
4. Julia kauft in der Fußgängerzone sportliche Klamotten° für ihr Fitness-   *clothes (slang)* training ein.
5. Am Nachmittag sehen wir ein Musical.
6. Das macht ihnen Spaß.
7. Abends essen wir in einem türkischen Restaurant in der Altstadt.
8. Ich zeige meinen Freundinnen den Dom.

6　Zwei Generationen.　Christina erzählt ihrer Urgroßmutter° in Ostberlin,   *great-grandmother* was sie zurzeit° macht. Das erinnert die Urgroßmutter an ihre eigene Jugend. Es   *at the moment* war Krieg, als sie jung war, und sie hatte viel weniger Möglichkeiten. Sie sagt jedoch, dass sie die gleichen Dinge wie Christina in ihrer Jugend auch gern gemacht hätte. Benutzen Sie dafür den Konjunktiv II der Vergangenheit. Setzen Sie die Worte **auch gern** hinter die Hilfsverben **wäre** und **hätte** wie im Beispiel.

▶ Ich mache eine Ausbildung als Lehrerin.
   Ich hätte auch gern eine Ausbildung als Lehrerin gemacht.

1. Ich studiere an der Universität Heidelberg. hätte studiert
2. Ich wohne in einer modernen Wohnung. hätte gewohnt
3. Ich mache viele Reisen. hätte gemachen
4. Ich fliege manchmal nach Mallorca. wäre geflogen
5. Ich habe ein kleines Auto. hätte gehabt
6. Ich gehe oft aus. wäre gegangen
7. Ich bleibe in Heidelberg. wäre geblieben

8-10 Modals in past-time subjunctive II

In past-time subjunctive II, modals have two forms of the participle: a regular form (**gekonnt**), and a form identical to the infinitive (**können**).

Du **hättest** es **gekonnt**.	*You could have (done it).*

The regular form of the participle has the **ge**-prefix and the ending **-t** (**gedurft, gekonnt, gemocht, gemusst, gesollt,** and **gewollt**). The regular form is used when the modal is the main verb, that is, without a dependent infinitive. Note the difference between the German and English constructions. In German the verb **machen** or **tun** is implied rather than stated (see *Kapitel 1*, *Section 1-9*).

Du **hättest** es **machen können**.	*You would have been able to do it.*
Lisa **hätte mitkommen müssen**.	*Lisa would have needed to come along.*
Du **hättest** nicht allein **fahren sollen**.	*You should not have driven alone.*

1. When a modal is used with a dependent infinitive, an alternative past participle that is identical with the modal infinitive is used (**dürfen, können, mögen, müssen, sollen,** and **wollen**). This construction is often called the *double infinitive construction* (see *Kapitel 2*, *Section 2-18*).

2. The subjunctive II form of the auxiliary **haben** (**hätte, hättest,** etc.) is always used with modals in past subjunctive.

3. The double infinitive construction is most common with **können, müssen,** and **sollen.**

Lisa sagte, dass sie **hätte mitkommen müssen**.	*Lisa said, that she would have needed to come along*.
Ich finde auch, dass du nicht allein **hättest fahren sollen**.	*I also think that you should not have driven alone*.

4. The double infinitive is always the last element in a clause, even in a dependent clause. The subjunctive form of the auxiliary verb **haben** precedes the double infinitive (see *Kapitel 3*, *Section 3-8*).

Übung

7 **Schwierige Situationen.** Sagen Sie, was Sie in den folgenden Situationen hätten tun können, wollen oder müssen. Benutzen Sie die passenden Stichwörter im Konjunktiv II.

Was hätten Sie gemacht, wenn

▶ Sie kein Ticket für das Fußballspiel hätten (eins kaufen müssen)
Ich hätte eins kaufen müssen.

1. wenn Ihr Computer kaputt wäre
2. wenn Sie beim Einkaufen keine Kreditkarte dabei hätten
3. wenn das Essen angebrannt wäre
4. wenn Sie den neuesten Film im Kino verpasst hätten
5. wenn Ihr Regenmantel nicht mehr wasserdicht° wäre   *waterproof*
6. wenn Sie Ihren Autoschlüssel verloren hätten
7. wenn Sie gestern nur zwei Stunden geschlafen hätten

Was ich getan hätte:

a. einen neuen machen lassen
b. ihn ausleihen und zu Hause anschauen können
c. mit Bargeld° zahlen müssen   *cash*
d. einen neuen kaufen müssen
e. heute früher ins Bett gehen müssen
f. eine Pizza kommen lassen
g. ihn reparieren lassen

8-11 | Conditional sentences°   *der Konditionalsatz*

A conditional sentence contains two clauses: the condition (**wenn-**clause) and the conclusion. The **wenn-**clause states the conditions under which some event mentioned in the conclusion may or may not take place.

a | Conditions of fact

Wenn ich Zeit **habe, komme** ich **mit**.	*If I **have** time (maybe I will, maybe I won't), **I'll come along.***

Conditions of fact are conditions that are capable of fulfillment. Indicative verb forms are used in conditions of fact.

b | Conditions contrary to fact°   *der irreale Konditionalsatz*

PRESENT TIME	**Wenn** ich Zeit **hätte, würde** ich **mitkommen** **Wenn** ich Zeit **hätte, käme** ich **mit**.	*If I **had** time [but I don't], I **would come along**.*
PAST TIME	**Wenn** ich Zeit **gehabt hätte, wäre** ich **mitgekommen**.	*If I **had had** time [but I didn't], I would **have come along**.*

Contrary-to-fact conditions describe a situation that does not exist or will not take place. The speaker only speculates on how something could or would be under certain conditions (if the speaker had time, for example).

To talk about the present, a speaker uses present-time subjunctive II of the main verb (e.g., **hätte**) in the condition clause (**wenn**-clause) and generally uses a **würde**-construction (e.g., **würde mitkommen**) in the conclusion clause. In formal usage the conclusion may contain a subjunctive II form of the main verb instead (e.g., **käme mit**). Formal written German tends to avoid the **würde**-construction in the **wenn**-clause.

To talk about the past, a speaker uses past-time subjunctive II in both clauses. She/He speculates on how something might have been under certain conditions.

8-12 Omission of *wenn* in conditional sentences

Hätte ich Zeit, (**dann/so**) würde ich mitkommen.	
Hätte ich Zeit, (**dann/so**) käme ich mit.	*If I **had time**, I would come along.*
Hätte ich Zeit gehabt, (**dann/so**) wäre ich mitgekommen.	*If I **had had time**, I would have come along.*

Wenn may be omitted at the beginning of the condition-clause (**wenn**-clause). The verb then begins the sentence. The meaning of the sentence is the same as though **wenn** were stated: **Hätte ich Zeit = Wenn ich Zeit hätte.** The words **dann** or **so** are frequently used to begin the conclusion.

8-13 Uses of the *würde*-construction and subjunctive II

„Wenn ich mir was wünschen dürfte …"

For use of the **würde**-construction versus subjunctive II, see Section 8-15.

a | Contrary-to-fact conditions

JONAS:	**Wenn** ich nicht so müde **wäre, würde** ich meine Arbeit fertig **machen.**	*If I weren't so tired, I would finish my work.*
GRETA:	**Wenn** ich mehr Zeit **hätte, würde** ich dir **helfen.**	*If I had more time, I would help you.*
JONAS:	**Wenn** ich das **gewusst hätte, wäre** ich früher **gekommen.**	*If I had known that, I would have come earlier.*

For contrary-to-fact conditions, see Section 8-11 of this chapter.

b | Conclusions without stated conditions

LUKAS:	Leon **würde** nie Drachenfliegen **gehen**.	Leon *would* never *go* hang gliding.
PAULA:	**Würdest** du das **tun**?	*Would* you *do* it?
LUKAS:	Nein, das **täte** ich nicht.	No, I *wouldn't do* that.
PAULA:	Aber Amelie **hätte** das sofort **getan**.	But Amelie *would have done* it right away.

The **würde-**construction or verbs in subjunctive II are used to express hypothetical situations or conclusions without stated conditions. The unstated conditions are often implied. Saying "I wouldn't do that" may be implying "if I were you (or someone else)."

c | Wishes

Wenn er nur leiser **sprechen würde**.	*If only he would speak more softly.*
Wenn ich nur mehr Zeit **hätte**.	*If only I had more time.*
Wenn er mir nur **helfen würde**.	*If only he would help me.*

Wishes that one does not expect to be fulfilled add **nur** and use a subjunctive verb or the **würde-**construction. **Nur** usually follows the subject and pronoun objects (e.g., **er mir nur helfen würde**). The English equivalent uses the word *only*.

d | Wishes introduced by *ich wollte* or *ich wünschte*

Ich **wollte** (**wünschte**),	*I wish …*
ich **könnte** länger **bleiben**.	*I could stay longer.*
es **würde regnen**.	*it would rain.*
ich **hätte** das **gesehen**.	*I had (would have) seen that.*

Wishes can be introduced by the present subjunctive forms **wollte** or **wünschte**. The wish itself uses a subjunctive verb or the **würde-**construction.

e | Polite requests or questions

Würden Sie einen Augenblick **warten**?	*Would you wait a moment?*
Würdest du mir eine Zeitung **mitbringen**?	*Would you bring me back a newspaper?*
Möchtet ihr jetzt Kaffee **trinken**?	*Would you like to have coffee now?*
Könnten Sie das Fenster ein bisschen **aufmachen**?	*Could you open the window a little?*

German, like English, uses a subjunctive verb or the **würde-**construction to express polite requests or questions.

Übungen

Complaints / film projectionist

8 **Viele Klagen°.** Dirk ist Student und jobbt als Filmvorführer° in einem Kino, um sich mehr leisten zu können. Heute hat er allerdings gar keine Freude an seiner Arbeit. Er wünscht sich, dass alles anders wäre. Beginnen Sie die Sätze mit **wenn**.

▶ Es ist furchtbar heiß.
Wenn es nur nicht so furchtbar heiß wäre!

1. Der Film ist so lang.
2. Ich habe so großen Durst.
3. Mein Kopf tut so weh.
4. Ich muss arbeiten.
5. Die Arbeit ist so langweilig.
6. Mein Chef kommt gleich.
7. Er ist immer so unfreundlich.
8. Ich muss bis elf hier bleiben.

9 **Wenn ich nur …!** Felix hat eine wichtige Prüfung vor sich und lernt die ganze Zeit. An seinem Schreibtisch träumt er davon, was wäre, wenn … Ergänzen Sie die Sätze mit den passenden Stichwörtern. Benutzen Sie die **würde-**Konstruktion.

ein herrliches Leben führen • in Urlaub fahren • ins Kino gehen • jetzt Zeitung lesen • joggen gehen • nicht mehr studieren • spazieren gehen

▶ Wenn ich mit der Arbeit fertig wäre, …
Wenn ich mit der Arbeit fertig wäre, würde ich ins Kino gehen.

1. Wenn die Prüfung nicht wäre, …
2. Wenn ich nicht so viel arbeiten müsste, …
3. Wenn ich reich wäre, dann …
4. Wenn ich Zeit hätte, …
5. Wenn das Wetter besser wäre, …
6. Wenn ich nicht studieren müsste, dann …

10 **Vieles muss anders werden.** Thomas ist zurzeit unzufrieden mit sich selbst und er verhält sich in der Wohnung ziemlich unmöglich. Seine Mitbewohner sagen ihm, was sie gern anders hätten. Setzen Sie **nicht** vor die fett gedruckten° Wörter.

boldfaced

▶ Deine Sachen liegen **in der ganzen Wohnung** herum.
Wir wollten, deine Sachen würden nicht in der ganzen Wohnung herumliegen.

1. Du hörst **immer** so laute Musik.

constantly

2. Du sitzt **dauernd°** vor dem Fernseher.
3. Dein Geschirr steht **den ganzen Tag** in der Spüle.
4. Du telefonierst **so laut.**
5. Du bist **immer** so ungeduldig.
6. Deine Freunde sind **immer** so unfreundlich.
7. Du hast **dauernd** schlechte Laune.

8-14 Clauses introduced by *als ob* and *als wenn*

| PRESENT-TIME SUBJUNCTIVE II | Er tut (tat), **als ob (als wenn)** er krank **wäre**. | *He acts (acted)* **as if** *he were ill.* |
| PAST-TIME SUBJUNCTIVE II | Er tut (tat), **als ob (als wenn)** er krank **gewesen wäre**. | *He acts (acted)* **as if** *he had been ill.* |

By using a construction with **als ob or als wenn** (*as if, as though*), a speaker is suggesting that something that appears to be true may in his/her opinion not be the case after all.

If the **als ob/als wenn-**clause refers to the same time as the main clause (**tut** or **tat**), the **würde-**construction or the present-time subjunctive is used.

If the **als ob/als wenn-**clause refers to something that took place before the action of the main clause (**tut** or **tat**), past-time subjunctive II is used (e.g., **gewesen wäre**).

Er sieht aus, **als** wäre er krank.   *He looks* **as if** *he were ill.*

Tun Sie, **als** wären Sie zu Hause!   *Act* **as if** *you were at home.*

The conjunction **als** can be used without **ob** or **wenn** to mean *as if*. When **als** means *as if*, the verb follows **als** directly.

Übung

11 **Party bei den Nachbarn.** Am Wochenende war bei den Nachbarn eine große Sommerparty. Thomas konnte nicht mitkommen, weil er krank war. Er fragt seine Schwester wie die Party war. Verwenden Sie **als ob** und **als wenn** mit den Stichwörtern in Klammern.

▶ War wieder so viel Verkehr auf den Straßen? (es ist Urlaubszeit)
Ja, als ob es Urlaubszeit wäre. / Ja, als wenn es Urlaubszeit wäre.

1. Hat Herr Wehlau gut gekocht? (er ist ein professioneller Koch)
2. Hast du mit unsererem früheren Nachbarn Nico Schulz lange gesprochen? (wir haben uns fünf Jahre nicht gesehen)
3. Hat eine Live-Band dort zu laut gespielt? (wir sind alle schwerhörig°)   *hard of hearing*
4. War unser Freund Jakob wieder so komisch? (er wird dafür bezahlt)
5. War das Wetter am späten Abend schon kalt? (es ist schon Herbst)
6. Bist du jetzt müde? (ich habe zwei Nächte nicht geschlafen)

8-15 The *würde*-construction versus the subjunctive II of the main verb

1. Today the present-time subjunctive form of most German verbs is felt to be stilted and obsolete. However, because you may come across them in your reading the forms are given in *Appendix 25*: Principal parts of strong and irregular weak verbs. With a few exceptions, the present subjunctive of weak verbs and most strong verbs is usually replaced by the **würde-**construction.

The subjunctive form of the following verbs are used regularly and should not be replaced by the **würde-**construction:

wäre (sein)   modals (**dürfte, könnte, möchte,**
hätte (haben)   **müsste, sollte, wollte**)
wüsste (wissen)

2. The subjunctive forms of the following four verbs are also often used:

fände (finden)

gäbe (geben)

ginge (gehen)

käme (kommen)

3. Formal written German tends to avoid the **würde-**construction in the **wenn-**clause:

Wenn er täglich Zeitung **läse,**   *If he **read** the newspaper daily,*
würde er alles besser verstehen.   *he would understand everything better.*

4. Note that in colloquial German, **würde** is often used in a **wenn-**clause.

Wenn es nur **regnen würde!**   *If only it **would rain.***

Jetzt haben Sie das Wort

job interview 👥 **12 Das Vorstellungsgespräch°.** Ihre Freundin/Ihr Freund hatte ein Vorstellungsgespräch. Leider hat sie/er die Stellung nicht bekommen. Sie/Er berichtet, was sie/er gemacht hat. Sagen Sie, was sie/er (nicht) hätte machen sollen.

▶ Ihre Freundin/Ihr Freund berichtet:
alarm clock *Ich habe meinen Wecker° nicht gestellt und bin zu spät aufgewacht.*
Während des Interviews _____.
Deshalb habe ich die Stellung nicht bekommen.

▶ Was hätte Ihre Freundin/Ihr Freund tun sollen?
SIE: *Wenn du deinen Wecker gestellt hättest, dann wärst*
du nicht zu spät angekommen.
Du hättest (nicht) _____ Dann hättest du
die Stellung bekommen.

Wortkasten

to yawn gähnen°	das T-Shirt	alt
vergessen	der Anzug	schmutzig
tragen	die Schuhe	müde
curriculum vitae wissen	der Lebenslauf°	zu spät
fragen	der Name der Firma	
	der Wecker	

13 **Was würdest du tun?** Fragen Sie Ihre Partnerin/Ihren Partner, was sie/er tun würde, wenn …

Mögliche Fragen finden Sie unten.

1. wenn dieses Semester schon zu Ende wäre
2. wenn ihr/sein Studium zu Ende wäre
3. wenn ihr/sein Auto / Computer / Drucker kaputt wäre
4. wenn sie/er die Gelegenheit hätte, im Sommer nach Deutschland zu reisen
5. wenn sie/er im Lotto 1000 Euro gewinnen würdest

14 **Beenden Sie die folgenden Sätze**

1. Wenn ich die Professorin/der Professor von diesem Kurs wäre, würde ich …
2. Wenn ich die Präsidentin/der Präsident dieser Universität wäre, würde ich …
3. Wenn ich Bürgermeisterin/Bürgermeister von New York / Boston / … wäre, würde ich …
4. Wenn ich die Präsidentin/der Präsident der USA wäre, würde ich …

15 **Kurze Aufsätze**

1. Stellen Sie sich vor, Sie wären 60 Jahre alt. Wie würden Sie gerne leben? Was würde Ihnen wohl Spaß machen?
2. Was würden Sie tun, wenn Sie weit von Ihrer Familie entfernt° wohnen würden? Wie würden Sie den Kontakt zu Ihren Eltern/Geschwistern halten? — *apart*
3. Stellen Sie sich vor, Sie könnten so leben, wie Sie wollten. Wie würde so ein Leben aussehen?
4. Stellen Sie sich vor, Sie könnten einige Dinge ändern, um die Welt zu verbessern°. Was müsste anders sein? — *improve*

Kapitel 9

Inhalt

das Reflexivpronomen

9-1 Reflexive pronouns°

| Zuerst wasche ich **mich.** | *First I'll wash (**myself**).* |
| Dann mache ich **mir** einen Kaffee. | *Then I'll make (**myself**) a coffee.* |

1. A reflexive pronoun is a pronoun that indicates the same person or thing as the subject. In this sense it "reflects back" on the subject.

2. In German a reflexive pronoun may be either in the accusative (e.g., **mich**) or dative (e.g., **mir**) case, depending on its function in the sentence.

PERSONAL (SUBJECT) PRONOUN	ich	du	er/es/sie	wir	ihr	sie	Sie
ACCUSATIVE REFLEXIVE	**mich**	**dich**	**sich**	**uns**	**euch**	**sich**	**sich**
DATIVE REFLEXIVE	**mir**	**dir**	**sich**	**uns**	**euch**	**sich**	**sich**

The first- and second-person reflexive pronouns are identical to the personal pronouns. The pronoun **sich** is used for all third-person reflexives and for the **Sie**-form. In English, reflexive pronouns end in *-self / -selves* (e.g., *myself, himself, themselves*).

9-2 Accusative reflexive pronouns

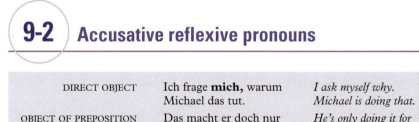

| DIRECT OBJECT | Ich frage **mich,** warum Michael das tut. | *I ask myself why. Michael is doing that.* |
| OBJECT OF PREPOSITION | Das macht er doch nur für **sich** selbst. | *He's only doing it for himself, of course.* |

A reflexive pronoun is in the accusative case when it functions as direct object or as the object of a preposition that requires the accusative case. For a list of common verbs with accusative reflexive pronouns, see Section 9-5.

9-3 Dative reflexive pronouns

INDIRECT OBJECT	Ich kaufe **mir** den Mantel.	*I'm going to buy myself the coat.*
DATIVE VERB	Ich gefalle **mir** in meinem alten Mantel nicht mehr.	*I don't like myself in my old coat anymore.*
OBJECT OF PREPOSITION	Du bist immer so kritisch mit **dir!**	*You are always so critical of yourself!*

A reflexive pronoun is in the dative case when it functions as an indirect object, the object of a dative verb, or the object of a preposition that requires the dative case.

9-4 Verbs with either accusative or dative reflexive pronouns

ACCUSATIVE	Ich wasche **mich**.	*I wash (myself).*
DATIVE	Ich wasche **mir** die Hände.	*I wash my hands.*

Some verbs can be used with either accusative or dative reflexive pronouns. The dative is used if there is also an accusative object.

9-5 Reflexive verbs° and verbs used reflexively°

das echte reflexive Verb | das unechte reflexive Verb

REFLEXIVE	NONREFLEXIVE
Alina **fragt sich** jeden Tag, ob du das wohl schaffst.	*Alina asks herself every day, whether you will accomplish that.*
Fragst du mich?	*Are you asking me?*

All transitive verbs, i.e., those that take direct objects, can be used reflexively, e.g. **fragen**.

Hast du **dich** im Urlaub gut **erholt**?	*Did you have a good rest on vacation?*
Nein, ich habe **mich erkältet**.	*No, I caught a cold.*
Und jetzt muss ich **mich beeilen**, weil ich zum Arzt muss.	*And now I have to hurry, because I have to go to the doctor.*

Some verbs always have reflexive pronouns. They are called *reflexive verbs*. Such verbs are noted in the end vocabulary as follows: **sich erkälten**.

NONREFLEXIVE	REFLEXIVE
Die Frau **erinnert** Lara an ihre Tante. *The woman reminds Lara of her aunt.*	Lara **erinnert sich** gut an ihre Tante. *Lara remembers her aunt well.*
Was **ärgert** dich so? *What is making you angry?*	Ich **ärgere mich** über alles. *I'm mad about everything.*

Many German verbs are used both nonreflexively and reflexively. Some of these verbs change their meanings when used reflexively. Such verbs are noted in the end vocabulary as follows: **(sich) erinnern**.

VERBS WITH AN ACCUSATIVE REFLEXIVE PRONOUN

(sich) anziehen	Lukas **zog** sich **an**.	*Lukas got dressed.*
(sich) ärgern	Wir **ärgerten uns** über Lenas Worte.	*We were upset by Lena's words*
(sich) ausziehen	Paul **zog** sich **aus**.	*Paul got undressed.*
sich beeilen	**Beeil dich!**	*Hurry up.*
sich benehmen	Pascal **benimmt sich** immer so komisch.	*Pascal always acts so strange.*
sich bewerben	Ich habe **mich** für eine Stelle bei Siemens **beworben**.	*I applied for a job at Siemens.*
sich erholen	Hast du **dich erholt**?	*Have you recovered?*
(sich) erinnern	Johanna **erinnerte sich** an unseren Plan.	*Johanna remembered our plan.*
sich erkälten	Ich habe **mich** furchtbar **erkältet**.	*I've caught a bad cold.*
(sich) freuen (**über** + *acc.*)	Ich freue **mich** über deinen Erfolg.	*I am happy about your success.*
(sich) freuen (**auf** + *acc.*)	**Freust** du **dich** auf deinen Urlaub?	*Are you looking forward to your vacation?*
(sich) fühlen	Ich **fühle mich** gar nicht wohl.	*I don't feel well at all.*
(sich) gewöhnen (**an** + *acc.*)	Hast du **dich** an deine neuen Kollegen **gewöhnt**?	*Have you gotten used to your new colleagues?*
(sich) hinlegen	Leon **legte sich** eine halbe Stunde **hin**.	*Leon lay down for a half an hour.*
(sich) interessieren	Simon **interessiert sich** nicht für Politik.	*Simon is not interested in politics.*
sich schämen	**Schämst** du **dich** denn gar nicht?	*Aren't you ashamed?*
(sich) setzen	Emma **setzte sich** auf das Sofa.	*Emma sat down on the sofa.*
(sich) treffen	Jasmins Freundinnen **treffen sich** jeden Tag.	*Jasmin's friends meet every day.*
(sich) unterhalten	Ihre Freundinnen **unterhalten sich** über ihre Urlaubspläne.	*Her friends talk about their vacation plans.*
sich verabreden	Hat **sich** Dominik schon wieder mit Lena **verabredet**?	*Has Dominik made another date with Lena?*
sich verlieben	Ja, leider. Ich habe **mich** nämlich in sie **verliebt**.	*Yes, unfortunately, I have fallen in love with her.*
(sich) waschen	Nils **wäscht sich** nach der Gartenarbeit.	*Nils washes up after gardening.*
(sich) wundern **über** (+ *acc.*)	Darüber **wundere** ich **mich** nicht.	*I'm not suprised about that.*

VERBS WITH A DATIVE REFLEXIVE PRONOUN

sich leisten	Kannst du **dir** das **leisten**?	*Can you afford it?*
(sich) überlegen	**Überleg** es **dir** mal.	*Think about it.*
(sich) vorstellen	Ich kann **mir** das nicht **vorstellen**.	*I can't imagine it.*

The English equivalents of many German verbs used reflexively are not reflexive.

Übungen

1 **Ein alter Bekannter.** Katharina spricht mit Sebastian über Moritz, einen alten Studienfreund von ihr aus dem Jurastudium. Bilden Sie aus ihrem Gespräch ganze Sätze, indem Sie die Zeitform in Klammern benutzen.

▶ SEBASTIAN: du / sich verabreden / für heute Abend / ? (Perfekt)
Hast du dich für heute Abend verabredet?

1. KATHARINA: du / sich erinnern an / Moritz / ? (Präsens)

2. SEBASTIAN: Natürlich. wir / sich kennen lernen / bei deiner Geburtstags-party (Perfekt)

3. ihr / sich sehen / denn noch manchmal / ? (Perfekt)

4. KATHARINA: Ja. wir / sich begegnen / gestern / am Bahnhof (Perfekt)

5. wir / sich unterhalten / lange (Perfekt)

6. Moritz / sich bewerben für / eine Stelle als Anwalt° bei einer großen Firma (Perfekt)   *corporate lawyer*

7. SEBASTIAN: du / sich wundern / nicht darüber / ? (Präsens)

8. Moritz / sich benehmen / doch immer so verrückt (Perfekt)

9. er / sich anziehen / denn immer noch so unordentlich / ? (Präsens)

10. KATHARINA: Ja, er ist immer noch so nett und chaotisch wie immer. Er entspricht wirklich nicht gerade dem Bild eines typischen Anwalts. Doch ich zweifle nicht daran, dass er gute Arbeit machen würde.

wir / sich treffen / auf jeden Fall / heute Abend / im „Exil" (Präsens)

11. ich / sich freuen / schon sehr darauf (Präsens)

2 **„Mein kältester Winter war ein Sommer in San Francisco."** Anna und Julia studieren für ein Jahr an der San Francisco State University. Ein paar Tage nach ihrer Ankunft° schreiben sie eine E-Mail an ihren gemeinsamen Freund   *arrival*
Christian. Am gleichen Abend schreibt Julia noch eine E-Mail an ihre Freundin Vanessa. Da sie sehr müde ist, schreibt sie das Gleiche wie an Christian, jetzt in der **ich**-Form. Formulieren Sie den Brief an Christian um, indem Sie statt der **wir-**Form die **ich-**Form benutzen.

Hallo Christian,

… eigentlich hatten wir uns ja vorgestellt, dass es in Kalifornien warm ist. Also haben wir uns am ersten Tag sehr sommerlich angezogen – und nur gefroren°.   *froze*
Am nächsten Tag haben wir uns dann wärmere Sachen gekauft. Wir haben uns gewundert, dass Kleidung gar nicht mehr so billig ist. Vieles konnten wir uns gar nicht leisten. Es ist auch nachts so kühl hier, dass wir uns dickere Bettdecken wünschen. Wir haben uns überlegt, ob wir uns neue Decken kaufen sollen, aber die sind hier einfach nicht so gemütlich wie die deutschen.

Heute Abend hatten wir keine Lust uns etwas zu kochen. Also haben wir den Pizza-Service angerufen und uns eine Riesen°-Pizza bestellt. Das Essen schmeckt toll hier und wir probieren° alles. Wir vermissen nur eins: frische Brötchen! Und wir wünschen uns ein ganzes Dutzend!

Viele liebe Grüße

Deine Anna und Julia

▶ Hallo Vanessa,
… eigentlich hatte ich mir ja vorgestellt, dass es in Kalifornien warm ist. Also habe ich mich am ersten Tag sehr sommerlich angezogen …

3 **Elternzeit°.** Thomas hat nach der Geburt seiner Tochter Lea Elternzeit genommen und kümmert sich nun um Lea und den Haushalt. Er spricht mit seinem Freund Phillipp darüber, wie manche Leute auf seine Rolle reagieren. Ergänzen Sie das Gespräch, indem Sie die englischen Stichwörter übersetzen.

parents' time (to take care of young children)

PHILLIPP: Na, wie _____ als Hausmann und Vater? (*do you feel*)

THOMAS: Meistens ganz gut, doch manchmal _____ über die Reaktion von manchen Leuten. (*I am angry*)

Dienstags zum Beispiel _____ immer mit ein paar Müttern und ihren Kindern. (*I meet*)

Und eine der Mütter _____ immer darüber, was für ein fröhliches Kind Lea ist, obwohl „nur" ihr Vater die Bezugsperson° ist. (*is surprised*)

caregiver

Solche Vorurteile _____! (*annoy me*)

PHILLIPP: Das _____! (*I can imagine*)

Anna und ich _____ auch, ob ich Elternzeit nehmen soll, wenn im Herbst unser Kind auf die Welt kommt. (*think about*)

Auf jeden Fall _____, dass wir uns beide um das Baby kümmern werden und jeder von uns Kompromisse im Beruf machen wird. (*I imagine*)

9-6 Reflexive with parts of body and clothing

Ich muss **mir** noch schnell die Zähne putzen	*I just quickly have to brush my teeth.*
Dann zieh **dir** aber die Jacke aus!	*Then take off your jacket!*

German often uses a definite article and a dative reflexive pronoun in referring to parts of the body and articles of clothing. The dative reflexive pronoun shows that the accusative object belongs to the subject of the sentence. English uses a possessive adjective (e.g., *my, yours*).

Übung

4 Männer! Julia möchte heute Abend mit ihrem Bruder Stefan ausgehen. Sie holt ihn zu Hause ab. Ergänzen Sie ihr Gespräch mit den passenden Verben.

sich anhören • sich ausziehen • sich beeilen • sich duschen • sich kochen • sich putzen

▶ JULIA: Kannst du _____ nicht ein bisschen _____?
Kannst du dich nicht ein bisschen beeilen?

JULIA: Du bist ja noch gar nicht fertig!

STEFAN: Ja, ja, ich muss _____ nur schnell _____.
Und dann _____ ich _____ noch schnell die Zähne.
Das dauert höchstens zehn Minuten.

JULIA: Na ja, das werden wir ja sehen. Wie ich dich kenne, dauert das sicher eine halbe Stunde. Da _____ ich _____
lieber mal den Mantel _____.
Kann ich _____ dann vielleicht noch einen Kaffee _____?

STEFAN: Na klar. Und du kannst _____ auch meine neue CD von Radiohead _____.

… 50 Minuten später; Stefan kommt aus dem Bad.

sich freuen • sich gewöhnen • sich rasieren

JULIA: Na endlich! Ich werde _____ nie daran _____, dass du im Bad so ewig lang brauchst.
Und da heißt es immer, dass Frauen viel Zeit im Bad verbringen!

STEFAN: Ihr Frauen müsst _____ ja auch nicht _____.
Doch du kannst _____ _____, dass ich schon fertig bin.
Wenn ich gebadet hätte, hättest du viel länger warten müssen.

9-7 Intensifiers *selbst* and *selber*

Das Kind kann sich schon **selbst** (**selber**) anziehen.	*The child can already dress **himself/herself**.*
Du hast es **selbst** (**selber**) gesagt.	*You said it **yourself**.*

1. The intensifiers **selbst** and **selber** emphasize that someone does something personally.

2. **Selbst** and **selber** normally intensify the subject (e.g., du selbst). However, when **selbst** or **selber** follows a reflexive pronoun it intensifies the pronoun(e.g., Kind … sich selbst).

3. **Selbst** and **selber** are interchangeable.

Wann sehen sie **sich** wieder?	*When will they see **each other** again?*

Reflexive pronouns may have a reciprocal meaning (*each other*). The subject is in the plural.

Wir mailen **uns** oft. ⎫
Wir mailen **einander** oft. ⎭   *We email **each other** often.*

The pronoun **einander** may be used instead of the reflexive pronoun to express a reciprocal action. **Einander** is never inflected.

Wir hören oft **voneinander**.	*We hear from each other often.*
Daniel und ich korrespondieren per E-Mail **miteinander**.	*Daniel and I correspond with each other by e-mail.*

Einander and a preceding preposition are written as one word.

Übung

5 **Die Wohngemeinschaft.** Theresa sucht eine neue Mitbewohnerin für ihre Wohngemeinschaft. Ihr Nachbar Niklas erzählt ihr, dass seine Freundin Katharina dringend° ein Zimmer sucht. Ergänzen Sie die Sätze, indem Sie jeweils **selbst** (**selber**) oder **einander** benutzen.

THERESA: Glaubst du, Katharina würde gut in unsere WG passen?

NIKLAS: Ich kenne Katharina recht gut. Wir besuchen _____ fast jeden Tag. Ich könnte mir schon vorstellen, dass ihr _____ sympathisch wärt. Doch du solltest sie einfach _____ kennen lernen.

THERESA: Was studiert Katharina denn?

NIKLAS: Sie studiert Musik und sie singt in einer Rockband.

THERESA: Ach ja? Ich habe vor ein paar Jahren _____ in einer Band gesungen. Dann hätten wir _____ ja sicher viel zu erzählen. Allerdings zweifle ich daran, dass meine andere Mitbewohnerin gern mit einer Musikerin zusammenwohnen möchte. Vor kurzem hat sie gesagt, dass alle Künstler chaotisch seien. Doch ich muss sagen, dass sie _____ ziemlich unordentlich ist.

NIKLAS: Das ist ja wohl ein blödes Vorurteil. Ich weiß, dass Katherina sehr ordentlich und zuverlässig° ist. Doch – wie gesagt – ihr *reliable* müsst sie einfach _____ treffen.

9-9 Relative clauses° der Relativsatz

Ist das die Kollegin, **die immer so ernst aussieht**? — *Is that the colleague who always looks so serious?*

Ja, aber das ist ein Problem, **das ich mit manchen Kollegen habe**. — *Yes, but that is a problem that I have with lots of colleagues.*

1. A relative clause provides additional information about a previously mentioned noun (or pronoun). The clause is introduced by a relative pronoun (e.g., **die** or **das**) that refers back to the noun (or pronoun), which is the antecedent (e.g., **Kollegin** or **Problem**).

Der Student, **der** dort sitzt, kommt aus Australien. — *The student (who is) sitting over there comes from Australia.*

2. In English the relative pronoun (e.g., *who*) may or may not be stated. In German the relative pronoun (e.g., **der**) is always stated.

Australien ist ein Kontinent, den ich gerne kennen lernen **möchte**. — *Australia is a continent (that) I would like to get to know.*

3. Since a relative clause is a dependent clause, the finite verb (e.g., **möchte**) is in final position. In writing, a comma separates the relative clause from the main clause.

9-10 Forms of relative pronouns° das Relativpronomen

	MASCULINE	NEUTER	FEMININE	PLURAL
NOMINATIVE	der	das	die	die
ACCUSATIVE	den	das	die	die
DATIVE	dem	dem	der	**denen**
GENITIVE	**dessen**	**dessen**	**deren**	**deren**

The forms of the relative pronouns are the same as the definite article, except for the dative plural and all genitive forms.

Ist das dein **Freund, der** diese Karte geschrieben hat? — *Is that your friend who wrote this card?*

Die **Karte, die** du meinst, ist nicht von meinem Freund. — *The card (that) you mean is not from my friend.*

In German relative pronouns can refer to either persons (e.g., **Freund**) or things (e.g., **Karte**). In English *who* refers to persons, *which* refers to things, and *that* can refer to either persons or things.

MASCULINE	Wo wohnt *der Mann*, **der** hier oft spazieren geht?
NEUTER	Wer ist *das Kind*, **das** hier oft spielt?
FEMININE	Wo wohnt *die Frau*, **die** hier oft spazieren geht?
PLURAL	Wer sind *die Leute*, **die** hier oft spazieren gehen?

1. The *gender* (masculine, neuter, feminine) of a relative pronoun is determined by the gender of the antecedent. In the examples above, **der** is masculine because it refers to **der Mann** and **die** is feminine because it refers to **die Frau**.

2. Whether a pronoun is singular or plural also depends on the noun to which it refers. The pronoun **die** that refers to **die Leute** is plural and therefore requires the plural verb **gehen**.

NOMINATIVE	Ist das der Mann, **der** aus den USA kommt?	*Is that the man who comes from the USA?*
ACCUSATIVE	Ist das der Mann, **den** Frau Müller so nett und freundlich findet?	*Is that the man (whom) Ms. Müller finds so nice and friendly?*
DATIVE	Ist das der Mann, **dem** Paul Deutschunterricht gibt?	*Is that the man to whom Paul is giving German lessons?*
GENITIVE	Ist das der Mann, **dessen** Familie noch in München wohnt?	*Is that the man whose family still lives in München?*

3. The *case* of the relative pronoun depends on its function in the relative clause. In the examples above, **der** is nominative because it is the subject of its clause; **den** is accusative because it is the direct object of the verb **findet** in that clause; **dem** is dative because it is an indirect object in the clause; and **dessen** is genitive because it shows a close relationship in the clause.

Ist das die Frau, **für die** Sie arbeiten?   *Is that the woman for whom you work?*

Ist das die Firma, **bei der** Sie arbeiten?   *Is that the firm (that) you work for?*

A preposition followed by a relative pronoun may introduce a relative clause. The case of the relative pronoun then depends on what case the preposition takes. In **für die, die** is accusative because of **für**; in **bei der, der** is dative because of **bei**.

In German, whenever a relative pronoun is the object of a preposition, the preposition precedes the pronoun and begins the clause. It cannot be at the end of the clause as is often the case in colloquial English: *[that] you work* **for**.

Übungen

6 **Die Jugend von heute.**   Gestern Abend waren Anna, Alex und Franziska bei einem Vortrag über das Thema „Jugend heute". Am nächsten Tag sprechen sie darüber, wie sie den Vortrag und die Diskussion danach fanden. Suchen Sie die Relativsätze aus dem Text heraus. Nennen Sie das Bezugswort° und das Relativpronomen. Bestimmen° Sie den Fall° und die Funktion (Subjekt, direktes Objekt, indirektes Objekt, Possessiv, Objekt einer Präposition) des Relativpronomens.

Antecedent
Determine / case

event ▶   ANNA: Das war endlich mal eine Veranstaltung°, bei der die Leute richtig diskutiert haben.

            bei der die Leute richtig diskutiert haben: Bezugswort = **Veranstaltung;** *Relativpronomen =* **der;** *Fall = Dativ; Funktion = Objekt einer Präposition*

    FRANZISKA: Es waren viele Leute da, die sich sehr für das Thema interessierten.

            die sich sehr für das Thema interessierten: Bezugswort = **Leute;** *Relativpronomen = die; Fall = Nominativ; Funktion = Subjekt*

1. ANNA: Wie fandest du eigentlich den Mann, der immer so laut geklatscht hat?

2. FRANZISKA: Meinst du den Herrn im blauen Anzug, mit dem Alex am Ende noch gesprochen hat? Er war ziemlich aggressiv und voller Vorurteile gegenüber Jugendlichen.

3. ALEX: Und er kannte wohl nur junge Menschen, deren einzige Ziele Konsum und Erfolg sind. Ich zweifle allerdings daran, dass er überhaupt junge Leute kennt.

4. ANNA: Ich fand die ältere Frau ganz hinten, die man leider nur schlecht verstehen konnte, sehr vernünftig. Sie berichtete von Jugendlichen, denen auch politische und soziale Themen wichtig sind.

5. ALEX: Und sie konnte auch von gemeinnützigen° Projekten erzählen, für die sich Schüler und Schülerinnen von hier engagieren°.

charitable
commit themselves

6. FRANZISKA: Auf jeden Fall ist es ein interessantes Thema, über das die Leute ganz unterschiedliche Meinungen haben.

7 Verwandte und Bekannte. Laurens kommt aus München und er ist als Austauschstudent an Ihrer Universität / an Ihrem College. Er erzählt Ihnen von seinen Verwandten und Bekannten in Deutschland. Sagen Sie, ob Ihre eigenen Freunde und Verwandten ähnlich oder anders sind.

▶ Meine Schwester hat ganz kurze Haare.
Ich habe auch eine Schwester, die ganz kurze Haare hat.
Ich habe keine Schwester, die ganz kurze Haare hat.

1. Mein Freund ist ziemlich unsportlich.
2. Meine Kusine spricht vier Fremdsprachen.
3. Mein Bruder fährt den ganzen Tag Skateboard.
4. Mein Onkel interessiert sich für den Umweltschutz°.

environmental protection

5. Meine Tante ist Klavierlehrerin.
6. Meine Großeltern leben auf dem Land.
7. Meine Nachbarn putzen jeden Samstag ihr Auto.

8 Die gute alte Zeit. John und Greg haben ihr *Junior Year* in Heidelberg verbracht. Ein paar Jahre später sind sie wieder dort und alte Erinnerungen werden wach. Da sie wieder in Deutschland sind, sprechen Sie deutsch miteinander. Setzen Sie jeweils das richtige Relativpronomen ein.

1. JOHN: Ist das nicht das Hotel, in _____dem_____ wir die erste Nacht verbracht haben?

2. GREG: Ja, und da ist die Marktfrau, bei _____der_____ wir unser Obst gekauft haben.

3. JOHN: Lass uns durch die Straße gehen, in _____der_____ wir im Sommersemester gewohnt haben.

4. GREG: Das ist eine gute Idee! Und ich möchte wieder in dem Gasthaus einen Kaffee trinken, in _____dem_____ wir samstags immer gegangen sind.

5. JOHN: Sieh mal, dort! Das ist doch der, _____den_____ wir im Hauptseminar° kennen gelernt haben, nicht?

advanced seminar

6. GREG: Richtig. Ich möchte auch wieder den Spaziergang zum Schloss machen, auf _____dem_____ wir Barbara getroffen haben.

7. JOHN: Gut. Und was ist wohl aus dem kleinen Café geworden, _____den_____ wir damals immer besucht haben?

9 **Stereotype.** Susan Thompson ist auf einer längeren Geschäftsreise in Deutschland. Nach vier Wochen besucht sie ihre Kusine Cathy in München, die seit 20 Jahren in Deutschland wohnt. Da Susan auch gut Deutsch kann, sprechen die beiden deutsch miteinander. Cathy fragt Susan, ob sie die Deutschen so findet, wie sie es erwartet hatte. Susan erzählt, was sie bisher beobachtet hat. Setzen Sie in die Sätze das passende Relativpronomen ein.

▶ Im Hotel gibt es einen Kellner, *dessen* Gesicht immer ernst ist.

1. In der Firma ist eine Angestellte, _deren_ Büro so ordentlich ist, dass es unbenutzt° aussieht.

unused

2. Ich habe eine Mitarbeiterin, _deren_ Vorträge sehr abstrakt und langweilig sind.

3. Dann gibt es ein paar Kollegen, _deren_ einziges Thema der Stress bei der Arbeit ist.

4. Ich habe bisher schon einige Leute getroffen, _deren_ Eigenschaften wohl als „typisch deutsch" gelten.

5. Doch dann begegnet mir auch immer wieder jemand, _dessen_ Charakter ganz anders ist.

10 **Zum Studium in Tübingen.** Jennifer hat ein Jahr in Tübingen studiert. Kurz bevor sie wieder in die USA zurückfliegt, besucht sie in Frankfurt eine Bekannte ihrer Eltern und erzählt von ihren Erfahrungen. Setzen Sie die richtigen Relativpronomen ein.

▶ Es war ein interessantes Jahr, *an das* ich mich gern erinnern werde.

1. Das Wohnheim, in _____ ich gewohnt habe, lag auf einem Berg etwas außerhalb der Stadt.

2. In der ersten Woche lernte ich einen Kommilitonen kennen, mit _____ ich jeden Morgen zur Uni fuhr.

3. Das war auch der Freund, von _____ ich am Wochenende öfter das Auto ausleihen konnte.

4. Die Leute, mit _____ ich auf einem Stockwerk wohnte, waren alle älter als ich.

5. Auf jedem Stockwerk gab es eine große Küche, in _____ man sich abends manchmal traf und zusammen kochte.

6. Alle waren recht freundlich außer einem Studenten, über _____ ich mich am Anfang oft geärgert habe.

7. Er gab mir irgendwie das Gefühl „die Ausländerin" zu sein, mit _____ man sich über nichts unterhalten kann.

8. Doch auch das war eine wichtige Erfahrung, ohne _____ ich vielleicht nicht so intensiv versucht hätte mein Deutsch zu verbessern.

9-11 The relative pronoun *was*

Ich glaube nicht alles, **was** die Leute erzählen	*I don't believe everything (**that**) the people say.*

1. The relative pronoun **was** is used to refer to an antecedent that is an indefinite pronoun (**alles**, *everything*; **etwas**, *something*; **nichts**, *nothing*; **viel**, *much*; **vieles**, *many things*; **wenig**, *little*). Note the distinction between **viel** (*much*) and **vieles** (*many things*).

Das ist sicher das Beste, **was** man tun kann.	*That's certainly the best (**that**) one can do.*

2. **Was** also refers to a neuter adjective in the superlative used as a noun (e.g., **das Beste**, *the best* [*thing*]; **das Schönste**, *the nicest* [*thing*]; **das Dümmste**, *the most stupid thing*).

Noah hat viele Vorurteile, **was** mich überrascht.	*Noah has lots of prejudices, which surprises me.*

3. **Was** can also be used to refer to an entire clause (e.g., **Noah hat viele Vorurteile**).

Er interessiert sich nicht für andere Menschen, **worauf** er auch noch stolz ist.	*He's not interested in other people, which he is even proud of.*
Das ist etwas, **worüber** ich mich sehr ärgere.	*That's something I am very annoyed about.*

4. When used with a preposition, the relative pronoun **was** is replaced by an adverbial **wo(r)**-compound, e.g., **worauf, worüber** (instead of preposition + **was**). Remember that in German, relative pronouns may not be omitted as they often are in English.

9-12 The relative pronouns *wer* and *was* with no antecedent

Wer Sara kennen lernt, findet sie arrogant.	***Whoever*** *gets to know Sara finds her arrogant.*
Wen du auch fragst, jeder sagt das.	***Whomever*** *you ask, everyone says that.*
Was man aber nach ein paar Wochen über sie denkt, ist ganz anders.	***What(ever)*** *you think about her after a few weeks, however, is totally different.*

The interrogative pronouns **wer** (**wen, wem, wessen**) and **was** can be used as relative pronouns to refer to nonspecific persons or things. English uses various relative constructions:

wer = *he who, who, whoever, anyone who*

was = *that which, what, whatever, anything that*

Übung

11 **Medizinstudium.** Emma erzählt von ihren Plänen Ärztin zu werden. Setzen Sie die richtige Form von **wer, was** oder ein **wo(r)**-Kompositum ein.

was • wer • worauf • wovon

▶ Ich habe einen Studienplatz für Medizin bekommen, *worüber* ich sehr glücklich bin.

1. Medizin zu studieren ist etwas, _____ ich schon als Kind geträumt habe.

2. _____ nie an mir gezweifelt hat – auch als ich schlechte Noten hatte –, war meine Mutter.

3. Das war das Beste, _____ sie tun konnte.

4. Der Arztberuf hat auch heute noch ein hohes Prestige, _____ für viele Leute sicher wichtig ist.

5. _____ aber nur viel Geld verdienen möchte, sollte meiner Meinung nach nicht Arzt oder Ärztin werden.

6. _____ ich für sehr wichtig halte, ist der Wunsch anderen Menschen helfen zu wollen.

7. Ich beginne nun im Herbst mit dem Studium, _____ ich mich sehr freue.°

sich freuen auf

---

das erweiterte Attribut **Extended modifiers°**

Relative Clause:	Sie wollte das Kind, das vor Müdigkeit eingeschlafen war, nicht stören.
Extended Modifier:	Sie wollte das **vor Müdigkeit eingeschlafene** Kind nicht stören
Relative Clause:	Er hat sich zu einem Menschen entwickelt, der mechanisch denkt.
Extended Modifier:	Er hat sich zu einem **mechanisch denkenden** Menschen entwickelt.

1. In German, relative clauses, which follow nouns, can be replaced by special constructions that precede nouns. These constructions are called extended modifiers or extended participial modifiers. They function like relative clauses but without a relative pronoun and a main verb. Instead they have an adjective or a participle used as an adjective that immediately precedes the noun it modifies. The participle can be a past participle (e.g., **eingeschlafen**) or a present participle (e.g., **denkend**). Note that **mechanisch** is an adverb modifying **denkend**. It therefore has no ending.

2. Extended modifiers are found mainly in formal writing such as scholarly works, especially scientific articles.

Denken Sie an unser **schwer zu lösendes** Problem.	*Think of our problem **that is difficult to solve**.*

3. Extended modifiers with a present participle preceded by **zu** indicate something that can (not) or should (not) be done. This construction is similar to a form of **sein + zu +** infinitive (see *Kapitel 10*, Section 10-9).

You will probably not have occasion to use extended modifiers. However, you should recognize and understand them if you come across them.

Übung

12 **Die Deutschen.** „Wie beliebt sind die Deutschen in Europa?" heißt das Thema, über das Frau Dr. Paulson einen Vortrag hält. Übersetzen Sie ein paar ihrer Aussagen ins Englische.

1. „Ist Deutschland innerhalb der EU zu stark?" ist eine oft gestellte Frage.
2. Die Wiedervereinigung Deutschlands war für manche europäische Länder zuerst eine schwer zu akzeptierende politische Entscheidung°. *decision*
3. Die Art der Deutschen ist innerhalb Europas auch ein viel diskutiertes Thema:
4. Ordnung und Zuverlässigkeit° sind häufig genannte Eigenschaften. *reliability*
5. Doch auch emotionale Kälte und Sturheit° sind oft erwähnte° Stereotypen. *stubbornness / mentioned*
6. Meiner Meinung nach ist die Aussage „Die Deutschen sind fleißig" ein weit verbreitetes Klischee.
7. Auf jeden Fall ist das harmonische Zusammenleben aller Europäer kein leicht zu erreichender Zustand.

9-14) Objective and subjective use of modals

OBJECTIVE	Die Schüler heute **müssen** eher mehr **arbeiten.**	*Students in school today are more likely to have to work more.*
	Du **sollst** das nicht **sagen.**	*You shouldn't say that.*
SUBJECTIVE	Die Deutschen **müssen** wohl eher ernst **sein.** Ja? Viele Deutsche **sollen** aber auch Humor **haben.**	*Germans are likely to be rather serious. Really? But many Germans are also supposed to have a sense of humor.*

Modal auxiliaries can be used either objectively or subjectively. When used objectively, they define a situation as seen or understood by the speaker. (The speaker believes it is a fact that students today have to work hardmore.) When used subjectively, they express the opinion of the speaker about a situation. (The speaker assumes that Germans are likely to be rather serious.)

9-15) Subjective statements in present time

OBJECTIVE	Annika **will** Komponistin **werden.**	*Annika intends to become a composer.*
SUBJECTIVE	Ihr Onkel Elias **will** ein großer Musiker **sein.**	*Her uncle Elias claims to be a great musician.*

In present time, modal constructions used subjectively have the same form as those used objectively.

9-16 | Subjective statements in past time

OBJECTIVE	Anna **musste** schwer **arbeiten.**	*Anna had to work hard.*
	Anna **hat** schwer **arbeiten müssen.**	*Anna had to work hard.*
SUBJECTIVE	Anna **muss** schwer **gearbeitet haben.**	*Anna must have worked hard.*
	Anna **musste** schwer **gearbeitet haben.**	*Anna had to have worked hard.*

In past time, forms of modals used subjectively differ from forms used objectively. In the objective meaning, the modal is used with a dependent infinitive (e.g., **arbeiten**). In the subjective meaning in past time, the modal is used with a past-infinitive form (e.g., **gearbeitet haben**). The modal itself can be in present (e.g., **muss**) or simple past (e.g., **musste**).

9-17 | Objective and subjective meanings of modals

a | *dürfen*

Objective: permission; prohibition (in the negative)

Emma **darf** heute keinen Ausflug **machen.**	*Emma isn't **permitted to go** on an outing today.*
Aber ihr **dürft mitkommen.**	*But you **may come along.***

Subjective: uncertain assumption (in the subjunctive **dürfte**)

Felix **dürfte** Recht **haben.**	*Felix **might be** right.*

b | *können*

Objective: ability

Marie **kann** gut Tennis **spielen.**	*Marie **can play** tennis well.*

Subjective: fair degree of certainty; impossibility

Morgen **kann** es zwischen euch beiden schon ganz anders **aussehen.**	*Tomorrow it **could look** completely different between you two.*
Marie **kann** das doch so nicht **gemeint haben.**	*Marie surely **can't have meant** it that way.*

c | *mögen*

Objective: liking, personal preference

Magst du klassische Musik?	***Do** you **like** classical music?*

Subjective: possibility that is likely; an estimation

Jonas und Leon **mochten** maximal eine Stunde **gewartet haben.**	*Jonas and Leon **may have waited** an hour at the most.*
Ja, das **mag stimmen.**	*Yes, that **may be right.***

d | *müssen*

Objective: compulsion; obligation; absolute necessity

Mit sechs **müssen** alle Kinder in die Schule.	*At the age of six all children **have to go** to school.*
Das **musst** du mir **erklären.**	*You **will have to explain** that to me.*

Subjective: indicates a firm belief; uncertainty (in subjunctive **müsste**)

Julia **muss** sehr fleißig **sein.**	*Julia **must be** very industrious.*
Wenn du mit ihr studiert hast, **musst** du es eigentlich **bemerkt haben.**	*If you studied with her, you **must have** actually **noticed** it.*
Sie **müsste** ihr Examen jetzt schon **gemacht haben.**	*She **ought to have** already **graduated** by now.*

e | *sollen*

Objective: obligation; an order, command, or request

Tim **soll** jetzt nicht Fußball **spielen.**	*Tim **shouldn't be playing** soccer now.*
Er **soll** mir bei meinem Referat **helfen.**	*He's **supposed to help** me with my report.*

Subjective: the speaker has heard something but does not vouch for the truth of the statement; introduces a doubting question (in subjunctive **sollte**)

Frau Kleiber **soll** sehr erfolgreich **sein.**	*Ms. Kleiber **is said to be** very successful.*
Wer **soll** das **gesagt haben**?	*Who **is supposed to have said** that?*
Sollten Sie das wirklich nicht **wissen**?	*(Can it be that) you **don't** really **know** that?*

f | *wollen*

Objective: wish, desire, intention

Lukas **will** in den Semesterferien nie **arbeiten.**	*Lukas never **wants to work** during summer vacation.*
Nächsten Sommer **will** er nach Europa **reisen.**	*Next summer he **intends to go** to Europe.*

Subjective: expresses doubt about the claim of the assertion

Nico **will** auf seiner Reise perfekt Japanisch **gelernt haben.**	*Nico **claims to have learned** perfect Japanese on his trip.*
Wie **will** man das denn so schnell **machen**?	*How **can** one **claim to do** that so quickly?*
Na ja, als ich ihn genauer fragte, **wollte** er es nicht mehr **gesagt haben.**	*Well, when I inquired more closely he **claimed** not **to have said** it.*

Übungen

13 **Jazz.** Daniela und Laurens wollen heute Abend in ein Jazzkonzert gehen. Übersetzen Sie ihr Gespräch ins Englische.

1. DANIELA: Hast du gehört, McCoy Turner soll heute Abend im „Domizil" spielen.

2. LAURENS: Wirklich? Da muss ich hin(gehen). Er soll sehr gut sein.

3. DANIELA: Amerikanische Jazzmusiker sollen doch sowieso die besten sein, nicht wahr?

4. LAURENS: Das mag sein. Aber dürfte es nicht schwierig sein Karten zu bekommen?

5. DANIELA: Ich kann meinen Freund Paul fragen, der im „Domizil" arbeitet. *get* Er müsste uns Karten besorgen° können.

14 **How are you?** Steffen hat zwei Wochen in New York City verbracht. Anna und Daniel unterhalten sich darüber, was Steffen Anna über seine Zeit in Amerika erzählt hat. Übersetzen Sie ihr Gespräch ins Englische.

1. ANNA: Steffens Meinung nach sollen die Amerikaner zwar freundlich, aber *noncommittal* unverbindlich° sein. Stimmt das?

find out 2. DANIEL: Will er das in zwei Wochen herausgefunden° haben? Das kann doch gar nicht sein.

3. ANNA: Er hat erzählt, dass die Leute oft fragen „How are you?" und dann aber keine lange Antwort hören wollen.

4. DANIEL: Das mag sein. Es dürfte aber auch Unterschiede zwischen den Leuten in der Stadt und auf dem Land geben. Als ich zum Beispiel in einem kleinen Ort in Texas war, wollten die Leute immer lange mit mir sprechen. Und ich musste ihnen auch genau erzählen, wie ich es in Amerika finde.

5. ANNA: Na ja, du solltest Steffen vielleicht selbst fragen, wie er das gemeint hat.

Jetzt haben Sie das Wort

guessing game
thing, object
guess

15 **Ein Ratespiel°.** Sie haben eine Minute zum Nachdenken. Beschreiben Sie eine Person oder einen Gegenstand° mit Hilfe eines Relativsatzes. Ihre Kommilitoninnen und Kommilitonen müssen erraten°, an wen oder woran Sie denken.

▶ SIE: *Ich denke an einen Schauspieler, der aus Österreich kommt.* (Schwarzenegger)
Ich denke an den Gegenstand, mit dem ich meine Suppe esse. (der Löffel)

Sie können die folgenden Kategorien benutzen.

Personen	Gegenstände
die Autorin/der Autor	die Möbel
die Sängerin/der Sänger	das Auto
die Schauspielerin/der Schauspieler	das Buch
die Erfinderin/der Erfinder	der Film
die Kommilitonin/der Kommilitone	
die Politikerin/der Politiker	

16 **Ihre Meinung.**   Verallgemeinerungen° können positiv oder negativ sein. Sagen Sie Ihrer Partnerin/Ihrem Partner, was Sie meinen. Ihre Partnerin/Ihre Partner sagt dann Ihnen, was sie/er meint.

generalizations

1. Ein guter Freund/Eine gute Freundin ist eine Person, die _____.
2. Ein guter Job ist ein Job, _____.
3. Eine gute Party ist eine Party, auf _____.
4. Ein schlechter Tag ist ein Tag, an _____.
5. Ein schöner Urlaub ist ein Urlaub, in _____
6. Eine gute Universität ist eine Universität, an _____.

17 **Mein morgenlicher Zeitplan.**   Erklären Sie Ihrer Partnerin/Ihrem Partner, wie Sie es schaffen morgens länger zu schlafen. Beschreiben Sie Ihren morgendlichen Zeitplan. Ihre Partnerin/Ihre Partner erzählt Ihnen dann von ihrem/ seinem Zeitplan.

Benutzen Sie die folgenden reflexiven Verben: **sich anziehen, sich kämmen, sich die Zähne putzen** – und andere.

18 **Kurzer Aufsatz.**   Kennen Sie ein Land und seine Bewohnerinnen/ Bewohner besonders gut? Welche Stereotype gibt es über dieses Land und die Leute dort? Finden Sie, dass die Stereotype teilweise oder gar nicht stimmen?

Kapitel 10

das Passiv **10-1** The passive voice°

	SUBJECT	DIRECT OBJECT	
ACTIVE VOICE	**Die Firma Müller** baut *The firm of Müller is building*	unser Haus. *our house.*	
	SUBJECT	AGENT	
PASSIVE VOICE	Unser Haus wird *Our house is being built*	**von der Firma Müller** *by the firm of Müller.*	gebaut.
	SUBJECT	NO AGENT	
	Unser Haus wird im Sommer *Our house is being built in the summer.*		gebaut.

1. German and English sentences are in either active voice or passive voice.

   a. In active voice the subject is "active"; it is the agent that performs the action expressed by the verb. Active voice focuses attention on the agent, here, *the firm of Müller*.

   b. In passive voice the subject is "passive"; it performs no action. The subject is acted upon by an expressed or unexpressed agent. Passive voice focuses attention on the receiver of the action, namely, *our house*.

2. The subject (e.g., **die Firma Müller**) of an active sentence corresponds to the agent (e.g., **von der Firma Müller**) in a passive sentence. The direct object (e.g., **unser Haus**) in an active sentence corresponds to the subject (e.g., **unser Haus**) in a passive sentence. The agent is often omitted in a passive sentence as being of no interest or perhaps not even known.

3. The passive is used very often in technical and scientific writing, where an impersonal style is frequently preferred. In conversational German the active voice is much more common. (See *Alternatives to the passive voice, Section 10-9* of this chapter.)

10-2 Tenses in the passive voice

PRESENT	*Präsens*	Die Arbeit **wird gemacht.**	*The work is being done.*
SIMPLE PAST	*Präterium*	Die Arbeit **wurde gemacht.**	*The work was done.*
PRESENT PERFECT	*Perfekt*	Die Arbeit **ist gemacht worden.**	*The work has been done.*
PAST PERFECT	*Plusquamperfekt*	Die Arbeit **war gemacht worden.**	*The work had been done.*
FUTURE	*Futur*	Die Arbeit **wird gemacht werden.**	*The work will be done.*

In English a passive verb phrase consists of a form of the auxiliary verb *to be* and the past participle of the main verb (e.g., *done*). In German the passive verb phrase consists of a form of the auxiliary **werden** plus the past participle of the main verb (e.g., **gemacht**).

NOTE:

1. The past participle of the main verb, i.e., **gemacht,** does not change.

2. In the *present perfect* and *past perfect* tenses, the participle **worden** is used instead of the form **geworden.**

3. Because **werden** requires **sein,** the *present* and *past perfect* tenses are formed with **sein,** regardless of the main verb, e.g., **ist / war gemacht worden.**

4. Because both *passive voice* and *future tense* are formed with **werden,** the verb **werden** is used twice in *future passive.*

Present-time subjunctive:
Die Arbeit **würde gemacht.**   *The work would be done.*

Past-time subjunctive:
Die Arbeit **wäre gemacht**   *The work would have been done.*
worden.

The passive voice also occurs in the subjunctive.

10-3 Expressing agent° and means°   *das Agens | das Mittel*

von + *agent*:
Ein Zeitungsartikel über   *A newspaper article about car noise*
Autolärm wurde **von unserer**   *was written **by our neighbor.***
Nachbarin geschrieben.

durch + *means*:
Wir werden **durch den starken**   *We are disturbed **by (as a result of)***
Autoverkehr gestört.   ***the heavy traffic.***

A sentence in the passive voice often indicates by what agent or means an action is performed.

The person who causes an event to happen is known as an *agent* (e.g., **unsere Nachbarin**). In the passive voice the role of the agent is of secondary importance to the receiver of the action (*subject*: e.g., **ein Zeitungsartikel**). The agent is the object of the preposition **von** and thus in the dative case.

The *means* (e.g., **Autoverkehr**) by which an event happens is usually impersonal; it is the object of the preposition **durch** and thus in the accusative case. **Durch** + means expresses the idea *as a result of* or *by the means of*.

Übungen

1 **Die Umwelt.** Sagen Sie was für die Umwelt getan wird, wurde oder schon getan worden ist. Benutzen Sie die Stichwörter und bilden Sie Sätze im Passiv in den angegebenen Zeiten.

▶ Papier recyceln (Präsens)
Papier wird recycelt.

1. Umweltthemen / ernst genommen (Präsens)
2. Die Menschen / über Recycling informiert (Präteritum)
3. Energie / sparen (Präsens)
4. Haushaltsabfälle / sortieren (Präsens)
5. Einkaufstaschen / von den Leuten mitbringen (Perfekt)
renewable 6. erneuerbare° Energien / nutzen (Präsens)
7. Öl, Gas und Kohle / weniger verbrauchen (Präsens)
solar installations 8. Solaranlagen° / installieren (Perfekt)
9. Offshore Windparks / bauen (Präsens)
10. Autofreie Sonntage / organisieren (Präteritum)

2 **Was muss getan werden?** Fragen Sie Ihre Mitstudentinnen/Mitstudenten, welche Punkte in *Übung 1* sie für am wichtigsten halten.

3 **Wer war das?** Sie und Ihre Partnerin/Ihr Partner fragen einander, was von wem gemacht wurde. Benutzen Sie die Stichwörter und bilden Sie Sätze im Passiv.

▶ Von wem wurde das Telefon erfunden?
Das Telefon wurde von Alexander Graham Bell erfunden.

1. die Internet Platform Facebook	Apple	entwickelt
2. das iPad	James Cameron	entdeckt
designed 3. die Firma Microsoft	Albert Einstein	entworfen°
shot (film) 4. die Relativitätstheorie	Bill Gates	gedreht°
founded 5. der Film *Avatar*	Michael Jackson	gegründet°
6. die Harry-Potter-Romane	Wolfgang Amadeus Mozart	gebaut
7. das Lied „Billy Jean"	J. K. Rowling	gemacht
8. das Musical „Cats"	William Shakespeare	gemalt
9. die Oper *Figaros Hochzeit*	Andrew Lloyd Webber	gesungen
10. das Guggenheim Museum in New York City	Frank Lloyd Wright	gewonnen
11. *Hamlet*	Leonardo da Vinci	geschrieben
12. die Mona Lisa	Mark Zuckerberg	komponiert

Übung

8 Erneuerbare° Energien.   Der Ausbau erneuerbarer Energien ist ein   *renewable*
Thema, das immer mehr in der öffentlichen Diskussion steht. Analysieren Sie,
wie in den folgenden Sätzen die Form von werden verwendet wird: (a.) Als Vollverb? (b.) Als Hilfsverb im Futur? (c.) Als Hilfsverb im Passiv?

Übertragen Sie die Sätze dann ins Englische.

▶ Die Sonnenenergie wird immer noch nicht genug genutzt.
Hilfsverb im Passiv; Solar energy is still not being used enough.

1. Heute wird nur ein kleiner Teil der Energie aus alternativen Energien
gewonnen.
2. Doch in Zukunft werden die Menschen mehr alternative Energien nutzen.
3. Bislang° werden hauptsächlich Kohle, Erdöl und Erdgas verbraucht.   *so far*
4. Doch das wird sich ändern.
5. Die Menschen werden auch immer besorgter° wegen der Gefahren der   *worried*
Kernkraft°.   *nuclear power*
6. Seit 1989 werden in Deutschland keine neuen Atomkraftwerke gebaut.
7. Es wird geplant, sobald wie möglich alle Atomkraftwerke in Deutschland
stillzulegen.
8. Deshalb wird der Ausbau° von Wind- und Wasserkraft und Sonnenenergie   *development*
weiter zunehmen.

10-9 Alternatives to the passive voice

In German, other constructions can be used instead of passive voice to express
the same idea. Four possible alternatives follow of which you will need to actively
learn two: the one that uses man as the subject and **sein** plus **zu** + *infinitive*.

1 │ *Man* as subject

Batterien soll **man** nicht wegwerfen.	***You*** *shouldn't throw batteries away.*
(*Passive:* Batterien sollen nicht weggeworfen werden.)	*(Batteries shouldn't be thrown away.)*
So etwas tut **man** nicht.	***One*** *doesn't do that.*
(*Passive:* So etwas wird nicht getan.)	*(That's not done.)*

The pronoun man as the subject of an active sentence is the most common alternative to the passive voice. English equivalents for the pronoun man are *one, you,
we, they,* or *people.*

2 │ *Sein … zu* + infinitive

Das **ist** leicht **zu lernen**.	*That **is** easy **to learn**.*
(*Passive:* Das kann leicht gelernt werden.)	*(That can be easily learned.)*
Diese Aufgabe **ist** noch **zu machen**.	*This assignment **is** still **to be done**.*
(*Passive:* Diese Aufgabe muss noch gemacht werden.)	*(This assignment still has to be done.)*

A form of **sein ... zu** + infinitive is often used instead of a passive verb phrase. The **sein ... zu** + infinitive construction expresses the possibility (e.g., **leicht zu lernen**) or necessity (e.g., **noch zu machen**) of doing something.

3 | *Sich lassen* + infinitive

Das **lässt sich machen**.
(*Passive:* Das kann gemacht werden.)

That **can be done**.
(*That can be done.*)

Diese Verpackung **lässt sich recyceln**.
(*Passive:* Diese Verpackung kann recycelt werden.)

This packaging **lends itself to recycling**.
(*This packaging can be recycled.*)

A form of **sich lassen** + *infinitive* can be used in place of a passive verb phrase. This construction expresses the possibility of something being done.

4 | Reflexive constructions

Benzinsparende Autos **verkaufen sich** gut.
(*Passive:* Benzinsparende Autos können gut verkauft werden.)

Gas-saving cars **sell** well.
(*Gas-saving cars can be sold well.*)

Der Markt **öffnet sich** generell für solche Produkte.
(*Passive:* Der Markt wird generell für solche Produkte geöffnet.)

The market is opening wide for such products.
The market **is becoming wide open** for such products

A reflexive construction is sometimes used as an alternative to passive voice.

Passive Voice	Deutsch **kann** leicht **gelernt werden**.	*German can be learned easily.*
1. **man**	Deutsch kann **man** leicht lernen.	*One can learn German easily.*
2. **sein ... zu** + *infinitive*	Deutsch **ist** leicht **zu lernen**.	*German is easy to learn.*
3. **sich lassen** + *infinitive*	Deutsch **lässt sich** leicht **lernen**.	*German can be learned easily.*
4. *reflexive construction*	Deutsch **lernt sich** leicht.	*German is easy to learn.*

Übung

environmentally aware
community

9 **Umweltbewusst° leben.** Eine kleine Gemeinde° in Norddeutschland hat sich das Ziel gesetzt, möglichst umweltbewusst zu leben. Formen Sie die folgenden Sätze um, indem Sie wie im Beispiel man benutzen.

▶ Obst und Gemüse werden frisch auf dem Markt gekauft.
Man kauft Obst und Gemüse frisch auf dem Markt.

1. Verpackungsmüll wird vermieden.
2. Einkaufstaschen werden immer von zu Hause mitgebracht.

food
3. Nahrungsmittel° werden in selbst mitgebrachte Plastikcontainer gepackt.

farm
4. Die Milch wird vom Bauernhof° geholt.

food similar to cottage cheese / unpackaged / deposit
5. Jogurt und Quark° werden in den Geschäften offen° angeboten.
6. Für Getränke in Dosen wird Pfand° verlangt.

DIRECT DISCOURSE	
Felix sagte: „Ich **habe** keine Zeit."	*Felix said, "I don't have time."*

	INDIRECT DISCOURSE	
SUBJUNCTIVE II	Felix sagte, er **hätte** keine Zeit.	*Felix said he had (coll.: has)*
SUBJUNCTIVE I	Felix sagte, er **habe** keine Zeit.	*no time.*

Direct discourse or direct quotation is used to repeat the exact words of another person. In writing, the direct quotation is set off by quotation marks.

Indirect discourse is used to report what someone else has said. The pronouns change in indirect discourse to correspond to the perspective of the speaker. Felix speaks of himself and says **"ich."** When you report his message, you refer to Felix as **"er."** Indirect quotation is used more frequently than direct quotation to report what someone has said.

To report what someone else has said, German speakers may use one of two possible subjunctive forms: subjunctive II (e.g., **er hätte**) or subjunctive I (e.g., **er habe**).

Felix sagte, er hätte/habe keine Zeit. → Felix sagte, **dass** er keine Zeit **hätte/habe**.

The conjunction **dass** may or may not be stated in indirect discourse. Usually indirect quotations are not introduced by **dass**. When **dass** is stated, the finite verb is in last position.

In everyday speech many German speakers frequently use the indicative instead of the subjunctive: Felix sagte, er **hat** keine Zeit.

10-11 Subjunctive II

Present-Time: Marie sagte, sie **könnte** zur Umweltschutz-Demonstration nicht mitkommen.
Marie said she couldn't come along to the demonstration for protection of the environment.

Past-Time: Elias sagte, Marie **hätte sich** noch nie für Umweltschutz **interessiert.**
Elias said Marie had never been interested in environmental protection (matters).

In colloquial German, speakers often use subjunctive II (see *Kapitel 8*) to report what someone else has said, i.e., for indirect discourse.

Paul sagte, er **würde** zur Demonstration **mitgehen**, wenn er könnte.
Paul said he would go along to the demonstration if he could.

In everyday spoken German the **würde-**construction is used with most verbs. The exceptions are: **wäre, hätte, wüsste,** and the modals (**dürfte, könnte, möchte, müsste, sollte, wollte**).

Konjunktiv I — 10-12 Subjunctive I°

Der Polizist behauptete, er **habe** es **gesehen**.

The policeman claimed he had seen (coll.: saw) it.

1. Subjunctive I (also called the special subjunctive) can also be used for indirect discourse.
2. Subjunctive I usually occurs in formal German, which is used in newspapers, official statements, TV reporting, and literary works.
3. Subjunctive I is also used in certain kinds of wishes and commands (see Section 10-17 of this chapter).

Konjunktiv I der Gegenwart — 10-13 Present-time subjunctive I°

ich geh**e**	*wir* geh**en**
du geh**est**	*ihr* geh**et**
er/es/sie geh**e**	*sie* geh**en**
Sie geh**en**	

1. Present-time subjunctive I is composed of the infinitive stem plus the above subjunctive endings. Note that the endings are the same for both subjunctive I and II (see *Kapitel 8, Section 8-3*).
2. Most subjunctive I forms are the same as the indicative forms. Subjunctive I forms that are identical to the indicative are never used (e.g., **ich gehe, wir / sie gehen**). Instead subjunctive II forms must be used.
3. The use of subjunctive I is generally limited to the third-person singular, since that form is clearly distinct from the indicative.
4. Note that the subjunctive I second-person singular and plural (**du gehest, ihr gehet; du gebest, ihr gebet**) are also distinct from the indicative, but these forms are considered literary and in colloquial German are usually replaced by subjunctive II.

   Paul sagte, er **habe** keine Zeit, aber seine Kollegen meinten, sie dagegen **hätten** sehr viel Zeit.

The subjunctive II form (e.g., **hätten**) must be used in the above sentence because the subjunctive I **haben** is identical to the indicative, and such identical forms are never used.

INFINITIVE	SUBJUNCTIVE I (er/es/sie-form)	INDICATIVE (er/es/sie-form)
dürfen	**dürfe**	darf
können	**könne**	kann
mögen	**möge**	mag
müssen	**müsse**	muss
sollen	**solle**	soll
wollen	**wolle**	will
haben	**habe**	hat
sein	**sei**	ist
werden	**werde**	wird
geben	**gebe**	gibt
schlafen	**schlafe**	schläft
sehen	**sehe**	sieht
wissen	**wisse**	weiß

Modals and verbs that have stem-vowel or other changes in the second- and third-person singular forms of the indicative do not undergo vowel change in subjunctive I.

10-14 Subjunctive I of *sein*

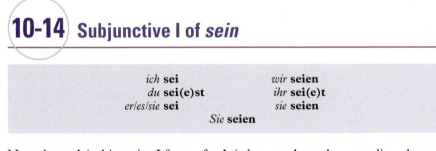

ich **sei**	*wir* **seien**
du **sei(e)st**	*ihr* **sei(e)t**
er/es/sie **sei**	*sie* **seien**
	Sie **seien**

Note that **sei** (subjunctive I form of **sein**) does not have the **-e** ending characteristic of the **ich-** and **er/es/sie-**forms in subjunctive I.

Meine Freunde sagten, sie **seien** zufrieden.	*My friends said they **were** satisfied.*
Mia sagte, sie **sei** nicht zufrieden.	*Mia said she **was** not satisfied.*

Sei occurs frequently in indirect discourse, since the forms are clearly different from the indicative.

10-15 Past-time subjunctive I°

Konjunktiv I der Vergangenheit

Ein Journalist meinte, das Fernsehen **habe** zu negativ über die Demonstration **berichtet**.	*A journalist said TV **had reported** too negatively about the demonstration.*
Eine Polizistin sagte, die Demonstration **sei** friedlich **gewesen**.	*A policewoman said the demonstration **had been** peaceful.*

Past-time subjunctive I consists of the subjunctive I forms of the auxiliaries **haben** (**habe**) or **sein** (**sei**) plus the past participle of the main verb.

10-16 Future-time subjunctive I°

Die Wissenschaftlerin sagte, man **werde** die Umweltprobleme bald **lösen müssen.**	*A scientist said one **would have to solve** the environmental problems soon.*
Der Politiker versprach, seine Partei **werde** offen darüber **diskutieren.**	*The politician promised his party **would discuss** them (the matters) frankly.*

Future-time subjunctive I consists of the subjunctive I forms of the auxiliary **werden (werde)** plus a dependent infinitive.

10-17 Subjunctive I in wishes, commands, and requests

Certain wishes:

Gott **gebe** es!	*May God grant that.*
Möge er noch lange leben!	*May he live long.*
Gott **sei** Dank!	*Thank God.*

Certain commands and wishes:

Nehmen wir als Beispiel …	*Let's take as an example . . .*
Essen wir!	*Let's eat!*
So **sei** es!	*So be it!*
Seien wir froh, dass alles vorbei ist.	*Let's be glad it's all over.*

Subjunctive I is used in certain standard wishes, commands, or requests.

10-18 Indirect discourse: Tenses

a | Indirect discourse in present time

Moritz sagte, er **könnte/könne** heute nicht arbeiten.	*Moritz said he couldn't work today*
Er sagte, er **wäre/sei** krank.	*He said he was ill.*

1. The present-time subjunctive, either II (**könnte, wäre**) or I (**könne, sei**), shows that the action or event was happening at the same time the speaker was telling about it. Moritz was ill when he commented on it.

2. The verb in the introductory statement can be in any tense and does not affect the time category of the indirect quotation. In the sentences above, the verb **sagte** is simple past indicative.

b | **Indirect discourse in past time**

Jana sagte, sie **hätte/habe** gestern **angerufen**.

Jana said she had called yesterday.

Alina erklärte, sie **hätte/habe** das nicht **wissen können**.

Alina explained she couldn't have known that.

1. The past-time subjunctive, either II (**hätte angerufen**, **hätte wissen können**) or I (**habe angerufen**, **habe wissen können**), shows that the action or event happened at a time prior to the moment when the statement was made. In the examples above, Jana called the day before she talked about it, and Alina explained she did not know that previously.

2. The verb in the introductory statement can be in any tense and does not affect the time category of the indirect quotation.

c | **Indirect discourse in future time**

Nico sagte, er **würde/werde** es später **machen**.

Nico said he would do it later.

1. The future-time subjunctive, either II (**würde machen**) or I (**werde machen**), shows that the action or event will happen at a time after the statement was made.

2. The verb in the introductory statement can be in any tense and does not affect the time category of the indirect quotation.

Übungen

11 **Schwere Stürme in Europa.** Nach den schweren Winterstürmen der letzten Jahre in Europa wird viel über Treibhauseffekt° und Klimaveränderungen diskutiert. An der Universität München führen die Wissenschaftler Frau Dr. Haller und Herr Dr. Ziegler eine öffentliche Diskussion über dieses Thema. Emma erzählt ihrem Freund Michael von der Veranstaltung°. Benutzen Sie den Konjunktiv II oder Konjunktiv I der Gegenwart.

greenhouse effect

event

▶ Frau Dr. Haller sagt: Der Treibhauseffekt hat einen großen Einfluss auf unser Klima.
Frau Dr. Haller sagte, der Treibhauseffekt hätte (habe) einen großen Einfluss auf unser Klima.

1. Frau Dr. Haller meint: Die Atmosphäre ist heute 0,7° C wärmer als 1850.

2. Herr Dr. Ziegler warnt: Schwere Stürme und lange Hitzeperioden° sind sicher bald der normale Zustand.

heat waves

3. Frau Dr. Haller meint: Der Meeresspiegel° wird um etwa einen halben Meter steigen.

sea level

4. Frau Dr. Haller sagt auch: Man muss den Ausstoß° von Kohlendioxid° drastisch reduzieren.

emission / carbon dioxide

5. Herr Dr. Ziegler warnt: Wir müssen lernen mit weniger fossilen Brennstoffen° zu leben.

fuels

6. Herr Dr. Ziegler fügt hinzu°: Der Ausbau erneuerbarer Energien soll in den nächsten Jahren unser wichtigstes Ziel sein.

fügt hinzu: *adds*

7. Frau Haller meint: Mit der Nutzung° von Solar- und Windenergie können wir viel für den Klimaschutz tun.

utilization

environmental sins **12** **Kleine Umweltsünden°.**   Steffen erzählt seiner Freundin Charlotte, dass er bis vor kurzem nicht sehr umweltbewusst gelebt hat. Charlotte berichtet ihrer Freundin Vanessa davon. Benutzen Sie den Konjunktiv II oder Konjunktiv I der Vergangenheit.

▶ Ich habe nie den Bus oder den Zug genommen.
Steffen erzählte, dass er nie den Bus oder den Zug genommen hätte (habe).

stretches 1. Ich bin auch kurze Strecken° immer mit dem Auto gefahren.

2. Ich bin selten zu Fuß gegangen.

heating 3. Ich habe die Heizung° immer ganz hoch gestellt.

At the same time 4. Dabei° habe ich die Fenster offen gelassen.

5. Die Lichter habe ich manchmal auch nachts nicht ausgemacht.

behavior 6. Doch mein Bruder hat mich zu umweltbewussterem Verhalten° erzogen.

sich ausmalen: *to*   **13** **Unsere Zukunft.**   Annika malt sich aus°, wie unsere Welt wohl in
imagine 100 Jahren aussehen wird. Erzählen Sie, wie sie sich die Zukunft vorstellt. Benutzen Sie Konjunktiv II oder Konjunktiv I der Zukunft.

▶ Man wird sicher nicht mehr in Autos fahren.
Annika sagte, man würde (werde) sicher nicht mehr in Autos fahren.

food 1. Man wird Nahrungsmittel° sicher synthetisch herstellen.

medical science 2. Die Medizin° wird sicher viele Krankheiten heilen°.

cure 3. Die Menschheit° wird wohl neue Planeten entdecken.

4. Vielleicht werden Menschen sogar auf anderen Planeten leben.

5. Hoffentlich wird unsere Umwelt wieder intakt sein.

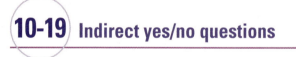

10-19 Indirect yes/no questions

Julian fragte Lara: „**Hast** du den Schlüssel **gefunden?**"	*Julian asked Lara, "**Did you find** the key?"*
Julian fragte Lara, **ob** sie den Schlüssel **gefunden hätte/habe.**	*Julian asked Lara **if** (whether) she **had found** the key.*

An indirect yes/no question is introduced by **ob** (*if, whether*). In colloquial German the verb is usually in subjunctive II (e.g., **gefunden hätte**); in formal written German it is in subjunctive I (e.g., **gefunden habe**). Indicative is also possible (e.g., **ob sie den Schlüssel gefunden hat**). Note that the verb in indirect yes/no questions is in final position.

10-20 Indirect informational questions

Julian fragte Lara: „Wo **hast** du den Schlüssel **gefunden?**"	*Julian asked Lara, "Where **did you find** the key?"*
Julian fragte Lara, **wo** sie den Schlüssel **gefunden hätte/habe.**	*Julian asked Lara **where** she **had found** the key.*

An indirect informational question, which elicits specific information, is introduced by an interrogative that functions like a subordinating conjunction. In colloquial German the verb is usually in subjunctive II (e.g., **gefunden hätte**); in formal written German it is in subjunctive I (e.g., **gefunden habe**). Indicative is also possible (e.g., **wo sie den Schlüssel gefunden hat**). Note that the verb in indirect informational questions is in final position.

Questions in indirect discourse, like statements, may occur in present, past, or future time.

Übung

14 Reise nach Österreich.   Paul ist nach Österreich gefahren und hat dort einen Naturpark besucht. Erzählen Sie, was Sie ihn nach seiner Rückkehr° *return* alles gefragt haben. Sprechen Sie im Konjunktiv II oder Konjunktiv I der Vergangenheit.

▶ Bist du mit dem Zug gefahren?
   Wir fragten ihn, ob er mit dem Zug gefahren wäre (sei).

1. Bist du allein gefahren?
2. Welchen Naturpark hast du besucht?
3. Bist du viel gewandert?
4. Hast du schwierige Bergtouren gemacht?
5. Bist du in einem Gebirgssee° geschwommen?   *mountain lake*
6. Warum bist du nicht länger geblieben?

10-21 Indirect commands

DIRECT	Jonas sagte zu mir: „**Komm** doch **mit**.“	*Jonas said to me, "Come along."*
INDIRECT	Jonas sagte zu mir, ich **sollte/solle** doch mitkommen.	*Jonas told me that I should come along.*
	Jonas sagte mir,	*Jonas told me to come along.*

In German, an indirect command uses the subjunctive II (e.g., **sollte**) or I (e.g., **solle**) form of the modal sollen plus infinitive. The English equivalents can be expressed in two ways: with *should* plus the main verb, or with an infinitive (e.g., *to come along*).

Übungen

15 Eine Hitzewelle°.   Seit Wochen hat es nicht geregnet und es ist sehr   *heat wave* heiß. Die Leute werden dazu angehalten° Wasser zu sparen. Frau Weigand gibt   *urged* ihrem Mann Tipps, wie er Wasser sparen kann. Sie sind jetzt Herr Weigand und erzählen, was Ihnen Frau Weigand geraten hat. Benutzen Sie Konjunktiv II oder Konjunktiv I.

▶ Nimm kein Bad, sondern lieber eine Dusche.
Antonia hat gesagt, ich sollte/solle kein Bad, sondern lieber eine Dusche nehmen.

1. Dusch aber nicht so lange.
2. Lass beim Zähneputzen nicht das Wasser laufen.
3. Wasch nicht so oft dein Auto.
4. Verbrauch nicht so viel Wasser bei der Gartenarbeit.
5. Putz nicht unnötig oft das Aquarium.

16 Für die Umwelt. Fragen Sie Ihre Mitstudentinnen/Mitstudenten, was man für die Umwelt tun sollte.

10-22 Summary: Indirect discourse

1. The subjunctive in indirect discourse may occur in two forms:

    Subjunctive II: Theresa sagte, sie **hätte** keine Zeit.
    Subjunctive I: Theresa sagte, sie **habe** keine Zeit.

    Subjunctive II is more common in colloquial German.

2. The English equivalent of subjunctive II and subjunctive I is the same.

    II: Tilo sagte, **er wäre** zufrieden. }
    I: Tilo sagte, er **sei** zufrieden. } *Tilo said he was content.*

3. In everyday speech, the indicative is often used in indirect quotations: Theresa sagt, sie **hat** keine Zeit.

4. In spoken German, some speakers use indicative and subjunctive II or I interchangeably in indirect discourse:

    Indicative: Leonie sagte, sie **kann** es nicht **verstehen**.
    Subjunctive: Leonie sagte, sie **könnte/könne** es nicht **verstehen**.

5. In formal German found in official statements, media reports, and literature, subjunctive I is generally required in indirect discourse.

    Der Fahrer behauptet, er **sei** nur 80 Stundenkilometer **gefahren**.

6. Subjunctive II always replaces subjunctive I when the subjunctive I forms are identical to the indicative forms. Compare the following sentences:

    Subjunctive II: Der Redner sagte, die Leute **hätten** es nicht **verstanden**.
    Not subjunctive I: Der Redner sagte, die Leute **haben** es nicht **verstanden**.

7. Indirect discourse occurs in three time categories: present-time, past-time, and future-time. The time used depends on the tense used in the direct quotation.

Übung

17 **Mehr Umweltschutz.** Als Reporterin oder Reporter berichten Sie über einen Informationsabend der Grünen. Schreiben Sie in Ihrem Zeitungsartikel, was einer der Redner gesagt hat. Benutzen Sie Konjunktiv I.

▶ Man muss mehr öffentliche Verkehrsmittel benutzen.
Der Redner sagte, man müsse mehr öffentliche Verkehrsmittel benutzen.

1. Die Luft soll reingehalten werden.
2. Es muss mehr Energie gespart werden.
3. Jeder soll weniger Auto fahren.
4. Jeder Einzelne trägt Verantwortung für die Zukunft.
5. Wir haben schon zu viel Zeit verloren. (Benutzen Sie Konjunktiv II).
6. Unsere Seen sind schmutzig.
7. In den Flüssen sind schon viele Fische gestorben.

Jetzt haben Sie das Wort

18 **Erzählen Sie.** Erzählen Sie Ihrer Partnerin/Ihrem Partner, was Sie gelesen und gehört haben.

1. Ich habe gestern in der Zeitung gelesen, dass ...
2. Ich habe heute im Radio gehört, dass ...
3. Auf Facebook habe ich gelesen, dass ...
4. Meine Freundin hat mir erzählt, dass ...
5. Unser Professor hat gesagt, dass ...

19 **Ein kleines Umweltprojekt.** Überlegen Sie sich in einer Zweier- oder Dreiergruppe, welches Umweltproblem es an Ihrer Universität oder in Ihrem Wohnheim gibt, und wie man es lösen könnte. Vielleicht müssen Sie auch eine Initiative starten, um die anderen Studenten auf dem Campus zu überzeugen etwas zu ändern. Beschreiben Sie das Umweltproblem und Ihre geplante Aktion und berichten Sie davon vor der ganzen Klasse.

20 **Kurze Aufsätze**

1. Sie hatten ein Interview mit einer bekannten Persönlichkeit. Berichten Sie in einem kurzen Zeitungsartikel, was diese Person gesagt hat. Benutzen Sie indirekte Rede.
2. Für welche Umweltthemen interessieren Sie sich? Gibt es Umweltprobleme, um die Sie sich Sorgen machen? Wird heute schon etwas dagegen unternommen? Beschreiben Sie, wie man diese Umweltprobleme vielleicht richtig lösen könnte.

A German Grammatical Terms

accusative **der Akkusativ**
accusative of measure **die Maßangabe**
adjective **das Adjektiv**
adjective used as noun **das Nominaladjektiv**
adjective with the dative case **das Adjektiv mit Dativ**
agent (in passive) **das Agens**
attributive adjective **das attributive Adjektiv**
auxiliary verb **das Hilfsverb**
comparative **der Komparativ**
condition contrary to fact **der irreale Konditionalsatz**
conditional sentence **der Konditionalsatz**
coordinating conjunction **die koordinierende Konjunktion**
da-compound **das *da*-Kompositum**
dative **der Dativ**
dative verb **das Verb mit Dativobjekt**
definite article **der bestimmte Artikel**
demonstrative pronoun **das Demonstrativpronomen**
dependent clause **der Nebensatz**
direct object **das direkte Objekt**
extended modifier **das erweiterte Attribut**
finite verb **die finite Verbform**
future tense **das Futur**
genitive **der Genitiv**
imperative **der Imperativ**
impersonal passive **das unpersönliche Passiv**
indefinite adjective **das unbestimmte Zahlwort**
indefinite article **der unbestimmte Artikel**
indefinite pronoun **das Indefinitpronomen**
independent clause **der Hauptsatz**
indicative **der Indikativ**
indirect discourse **die indirekte Rede**
indirect object **das indirekte Objekt**
indirect question **der indirekte Fragesatz**
infinitive clause **der Infinitivsatz**
infinitive **der Infinitiv**
informational question **die Ergänzungsfrage**
inseparable prefix verb **das untrennbare Verb**
inseparable prefix **das untrennbare Präfix**

interrogative pronoun **das Interrogativpronomen**
irregular weak verb **das unregelmäßige schwache Verb**
main verb **das Vollverb**
means (in passive) **das Mittel**
modal auxiliary **das Modalverb**
nominative **der Nominativ**
object of a preposition **das Objekt einer Präposition; Präpositionalobjekt**
ordinal number **die Ordinalzahl**
passive voice **das Passiv**
past participle **das Partizip Perfekt**
past perfect tense **das Plusquamperfekt**
past-time subjunctive I **Konjunktiv I der Vergangenheit**
past-time subjunctive II **der Konjunktiv II der Vergangenheit**
personal pronoun **das Personalpronomen**
positive **der Positiv**
possessive adjective **das Possessivpronomen**
predicate adjective **das prädikativ gebrauchte Adjektiv**
predicate noun **das Prädikatsnomen**
preposition with the genitive case **die Präposition mit Genitiv**
preposition with the accusative case **die Präposition mit Akkusativ**
preposition with the dative case **die Präposition mit Dativ**
preposition **die Präposition**
present participle **das Partizip Präsens**
present perfect tense **das Perfekt**
present tense **das Präsens**
present-time subjunctive I **der Konjunktiv I der Gegenwart**
present-time subjunctive II **der Konjunktiv II der Gegenwart**
question **die Frage**
reflexive pronoun **das Reflexivpronomen**
reflexive verb **das reflexive Verb**
relative clause **der Relativsatz**
relative pronoun **das Relativpronomen**
separable prefix **das trennbare Präfix**
separable-prefix verb **das trennbare Verb**
simple past tense **das Präteritum**
statement **der Aussagesatz**
strong verb **das starke Verb**
subject **das Subjekt**
subjunctive **der Konjunktiv**
subjunctive I **der Konjunktiv I**
subjunctive II **der Konjunktiv II**
subordinating conjunction **die subordinierende Konjunktion**
superlative **der Superlativ**
time expression **die Zeitangabe**
time, manner, place **die Zeit, die Art und Weise, der Ort**
two-part conjunction **die zweiteilige Konjunktion**
two-way preposition **die Präposition mit Dativ und Akkusativ**
weak verb **das schwache Verb**
wo-compound **das *wo*-Kompositum**
würde-construction **die *würde*-Konstruktion**
yes/no question **die Entscheidungsfrage**

B Grammatical Tables

1 Personal pronouns

NOMINATIVE	ich	du	er	es	sie	wir	ihr	sie	Sie
ACCUSATIVE	mich	dich	ihn	es	sie	uns	euch	sie	Sie
DATIVE	mir	dir	ihm	ihm	ihr	uns	euch	ihnen	Ihnen

2 Reflexive pronouns

	ICH	DU	ER/ES/SIE	WIR	IHR	SIE	SIE
ACCUSATIVE	mich	dich	sich	uns	euch	sich	sich
DATIVE	mir	dir	sich	uns	euch	sich	sich

3 Interrogative pronouns

NOMINATIVE	wer	was
ACCUSATIVE	wen	was
DATIVE	wem	
GENITIVE	wessen	

4 Relative and demonstrative pronouns

	MASCULINE	NEUTER	FEMININE	PLURAL
NOMINATIVE	der	das	die	die
ACCUSATIVE	den	das	die	die
DATIVE	dem	dem	der	denen
GENITIVE	dessen	dessen	deren	deren

5 Definite articles

	MASCULINE	NEUTER	FEMININE	PLURAL
NOMINATIVE	der	das	die	die
ACCUSATIVE	den	das	die	die
DATIVE	dem	dem	der	den
GENITIVE	des	des	der	der

6   *Der*-words

	MASCULINE	NEUTER	FEMININE	PLURAL
NOMINATIVE	dieser	dieses	diese	diese
ACCUSATIVE	diesen	dieses	diese	diese
DATIVE	diesem	diesem	dieser	diesen
GENITIVE	dieses	dieses	dieser	dieser

The **der**-words are **dieser, jeder, jener, mancher, solcher,** and **welcher.**

7   Indefinite articles and *ein*-words

	MASCULINE	NEUTER	FEMININE	PLURAL
NOMINATIVE	ein	ein	eine	keine
ACCUSATIVE	einen	ein	eine	keine
DATIVE	einem	einem	einer	keinen
GENITIVE	eines	eines	einer	keiner

The **ein**-words include **kein** and the possessive adjectives: **mein, dein, sein, ihr, unser, euer, ihr,** and **Ihr.**

8   Plural of nouns

TYPE	PLURAL SIGNAL	SINGULAR	PLURAL	NOTES
1	Ø (no change) ∴ (umlaut)	das Zimmer der Mantel	**die Zimmer** **die Mäntel**	Masc. and neut. nouns ending in **-el, -en, -er**
2	**-e** **∴e**	der Tisch das Heft die Stadt	**die Tische** **die Hefte** **die Städte**	Many one-syllable masc. + neut. Nouns; about 30 fem. nouns Stem vowel **a, o, u** takes umlaut
3	**-er** **∴er**	das Bild das Buch	**die Bilder** **die Bücher**	Stem vowel **e** or **i** cannot take umlaut Stem vowel **a, o, u** takes umlaut
4	**-en** **-n** **-nen**	die Uhr die Lampe die Freundin	**die Uhren** **die Lampen** **die Freundinnen**	Most fem. nouns
5	**-s**	das Radio	**die Radios**	Mostly foreign words

9   Masculine *N*-nouns

	SINGULAR	PLURAL
NOMINATIVE	der Herr	die Herren
ACCUSATIVE	den Herr**n**	die Herren
DATIVE	dem Herr**n**	den Herren
GENITIVE	des Herr**n**	der Herren

Some other masculine **N**-nouns are **der Bauer, der Journalist, der Junge, der Jurist, der Kollege, der Komponist, der Kunde, der Mensch, der Nachbar, der Neffe, der Patient, der Pilot, der Polizist, der Präsident, der Psychologe, der Soldat, der Student, der Tourist, der Zeuge.**

    A few masculine **N**-nouns add **-ns** in the genitive: **der Name > des Namens; der Gedanke > des Gedankens; der Glaube > des Glaubens.**

10 Preceded adjectives

	MASCULINE	NEUTER	FEMININE	PLURAL
NOMINATIVE	der **alte** Tisch ein **alter** Tisch	das **alte** Buch ein **altes** Buch	die **alte** Uhr eine **alte** Uhr	die **alten** Bilder keine **alten** Bilder
ACCUSATIVE	den **alten** Tisch einen **alten** Tisch	das **alte** Buch ein **altes** Buch	die **alte** Uhr eine **alte** Uhr	die **alten** Bilder keine **alten** Bilder
DATIVE	dem **alten** Tisch einem **alten** Tisch	dem **alten** Buch einem **alten** Buch	der **alten** Uhr einer **alten** Uhr	den **alten** Bildern keinen **alten** Bildern
GENITIVE	des **alten** Tisch(e)s eines **alten** Tisch(e)s	des **alten** Buch(e)s eines **alten** Buch(e)s	der **alten** Uhr einer **alten** Uhr	der **alten** Bilder keiner **alten** Bilder

11 Unpreceded adjectives

	MASCULINE	NEUTER	FEMININE	PLURAL
NOMINATIVE	kalt**er** Wein	kalt**es** Bier	kalt**e** Milch	alt**e** Leute
ACCUSATIVE	kalt**en** Wein	kalt**es** Bier	kalt**e** Milch	alt**e** Leute
DATIVE	kalt**em** Wein	kalt**em** Bier	kalt**er** Milch	alt**en** Leuten
GENITIVE	kalt**en** Wein(e)s	kalt**en** Bier(e)s	kalt**er** Milch	alt**er** Leute

12 Nouns declined like adjectives

a | Preceded by definite articles or *der*-words

	MASCULINE	NEUTER	FEMININE	PLURAL
NOMINATIVE	der Deutsch**e**	das Gut**e**	die Deutsch**e**	die Deutsch**en**
ACCUSATIVE	den Deutsch**en**	das Gut**e**	die Deutsch**e**	die Deutsch**en**
DATIVE	dem Deutsch**en**	dem Gut**en**	der Deutsch**en**	den Deutsch**en**
GENITIVE	des Deutsch**en**	des Gut**en**	der Deutsch**en**	der Deutsch**en**

b | Preceded by indefinite article or *ein*-words

	MASCULINE	NEUTER	FEMININE	PLURAL
NOMINATIVE	ein Deutsch**er**	ein Gut**es**	eine Deutsch**e**	keine Deutsch**en**
ACCUSATIVE	einen Deutsch**en**	ein Gut**es**	eine Deutsch**e**	keine Deutsch**en**
DATIVE	einem Deutsch**en**	einem Gut**en**	einer Deutsch**en**	keinen Deutsch**en**
GENITIVE	eines Deutsch**en**	—einer Deutsch**en**	einer Deutsch**en**	keiner Deutsch**en**

Other nouns declined like adjectives are **der/die Angestellte, Behinderte,
Bekannte, Erwachsene, Fremde, Jugendliche, Reisende, Verwandte.**
NOTE: **der Beamte** but **die Beamtin.**

13 Comparative and superlative

Some one-syllable adjectives take umlaut in their comparative and superlative
forms, e.g., **alt, älter, ältest.**

alt	**jung**	**kurz**	**schwach**
arm	**kalt**	**lang**	**stark**
dumm	**klug**	**oft**	**warm**
hart	**krank**	**scharf**	

14 Comparison of irregular adjectives and adverbs

BASE FORM	bald	gern	gut	hoch	nah	viel
COMPARATIVE	eher	lieber	besser	höher	näher	mehr
SUPERLATIVE	am ehesten	am liebsten	best-	höchst-	nächst-	meist-

15 Prepositions

WITH ACCUSATIVE	WITH DATIVE	WITH EITHER ACCUSATIVE OR DATIVE	WITH GENITIVE
bis	aus	an	(an)statt
durch	außer	auf	trotz
entlang	bei	hinter	während
für	entgegen	in	wegen
gegen	gegenüber	neben	diesseits
ohne	mit	über	jenseits
um	nach	unter	innerhalb
wider	seit	vor	außerhalb
	von	zwischen	oberhalb
	zu		unterhalb

16 Verb and preposition combinations

abhängen von
achten auf (+ *acc.*)
anfangen mit
anrufen bei
antworten auf (+ *acc.*)
arbeiten bei (at a company)
aufhören mit
beginnen mit
sich beschäftigen mit
bestehen aus
bitten um
blicken auf (+ *acc.*)
danken für
denken an (+ *acc.*)
schreiben über (+ *acc.*)
sorgen für
sprechen über (+ *acc.*) or **von**
sterben an (+ *dat.*)
studieren an or auf (+ *dat.*)
suchen nach

diskutieren über (+ *acc.*)
sich erinnern an (+ *acc.*)
erkennen an (+ *dat.*)
erzählen über (+ *acc.*) or **von**
fahren mit (by a vehicle)
fliehen vor (+ *dat.*)
fragen nach
sich freuen auf (+ *acc.*)
sich freuen über (+ *acc.*)
sich fürchten vor (+ *dat.*)
sich gewöhnen an (+ *acc.*)
glauben an (+ *acc.*)
halten für
halten von
teilnehmen an (+ *dat.*)
vergleichen mit
sich vorbereiten auf (+ *acc.*)
warnen vor (+ *dat.*)
warten auf (+ *acc.*)
sich wenden an (+ *acc.*)

helfen bei
hoffen auf (+ *acc.*)
sich interessieren für
klettern auf (+ *acc.*)
sich kümmern um
lachen über (+ *acc.*)
lächeln über (+ *acc.*)
leiden an (+ *dat.*)
mitmachen bei (with a group)
reden über (+ *acc.*) or **von**
riechen nach
schicken nach
schimpfen auf (+ *acc.*)
schreiben an (+ *acc.*)
werden aus
wissen über (+ *acc.*) or **von**
wohnen bei
zeigen auf (+ *acc.*)
zweifeln an (+ *acc.*)

 **Idiomatic combinations of nouns and prepositions**

Angst vor (+ *dat.*) fear of
Freude über (+ *acc.*) joy over/in; **Freude an** (+ *dat.*) pleasure in/from
Interesse an (+ *dat.*); **Interesse für** interest in
Lust an (+ *dat.*) pleasure in; **Lust auf** (+ *acc.*) feel like, desire for
Mitleid mit sympathy with
Schuld an (+ *dat.*) guilty of
Sehnsucht nach longing for

18 **Dative verbs**

antworten	erlauben	gelingen	Leid tun	schmecken
befehlen	fehlen	genügen	nützen	tragen
begegnen [ist]	folgen [ist]	geschehen [ist]	passen	verzeihen
danken	gefallen	glauben	passieren [ist]	wehtun
dienen	gehorchen	gratulieren	raten	zuhören
einfallen [ist]	gehören	helfen	schaden	zusehen

19 **Adjectives with the dative case**

ähnlich	(un)bewusst	(un)gleich	nahe	teuer
(un)angenehm	böse	(un)klar	peinlich	wert
(un)bekannt	(un)dankbar	lieb	(un)recht	(un)wichtig
(un)bequem	fremd	(un)möglich	(un)schuldig	willkommen

20 **Present tense**

	lernen[1]	arbeiten[2]	tanzen[3]	geben[4]	lesen[5]	fahren[6]	laufen[7]	auf·stehen[8]
ich	lerne	arbeite	tanze	gebe	lese	fahre	laufe	stehe … auf
du	lernst	arbeitest	tanzt	gibst	liest	fährst	läufst	stehst … auf
er/es/sie	lernt	arbeitet	tanzt	gibt	liest	fährt	läuft	steht … auf
wir	lernen	arbeiten	tanzen	geben	lesen	fahren	laufen	stehen … auf
ihr	lernt	arbeitet	tanzt	gebt	lest	fahrt	lauft	steht … auf
sie	lernen	arbeiten	tanzen	geben	lesen	fahren	laufen	stehen … auf
Sie	lernen	arbeiten	tanzen	geben	lesen	fahren	laufen	stehen … auf
IMPER.SG.	lern(e)	arbeite	tanz(e)	gib	lies	fahr(e)	lauf(e)	steh(e) … auf

1. The endings are used for all verbs except the modals and **wissen, werden,** and **sein.**
2. A verb with a stem ending in **-d** or **-t** has an **-e** before the **-st** and **-t** endings. A verb with a stem ending in **-m** or **-n** preceded by another consonant has an **e** before the **-st** and **-t** endings, e.g., **es regnet (regnen).**
   EXCEPTION: If the stem of the verb ends in **-m** or **-n** preceded by **-l** or **-r**, the **-st** and **-t** do not expand, e.g., **lernst, lernt (lernen).**
3. The **-st** ending of the second person contracts to **-t** when the verb stem ends in a sibilant (**-s, -ss, -ß, -z,** or **-tz**). Thus the second and third persons are identical.

4. Some strong verbs have a stem-vowel change **e > i** in the second- and third-person singular and the imperative singular.

5. Some strong verbs have a stem-vowel change **e > ie** in the second- and third-person singular and the imperative singular. The strong verbs **gehen, heben,** and **stehen** do not change their stem vowel, e.g., **er/sie geht, hebt, steht.**

6. Some strong verbs have a stem-vowel change **a > ä** in the second- and third-person singular.

7. Some strong verbs have a stem-vowel change **au > äu** in the second- and third-person singular.

8. In the present tense, separable prefixes are separated from the verb and are in last position.

21 · *Haben, sein, werden,* and *wissen* in the present tense

ich	**habe**	**bin**	**werde**	**weiß**
du	**hast**	**bist**	**wirst**	**weißt**
er/es/sie	**hat**	**ist**	**wird**	**weiß**
wir	**haben**	**sind**	**werden**	**wissen**
ihr	**habt**	**seid**	**werdet**	**wisst**
sie	**haben**	**sind**	**werden**	**wissen**
Sie	**haben**	**sind**	**werden**	**wissen**

Imperative of *sein* and *werden*

	IMPERATIVE	
FAMILIAR SINGULAR	sei	werde
FAMILIAR PLURAL	seid	werdet
FORMAL	seien Sie	werden Sie

22 · Modal auxiliaries: present, simple past, and past participle

	dürfen	können	mögen	(möchte)	müssen	sollen	wollen
ich	darf	kann	mag	(möchte)	muss	soll	will
du	darfst	kannst	magst	(möchtest)	musst	sollst	willst
er/es/sie	darf	kann	mag	(möchte)	muss	soll	will
wir	dürfen	können	mögen	(möchten)	müssen	sollen	wollen
ihr	dürft	könnt	mögt	(möchtet)	müsst	sollt	wollt
sie	dürfen	können	mögen	(möchten)	müssen	sollen	wollen
Sie	dürfen	können	mögen	(möchten)	müssen	sollen	wollen
SIMPLE PAST	durfte	konnte	mochte	—	musste	sollte	wollte
PAST PARTICIPLE	gedurft	gekonnt	gemocht	—	gemusst	gesollt	gewollt

23 Simple past tense

	WEAK VERBS		STRONG VERBS
	lernen[1]	arbeiten[2]	geben[3]
ich	lernte	arbeitete	gab
du	lerntest	arbeitetest	gabst
er/es/sie	lernte	arbeitete	gab
wir	lernten	arbeiteten	gaben
ihr	lerntet	arbeitetet	gabt
sie	lernten	arbeiteten	gaben
Sie	lernten	arbeiteten	gaben

1. Weak verbs have the past-tense marker **-te** plus endings.
2. A weak verb with a stem ending in **-d** or **-t** has a past-tense marker **-ete** plus endings. A weak verb with a stem ending in **-m** or **-n** preceded by another consonant has a past-tense marker **-ete** plus endings, e.g., **regnete.**
   EXCEPTION: If the verb stem ends in **-m** or **-n** preceded by **-l** or **-r**, the **-te** past-tense marker does not expand, e.g., **lernte.**
3. Strong verbs have a stem-vowel change in the simple past plus endings.

24 Verb conjugations: strong verbs *sehen* and *gehen*

a | Indicative

	PRESENT			SIMPLE PAST	
ich	sehe	gehe		sah	ging
du	siehst	gehst		sahst	gingst
er/es/sie	sieht	geht		sah	ging
wir	sehen	gehen		sahen	gingen
ihr	seht	geht		saht	gingt
sie	sehen	gehen		sahen	gingen
Sie	sehen	gehen		sahen	gingen

	PRESENT PERFECT				PAST PERFECT			
ich	habe		bin		hatte		war	
du	hast		bist		hattest		warst	
er/es/sie	hat		ist		hatte		war	
wir	haben	gesehen	sind	gegangen	hatten	gesehen	waren	gegangen
ihr	habt		seid		hattet		wart	
sie	haben		sind		hatten		waren	
Sie	haben		sind		hatten		waren	

	FUTURE				
ich	werde		werde		
du	wirst		wirst		
er/es/sie	wird		wird		
wir	werden	sehen	werden	gehen	
ihr	werdet		werdet		
sie	werden		werden		
Sie	werden		werden		

b | Imperative

	IMPERATIVE	
FAMILIAR SINGULAR	sieh	geh
FAMILIAR PLURAL	seht	geht
FORMAL	sehen Sie	gehen Sie

c | Subjunctive

PRESENT-TIME SUBJUNCTIVE				
	Subjunctive II		**Subjunctive I**	
ich	sähe	ginge	(sehe)★	(gehe)★
du	sähest	gingest	sehest	gehest
er/es/sie	sähe	ginge	sehe	gehe
wir	sähen	gingen	(sehen)★	(gehen)★
ihr	sähet	ginget	sehet	gehet
sie	sähen	gingen	(sehen)★	(gehen)★
Sie	sähen	gingen	(sehen)★	(gehen)★

PAST-TIME SUBJUNCTIVE							
	Subjunctive II			**Subjunctive I**			
ich	hätte		wäre	(habe)★		sei	
du	hättest		wärest	habest		seiest	
er/es/sie	hätte		wäre	habe		sei	
wir	hätten	gesehen	wären	gegangen	(haben)★	gesehen	seien	gegangen
ihr	hättet		wäret	habet		seiet	
sie	hätten		wären	(haben)★		seien	
Sie	hätten		wären	(haben)★		seien	

FUTURE-TIME SUBJUNCTIVE							
	Subjunctive II			**Subjunctive I**			
ich	würde		würde	(werde)★		(werde)★	
du	würdest		würdest	werdest		werdest	
er/es/sie	würde		würde	werde		werde	
wir	würden	sehen	würden	gehen	(werden)★	sehen	(werden)★	gehen
ihr	würdet		würdet	(werdet)★		(werdet)★	
sie	würdet		würden	(werden)★		(werden)★	
Sie	würden		würden	(werden)★		(werden)★	

★The subjunctive I forms in parentheses are replaced by subjunctive II forms.

c | Passive voice

	PRESENT PASSIVE		PAST PASSIVE	
ich	werde		wurde	
du	wirst		wurdest	
er/es/sie	wird		wurde	
wir	werden	gesehen	wurden	gesehen
ihr	werdet		wurdet	
sie	werden		wurden	
Sie	werden		wurden	

	PRESENT PERFECT PASSIVE		PAST PERFECT PASSIVE	
ich	bin	⎫	war	⎫
du	bist		warst	
er/es/sie	ist		war	
wir	sind	gesehen worden	waren	gesehen worden
ihr	seid		wart	
sie	sind		waren	
Sie	sind	⎭	waren	⎭

	FUTURE PASSIVE	
ich	werde	⎫
du	wirst	
er/es/sie wir	wird	
ihr	werden	gesehen werden
sie	werdet	
Sie	werden	
	werden	⎭

25 Principal parts of strong and irregular weak verbs

The following list includes all the strong verbs and irregular weak verbs used in this book. Compound verbs like **hereinkommen** and **hinausgehen** are not included since the principal parts of those compound verbs are identical to the basic forms **kommen** and **gehen**. Inseparable-prefix verbs like **beweisen** are included only when the basic verb **(weisen)** is not listed elsewhere in the table. Basic English equivalents are given for all verbs in this list. For additional meanings consult the German-English end vocabulary.

REMINDER: The subjunctive II forms of most verbs listed below are felt today to be stilted and many are obsolete. The **würde**-construction is used in place of the subjunctive forms. For the few exceptions see *Kapitel 8*, Sections 8-7 and 8-16.

INFINITIVE	PRESENT-TENSE VOWEL CHANGE	SIMPLE PAST	PAST PARTICIPLE	SUBJUNCTIVE II	MEANING
anfangen	fängt an	fing an	angefangen	finge an	*to begin*
backen	bäckt/backt	backte	gebacken	backte	*to bake*
befehlen	befiehlt	befahl	befohlen	befähle (beföhle)	*to command*
beginnen		begann	begonnen	begänne (begönne)	*to begin*
beißen		biss	gebissen	bisse	*to bite*
betrügen		betrog	betrogen	betröge	*to deceive*
beweisen		bewies	bewiesen	bewiese	*to prove*
sich bewerben	bewirbt	bewarb	beworben	bewürbe	*to apply for*
biegen		bog	gebogen	böge	*to bend*
bieten		bot	geboten	böte	*to offer*
binden		band	gebunden	bände	*to bind*
bitten		bat	gebeten	bäte	*to request*
bleiben		blieb	ist geblieben	bliebe	*to remain*
braten	brät	briet	gebraten	briete	*to roast*
brechen	bricht	brach	gebrochen	bräche	*to break*
brennen		brannte	gebrannt	brennte	*to burn*
bringen		brachte	gebracht	brächte	*to bring*
denken		dachte	gedacht	dächte	*to think*
einladen	lädt ein	lud ein	eingeladen	lüde ein	*to invite*

INFINITIVE	PRESENT-TENSE VOWEL CHANGE	SIMPLE PAST	PAST PARTICIPLE	SUBJUNCTIVE II	MEANING
empfangen	empfängt	empfing	empfangen	empfinge	to receive
empfehlen	empfiehlt	empfahl	empfohlen	empföhle (empfähle)	to recommend
empfinden		empfand	empfunden	empfände	to feel
entscheiden		entschied	entschieden	entschiede	to decide
erschrecken	erschrickt	erschrak	erschrocken	erschräke	to be frightened
essen	isst	aß	gegessen	äße	to eat
fahren	fährt	fuhr	ist gefahren	führe	to drive; to travel
fallen	fällt	fiel	ist gefallen	fiele	to fall
fangen	fängt	fing	gefangen	finge	to catch
finden		fand	gefunden	fände	to find
fliegen		flog	ist geflogen	flöge	to fly
fliehen		floh	ist geflohen	flöhe	to flee
fließen		floss	ist geflossen	flösse	to flow
fressen	frisst	fraß	gefressen	fräße	to eat (of animals)
frieren		fror	gefroren	fröre	to freeze
geben	gibt	gab	gegeben	gäbe	to give
gefallen	gefällt	gefiel	gefallen	gefiele	to please
gehen		ging	ist gegangen	ginge	to go
gelingen		gelang	ist gelungen	gelänge	to succeed
gelten	gilt	galt	gegolten	gälte	to be valid
genießen		genoss	genossen	genösse	to enjoy
geschehen	geschieht	geschah	ist geschehen	geschähe	to happen
gewinnen		gewann	gewonnen	gewönne (gewänne)	to win
graben	gräbt	grub	gegraben	grübe	to dig
greifen		griff	gegriffen	griffe	to grab
haben	hat	hatte	gehabt	hätte	to have
halten	hält	hielt	gehalten	hielte	to hold
hängen		hing	gehangen	hinge	to hang
heben		hob	gehoben	höbe	to lift
heißen		hieß	geheißen	hieße	to be called
helfen	hilft	half	geholfen	hülfe (hälfe)	to help
kennen		kannte	gekannt	kennte	to know
klingen		klang	geklungen	klänge	to sound
kommen		kam	ist gekommen	käme	to come
laden	lädt	lud	geladen	lüde	to load
lassen	lässt	ließ	gelassen	ließe	to let, permit
laufen	läuft	lief	ist gelaufen	liefe	to run
leiden		litt	gelitten	litte	to suffer
leihen		lieh	geliehen	liehe	to lend
lesen	liest	las	gelesen	läse	to read
liegen		lag	gelegen	läge	to lie
lügen		log	gelogen	löge	to tell a lie
nehmen	nimmt	nahm	genommen	nähme	to take
nennen		nannte	genannt	nennte	to name
pfeifen		pfiff	gepfiffen	pfiffe	to whistle
raten	rät	riet	geraten	riete	to advise
reiten		ritt	ist geritten	ritte	to ride (a horse)
rennen		rannte	ist gerannt	rennte	to run
riechen		roch	gerochen	röche	to smell
rufen		rief	gerufen	riefe	to call
schaffen		schuf	geschaffen	schüfe	to create
scheinen		schien	geschienen	schiene	to shine
schieben		schob	geschoben	schöbe	to push
schießen		schoss	geschossen	schösse	to shoot
schlafen	schläft	schlief	geschlafen	schliefe	to sleep
schlagen	schlägt	schlug	geschlagen	schlüge	to hit
schließen		schloss	geschlossen	schlösse	to shut
schneiden		schnitt	geschnitten	schnitte	to cut
schreiben		schrieb	geschrieben	schriebe	to write

INFINITIVE	PRESENT-TENSE VOWEL CHANGE	SIMPLE PAST	PAST PARTICIPLE	SUBJUNCTIVE II	MEANING
schreien		schrie	geschrie(e)n	schriee	*to cry out, scream*
schweigen		schwieg	geschwiegen	schwiege	*to be silent*
schwimmen		schwamm	ist ge-schwommen	schwömme (schwämme)	*to swim*
sehen	sieht	sah	gesehen	sähe	*to see*
sein	ist	war	ist gewesen	wäre	*to be*
senden		sandte (sendete)	gesandt (gesendet)	sendete	*to send*
singen		sang	gesungen	sänge	*to sing*
sinken		sank	ist gesunken	sänke	*to sink*
sitzen		saß	gesessen	säße	*to sit*
sprechen	spricht	sprach	gesprochen	spräche	*to speak*
springen		sprang	ist gesprungen	spränge	*to spring*
stehen		stand	gestanden	stünde (stände)	*to stand*
stehlen	stiehlt	stahl	gestohlen	stähle	*to steal*
steigen		stieg	ist gestiegen	stiege	*to climb*
sterben	stirbt	starb	ist gestorben	stürbe	*to die*
stoßen	stößt	stieß	gestoßen	stieße	*to push*
streiten		stritt	gestritten	stritte	*to quarrel*
tragen	trägt	trug	getragen	trüge	*to carry, wear*
treffen	trifft	traf	getroffen	träfe	*to meet*
treiben		trieb	getrieben	triebe	*to drive*
treten	tritt	trat	ist getreten	träte	*to step; to kick*
trinken		trank	getrunken	tränke	*to drink*
tun	tut	tat	getan	täte	*to do*
unterscheiden		unterschied	unterschieden	unterschiede	*to distinguish*
vergessen	vergisst	vergaß	vergessen	vergäße	*to forget*
verlieren		verlor	verloren	verlöre	*to lose*
verschwinden		verschwand	ist ver-schwunden	verschwände	*to disappear*
verzeihen		verzieh	verziehen	verziehe	*to pardon*
wachsen	wächst	wuchs	ist gewachsen	wüchse	*to grow*
waschen	wäscht	wusch	gewaschen	wüsche	*to wash*
wenden		wandte (wendete)	gewandt (gewendet)	wendete	*to turn*
werden	wird	wurde	ist geworden	würde	*to become*
werfen	wirft	warf	geworfen	würfe	*to throw*
wiegen		wog	gewogen	wöge	*to weigh*
wissen	weiß	wusste	gewusst	wüsste	*to know*
ziehen		zog	gezogen	zöge	*to pull, move*
zwingen		zwang	gezwungen	zwänge	*to compel*

C Kurzfilme

Das Puzzle (Thema 2)

Wichtige Wörter

der Abschied *farewell;* **zum Abschied** *in farewell*
der Anruf, -e *phone call*
behalten (behält, behielt, behalten) *to keep on*
bescheuert *stupid, half-witted*
die Bühne, -n *stage;* **über die Bühne bringen** *to take care of a matter*
ehrlich *honestly*
einen Schrecken ein·jagen *to frighten*
der Groschen, - *an old coin*
die Kehr-Wieder-Mischung *name of coffee brand*

die Kehr-Wieder-Insel *name of island*
plaudern *to chat*
probieren *to try, to taste*
puzzeln *to do puzzles*
der Scherz, -e *joke, jest*
die Seefahrerfrau, -en *sailor's wife*
die Speicherstadt-Kaffeerösterei *granary city coffee roasting facility*
stammen *to originate*
verticken *(coll.) to offer products cheaply (as on eBay®)*
wechseln *to change (money)*
zu·hauen *to pound hard*
zu·winken *to wave to*

Familienrevier (Thema 4)

Wichtige Wörter

beschädigt *damaged*
das Betriebsklima *work environment*
das Dienstfahrzeug, -e *service vehicle*
dringend *urgent*
das Erfrischungstuch, ⸚er *wipes*
das Knöllchen, - *traffic ticket or police report*
locker *loose, relaxed*
der Mist *manure*
patzig *rude, insolent*
peinlich *embarrassing*
die Pommes (pl.) *short for* **Pommes frites** *French fries*

die Sache, -n, *affair;* **heiße Sache:** *(colloquial)* **Ich bin an einer ganz heißen Sache dran.** *I'm on to something urgent.*
der Schnellimbiss, -e *fast food place*
das Sparmenü, -s *economy menu*
das Stäbchen, - *chop stick*
überstürzen *to rush, to be hasty*
verderben (verdirbt, verdarb, verdorben) *to spoil*
der Zustand, -e *situation;* **das ist doch kein Zustand** *(colloquial) it can't stay that way, it has to change*

Kölsch

In „Familienrevier" hören Sie „Kölsch", den Dialekt aus der Gegend von Köln.

Kölsch	Hochdeutsch	Kölsch	Hochdeutsch
allet	alles	jenau	genau
dat	das	jut	gut
de	du	min	mein
en	ein	ne	nein
et	es	net	nicht
ham	haben	sach	sag
jebracht	gebracht		

Dufte (Thema 6)

Wichtige Wörter

aus•führen *to carry out*
der Ausweis, -e *I.D. card*
etwas für sich behalten **(behält, behielt, behalten)** *to keep something to oneself*
besorgen *to get something for someone*
sich ein•bilden: das bildest du dir ein *you're just imagining that*
die Bude, -n *shack; here colloquial for place*
doll = toll *completely ferociously*
die Dummheit, -en *stupid trick*
durch•kommen (kam durch, ist durchgekommen) *to slip through*

erwischen *to catch*
das Funkgerät, -e *wireless equipment*
das Gepäcknetz, -e *luggage rack*
locker *loose, relaxed*
nervenschwach *case of nerves, nervous*
verschonen *to spare (someone)*
verstecken *to hide*
die Verwandtschaft *relationship:* **die ganze buckliche Verwandtschaft** *the whole bunch of boring relatives*
die Waffe, -n *weapon*
das Zeug *stuff*
zumindest *at least*

Sächsisch

In „Dufte" hören Sie „Sächsisch", den Dialekt in Sachsen.

Sächsisch	Hochdeutsch	Sächsisch	Hochdeutsch
allene	allein	hinne	schnell
da drieben	da drüben	nich	nicht
dat	das	nüscht	nichts
det	dass	wa	was
doll	toll	Zieche	Züge

Teleportation (Thema 8)

Wichtige Wörter

anzapfen *to tie into*
sich auf·regen *to get excited*
die Bastlerin, -nen *home mechanic (here: know it all)*
beamen *to teleport, to transmit matter*
die Berechnung, -en *calculation*
der Besen, - *broom;* „ik fress einen Besen" *I'll eat my hat*
das Direx *director's office*
drängeln *to push, shove*
dazu'schalten *to switch on*
erledigt *done for*
die Flut, -en *flood*
funzen *to function (youth jargon);* **es hat gefunzt** *it worked*

glotzen *to stare*
klemmen *to jam*
die Leitung, -en *line*
die LPG = DDR: *agricultural production cooperative*
marode *corroded*
der Mist *dung;* **Mist!** *(interjection) Darn!*
der Notstrom *emergency power*
das Ohr, -en *ear;* **uns das ganze noch um die Ohren fliegen** *the whole thing will blow up*
der Pfeffer *pepper;* **wo der Pfeffer wächst** *a saying spoken to or about someone you don't want to see anymore*

die Ruhe rest: **immer mit der Ruhe** *take it easy*
rum·hocken *to sit around*
der Spruch, ̈e *saying*; **blöde Sprüche labern** *to talk nonsense*
der Strom *power*
das Versehen *oversight*; **aus Versehen** *by mistake*

die Waffel, -n *waffel, (here: colloquial / dialect) head*; **„Du hast ja einer inner Waffel."** *You must be crazy.*
die Wanne, -n *tub*
die Zielanlage *targeting system*
die Zündung *ignition*

Dialekt und Jugendsprache *(youth jargon)*

Dialekt	Hochdeutsch	Dialekt	Hochdeutsch
allet	alles	ham	haben
allet in Butter	in Ordnung/okay	inem	in einem
anzappe	anzapfen	keene	keine
det	das	labern	(dumm) reden
det isses	das ist es	nüscht	nichts
Dorp	Dorf	ooch	auch
ik	ich	Waffel	Kopf
[hat] gefunzt	[hat] funktioniert	west	weißt
gloob	glaube		

Bus (Thema 10)

Wichtige Wörter

das Bremslicht, -er *brake light*
bar *cash*; **Zahlen Sie bar?** *Are you paying cash?*
der Ernst *seriousness*; **Im Ernst?** *Do you really mean it? Are you serious?*

rückgängig *reverse*; **Wir könn' das auch alles rückgängig machen?** *We can also undo everything (put it back the way it was)*

German-English Vocabulary

The German-English end vocabulary includes all words used in **Kaleidoskop** except common function words such as articles, pronouns, and possessive adjectives; days of the week; names of the months; numbers; obvious cognates; and words that are glossed in the margins but not used in exercises.

Words included in the basic list of 1,200 are marked with an asterisk (*). These words occur in the following standard frequency lists: *A Frequency Dictionary of German* (Randall L. Jones and Erwin Tschirner), *Das Zertifikat Deutsch als Fremdsprache* (Deutscher Volkshochschul-Verband and Goethe-Institut), *Grundwortschatz Deutsch* (Heinz Oeler), and *Grunddeutsch: Basic (Spoken) German Word List* (J. Alan Pfeffer).

The following abbreviations are used in this vocabulary:

abbr. abbreviation	*conj.* conjunction	*inf.* infinitive
acc. accusative	*dat.* dative	*pl.* plural
adj. adjective	*decl.* declined	*pron.* pronoun
adv. adverb	*fam.* familiar	
coll. colloquial	*gen.* genitive	

A

*ab off, down, away; **~ und zu** now and then 2

ab·biegen (o, [ist] o) to turn off

ab·brechen (i; a, o) to break off

*der Abend, -e evening; **am ~** in the evening; ***das Abendessen, -** dinner, supper; ***abends** in the evening

das Abenteuer, - adventure 3

*aber but, however; (*flavoring particle*) really, certainly

*ab·fahren (ä, u, [ist] a) to depart; to drive off

der Abfall, ⁻e waste, trash 10

die Abgabe the handing in; levy, contribution

ab·geben (i; a, e) to deliver; to give up; to give some of

ab·halten (ä; ie, a) to keep from, prevent

ab·hängen (i, a) (von) to depend (upon); **es hängt von dir ab** it depends on you; **abhängig (von)** dependent (on)

*ab·holen to fetch; to pick up

das Abitur final comprehensive examination at **Gymnasium**;

der Abiturient, -en, -en/die Abiturientin, -nen person who is doing/has done the Abitur

abnehmen (nimmt; a, genommen) to reduce

der Absatz, ⁻e paragraph; heel

ab·schalten to turn off

ab·schicken to send off

der Abschied, -e departure, farewell; **beim ~** on leaving

ab·schließen (schloss, geschlossen) to finish

der Abschluss, ⁻e degree or diploma; end; conclusion

ab·schneiden (schnitt, geschnitten) to cut off

ab·sehen (sieht; a, e) to forsee

die Absicht, -en intention, purpose

abstrakt abstract

die Abteilung, -en section, department

ab·tippen to type up

*ab·trocknen to dry off; to dry dishes

ab·waschen (ä; u, a) to wash (dishes)

ab·wickeln to conclude; unwind

ab·wischen to wipe off 10

*ach oh

die Achsel, -n arm pit; **die Achseln zucken** to shrug one's shoulders 9

achten to respect; **~ auf** to pay attention to; **die Achtung** attention; respect; **Achtung!** Watch out!

der Actionfilm, -e action film

das Adjektiv, -e adjective; **attributives ~** attributive adjective

*die Adresse, -n address; **adressieren** to address

afrikanisch (*adj.*) African

das Agens agent (passive)

*aggressiv aggressive

ähnlich (+ *dat.*) similar to 5; **die Ähnlichkeit, -en** similarity

der Akkusativ, -e accusative

die Aktion, -en action, operation; ***aktiv** active

aktivieren to activate

die Aktivität, -en activity

aktuell current; latest

der Akzent, -e accent

*akzeptieren to accept

das Album, Alben album

*alle all, everybody; all gone

*allein(e) alone

allerdings certainly; of course; though 2

*alles everything
*allgemein general; im Allgemeinen in general
allmählich gradual(ly) 2
der Alltag everyday life; daily routine 1; die Alltagsroutine daily schedule
die Alpen alps
*als when; than; * ~ ob as if
*alt (ä) old; der/die Alte (noun decl. like adj.) old person; der/die Ältere (noun decl. like adj.) the elder
die Altbauwohnung, -en apartment in old building
das Alter age 2; old age; das Altersheim, -e senior citizens' home
das Altpapier paper for recycling; waste paper
*(das) Amerika America, USA; *der Amerikaner, -/die Amerikanerin, -nen American; *amerikanisch American
*an (+ dat./acc.) at; on (vertical surface); to
die Analyse, -n analysis
die Ananas pineapple
*an·bieten (o, o) to offer
an·blicken to look at
an·brennen (a, [ist] a) to burn; to scorch
*andere other; different; etwas anderes something different
andererseits on the other hand 7
*ändern to change
*anders different
die Änderung, -en alteration, change
aneinander next to each other
die Anekdote, -n anecdote
an·erkennen (a, a) to recognize; to acknowledge
die Anerkennung recognition 9
*der Anfang, ⁼e beginning, start; am ~ in the beginning; *an·fangen (ä; i, a) (mit) to start, begin (with); der Anfänger, -/die Anfängerin, -nen beginner; anfangs initially
an·fassen to touch; to take hold of, seize 5
die Anfrage inquiry
das Anführungszeichen, - quotation mark
die Angabe, -n detail, (pl.) data; boasting
angebaut (anbauen) grown
an·geben (i; a, e) to indicate; provide; boast
angeblich alleged(ly); supposed(ly) 6
das Angebot, -e offer; supply 3
angegeben provided
an·gehen (ging, [ist] gegangen) to concern; das geht (mich) nichts an that doesn't concern (me) 4
an·gehören (+ dat.) to belong to
*angenehm (dat.) comfortable; es ist mir ~ it's agreeable to me
angenommen assumed
angepasst suitable; conforming; adjusted
angesehen respected

angestellt employed, to be an employee 6
der/die Angestellte (noun decl. like adj.) salaried employee; white-collar worker; clerk 3
*die Angst, ⁼e fright, anxiety; ~ haben vor (+ dat.) to be frightened of
ängstigen to frighten; to alarm
ängstlich (wegen) anxious (about), fearful, timid 5
an·haben to be wearing, to have on
an·halten (ä; ie, a) to stop
sich an·hören to listen; to sound; das hört sich gut an that sounds good 8
an·klagen to accuse; jemanden wegen etwas ~ to accuse someone of something
*an·kommen (kam, [ist] o) to arrive; ~ auf (+ acc.) to depend on
die Ankunft, ⁼e arrival
an·legen to put on
an·machen to turn on
an·melden to announce; to notify; to register
*an·nehmen (nimmt; a, genommen) to accept; to assume
anonym anonymous
sich an·passen (+ dat.) to conform; adapt (to)
die Anregung, -en idea to think about; stimulus
der Anruf, -e phone call; der Anrufbeantworter, - answering machine
*an·rufen (ie, u) (bei) to call up, telephone
an·schaffen to purchase, acquire
an·schauen to look at, contemplate 2
anscheinend apparent(ly) 6
der Anschluss, ⁼e connection
*an·sehen (ie; a, e) to look at
die Ansicht, -en view, opinion; die Ansichtskarte, -n picture postcard 2
ansonsten apart from that
die Ansprache, -n speech
an·sprechen (i; a, o) to speak; to please; to address
*anstatt (+ gen.) instead of
an·stellen to hire, employ 6
anstrengend exhausting, strenuous 1
die Anstrengung, -en exertion, effort
der Anteil, -e portion; share
die Anthologie, -n anthology
antrainieren to train *die Antwort, -en answer
*antworten (+ dat.) to answer; ~ auf (eine Frage) to reply to (a question)
der Anwalt, ⁼e/die Anwältin, -nen lawyer
die Anweisung, -en instruction(s)
die Anwesenheitspflicht required attendance
die Anzeige, -n advertisement; notice
an·zeigen to indicate
*an·ziehen (zog, gezogen) to put on; to attract; sich ~ to get dressed; ich ziehe mir (die Schuhe) an I put on (my shoes)

*der Anzug, ⁼e suit, clothes
*der Apfel, ⁼ apple
*der Appetit appetite; guten ~ enjoy your meal
das Äquivalent, -e equivalent
der Araber, -/die Araberin, -nen Arab
*die Arbeit, -en work; exam; *arbeiten (bei) to work (at a company); *der Arbeiter, -/die Arbeiterin, -nen worker; der Arbeitgeber, -/die Arbeitgeberin, -nen employer 6; der Arbeitnehmer, -/die Arbeitnehmerin, -nen employee 6; die Arbeitsaufgabe, -en work assignment; der Arbeitslohn wage; die Arbeitslöhne, earnings; arbeitslos unemployed; der/die Arbeitslose (noun decl. like adj.) unemployed worker; die Arbeitslosigkeit unemployment; der Arbeitsmarkt, ⁼e job market; der Arbeitsplatz, ⁼e place of work, employment; die Arbeitsstelle, -n place of work; job, position
der Architekt, -en, -en/die Architektin, -nen architect
der Ärger anger; trouble; ärgerlich annoying, angry 4; (über + acc.) annoyed, irritated (about, over); *ärgern to annoy, make angry; sich ~ to be angry, become angry
das Argument, -e reason, proof; argumentieren to argue
*arm (ä) poor
*der Arm, -e arm
der Ärmel, - sleeve
Ärmster: du ~ /du Ärmste you poor thing
*die Art, -en manner, kind; species; ~ und Weise manner
*der Artikel, - article; item, (pl.) goods; bestimmter ~ definite article; unbestimmter ~ indefinite article
*der Arzt, ⁼e/die Ärztin, -nen medical doctor; der Arzthelfer, -/die Arzthelferin, -nen doctor's assistant; ärztlich medical
der Asbest asbestos
(das) Asien Asia
die Assimilation, -en assimilation; assimilieren to assimilate
der Assistent, -en, -en/die Assistentin, -nen assistant
das Assoziogram concept map
der Ast, ⁼e branch
die Aster, -n aster
das Asyl asylum (political); der Asylant, -en, -en/die Asylantin, -nen asylum seeker
der Atem breath, respiration
der Atlantik Atlantic
*atmen to breathe
die Atmosphäre, -n atmosphere; mood
das Atomkraftwerk, -e nuclear power plant

der **Atommüll** nuclear waste
attraktiv attractive
das **Attribut, -e** descriptive adjective; **attributiv** attributive
*****auch** also, too, likewise; indeed; **~ wenn** even if
*****auf** (+ dat./acc.) on, upon (horizontal surface); to; open
auf·bauen to erect; to set up; to build (up)
der **Aufenthalt, -e** stay
*****auf·fallen** (ä; fiel, [ist] a) to be noticeable, attract attention
auf·fliegen (o, [ist] o) to fly up; to be busted
auf·führen to perform; to stage; die **Aufführung, -en** performance
*****die Aufgabe, -n** task; assignment
auf·geben (i; a, e) to give up
aufgeregt excited; upset
auf·heben (o, o) to keep, save 2
*****auf·hören** to stop, quit
auf·kochen to bring to a boil
auf·legen to hang up (telephone)
*****auf·machen** to open
*****aufmerksam** (auf + acc.) attentive (to); watchful 10; **die Aufmerksamkeit** attention
auf·nehmen (nimmt; a, genommen) to take up; resume
*****auf·passen** to pay attention; **~ auf** (+ acc.) to look after someone
auf·räumen to clear/tidy up 4
sich auf·regen to get excited; to get alarmed
aufregend exciting
auf·rufen (ie, u) to call up
der **Aufsatz, ̈e** compositon
auf·schließen (schloss, geschlossen) to unlock; to open 2
auf·schreiben (ie, ie) to write down
auf·setzen to put on
auf·springen (a, [ist] u) to spring up
*****auf·stehen** (stand, [ist] gestanden) to get up; to rise; to stand open
auf·teilen to divide up
auf·treten (tritt; a, [ist] e) to appear 10; **das Auftreten** appearance
der **Auftritt** appearance; performance
auf·wachen [ist] to wake up
auf·wachsen (ä; u, [ist] a) to grow up
*****das Auge, -n** eye
der **Augenblick, -e** moment
*****aus** (+ dat.) out of; from; made of
aus·bilden to educate, train 3; **die Ausbildung, -en** education; training 8
die Ausdauer stamina
aus·denken (dachte, gedacht) to imagine; to think up
aus·diskutieren to discuss fully, resolve
*****der Ausdruck, ̈e** expression
aus·drücken to express, utter
sich auseinander·setzen to explain; to come to terms; to have it out
aus·fallen (ä; ie, [ist] a) to fall out; to be dropped, omitted; to be canceled
*****der Ausflug, ̈e** excursion

aus·führen to take out; to carry out; to execute
aus·füllen to fill out
die Ausgabe, -n edition; expense
der **Ausgang** exit
*****aus·geben** (i; a, e) to spend; to give out
aus·gehen (ging, [ist] gegangen) to go out; to start out (from); to turn out (e.g., well)
*****ausgezeichnet** excellent
aus·kommen (a, [ist] o) (mit) to get along with
*****das Ausland** foreign country; der **Ausländer, -/die Ausländerin, -nen** foreigner, alien 7; **ausländerfeindlich** xenophobic; **die Ausländerfeindlichkeit** xenophobia
ausländisch foreign 7
aus·leihen (ie, ie) to lend
aus·machen to arrange; to agree 5; to turn off (light) 10; **das macht (mir) nichts aus** it doesn't matter (to me) 5
die Ausnahme, -n exception
aus·packen to unpack
aus·probieren to try out
der **Ausruf, -e** cry, shout; **aus·rufen** (ie, u) to exclaim; to call out; to proclaim 9
aus·ruhen to rest
die Aussage, -n statement; **aus·sagen** to say, state
aus·schalten to turn off
aus·schlafen (ä; ie, a) to have a good sleep 1
aus·schließen (schloss, geschlossen) to exclude
aus·schneiden (schnitt, geschnitten) to cut out
*****aus·sehen** (ie; a, e) to look, appear; **das Aussehen** appearance
außen outside, outer
der **Außenminister, -/die Außenministerin, -nen** foreign minister
*****außer** (+ dat.) except
*****außerdem** besides, moreover
*****außerhalb** (+ gen.) outside
äußerlich outside, beyond
äußern to express; **sich ~ (zu)** to express one's opinion (about)
die Aussicht, -en view
aus·sprechen (i; a, o) to express; to pronounce
aus·spülen to rinse out
*****aus·steigen** (ie, [ist] ie) to get out/off (of a vehicle)
die Ausstellung, -en exhibition
aus·sterben (i; a, [ist] o) to die out
aus·streichen (i, i) to delete; to erase
der **Austausch** exchange; **aus·tauschen** to exchange; der **Austauschstudent, -en, -en/die Austauschstudentin, -nen** exchange student 9
die Auswahl selection; **aus·wählen** to choose, select
aus·wandern [ist] to emigrate
der **Ausweis, -e** identity card 9

auswendig by heart, from memory 9
die Auswertung evaluation
aus·ziehen (zog, [ist] gezogen) to move out; *****sich ~** (zog, gezogen) to undress; **ich ziehe mir (die Schuhe) aus** I take off (my shoes)
der/die Auszubildende (noun decl. like adj.) apprentice, trainee
der **Auszug, ̈e** excerpt
*****das Auto, -s** car; **die Autobahn, -en** superhighway; der **Autohändler, -/die Autohändlerin, -nen** car dealer; **die Autokarawane, -n** a single file of vehicles; **das Automobil, -e** automobile
die Autobiografie, -n (also **Autobiographie**) autobiography
autofrei no cars allowed
das Autogramm, -e autograph
der **Automat, -en, -en** vending machine; **automatisch** automatic
die Autonomie autonomy
der **Autor, -en/die Autorin, -nen** author
der/die Azubi, -s (abbr. of **Auszubildender**) apprentice, trainee

B

*****backen** (backte, gebacken) to bake; *****der Bäcker, -/die Bäckerin, -nen** baker; *****die Bäckerei, -en** bakery
*****das Bad, ̈er** bath; *****das Badezimmer, -** bathroom; *****baden** to bathe, to swim; **die Badewanne, -n** bathtub
das BAföG (= das Bundesausbildungs-förderungsgesetz) Federal Training Assistance Act (student loans in Germany)
*****die Bahn, -en** train; track; railroad; *****der Bahnhof, ̈e** train station
*****bald** (eher, ehest) soon; **~ darauf** soon after 9
der **Balkon, -s** or **-e** balcony
die Ballade, -n ballad
der **Band, ̈e** volume (book)
das Band, ̈er cord; ribbon; tape
die Band, -s band (music)
*****die Bank, ̈e** bench
*****die Bank, -en** bank; **der Bankraub** bank robbery
das Bankett, -e banquet
die Bar, -s bar
die Batterie, -n battery
der **Bau, -ten** building, construction; *****bauen** to build, construct
*****der Bauer, -n, -n/die Bäuerin, -nen** farmer
*****der Baum, ̈e** tree
das Bauwerk, -e building
(das) **Bayern** Bavaria
beachten to observe; to notice
*****der Beamte** (noun decl. like adj.)/**die Beamtin, -nen** official, civil servant
beantworten to answer 1
der **Becher, -** mug; container; cup 10
sich bedanken to express one's thanks
bedauern to regret 1; to pity

bedecken to cover

*bedeuten to mean, point out; **bedeutend** significant; ***die Bedeutung, -en** meaning, importance

bedienen to serve, wait on 7; **die Bedienung** server, service (restaurant)

die Bedingung, -en condition, stipulation

*sich beeilen to hurry

beeindrucken to impress

beeinflussen to influence

beenden to finish

befehlen (ie; a, o) (+ *dat. of person*) to command

sich befinden (a, u) to be located; to feel (health) 9

befragen to question, poll; **der/die Befragte** (*noun decl. like adj.*) person asked

befreien to free

befürchten to fear; **die Befürchtung** fear

begabt gifted, talented

*begegnen [ist] (+ *dat.*) to meet; **die Begegnung, -en** meeting

begehen (beging, begangen) to commit

begeistern to enthuse, inspire with enthusiasm; **begeistert (von)** enthused, enthusiastic (about); **die Begeisterung** enthusiasm

der Beginn beginning; ***beginnen (a, o)** to begin

begleiten to accompany

begreifen (begriff, begriffen) to grasp; to understand

der Begriff, -e concept, idea 7

begründen to justify; to support

die Begrüßung, -en welcome, greeting

behalten, (ä; ie, a) to keep

behandeln to deal with; to treat (patient, topic) 3; **die Behandlung, -en** treatment

*behaupten to assert; to claim

behindert disabled; **der/die Behinderte** (*noun decl. like adj.*) disabled person

*bei (+ *dat.*) at; near; at the home of; **beim (Lesen)** while (reading)

bei·behalten (ä; ie, a) to keep

*beide both

*das Bein, -e leg

*das Beispiel, -e example; **zum ~** for example; **beispielsweise** for example

der Beitrag, -̈e contribution; **bei·tragen (ä; u, a)** to contribute

bejahen to affirm, answer in the affirmative

bekämpfen to fight against; **die Bekämpfung, -en** battle, fight

*bekannt familiar; **~ für** known (for); **mir ~** known to me; ***der/die Bekannte** (*noun decl. like adj.*) acquaintance, friend; **der Bekanntenkreis, -e** circle of friends

sich beklagen (über + *acc.*) to complain (about)

*bekommen (bekam, bekommen) to get, receive

belächeln to smile at with disdain

beliebt popular, well liked 9

die Belohnung, -en reward

bemalen to paint

*bemerken to mention; to notice; to realize; **die Bemerkung, -en** comment; observation

sich bemühen to exert oneself

benachteiligen to put at a disadvantage

*sich benehmen (benimmt; a, benommen) to behave; **das Benehmen** behavior, conduct

beneiden to envy

*benutzen/benützen to use; **der Benutzer, -/die Benutzerin, -nen** user

*das Benzin gasoline; fuel

beobachten to observe; to watch 1; **die Beobachtung, -en** observation

*bequem comfortable

der Berater, -/die Beraterin, -nen advisor

der Bereich, -e area 1

*bereit (zu) ready, prepared (for)

bereits already 7

*der Berg, -e mountain; **der Bergarbeiter, -/die Bergarbeiterin, -nen** miner, coal worker; **die Bergleute** (*pl.*) miners

*der Bericht, -e report; **berichten** to report

*der Beruf, -e profession; **die Berufsausbildung, -en** education, training for a profession; **die Berufsfachschule, -n** (full-time) vocational school; **das Berufsleben** professional life; **das Berufsorchester, -** professional orchestra; **der Berufsplan, -̈e** career plan; **die Berufsschule, -n** (part-time) vocational school; **die Berufswahl, -en** choice of occupation

berufen (ie, u) to appoint; to have a vocation for

beruflich professional; on business

berufstätig working, (gainfully) employed

beruhigen to quiet; **sich ~** to calm down 5; **beruhigend** soothing; reassuring; comforting; **beruhigt** calm; reassured 5

*berühmt (wegen) famous (for)

berühren to touch; to move

beschäftigen to employ; **sich ~ (mit)** to occupy oneself (with); to work at; to think about 6; **beschäftigt (mit)** busy 6; **die Beschäftigung, -en** activity; occupation 1

der Bescheid, -e information; **~ sagen/geben** to inform someone about something

beschimpfen to swear at

*beschließen (beschloss, beschlossen) to decide; to conclude

*beschreiben (ie, ie) to describe; **die Beschreibung, -en** description

sich beschweren to complain; **~ über etwas** to complain about something; **~ bei jemandem** to complain to someone

besetzen to occupy; to fill; **besetzt** occupied 1

die Besichtigung, -en sightseeing

der Besitz possession; ***besitzen (besaß, besessen)** to own; to possess

besondere (r, s) special; **etwas Besonderes** something special; **die Besonderheit, -en** unusual quality

*besonders especially

besorgen to acquire; to take care of

besprechen (i; a, o) to discuss, talk about

*besser better

(sich) bessern to improve

best best; **der/die/das Beste** the best

bestehen (bestand, bestanden) to exist 3; to pass (exam); **~ auf** (+ *dat.*) to insist upon; **~ aus** to consist of

*bestellen to order

besten: am ~ best

bestimmen to determine; to define

*bestimmt sure; definite; particular; **die Bestimmtheit** certainty

die Bestrafung, -en punishment

*der Besuch, -e visit; **~ haben/bekommen** to have/get guests; **zu ~** for a visit; ***besuchen** to visit; to attend; **der Besucher, -/die Besucherin, -nen** visitor

betrachten to view; to inspect; to regard; to consider 3

betreffen (i; betraf, o) to concern 3

betreiben (ie, ie) to carry on; to operate

der Betrieb, -e firm, business; **die Betriebswirtschaft** business management 1

betroffen affected; concerned

betrügen (o, o) to deceive, cheat 7

*das Bett, -en bed; **die Bettdecke, -n** blanket

beurteilen to judge 7

der Beutel, - bag; purse

die Bevölkerung, -en population 3

*bevor (*conj.*) before

bevor·stehen (stand, gestanden) to be imminent

*(sich) bewegen to move; **die Bewegung, -en** movement

*beweisen (ie, ie) to prove

sich bewerben (i; a, o) (um/bei) to apply (for/to) 6; **der Bewerber, -/die Bewerberin, -nen** applicant; **die Bewerbung, -en** application 6

bewirken to bring about

der Bewohner, -/die Bewohnerin, -nen inhabitant 9; **die Bewohnerschaft** occupants

bewusst (*dat.*) conscious, aware

bezahlbar affordable

*bezahlen to pay; **die Bezahlung, -en** payment

bezeichnen to designate; to name

sich beziehen (bezog, bezogen) (auf + *acc.*) to relate (to), refer (to)

die Beziehung, -en relation, relationship; connection

beziehungsweise respectively

das Bezugswort, ¨er antecedent

***die Bibliothek, -en** library

biegen (o, o) to bend

***das Bier, -e** beer

***bieten (o, o)** to offer; to show

***das Bild, -er** picture; **der Bildschirm, -e** screen

(sich) bilden to form, create, educate 3; **die Bildung** education

***billig** cheap

die Billion, -en trillion

die Binde, -n bandage

***binden (a, u)** to bind, tie

der Biochemiker, -/die Biochemikerin, -nen biochemist

die Biografie, -n (*also* Biographie) biography

der Biologe, -n, -n/die Biologin, -nen biologist

der Biomüll organic waste

das Biotop, -e biotope

***bis (+ *acc.*)** until; as far as; by (*time*); **~ auf** up to; **~ dann** until then (later)

bisher so far; as yet; up to now

bislang so far

***bisschen: ein ~** a little bit

***bitte** please; I beg your pardon

***bitten (bat, gebeten) (um)** to beg; to ask (for)

blass (vor + *dat.*) pale (with) 6; **die Blässe** paleness

das Blatt, ¨er leaf; sheet of paper 5; **blättern (in + *dat.*)** to leaf (through) 1

***blau** blue

die Bleibe, -n place to stay

***bleiben (ie, [ist] ie)** to stay, remain

***der Bleistift, -e** lead pencil

der Blick, -e look; glance; **blicken** to look; to glance 4

die Blockade, -n blockade

blöd(e) (*coll.*) stupid; silly 9

bloß bare; only 8

***die Blume, -n** flower; **der Blumenstrauß, -sträuße** flower bouquet

***die Bluse, -n** blouse

das Blut blood 7; **blutig** bloody

***der Boden, ¨** ground; floor; attic

der Bogen, - or ¨ bend; curve; bow; arch

die Bohne, -n bean

die Bombe, -n bomb

der Boom, -s boom

borgen to borrow; to lend

die Börse, -n stock market

***böse (auf *or* über + *acc.*)** angry; mean; **mir ~ sein** to be angry with me

die Branche, -n line of business, trade

der Brandanschlag, ¨e arson attack

***braten (ä; ie, a)** to fry; to roast

der Brauch, ¨e tradition, custom

brauchbar useful

***brauchen** to need

***braun** brown

die BRD (Bundesrepublik Deutschland) Federal Republic of Germany

***brechen (i; a, gebrochen)** to break

***breit** broad, wide

***brennen (brannte, gebrannt)** to burn

der Brennstoff, -e fuel

***der Brief, -e** letter; **der blaue ~** warning letter from school; **der Briefkasten, ¨** mailbox; ***die Briefmarke, -n** stamp; **der Briefträger, -/die Briefträgerin, -nen** letter carrier 2; **der Briefumschlag, ¨e** envelope 4

***die Brille, -n** eyeglasses

***bringen (brachte, gebracht)** to bring

der Brite, -n, -n/die Britin, -nen Briton

die Broschüre, -n brochure

***das Brot, -e** bread; sandwich; ***das Brötchen, -** roll

***die Brücke, -n** bridge

***der Bruder, ¨** brother

der Brunnen, - well

die Brutalität, -en brutality

***das Buch, ¨er** book; **der Buchladen, ¨** bookstore

das Bücherregal, -e bookshelf

die Büchse, -n tin can

der Buchstabe, -ns, -n letter of alphabet

die Bude, -n hut; booth; shack

die Bühne, -n stage 10

bummeln ([ist]) to stroll

bündeln to bundle

der Bundesbürger, -/die Bundesbürgerin, -nen citizen of Germany

der Bundeskanzler, -/die Bundeskanzlerin, -nen German Chancellor

das Bundesland, ¨er federal state

der Bundespräsident, -en, -en/die -präsidentin, -nen President of the Federal Republic of Germany

die Bundesregierung, -en federal government

***die Bundesrepublik Deutschland** Federal Republic of Germany

der Bundestag lower house of the German Parliament

***bunt** multicolored; colorful

die Burg, -en castle

***der Bürger, -/die Bürgerin, -nen** citizen; **bürgerlich** middle-class

der Bürgermeister, -/die Bürgermeisterin, -nen mayor

***das Büro, -s** office

***der Bus, -se** bus

***die Butter** butter; **das Butterbrot, -e** slice of bread and butter

C

***das Café, -s** café

campen to camp 1; ***das Camping** camping out; ***der Campingplatz, ¨e** campground

***die CD, -s** CD, compact disk; **die CD-Rom, -s** CD/ROM; **der CD-Spieler** CD player

Celsius centigrade

die Chance, -n opportunity

das Chaos chaos; **chaotisch** chaotic

der Charakter, -e character; **charakterisieren** to characterize

charmant charming

der Chat, -s chat (internet); **der Chatpartner, -/die Chatpartnerin, -nen** chat partner; **chatten** to chat (Internet)

***der Chef, -s/die Chefin, -nen** boss; **der Chefarzt, ¨e/die Chefärztin, -nen** head of department in a hospital

die Chemie chemistry; **chemiefrei** containing no chemicals

die Chemikalie, -n chemical

der Chemiker, -/die Chemikerin, -nen chemist

chillen to chill, relax 1

chinesisch Chinese

das Chlor chlorine

der Chor, ¨e choir

der Christ, -en, en/die Christin, -nen Christian

christlich Christian

chronologisch chronological

circa approximately

der Club, -s club

die Coladose, -n can of cola

***der Computer, -** computer

der Container, - container

die Couch, - -s couch

***der Cousin, -s/die Cousine, -n** cousin

D

***da (adv.)** there; then; **~ drüben** over there

***da (conj.)** as; since; because

dabei thereby; near, moreover

***das Dach, ¨er** roof; **der Dachboden, -böden** attic

dadurch thereby; by that

dafür therefore; for it

dagegen against it; on the other hand

***daher** therefore

***dahin** there; away; gone

die Dahlie, -n dahlia

das *da*-Kompositum, -Komposita da-construction

***damals** at that time; then

***die Dame, -n** lady

***damit** in order that; with that

danach after that; accordingly

dank (+ *gen.* or *dat.*) thanks to

***der Dank** reward; thanks

***dankbar (für)** grateful (for); **mir ~** grateful to me; **die Dankbarkeit** gratitude

***danke** thank you, thanks; ***danken (*dat. of person*)** to thank

***dann** then

daran at, on; about

darauf thereupon; afterward

***dar·stellen** to represent; to depict, portray; **der Darsteller, -/die**

Darstellerin, nen actor (theater); **die Darstellung, -en** portrayal
darüber over it; across it, about it
***darum** therefore; around it
darunter under it; among them
***dass** (*conj.*) that
die Datei, -en file (computer)
die Daten (*pl.*) data, information
der Dativ, -e dative
das Datum, Daten date
dauerhaft permanent, durable
***dauern** to last; **dauernd** continually
der Daumen, - thumb; **ich drücke dir die Daumen** I cross my fingers for you
***dazu** to this; in addition; for this purpose
dazu·gehören to belong to; to be included in
die DDR (Deutsche Demokratische Republik) German Democratic Republic (1949–1990; name of East Germany before unification)
die Debatte, -n debate
***die Decke, -n** blanket; ceiling
decken to cover; **den Tisch ~** to set the table
der Defekt, -e defect
definieren to define
der Dekan, -e dean
demnächst in the near future
das Demonstrativpronomen, - demonstrative pronoun
demonstrieren to demonstrate
denkbar conceivable
***denken (dachte, gedacht)** to think; **~ an** (+ *acc.*) to think of
das Denkmal, ̈er monument, memorial
***denn** (*conj.*) for, because; (*flavoring particle in question*)
dennoch yet, however 8
deprimiert depressed
***deren** whose
***derselbe/dasselbe/dieselbe** the same
***deshalb** therefore, for that reason
***dessen** whose
***desto: je (mehr) ... ~ (besser)** the (more) . . . the (better)
***deswegen** for that reason, therefore
detonieren to detonate
deutlich clear; evident 5; **die Deutlichkeit** distinctness; clearness
***deutsch** German; **auf Deutsch** in German; ***der/die Deutsche** (*noun decl. like adj.*) German (person); **die Deutschkenntnisse** (*pl.*) knowledge of German; ***(das) Deutschland** Germany; **deutschsprachig** German-speaking
der Dialekt, -e dialect
der Dialog, -e dialog
der Dichter, -/die Dichterin, -nen poet 7
***dick** big; fat; thick
der Dieb, -e/die Diebin, -nen thief 9
dienen (+ *dat.*) to serve
***dies (-er, -es, -e)** this, these
diesmal this time

***diesseits** (+ *gen.*) on this side (of)
diktieren to dictate
***das Ding, -e** thing
das Diplom, -e diploma; **der Diplompsychologe, -n, -n/die Diplompsychologin, -nen** certified psychologist
der Diplomat, -en, -en/die Diplomatin, -nen diplomat
direkt direct
***der Direktor, -en/die Direktorin, -nen** director
der Dirigent, -en, -en/die Dirigentin, -en conductor
der Stick, -s (der USB-Stick) (pronounced as in English) USB flash drive; **auf einem ~ speichern** to save on a flash drive
die Diskette, -n disk, diskette
ie Disko, -s (*also* **Disco**), **die Diskothek, -en** dance club
die Diskriminierung, -en discrimination
die Diskussion, -en discussion
***diskutieren** to discuss
der Disput, -e dispute
distanziert distant towards other people
die Disziplin discipline
***DM (Deutsche Mark)** Deutschmark, German currency before 2002
***doch** however; yet; surely
das Dokument, -e document; **dokumentieren** to document
***der Dom, -e** cathedral
dominieren to dominate
der Döner, - kebab, Arabic/Turkish dish of grilled meat and spices
doppelt double, twice
***das Dorf, ̈er** village
***dort** there
***dorther** from there
***dorthin** to that there
die Dose, -n can 10
downloaden to download (computer); **ich habe downgeloadet** I downloaded
das Drama, -Dramen drama
der Dramatiker, -/die Dramatikerin, -nen dramatist
dramatisch dramatic
der Dramaturg, -en, -en/die Dramaturgin, -nen theatrical advisor; **die Dramaturgie** literary and artistic director's department (theater); dramaturgy
drastisch drastic
***draußen** outside
dreckig dirty 8
das Drehbuch, ̈er screenplay, script
sich drehen to turn (around) 8
drehen to shoot a film; to turn
dreifach threefold, triple
drin in it
dringend urgent
dritt: zu dritt in/by threes
das Dritte Reich The Third Empire (period of National Socialism, 1933–1945)
***das Drittel, -** third

die Droge, -n drug
***die Drogerie, -n** drugstore
***drüben** over there
der Druck pressure 9; **unter ~ stehen** to be under pressure; **jemanden unter ~ setzen** to put pressure on someone
drucken to print; **der Drucker, -** printer
***dumm (ü)** stupid; foolish
***dunkel** dark; **die Dunkelheit** dark(ness)
***dünn** thin
***durch** (+ *acc.*) through; by means of
durch·arbeiten to work through; to work out
durchaus definitely, absolutely
der Durchbruch break through
durch·führen to execute; carry out
durch·halten (ä; ie, a) to hold out; survive
durch·lesen (ie; a, e) to read through, peruse
durch·machen to experience
durch·nehmen (nimmt; a, genommen) to go through
der Durchschnitt, -e average; **im ~** on the average; **durchschnittlich** on the average
durch·sehen (ie; a, e) to see through
durchsuchen to search (through)
durch·ziehen (zog, [ist]gezogen) to get through; to go through
***dürfen** to be permitted
***der Durst** thirst; ***durstig** thirsty
***die Dusche, -n** shower; ***(sich) duschen** to shower
***das Dutzend, -e** dozen
(sich) duzen to address someone (each other) with the **du**-form

E

***eben** even; smooth; exactly, precisely; just
die Ebene, -n plain, plateau
ebenfalls equally; also
ebenso just as
***echt** genuine, real; (*coll.*) very; really
***die Ecke, -n** corner
edel noble
der Effekt, -e effect; **effektiv** effective
***egal** equal, even; **das ist mir ~** it's all the same to me
***ehe** (*conj.*) before
die Ehe, -n marriage 4; **die Ehefrau, -en** wife; **der Ehemann, ̈er** husband; **das Ehepaar, -e** married couple 4; **ehelich** marital; legitimate (child)
ehemalig former
***eher** earlier, sooner; rather
ehestens as soon as possible; above all
ehren to honor
ehrenamtlich honorary; charitable; as a volunteer
der Ehrgeiz ambition
ehrlich honest; sincere; open; **die Ehrlichkeit** honesty
***das Ei, -er** egg

*eigen own; individual
die Eigenschaft, -en quality; characteristic 9
eigenständig independent
*eigentlich actually, really
die Eigentumswohnung, -en owner-occupied apartment
eilen [ist] to hurry
eilig speedy, hurried; urgent; **es ~ haben** to be in a hurry 4
der Eimer, - pail; bucket 10
*einander one another
ein·bauen to build in
der Einblick, -e insight, view
ein·brechen (i; a, o) to break into
ein·dämmen to restrain
eindeutig clear, unambiguous
der Eindruck, -̈e impression 2; **eindrucksvoll** impressive
eineinhalb one and a half 8
die Ein-Eltern-Familie, -n single-parent family
einerseits on the one hand 7
*einfach simple
die Einfahrt, -en entrance way; driveway
ein·fallen (ä; fiel, [ist] a) (+ dat.) to occur to; **es ist mir gerade eingefallen** it just occurred to me 3
der Einfluss, -̈e influence 10
ein·führen to introduce; to import
der Eingang, Eingänge entrance; entry 5
ein·gehen (ging, [ist] gegangen) to enter; to perish
eingeschränkt restricted, limited
die Einheit, -en unit; unity
einig agreed; united
*einige a few, several, some
der Einkauf, -̈e shopping, purchase; **die Einkaufstasche, -n** shopping bag; **das Einkaufszentrum, -zentren** shopping center; ***ein·kaufen** to shop
das Einkommen, - income
*ein·laden (ä; u, a) to invite; **die Einladung, -en** invitation
die Einleitung, -en introduction
*einmal one time; **auf ~** suddenly 7; **nicht ~** not even 4
ein·packen to pack up; to wrap 2
die Einreise, -n entry
ein·richten to furnish; to arrange
*einsam lonely; **die Einsamkeit** loneliness
ein·schalten to turn on
ein·schlafen (ä; ie, [ist] a) to fall asleep 6
ein·sehen (ie; a, e) to perceive; to understand
einst formerly, at one time; some day (*future*)
*ein·steigen (ie, [ist] ie) to get in, enter
ein·stellen to hire
die Einstellung, -en position; attitude; view 4
der Einstieg, -e access; lead-in (to a subject, topic)

ein·teilen to divide up
ein·treten (tritt; a, [ist] e) to enter; to come in 4
der Eintritt entry
der Einwanderer, -/die Einwanderin, -nen immigrant
einwandfrei perfect, flawless
die Einwegflasche, -n nonreturnable bottle
die Einwegverpackung disposable wrapping
ein·werfen (i; a, o) to throw into
*der Einwohner, -/die Einwohnerin, -nen inhabitant; citizen; resident **die Einwohnerzahl** population
Einzelheit, -en detail 9
*einzeln single; individual; **die der/die Einzelne (noun decl. like adj.)** individual
ein·ziehen (zog, [ist] gezogen) to move in (house) 3
*einzig only; unique
*das Eis ice; ice cream; **eisig** icy
das Eisbein knuckle of pork (eaten with sauerkraut)
das Eisen iron; ***die Eisenbahn, -en** railroad; railroad train
ek(e)lig disgusting, revolting
elegant elegant
die Elektrizität electricity
elektronisch electronic; **der elektronische Organizer** PDA (personal digital assistant)
die Elektrotechnik electrical engineering
das Element, -e element
*die Eltern (pl.) parents; **der Elternteil** parent; **die Elternzeit** parental leave to raise a young child
die E-Mail, -s e-mail 2
emanzipieren to emancipate; **emanzipiert** emancipated
der Emigrant, -en, -en/die Emigrantin, -nen emigrant; **emigrieren** to emigrate
emotional emotional
empfangen (ä; i, a) to receive
empfehlen (ie; a, o) to recommend
empfinden (a, u) to feel; to experience
die Empörung indignation
*das Ende, -n end; limit; **zu ~** over; **enden** to end; ***endlich** finally; **die Endung, -en** ending
endgültig final, definitive 2
die Energie, -n energy
*eng narrow; close
das Engagement, -s (theater) engagement; **sich engagieren** to commit oneself; **engagiert** committed
der Engel, - angel
*(das) England England; **der Engländer, -/die Engländerin, -nen** English person; **englisch** English
der Enkel, - grandchild; **das Enkelkind, -er** grandchild

enorm enormous
entdecken to discover; to find out 3
entfernt distant (from); **die Entfernung, -en** distance
entgegen (+ dat.) against; opposite; toward; **entgegengesetzt** opposite
entgegen·kommen (kam, [ist] o) to come toward; to meet 4
entgegen·wirken to work against
entgehen (entging, [ist] entgangen) to escape
enthalten (ä; ie, a) to contain
*entlang (+ acc.) along; **die Straße ~** down the street
entlassen (ä; entließ, a) to dismiss
*entscheiden (ie, ie) to decide; **die Entscheidung, -en** decision
sich entschließen (entschloss, entschlossen) to make up one's mind, decide
*entschuldigen to excuse; **die Entschuldigung, -en** excuse
sich entspannen to relax; **zum Entspannen** for relaxation; **die Entspannung, -en** relaxation; **entspannt** relaxed 1
entsprechen (i; a, o) (+ dat.) to correspond to 9; **entsprechend** corresponding; appropriate; **die Entsprechung** equivalent; correspondence
entstehen (entstand, [ist] entstanden) to come into being; to emerge 7; **~ aus** to arise from
*enttäuschen to disappoint; **die Enttäuschung, -en** disappointment
*entweder ... oder either . . . or
*(sich) entwickeln to develop; **die Entwicklung, -en** development 1; **das Entwicklungsland, -̈er** developing or third-world country
die Enzyklopädie, -n encyclopedia
der Erzbischof, -̈e archbishop
*die Erde, -n earth; soil
das Erdgas natural gas
das Erdöl oil
sich ereignen to happen, take place; **das Ereignis, -se** event 7
*erfahren (ä; u, a) to experience; to hear about; ***die Erfahrung, -en** experience
*erfinden (a, u) to invent; to make up; **der Erfinder, -/die Erfinderin, -nen** inventor; ***die Erfindung, -en** invention; fabrication 4
*der Erfolg, -e success; **erfolglos** unsuccessful; **erfolgreich** successful 7
erfrischen to refresh; to cool
erfüllen to fill; to fulfill, to achieve; **die Erfüllung** fulfillment
ergänzen to complete; to add
sich ergeben (i; a, e) to result in
das Ergebnis, -se result 10
ergehen (erging, [ist] ergangen) to go out; **über sich ~ lassen** to let something wash over one, to submit
*erhalten (ä; ie, a) to receive, get; preserve

erheben (o, o) to raise; to lift
erhellen to light up
sich erholen to recover; to take a rest; **erholt** rested; **die Erholung** recuperation; relaxation
erinnern to remind 3; ***sich ~ (an + *acc*.)** to remember; **die Erinnerung** memory; remembrance 3
*sich erkälten to catch a cold; **erkältet** to have a cold; ***die Erkältung, -en** cold
erkennbar recognizable
*erkennen (erkannte, erkannt) to recognize
die Erkenntnis, -se knowledge; recognition
*erklären to explain; ***die Erklärung, -en** explanation; declaration
erlauben (+ *dat. with persons*) to permit, allow 9; **die Erlaubnis** permission 5; permit
erleben to experience 2; **das Erlebnis, -se** experience
erledigen to deal with
erlernen to learn, master
erlösen to rescue, save, redeem
ermorden to murder
ernennen (ernannte, ernannt) to appoint; to name
erneuerbar renewable; **erneuerbare Engergien** renewable engergies
*ernst serious; **der Ernst** seriousness
eröffnen to open
erraten (ä; ie, a) to guess (correctly)
erreichen to achieve, reach 5
der Ersatz replacement, substitute 8
*erscheinen (ie, [ist] ie) to seem; to appear; to be published; **die Erscheinung, -en** appearance, spectacle
erschrecken (i; erschrak, [ist] o) to be startled; to be frightened
ersetzen to replace 6
*erst first; not until; previously; **das erste Mal** (old spelling **erstemal**) first time; **zum ersten Mal** (old spelling **zum erstenmal**) for the first time
erstaunen to surprise; **das Erstaunen** astonishment; **erstaunlich** surprising; **erstaunt (über + *acc*.)** astonished, amazed (at, by) 9
erwachen [ist] to wake up
erwachsen adult, grown-up; ***der/die Erwachsene** (*noun decl. like adj.*) adult
erwähnen to mention
die Erwärmung warming up
*erwarten to expect; **die Erwartung, -en** expectation
erwecken to wake, rouse
erwidern to reply
erwischen to catch
*erzählen to tell, report; **der Erzähler, -/die Erzählerin, -nen** narrator; **die Erzählperspektive, -n** narrative point of view; ***die Erzählung, -en** story

erzeugen to produce; to beget
erziehbar educable
erziehen (erzog, erzogen) to raise, rear; to educate 10
die Erziehung, -en upbringing; education 4; **das Erziehungsgeld, -er** financial aid for raising a child
eskalieren to escalate
der/das Essay, -s essay
*essen (i; aß, gegessen) to eat
*das Essen, - meal; **zum ~** to dinner, for dinner
die Etage, -n floor, story
*etwa about, nearly
*etwas something; a little
der Euro euro (currency)
*(das) Europa Europe; **der Europäer, -/die Europäerin, -nen** European; **europäisch** European 3; **das Europäische Parlament** European Parliament; **die Europäische Union (EU)** European Union
eventuell possible, perhaps
ewig eternal; **die Ewigkeit** eternity
*das Examen, - final examination at university
das Exemplar, -e specimen; piece; example
das Exil, -e exile
die Existenz existence
der Experte, -n, -n/die Expertin, -nen expert
exportieren to export
das Exportland, ⸚er exporting country
exquisite exquisite

F

*die Fabrik, -en factory
*das Fach, ⸚er subject; specialty; **der Facharbeiter -/die Facharbeiterin, -nen** skilled worker; **die Fachhochschule, -n** college technical college; **die Fachleute** (*pl.*) specialists; **die Fachschule, -n** technical school
das Fachwerk half-timbered
der Faden, ⸚ thread
die Fähigkeit, -en ability
die Fahne, -n flag
die Fahrbahn, -en lane (road)
*fahren (ä; u, [ist] a) (mit) to drive (a vehicle); to go (by); ***der Fahrer, -/die Fahrerin, -nen** driver; ***die Fahrkarte, -n** ticket (bus, train); **der Fahrplan, ⸚e** schedule, timetable (*bus, train*); ***das Fahrrad, ⸚er** bicycle; **der Fahrradweg, -e** bicycle path; **die Fahrschule, -n** driving school; **Fahrstunde, -n** driving lesson; ***die Fahrt, -en** tour, trip; **das Fahrzeug, -e** vehicle
der/das Fakt, -en fact
der Fall, ⸚e case 4; **auf jeden ~** definitely 7; **auf keinen ~** in no case; **auf alle Fälle** in any case
*fallen (ä; fiel, [ist] a) to fall
fällen to cut down

falls (*conj.*) in case 5
*falsch false, wrong; deceitful
falten to fold 8
familiär familiar; informal
*die Familie, -n family; **das Familientreffen, -** family gathering
der Fan, -s fan
der Fang catch
die Fantasie, -n imagination; fantasy; **fantastisch** fantastic
*die Farbe, -n color; **sich färben** to change color; **farbig** colorful, colored; **der Farbton, ⸚e** color shade, tint
die Fassade, -n facade
fassen to touch; to seize, grasp; to hold; to understand 1; **ich kann es nicht ~** I can't believe it
*fast almost
*faul lazy; rotten; **die Faulheit** laziness
*faulenzen to be lazy, take it easy
das Fax fax; **das Faxgerät, -e** fax machine
fegen to sweep
*fehlen (+ *dat*.) to miss; to be lacking; **das fehlte noch!** that's all I need
*der Fehler, - fault; mistake; **fehlerfrei** flawless; error free
*die Feier, -n party; celebration; **der Feierabend, -e** time after work, time off 1
feierlich festive; ***feiern** to celebrate; **der Feiertag, -e** holiday
*fein fine, delicate, thin; nice
*der Feind, -e enemy; **feindlich** hostile; **die Feindlichkeit** hostility
*das Feld, -er field
feminin feminine
*das Fenster, - window
*die Ferien (*pl.*) vacation; **der Ferientag, -e** vacation day
*fern far, distant; remote
*der Fernsehapparat, -e TV set; **das Fernsehprogramm, -e** TV program; **der Fernsehsender, -** TV station; **die Fernsehserie, -n** TV series
*fern·sehen (ie; a, e) to watch television
*das Fernsehen television
*der Fernseher, - TV set
*fertig ready; done; **fertig·machen** to finish; to get ready; **fertig·stellen** to finish, complete
*das Fest, -e festival; party; celebration
fest firm; solid; regular, steady; **fester Freund/feste Freundin** steady boyfriend/girlfriend
fest·halten (ä; ie, a) to keep hold of
das Festival, -s festival
die Festlichkeit, -en festivity
die Festplatte, -n hard drive (computer)
das Festspiel, -e festival
fest·stellen to find out; to observe 2
die Fete, -n party; celebration

fett gedruckt in boldface
feucht moist; humid 6
***das Feuer, -** fire; light (cigarette); **der Feueralarm, -e** fire alarm; **das Feuerwerk** fireworks
das Fieber fever 6; **fiebern** to have a fever
***der Film, -e** film, movie; **die Filmmusik** film score; **der Filmschauspieler, -/die Filmschauspielerin, -nen** movie actor/actress
der Filter, - filter
die Finanz, -en finance; **finanziell** financial; **finanzieren** to finance; **die Finanzierung, -en** financing
***finden (a, u)** to find
***der Finger, -** finger
***die Firma, Firmen** firm, company
***der Fisch, -e** fish; **fischen** to fish
fit fit; **die Fitness** fitness; **das Fitness-Center, -** fitness center, gym; **das Fitness-Studio** fitness center; **das Fitnesstraining** fitness exercise
***flach** flat, even
die Fläche, -n surface
die Flamme, -n flame
***die Flasche, -n** bottle
***das Fleisch** meat; flesh
der Fleiß diligence; ***fleißig** industrious
die Fliege, -n fly 8
***fliegen (o, [ist] o)** to fly; **der Flieger, -** airplane; pilot 6
fliehen (o, [ist] o) (+ dat.) to escape, flee
***fließen (floss, [ist] geflossen)** to flow
die Flucht flight
flüchten [ist] to flee; **flüchtig** hasty; **der Flüchtling, -e** refugee 8
***der Flug, -e** flight; ***der Flugbegleiter, -/die Flugbegleiterin, -nen** flight attendant; **die Fluggesellschaft, -en** airline; **der Flughafen, -häfen** airport 6; ***die Flugkarte, -n** plane ticket; ***das Flugzeug, -e** airplane
der Flur, -e hall; hallway
***der Fluss, -e** river
fluten to flood; to stream
die Folge, -n consequence; result; sequence 8
***folgen [ist]** (+ dat.) to follow; to obey; **folgend** following; **Folgendes** the following
fordern to demand, require 6
die Form, -en form
formieren to form
formulieren to formulate; **die Formulierung, -en** formulation, wording
die Forschung, -en investigation; research
***fort** away; on, forward
fort·fahren (ä; u, [ist] a) to continue
fort·gehen (ging, [ist] gegangen) to leave, go away

fort·laufen (ä, ie, [ist] au) to run away
fort·setzen to continue
***das Foto, -s** photograph; **das Fotoalbum, -alben** photo album; **der Fotoapparat, -e** camera; **der Fotograf, -en, -en/die Fotografin, -nen** photographer
fotografieren to photograph, take a picture
der Fotokopierer, - photocopier
***die Frage, -n** question; **eine ~ stellen** to ask a question
***fragen** to ask; **~ nach** to ask about
***(das) Frankreich** France; **der Franzose, -n, -n/die Französin, -nen** French person; **französisch** French
***die Frau, -en** woman; Mrs., Ms.; wife
***das Fräulein** Miss
***frei** free; **~ haben** to be off from work; **~ sein** to be unoccupied; **die Freiheit, -en** freedom 2
freilich admittedly; of course 9
freiwillig voluntary
die Freizeit leisure time 1; **die Freizeitbeschäftigung, -en** leisure-time activity
***fremd** foreign; strange; **das ist mir ~** (dat.) that is foreign to me; **das Fremdbild, -er** view of people and culture by outsiders; **der/die Fremde** (noun decl. like adj.) foreigner, stranger; **die Fremde** foreign country; **der Fremdkörper, -** foreign body; **die Fremdsprache, -n** foreign language 9; **der Fremdenhass** xenophobia
***fressen (i; fraß, e)** to eat (used for animals); to eat like an animal
***die Freude, -n** joy; **freudig** joyful; **~ machen** (+ dat.) to cause joy
freuen to make happy, please 5; **sich freuen** to rejoice, be glad; **sich ~ auf** (+ acc.) to look forward to; **sich ~ über** (+ acc.) to be happy about
***der Freund, -e/die Freundin, -nen** friend; **ein fester Freund/eine feste Freundin** a steady boyfriend/ girlfriend; **der Freundeskreis, -e** circle of friends; ***freundlich (gegenüber, zu)** friendly (to); **die Freundlichkeit** friendliness; **die Freundschaft, -en** friendship
der Frieden peace; **friedlich** peaceful 3
frieren (o, o) to be or get cold
***frisch** fresh
***der Friseur, -e** barber, hairdresser; ***die Friseurin, -nen** hairdresser
***froh (über + acc.)** glad (about)
***fröhlich** happy; merry
***früh** early; **früher** former(ly); earlier
***das Frühstück, -e** breakfast; ***frühstücken** to eat breakfast
die Frustration, -en frustration
frustrieren to frustrate
***(sich) fühlen** to feel
***führen** to lead, guide; **ein Gespräch ~** to conduct a conversation;

führend leading; **die Führung, -en** guidance; direction; guided tour
***der Führerschein, -e** driver's license
füllen to fill
funktionieren to function
***für (+ acc.)** for
die Furcht fear, anxiety; ***furchtbar** terrible; ***fürchten** to fear; **sich ~ (vor + dat.)** to be afraid (of); **fürchterlich** terrible
***der Fuß, -e** foot; ***der Fußball, -e** soccer ball; soccer game; **die Fußballmannschaft, -en** soccer team; ***der Fußgänger, -/die Fußgängerin, -nen** pedestrian
das Futur future (tense)

G

gähnen to yawn 10
***ganz** complete, whole; quite
***gar** entirely; cooked; **~ nicht** not at all
garantieren to guarantee
***der Garten, -** garden
das Gas, -e gas; natural gas
die Gasse, -n alley; lane; street
***der Gast, -e** guest; **der Gastarbeiter, -/die Gastarbeiterin, -nen** guest worker; **der Gastgeber, -/die Gastgeberin, -nen** host/ hostess; ***das Gasthaus, -häuser** inn, hotel
der Gatte, -n, -n/die Gattin, -nen spouse
***das Gebäude, -** building
***geben (i; a, e)** to give; **es gibt** there is (are)
***das Gebiet, -e** region; subject
***das Gebirge, -** mountains; **der Gebirgssee, -n** mountain lake
***geboren** born
***der Gebrauch, Gebräuche** use; custom
***gebrauchen** to make use of; **gebraucht** used; second-hand; needed
***die Geburt, -en** birth
***der Geburtstag, -e** birthday; **die Geburtstagsfeier, -n** birthday party; **die Geburtstagskarte, -n** birthday card
das Gedächtnis memory
***der Gedanke, -ns, -n** thought; **der Gedankenaustausch** exchange of ideas; **die Gedankenschwere** weighty thoughts
gedenken (gedachte, gedacht) to think of; remember
das Gedicht, -e poem; **der Gedichtband, -e** volume of poems, verses
die Geduld patience; **geduldig** patient(ly) 6
***die Gefahr, -en** danger; ***gefährlich** dangerous
***gefallen (ä; gefiel, a)** (+ dat.) to please, like
die Gefangenschaft, -en imprisonment (military)

das Gefängnis, -se prison
*das Gefühl, -e feeling, emotion
*gegen (+ acc.) against; approximately
*die Gegend, -en area, region
die Gegenrichtung, -en opposite direction
der Gegensatz, ⸚e contrast; the opposite; im ~ (zu) in contrast (to) 2
gegenseitig mutual 4
der Gegenstand, ⸚e thing; object; subject
das Gegenteil, -e opposite; ganz im ~ just the reverse
*gegenüber (+ dat.) opposite; against; with regard to
die Gegenwart the present time; presence
das Gehalt, ⸚er salary
das Geheimnis, -se secret; geheimnisvoll secretive; mysterious
*gehen (ging, [ist] gegangen) to go; to work; das geht mich nichts an that does not concern me; das geht nicht that won't do; es geht darum it concerns that; wie geht's? how are you?
der Gehilfe, -n, -n/die Gehilfin, -nen assistant
*gehorchen (+ dat.) to obey
*gehören (+ dat.) to belong
der Gehweg, -e sidewalk; footpath
der Geiger, -/die Geigerin, -nen violinist
geil (slang) great; cool; marvelous
der Geist, -er ghost; spirit; mind
gekleidet dressed
gelangweilt bored 1
gelaunt: schlecht/gut ~ sein to be in a bad/good mood 10
*gelb yellow
*das Geld, -er money; der Geldbeutel, - purse 7
*die Gelegenheit, -en opportunity
gelernt trained; educted; skilled
geliebt dear; beloved; der/die Geliebte (noun decl. like adj.) lover
*gelingen (a, [ist] u) (+ dat.) to succeed
*gelten (i; a, o) to be of value; to be valid; to be in effect; ~ als to be regarded as
das Gemälde, - painting; picture
gemein common, general
die Gemeinde, -n community
gemeinsam joint(ly); common; mutual 1
die Gemeinschaft, -en group; community
*das Gemüse, - vegetable
*gemütlich comfortable; cozy; die Gemütlichkeit, -en coziness
*genau exact, accurate; that's right; genauso (wie) as well (as) 3
die Generation, -en generation
das Genie, -s genius
*genießen (genoss, genossen) to enjoy
der Genitiv, -e genitive
*genug enough

genügen (+ dat.) to be sufficient; genügend sufficient, enough 10
die Geografie (also Geographie) geography
*das Gepäck luggage
*gerade straight; just; geradeaus straight ahead
das Gerät, -e appliance; equipment; device; gadget
das Gerede gossip; chatter; talk
gereimt rhymed
das Gericht, -e court; dish (food)
gering little, small; negligible
die Germanistik (study of) German language and literature
*gern(e) (lieber, liebst-) gladly, with pleasure
gesamt whole, entire; die Gesamtausgabe, -n complete edition
*das Geschäft, -e business; store; geschäftlich business; der Geschäftsbrief, -e business letter; der Geschäftsführer, -/die Geschäftsführerin, -nen CEO/ manager; die Geschäftstarnung, -en disguised business
geschäftig busy; industrious
*geschehen (ie; a, [ist] e) (+ dat.) to happen; das Geschehen happening, event
gescheit smart
*das Geschenk, -e gift, present
*die Geschichte, -n story; history
geschieden divorced
*das Geschirr, -e dishes (pl.); ~ spülen to wash dishes; der Geschirrspüler, - dishwasher; die Geschirrspülmaschine, -n dishwasher
das Geschlecht, -er sex, gender; die Geschlechterrolle, -n gender role
der Geschmack taste
die Geschwindigkeit, -en speed; die Geschwindigkeitsbegrenzung, -en speed limit
die Geschwister (pl.) brother(s) and sister(s), siblings 4
der Geselle, -n, -n/die Gesellin, -nen journeyman/journeywoman; fellow
*die Gesellschaft, -en society; company; group; ~ haben to have (some) company
gesellschaftlich social, societal
das Gesetz, -e law
gesetzt staid, steady; set in one's ways
*das Gesicht, -er face
der Gesichtspunkt, -e point of view
gespannt curious; eager 3; in suspense
*das Gespräch, -e talk, conversation; ein ~ führen to converse; der Gesprächspartner, -/die Gesprächspartnerin, -nen conversation partner
die Gestalt, -en form, shape, figure 4; gestalten to form, shape
die Geste, -n gesture
*gestern yesterday; ~ Abend last night

die Gestik gestures
*gesund healthy; die Gesundheit health; gesundheitlich having to do with (one's) health
*das Getränk, -e drink, beverage
die Gewalt, -en power; violence 5; die Gewalttat, -en act of violence; gewalttätig violent
das Gewicht, -e weight; importance; Gewichte heben to lift weights
der Gewinn, -e gain, profit
*gewinnen (a, o) to win; to produce
*gewiss sure, certain; probable
sich gewöhnen an (+ acc.) to get used to 6; die Gewohnheit, -en habit, custom; gewöhnlich normally, common
gewohnt usual; ~ sein to be used to 9
gewöhnt used to, accustomed to
das Gift, -e poison; giftig poisonous, toxic
ging: dann ging's los then it took off
*die Gitarre, -n guitar
*das Glas, ⸚er glass
glatt smooth; level; slippery; ~ gehen run smoothly
*glauben (an + acc.) to believe (in); ~ (dat. of person) to believe someone
gläubig religious; trusting
*gleich soon; equal; same; immediately; presently; das ist mir ~ it's all the same to me; der/die/das Gleiche the same
gleichberechtigt having equal rights; die Gleichberechtigung, -en equality, equal rights
gleichen (i, i) to be equal to; resemble
gleichgültig indifferent
gleichbleibend always the same; constant
gleichzeitig at the same time; simultaneous 4
die Globalisierung globalization
die Glocke, -n bell 3
*das Glück luck, fortune; happiness; zum ~ luckily; der Glückwunsch, ⸚e congratulations; herzlichen Glückwunsch congratulations 5
*glücklich (über + acc.) happy (about)
der/die Glückliche (noun decl. like adj.) fortunate one; happy one
die GmbH (abbreviation for Gesellschaft mit beschränkter Haftung) limited liability company
das Gold gold; golden golden
der Golfplatz, ⸚e golf course
der Golfschläger, - golf club
gotisch Gothic
*der Gott God; ~ sei Dank thank goodness; gottlos godless
das Grab, ⸚er grave 8
der Grad, -e degree; rank
die Graffiti (pl.) graffiti
*das Gramm gram
die Grammatik, -en grammar
*das Gras, ⸚er grass
gratulieren (+ dat.) to congratulate

greifen (griff, gegriffen) to seize, grasp
die Grenze, -n border, frontier; limit 3; **der Grenzübergang, ̈e** border crossing; checkpoint
der Grieche, -n, -n/die Griechin, -nen Greek; **griechisch** Greek
grillen to grill
die Grippe flu 6
***groß (ö)** big, great; tall (*people*)
***die Größe, -n** height, size; greatness
***die Großeltern** (*pl.*) grandparents
***die Großmutter, ̈** grandmother
die Großschreibung capitalization
die Großstadt, ̈e city
***der Großvater, ̈** grandfather
großzügig generous; spacious 3
***grün** green; **im Grünen** out in nature; **ins Grüne** into nature
***der Grund, ̈e** reason; bottom; **die Grundform** basic form; **das Grundgesetz** Basic Law (= constitution of Germany); **die Grundschule, -n** elementary school
gründen to found 10; **die Gründung, -en** founding; foundation
die Grünen the Greens (environmental party)
die Gruppe, -n group; **die Gruppenarbeit, -en** team work; **die Gruppierung** grouping
***der Gruß, ̈e** greeting; **herzliche Grüße** kind regards; ***grüßen** to greet
gucken to look; to peek 2
gülden (*poetical*) golden
der Gummi rubber; **das Gummiband, ̈er** rubber band
***gut (besser, best-)** good, well; **~ machen** to make up for; **~ tun** to have a good effect
das Gute (*noun decl. like adj.*) the good
der Gymnasiast, -en, -en/die Gymnasiastin, -nen pupil at Gymnasium
***das Gymnasium, Gymnasien** college preparatory high school
die Gymnastik rhythmic physical exercise; **~ treiben** to do gymnastics

H

***das Haar, -e** hair; ***der Haartrockner, -** hair dryer
***haben** to have; to possess
der Hafen, ̈ harbor, port; **die Hafenrundfahrt, -en** harbor tour
***halb** half; **halbjährig** every six months
der Halbbruder, ̈ half-brother
die Halbschwester, -n half-sister
die Hälfte, -n half 2
die Halle, -n hall
hallo hello, hi
***der Hals, ̈e** neck, throat
***halten (ä; ie, a)** to hold; to stop; **~ für** to regard as; **~ von** to think of 3
***die Haltestelle, -n** (bus) stop
die Haltung, -en attitude; position

***die Hand, ̈e** hand; **zur ~** at hand
der Handel trade, business; **der Handelspartner, -/die Handelspartnerin, -nen** trading partner; **das Handelszentrum, zentren** trading or commercial center
handeln to act; to treat; **es handelt sich um** it's about, it deals with; **es handelt von** to be about, deal with 4
der Händler, -/die Händlerin, -nen trader, dealer
die Handlung, -en plot; action 5
die Handschrift, -en handwriting; **handschriftlich** handwritten
***der Handschuh, -e** glove
***die Handtasche, -n** purse, pocketbook
das Handwerk, -e craft; trade; **der Handwerker, -/die Handwerkerin, -nen** craftsperson
das Handy, -s cell phone 2
***hängen (i, a)** to hang
***hängen (+ *direct object*)** to hang
harmlos harmless
harmonisch harmonious
***hart (ä)** hard, solid; difficult
die Härte, -n hardness
der Hass hate; **hassen** to hate 9
***hässlich** ugly
der Haufen, - pile, heap
häufig often, frequent; common 2
das Haupt, Häupter head; chief; **Haupt-** (*used in compounds*) main, leading; **der Hauptbahnhof, ̈e** main train station; **der Hauptdarsteller, -/die Haupdarstellerin, -nen** principal actor; **das Hauptfach, -fächer** major subject; **der Hauptgrund, ̈e** basic reason; **die Hauptrolle, -n** main role; **die Hauptsache, -n** main thing, main point 3; **hauptsächlich** essentially, mainly 9; **der Hauptsatz, ̈e** main clause; **der/die Hauptschuldige** (*noun decl. like adj.*) main offender; **die Hauptschule, -n** classes 1–9 meant for students intending to learn a trade; **das Hauptseminar, -e** advanced seminar; ***die Hauptstadt, ̈e** capital; **die Hauptstraße, -n** main street
***das Haus, Häuser** house; **die Hausarbeit, -en** housework; homework; **die Hausaufgabe, -n** homework 3; **der Hausbau** house construction; **der Hausflur, -e** hallway, staircase; **die Hausfrau, -en** housewife; **hausfraulich** housewifely; **der Haushalt, -e** household; housekeeping; **der Hausmann, ̈er** house-husband; **der Hausmeister, -/die Hausmeisterin, -nen** custodian; **der Hausschuh, -e** slipper; **die Haustür, -en** front door
die Haut, ̈e skin; **die Hautfarbe, -n** skin color
***heben (o, o)** to lift
***das Heft, -e** notebook; **das Heftchen, -** little notebook

heftig violent(ly); vigorous; intense 3
heilen to heal
heim home 4; **das Heim, -e** home; institution
die Heimat native country 1; **die Heimatlosigkeit** lack of a homeland; homelessness
heimlich secret; secretive
die Heirat, -en marriage; wedding 5; **heiraten** to marry 4, to get married
***heiß** hot
***heißen (ie, ei)** to be called, mean; **das heißt** that means; **es heißt** it says
der Held, -en, -en/die Heldin, -nen hero; heroine
heizen to heat
***helfen (i; a, o)** (+ *dat.*) (**bei**) to help (with)
***hell** bright, light
der Helm, -e helmet
***das Hemd, -en** shirt
***her** here
herab down
heran·wachsen (ä; u, [ist] a) to grow up
herauf up
heraus out
heraus·bringen (brachte, gebracht) to bring out; to publish
heraus·filtern to filter out
heraus·finden (a, u) to find out
heraus·holen to get out; to achieve
heraus·kommen (a, [ist] o) to be published; to come out; appear
heraus·nehmen (nimmt; a, genommen) to take out
heraus·schreiben (ie, ie) to copy out (*text*)
heraus·stellen to come to light; to prove to be
heraus·suchen to search; to find
heraus·ziehen (zog, gezogen) to pull out
***der Herbst, -e** autumn, fall
der Herd, -e stove, range 8
***herein** in, into, inside
herein·brechen (i; a, [ist] o) to descend upon
her·fahren (ä; u, [ist] a) to drive here
her·kommen (kam, [ist] o) to come here; to come from
die Herkunft origin
***der Herr, -n, -en** Mr.; gentleman
***herrlich** magnificent
herrschen to prevail; rule
her·stellen to produce; to establish; **die Herstellung** production; manufacture
herüber over (here); across
herum around; about
herum·führen to take or show around
herum·liegen (a, e) to lie around
herum·reichen to pass around
herunter down
herunter·laden (ä; u, a) to download (computer)
hervor·bringen (brachte, gebracht) to bring out; to produce
hervor·rufen (ie, u) to call forth

*das Herz, -ens, -en   heart; **herzlich** cordial; warm; **herzliche Grüße** (*letter closing*)   kind regards 2; **herzlichen Glückwunsch**   congratulations

*heute   today; **~ Nachmittag**   this afternoon

heutig   today's

heutzutage   nowadays

*hier   here

hierher   here

*die Hilfe, -n   help; **hilfsbereit**   helpful; **das Hilfsverb, -en**   auxiliary verb

*der Himmel, -   heaven, sky

*hin   there; away; gone; **~ und wieder**   now and then

hinauf   up there

hinauf·gehen (ging, [ist] gegangen)   to go up

hinauf·schieben (o, o)   to shove up 8

hinauf·steigen (ie, [ist] ie)   to climb up

hinaus   out; beyond

hin·bringen (brachte, gebracht)   to take there

hin·deuten (auf + *acc.*)   to point to; to indicate

hinein   in; inside; into

hinein·gehen (ging, [ist] gegangen)   to go in

hin·fallen (ä; fiel, [ist] a)   to fall down

hingegen   however, on the other hand

hin·gehen (ging, [ist] gegangen)   to go there

hin·halten (ä; ie, a)   to hold out something to someone

sich hin·setzen   to sit down

*hinten   in the rear

*hinter (*acc./dat.*)   behind; **hinterher** afterward 7

der Hintergrund   background

hinüber   over (there)

hinunter   down; below

hin·weisen (ie, ie) (auf + *acc.*)   to hint at, refer to

hinzu   in addition; moreover; besides

hinzu·fügen   to add

historisch   historical

der Hit, -s   hit song; **die Hitliste, -n**   list of latest hits

*das Hobby, -s   hobby

die Hitze   heat; **hitzig**   passionate, hot-headed

*hoch (höher, höchst-)   high

Hochdeutsch   High German

das Hochhaus, ¨er   high-rise, skyscraper

die Hochschule, -n   university, academy, college; **der Hochschullehrer, -/die Hochschullehrerin, -nen**   university professor

*höchst   highest; utmost; **höchstens**   at the most

die Hochzeit, -en   wedding

hoch·ziehen (zog, gezogen)   to draw up; to raise

*der Hof, ¨e   farm; court

*hoffen   to hope; ***hoffentlich**   I (we) hope; **die Hoffnung, -en**   hope; **hoffnungslos**   hopeless

*höflich (gegen)   polite (to); **die Höflichkeit, -en**   politeness

*hoh-   high (the form of **hoch** used before nouns)

die Höhe, -n   height; hill 4; ***der Höhepunkt, -e**   high point, climax

die höhere Schule, -n   secondary school

*holen   to get, fetch

*das Holz, ¨er   wood

*hören   to hear; to listen to

der Hörer, -   listener

der Horizont, -e   horizon

der Hörsaal, Hörsäle   lecture hall, auditorium

das Hörspiel, -e   radio play

*die Hose, -n   pants; **kurze ~**   shorts

*das Hotel, -s   hotel

*hübsch   pretty

der Hügel, -   hill

*das Huhn, ¨er   chicken

der Humor   humor; **humorvoll**   humorous

*der Hund, -e   dog

*hundert   hundred

*der Hunger   hunger; **die Hungersnot, -nöte**   famine; ***hungrig**   hungry

hupen   to honk

*husten   to cough

*der Hut, ¨e   hat; **unter einen ~ kriegen**   to accommodate; to fit in

die Hymne, -n   national anthem; hymn

hypothetisch   hypothetical

I

das Ideal, -   ideal; **der Idealismus**   idealisms

*die Idee, -n   idea

identifizieren   to identify

die Identität   identity

die Ideologie, -n   ideology

das Idol, -e   idol

idyllisch   idyllic

illusorisch   illusory

die Illustrierte, -n, -n   illustrated magazine 2

der Imbiss   snack; snack bar; café 7

*immer   always; **~ größer**   larger and larger; **~ mehr**   more and more; **~ noch**   still; **~ wieder**   again and again 2; **immerhin**   after all; nevertheless; still

der Immigrant, -en, -en/die Immigrantin, -nen   immigrant

der Imperativ, -e   imperative; **der Imperativsatz, ¨e**   imperative sentence

importieren   to import

der Impuls, -e   impulse; impetus

*in (*acc./dat.*)   in; at; into; to

das Indefinitpronomen, -   indefinite pronoun

indem   while; in that

der Indikativ, -e   indicative

indirekt   indirect

indisch   Indian

*die Industrie, -n   industry; **das Industrieland, ¨er**   industrialized country; **die Industrienation, -en**   industrial nation

die Infektion, -en   infection

der Infinitiv, -e   infinitive

infolge   because of; **infolgedessen**   because of that, consequently

die Informatik   information technology; **der Informatiker, -/die Informatikerin, -nen**   computer specialist

die Information, -en   information; **informieren**   to inform; **informiert**   informed

*der Ingenieur, -e/die Ingenieurin, -nen   engineer

*der Inhalt, -e   content

*die Initiative, -n   initiative

das Inland   home, domestic

der Inliner, -   inline skate; **der Inliner-Profi, -s**   professional inline skater; **der Inlineskate, -s** inline skate; **das Inlineskating** inline skating

innen   inside, in; **der Innenraum** interior; **die Innenstadt, ¨e**   center of city, innercity

inner   interior, inner; ***innerhalb (+ *gen.*)**   inside of

innerst   innermost

insbesondere   particularly, especially

die Insel, -n   island

insgesamt   altogether, all in all 3

installieren   to install

das Institut, -e   institute

inszenieren   to direct; to produce

die Integration, -en   integration; **integrieren**   to integrate; **integriert** integrated

die Intelligenz   intelligence

intensiv   intensive

interaktiv   interactive

*interessant   interesting

das Interesse, -n (an + *dat.*)   interest (in)

*sich interessieren (für)   to be interested (in); **interessiert (an + *dat.*)**   interested (in)

das Internet   Internet

die Interpretation, -en   interpretation; **interpretieren**   to interpret

die Interpunktion   punctuation

das Interrogativpronomen, -   interrogative pronoun

das Interview, -s   interview; **interviewen**   to interview; **der Interviewer, -/die Interviewerin, -nen** interviewer; **der/die Interviewte** (*noun decl. like adj.*)   interviewee

inwiefern   in what respect 7

inwieweit   to what extent

*inzwischen   meanwhile

das iPad, -s   iPad

*irgend   some; any; at all; ***irgendein** some; any; ***irgendwann**   sometime; ***irgendwas**   something; **irgendwelch (-er, -es, -e)**   some, any; ***irgendwie** somehow; ***irgendwo**   somewhere

irreal   unreal, imaginary; **der irreale Konditionalsatz, ¨e**   condition-contrary-to-fact sentence

irritieren   to irritate

islamisch Islamic
isolieren to isolate; to insulate
*(das) Italien Italy; der Italiener, -/ die Italienerin, -nen Italian person; italienisch Italian

J

*ja yes; (*flavoring particle*) indeed, of course
*die Jacke, -n jacket
jagen (+ nach) to chase (after)
*das Jahr, -e year; jahrelang lasting for years
die Jahreszeit, -en season (of the year) 1
*das Jahrhundert, -e century; die Jahrhundertwende, -n turn of the centry
-jährig . . . -year-old 2
jährlich annual, yearly
das Jahrzehnt, -e decade
japanisch Japanese
der Jazz jazz
*je each; for each case; je ... desto the . . . the
jedenfalls in any case, at all events 4
*jed- (-er, -es, -e) each; every; everyone
*jedermann everyone
*jedesmal every time
jedoch however; nevertheless
jemals ever
*jemand somebody
*jen- (-er, -es, -e) that; the former
*jenseits (+ *gen.*) on the other side of; beyond
jetzig present
*jetzt now
jeweilig respective; in each case
jeweils at any given time, from time to time; in each instance; respectively
*der Job, -s job; jobben to work, have a job 8
*joggen to jog; das Jogging jogging
der Jogurt (*also* Joghurt) yogurt
das Journal, -e journal, magazine; *der Journalist, -en, -en/die Journalistin, -nen journalist, reporter
jubeln to rejoice
der Jude, -en, -en/die Jüdin, -nen Jew; das Judentum Judaism; jüdisch Jewish
*die Jugend youth; die Jugendherberge, -n youth hostel; die Jugendsprache young people's slang; der/die Jugendliche (*noun decl. like adj.*) young person 2
*jung (ü) young
*der Junge, -n, -n boy; Jungs (*coll.*) boys
die Jura (*pl.*) law; das Jurastudium study of law
der Jurist, -en, -en/die Juristin, -nen lawyer; law student

K

*der Kaffee coffee
der Kalender, - calendar

kalkulieren to calculate
kalt (ä) cold; die Kälte cold(ness)
*die Kamera, -s camera; die digitale ~ digital camera
der Kamerad, -en, -en/die Kameradin, -nen companion
*der Kamm, ̈e comb
*(sich) kämmen to comb (one's hair)
der Kampf, ̈e fight; battle; contest 5
*kämpfen to fight
der Kanal, ̈e canal; channel
die Kantine, -n canteen, cafeteria
der Kanzler, -/die Kanzlerin, -nen chancellor
die Kapazität, -en capacity
kapieren to understand
der Kapitalismus capitalism
der Kapitän, -e/die Kapitänin, -nen captain
das Kapitel, - chapter
*kaputt broken; exhausted
der Karikaturist, -en, -en/die Karikaturistin, -nen cartoonist; caricaturist
der Karneval carnival, Mardi Gras
die Karriere, -n career 4
*die Karte, -n card; menu; ticket
*die Kartoffel, -n potato
der Karton, -s box; cardboard
*der Käse cheese
*die Kasse, -n box office; cashier; der Kassenraum, -räume cashier's office
die Kassette, -n cassette; *der Kassettenrecorder, - cassette recorder
der Kasten, ̈ box, case 2
der Kasus, - case (grammar)
die Katastrophe, -n catastrophe
die Kategorie, -n category
*die Katze, -n cat
der Kauf, ̈e purchase; die Kauffrau, -en/der Kaufmann, ̈er or Kaufleute (*pl.*) merchant; das Kaufhaus, ̈er department store; *kaufen to buy
*kaum hardly
kehren to sweep
*kein no, not a; none, not any; kein ... mehr es gibt keine Äpfel mehr there are no more apples
keinesfalls in no case, on no account
*der Keller, - cellar, basement
*der Kellner, -/die Kellnerin, -nen server
*kennen (a, a) to know; to be acquainted with; *kennen lernen to meet; to become acquainted with
die Kenntnis, -se knowledge, information 9
die Kernkraft nuclear power
die Kerze, -n candle 5
die Kette, -n chain; necklace
*das Kilogramm kilogram
*der Kilometer, - kilometer
*das Kind, -er child; das Kindchen, - little child; baby; das Kinderbett, -en crib; der Kindergarten, ̈ kindergarten; das Kindergeld child benefits;

das Kinderheim, -e children's home; kinderlos childless; die Kindheit childhood; kindlich childlike
das Kinn, -e chin
*das Kino, -s cinema; movie theater
*die Kirche, -n church; kirchlich church; religious
klagen to complain; to lament 9; klaglos without complaint
die Klammer, -n parentheses; bracket
die Klamotten (*pl.*) (*slang*) clothes
klappen to run smoothly; to bang; das klappt that works 7
*klar (*dat.*) clear; certainly; ich komme klar I get along, I can cope
sich klären to be clarified
*die Klasse, -n class; erster ~ first class; Klasse! (*coll.*) Great!; die Klassengesellschaft class society; der Klassenkamerad, -en, -en/die Klassenkameradin, -nen school classmate; das Klassentreffen class reunion
klassifizieren to classify
klassisch classical
klatschen to clap, applaud 9
*die Klausur, -en university examination
*das Klavier, -e piano; das Klavierkonzert, -e piano concerto; piano recital; die Klavierstunde, -n piano lesson; der Klavierunterricht piano lessons
*das Kleid, -er dress; kleiden to dress; *die Kleidung clothing; das Kleidungsstück, -e piece of clothing
*klein small; short (*people*)
die Kleinschreibung use of lower case letters
klettern [ist] to climb 3
klicken to click
der Klient, -en, -en/die Klientin, -nen client
das Klima, -s climate 10; der Klimawandel climate change; die Klimazone, -n climate zone; klimatisiert air-conditioned
klingeln to ring
klingen (a, u) to sound
die Klinik, -en clinic
das Klischee, -s cliché
*klopfen to knock
*klug (ü) clever, intelligent
km (*abbr. of* Kilometer) kilometer
der Knabe, -n, -n boy
die Kneipe, -n pub, bar 1
das Knöchelchen, - little bone 4
der Knochen, - bone 4
der Knopf, ̈e button
der Koch, ̈e/die Köchin, -nen cook; *kochen to cook
*der Koffer, - suitcase; das Kofferradio, -s portable radio
die Kohle, -n coal
das Kohlendioxid, -e carbon dioxide
kohlschwarz pitch-black
*der Kollege, -n, -n/die Kollegin, -nen colleague

das Kollektiv, -e collective;
kollektivieren to collectivize
die Kolumne, -n column
komfortabel luxurious; comfortable
*komisch strange, odd; comical, funny
*kommen (kam, [ist] o) to come
der Kommentar, -e commentary;
kommentieren to comment
kommerziell commercial
der Kommilitone, -n, -n/die
Kommilitonin, -nen fellow student 2
die Kommission, -en commission,
committee
die Kommunikation, -en
communication; das
Kommunikationsmittel, -
communication medium
der Kommunismus communism;
kommunistisch communist
kommunizieren to communicate
kompakt compact
die Komparation, -en comparison
der Komparativ, -e comparative
kompetent competent
komplett complete
der Komplize, -n, -n/die Komplizin,
-nen accomplice
die Kompliziertheit complexity;
complicatedness
komponieren to compose;
der Komponist, -en -en/die
Komponistin, -nen composer 5;
die Komposition, -en composition
der Kompromiss, -e compromise
die Kondition condition, fitness;
stamina
der Konditionalsatz, -e conditional
sentence
die Konditorei, -en pastry shop
die Konferenz, -en conference
konfrontieren to confront
der Kongress, -e convention
die Konjunktion, -en conjunction;
koordinierende ~ coordinating
conjunction; subordinierende ~
subordinating conjunction
der Konjunktiv, -e subjunctive; ~ der
Gegenwart present-time subjunctive;
~ der Vergangenheit past-time
subjunctive, ~ I subjunctive I,
~ II subjunctive II
konkret concrete
*können can, to be able to
die Konsequenz, -en consequence
das Konservatorium,
Konservatorien conservatory
die Konstruktion, -en construction
das Konsulat, -e consulate
der Konsum consumption
der Konsument, -en, -en/die
Konsumentin, -nen consumer;
der Kontakt, -e contact; die
Kontaktbörse, -n bulletin/message
board (Internet)
der Kontinent, -e continent
kontrollieren to control
die Kontroverse, -n controversy
das Konzentrationslager, -
concentration camp

konzentrieren to concentrate
der Konzern, -e combine, group of
companies 6
*das Konzert, -e concert; concerto
*der Kopf, -e head; den ~
verdrehen to turn someone's head
die Kopie, -n copy
*der Korb, -e basket
der Korken, - cork, stopper
*der Körper, - body; körperlich
bodily; der Körperteil, -e part of
the body
*korrigieren to correct
*kosten to cost; to try a food; die
Kosten (pl.) cost(s)
der Krach noise; quarrel
die Kraft, -e energy; strength; power 8;
das Krafttraining strength training;
body building; kräftig strong,
powerful 4
der Kragen, - collar
der Kram junk, stuff
*krank (ä) ill, sick;
kränkend hurtful, hurting one's
feelings; *das Krankenhaus,
-er hospital; die Krankenkasse,
-n medical insurance; der
Krankenpfleger, - (male)
nurse; *die Krankenschwester,
-n (female) nurse; der
Krankenwagen, - ambulance 6; die
Krankheit, -en illness, sickness
*die Krawatte, -n tie
kreativ creative
der Krebs cancer; crab
der Kredit, -e credit
*die Kreide chalk
der Kreis, -e circle; group 3
kreisen [ist] (um + acc.) to revolve
(around)
der Kreuzreim, -e alternating rhyme
*der Krieg, -e war
kriegen to receive, get 4
der Krimi, -s detective story or film
der Kriminalfilm, -e detective film,
cop movie
die Kriminalität criminality
kriminell criminal; kriminell
werden to become a criminal;
der/die Kriminelle (noun decl. like
adj.) criminal
die Krise, -n crisis
die Kritik, -en criticism; ~ üben an
(+ dat.) to make a criticism of
kritisch critical
*kritisieren to criticize
die Krone, -n crown
der Krug, -e pitcher, mug 4; der
Bierkrug (beer) stein
*die Küche, -n kitchen; die
Küchenreste kitchen leftovers
*der Kuchen, - cake
*der Kugelschreiber, - ballpoint pen
*die Kuh, -e cow
*kühl cool, chilly
*der Kühlschrank, -e refrigerator
*kühn bold
*der Kuli, -s ballpoint pen
kulinarisch culinary

kultiviert cultivated
die Kultur, -en culture, civilization 1;
kulturell cultural
sich kümmern (um) to be concerned
about, care 3
der Kunde, -n, -n/die Kundin,
-nen customer
*die Kunst, -e art; die Kunsthalle,
-n art gallery; die Kunstpostkarte,
-n postcard with art; das Kunstwerk,
-e work of art
der Kunstdünger, - chemical fertilizer
*der Künstler, -/die Künstlerin,
-nen artist 2; künstlerisch artistic
*der Kurs, -e course; der
Kursteilnehmer, -/die
Kursteilnehmerin, -nen student in
college course/class
*kurz (ü) short; vor kurzem recently;
~ danach shortly after; (nicht) zu ~
kommen (not) to be short-changed;
(not) to get a bad deal; (not) to be
disadvantaged; die Kurzgeschichte,
-n short story
kürzlich recently
*die Kusine, -n cousin (female)
der Kuss, -e kiss 6
küssen to kiss 4

L

das Labor, -s lab, laboratory
lächeln (über + acc.) to smile (about) 3
*lachen (über + acc.) to laugh (about)
laden (ä; u, a) to load
*der Laden, - store
die Lage, -n situation; state of affairs;
position 3
das Lager, - camp
*die Lampe, -n lamp
*das Land, -er country, land; state;
auf dem ~ in the country(side); aufs
~ to the country
landen [ist] to land
die Landkarte, -n map
*die Landschaft, -en countryside,
landscape
die Landstraße, -n highway
die Landwirtschaft, -en agriculture,
farming
*lang (ä) long
*lange a long time
die Langeweile boredom
*langsam slow
längst long ago; for a long time
sich langweilen to be bored
*langweilig boring
der Lappen, - rag; cloth 10
der Laptop, -s laptop computer
der Lärm noise 3
*lassen (ä; ließ, a) to let; to leave
die Last, -en burden; load
der Lauf, Läufe course; run; im ~
der Zeit during the course of time
laufen (äu; ie, [ist] au) to run
*die Laune, -n mood; (guter/
schlechter) ~ sein or gute/schlechte
~ haben to be in a (good/bad)
mood; launisch moody
*laut loud, noisy; lautlos silently

laut (*prep. + gen. or dat.*) according to
lauter clear; pure; nothing but
der Lautsprecher, - (loud)speaker 7
*****leben** to live; **lebend** live, living
das Leben life, existence 5; **das
Lebensalter** age; **lebensfroh**
merry, full of the joy in life; **der
Lebenslauf, ̈e** curriculum vitae;
*****die Lebensmittel** (*pl.*) food;
groceries; **der Lebensstandard**
living standard; **die Lebensweise, -n**
way of life
lebendig alive; lively
die Lebzeiten (*pl.*) lifetime
lecker (*food*) delicious, tasty 1
ledig single (unmarried)
*****leer** empty
*****legen** to lay, put
die Legende, -n legend
der Lehrberuf, -e teaching profession
die Lehre, -n apprenticeship
*****lehren** to teach
*****der Lehrer, -/die Lehrerin,
-nen** teacher, instructor; **das
Lehrerzimmer, -** teachers' room
die Lehrkraft, ̈e teacher; professor
*****der Lehrling, -e** apprentice
der Lehrplan, ̈e curriculum
die Lehrstelle, -n apprenticeship
position
*****leicht** easy; light
die Leichtathletik track and field
*****das Leid, -en** pain, suffering,
torment; **Leid tun (a, a)** (+ *dat.*) to
feel sorry, to pity; **er tut mir Leid**
I feel sorry for him
*****leiden (litt, gelitten)** to suffer; **ich
kann ihn nicht ~** I can't stand him
*****leider** unfortunately
*****leihen (ie, ie)** to lead; to borrow;
to rent
*****leise** soft, quiet
leisten to perform; to render; **sich**
(*dat.*) **~** to afford 5
die Leistung, -en performance
der Leiter, -/die Leiterin, -nen
director, head, manager
die Leiter, -n ladder
die Leitfrage, -n study question
*****lernen** to learn; to study
*****lesen (ie; a, e)** to read
der Leser, -/die Leserin, -nen reader;
der Leserbrief, -e letter to the editor
der Leseraum, -räume reading room
das Lesestück, -e reading selection
*****letzt-** last
*****die Leute** (*pl.*) people
das Lexikon, Lexika encyclopedia,
lexicon
liberal liberal
*****das Licht, -er** light
*****lieb** dear; **~ haben** to be fond; **~
sein** (+ *dat.*) to be dear to a person
*****die Liebe** love; **der Liebesbrief,
-e** love letter; **der Liebesfilm, -e**
romance movie; **die Liebesgeschichte,
-n** love story; **das Liebesglück**
happiness of love
*****lieben** to love

*****lieber** rather
liebevoll loving
Lieblings- (*prefix for noun*) favorite;
**die Lieblingsbeschäftigung,
-en** favorite activity
*****liebsten: am ~** best liked, most of all
*****das Lied, -er** song
**der Liedermacher, -/die
Liedermacherin, -nen** singer/song
writer
der Liederzyklus, -zyklen song cycle
liefern to deliver, supply
*****liegen (a, e)** to lie; to be located; **~
an** (+ *dat.*) to be the cause of
der Liegestütz, -e push-up
*****die Limonade, -n** soft drink
die Linie, -n line
link- (*adj.*) left; (*coll.*) mean; **der Typ
ist link** the guy is mean
*****links** (*adv.*) left
der Lippenstift, -e lipstick
die Liste, -n list
*****der Liter, -** liter
literarisch literary
die Literatur, -en literature
loben to praise 10
das Loch, ̈er hole 10
locker loose; (*slang*) cool 7
lockig curly (hair)
*****der Löffel, -** spoon
logisch logical
der Lohn, ̈e reward; wages
*****los** released; loose; **was ist ~?** what's
wrong? **~ sein** to be rid of;
los·werden to get rid of
lösen to solve 10
los·gehen (ging, [ist] gegangen) to
start; **jetzt geht's los** it's starting now
die Lösung, -en solution 2
die Luft, ̈e air, breeze 1;
die Luftpost airmail; **die
Luftverschmutzung** air pollution
die Lüge, -n lie, falsehood; **lügen
(o, o)** to tell a lie
die Lupe, -n magnifying glass; **unter
die Lupe nehmen** to examine
carefully
*****die Lust** desire; pleasure; **~ an** (+ *dat.*)
pleasure in; **~ auf** (+ *acc.*) desire for;
~ haben to be in the mood, feel like
*****lustig** amusing, funny; **sich über
etwas ~ machen** to make fun of
something
lustlos listless, unenthusiastic 10
luxuriös luxurious
der Luxus luxury
die Lyrik poetry; **der Lyriker, -/die
Lyrikerin, -nen** poet
lyrisch lyrical

M

*****machen** to make; to do; **mach's gut**
take it easy, take care of yourself 6;
macht nichts (it) doesn't matter 3
die Macht, ̈e power
mächtig powerful
*****das Mädchen, -** girl
das Magazin, -e magazine 1
magisch magic

das Magister-Examen M.A. exam
das Mahnmal, -e memorial (erected
as warning to future generations)
*****mal** once; (*flavoring particle that
softens a command and leaves the time
indefinite*)
*****das Mal, -e** time; **(drei)mal**
(three) times; **einige Male** several
times
*****malen** to paint
die Malerei painting (*art*); art
malerisch picturesque
*****man** one (*indefinite pron.*)
**der Manager, -/die Managerin,
-nen** manager
*****manch- (-er, -es, -e)** many a; some
*****manchmal** sometimes
der Mangel, ̈ lack, shortage
*****der Mann, ̈er** man; husband;
männlich male, masculine
die Mannschaft, -en (*sport*) team
*****der Mantel, ̈** coat
das Manuskript, -e manuscript
der Marathon, -s marathon (run)
*****das Märchen, -** fairy tale
*****die Mark** mark (*German monetary
unit before 2002*)
markieren to mark
*****der Markt, ̈e** market; **die
Marktfrau, -en** market woman; **der
Marktplatz, -plätze** market place;
die Marktwirtschaft, -en market
economy
*****die Marmelade, -n** jam
*****die Maschine, -n** machine
das Maskottchen, - mascot
die Masse, -n mass; quantity
das Material, -ien material
die Mathe math
*****die Mathematik** mathematics
matt dull; weak
*****die Mauer, -n** wall; **der
Mauerfall** fall of the Berlin Wall
maximal maximum
*****der Mechaniker, -/die
Mechanikerin, -nen** mechanic
das Medikament, -e medication
das Medium, Medien medium, media
*****die Medizin** field of medicine;
medizinisch medical; **der
Medizinprofessor, -en/die
Medizinprofessorin, -nen** professor
of medicine
*****das Meer, -e** sea, ocean; **der
Meeresspiegel, -** sea level
*****mehr** more; **immer ~** more and
more; **nicht ~** no more, no longer
*****mehrere** several
das Mehrfamilienhaus, -häuser
multi-family dwelling
die Mehrheit, -en majority
die Mehrwegflasche, -n returnable
bottle
*****meinen** to be of the opinion; to
intend; to mean
meinerseits as far as I'm concerned
*****meinetwegen** as far as I'm concerned
*****die Meinung, -en** opinion; **meiner
~ nach** in my opinion; **ich bin**

deiner ~ I agree with you; **anderer ~ sein** to have a different opinion

*meist most

*meistens mostly

der Meister, -/die Meisterin, -nen master; master craftsperson; foreperson; **das Meisterwerk, -e** masterpiece

(sich) melden to report; to inform 7

die Melodie, -n melody

*die Menge, -n (great) quantity; amount; crowd

*der Mensch, -en, -en human being; **das Menschenfleisch** human flesh; **das Menschentum** humankind; **die Menschheit** mankind, humanity; **Mensch!** (slang) Wow!, Boy!

menschlich human

die Mentalität mentality

*merken to notice; to realize

das Merkmal, -e mark; sign; feature

*merkwürdig strange; weird

*das Messer, - knife

das Metall, -e metal

die Meteorologie meteorology

*der Meter, - meter

die Metropole, -n metropolis

*der Metzger, -/die Metzgerin, -nen butcher; **die Metzgerei, -en** meat market

die Miete, -n rent 2; **mieten** to rent 2; **der Mieter, -/die Mieterin, -nen** tenant

der Migrant, -en, -en/die Migrantin, -nen migrant 7

*die Milch milk

mild mild

die Milliarde, -n billion

*die Million, -en million

die Minderheit, -en minority

mindestens at least, no less than

der Minister, -/die Ministerin, -nen cabinet member

*die Minute, -en minute

(sich) mischen to mix

die Mischung, -en mixture

missgelaunt ill-tempered

misstrauen (+ dat.) to mistrust

das Missverständnis, -se misunderstanding

*missverstehen (missverstand, missverstanden) to misunderstand

*mit (+ dat.) with; at; by

der Mitarbeiter, -/die Mitarbeiterin, -nen employee; co-worker 6

mit·bekommen (bekam, o) to get it (understand); to realize

der Mitbewohner, -/die Mitbewohnerin, -nen roommate 8

der Mitbürger, -/ die Mitbürgerin, -nen fellow citizen

mit·bringen (brachte, gebracht) to bring along

*miteinander together; with each other

mit·geben (i; a, e) to send along with

*das Mitglied, -er member

mit·helfen (i; a, o) to assist

mit·kommen (kam, [ist] o) to come along

mit·laufen (äu; ie, [ist] au) to run (with); run in (race)

das Mitleid pity; sympathy

mit·machen (bei) to join (in) 3

der Mitmensch, -en, -en fellow human being

mit·nehmen (nimmt; nahm, genommen) to take along

der Mitschüler, -/die Mitschülerin, -nen classmate

mit·singen (a, u) to sing along

mit·surfen to participate in surfing

*der Mittag, -e noon; ***das Mittagessen, -** lunch; ***mittags** at noon; **die Mittagspause, -n** lunch break; **der Mittagsschlaf** afternoon nap

*die Mitte center, middle

mit·teilen to inform; to communicate 4

die Mitteilung, -en notification; communication

*das Mittel, - means

das Mittelalter Middle Ages; **mittelalterlich** medieval

(das) Mitteleuropa Central Europe

der Mittelpunkt, -e center

die Mittelschule, -n (Realschule) school for grades 5 through 10

mitten in (+ dat.), **mitten drin** in the middle of 3

die Mitternacht midnight

mittlerweile in the meantime

das Möbel, - (usually pl.) furniture 3

möbliert furnished

das Modalverb, -en modal verb

die Mode, -n fashion 1; **das Modejournal, -e** fashion magazine

das Model, -s (fashion) model

das Modell, -e model

das/der Modem, -s modem

modifizieren to modify

das Modul, -e module(computer)

*mögen to like

*möglich possible; **es ist mir ~** (dat.) it is possible for me; **die Möglichkeit, -en** possibility, chance, opportunity 6

möglichst: ~ bald as soon as possible

*der Moment, -e moment

*der Monat, -e month; **monatlich** monthly

*der Mond, -e moon

die Mongolei Mongolia

der Monolog, -e monologue

monoton monotonous

die Moral morals; moral (of a story)

der Mord, -e murder

*morgen tomorrow

*der Morgen, - morning

morgendlich morning

*morgens in the morning

das Motiv, -e motive; theme

*der Motor, -en motor; engine; ***das Motorrad, ¨er** motorcycle

das Motto, -s motto

*müde tired

die Müdigkeit tiredness

die Mühe, -n effort; trouble; difficulty 1; **mühelos** effortless; **mühsam** laborious

der Müll garbage, trash 10; **die Müllabfuhr, -en** garbage removal; **der Mülleimer, -** garbage can; **die Mülltrennung** separation of trash items

multikulturell multicultural 7; **multikulti** (short for) **multikulturell**

*der Mund, ¨er mouth

mündlich verbal; oral(ly)

*das Museum, Museen museum

das Musical, -s musical

*die Musik music; **musikalisch** musical; **der Musikant, -en, -en/die Musikantin, -nen** instrumentalist in a band, musician; **der Musiker, -/die Musikerin, -nen** musician 5; **die Musikszene, -n** music scene

der Muskel, -n muscle

der Muslim, -e/die Muslimin, -nen Muslim

*müssen (muss; musste, gemusst) must, to have to

das Muster, - pattern

der Mut courage; spirit 4; **mutig** courageous; **mutlos** discouraged; despondent

*die Mutter, ¨ mother; **mütterlich** motherly; **der Mutterschutz** legal protection of expectant mothers; **die Muttersprache, -n** mother tongue

die Mutti (fam.) Mom

die Mütze, -n hat, cap

N

na well, come on; **~ ja** well; **~ klar** of course; **~ und?** so? so what!

*nach (+ dat.) after; according to; to; **~ und ~** little by little

*der Nachbar, -n, -n/die Nachbarin, -nen neighbor; **die Nachbarschaft, -en** neighborhood

nach·blicken to watch someone, to gaze after someone

*nachdem (conj.) after

*nach·denken (dachte, gedacht) (über + acc.) to think about, to reflect

nach·erzählen to retell; **die Nacherzählung, -en** retelling (of a story); summary

nach·gehen (ging, [ist] gegangen) to follow; **meine Uhr geht nach** my watch is slow

*nachher later

nach·holen to fetch; to make up for something

nach·kommen (kam, [ist] o) to follow later

die Nachkriegszeit post-war period

*der Nachmittag, -e afternoon; ***nachmittags** in the afternoon

die Nachricht, -en news, report 2; **das Nachrichtenmagazin** news magazine; **die Nachrichtensendung, -en** radio/TV news report

nach·schauen to watch; to have a look at, to check

nach·schlagen (ä; u, a) to look up; **das Nachschlagewerk, -e** reference book

die Nachsilbe, -n suffix

nach·sitzen (saß, gesessen) to have detention; *usually used with* **müssen: er musste ~** he had to stay after school 4

***nächst-** next

***die Nacht, ⸚e** night; **das Nachtleben** night life

der Nachteil, -e disadvantage 3

nächtelang night after night

***der Nachtisch** dessert

nachts at night

***nah(e) (näher, nächst-) (+ *dat.*)** near; close

die Nähe nearness, proximity; vicinity; **in der ~** near 3

sich nähern to approach

das Nahrungsmittel, - food

naiv naive

***der Name, -ns, -n** name; **namens** by name of, called

***nämlich** of course, namely, you see

***die Nase, -n** nose

***nass** wet; **nasskalt** wet and cold

die Nation, -en nation

die Nationalhymne, -n national anthem

die Nationalität, -en nationality

der Nationalsozialismus national socialism

***die Natur, -en** nature; disposition; **der Naturpark, -s** national park; **die Naturwissenschaft, -en** natural or physical science; **der Naturwissenschaftler, -/ die Naturwissenschaftlerin, -nen** natural or physical scientist; ***natürlich** natural; of course; **die Natürlichkeit, -en** naturalness

der Nebel, - fog, mist 5; **neblig** foggy; **der Nebelstreif** strip of fog

***neben (+ *acc./dat.*)** next to, beside; **nebenan** close by, next door 7; **nebenbei** by the way; at the same time; additionally; incidentally; **nebenher** on the side; in addition; **der Nebensatz, ⸚e** dependent clause; **der Nebentisch, -e** neighboring table; **die Nebenwohnung, -en** apartment next door; **das Nebenzimmer, -** neighboring room

***der Neffe, -n, -n** nephew

negativ negative

***nehmen (nimmt; a, genommen)** to take

der Neid envy; **neidisch (auf + *acc.*)** envious (of)

***nennen (nannte, genannt)** to call

der Neonazi, -s neonazi

der Nerv, -en nerve; **es geht mir auf die Nerven** it gets on my nerves

nerven to get on someone's nerves 3

nervös nervous 9

***nett** nice; kind; pleasant

das Netz, -e net

***neu** new; **die Neuigkeit, -en** news; **neulich** lately; recently 5

***neugierig (auf + *acc.*)** curious (about)

das Neutrum neuter (grammar)

das Newsboard, -s bulletin board (Internet)

***nicht** not; **~ einmal** 4; **~ mehr** no more; no longer; **~ nur ..., sondern auch** not only . . . but also; **~ wahr?** isn't that so?; ***nichts** nothing

***die Nichte, -n** niece

nichtehelich unmarried; illegitimate (children)

***nie** never

nieder down; **nieder·schreiben (ie, ie)** to write down

niedrig low

***niemals** never 8

***niemand** nobody

***nirgends** nowhere

nirgendwo nowhere

***noch** still, yet; in addition; **~ einmal** again; **~ etwas** something else; **~ immer** still 6; **~ nie** never

nochmal once more

der Nominativ, -e nominative

***der Norden** north; **(das) Norddeutschland** North Germany; **nördlich** northern

die Norm, -en norm

normalerweise normally

die Not, ⸚e distress; difficulties; need; emergency 5

die Note, -n grade 8

das Notebook, -s notebook (computer)

notieren to note down (writing)

***nötig** necessary

die Notiz, -en note; **das Notizbuch, ⸚er** notebook

***die Null, -en** zero

***die Nummer, -n** number

***nun** now

***nur** only

nutzen/nützen (+ *dat.*) to use; to be of use 8; **die Nutzung, -en** use, utilization

nützlich (*dat.*) profitable; useful 2

die Nutzpflanze, -n useful plant

O

***ob** if; whether; **und ~** of course, you bet

***oben** above; upstairs; at the head

***der Ober, -** waiter

oberflächlich superficial 9

***oberhalb (+ *gen.*)** above

die Oberschule, -n high school

obgleich (*conj.*) although

das Objekt, -e object; **direktes/ indirektes ~** direct/indirect object

obligatorisch obligatory

***das Obst** fruit

***obwohl (*conj.*)** although

***oder (*conj.*)** or

***der Ofen, ⸚** oven; stove

***offen** open; frank; **die Offenheit** openness; frankness

offenbaren to reveal

offensichtlich obvious

öffentlich public 5; **die Öffentlichkeit** public

***öffnen** to open; **die Öffnung, -en** opening

offziell official 6

***oft (ö)** often

öfter often; **öfters** several times

oftmals often

oh oh; **~ je** oh dear

***ohne (+ *acc.*)** without; **~ dass** without; **~ weiteres** without further ado; **~ ... zu (+ *inf.*)** without . . . -ing

***das Ohr, -en** ear

öko (*prefix*) eco, ecological; **der Ökogarten, -** ecological or organic garden; **ökologisch** ecological

das Öl oil; **der Öltanker, -** oil tanker

die Olympiade, -n Olympics

***die Oma, -s** grandma

***der Onkel, -** uncle

online online

***der Opa, -s** grandpa

die Oper, -n opera; **das Opernhaus, -häuser** opera house

die Operette, -n operette

das Opfer, - victim

der Optimist, -en, -en/die Optimistin, -nen optimist; **optimistisch** optimistic

die Orange, -n orange

das Orchester, - orchestra

ordentlich tidy; proper; respectable 6

die Ordinalzahl, -en ordinal number

ordnen to order, arrange

die Ordnung, -en order; arrangement 9; **ordnungswidrig** against the rules

die Organisation, -en organization

organisatorisch organizational

organisch organic

organisieren to organize 6

sich orientieren to orientate oneself, to inform oneself

die Orientierung, -en information, orientation

***der Ort, -e** place; spot

der Ossi, -s (*coll.*) expression for a person from former East Germany

das Ostblockland, ⸚er eastern bloc country

ostdeutsch East German; **der/die Ostdeutsche (*noun decl. like adj.*)** East German

(das) Ostdeutschland East Germany

***der Osten** East; **östlich** eastern

***(das) Österreich** Austria

(das) Osteuropa Eastern Europe; **osteuropäisch** Eastern European

die Ostsee Baltic Sea

der Osttürke, -n, -n (*derogatory*) West German name for an East German who is considered as foreign as a Turk

das Ozon ozone 10; ozone hole 10; **die Ozonschicht** ozone layer

P

***paar: ein ~** a few; **alle paar Minuten** every few minutes

***das Paar, -e** pair; couple

paarmal several times

der Paarreim, -e couplet

der PC, -s PC (personal computer)

***packen** to pack up; to grab

der **Pädagoge, -n, -n/die**
  Pädagogin, -nen pedagogue;
  pädagogisch pedagogical
★**das Paket, -e** package
der **Palast, Paläste** palace
die **Panne, -n** breakdown, trouble 2
der **Panzer, -** tank
★**das Papier, -e** paper; document; **die**
  Papiervariante, -n paper variant
der **Pappbecher, -** paper cup 10
die **Pappe, -n** cardboard 10
die **Parallelität, -en** parallelism
★**der Park, -s** park
★**parken** to park; **der Parkplatz, ̈-e**
  parking space, lot
das **Parlament, -e** parliament
die **Partei, -en** party (political) 6
die **Partikel, -n** particle
das **Partizip, -ien** participle; **~**
  Präsens/Perfekt present/past
  participle
die **Partizipialgruppe, -n** participial
  group
★**der Partner, -/die Partnerin, -nen**
  partner; **die Partnerarbeit, -en**
  partner work; **die Partnerschaft,**
  -en partnership
★**die Party, -s** party
der **Pass, ̈-e** passport
der **Passagier, -e/die Passagierin,**
  -nen passenger
der **Passant, -en, -en/die Passantin,**
  -nen passer-by
★**passen** (+ *dat.*) to fit; to suit;
  passend suitable; fitting
★**passieren [ist]** (+ *dat.*) to happen to;
  take place
das **Passiv** passive
die **Passivität** passivity
★**der Patient, -en, -en/die Patientin,**
  -nen patient
patriotisch patriotic
pauken to cram (studying)
die **Pause, -n** pause, break;
  intermission; recess
das **Pech** bad luck, misfortune; **~**
  haben to be unlucky 10
peinlich embarrassing
der **Pelz, -e** fur
die **Pension, -en** pension; small hotel
per by
perfekt perfect; **die**
  Perfektion perfection
das **Perfekt** perfect tense
das **Pergament, -e** parchment
★**die Person, -en** person
der **Personalausweis, -e** identity card
das **Personalpronomen, -** personal
  pronoun
persönlich personal 2 **die**
  Persönlichkeit, -en personality 2
die **Perspektive, -n** perspective;
  die Perspektivlosigkeit lack of
  perspective
pessimistisch pessimistic
das **Pestizid, -e** pesticide
das **Pfand, ̈-er** (bottle) deposit
★**das Pferd, -e** horse
★**die Pflanze, -n** plant; **die**

die **Pflanzenart, -en** plant species;
  pflanzen to plant
pflegen to be accustomed to
die **Pflicht, -en** duty; responsibility 6;
  das Pflichtfach, ̈-er required subject
★**das Pfund, -e** pound
die **Phantasie, -n** (*new spelling* **Fantasie**)
  imagination; fantasy; **phantastisch**
  (*new spelling* **fantastisch**) fantastic
die **Phase, -n** phase
die **Philharmoniker** (*pl.*)
  Philharmonic orchestra
das **Photo, -s** (*new spelling* **Foto**)
  photograph
die **Photographie, -n** (*also* **Fotografie,**
  -n) photograph
die **Physik** physics; **der Physiker,**
  -/die Physikerin, -nen physicist
der **Pianist, -en, -en/die Pianistin,**
  -nen pianist
★**das Picknick, -s** picnic
die **Pistole, -n** pistol
die **Pizza, -s** (*also pl.* **Pizzen**) pizza
plädieren to plead
das **Plakat, -e** poster
★**der Plan, ̈-e** plan
planen to plan 8; **die Planung, -en**
  planning
das **Plastik** plastic
★**die Platte, -n** record; ★**der**
  Plattenspieler, - record player
★**der Platz, ̈-e** space; seat
★**plötzlich** suddenly
plus plus
das **Plusquamperfekt** past perfect
die **Pogromnacht, ̈-e** night of a pogrom
★**die Politik** politics; policy; **der**
  Politiker, -/die Politikerin, -nen
  politician; **politisch** political
★**die Polizei** police; ★**der Polizist, -en,**
  -en/die Polizistin, -nen police officer
die **Polonäse, -n** polonaise
Pop pop (music); **die Popgruppe,**
  -n pop band; **die Popmusik** pop
  music; **der Popstar, -s** pop star
populär popular
das **Portemonnaie, -s** wallet; purse
positiv positive
das **Possessivpronomen, -** possessive
  adjective/pronoun
★**die Post** post office; mail; **die**
  Postkarte, -n postcard
★**das/der Poster, -** poster
prächtig magnificent
prachtvoll splendid
das **Prädikatsnomen, -** predicate noun
das **Präfix, -e** prefix; **trennbares/**
  untrennbares ~ separable/
  inseparable prefix
der **Praktikant, -en, -en/die**
  Praktikantin, -nen trainee, intern 6;
  das Praktikum, Praktika
  internship, practical training 6
★**praktisch** practical
die **Präposition, -en** preposition;
  präpositional prepositional
das **Präsens** present tense
präsentieren to present
der **Präsident, -en, -en/die**

die **Präsidentin, -nen** president
das **Präteritum** simple (*narrative*)
  past tense
★**der Preis, -e** price; prize
die **Presse, -n** the press
das **Prestige** prestige
★**prima** great; first-rate
das **Prinzip, Prinzipien** principle
prinzipiell on principle
privat private; **der Privatbrief, -e**
  personal letter
privatisieren to put into private
  ownership
★**pro** per; for
die **Probe, -n** rehearsal 2; test;
  proben to rehearse
probieren to try; to taste (food) 6
★**das Problem, -e** problem;
  problematisch problematic;
  problemlos without problems
das **Produkt, -e** product 1; **die**
  Produktion poduction
der **Produzent, -en, -en/die**
  Produzentin, -nen producer,
  manufacturer; **produzieren** to
  produce
★**der Professor, -en/die Professorin,**
  -nen professor
★**das Programm, -e** program;
  TV channel
das **Projekt, -e** project 1
das **Pronomen, -** pronoun
die **Prosa** prose
protestieren to protest
die **Provinz, -en** province;
  (*derogatory*) backwoods
das **Prozent, -e** percent;
  percentage; **prozentig** percent; **der**
  Prozentsatz, ̈-e percentage
der **Prozess, -e** process 7
★**prüfen** to test; to check
★**die Prüfung, -en** test; examination;
  eine ~ machen to take an exam
die **Psychoanalyse, -n** psychoanalysis
der **Psychologe, -n, -n/die Psychologin,**
  -nen psychologist; **die Psychologie**
  psychology
die **Pubertät** puberty; **pubertierend**
  pubescent
das **Publikum** audience, public
die **Puddingsuppe** a thin soup-like
  pudding, usually eaten warm
der **Pulli, -s,** ★**der Pullover, -**
  pullover, sweater
der **Punkt, -e** dot; point; period 3;
  Punkt (*used without article*) exactly,
  on the dot; **~ 3 Uhr** 3 o'clock sharp
★**pünktlich** on time; punctual; **die**
  Pünktlichkeit punctuality
die **Puppe, -n** doll, puppet
der **Putzeimer, -** cleaning bucket
★**putzen** to clean; to polish

Q

der **Quadratkilometer, -** square
  kilometer
die **Qual, -en** torment; agony
die **Qualifikation, -en** qualification;
  qualifizieren to qualify

die **Qualität, -en** quality
der **Quatsch** nonsense
die **Quelle, -n** spring; source 4
die **Quote, -n** quota

R

der **Rabe, -n, -n** raven
***das Rad, ̈er** wheel; bicycle; ~
  fahren (ä; u, [ist] a) to ride a bike;
  die Radtour, -en bike trip
***das Radio, -s** radio
radioaktiv radioactive
der **Rahm** cream
der **Rahmen, -** frame 8
der **Rand, ̈er** edge, rim
der **Rang, ̈e** rank, order; **die
  Rangliste, -n** ranking list; **die
  Rangordnung** ranking
der **Rap** rap; **die Rapband, -s** rap
  band; **die Rapmusik** rap music
der **Rapper, -/die Rapperin, -nen**
  rap singer
***der Rasierapparat, -e** shaver
***(sich) rasieren** to shave
der **Rassismus** racism
***der Rat** advice, suggestion; council
***raten (ä; ie, a)** (+ *dat. of person*) to
  advise; to guess; **das Ratespiel, -e**
  guessing game
das **Rathaus, ̈er** city hall
der **Ratschlag, ̈e** piece of advice;
  Ratschläge erteilen to give advice
der **Rauch** smoke; **die Rauchfahne,
  -n** trail of smoke
rauchen to smoke 10
rauf (*coll. for* **herauf** *and* **hinauf**) up,
  up there
***der Raum, ̈e** room; space; district
raus (*coll. for* **heraus** *and* **hinaus**) out,
  outside
raus·stellen to put out; **sich ~** to
  prove to be
reagieren to react
die **Reaktion, -en** reaction
reaktionär reactionary
realisieren to realize; to carry out;
  realistisch realistic **die Realität,
  -en** reality
die **Realschule, -n** school from 5th to
  10th grade that leads to the degree of
  Mittlere Reife and prepares students
  for careers in trade, industry, etc.
rechnen to calculate 6; **~ mit** to
  reckon with
die **Rechnung, -n** bill 3
***das Recht, -e** right; law; justice;
  ~ haben to be right
***recht** right; just; **das ist mir ~** it
  suits me
***rechts** to or on the right side; **nach ~**
  to the right
***der Rechtsanwalt, ̈e/die
  Rechtsanwältin, -nen** lawyer
die **Rechtschreibung** spelling
der/die **Rechtsextreme** (*noun decl. like
  adj.*) right extremist
rechtsradikal right-wing extremist
der **Rechtsstudent, -en, -en/die
  Rechtsstudentin, -nen** law student

rechtzeitig timely; punctual
recycelbar recyclable
recyceln to recycle; **das
  Recycling** recycling
der **Redakteur, -e/die Redakteurin,
  -nen** editor
die **Rede, -n** speech, talk 3; **direkte/
  indirekte ~** direct/indirect speech/
  discourse
***reden (über** + *acc.* or **von)** to talk
  (about *or* of)
reduzieren to reduce
***das Referat, -e** report, essay
reflektieren to reflect; **die Reflexion,
  -en** reflection
reflexiv reflexive; **(echtes)
  Reflexivverb** (genuine) reflexive
  verb; **das Reflexivpronomen, -**
  reflexive pronoun
das **Reformhaus, -häuser** health
  food store
der **Refrain, -s** refrain, chorus
***das Regal, -e** shelf
die **Regel, -n** rule, regulation; **in
  der ~** 7
regelmäßig regularly 1; **die
  Regelmäßigkeit** regularity
***der Regen** rain; **der saure ~** acid
  rain; ***der Regenschirm, -e**
  umbrella; **der Regenwald, ̈er**
  rain forest
regenerativ regenerative
die **Regie** (theater, TV) direction;
  (theater, TV) production
***die Regierung, -en** administration;
  government
das **Regime, -** or **-s** regime
die **Region, -en** region
***regnen** to rain
***reich** rich; **~ an** (+ *dat.*) rich in
reichen to reach; to pass; to hand;
  to suffice 1; **es reicht nicht** it's not
  enough 1
der **Reichtum** wealth
***reif** ripe
***die Reihe, -n** row; **du bist an der
  ~** it's your turn; **reihen** to line up;
  die Reihenfolge, -n sequence
sich reihen (something) to follow
  after (something)
der **Reim, -e** rhyme; **(sich) reimen**
  to rhyme; **das Reimpaar, -e** rhyming
  couplet; **das Reimschema, -s** rhyme
  scheme
***rein** clean, pure; **~ halten (ä; ie, a)**
  to keep clean; **reinigen** to clean
rein (*coll. for* **herein**) in, into, inside
***die Reise, -n** journey, travel; ***das
  Reisebüro, -s** travel agency; **der
  Reiseführer, -** guide book; ***reisen
  [ist]** to travel; **der/die Reisende**
  (*noun decl. like adj.*) traveler;
  passenger; **das Reiseziel,
  -e** destination
***reiten (ritt, [ist] geritten)** to ride
  (a horse)
die **Reklame, -n** advertisement
das **Relativpronomen, -** relative
  pronoun

der **Relativsatz, ̈e** relative clause
religiös religious
das **Rendezvous, -** rendezvous
***rennen (rannte, [ist] gerannt)** to
  run; to race
renovieren to renovate
die **Rente, -n** pension; **der Rentner,
  -/die Rentnerin, -nen** retiree, senior
  citizen
die **Reparation, -en** reparation
die **Reparatur, -en** repair
***reparieren** to repair
der **Report, -e** report; **die Reportage,
  -n** on-the-spot account; **der Reporter,
  -/die Reporterin, -nen** reporter
repräsentativ representative
die **Repression, -en** repression
***reservieren** to reserve
die **Resignation** resignation; **resigniert**
  resigned
der **Respekt** respect; **respektlos**
  without respect
der **Rest, -e** rest; remains; **restlich**
  remaining, rest of the; **der Restmüll**
  trash not suitable for recycling
***das Restaurant, -s** restaurant
das **Resultat, -e** result
***retten** to save
die **Revolution, -en** revolution
das **Rezept, -e** recipe; prescription
rhythmisch rhythmic; **der
  Rhythmus, -men** rhythm
der **Richter, -/die Richterin, -nen**
  judge
***richtig** correct; thoroughly; properly
***die Richtung, -en** direction
***riechen (o, o)** (+ **nach**) to
  smell (of)
der **Riese, -n, -n** giant; **riesig**
  gigantic, immense
der **Ring, -e** ring
der **Ritt, -e** ride
***der Rock, ̈e** skirt; coat; jacket
***der Rock** rock music; **die Rockband,
  -s** rock band
***roh** raw
das **Rohöl** crude oil
der **Rohstoff, -e** raw material
***die Rolle, -n** role; wheel; roller; **das
  Rollenmuster, -** role pattern; **das
  Rollenspiel, -e** role play
rollen [ist] to roll
der **Rollschuh, -e** roller skate;
  **der Rollschuhfahrer, -/die
  Rollschuhfahrerin, -nen** roller
  skater; **das Rollschuhlaufen** roller
  skating
der **Rollstuhl, ̈e** wheelchair
romantisch romantic
die **Romanze, -n** romance
***rot (ö)** red; **~ werden** to blush 1
die **Routine, -n** routine; **die
  Routinearbeit, -en** routine work
rüber (*coll. for* **herüber** *and* **hinüber**)
  over
rüber.gehen (ging, [ist] gegangen,
  (*coll. for* **herübergehen**) to go over
  there
***der Rücken, -** back

der Rucksack, -säcke rucksack
die Rückseite, -n back
die Rücksicht consideration; ~
nehmen to have consideration for
rudern to row
der Ruf, -e call; reputation
*rufen (ie, u) to call
die Ruhe rest; quiet; peace 7; in ~
calmly; in ~ lassen to leave alone
ruhen to rest
der Ruheständler, -/die
Ruheständlerin, -nen retired person
*ruhig calm; quiet
die Ruine, -n ruin
rum (coll. for herum) around;
rum·hängen (slang) to hang out, chill;
rum·liegen (a, e) to lie around
*rund round; around; ~ um round
about
die Rundfahrt, -en city tour
runter (coll. for herunter and
hinunter) down
runter·laden (ä; u, a) (coll. for
herunter·laden) to download
(computer) 2; etwas vom /aus dem
Internet ~ to download something
from the Internet
russisch Russian; (das) Russland
Russia
rutschen to slide

S

der Saal, Säle hall, room
*die Sache, -n matter, thing
der Sack, ⁼e sack, bag
*der Saft, ⁼e juice
*sagen to say, tell
*die Sahne cream
*der Salat, -e salad; lettuce
*sammeln to collect
die Sammlung, -en collection
sanft gentle; easy; smooth
der Sänger, -/die Sängerin, -nen
singer
*satt full, stuffed (with food)
*der Satz, ⁼e sentence; der Satzteil,
-e part of a sentence
die Sau, Säue sow
*sauber clean
sauber machen to clean up
*sauer sour; angry; acid(ic); tart
das Sauerkraut sauerkraut
saufen (säuft; soff, gesoffen)
(animals) to drink; (slang) to booze
der Scanner, - scanner
*das Schach chess
*schade (um) what a pity (about); der
Schaden, ⁼ damage; harm; defect
*schaden (+ dat.) to harm; to hurt
schädigen to damage
*schaffen to provide; to get it done
der Schafskäse (also Schafkäse)
cheese made of sheep's milk
der Schal, -s (or -e) scarf; muffler
*die Schallplatte, -n record (music)
sich schämen to be ashamed; ~
(+ gen.) to be ashamed of 8
*scharf (ä) hot; sharp
der Schatten, - shadow, shade 8

schätzen to value; to estimate
der Schatzmeister, -/die
Schatzmeisterin, -nen treasurer
das Schaubild, -er graph, chart,
diagram
*schauen to look
der Schauplatz, ⁼e scene
das Schauspiel, -e drama, play;
das Schauspielhaus, -häuser
playhouse, theater; der Schauspieler,
-/die Schauspielerin, -nen actor/
actress 2
die Scheibe, -n slice (bread); pane
(window); discs
scheiden (ie, ie) to separate 4; sich
~ lassen to get a divorce 4; die
Scheidung, -en divorce 4
scheinbar apparently; seemingly
*scheinen (ie, ie) to shine; to seem
*schenken to give (as a present)
die Schicht, -en layer; (work) shift
*schicken to send
das Schicksal fate, destiny 7
*schieben (o, o) to push
die Schiene, -n track; rail
*schießen (schoss, geschossen)
to shoot
*das Schiff, -e ship
das Schild, -er sign 9
schimpfen to scold; to swear; to
grumble; er schimpft über ihn he
complains about him 6
*der Schirm, -e umbrella; screen
der Schlaf sleep 8; *schlafen (ä;
ie, a) to sleep; der Schläfer, -/
die Schläferin, -nen sleeper;
schläfrig sleepy; das
Schlafzimmer, - bedroom
*schlagen (ä; u, a) to hit; to beat
der Schlager, - hit song; pop song
die Schlagzeile, -n headline
*schlank slender
schlau clever, smart, shrewd 9; die
Schlauheit cleverness; cunning
schlecht bad; spoiled; mir wird (ist)
~ I'm getting (I feel) sick
schleudern to hurl, fling
*schließen (schloss, geschlossen)
to shut
*schließlich finally; after all
*schlimm bad; severe
*das Schloss, ⁼er lock; castle
der Schluck, -e swallow; sip 4; das
Schlückchen, - small sip 4
der Schluss, ⁼e end; conclusion 4;
~ damit that's it 4; ~ machen to
call it a day 6; zum ~ kommen to
conclude
*der Schlüssel, - key
*schmal narrow; slim, slender
*schmecken (+ dat.) to taste;
schmeckt es (dir)? do you like it?
schmeißen (schmiss,
geschmissen) to throw 10
der Schmerz, -en pain,
hurt; schmerzen to hurt;
schmerzlich painful
der Schmutz dirt; *schmutzig dirty

*der Schnee snow
*schneiden (schnitt, geschnitten)
to cut
*schneien to snow
*schnell quick, fast; der Schnell-
Imbiss, -e fast food place
der Schnitt, -e cut; also coll. for
Durchschnitt average; im ~ on
the average
die Schnur, ⁼e string, cord
*die Schokolade, -n chocolate
der Schokoriegel, - chocolate bar
*schon already
*schön beautiful; nice; pretty; Schön!
OK!, All right!; die Schönheit, -en
beauty
schonen to spare, to be easy on
der Schornstein, -e chimney
schräg gedruckt italicized
*der Schrank, ⁼e cabinet; closet
der Schreck, -e; der Schrecken,
- fright, horror
schrecken to frighten; to startle;
schrecklich horrible; terrible 5
der Schrei, -e cry; shout; schreien
(ie, ie) to scream; to shout 6
*schreiben (ie, ie) to write; die
Schreibmaschine, -n typewriter 1;
der Schreibtisch, -e desk; die
Schreibweise style; spelling
schriftlich in writing, written 4
der Schriftsteller, -/die Schriftstellerin,
-nen author, writer 6
der Schritt, -e step; pace 8
schrubben to scrub
*der Schuh, -e shoe
die Schuld, -en debt; fault, guilt 4;
schuldbewusst feeling guilty; die
Schulden (pl.) debts; schuld: ~ sein
(an + dat.) to be guilty (of) 4; ich
bin (nicht) daran ~ it's (not) my
fault 4
*schuldig guilty; er ist mir Geld
~ he owes me money
*die Schule, -n school; die
Schularbeit, -en homework;
schulen to school; to train;
*der Schüler, -/die Schülerin,
-nen pupil, student 4; die
Schultasche, -n schoolbag
die Schulter, -n shoulder
schütteln to shake 6; einem die
Hand ~ to shake someone's hand
schütten to pour; to spill
der Schutz protection; schützen
to protect 10
*schwach weak; die Schwachheit
weakness
die Schwangerschaft, -en pregnancy
*schwarz black; das schwarze Brett
bulletin board
schweben to hang (in the air), to be
suspended
schweigen (ie, ie) to be silent 4
*das Schwein, -e pig
*die Schweiz Switzerland; *der
Schweizer, -/die Schweizerin,
-nen Swiss; Schweizerdeutsch
Swiss German

*schwer heavy; difficult; **schwer·fallen (ä; fiel, [ist] a)** (+ *dat.*) to find difficult; **das fällt ihm ~** he finds it difficult

der/die Schwerbehinderte (*noun decl. like adj.*) seriously disabled person

*die Schwester, -n sister

die Schwiegereltern (*pl.*) parents-in-law 4

schwierig difficult; hard 6; **die Schwierigkeit, -en** difficulty; problem 3

*das Schwimmbad, ⸚er swimming pool

*schwimmen (a, [ist] o) to swim

Schwyzerdütsch Swiss German dialect

*der See, -n lake

*die See sea, ocean

die Seele, -n soul

*segeln [ist] to sail

*sehen (ie; a, e) to see

sehenswert worth seeing; remarkable

die Sehenswürdigkeit, -en place or thing worth seeing

die Sehnsucht, ⸚e (nach) longing (for)

*sehr very; greatly, much

*die Seife, -n soap

*sein (ist; war, ist gewesen) to be

*seit (+ *dat.*) since

*seit (*conj.*) since (*temporal*); for (*temporal*)

*seitdem (*conj.*) since (*adv.*); since then

*die Seite, -n page, side

*der Sekretär, -e/die Sekretärin, -nen secretary

der Sekt champagne

die Sektion, -en section

*die Sekunde, -n second

*selber oneself

*selbst oneself; even; **selbstbewusst** self-confident; **das Selbstbild, -er** view of oneself or compatriots; **selbstlos** altruistic, unselfish; **selbstsicher** self-confident; **selbstständig** (*also* **selbständig**) self-reliant; self-employed; independent; **die Selbstständigkeit** independence, self-reliance; **selbstverständlich** obvious(ly); of course 1

*selten rare, seldom

seltsam strange, odd

*das Semester, - semester; **erstes ~** first-semester student

*das Seminar, -e seminar; **die Seminararbeit, -en** term paper

*senden (sendete, gesendet, *also* sandte, gesandt) to send; to broadcast

die Sendung, -en broadcast; TV or radio program

die Senioren (*pl.*) elderly people, senior citizens

die Serie, -n TV serial

der Service, -s service

*der Sessel, - armchair

das (or der) Set set (music)

*setzen to set; to place; **sich ~** to sit down

der Sex sex

shoppen to shop 1

die Show, -s show

sich (*pron.*) oneself

*sicher secure; sure; **die Sicherheit, -en** safety; security; **sicherlich** surely

sichern to protect; to safeguard

die Sicht, -en view; visibility

sichtlich obvious

die Siedlung, -en sub-division; settlement

der Sieg, -e victory 3; **siegen** to win

das Signal, -e sign; signal

silbrig silvery

simsen to send an SMS message; to text (message)

die Sinfonie, -n (*also* **Symphonie**) symphony

*singen (a, u) to sing

die Single, -s single (record); **der Single, -s** single (no partner)

sinken (a, [ist] u) to sink

der Sinn, -e sense; mind; meaning; purpose; **in den ~ kommen** to come to mind; **sinnlos** foolish; meaningless; **sinnvoll** meaningful; reasonable

die Sitte, -n custom 7

die Situation, -en situation

der Sitz, -e seat; headquarters (business)

*sitzen (saß, gesessen) to sit

die Sitzung, -en meeting, conference

die Skala scale

(das) Skandinavien Scandinavia

der Skate, -s skate

das Skateboard, -s skateboard; **~ fahren** to ride a skateboard

skaten to skate; **der Skater, -/die Skaterin, -nen** skater

skeptisch sceptical

*der Ski, -er ski; **~ laufen, ~ fahren (ich fahre Ski; ich bin Ski gefahren)** to ski; **der Skifahrer, -/die Skifahrerin, -nen** skier

die Skizze, -n sketch

(das) Slowakien Slovakia

die SMS (Short Message Service) text message; **eine SMS schreiben** to send a text message

*so so; **~dass** (also **so dass**) so that; **~ genannt** (*abbr.* **sog.**) so-called 7; **~ viel** as much; so much; ***~ ... wie** as . . . as

*sobald as soon as

*die Socke, -n sock

*das Sofa, -s couch, sofa

*sofort (*adv.*) immediately; (*conj.*) as often as

sofortig immediate

die Software, -s software

*sogar even

*sogleich at once

*der Sohn, ⸚e son

solange as long as

die Solaranlage, -n solar installation

*solch- (-er, -es, -e) such

*der Soldat, -en, -en/die Soldatin, -nen soldier

die Solidarität solidarity

*sollen to be obliged to; to be supposed to

somit therefore, consequently

*der Sommer, - summer; **sommerlich** summery

sonderlich particular, special

*sondern but; on the contrary

der Sonderwunsch, ⸚e special request

der Song, -s pop song, often satirical, with social critical content

*die Sonne, - sun; **die Sonnenbrille, -n** sunglasses 1; **sonnig** sunny 10

der Sonntagabend, -e Sunday evening

sonntags (on) Sundays

*sonst else, otherwise

*die Sorge, -n sorrow; care; **sich Sorgen machen** to worry about; **sorgenfrei** free of care

sorgen (für) to take care of; to care for 5

sorglos carefree; careless

die Sorte, -n kind

sortieren to sort

soulig having soul (music)

das Soundsystem, -e sound system

das Souvenir, -s souvenir

*soviel as far as

sowie as soon as; as well as

*sowieso anyhow

sowjetisch Soviet

*sowohl ... als auch not only . . . but also

sozial social; **der Sozialarbeiter, -/die Sozialarbeiterin, -nen** social worker; **der Sozialberater, -/die Sozialberaterin, -nen** social worker; **der Sozialberuf, -e** occupation in social work; **die Sozialhilfe** welfare; **der Sozialpädagoge, -n, -n/die Sozialpädagogin, -nen** social worker (with university degree)

der Sozialismus socialism; **sozialistisch** socialist

der Soziologe, -n, -n/die Soziologin, -nen sociologist

sozusagen so to speak

die Spalte, -n column; crack

spannend suspenseful; exciting 1

*sparen to save; **sparsam** frugal; saving, thrifty

*der Spaß, ⸚e fun; joke; **es macht ~** it's fun; **am Skaten** fun skating

*spät late; **spätabends** late in the evening; **spätestens** at the latest

*spazieren gehen (ging, [ist] gegangen) to go for a walk

*der Spaziergang, ⸚e walk, stroll

*die Speise, -n food; meal; **die Speisekarte, -n** menu

der Spezialcontainer, - special container

der Spezialist, -en, -en/die Spezialistin, -nen specialist

die Spezialität, -en specialty

speziell specific; special

die Sphäre, -n sphere

*der Spiegel, - mirror

*das Spiel, -e game, play; ***spielen** to play; **der Spielfilm, -e** feature

film; **der Spielplatz, ⸚e** playground;
die Spiel-Show game show; **die Spielzeit** theater season; **das Spielzeug, -e** toy, plaything 1

der Spießer, -/die Spießerin, -nen bourgeois, Philistine

spießig bourgeois, like a Philistine

spontan spontaneous

*__der Sport__ sport; **~ treiben** to engage in sports; **die Sportart, -en** kind of sport; **der Sportler, -/die Sportlerin, -nen** athlete; **sportlich** athletic; *__der Sportverein, -e__ sports club; **der Sportwagen, -** sports car

*__die Sprache, -n__ language; **die Sprachbarriere, -n** language barrier; **die Sprachkenntnisse** (*pl.*) knowledge of languages; **die Sprachschule, -n** language school

der Sprechakt, -e function or purpose of a phrase

*__sprechen (i; a, o)__ to speak; **~ über** (**+ *acc.***) to speak about; **~ von** to speak of; **der Sprecher, -/die Sprecherin, -nen** speaker

die Sprechstunde, -n consultation; office hour 4

sprengen to blow up; to break open; to water; to sprinkle

das Sprichwort, ⸚er proverb

*__springen (a, [ist] u)__ to jump; to leap

spritzen to spray

der Spruch, ⸚e motto; saying

der Sprung, ⸚e jump; leap

die Spüle, -n sink 8; *__spülen__ to rinse; to wash (dishes); *__die Spülmaschine, -n__ automatic dishwasher

die Spur, -en track; trace

spüren to feel; to sense; to perceive 1

*__der Staat, -en__ state; country; **staatlich** governmental; **die Staatsangehörigkeit** nationality; **der Staatsbürger, -/die Staatsbürgerin, -nen** citizen; **die Staatsbürgerschaft** citizenship; **das Staatstheater, -** state (-supported) theater

stabil sturdy; solid; **die Stabilität** stability

das Stadion, Stadien stadium

*__die Stadt, ⸚e__ town; city; **der Stadtplan, ⸚e** city map; **der Stadtrat, ⸚e/die Stadträtin, -nen** member of the city council; **der Stadtteil, -e** district of a town or city; neighborhood; **das Stadtzentrum, -zentren** city or town center; downtown

städtisch municipal, town or city

der Stall, ⸚e stable; stall

stammen aus to originate (from)

der Standard, -s standard; **die Standardsprache, -n** standard language

ständig constantly 1

der Standpunkt, -e point of view; opinion

*__stark (ä)__ strong

starten to start

die Stasi (der Staatssicherheitsdienst) state security force in the former German Democratic Republic

die Statistik, -en statistics

*__statt__ (**+ *gen.***) instead of; **~dessen** instead; **~ ... zu** instead of

die Stätte, -n place; location

*__statt·finden (a, u)__ to take place, happen

der Stau, -s traffic jam 1

der Staub dust; **~ saugen (saugte Staub, hat Staub gesaugt)** or **staubsaugen (staubsaugte, gestaubsaugt)** to vacuum; **~ wischen** to dust; **der Staubsauger, -** vacuum cleaner

das Steak, -s steak

*__stecken__ to stick; to put

*__stehen (stand, gestanden)__ to stand; to be situated; **~ bleiben (ie, [ist] ie)** to stop; to remain standing 3

*__stehlen (ie; a, o)__ to steal

steif stiff 6

steigen (ie, [ist] ie) to climb; to rise 4; **auf einen Berg ~** to climb a mountain; **ins Auto ~** to get in the car

steigern to intensify; to increase

*__der Stein, -e__ stone; **steinig** stony

*__die Stelle, -n__ place; position; **an ~ von** in place of; **an dritter ~** in third place; **das Stellenangebot, -e** job offering; vacant position

*__stellen__ to put; **eine Frage ~** to ask a question

die Stellung, -en job; position 5

*__sterben (i; a [ist] o)__ to die

*__das Stereo, -s__ (*abbrev. for* **die Stereoanlage, -n**) stereo set

das Stereotyp, -e also **-en** stereotype 9; **stereotyp** stereotypical

*__der Stern, -e__ star

die Steuer, -n tax

das Stichwort, ⸚er or **-e** key word, cue

der Stiefel, - boot

der Stil, -e style

*__still__ calm, quiet, secret; **die Stille** quiet(ness); silence

still·legen to shut down

*__die Stimme, -n__ voice; vote

*__stimmen__ to be correct; **das stimmt** that's right

die Stimmung, -en atmosphere; mood; **in guter ~** in high spirits

die Stirn(e), -en forehead; front

der Stock, ⸚e stick, walking stick

*__der Stock/das Stockwerk, die Stockwerke__ floor of building

*__der Stoff, -e__ material; topic

stolz (auf + *acc.*) proud (of) 8; **der Stolz** pride

stören to disturb 4; to interrupt; to annoy; **die Störung, -en** disturbance; interruption

*__stoßen (ö; ie, o)__ to push; to hit; **~ auf (+ *acc.*)** to run into

*__die Strafe, -n__ punishment; fine

der Strand, ⸚e beach 5; **das Strandbad, ⸚er** bathing beach

*__die Straße, -n__ street; road; *__die Straßenbahn, -en__ streetcar; **das Straßencafé, -s** sidewalk café; **der Straßenrand, ⸚er** side of the road

die Strecke, -n stretch; road, track

streichen (i, i) to cancel, delete

das Streichholz, ⸚er match 8

der Streik, -s strike; *__streiken__ to strike

der Streit, -e argument; quarrel 8

(sich) streiten (stritt; gestritten) to quarrel; to dispute; to litigate; **sie streiten sich** they quarrel 5

streng strict; harsh 7

der Stress stress 1; **stressig** stressful 6; **stressen** to put under stress; **gestresst sein** to be under stress

der Strom, ⸚e current; large river

die Strophe, -n verse; stanza

die Struktur, -en structure

*__der Strumpf, ⸚e__ stocking

die Stube, -n parlor, room

*__das Stück, -e__ piece; (theater) play

*__der Student, -en, -en/die Studentin, -nen__ student; *__das Studenten(wohn)heim, -e__ dormitory

die Studie, -n study; scientific investigation; **das Studienfach, -fächer** branch of study, subject; **der Studiengang, ⸚e** course of studies; **das Studienjahr, -e** academic year; **der Studienplatz, ⸚e** spot (acceptance) at a university

*__studieren (an + *dat.*)__ to study; to attend (a university); **der/die Studierende** (*noun decl. like adj.*) student

das Studium, -ien studies; university education 1

*__der Stuhl, ⸚e__ chair; **das Stühlchen, -** little chair

*__die Stunde, -n__ hour; lesson; **der Stundenlohn, ⸚e** hourly wage; **der Stundenplan, ⸚e** class schedule; **die Klavierstunde, -n** piano lesson; **stundenlang** for hours

der Stunt, -s stunt

der Sturm, ⸚e storm

stürmen [ist] to storm; to rush

stürzen [ist] to fall, plunge; to rush

das Subjekt, -e subject; **die Subjektivität** subjectivity

das Substantiv, -e noun

die Subvention, -en subsidy; **subventionieren** to subsidize

die Suche, -n search 7; *__suchen (nach)__ to look for, search (for); **der Sucher, -/die Sucherin, -nen** seeker; **die Suchmaschine, -n** search engine (Internet)

*__der Süden__ south; **südlich** southern

summen to buzz

die Sünde, -n sin

der Superlativ, -e superlative

*__der Supermarkt, ⸚e__ supermarket

*__die Suppe, -n__ soup

surfen (durch) to surf (through) 1; **der Surfer, -/die Surferin, -nen** surfer

*süß sweet; cute
das Symbol, -e symbol
sympathisch likable, engaging
die Symphonie, -n (*also* **Sinfonie**) symphony
die Synagoge, -n synagogue
synthetisch synthetic
das System, -e system; **systematisch** systematic
die Szene, -n scene

T

das T-Shirt, -s T-shirt
der Tabak tobacco
die Tabelle, -n chart, table
das Tablett, -s *or* **-e** tray
*die Tablette, -n tablet, pill
*die Tafel, -n blackboard; chart; plaque; bar (of chocolate)
*der Tag, -e day
das Tagebuch, ¨er diary; **~ führen** to keep a diary; **die Tagebuchaufzeichnung, -en** diary entry
der Tagesablauf, ¨e daily routine
das Tageslicht daylight
*täglich daily
tagsüber during the day 8
*tanken to refuel, fill up; ***die Tankstelle, -n** service station
*die Tante, -n aunt
*der Tanz, ¨e dance; ***tanzen** to dance
*die Tasche, -n pocket; bag; **das Taschenbuch, ¨er** paperback; **das Taschentuch, ¨er** handkerchief
*die Tasse, -n cup
die Tastatur, -en keyboard
*die Tat, -en deed, act
*tätig active; busy; working; **die Tätigkeit, -en** activity; occupation; work
die Tatsache, -n fact; **tatsächlich** real, actually; indeed, really 4
taufen to baptize
*tausend thousand
*das Taxi, -s taxi (cab); ***der Taxifahrer, -/die Taxifahrerin, -nen** taxi (cab) driver
das Teamprojekt, -e team project
die Technik, -en technology 2
das *or* **der Techno** techno (music)
*der Tee, -s tea
*der Teenager, - teenager
der Teig, -e dough
*der Teil, -e part, section; **zum ~** partly; ***teilen** to divide; **sich etwas teilen** to share; **die Teilung, -en** division, separation; **teilweise** partly
teil·nehmen (nimmt; a, genommen) (an + dat.) to participate (in); **der Teilnehmer, -/die Teilnehmerin, -nen** participant
die Teilzeitarbeit part-time work
teilzeitig part-time
*das Telefon, -e telephone; **der Telefonbeantworter, -** answering machine; **der Telefonist, -en, -en/die Telefonistin, -nen** telephone operator

*telefonieren to phone
das Teleskop, -e telescope
*der Teller, - plate
das Temperament, -e temperament
*die Temperatur, -en temperature
das Tempo speed, tempo
die Tendenz, -en tendency
*das Tennis tennis; **das Tennismatch, -s** tennis match; **der Tennisplatz, ¨e** tennis court
*der Teppich, -e carpet, rug
der Termin, -e appointment; date; **der Terminkalender, -** appointment book
der Test, -s test; **testen** to test
*teuer expensive; **das ist mir zu ~** that is too expensive for me
der Text, -e text; **die Textsorte, -n** text type; **die Textverarbeitung** word processing; **das Textverarbeitungsprogramm, -e** word processing program
*das Theater, - theater; **ins ~** to the theater; **der Theatersaal, -säle** theater auditorium; **das Theaterstück, -e** theater play; **die Theatertruppe, -n** theater company
die Theke, -n bar; counter
das Thema, Themen subject; theme; topic
theoretisch theoretical
die Theorie, -n theory
*das Ticket, -s ticket
*tief deep; **die Tiefe, -n** depth
*das Tier, -e animal; **der Tiergarten, -gärten** zoo
der Tipp, -s hint; tip
tippen to type
*der Tisch, -e table; **den ~ decken** to set the table
der Titel, - title
tja well (let me think)
*die Tochter, ¨ daughter
*der Tod, -e death; **das Todesjahr** year of one's death; **todmüde** dead tired
*die Toilette, -n toilet
die Toleranz tolerance
tolerieren to tolerate
*toll marvelous; great
der Ton, ¨e sound, tone 10; **der Toningenieur, -e/Toningenieurin, -nen** sound engineer; ***das Tonband, ¨er** tape; ***das Tonbandgerät, -e** tape recorder
die Tonne, -n ton; container
der Topf, ¨e pot
*das Tor, -e gate
der Torwart, -e goalie
*die Torte, -n cake (in layers)
*tot dead; **der/die Tote** (*noun decl. like adj.*) dead person
totalitär totalitarian
die Totalität totality
*töten to kill
*die Tour, -en tour, trip; ***der Tourist, -en, -en/die Touristin, -nen** tourist
die Tournee, -n tour

die Tradition, -en tradition; **traditionell** traditional
*tragen (ä; u, a) to carry; to bear; to wear; **tragbar** portable
die Tragik tragedy; **tragisch** tragic
der Trainer, -/die Trainerin, -nen trainer, coach; **trainieren** to train, practice; **das Training, -s** training 1; **der Trainingsanzug, ¨e** warm-up suit, sweat suit
die Träne, -n tear 6
der Transport, -e transport
*trauen (+ dat.) to trust
die Trauer sadness; mourning
*der Traum, ¨e dream; **der Traumberuf, -e** dream job
*träumen (von) to dream (of)
*traurig (über + acc.) sad (about)
*treffen (i; traf, o) to meet; to hit; **sich ~** to meet with somebody; **das Treffen, -** meeting
treffend apt; appropriate
der Treffpunkt, -e meeting place
*treiben (ie, ie) to push, set in motion; to occupy oneself with; **das Treiben** comings and goings, hustle and bustle
der Treibhauseffekt greenhouse effect
das Treibhausgas greenhouse gas 10
*trennen to separate; **die Trennung, -en** separation
*die Treppe, -n stairs
*treten (tritt; a, [ist] e) to step
*treu faithful, loyal
*trinken (a, u) to drink
das Trinkwasser, - drinking water
der Trip, -s trip
*trocken dry
tropfen to drip 6
der Trost comfort, consolation 4
trösten to comfort
*trotz (+ gen.) in spite of
*trotzdem nevertheless
die Truppe, -n company; company (theater)
der Tscheche, -n, -n/die Tschechin, -nen Czech; **die Tschechische Republik** Czech Republic
*tschüss (*also* **tschüs**) So long!
*das Tuch, ¨er cloth; **das Tüchlein, -** little piece of cloth
*tüchtig capable, qualified
*tun (tat, getan) to do; **nur so ~ als** to act as if 7
der Tunesier, -/die Tunesierin, -nen Tunisian
*die Tür, -en door
der Türke, -n, -n/die Türkin, -nen Turk; **die Türkei** Turkey; **türkisch** Turkish
der Turm, ¨e tower
turnen to do gymnastics; **der Turnschuh, -e** athletic shoe; **die Turnstunde, -n** gym class; **der Turnunterricht** gym class/ instruction
*die Tüte, -n bag
der Typ, -en type; character; fellow
typisch typical 7

U

*die U-Bahn, -en subway

*üben to practice

*über (+ acc./dat.) over; above; across; more than; by way of

*überall everywhere

der Überblick general view; summary; survey

übereinander on top of each other; übereinander·liegen (a, e) to lie one on top of the other

überein·stimmen (mit jemandem) to agree with (someone)

überflüssig superfluous

die Überfremdung foreign infiltration, too many foreign influences

überfüllen to overfill; to jam; überfüllt overcrowded

*überhaupt generally; really; at all

überholen to pass, overtake

überlassen (ä; überließ, a) to let have; to leave up to

überleben to survive

(sich) (dat.) überlegen to reflect on; to think about, consider 3

*übermorgen the day after tomorrow

übernachten to stay overnight; to stay in a hotel

übernatürlich supernatural

übernehmen (übernimmt; a, übernommen) to take; to take on (e.g., work); to take over (e.g., business) 7

überraschen to surprise 3; überraschend surprising 6; die Überraschung, -en surprise

überreden to persuade

überschätzen to overestimate; to overrate

übersetzen to translate; der Übersetzer, -/die Übersetzerin, -nen translator; die Übersetzung, -en translation

die Übersicht, -en chart, table

übertragen (ä; u, a) to transfer; to translate

übertreiben (ie, ie) to exaggerate

überwältigend overwhelming

überwiegen (überwog, überwogen) to predominate; to outweigh

überwinden to overcome 7

überzeugen to convince; überzeugend convincing; überzeugt (von) convinced (of)

üblich usual, customary 6

*übrig remaining

*übrigens by the way

*die Übung, -en practice, exercise

*das Ufer, - shore, bank

*die Uhr, -en clock, watch; die ~ geht nach (vor) the watch is slow (fast)

*um (+ acc.) about; around; approximately; near; *~ ... zu in order to . . .

um·arbeiten to alter

umarmen to embrace, hug

um·bringen (brachte, gebracht) to kill; to murder

sich um·drehen to turn around

um·fallen (ä; ie, [ist] a) to fall down

um·formen reshape, transform

um·formulieren to rephrase, reword

die Umfrage, -n poll

die Umgangssprache, -n colloquial language

die Umgebung, -en environs; surroundings; vicinity 1

um·gehen (ging um, [ist] umgegangen) (mit) to handle

umgehen (umging, umgangen) to go around; to detour

um·kehren [ist] to turn back, to turn around

der Umlaut umlaut

umliegend surrounding

um·räumen to rearrange

der Umschlag, -̈e envelope

um·schreiben (ie, ie) to rewrite

(sich) um·sehen (ie; a, e) to look around

umsonst in vain; free of charge

der Umstand, -̈e circumstance; trouble, fuss; die Umständlichkeit formality; ponderousness; fussiness

um·steigen (ie, [ist] ie) to change, switch (bus, train)

um·tauschen to exchange

die Umwelt environment 10; umweltbewusst environmentally aware 10; das Umweltbewusstsein environmental awareness; umweltfeindlich ecologically harmful, damaging to the environment; umweltfreundlich environmentally sound; die Umweltpolitik ecological policy; der Umweltschutz environmental protection 10; der Umweltschützer, -/die Umweltschützerin, -nen environmentalist; die Umweltsorge, -n environmental concern; die Umweltverschmutzung environmental pollution

um·werfen (i; a, o) to knock over

*um·ziehen (zog, [ist] gezogen) to move (change residence); sich ~ (zog, gezogen) to change clothes

der Umzug, -züge move; parade

unabhängig independent; die Unabhängigkeit independence 4

unangenehm (+ dat.) disagreeable 3

unbedingt unconditional; absolute 2

unbefriedigend unsatisfactory

unbekannt unknown

unbeliebt unpopular

unbenutzt unused

unbequem uncomfortable; inconvenient

unbeschreiblich indescribable

unbestimmt vague, undetermined; indefinite

unbürgerlich unconventional, not conforming to middle-class life style

*und and; ~ so weiter and so on; etc.

undenkbar unthinkable

uneben uneven

unendlich endless

unerwartet unexpected; etwas Unerwartetes something unexpected

*der Unfall, -̈e accident

unfreundlich unfriendly

(das) Ungarn Hungary

die Ungeduld impatience; ungeduldig impatient 6

*ungefähr about; approximate

ungefährlich not dangerous

ungelernt untrained; unskilled

ungenügend insufficient; not enough

ungern reluctantly

ungeschickt clumsy; awkward

*ungesund unhealthy

ungewöhnlich unusual; etwas Ungewöhnliches something unusual

ungläubig doubting, disbelieving

*das Unglück, -e misfortune; accident

unglücklich unhappy

die Unglücklichkeit unhappiness

*unhöflich impolite

*die Uni, -s (abbr. for Universität) university

*die Universität, -en university; an die ~ gehen to attend a university

unkompliziert uncomplicated

unkonventionell unconventional

unkonzentriert lacking in concentration

unkultiviert uncultured

*unmöglich impossible; die Unmöglichkeit impossibility

unnötig unnecessary

die UNO the UN (United Nations)

unordentlich sloppy; careless 6

unpersönlich impersonal

das Unrecht injustice; wrong

unruhig restless

unschuldig innocent

unsicher unsure; unsafe; insecure 1

der Unsinn nonsense

unsportlich unathletic

*unten down; below; downstairs; nach ~ gehen to go downstairs

*unter (+ acc./dat.) under, below, underneath; ~ ander[e]m, ~ ander[e]n among other things; ~ uns between us

*unterbrechen (i; a, o) to interrupt

unterdessen meanwhile; in the meantime

untereinander among each other

*unterhalb (+ gen.) under; beneath

*unterhalten (ä; ie, a) to entertain; sich ~ to have a conversation; die Unterhaltung, -en entertainment; conversation

unternehmen (unternimmt; a, unternommen) to undertake; to attempt 1; das Unternehmen, - business, concern, company

unterordnend subordinating

der Unterricht instruction; lesson; classes 3; Klavierunterricht piano lessons; unterrichten to teach

unterscheiden (ie, ie) to distinguish; sich ~ to differ; der Unterschied, -e difference 3; unterschiedlich different; various 8

unterstreichen (i, i) to underline

unterstützen to support 8; **die Unterstützung, -en** support

untersuchen to examine; to investigate 7; **die Untersuchung, -en** investigation; examination 7

unterwegs on the way, underway 1

unübersehbar inestimable; immense

unverbindlich not binding

unverheiratet unmarried

das Unverständnis lack of understanding

unwichtig unimportant; insignificant

unwirklich unreal

unzufrieden dissatisfied; **die Unzufriedenheit** dissatisfaction

*__der Urlaub, -e__ vacation; **auf/ in ~** on vacation; **in ~ fahren** to go on vacation; **der Urlauber, -/ die Urlauberin, -nen** vacationer; **das Urlaubsziel, -ziele** vacation destination

die Ursache, -n cause; reason; motive

der Ursprung, (Ursprünge) origin; **ursprünglich** original

das Urteil, -e judgment; **urteilen** to judge

*__die USA__ (*pl.*) United States of America

*__usw.__ (*abbr. for* **und so weiter**) et cetera

V

die Variante, -n variant

die Vase, -n vase

*__der Vater, ̈__ father

sich verabreden to have a date; to make an appointment 5; **die Verabredung, -en** date; appointment

sich verabschieden (von) to say good-bye (to a person) 2

verallgemeinern to generalize

verändern to change; **sich ~** to change for the better/worse 7; **die Veränderung, -en** change

veranlassen to initiate

veranstalten to organize; to arrange; **der Veranstalter, -/die Veranstalterin, -nen** organizer; **die Veranstaltung, -en** event 5

verantwortlich (für) responsible (for) 10; **der/die Verantwortliche** (*noun decl. like adj.*) person responsible

die Verantwortung, -en responsibility

verärgern to annoy, upset

das Verb, -en verb; **finites ~** finite verb; **intransitives/transitives ~** intransitive/transitive verb; **schwaches/ starkes ~** weak/strong verb; **(un)regelmäßiges ~** (ir)regular verb

verbannen to ban

verbergen (verbarg, verborgen) to hide, conceal 7

(sich) verbessern to improve 9; **die Verbesserung, -en** improvement

die Verbform, -en verb form

*__verbieten (o, o)__ to forbid

verbinden (a, u) to unite; to tie; to connect 9; **die Verbindung, -en** connection 8

verbrauchen to consume; to use up; to wear out 10; **der Verbraucher, -/ die Verbraucherin, -nen** consumer

das Verbrechen, - crime

verbreiten to spread

verbrennen (verbrannte, verbrannt) to burn

*__verbringen (verbrachte, verbracht)__ to spend (time)

verdeutlichen to make clear

*__verdienen__ to earn; to deserve

*__der Verein, -e__ club

vereinen to unify

vereinfacht simplified

vereinigen to unify; **vereinigt** united; **die Vereinigung, -en** unification 3; organization

die Vereinten Nationen The United Nations, UN

verfolgen to follow; to pursue

vergangen past (time); last; **die Vergangenheit** past (time)

vergebens in vain 3

vergehen (verging, [ist] vergangen) to pass (time) 6; to go by (time)

*__vergessen (i; vergaß, e)__ to forget

der Vergleich, -e comparison

vergleichen (i, i) (mit) to compare (with)

das Vergnügen, - pleasure, fun; **Viel ~!** Have a good time!; **vergnügt** pleased, cheerful; **vergnügend** enjoyable, pleasurable; **die Vergnügung, -en** pleasure

das Verhalten behavior, conduct; **sich verhalten (ä; ie, a)** to behave; to conduct oneself

das Verhältnis, -se relations; relationship; situation 9

verhandeln to negotiate

sich verheiraten to get married; **~ mit** to get married to someone 7; **verheiratet** married 4

verhindern to prevent

*__verkaufen__ to sell

*__der Verkäufer, -/die Verkäuferin, -nen__ salesperson

die Verkaufsverpackung, -en product containers like tubes and cans

*__der Verkehr__ traffic; **das Verkehrsmittel, -** vehicle; means of transportation

verkomplizieren to make (unnecessarily) complicated

(sich) verkürzen to shorten

*__verlangen__ to demand

*__verlassen (ä; verließ, a)__ to leave, abandon

verlaufen (äu; ie, [ist] au) to run; **sich ~** to get lost

verleben to spend (time)

verlegen to misplace

*__verletzen__ to injure; to violate

sich verlieben (in + *acc.*) to fall in love (with) 1; **verliebt** in love

*__verlieren (o, o)__ to lose

der Verlust, -e loss 4

vermeiden (ie, ie) to avoid 10

vermieten (an + *acc.*) to rent (out) 2; **der Vermieter, -/die Vermieterin, -nen** landlord

vermischt mixed

Vermischtes miscellaneous

vermissen to miss (someone/something)

vermutlich presumable

vernetzt connected to the Internet

vernünftig sensible, reasonable

veröffentlichen to publish

die Verordnung, -en regulation

die Verpackung, -en packaging; wrapping 10; **der Verpackungsmüll** superfluous packaging

verpassen to miss (opportunity; train) 4

verraten (ä; ie, a) to betray, to reveal

verreisen [ist] to go on a trip

*__verrückt__ crazy

der Vers, -e verse

verschätzen to misjudge

*__verschieden__ different

verschlechtern to get worse

verschließen (verschloss, verschlossen) to lock up

verschlimmern to grow worse

verschmutzen to soil; to pollute; **die Verschmutzung** pollution 10

verschwenden to waste; **die Verschwendung, -en** wastefulness

verschwinden (a, [ist] u) to disappear; to vanish 2

verseuchen to infect; to contaminate; **die Verseuchung** contamination

versichern to assure, to affirm 9

die Version, -en version

sich verspäten to be late 1

verspätet late; **er ist ~ angekommen** he arrived late

die Verspätung, -en lateness; delay; **der Zug hat 2 Minuten ~** the train is 2 minutes late

*__versprechen (i; a, o)__ to promise; **sich ~** to misspeak

das Versprechen, - promise; **~ halten** to keep a promise

verständlich understandable

das Verständnis, -se understanding; **verständnislos** uncomprehending

verstärken to reinforce; to increase

(sich) verstecken to hide 9

*__verstehen (verstand, verstanden)__ to understand; **es versteht sich** that is obvious; **sich ~** to get along

verstorben deceased

der Versuch, -e attempt, try; *__versuchen__ to try

verteilen to distribute

vertonen to set to music

der Vertrag, "e contract

vertragen (verträgt; vertrug, vertragen) to tolerate, to endure

*__vertrauen (+ *dat.*)__ to trust; **das Vertrauen** trust, confidence

die Vertrauensperson, -en spokesperson

vertraut familiar

vertreten (vertrat, vertreten) to represent; to replace; **der Vertreter, -/ die Vertreterin, -nen** representative

verunglücken [ist] to have an accident
verursachen to bring about, cause
vervollständigen to complete
die Verwaltung, -en administration
verwandt (mit) related (to); ***der/die Verwandte** (*noun decl. like adj.*) relative; **die Verwandtschaft, -en** relationship, relatives
verwechseln to confuse
verweigern to refuse
der Verweis, -e reprimand
verwenden to use
verwundert astonished
die Verwünschung, -en spell
verzeihen (ie, ie) (+ *dat.*) to pardon, forgive 2; ***die Verzeihung** pardon
verzichten to do without
verzweifelt full of despair, desperate; **die Verzweiflung** despair
*der Vetter, -n cousin (*m.*)
das Video, -s video; **der Videofilm, -e** video film; **die Videothek, -en** video store
das Vieh cattle
*viel a lot, much
vielfältig varied, diverse
*vielleicht maybe, perhaps
vielsprachig multilingual
*das Viertel, - fourth; quarter
das Violett purple, violet
die Violine, -n violin
das Vitamin, -e vitamin
der Vizepräsident, -en, -en/die Vizepräsidentin, -nen vice president
*der Vogel, ¨ bird
die Vokabel, -n word; **die Vokabelliste, -n** vocabulary list
*das Volk, ¨er people; nation; **das Volkslied, -er** folk song; **die Volksmusik** folk music
*voll (von) full (of); complete; **voller** (+ *gen.*) full
das Vollbad, -bäder full bath
vollenden to complete, finish
*der Volleyball volleyball
völlig complete 8
vollständig complete
der Vollzeitjob, -s full-time job
das Volumen, - volume
*von (+ *dat.*) of, about, from; by
voneinander from one another
*vor (+ *acc./dat.*) before; previous; in front of; ~ **allem** above all 1; ~ **Jahren** years ago; ~ **kurzem** recently 7; ~ **zwei Wochen** two weeks ago
voran·kommen (kam, [ist] o) to make progress, to get on
voraus ahead; **im Voraus** in advance
die Voraussetzung, -en prerequisite, condition
*vorbei over; gone; past
vorbeidrücken to squeeze past
vorbei·fahren (ä; u, [ist] a) to go/drive past
vorbei·fliegen (o, [ist] o) to fly by
vorbei·gehen (ging, [ist] gegangen) to go by

vorbei·kommen (kam, [ist] gekommen) to come by, **bei jemandem ~** to drop by (visit)
*vor·bereiten to prepare; **vorbereitet (auf + acc.)** prepared for; **die Vorbereitung, -en** preparation
das Vorbild, -er model
vorder- front; **der Vordergrund** foreground
vor·finden (a, u) to find, discover
*vorgestern the day before yesterday
*vor·haben to intend
vorhanden on hand, available
*der Vorhang, ¨e curtain; drape
*vorher before; beforehand
*vorig former; preceding
vor·kommen (kam, [ist] o) to occur, happen (often unexpectedly) 2; **es kommt mir bekannt vor** it seems familiar to me; **es kam mir so vor, als ob ...** it felt like I was . . .
vor·lesen (ie; a, e) to read aloud 6; to lecture; ***die Vorlesung, -en** lecture
die Vorliebe, -n preference
*der Vormittag, -e morning; **vormittags** in the morning
vorn(e) in front; **nach vorne** forwards
der Vorname, -ns, -n first name
vornehm distinguished, refined 9
der Vorschlag, ¨e suggestion; ***vor·schlagen (ä; u, a)** to propose, suggest
vorsichtig careful; cautious
*vor·stellen to introduce; **sich** (*dat.*) ~ to imagine; **stell dir mal vor** just imagine
die Vorstellung, -en performance; introduction; idea 9; **das Vorstellungsgespräch, -e** interview (for a job) 6
der Vorteil, -e advantage 3
der Vortrag, Vorträge lecture, talk 9
vor·treten (tritt; a, [ist] e) to step forward
vorüber gone, over, past
das Vorurteil, -e prejudice 3; **vorurteilslos** without prejudice
*vorwärts forward
vorwärts·kommen (kam, [ist] o) to get ahead
vor·ziehen (zog, gezogen) to prefer; **ich ziehe Jazz dem Rap vor.** I prefer jazz to rap.

W

*wach awake; alert
*wachsen (ä; u, [ist] a) to grow
wagen to dare
*der Wagen, - car
die Wahl, -en choice; election; **der Wähler, -/die Wählerin, -nen** voter
*wählen to choose; to elect
der Wahn madness; illusion; **der Wahnsinn** madness; **wahnsinnig** insane, crazy
*wahr true; real; correct; ***die Wahrheit, -en** truth 7
*während (+ *gen.*) during
*während (*conj.*) while

*wahrscheinlich probably; likely; plausible
die Währung, -en currency; **die Währungsunion** (European) monetary union
das Wahrzeichen, - symbol, emblem
*der Wald, ¨er forest, woods; **das Waldsterben** dying forests
*die Wand, ¨e wall
*wandern [ist] to hike, go on foot
der Wanderschuh, -e walking shoe
*die Wanderung, -en hike
der Wanderweg, -e trail, walk
*wann when
*die Ware, -n article; goods (*pl.*)
wäre (*subjunctive of* **sein**) were, would be
*warm (ä) warm; **die Wärme** warmth
wärmen to warm
warnen (vor + *dat.*) to warn (of)
*warten (auf + *acc.*) to wait (for)
*warum why
*was what; ***~ für** what sort of; what kind of
*die Wäsche laundry
*waschen (ä; u, a) to wash
*die Waschmaschine, -n washing machine
*das Wasser water; **die Wasserkraft** water power
*das WC toilet
die Website, -s website
der Wechsel change; alteration
wechseln to exchange; to change 6
*wecken to wake
der Wecker, - alarm clock
*weder ... noch neither . . . nor
*weg gone; away; lost
*der Weg, -e way; road; path
weg·bringen (brachte, gebracht) to take away
*wegen (+ *gen.*) because of, owing to
*weg·fahren (ä; u, [ist] a) to drive (go) away
*weg·gehen (ging, [ist] gegangen) to go away
weg·lassen (ä; ließ, a) to leave out; to not use
*weg·laufen (äu; ie, [ist] au) to run away
*weg·nehmen (nimmt; a, genommen) to take away
weg·schieben (o, o) to push away
*weg·werfen (i; a, o) to throw away
weg·ziehen (zog, [ist]gezogen) to pull way; to move away
weh woe; oh ~ alas
der Wehrdienst military service
sich wehren to defend oneself
*weh·tun (+ *dat.*) to hurt
weiblich female; feminine
*weich soft
sich weigern to refuse
*das Weihnachten Christmas; **der Weihnachtsbaum, ¨e** Christmas tree; **das Weihnachtsgeschenk, -e** Christmas present
*weil because; since

die Weile while

***der Wein, -e** wine; **die Weintraube, -n** grape

***weinen** to cry

die Weise, -n manner; way 2; **auf diese ~** in this way

***weiß** white

***weit** wide; far; distant; **von weitem** from afar

***weiter** further; additional; **das Weitere** (*noun decl. like adj.*) further details; **ohne Weiteres** without hesitation

weiter·gehen (ging, [ist] gegangen) to go on

weiterhin from now on

weiter·machen to continue

weiter·sehen (ie; a, e) to see about something, to see what can be done

weiter·ziehen (zog, gezogen) to pull along/further

weitgehend extensive, far-reaching

***welch-** (-er, -es, -e) which

die Welle, -n wave 10

***die Welt, -en** world, earth; **weltbekannt** world famous; **der Weltkrieg, -e** world war; **die Weltoffenheit** cosmopolitan attitudes; **weltweit** worldwide

das Weltkulturerbe World Heritage Site

die Wende, -n change; 1989 revolution in German Democratic Republic 3

***(sich) wenden** (wandte, gewandt *also* wendete, gewendet) (an + *acc.*) to turn (to); **die Wendung, -en** turnaround; expression

***wenig** little; slightly; not much; ***ein ~** a little bit

***wenigstens** at least

***wenn** when; whenever; if

wer (*pron.*) who

werben (i; a, o) to recruit; to advertise; **die Werbung, -en** advertisement; commercial; **der Werbespruch, ̈-e** advertising slogan

***werden** (wird; wurde, [ist] o) to become; **~ aus** to become of

***werfen** (i; a, o) to throw

das Werk, -e work; deed; ***die Werkstatt, ̈-en** workshop; garage; **der Werkzeugmacher, -/die Werkzeugmacherin, -nen** tool and die maker

der Wert, -e value 9; ***wert** (+ *dat.*) valued; worth; **Werte** (*pl.*) results; **wertlos** worthless; **wertneutral** value free; nonjudgmental; **wertvoll** valuable; precious

wesentlich essential

***weshalb** why

***wessen** whose

der Wessi, -s (*coll.*) expression for a person from former West Germany

***der Westen** west; **westlich** western

***das Wetter** weather; **der Wetterbericht, -e** weather report

***wichtig** important

***wider·spiegeln** to reflect

sich widmen to devote onself to something

***wie** how; **~ viel** how much; **~ viele** how many

***wieder** again; **immer ~** again and again

der Wiederaufbau reconstruction; rebuilding

wieder·bekommen (bekam, o) to get back

wieder·finden (a, u) to find again

wieder·geben (i; a, e) to give an account of; to give back

***wiederholen** to repeat

wieder·kommen (kam, [ist] o) to come back

***das Wiedersehen** reunion; **auf ~** good-bye, see you later

sich wieder·treffen (i; traf, o) to meet again

wiederum again; on the other hand

die Wiedervereinigung reunification

wiegen (o, o) to weigh

Wien Vienna

die Wiese, -n meadow

wieso why; how come 3

der Wille will, determination 3; **beim besten Willen** with the best will in the world

willig willing

***willkommen** (+ *dat.*) welcome

***der Wind, -e** wind

windsurfen (to go) windsurfing

***winken** to wave

***der Winter, -** winter

wirken to bring about; to do

***wirklich** really; true, ***die Wirklichkeit, -en** reality

wirksam effective; **die Wirksamkeit** effectiveness

die Wirkung, -en effect; **wirkungsvoll** effective

***die Wirtschaft, -en** economy; trade and business; **wirtschaftlich** economical, financial, commercial; **das Wirtschaftssystem, -e** economic system

wischen to wipe, mop up 10

***wissen** (weiß; wusste, gewusst) (über + *acc.* or von) to know (about); ***die Wissenschaft, -en** science; ***der Wissenschaftler, -/die Wissenschaftlerin, -nen** scientist; scholar; **wissenschaftlich** scientific

***der Witz, -e** joke

***wo** where; in which

***die Woche, -n** week; **in einer ~** in one week, next week; **vor einer ~** a week ago; **der Wochenarbeitsplan** weekly schedule; **das Wochenende, -n** weekend; **wöchentlich** weekly; **3-wöchig** *also* **dreiwöchig** for 3 weeks

wofür what for

***woher** where from

***wohin** where to, where

***wohl** well; probably

wohlhabend prosperous

***wohnen** to live, reside

die Wohngemeinschaft, -en (*abbr.* WG) people sharing an apartment

das Wohnheim, -e dormitory, residence hall 8

der Wohnort, -e place of residence

der Wohnsitz residence

***die Wohnung, -en** apartment

das Wohnzimmer, - living room

das *wo*-Kompositum **wo-**construction

der Wolf, ̈-e wolf

***die Wolke, -n** cloud

***wollen** to want, wish; to intend

***das Wort, ̈-er** word; **Worte** (*pl.*) words (in context); **die Wortbildung, -en** word formation; **das Wörterbuch, ̈-er** dictionary; **der Wortkasten, ̈-** die Wortkiste, -n word box, word chest; **die Wortliste, -n** list of words

worüber about what; over what; of, about, over which

wozu to what purpose; why

die Wunde, -n injury; wound

wunderbar wonderful

das Wunderkind, -er wunderkind, prodigy

***sich wundern** (über + *acc.*) to be surprised (at); to wonder

wundersam wondrous

wunderschön very beautiful; very nice

wundervoll wonderful

***der Wunsch, ̈-e** wish; **das Wunschkind, -er** planned child

***wünschen** to wish; **sich etwas ~** to wish for something

die *würde*-Konstruktion, -en construction with *would*

***die Wurst, ̈-e** sausage; **das Würstchen, -** frankfurter

die Wurzel, -n root

die Wüste, -n desert

die Wut rage, fury; **wütend** (auf + *acc.*) furious (with, at) 6

Z

***z. B.** (*abbr. for* **zum Beispiel**) for example

zäh tough; dogged; tenacious

***die Zahl, -en** number

zahlen to pay

zählen to count 3

zahlreich numerous

das Zahlwort, ̈-er numeral; **unbestimmtes ~** indefinite numeral

***der Zahn, ̈-e** tooth; **ich putze mir die Zähne** I brush my teeth; **der Zahnarzt, ̈-e/die Zahnärztin, -nen** dentist; ***die Zahnbürste, -n** toothbrush; ***die Zahnpasta/paste, -pasten** toothpaste

das Zähneputzen brushing one's teeth

der Zaun, Zäune fence 8

das Zeichen, - sign, symbol 2; **die Zeichentrickserie, -n** comic strip; **der Zeichentrickfilm, -e** cartoon, animated movie

zeichnen to draw, sketch; **die Zeichnung, -en** drawing

*zeigen (auf + acc.) to show, point (to); sich ~ to reveal
*die Zeile, -n line
*die Zeit, -en time; (verb) tense; lass dir ~ take your time; vor kurzer ~ a short while ago; das Zeitalter, - age; die Zeitangabe, -n date; time (of day); der Zeitausdruck, ⁼e time expression; die Zeitform, -en (verb) tense; der Zeitgenosse, -n, -n/die Zeitgenossin, -nen contemporary; zeitlos timeless; der Zeitplan, ⁼e schedule, timetable
*die Zeitschrift, -en magazine; der Zeitschriftenartikel, - magazine article
*die Zeitung, -en newspaper; der Zeitungsartikel, - newspaper article
*das Zelt, -e tent; zelten to camp
zentral central
das Zentrum, Zentren center
zerschlagen (ä; u, a) to smash (to pieces)
*zerstören to destroy; die Zerstörung, -en destruction
der Zettel, - note; slip of paper 4
*ziehen (zog, gezogen) to pull; to move; sich ziehen to drag on; to run through
das Ziel, -e goal 3; ziellos aimless
*ziemlich rather; quite
*die Zigarette, -n cigarette
*das Zimmer, - room
das Zitat, -e quotation
zitieren to quote; to cite
die Zivilisation, -en civilization
die Zone, -n zone
*zu (+ dat.) to; too; shut; ~ Hause at home; ~ viel too much
zu·blicken (+ dat.) to look at someone
zucken to twitch; die Achseln zucken to shrug one's shoulders
*der Zucker sugar
zudem moreover, in addition
zueinander to each other
*zuerst first; at first
der Zufall, ⁼e chance; coincidence; zufällig by chance; accidental

*zufrieden content
*der Zug, ⁼e train
zu·geben (i; a, e) to admit; to confess 1
zu·gehen (ging, [ist] gegangen) auf (+ acc.) to go toward
das Zuhause home
zu·hören (+ dat.) to listen (to) 8; ich höre ihr zu I listen to her
die Zukunft future 5; zukünftig future
zuletzt at last, finally 8
*zu·machen to close
zumindest at least
zunächst first of all 7
die Zunahme, -n increase
zu·nehmen (nimmt; a, genommen) to increase, gain 10
zu·nicken (+ dat.) to nod toward, give a nod
zurecht·kommen (kam, [ist] o) to cope
*zurück back; backward; behind
*zurückgezogen withdrawn; secluded
zurück·kehren [ist] to return
zurück·kommen (kam, [ist] o) to come back, to return
zurück·lassen (ä; ließ, a) to leave behind
zurück·nehmen (nimmt; a, genommen) to take back
zurück·treten (tritt; a, [ist] e) to resign
zurück·ziehen (zog, [ist] gezogen) to withdraw; to move back
zu·rufen (ie, u) to call something out to someone
zurzeit at this point
*zusammen together
die Zusammenarbeit cooperation
zusammen·arbeiten to cooperate
zusammen·brechen (i; a, [ist] o) to cave in; to collapse
zusammen·bringen (brachte, gebracht) to bring together
der Zusammenbruch, ⁼e breakdown, collapse
zusammen·falten to fold up
zusammen·fassen to summarize; die Zusammenfassung, -en summary

zusammen·fügen to join together
zusammen·gehören to belong together; die Zusammengehörigkeit feeling of solidarity
zusammengesetzt put together; zusammengesetztes Wort compound word
der Zusammenhalt solidarity, cohesion (in a group)
der Zusammenhang connection; context
das Zusammenleben living together
zusammen·passen to fit together; to suit each other; to go together
der Zusammenschluss, ⁼e merger; amalgamation
zusammen·stellen to put together; to draw up (list)
zu·schauen to watch; to look on; der Zuschauer, -/die Zuschauerin, -nen spectator
zu·schließen (o, o) to lock
der Zustand, ⁼e condition, situation 3
zuständig responsible
zu·stimmen (+ dat.) to agree; ich stimme dir zu I agree with you 1
zu·treten (tritt; a, [ist] e) to step up to
zuverlässig reliable
zuvor previously; als je ~ than ever before
*zwar to be sure, of course, indeed 8
*der Zweck, -e purpose
*der Zweifel, - doubt; zweifellos doubtless
zweifeln (an etwas) to doubt (something); ich zweifle daran I doubt it 9; der/die Zweifelnde (noun decl. like adj.) doubter; someone who is not sure
zweimal twice
der Zwerg, -e dwarf
*zwingen (a, u) to compel, force
*zwischen (+ acc./dat.) between; der Zwischenstopp, -s intermediate stop; die Zwischenzeit interim; (in the) meantime
zynisch cynical

English-German Vocabulary

The English-German end vocabulary contains the words needed in the grammar exercises that require students to express English sentences in German. The definitions provided are limited to the context of a particular exercise. Strong and irregular weak verbs are indicated with a raised degree mark (°). Their principal parts can be found in the Appendix. Separable-prefix verbs are indicated with a raised dot: **an·fahren°.** Adjectives and adverbs that take an umlaut in the comparative and superlative are indicated as follows: **groß (ö).**

A

about über; ~ **this** darüber
acquaintance der/die Bekannte (*noun decl. like adj.*)
across über; ~ **the street from us** uns gegenüber
act as if tun, als ob
  actually eigentlich
after nach *(prep.);* nachdem *(conj.)*
afternoon der Nachmittag, -e; **this ~** heute Nachmittag
again wieder
ago: years ~ vor Jahren
agree: I ~ with [you] ich bin [deiner] Meinung
airplane das Flugzeug, -e
all all, alle; ~ **day** den ganzen Tag; ~ **the same to me** mir gleich; **not at ~** gar nicht
alone allein
along entlang; ~ **the river** den Fluss entlang; **to bring ~** mit·bringen°; **to come ~** mit·kommen°
already schon
also auch
although obwohl
always immer
amazed: to be ~ (at) sich wundern (über + *acc.*)
American der Amerikaner, -/die Amerikanerin, -nen; amerikanisch *(adj.)*
angry böse; **to be ~** sich ärgern; **to make ~** ärgern
annoy ärgern
answer antworten; **to ~ a question** auf eine Frage antworten
anymore: not ~ nicht mehr
anything etwas
apartment die Wohnung, -en

app die App
apple der Apfel, ¨
area die Gegend, -en
around um
arrive kommen°; an·kommen°
as als; ~ **if** als ob
ask fragen
astonished erstaunt
at [seven] um [sieben]; ~ **home** zu Hause; ~ **the movies** im Kino; ~ **the post office** auf der Post; ~ **the railroad station** am Bahnhof; ~ **work** bei der Arbeit; **working ~ a company (BMW)** bei BMW arbeiten
aunt die Tante, -n
Austria Österreich

B

back zurück; **to come ~** zurück·kommen°
back up der Back-up
bad schlecht; **too ~** schade
beach der Strand, ¨e; **to the ~** an den Strand
beat schlagen°
beautiful schön
because weil, da; denn; ~ **of** wegen
become werden°; **to ~ of** werden aus
bed das Bett, -en
beer das Bier, -e
before ehe, bevor *(conj.)*
begin beginnen°, an·fangen°
behind hinter
believe glauben
belong gehören (+ *dat.*)
beside neben
besides außerdem
best best-

better besser
between zwischen
bicycle das Fahrrad, ¨er
big groß (ö)
biking: to go ~ Rad fahren°; **I go ~** ich fahre Rad
bird der Vogel, ¨
birthday der Geburtstag, -e; **for [his] ~** zum Geburtstag
book das Buch, ¨er
boring langweilig
boss der Chef, -s/die Chefin, -nen
bottle die Flasche, -n
box office die Kasse; **at the ~** an der Kasse
boy der Junge, -n, -n; **boyfriend** der Freund, -e
bread das Brot, ¨e
bring bringen°; **to ~ along** mit·bringen°
broken kaputt
brother der Bruder, ¨
browse, to browse browsen, im Internet surfen
browser der Browser
building das Gebäude, -
burn brennen°; **burning** brennend
bus der Bus, -se
but aber; sondern
buy kaufen
by: ~ Sunday bis Sonntag

C

café das Café, -s; **to a ~** ins Café
cake der Kuchen, -
call (up) (telephone) an·rufen°; ~ **up** (email) abrufen°
can können; **it ~ not be helped** es lässt sich nicht ändern
car das Auto, -s; der Wagen, -

carry tragen°

CD-ROM die CD-Rom

cell phone das Handy; das Mobiltelefon

cellar der Keller, -

certain sicher

certainly bestimmt

change (sich) ändern

chat der Chat

chat partner der Chatpartner/die Chatpartnerin

chat, to chat chatten

chat group die Chatgroup

chat room der Chatroom

check (email) checken, E-Mails checken, E-Mails lesen

cheese der Käse, -

city die Stadt, ⸚e; **into the ~** in die Stadt; **~ hall** das Rathaus, ⸚er

class die Klasse, -n; **to travel [first] ~** [erster] Klasse fahren°

click, to click klicken

close schließen°

clothes die Kleidung; die Sachen (pl.)

coat der Mantel, ⸚

coffee der Kaffee

cold kalt; die Erkältung; **to catch a ~** sich erkälten

colleague der Kollege, -n, -n/die Kollegin, -nen

collect sammeln

comb der Kamm, ⸚e

come kommen°; **~ with me** komm doch mit; **to ~ along** mit·kommen°; **to ~ back** zurück·kommen°

command befehlen° (+ dat.)

company die Firma, Firmen

compare vergleichen°

complain sich beschweren

completely ganz

computer der Computer, -; **at the ~** am Computer

computer science die Informatik

computer specialist der Informatiker/die Informatikerin

concert das Konzert, -e

contact board (Internet) die Kontakbörse

cook kochen

copy, to copy kopieren

corner die Ecke, -n

cost kosten

could könnte

country das Land, ⸚er; **in the ~** auf dem Land; **to the ~** aufs Land

couple: a ~ of ein paar

course: of ~ selbstverständlich, natürlich

cream die Sahne

cup die Tasse, -n; **~ of coffee** Tasse Kaffee

curious(ly) neugierig

cut schneiden°

cyberspace der Cyberspace

D

data die Daten

day der Tag, -e; **every ~** jeden Tag; **one ~** eines Tages

delete löschen

describe beschreiben°

desk der Schreibtisch, -e; **at the ~** am Schreibtisch

different andere; anders; **to be of a ~ opinion** anderer Meinung sein

difficult schwer

dinner das Essen, -; **for or to ~** zum Essen

dishes das Geschirr

do machen, tun°

doctor der Arzt, ⸚e/die Ärztin, -nen

dog der Hund, -e

door die Tür, -en

download downloaden, herunterladen

dream (of) träumen (von)

dressed gekleidet, angezogen

drink trinken°

drive fahren°

during während

E

e-book das E-Book

each jed- (-er, -es, -e)

ear das Ohr, -en

earlier früher

easy leicht; **to take it ~** faulenzen

eat essen°

either: isn't [bad] ~ ist auch nicht [schlecht]

elegant elegant

email die E-Mail

English (person) der Engländer, -/die Engländerin, -nen

enough genug

equipment das Equipment, die Ausrüstung

even sogar

evening der Abend, -e; **in the ~** am Abend, abends; **this ~** heute Abend

every jed- (-er, -es, -e)

everything alles

excellent ausgezeichnet

expensive teuer

experience die Erfahrung, -en; erleben

express aus·drücken

eye das Auge, -n

F

face das Gesicht, -er

famous berühmt, bekannt

father der Vater, ⸚

fax das Fax

fax, to fax faxen

feel sich fühlen; **I ~ better** es geht mir (ich fühle mich) besser; **I ~ sorry for (her)** (sie) tut mir Leid

few wenige; **a ~** einige; ein paar

file die Datei

film der Film, -e

finally endlich

find finden°

finished fertig

first erst; **~ of all** erst einmal; **to travel ~ class** erster Klasse fahren°

fish der Fisch, -e

floor der Boden, ⸚

flower die Blume, -n

fly fliegen°

follow folgen (+ dat.); **following** folgend

food das Essen, -

for für; **~ a long time** lange; **~ a week** seit einer Woche; **~ [his] birthday** zum Geburtstag

foreigner der Ausländer, -/die Ausländerin, -nen

forget vergessen°

fortunately zum Glück

France (das) Frankreich

freeze frieren°

frequently häufig, oft

Friday der Freitag; **on ~** am Freitag

friend der Freund, -e/die Freundin, -nen; der/die Bekannte (noun decl. like adj.); **boy ~** der Freund, -e; **girl ~** die Freundin, -nen

friendly freundlich

from von

front: in ~ of vor

funny lustig, komisch

furniture das Möbel, - (usually pl.)

G

garden der Garten, ⸚

German der/die Deutsche (noun decl. like adj.); **he is ~** er ist Deutscher; **~ (language)** (das) Deutsch

Germany Deutschland

get bekommen°; **to ~ from Hamburg to Berlin** von Hamburg nach Berlin kommen; **to ~ in** ein·steigen°; **to ~ off (from work/school)** frei bekommen°; **to ~ tired** müde werden; **to ~ up** auf·stehen°

gift das Geschenk, -e

girl das Mädchen, -; **girlfriend** die Freundin, -nen

give geben°; (as present) schenken; **to ~ a report** ein Referat halten

glass das Glas, ⸚er

go (on foot) gehen°; (by vehicle) fahren°; **to ~ out** aus·gehen°; **to ~ for a walk** spazieren gehen

good gut

grandparents die Großeltern (pl.)

grateful dankbar

great toll

grill grillen

guest der Gast, ⸚e

guitar die Gitarre, -n

gym das Fitnesscenter, -; das Fitness-Studio, -s

H

hacker der Hacker/die Hackerin

had: ~ to musste

hair das Haar, ⸚e

half halb; **~ past eight** halb neun

happen passieren (+ dat.); geschehen° (+ dat.)

happy froh; glücklich

hard schwer; hart (ä)

hard drive die Festplatte

hardware die Hardware

hasn't: ~ it? nicht? nicht wahr?

have haben; **to ~ to** müssen; **she would ~ to** sie müsste; **to ~ [the electrician] come** [den Elektriker] kommen lassen; **to ~ [me] do it** [mich] tun lassen
hear hören
help helfen° (+ *dat.*); **it can't be helped** es lässt sich nicht ändern
help desk der Helpdesk
here hier; **around ~** hier
hey! du! (*informal*)
hi Tag!
high hoch (höher, höchst); hoh- (*used before nouns*)
hike wandern
history die Geschichte, -n
hold halten°
home: at ~ zu Hause; **~** (*direction*) nach Hause
home page die Homepage
hope hoffen; **I ~** hoffentlich
hour die Stunde, -n; **in an ~** in einer Stunde
house das Haus, ̈er
how wie; **~ nice** wie schön
hurry (up) sich beeilen
hurt weh·tun° (+ *dat.*); schmerzen (+ *dat.*)
husband der Mann, ̈er; Ehemann, ̈er

I

idea die Idee, -n
if wenn; (*whether*) ob; **~ only** wenn nur
ill krank (ä)
imagine sich (*dat.*) vorstellen
immediately sofort
information die Information, -en
inn das Gasthaus, ̈er; der Gasthof, ̈e
install installieren
instead anstatt
intend wollen
interest interessieren; **to be interested (in)** sich interessieren (für)
Internet das Internet
Internet address die Internetadresse
into in
invite ein·laden°
iPad das iPad
iPod der iPod

J

jacket die Jacke, -n
job der Job, -s; die Arbeit, -en
just gerade; **~ like** ähnlich; genau (so) wie

K

key der Schlüssel, -
keyboard die Tastatur
knife das Messer, -
know (*to know a fact*) wissen°; (*to be acquainted with*) kennen°

L

lake der See, -n
laptop der Laptop
last letzt; vorig-; **~ night** gestern Abend
later später; nachher

laugh lachen; **laughing** lachend
learn lernen
leave lassen°; gehen°; weg·gehen°; weg·fahren°; verlassen°
let lassen°; **let's** lass(t) uns [doch]; **~ me** lass mich
letter der Brief, -e
lie liegen°
life das Leben, -
like mögen; **~** (*similar to*) wie; ähnlich; **~ [him]** das sieht [ihm] ähnlich; **I would ~ to help** ich würde gern helfen°; **to ~ someone** gern haben; **to ~ something** gefallen° (+ *dat.*); **to speak ~ him** so sprechen wie er; **would [you] ~** möchten [Sie]
liter der Liter, -
live wohnen; leben
load laden
long lang(e) (ä); **a ~ time** lang
longer: no ~ nicht mehr
look schauen; **to ~ as if** aus·sehen°, als ob ...; **to ~ (at)** an·schauen; an·sehen°; **to ~ for** suchen
lose verlieren°
lot: a ~ viel

M

mad: to be ~ (at) sich ärgern (über)
mail (email) mailen
mailbox (email) die Mailbox
mailbox der Briefkasten, ̈
man der Mann, -er
many viele
married couple des Ehepaar, -e
may dürfen; können
maybe vielleicht
mean meinen
meat das Fleisch
meet kennen lernen; begegnen (+ *dat.*); treffen°, sich treffen° mit
memory der Speicher, -
message board (Internet) das Internetforum, das Diskussionsforum
midnight die Mitternacht
milk die Milch
mine mein; **of ~** von mir
minute die Minute, -n
modem das Modem
money das Geld, -er
monitor der Monitor
month der Monat, -e; **next ~** nächsten Monat
more mehr; **no/not any ~** nicht mehr
morning der Morgen, -; **in the ~** am Morgen, morgens
most meist; **~ of the time** meistens
mother die Mutter, ̈
mountain der Berg, -e
move (*change residence*) um·ziehen°
movies das Kino, -s; die Filme; **at the ~** im Kino; **to the ~** ins Kino
much viel
Multimedia Multimedia-
Multimedia Messaging Service die MMS
museum das Museum, Museen; **to the ~** ins Museum

musician der Musiker, -/die Musikerin, -nen
must müssen

N

natural(ly) natürlich
necktie die Krawatte, -n
need brauchen
neighbor der Nachbar, -n, -n/die Nachbarin, -nen
net das Netz, das Web
netbook das Netbook
network das Netzwerk
never nie
new neu
next nächst; **~ to** neben; **~ week** nächste Woche
nice nett; schön; toll; **how ~** wie schön
night die Nacht, -e; **every ~** jeden Abend; **one ~** eines Nachts
no nein; kein; **~ thanks** nein, danke
not nicht; **~ at all** gar nicht; **~ yet** noch nicht
notebook (computer) das Notebook
nothing nichts; **~ more** nichts mehr
notice merken, bemerken
now jetzt

O

of course natürlich, selbstverständlich
off frei; **get ~** (*from work/school*) frei bekommen°
often oft (ö)
oh o; oh; ach
okay gut; gern; **is it ~ (with you)?** ist es [dir] recht?
old alt (ä)
on an; auf; **~ Sunday** am Sonntag; **~ the street** auf der Straße
once einmal
one (*pron.*) man
online online, vernetzt
only nur; **if ~ it** wenn es nur
open öffnen; aufmachen
opera die Oper, -n; **to the ~** in die Oper
opinion die Meinung, -en; **in [my] ~** [meiner] Meinung nach; **to be of a different ~** anderer Meinung sein
or oder
otherwise sonst
ought sollen; **he ~ to** er müsste
out aus; **~ of** aus
outdoor pool das Freibad, -er
outside draußen
over über
own (*verb*) besitzen°; (*adj.*) eigen

P

pack packen; ein·packen
paper die Seminararbeit, -en
parents die Eltern (*pl.*)
park der Park, -s
party die Party, -s; das Fest, -e; die Feier, -n; **to have (give a) ~** ein Fest machen (geben)
pay bezahlen
PC der PC

people   die Leute (*pl.*)
pharmacist   der Apotheker, -/die Apothekerin, -nen
photographer   der Fotograf, -en, -en/die Fotografin, -nen
piano   das Klavier, -e
pick up   ab·holen
picture   das Bild, -er
piece   das Stück, -e
PIN number   der PIN-Code, die Geheimzahl
plan   der Plan, -e
play   spielen
please   bitte
pocket   die Tasche, -n
pool (swimming)   das Freibad, ¨er; das Schwimmbecken, -, der Swimmingpool, -s, das Schwimmbad, ¨er
postcard   die Postkarte, -n
post office   die Post; **at the ~** auf der Post; **to the ~** auf die Post
practice   üben
prefer   vor·ziehen°; lieber; **to ~ [to travel]**   lieber [fahren]
prepare (for)   (sich) vor·bereiten (auf + *acc.*)
printer   der Drucker; **color printer**   der Farbdrucker
probably   wohl, wahrscheinlich
professor   der Professor, -en/die Professorin, -nen
promise   versprechen°
provider   der Provider, der Anbieter, der Dienstleister
purchase   kaufen
put   stellen; stecken; setzen; legen; **to ~ on (clothing)**   an·ziehen°

Q

question   die Frage, -n
quick(ly)   schnell
quite   ganz; ziemlich; **not ~**   nicht ganz

R

railroad station   der Bahnhof, ¨e
rain   regnen; der Regen
raincoat   der Regenmantel, ¨
rather   ziemlich
read   lesen°
ready   fertig
realize   merken, bemerken
really   wirklich
regards: many ~   viele Grüße
region   das Gebiet, -e
relative   der/die Verwandte (*noun decl. like adj.*)
remember   sich erinnern an (+ *acc.*)
remind   erinnern
repair   reparieren
report   das Referat, -e; **to give a[n] [oral] ~**   ein Referat halten°
restaurant   das Restaurant, -s; **to a ~**   ins Restaurant
right   recht; **to be ~**   Recht haben
river   der Fluss, ¨e
run   laufen°

sad   traurig
salad   der Salat, -e
same   gleich; **it's all the ~ to [me]** es ist [mir] gleich
sandwich   das Brot, -e
save, to save   speichern
say   sagen
scan, to scan   scannen, einscannen
screen   der Bildschirm
sea   das Meer, -e; die See, -n
search engine   die Suchmaschine
seat   der Platz, ¨e
second   zweit-; **to travel ~ class** zweiter Klasse fahren°
see   sehen°; (*to visit*) besuchen; **to come to ~ (someone)**   zu Besuch kommen
sell   verkaufen
seminar   das Seminar, -e; **to the ~** ins Seminar; **~ paper**   die Seminararbeit, -en
send   schicken; **~ email**   schicken E-Mail; **to ~ for**   kommen lassen°
several   einige
shelf   das Regal, -e
shine   scheinen°
Short Message System   die SMS (schreiben), die Textnachricht
should   sollen; **~ go**   sollte gehen
shut   zu·machen; schließen°
shy   schüchtern
sick   krank (ä)
simply   einfach
since   seit
sing   singen°
singer   der Sänger, -/die Sängerin, -nen
singing   singend
sister   die Schwester, -n
sit   sitzen°
sleep   schlafen°
slow(ly)   langsam
small   klein
smartphone   das Smartphone
smile   lächeln
snail mail   die Snailmail, die traditionelle Briefpost
so   so; **~ that**   damit
social network   das Soziale Netzwerk; Soziales Netz(werk), die Kommunikationsplattform
soft copy   die Softcopy
software   die Software
some   manche, einige, ein paar
something   etwas
sometimes   manchmal
son   der Sohn, ¨e
soon   bald
sorry: I feel ~ for [her]   [sie] tut mir Leid; **I'm ~**   es tut mir Leid; **she'll be ~**   es wird ihr Leid tun; sie wird traurig sein
speak (to *or* **with)**   sprechen° (mit); reden (mit)
spend (time)   (Zeit) verbringen°
spite: in ~ of   trotz
stand   stehen°
station (train)   der Bahnhof, ¨e

stay   bleiben°; **to ~ at a hotel** übernachten
still   noch
store   der Laden, ¨; das Geschäft, -e
story   die Geschichte, -n
street   die Straße, -n
stressful   anstrengend
student   der Student, -en, -en/die Studentin, -nen
study   studieren
stupid   dumm (ü); doof; blöd
such   solche (*pl.*); **~ a**   solch ein, so ein
sudden: all of a ~   plötzlich
suddenly   plötzlich
suitcase   der Koffer, -
summer   der Sommer, -
sun   die Sonne, -n
Sunday   der Sonntag, -e; **on ~**   am Sonntag
supermarket   der Supermarkt, ¨e
supposed: to be ~ to   sollen
sure   sicher
surely   sicher, bestimmt, wohl
surf (the internet)   surfen (im Internet)
surprised   erstaunt, überrascht; **to be ~**   sich wundern
sweet   süß
swim   schwimmen°
swimming pool   das Freibad, ¨er; das Schwimmbecken, -, der Swimmingpool, -s, das Schwimmbad, ¨er
Switzerland   die Schweiz; **in ~**   in der Schweiz; **to ~**   in die Schweiz

T

table   der Tisch, -e
take   nehmen°; bringen°; **to ~ along**   mit·bringen°; mit·nehmen°
talk (to)   sprechen°, reden (mit)
taxi   das Taxi, -s
tea   der Tee, -s
teacher   der Lehrer, -/die Lehrerin, -nen
tell   erzählen
tennis   das Tennis
text message   der Text, die Textnachricht, die SMS
text, to text   simsen, eine SMS schreiben
than   als
thank   danken (+ *dat.*)
thanks   danke
that   das; dies (-er, -es, -e); (*conj.*) dass
theater   das Theater, -; **to the ~** (*to see performance*) ins Theater
then   dann
there   dort; da; **~ is/are**   es gibt; **~ would be**   es gäbe
these   diese
think   denken°; **to ~ about** nach·denken° (über); überlegen
this   dies (-er, -es, -e)
though   obwohl; jedoch
through   durch
ticket   die Karte, -n; das Ticket, -s

time die Zeit; **every ~** jedes Mal;
  for a long ~ lange
tired müde
to auf; in; nach; zu; **~ the city** in
  die Stadt; **~ Germany** nach
  Deutschland; **~ the movies** ins
  Kino; **~ the opera** in die Oper;
  ~ the post office auf die Post;
  ~ Switzerland in die Schweiz
today heute
together zusammen
tomorrow morgen; **~ evening** morgen
  Abend
tonight heute Abend
too zu; **~** (*also*) auch; **~ bad** schade
towards gegen; **~ evening** gegen Abend
train der Zug, ⁻e; **~ station** der
  Bahnhof, ⁻e; **from the ~ station** vom
  Bahnhof
travel fahren°; reisen
tree der Baum, -e
Turkey die Türkei
TV das Fernsehen; **~ set** der
  Fernseher, -; **to watch ~** fern·sehen°
tweet, to tweet twittern

U

umbrella der Regenschirm, -e
uncle der Onkel,
-under unter
understand verstehen°
unfortunately leider
until bis
upset: to get ~ sich ärgern
use benutzen, verwenden, verbrauchen,
  gebrauchen

V

vacation die Ferien (*pl.*); der Urlaub
very sehr
village das Dorf, ⁻er
visit besuchen; der Besuch, -e;
  for a ~ zu Besuch

W

wait (for) warten (auf + *acc.*)
walk gehen°; der Spaziergang, -gänge;
  to go for a ~ spazieren gehen°
wall die Wand, ⁻e
want wollen; möchten
warm warm (ä)
was war
watch TV fern·sehen°
water das Wasser
way der Weg, -e; **by the ~** übrigens
wear an·ziehen°, tragen°
weather das Wetter
web das Web, das Internet, das Netz
website die Website / die Webseite
week die Woche, -n; **in a ~** in einer
  Woche; **next ~** nächste Woche
weekend das Wochenende, -n;
  on the ~ am Wochenende
weird seltsam; komisch
well, . . . na; **well** (*health*) gut, wohl
what was
when als, wenn, wann
where wo; **~ from** woher;
  ~ to wohin
whether ob
which welch (-er, -es, -e)
whose wessen
why warum; **~ not** warum nicht

wife die Frau, -en; Ehefrau, -en
window das Fenster, -
wine der Wein, -e
wish wünschen; **I ~** ich wünschte,
  ich wollte
with mit; bei; **~ [friends]** bei
  [Bekannten]
without ohne
woman die Frau, -en
wonderful wunderbar; wunderschön
woods der Wald, -er
word das Wort, -er
word processor das
  Textverarbeitungsprogramm
work arbeiten; die Arbeit; **at ~** bei
  der Arbeit; **to do the ~** die Arbeit
  machen; **working at a company**
  (BMW) bei BMW arbeiten
would würde; **I ~ like to help** ich
  würde gern helfen; **it ~ be nice** es
  wäre schön; **~ like** möchten
wrapped eingepackt
write schreiben°
www das WWW

Y

year das Jahr, -e; **a ~ ago** vor einem
  Jahr
yes ja
yesterday gestern
yet schon; noch

Index